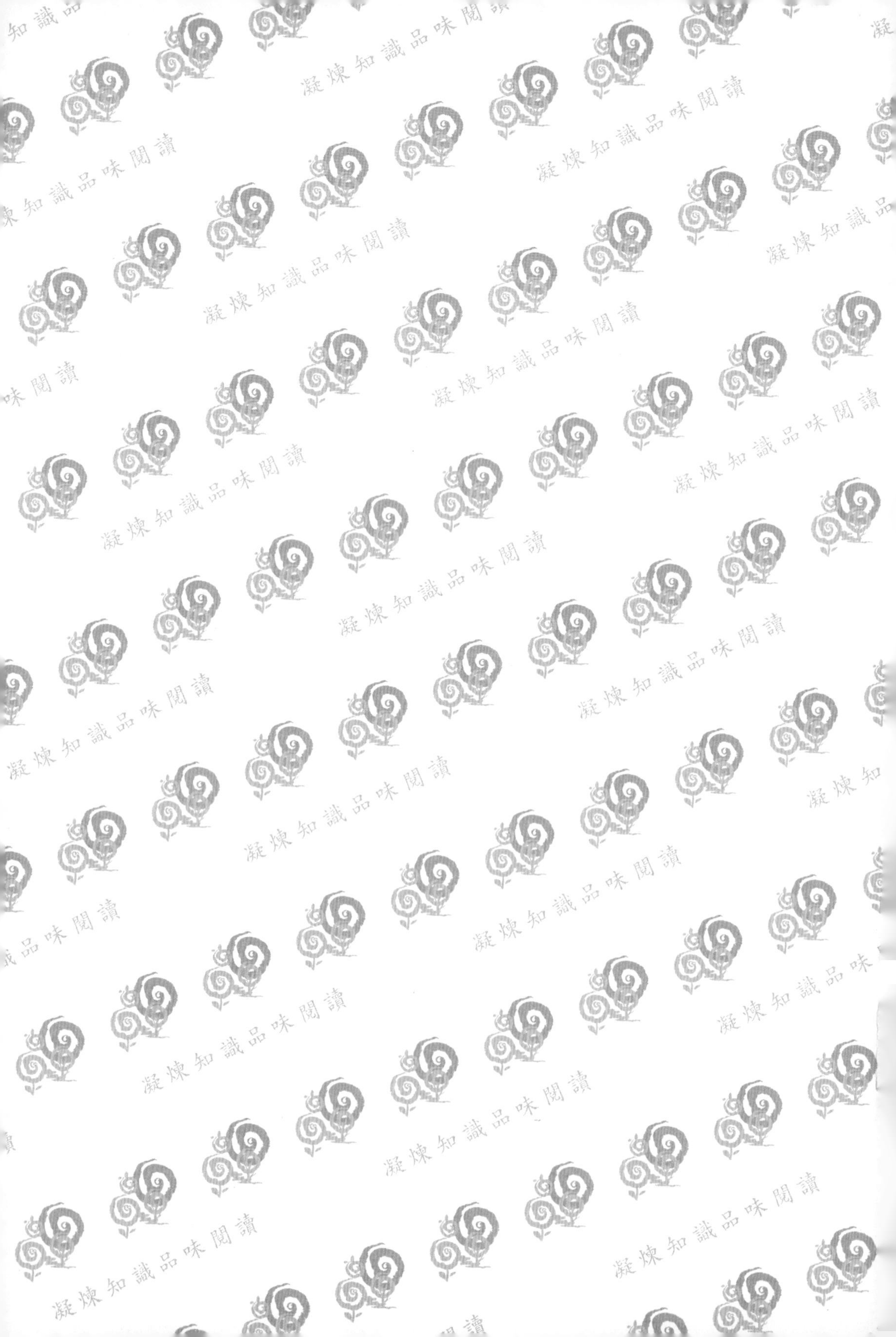

被扭曲的南海史

二十世紀前的南中國海

黎蝸藤——著

目　錄

圖目錄

The Sea without Disputes

The Distorted History of the South China Sea (SCS) before 1900

Abstract

By rigorously scrutinizing a vast volume of historical evidence recorded in different languages, this book reconstructs the "distorted" history of the disputed group of rocks, reefs and small islands, and their surrounding waters in the South China Sea (SCS) before 1900. It clarifies many entangled, misguided and even misleading arguments surrounding the SCS between China, Vietnam and other countries. It draws the following conclusions:

1) The SCS has been an open sea since ancient times. Contrary to China's claim, the SCS trade routes were not discovered or dominated by China. Even in its heyday, i.e., in the early Ming dynasty, the SCS was far from a "Chinese Lake."

2) No evidence suggests that the Chinese discovered the Paracel Islands or the Spratly Islands. The Cham people, now in southern Vietnam, were very likely the first to discover these islands.

3) The ancient maps and records demonstrate insufficient evidence to support any sovereignty claims. While some documents might indicate that China demonstrated jurisdictional practice over the Paracel Islands, there is no evidence showing that China demonstrated jurisdictional practice over the Spratly Islands. China did NOT make territorial claim over these islands prior to 1900. In the late Qing dynasty, China's territorial and maritime limits were at Yazhou, the southernmost point of Hainan Island.

4) However, the waters surrounding the Paracel Islands may have had been a traditional fishing ground for Chinese fishermen since as early as the 16th century. And their fishing activities expanded to the Spratly Islands after

the mid-19th century. They may be the only people who had been continuously and actively involved in fishing activities near those islands before the 20th century.

5) Vietnam gradually established its sovereignty over the Paracel Islands beginning in the late 17th or the early 18th century. By the early 19th century, under the reigns of Gia Long and Minh Mạng, Vietnam acquired the title formally and firmly. This title was widely recognized by western countries. However, after the French invasion, Vietnam lost its control over these islands.

6) No country demonstrated sovereignty over the Spratly Islands prior to 1900. Brunei and Sulu had historical connections with these Islands in their heydays in the 16th-18th centuries. However, they lost these connections after their decline in the 19th century.

7) Filipinos might have been the first to discover the Scarborough Shoal. The Spanish colonial government exercised jurisdictional practice over it during the 18-19th centuries. However, the sovereignty was lost when Spain ceded the Philippines to the United States in 1898.

8) Although the western countries dominated the SCS in the second half of the 19th century, they had no intention of annexing the Paracels and the Spratlys, leaving them as de facto Terra nullius.

9) The territorial dispute between China and Japan over the Pratas Islands in 1907-1909 ignited the hundred-year long "dispute era" of the SCS.

Table of Contents

常引用著作簡稱

1. 中文專著

外交部專題　中華人民共和國外交部南海專題，http://www.mfa.gov.cn/mfa_chn/ziliao_611306/zt_611380/ywzt_611452/wzzt_611670/2305_611918/

疆域研究　李金明，《中國南海疆域研究》，福建人民出版社，1999。

南海爭端　李金明，《南海爭端與國際海洋法》，海洋出版社，2003。

南海波濤　李金明，《南海波濤——東南亞國家與南海問題》，江西高校出版社，2005。

史地論證　韓振華，《南海諸島史地論證》，香港大學亞洲研究中心，2003。

史料彙編　韓振華主編，《我國南海諸島史料彙編》，東方出版社，1988。

史地考證論集　韓振華主編，《南海諸島史地考證論集》，中國書局，1981。

地理歷史主權　呂一燃主編《南海諸島地理歷史主權》，黑龍江教育出版社，1988。

海疆歷史與現狀　呂一燃主編《中國海疆歷史與現狀研究》，黑龍江教育出版社，1995。

地名資料彙編　廣東省地名委員會編《南海諸島地名資料彙編》，廣東省地圖出版社，1987。

歷史與現狀　李國強《南中國海研究：歷史與現狀》，黑龍江教育出版社，2003。

晚清南海　郭淵《晚清時期中國南海疆域研究》，黑龍江教育出版社，2010。

成案彙編 陳天賜《西沙島東沙島成案彙編》，商務印書館，1928。

法律地位 傅崐成《南海法律地位之研究》，123資訊，1995。

釣魚臺是誰的 黎蝸藤《釣魚臺是誰的——釣魚臺的歷史與法理》，臺灣五南出版社，2014。

2. 中文史料

四庫全書 景印文淵閣四庫全書，台灣商務印書館股份有限公司。

續修四庫全書 續修四庫全書，上海古籍出版社。

二十四史 中華書局，1959年版。

清實錄 中華書局影印，1986年版。

古地圖集 曹婉如《中國古代地圖集》（三卷本），北京，文物出版社，1990。

外交部檔案彙編 外交部研究設計委員會編印《外交部南海諸島檔案彙編》，中華民國八十四年五月三十一日。

3. 西方專著

DSISCS Dieter Heinzig, *Disputed Islands in the South China Sea*, Otto Harrassowitz, Wiesbaden, 1976

CFSCS Marwyn S. Samuel, *Contest for the South China Sea*, Methen & Co. 1982

SDISCS Robert Catley & Makmur Keliat , *Spratlys: The Dispute in the South China Sea*, Ashgate Publishing, 1997

SOPSI Monique Chemilier-Gendreau, *Sovereignty over the Paracel and Spratly Islands*, Kluwer Law International, 2000

SFPIA Bill Hayton, *The South China Sea: The Struggle for Power in Asia*, Yale University Press, 2014

4. 西方史料

The India Directory James Horsburgh, *The India Directory, Or, Directions for Sailing to and from the East Indies, China, New Holland, Cape of Good Hope, Brazil, and the Interjacent Ports: Comp. Chiefly from Original Journals at the East India House, and from Observations and Remarks, Made During Twenty-one Years Experience Navigating in Those Seas*, published by London : W.H. Allen and Co. ，引用中說明哪個版本。

The China Sea Directory *The China Sea Directory*, published by Hydrographic Office, Admiralty，引用中說明哪個版本。

The China Sea Pilot *The China Sea Pilot, the coast of China from Pedro Blanco to the Amunyoku Kan (Yalu River), and the west coast of Korea*, published by Hydrographic Office , Admiralty, 1st Edition, 1912.

PMC Armando Cortesão et. al., *Portugaliae Monumenta Cartographica*, Imprensa Nacional Casa da Moeda, Lisboa 1960.

AMC Atlas of Mutual Heritage (http://www.atlasofmutual-heritage.nl)

DRH David Rumsey Heritage (www.davidrumsey.com)

5. 越南專著

特考 阮雅等著，戴可來譯，《黃沙和長沙特考》，商務印書館，1978。

Dossier *The Hoang Sa and Truong Sa Archipelagoes (Paracels and Spratly), Dossier*, Published by Vietnam Courier, I (1981), II (1985)

越南彙編 戴可來、童力編譯《越南關於西南沙群島問題文件

	資料彙編》，1991。
SVD	*The Sino-Vietnamese Difference on the Hoang Sa and Truong Sa Archipelagoes*, by lưu văn lợi, The Gioi publishers, Hanoi, 1996
黃沙長沙問答	*BIỂN ĐẢO VIỆT NAM – HOÀNG SA TRƯỜNG SA: HỎI VÀ ĐÁP*，Trần Nam Tiến （陳南田），Nhà Xuất Bản Trẻ，2011
歷史與理由	*BIỂN ĐẢO VIỆT NAM – BẰNG CHỨNG LỊCH SỬ* VÀ CƠ SỞ *PHÁP LÝ: HOÀNG SA TRƯỜNG SA LÀ CỦA VIỆT NAM*（歷史與理由，黃沙長沙屬越南），多人，Nhà Xuất Bản Trẻ，2011
HSTSA	*The Hoang Sa and Truong Sa Archipelagoes part of Vietnam's Territory, From the Standpoint of International Law*, Nguyen Q. Thang （阮國勝）, translated by Ngoc Bach, Ho Chi Minh City General Publishing House, 2013
EOVS	*Evidence of Vietnam's Sovereignty on the Bien Dong Sea*, Edited by Dr. Tran Cong Trug, translated by Pham Xuan Huy, Information and Communications Publishing House, Ha Noi, 2014

6. 越南史料

大南一統志	東洋文庫版，印度支那 究會，東京，1941。
大南寔錄	慶應義塾大學語學研究所，東京，1961。
硃本選集	《關於越南對黃沙群島和長沙群島行駛主權的硃本選集》，*Tuyển tâp các châu bản triều Nguyễn về thưc this chu quyền của Việt Nam trên hai Quần Đảo* Hoàng Sa và Trường Sa , Collection of of*ficial documents of the Nguyen dynasty on the exercise of sover-*

eignity of Vietnam in over Hoang Sa (Paracels) and Truong Sa (Spratlys) Archipelagoes = Collection des documents officiels de la dynastie des Nguyen prouvant la souverainteté du Vietnam sur les archipels de Hoang Sa (Paracels) et de Truong Sa (Spratleys), Edited by Bộ Ngoại giao, Ủy ban Biên giới quốc gia, published by Hà Nội Nhà xuất bản Tri Thức, 2013.

7. 日本專著

國際紛爭史　浦野起央《南海諸島國際紛爭史，研究・資料・年表》，東京，刀水書房，1997。

8. 阿拉伯史料

東方文獻輯注　【法】費瑯 輯注，耿昇、穆根來翻譯《阿拉伯波斯突厥人東方文獻輯注》，北京，中華書局，1989。

9. 交通史專著

王賡武　Wang Gungwu（王賡武）, *The Nanhai Trade: Early Chinese Trade in the South China Sea*,Time Academic Press, Singapore, 1998.

HESA　Kenneth R. Hall, *A History of Early Southeast Asia: Maritime Trade and Social Development, 100-1500*, Rowman & Littlefield Publishers, 2011.

南溟網　陳佳榮、謝方《古代南海地名匯釋》，中華書局，1984。數字版見南溟網http://www.world10k.com/blog/?p=1916 。

序言　被誤導的南海爭議

傳統上，中國是一個大陸國家，但是中國也有長達一萬二千公里的海岸線。中國與四個海相鄰接，從北到南，分別爲渤海、黃海、東海和南海。除了渤海爲中國內海，中國在其餘的三個海上都與海上鄰國有領土或領海的爭議。

在黃海，中國和韓國有蘇岩礁之爭。蘇岩礁本身只是一塊礁石，在歷史上並無太多可以討論的地方。中韓雙方也分別作出了雙方沒有領土爭議的表述。當然，雙方各自的理解是有差異的。韓國認爲，這表明了蘇岩礁屬韓國。中國認爲，這表明了蘇岩礁並不能定義爲「領土」，因此儘管雙方對其主權有爭議，但這種爭議並不能解釋爲「領土爭議」。不管如何，中韓雙方暫時並沒有因此而關係緊張。

在東海，中日雙方有釣魚臺之爭。釣魚臺成爲領土爭端源於美國在1970年要把琉球交還日本之際，中國宣布釣魚臺爲自己的領土。而此前二十五年，釣魚臺一直由美國琉球政府所統治，再往前五十年，則一直由日本統治。

釣魚臺問題非常複雜。釣魚臺本身只是幾個經濟意義不大的無人小島，島上的經濟價值大概在二十世紀上半葉已經由日本人開發得差不多了。但是有幾個因素使釣魚臺的爭議大大超過其本身的價值。首先，在1960年代末，有報告指在釣魚臺附近海域蘊藏豐富的石油。儘管這一點還未能得到確證，但是東海海底有石油已經得到公認。其次，釣魚臺位於沖繩海槽（Okinawa Trough，不要與琉球海溝Ryukyu Trench相混淆）西側。中國提出的中日間在東海專屬經濟區和大陸棚劃界的分界線爲沖繩海槽，而日本提出的則是中日之間的中間線。如果釣魚臺爲日本所有，那麼中間線的理據將會更加有力。最後，中日之間有長期的戰爭史。中國在甲午戰爭被日本擊敗，在二戰中被日本佔領，死亡人數以百萬計。儘管最後日本戰敗，但是在日本投降的一刻，中國絕大部分國土都未能收復。這種意義上說，中國並未擊敗日本。二戰後，中國一直指日本「並未道歉」，日本政治人物則一再參拜被中國視爲戰犯供奉地的靖國神社。自九〇年代以來，中國的反日情緒逐漸高漲。中國視釣魚臺爲甲午戰爭被日本搶去的領土。因此，釣魚臺在利益之爭外更帶有深刻的歷史根源和社會因素。

如果說黃海和東海的爭議都僅存在於兩國之間的話，那麼南海的領土和領海爭議則是一個不折不扣的多邊性問題。由於歷史地理的原因，南海諸島嶼的歸屬非常模糊。目前爭議直接牽涉的國家和地區多達六國七方，這些國家在十九到二十世紀都經歷了複雜的政府變遷。而歷史和現實中牽涉到的國家更包括美國、俄國、日本、印度、澳大利亞、英國、法國和西班牙等大國，導致問題進一步複雜化。

南海爭議包括了以下幾個層面的利益之爭：

首先是領土之爭。南海的五個群島——東沙、西沙、南沙、中沙和黃岩島都存在領土爭議。中國大陸和臺灣在所有群島上都有爭議，當然這一般不視爲國際爭議。由於大陸和臺灣的主張和根據基本相同，所以在下文中如果不作特別說明，則通稱爲中國。西沙的爭議方爲中國與越南，黃岩島的爭議方爲中國與菲律賓。南沙最爲複雜，目前的領土爭議方有中國、越南、菲律賓、馬來西亞和汶萊共五方。在歷史上，捲入南海諸島領土爭議的還有西班牙、法國、英國、美國、荷蘭和日本。

其次是海域主權之爭。領海和專屬經濟區的法律地位來源於領土。所以在領土上有爭議的各方都是南海海域的爭議方。另外，印尼雖然沒有捲入南海諸島的領土爭議中，但也在南海海域與中國等有爭議。

第三是島嶼資源之爭。南海島上資源以磷礦爲主，在二十世紀前半葉它是南海諸島的主要經濟利益。日本是島上磷礦資源的主要開發者。二十世紀後半葉，磷礦資源在大量開採之後已經基本枯竭，現在並不是各爭議方主要的目標。

第四，海域資源之爭，主要是漁業。南海諸島大都是珊瑚島，在鄰近一帶有豐富的漁業資源。沿岸國家在南海諸島捕魚有悠久的歷史。漁業資源從屬專屬經濟區。南海海域專屬經濟區的爭議導致各國漁民在這個區域進行漁業活動時候承受很大的風險。漁民被它方武裝力量驅趕和抓捕的情況在近三十年來時有發生，並成爲南海爭議逐漸惡化的最直接原因。

第五是海底資源，特別是石油和天然氣。在六〇年代發現南海海底石油之後，它們取代漁業成為了南海海域最重要的資源。根據《國際海洋法公約》，沿岸國的大陸棚上的海底資源除了如專屬經濟區一樣擴展到領海基線200海里外，還可以進一步擴充到350海里外。漁業和石油資源有一個共同點，即它們都在海域，在理論上其歸屬和陸地的歸屬密切相關。

第六是戰略地位和航行自由。從公元前一世紀開始，南海就是往來東亞和南亞以及西方的重要國際航道。但是在十九世紀之前，南海諸島都被視為航海的危險地帶，是需要刻意避免的區域。二十世紀以前，南海都是自由航行的海域。從二十世紀開始，海權主義在東方國家中開始膨脹，日本開始重視南海戰略地位，引發了中國和法國在南海的圈地運動。也是從二十世紀開始，南海爭議才正式登上國際舞臺。在二十世紀前半葉，南海爭議的最大利益在於其戰略地位。直到今天，南海的航海自由仍然是眾多利益相關國家，特別是不直接捲入領土和領海糾紛的國家重點關注點。

除了以上六個層面的現實利益之爭外，和東海問題一樣，民族主義情緒這一非理性因素在南海爭議中也佔有重要的地位。這主要集中在中國和越南這兩個主要爭議國之間。在歷史上，越南長久被中國佔領，獨立後也曾被中國侵略，最後不得不接受藩屬國的地位。在十九世紀末越南民族主義興起之後，這段歷史自然視為屈辱的歷史。二戰後，越南分裂，中國（北京）「勒緊腰帶」大力支持共產黨的北越一方與南越及美國作戰。但是越南統一之後，幾乎立即就和中國保持距離，投向與中國不睦的蘇聯。而中國在投入美國一方後，在七〇年代末向越南發動戰爭。中國視越南為「忘恩負義」，越南視中國為「大國沙文主義」。戰爭留下的創傷至今未癒。中國和越南都是共產黨一黨專政的國家，民族主義長期被作為一種凝聚人心的工具加以刻意鼓動。經過多年的宣傳，南海群島「自古以來」屬自己國家的理論都深入民心。加上舊仇新恨，民族主義情緒有時甚至連政府也不能操控自如。在涉及南海問題的解決之道時，這種非理性的因素不得不為決策者所重視。

在中國大陸官方關於南海問題的論述中，中國對南海諸島的主權似乎是一件再明白不過的事情。在中國外交部網站上的南海專題中[1]，列出了

【1】 外交部專題，http://www.mfa.gov.cn/mfa_chn/ziliao_611306/zt_611380/ywzt_611452/wzzt_611670/2305_611918/。

中國對南沙群島歷史法理問題的官方解釋。文章分爲五部分，分別說明了南沙群島問題的由來、中國擁有主權的歷史依據、法理依據、基本立場，以及國際上的承認。這篇文章在網絡上被廣泛轉載，在各種場合被廣泛引用，乃至該文的正確性彷彿是確鑿無疑。臺灣官方，特別是國民黨政府，對南海諸島的主權立場和論據也和北京幾乎一樣。可是如果翻看越南官方的白皮書，也不免感覺越南對西沙和南沙的主權要求似乎也是非常堅實；而如果只看菲律賓官方和學界的討論，菲律賓對南海島嶼的要求似乎也並非毫無道理。

其實這再正常不過。因爲基本上任何事，只要有爭議，爭議雙方或多或少都會有一些道理。要全面而準確地理解南海爭議，當然應該各方的聲音都聽一聽。「兼聽則明，偏聽則暗」這一道理，一千多年前的唐太宗也知道，但是在當今中國卻很難做到。因爲絕大部分專家和媒體都被「國家利益」所操控或限制，很難負責任地去揭示眞相。

更有甚者，爲了增強自己的理據，無論中國官方還是媒體和專家，在解釋這些爭端的歷史和法理的時候，總是擺出一些斬釘截鐵卻明顯違反和誇大歷史與現實的論點。而這些論點是如此地深入人心，彷彿到了不辯自明的程度。這樣一來，除了有意對公眾進行單方面的引導之外，不僅無助於讓公眾了解南海爭議的眞相，反而更加有害。這裡先舉幾個例子：

（一）南沙自古以來是中國的領土？無法判定對錯

這個論斷和所有「自古以來」的論斷一樣，屬讓人無法判斷對錯的命題。因爲，無人知道中國定義的「自古」到底是多古老。一百年可以是自古，一千年可以是自古，這個跨度實在太大。但是中國人的印象中說起自古，總是以千年爲單位的。因此這個「自古」通常誤導讀者認爲中國對南沙統治時間很長。那麼實際上中國在南沙群島上的「自古以來」到底是多古呢？

如本書正文所分析的，儘管中國專家指出中國有可能從漢朝開始知道南沙，但事實上在宋朝以前中國都沒有關於南沙群島的記錄。直到南宋時期才在文獻中出現了很可能是南沙群島的記錄，但那是從外國使者口中得知而記錄下來的。直到清朝晚期，才有確實無疑的證據表明有中國人在南沙一帶活動。中國開始對南沙有主權意圖是在1933年。中國對南沙正式聲稱主權始於1946年，當年在南沙宣示主權和駐兵也是中國第一次在南沙軍事存在，中國從來也沒有在整個南沙上行使過完全的主權。

另外，現在和「自古以來」一詞一起出現的還有「祖祖輩輩」這個詞，通常出現在描述漁民的活動之中，比如，「瓊海漁民祖祖輩輩均在南沙群島捕魚」。事實上，這些聽似久遠的「祖祖輩輩」其實最早不過在晚清。

（二）南沙從1960年代發現石油之後才出現爭議？錯

這個論斷隱含著其他國家是眼紅南海石油才提出爭議，符合中國人對「見利忘義」的思維定式。然而這個論斷完全是錯的。在1930年法國佔領南沙之後，南沙就出現了爭議（不過當時是法國、英國和日本之爭）。在二戰之後到1960年之前，法國、越南（越南共和國）和菲律賓，乃至英國和荷蘭都對南沙主權提出過要求。

（三）九段線在頒布後三十多年一直沒有遭到反對？似是而非

確實在那三十多年裡沒有哪個政府專門反對過九段線，但是也沒有哪個相關政府承認過。各國政府對九段線的態度是「視而不見」。其主要原因是九段線根本是一個「三無」產品：無定義、無坐標、無法律地位。中國政府（包括北京和臺灣）根本從來沒有正式公開說明過九段線到底是什麼，甚至連坐標都沒有公布。

撇開這個「三無」的問題，中國方面所聲稱的那些國家都默認了九段線這個結論也完全站不住腳。因爲在事實上，從來沒有國家承認過中國聲稱的在九段線以內的權益，包括最主要的領土權益。美國戰後在九段線內不斷有軍事活動，絕大部分沒有受到中國的干預（除了極爲靠近中國大陸和海南島領海的）。法國、越南、菲律賓對西沙和南沙領土都有爭議。法國和越南一直在西沙上有駐軍，一直到1974年爲止。而越南和菲律賓現在還都在南沙群島有駐軍，並在南沙群島上建立了自己的行政區。如果這些都不算是對九段線的否認，無疑是自欺欺人。

（四）越南在1970年代之前一直承認中國對西沙和南沙的主權？似是而非

北越確實在1974年之前一直承認中國對西沙和南沙的主權（儘管或許是被動的）。但是作爲現代越南的組成部分，當時的主權國家越南共和國（南越）一直堅持對南沙的主權，並在西沙和南沙上駐軍。北越和南越分立是國際條約《日內瓦條約》規定的結果，在規定中，無論名義上還是實際上，南越都是南沙的實際掌握者。越南統一之前，北越在法理和現實中與西沙和南沙都沒有一點關係。儘管中國不承認南越，但是無視南越政府的客觀存在，把北越政府直接等同於越南政府，就是混淆事實了。

南越失敗後，並非爲北越直接兼併，而是在南方先成立了一個國家，再南北兩國合併。這樣新的越南並不能直接等同於北越，在法理上是南越和北越合併後的國家，繼承了南越和北越的領土。所以北越之前的聲明，並不能簡單地等同於新越南的態度。北越共產黨人起初承認南沙屬中國，在越南成立之後，同一政黨又否認這一點，此舉於該政黨來說無疑是一種背信棄義的行爲。但是站在法律的角度，最多只是那一政黨背信棄義，而不能等同於國家背信棄義，因爲他們代表的是不同的國家。

（五）戰時及戰後的一批聲明及條約把南沙歸還給中國？錯

簡而言之，在《開羅宣言》中，具體提到了東北、臺灣和澎湖列島歸還中國，但是沒有提及西沙和南沙。在《舊金山和約》和《中日和約》中，聲明了日本放棄西沙和南沙，但是沒有聲明把西沙和南沙交還中國。從條文、立法原意、當時的歷史背景和外交進程來看，寫成這樣的形式的原因只有一個，就是各方對西沙和南沙的歸屬沒有共識，於是把該問題擱置下來，形成一個「未定」的法律地位，留待以後各方慢慢解決。唯一肯定的只是日本對這些群島放棄了主權。

北京不承認《舊金山和約》和《中日和約》，但1970年代中國北京和日本簽訂的《中日聯合聲明》和《中日和平友好條約》中，也沒有提及西沙和南沙。所以對北京政府而言，依據只有更爲薄弱的《開羅宣言》。

類似的斷論還有不少，這裡列舉出的僅僅是其中一部分，詳細的論述需要整整一本書甚至幾本書去論述。如果光看中國的一面之詞，人們大概都會認爲其鄰國是一群貪得無厭的無賴（越南人若僅看越南的一面之詞大概也能得出類似的印象）。可是，經過簡單的分析，就不難發現南海問題其實根本不像官方所說的如此簡單。如果沒有查閱客觀詳細的描述和分析，就不可能清楚理解南海爲什麼會成爲國際間領土爭議的焦點。以上幾個例子已經清楚表明：如果僅僅聽取單方面的意見，所得結論和事實的眞相會相差多遠。

可見，在南海問題上，各方之所以有各自的立場其實都不乏背後的理據。兼聽則明，偏聽則暗。爲了搞清楚南海問題的眞相，就必須首先承認：南海問題是一個複雜而且模糊的問題，遠遠不是非黑即白那麼簡單而明確，只有拋開心中的成見，才能客觀地蒐集和研究各方面的文獻，詳細分析各方面的理據。這樣在放大鏡之下，就可以先把誇大的、不明確的和富有誤導性的理據排除在外。比如中國外交部的那篇文章只要細細閱讀就不難發現它有諸多錯漏，充斥著似是而非和以偏概全的論斷，以及對材料引用的選擇性和傾向性。如果把這篇文章當作是一篇宣傳用品，正如它原先的用意，那確實不失爲一篇好文。但它絕對不可能令人全面、充分而正確地了解南海爭議的歷史和實質。

有關南海諸島歸屬的歷史和國際法著作非常多。參考這些著作當然是極爲重要的。但是大部分專著基本上都有預設的立場。當然，這並不妨礙把它們作爲研究的起始點，因爲它們至少反映了單方面的意見。

作爲筆者一系列論述南海問題的第一本書，本書專注於南海古代史的論述，也就是1900年之前的南海歷史。在南海歷史和國際法的研究中，對南海古代史的研究是相對薄弱的一環。最主要的原因是相對中立的西方學界，對主要是中文寫成的文獻（包括中國和越南的史料）並不熟悉，只能大量引用中國或者越南學者的研究，而中國和越南的學者，如前所述，往往因爲政治立場之故，難以客觀全面地描述南海歷史。特別是中國的古代歷史專著，絕大部分是在七〇年代末與越南進行論戰的時候寫成的，不可避免地帶有時代的烙印，除了偏頗的立場和觀點之外，在史料的準確性以及分析的邏輯性方面也存在相當程度的缺陷。

總而言之，本書在參考了這個領域的代表性著作、眾多中外論文和專著以及各國政府的白皮書、政府組織的學術圓桌會議和研討會資料等等後，加以大量的原創性分析，從歷史與學術的角度勾勒出南海古代的歷史，以及對比分析各方關於南海的觀點與證據，以求從中立的角度，客觀地探討和理解南海問題。

第一章
南海的基本地理與周邊國家

南海面積達350萬平方公里，以越南南部金甌（Cà Mau）與馬來西亞哥打巴魯（Kota Bharu）連線爲界與暹羅灣接界。周邊爲大陸、半島和群島等環繞，堪稱東亞的「地中海」。其東北爲臺灣，北部爲中國大陸，西部爲越南，西南部爲馬來西亞（馬來亞）、新加坡和印尼，南部爲馬來西亞（沙巴和沙撈越）和汶萊，東部爲菲律賓。南海周邊國家有中國（包括北京與臺北政府。爲行文方便，1949年後的中國北京政府簡稱爲中國或大陸或北京，臺北政府稱爲臺灣，以不混淆爲旨）、越南、馬來西亞、新加坡、印尼、汶萊和菲律賓，共計七國八方。國際上稱這個海域爲南中國海（South China Sea），中國稱之爲南海，越南稱之爲東海，菲律賓稱之爲西菲律賓海。爲方便起見，本文一律按照中國的稱呼稱爲南海。廣義的南海包括暹羅灣，但是由於南海的爭議領土和海域都集中在越南金甌和印尼納土納島（Natuna Islands）連線以東，在本書中，除非另外註明，南海都指這一連線以東的海域。

南海上分布著諸多的島嶼。我們通稱的南海諸島是指分布在南海上遠離大陸的一系列珊瑚島礁。從地理上看，國際上一般把南海諸島分爲五個群島：東沙群島（Pratas Islands）、中沙群島（Macclesfield Reef）、黃岩島（或民主礁，Scarborough Shoal）、西沙群島（Paracel Islands）和南沙群島（Spratly Islands）。需要指出的是，中國方面把黃岩島也包括在中沙群島中。根據中國的標準編目，南沙諸島礁暗沙總共二百八十多個[1]。在這裡，筆者無意對整個南海諸島的地理作詳細的描述，只在整體上簡要介紹，並挑出其中一些最富有「歷史感」的島礁作介紹，讓讀者對南海地理有一個整體的印象和初步的了解（圖1）。

---

[1] 《南海諸島地名資料彙編》，廣東省地圖出版社，1987，235頁。

代表。

4.殘缺環礁。這類環礁由於受到地殼運動等外力的破壞，以致地貌上不典型，比如某些礁段有缺失等，都可以歸爲殘缺環礁。西沙群島東部的宣德群島就是殘缺環礁。

5.封閉環礁。這類環礁完全露出水面，沒有門的結構。退潮時，潟湖形成內湖，是充分發育的環礁。

此外，環礁與環礁之間有時還會連在一起，形成環礁鏈（Faros）的地形。有的環礁鏈僅僅由兩個環礁構成，有的環礁鏈包括多個環礁，連綿不斷。

塊狀礁又稱台礁，這種礁是塊狀的，中間沒有凹陷或潟湖，呈平臺狀。它有可能是由充分發育的封閉環礁再演變而成，多見於露出水面的台礁，比如西沙群島上的中建島。也可能是水底珊瑚礁開始形成時的狀態，多見於深沒在水面之下的「灘」（bank）。

此外，在南海諸島中還有極少量的火山島，比如在西沙群島中的高尖石（其實是一塊岩石），並沒有珊瑚形成的地質。

如果珊瑚礁露出水面，就有可能在其上繼續發育成沙洲或沙島。沙洲的沙最先由風和浪帶來，因此首先在珊瑚礁的外緣堆積，形成沙堤，珊瑚礁的中央再在風沙的作用下堆積起來。於是形成四周高，中間低的碟子結構。沙洲繼續發育就進一步形成島嶼。

在沙洲之下沒於水底的就是珊瑚礁的礁盤。礁盤的面積一般至少比沙洲大三倍。於是整個結構就像一個桌子上放一個碟子一樣。礁盤的結構比沙洲複雜，這裡就不多討論了。

在中國唐朝開始已經對珊瑚礁的沙洲和礁盤有初步的認識。據南海地理學家曾昭璇所言，最初長沙就是指沙洲，而石塘就是指礁盤，因此很多文獻中的長沙石塘並提，並不是指兩個地名，而是指同一地區的兩種地貌[3]。

---

[3] 曾昭璇〈中國古代南海諸島文獻初步分析〉，《中國歷史地理論叢》，1991年第1期，133-160頁。

1.2 南海諸島的命名

在國際上，這些島礁的總稱是「構造」（features）。按照珊瑚礁距離海面的高低，一般可以分爲以下幾類：

島（island）是指面積相對較大，地勢較高，形態穩定，有充分灌木植物生長的構造。它們形成的時間一般至少有3000年以上。

沙洲（sand或cay）一般指已經露出海面的陸地，但是地勢低，外形不穩定，只能有草類生長。儘管在一般漲潮時能露出水面，但是在大風或大潮中仍有被淹沒的可能。

礁（reef）指接近海面的珊瑚礁體。一般距離水面7公尺以內，對航海有很大威脅。這些礁可能在退潮時能露出水面，但是在漲潮時會被淹沒。

暗沙（shoal），shoal指的是海裡面一個淺水的區域，如果水手在遠處觀察，就會看到浪花在這個區域向上湧，由此知道這裡是一個危險的淺水區。這種礁體一般在水面之下7公尺或更深，對航海有一定威脅，在退潮的時候也不會露出水面。

灘（bank）是隱伏在水面以下20公尺到30公尺之深的礁體，一般是平臺狀。

英文中還有一些變體。比如有小島（islet）、石（rock）、環礁（atoll）、激浪礁（breaker）等稱呼命名不同的構造。這些不同且有點混亂的稱呼和當初最先命名的人所採取的標準有關，這在歷史長河中難以苛求。中國的官方命名最初都是翻譯外國（特別是英國）的名稱，而翻譯之際，其標準又不統一，後來又有政治和法律因素的介入，於是就難免錯上加錯。比如黃岩島，就完全沒有資格稱爲一個島。中國如此重命名的目的大概是要使其取得《國際海洋法公約》中賦予「島」的劃界權利。

在歷史長河中，不斷有人爲南海諸島命名。中國長期以來都沒有對南海諸島具體島嶼的正式命名，就連各個群島的名稱也變化甚多。中國漁民明清開始在西沙和南沙活動，他們對其中的一些島嶼有民間的稱呼，但這些稱呼從來沒有得到官方的認可。從十六世紀開始，西方也開始對南海諸島命名，最初是對各大群島命名，後來是對各個具體的島礁命名（十八世紀後）。在歷史上，有葡萄牙名、西班牙名、法國名和英國名，不一而足。不同國家的人有自己的叫法，這些叫法在後來有的被沿用，有的又被下一批探測者另起新名所取代。而他們的命名，有多種來源，有的是按照船名，有的是按照船長或船員的名，有的是按照構造的特徵命名，還有是按照附近活動的漁民的稱呼命名（其中有的是按照中國海南漁民的稱呼）。

中國官方在二十世紀三〇年代開始才對南海諸島的具體島嶼進行定名。最初時幾乎都是翻譯西方的名稱（多按譯音）。在1947年，中國進行過第二次命名，這次主要以中國的人名或者船名進行命名，很大程度上擺脫了外國音譯的影響（但也有繼續沿用的例子）。到1983年，北京進行第三次命名，這成爲中國現在的標準命名。

在命名問題上，照顧傳統是一個適合的做法。如果一直遵從傳統的話，研究南海歷史就會簡單得多，至少不會爲這個地方在哪裡而爭論不休。在研究南海歷史的過程中，筆者對此體會至深。因爲本書最大的任務就是要澄清古時候某個地名到底是哪裡。

1.3　東沙群島（Pratas Islands）

在五個群島中，東沙群島是現在唯一沒有國際爭議的島嶼。東沙群島在南海的東北部，位於香港西南約280公里處[4]。它由三個環礁所組成，但是實際上僅有東沙島環礁（Pratas Reef）能夠露出水面，在其西北方的南衛灘（South Vereker Bank）和北衛灘（North Vereker Bank）這兩個沉沒環礁都隱沒於水底。東沙島環礁及瀉湖的面積達到100平方公里，但只有其西部一角能在漲潮時也露出水面，這就是東沙島（Pratas Island），其面積爲1.7平方公里。所以，所謂的東沙群島實際只是東沙島。東沙群島目前由臺灣佔領和管治，行政上隸屬高雄市旗津區中興里。北京政府也

[4] 以下各個群島的地理資料主要取自曾昭璇《南海諸島》，廣東人民出版社，1986；以及《南海諸島地名資料彙編》，廣東省地圖出版社，1987，不一一特別注明。

聲稱東沙的主權，名義上隸屬廣東省汕尾市陸豐市碣石鎮。東沙島除了駐軍外沒有常住人口，目前是臺灣的國家公園，作爲一個保育區，不對一般民眾開放。

1.4 中沙群島（Macclesfield Reef）

在北京政府現行的行政規劃中，中沙（包括黃岩島）、西沙和南沙都歸2012年才成立的三沙市管理，市政府在西沙永興島上。

在國際上，沒有中沙群島這個說法，相對應的是西沙群島東南面的一個從東北到西南分布的橢圓形的大型珊瑚環礁，即中沙環礁（Macclesfield Reef）。這個環礁面積廣大，最長處達130公里，最寬處達70公里，面積超過6000平方公里，是世界上最大的環礁之一。儘管其面積廣大，但即使在低潮的時候也不能露出水面。最淺之處爲漫步暗沙（Walker Shoal），其最淺時距離海平面也有九公尺多。環礁瀉湖的最深處達到100公尺。所以實際上，這些「群島」並不是陸地，也配不上「島」這個稱號。把這些暗礁稱爲群島，實在有點混淆是非。

但在中國的語境中，中沙群島並不限於中沙環礁，而是包括了其東面、北面和南面的幾個遙遠的礁石。它們在地理上和中沙環礁毫無關係，彼此之間也毫無聯繫。南部幾個暗沙都無足輕重。北部主要的暗沙是距離香港海域僅僅幾公里的一統暗沙（Helen Shoal），以及神狐暗沙（St. Esprit Shoal）。東部幾個島礁從南到北主要是黃岩島、憲法暗沙（又名特魯路灘，北京稱特魯暗沙，Truro Shoal）和管事暗沙（Stewart Shoal）。管事暗沙又名管事灘，以前是中國聲稱主權的暗礁，但是由於其實際位置在中國的九段線之外，所以現在北京政府已經不再把管事暗沙作爲中國聲稱領土了。這些遠離中沙環礁的島礁爲何被中國政府劃入中沙群島之中的準確原因和理據不明，但是估計和中國希望加強對黃岩島的領土主張的理據有關。目前中國大陸和臺灣都聲稱對中沙群島擁有主權，但都沒有實際控制領土（因爲都在水面以下）。中沙群島在1935年最初定名時稱爲南沙群島，戰後改爲現名。

1.5　黃岩島（Scarborough Shoal）

黃岩島，實際上是一個由珊瑚礁組成的環礁。環礁和瀉湖的總面積達到150平方公里，但是只有少部分礁石在漲潮時也能露出水面。中國把黃岩島視爲中沙群島的一部分。但實際上，黃岩島距離中沙環礁相當遠，直線距離達到375公里，甚至比中沙環礁到西沙群島的距離更加遠。黃岩島離菲律賓呂宋島的距離更近一些，只有220公里。從地理上說，黃岩島和中沙環礁沒有關係。如果再考慮到黃岩島是一個能露出水面的淺灘，而中沙環礁和其他被歸入中沙群島的暗沙都只不過是水面之下的暗礁，把黃岩島歸在中沙群島之中實在非常牽強。全世界只有中國認爲黃岩島是中沙群島的一部分，這大概是爲了增強黃岩島屬中國的理據：黃岩島距離中國非常遠，離菲律賓較近，而中沙群島剛好相反。如果黃岩島被認爲是一個獨立的群島，對於中國爭奪黃岩島的主權非常不利。

中國、臺灣和菲律賓都聲稱對黃岩島擁有主權。黃岩島在中國的行政中屬三沙市，在臺灣的行政中屬高雄市，在菲律賓的行政中屬三描禮士省（Zambales）的馬新洛克市（Masinloc）。在2012年之前，黃岩島爲菲律賓海軍實際控制（菲律賓海軍在附近水域巡邏）。2012年4月，中國和菲律賓在黃岩島對峙，引發新一輪的南海衝突。目前看來，中國已經成功控制黃岩島，但菲律賓並沒有放棄對黃岩島的主權要求。

1.6　西沙群島（Paracel Islands）

西沙群島遠比以上三個群島大。它位於海南島西南330公里，距離越南東部海岸線也大約是同樣距離。西沙群島的島礁數目根據統計口徑和標準的不同可以有很大差異。中國的統計中一般認爲有三十多個；而西方的統計中，根據大英百科全書，西沙群島由大約一百三十個珊瑚島礁組成[5]。西沙群島素有上七下八之稱，意思是除了東面的東島（Lincoln Island）和西南面的中建島（Triton Island）等幾個較爲獨立的島嶼

【5】 Encyclopædia Britannica,15th Edition, 1998, Vol 9, p134.

之外，其餘環礁主要分爲兩個群島：位於東北側的宣德群島（Amphitrite Group，海后群島），以及位於西南側的永樂群島（Crescent Group，彎月群島）。前者有七個連在一起的島嶼，後者有八個主要島嶼。這兩組群島相距約70公里，分別位於宣德環礁和永樂環礁之上（圖2）。

圖2　西沙群島

宣德環礁是一個殘缺環礁，其西部礁體殘缺，南部礁體下沉。環礁上東北部的島嶼又稱七連嶼，其中兩個重要的島嶼是西沙洲（West Sand）和趙述島（Tree Island）。但群島中最大的和最重要的島嶼是同樣位於環礁之上的永興島（Woody Island），它也是西沙群島甚至南海諸島中最大的島嶼（在自然狀態下），面積約2.1平方公里。它林木茂盛，故得名。它一直是中國政府在西沙的主要據點，也是目前中國新成立的三沙市的政府所在地。永興島東北的石島（Rocky Island）上有西沙群島的最高點，海拔14公尺。它和永興島在同一礁盤上，低潮時甚至可以涉水而過。現在有人造堤相連。

永樂環礁是一個典型環礁，由永樂群島所屬的八個礁塊環繞一個中心瀉湖構成。其瀉湖的面積比宣德群島的要大，但是露出水面的島嶼面積卻較小。這些礁塊共形成十三個獨立的露出水面的小島。它們中最重要的有珊瑚島（Pattle Island），它地勢最高，形狀規則，長期以來成爲法國和越南在西沙群島的統治中心。甘泉島（Robert Island）以島上有甜美的泉水出名。金銀島（Money Island）、琛航島（Duncan Island）和晉卿島（Drummond Island）等也值得一提。琛航島是永樂環礁面積最大的島，在1974年中越西沙之戰中是主要的戰場。

其他環礁有最東邊的東島環礁，它是一個殘缺環礁，其主島東島（Lincoln Islands）的面積在一平方公里以上，是最早被西方人命名的島嶼之一。東島旁邊有高尖石（Pyramid Rock），是一塊僅高6公尺的礁石，也是南海諸島中唯一火山島。

華光環礁（Discover Reef）在永樂環礁的南面，它是一個發育完整的大礁盤，東西直徑達31公里，南北直徑也有12公里。在低潮時，整個礁塊也能露出，但僅僅個別礁塊在高潮時能突出水面。其中間是一個深達七十多公尺的大瀉湖。此外的環礁還有北礁（North Reef）、浪花礁、玉琢礁等。

最西南邊的中建島（Triton Island）是一個已經全部台礁化的環礁，中間的瀉湖已經消失。2014年中越在西沙海域對峙事件中，981號平臺正是位於中建島外17海里之處。

中國和越南都聲稱對整個西沙群島擁有主權。在1974年之前，中國大陸佔有宣德群島，越南共和國（南越）佔有永樂群島。在1974年的海戰中，中國大陸驅逐越南共和國軍隊，佔有整個西沙群島，實際控制至今。但越南一直沒有放棄對西沙群島的主權要求。

現時，在中國的行政中，西沙群島屬三沙市，在臺灣行政中屬高雄市，在越南行政中屬峴港市（Da Nang，Thành phố Đà Nẵng）。

1.7　南沙群島（Spratly Islands）

南沙群島是南海中最大的群島，各種形式的島嶼、灘塗、岩礁等總計超過七百五十個，在此不可能一一敘述。這些島嶼灘塗都在礁盤上發育。南海諸島礁盤大小不一：有的礁盤很小，僅爲一塊礁石；有的礁盤，比如禮樂灘的面積相當大，甚至比中沙環礁還要大。可以從礁盤爲單位出發理解南沙的各個主要地貌（圖3）。

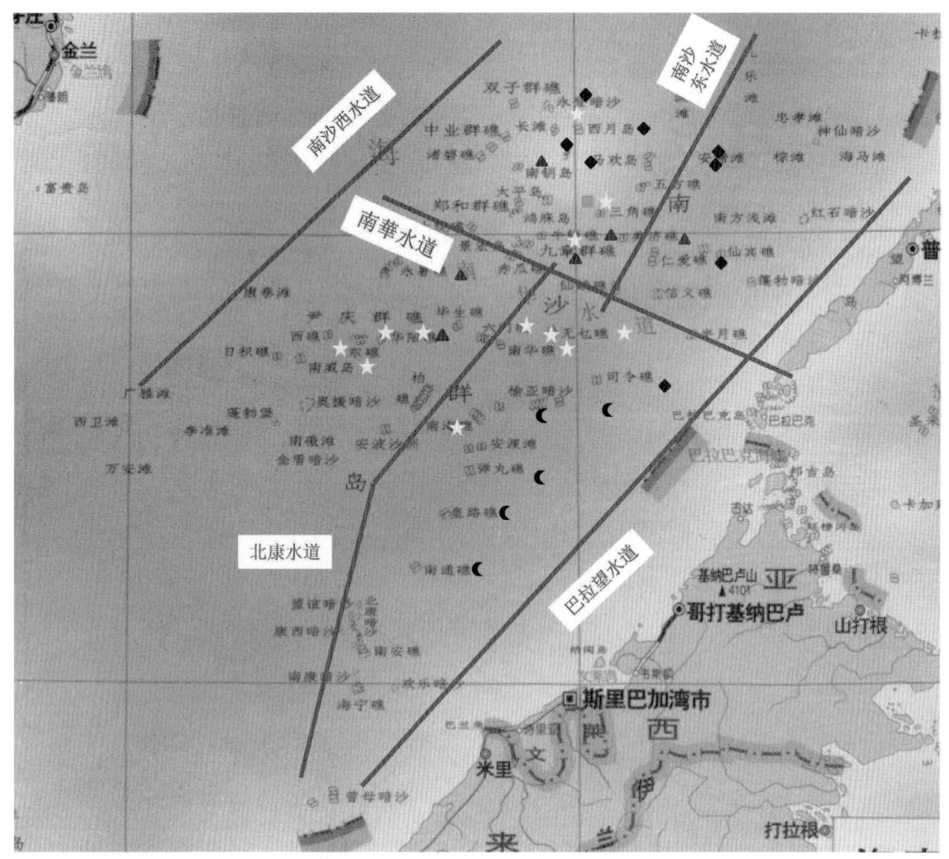

圖3　南沙群島的分區、主要島礁和佔據情況。三角形，中國；星形，越南；菱形，菲律賓；新月形，馬來西來；方形，臺灣。

南沙群島的地質構造相當複雜。儘管現在經常被說成是一個群島，但實際上地質起源各不相同。南沙群島總體上說來是東北——西南走向，其主體部分構建在兩條東北——西南走向的海脊上，它們之間以一條東北——西南走向的深水水道分隔開，其北段稱「南海東水道」，南段稱「北康水道」。在這兩條海脊的另外兩側都有水道。在西北側是「南海西水道」，在東南側是「南沙海槽」（又稱巴拉望海槽，在巴拉望島和南沙群島之間）。這三條水道都是航海中沿南北向駛經南沙群島時可以選擇的通道。

這兩條海脊又被一道西北——東南向的斷裂帶切斷，形成一條相同方向的水道，即「南華水道」（又稱荷落門水道），這是東西向穿越南沙群島時的唯一選擇。於是，南沙群島可以被南華水道、南沙東水道及北康水道切割為東南西北四個區域。大致說來，這四個區域屬不同的地質單元：西部的一部分屬南沙海底高原，南部屬西北加里曼丹大陸棚的一部分，東部一部分是巴拉望海槽的西北坡，北部一部分屬南海中央的深海地盤。

南沙北部是島嶼最多的地區。由於季風的影響，這區域的環礁均呈東北——西南走向，極有規律，特徵明顯。這裡主要有五組環礁，從北到南是：

雙子群礁。它是南沙群島中距離中國大陸最近的島礁，也最早發現中國人的蹤跡。群礁中有南子島（Southwest Cay）和北子島（Northeast Cay）兩個極為靠近的島嶼。中國漁民稱之為「雙峙」。其面積在南沙中分列第六和第五。在北子島上曾經發現中國人在晚清時的墳墓，海南漁民以前把它作為到達南沙群島的第一站。這兩個島嶼的英文名純粹是方位描述，大概並無什麼特別的起源。現在它們分別為越南和菲律賓所佔領。

永登暗沙——樂斯暗沙——中業群礁——渚碧礁。當中以中業群礁最重要。這個群礁由東西兩個環礁組成。在西灘環礁東部上有中業島（Thitu Island），是南沙面積第二大的島嶼。中國海南漁民稱之為「鐵峙」。其英文名的來源中國認為是從海南人的稱呼中轉化而來的。現在中業島由菲律賓控制，成為菲律賓在「卡拉延群島」的管治中心，已經建成了包括飛機場和學校在內的一整套設施。在西灘環礁的西部為鐵線礁。渚碧礁在自然狀態下僅有少部分在低潮時能露出水面，在法律上不算島嶼，但目前為中國佔領，在其上建設了平臺。最近一年，中國在南海大規模造島，渚碧礁已經擴展為面積達幾平方公里的人工島。

長灘——西月島——火艾礁——道明群礁。西月島（West York Island）是南沙第三大島，目前為菲律賓所佔領，島上沒有淡水，補給困難，僅有少量的駐軍。道明群礁（Loaita Bank and Reefs）是一個發育完整的典型環礁，具備洲、門、島、礁等典型結構。在南緣，有雙黃沙洲（Loaita Nan）、楊信沙洲（Lankiam Cay）和南鑰島（Loaita Island）。

南鑰島是南沙面積排第十的島嶼，也是最低的島嶼，島上有淡水，目前也爲菲律賓所佔領。楊信沙洲是南沙群島中面積最小的島嶼，天然面積僅4400平方公尺，也爲菲律賓所控制。

大現礁——小現礁——鄭和群礁——恒礁——北恒礁。鄭和群礁實際上是一個大環礁，面積達2247平方公里，是南海最大的環礁之一。鄭和環礁上有好幾個島嶼，是生成島嶼最多的環礁。太平島（Itu Aba Island）在環礁的西北角，面積0.43平方公里，是（天然狀態下）南沙中最大的島嶼，島上有淡水，目前爲臺灣所佔領，建有機場。海南漁民稱之爲黃山馬，據中方說英文名是對這個海南名字的音譯（Widuabe），但是亦有說法稱是來自馬來語「itu apa」（即「這是什麼」），也有說是從兩個當年在法國人手下爲這個島繪圖的越南人的名字而來（Tu和Ba）[6]。

敦謙沙洲（Sandy Cay）在太平島的東面，面積爲7萬平方公尺，算一個可以露出水面的島嶼。目前爲越南所佔領。

鴻庥島（Nanyit Island）在鄭和群礁的南緣，面積爲8萬平方公尺，目前爲越南所佔領。英文名可能來自海南漁民的「南乙」的稱呼。

在鄭和群礁最西側是南薰礁（Gaven Reef）。這原是一個勉強露出水面的礁石，現爲中國所佔領。在1990年，發生南薰礁事件，上面11名守軍5死6失蹤，事件原因和經過至今不明。鄭和環礁上的安達礁（Eldad Reef）也爲中國所控制。

九章群礁。它緊靠著南華水道和南海東水道，是南沙北部最南的一列，也是一個典型環礁。景宏島（Sin Cowe Island）在其北緣的中部，面積爲8萬平方公尺，目前爲越南所佔領。其英文名Sin Cowe可能來自海南漁民的「秤鉤」的稱呼。南緣的染青沙洲（Grierson Reef）和鬼喊礁（Collins Reef）似也是在越南的控制之中。

而九章群礁的其他大部分礁石都爲中國所佔領，包括在環礁的北緣的東門礁（Hugh Reef）、西門礁（Mckennan Reef）、最東面的牛軛礁（Whistum Reef）和最西面的赤瓜礁（Johnson Reef）。1988年中越之間

【6】 http://en.wikipedia.org/wiki/Taiping_Island。

爆發赤瓜礁海戰，中國大陸首次在南沙建立軍事據點。

南沙東部擁有最大的暗沙群，以前把這一帶稱爲危險地帶（Dangerous Zone）[7]，是船隻極力避免通過的地區。這一帶的環礁比較分散，無一定規律，故只能選擇重要的介紹。

在最東北角有禮樂灘（Reed Bank），這是南海地區最大的一塊環礁，面積8866平方公里，水深在9到45公尺之間，比中沙環礁還要大。禮樂灘是著名的具備石油開發潛力的地區，菲律賓和中國均對其虎視眈眈。

在禮樂灘西南有羅孔環礁，上有馬歡島（Nanshan Island）和費信島（Flat Island）。它們的面積分別爲6萬和4萬平方公里，是東部僅有的兩個島嶼，都爲菲律賓所佔領。

此兩島南面爲五方礁，再南則爲美濟礁（Mischief Reef）。在1995年和1997年的兩次美濟礁事件後美濟礁爲中國所佔領，成爲中國在東部的軍事和海監中心。經過中國最近一年的造島，美濟礁已經成爲南沙最大的（人造）島嶼。美濟礁東面爲仁愛礁（Second Thomas Shoal）。1999年後菲律賓一艘軍艦一直停泊在那裡，形成菲律賓的實控。2013年，中菲發生仁愛礁對峙事件，令南海局勢大爲緊張。仁愛礁再東爲半月礁（Half Moon Reef），極爲靠近巴拉望島。2012年，一艘中國戰艦在當地擱淺，令人懷疑中國是否要模仿菲律賓那樣借擱淺而實控這個島嶼，後來證實只是一場虛驚。目前美濟礁——仁愛礁——仙賓礁——半月礁一線成爲中菲角力的熱點。

總之在南沙東部，以暗沙和暗礁爲多，僅有的兩個島嶼均爲菲律賓佔領，而只有中國和菲律賓在此佔有島礁。

南沙南部的島礁灘沙也呈現東北——西南排列，但眞正稱得上島嶼的只有安波沙洲一個。在這個區域的東北，有三個島礁呈鼎立之勢：司令礁（Commodore Reef）在上述中菲對抗線的南方，目前爲菲律賓所佔，它和仁愛礁一起成爲菲律賓在巴拉望島前沿抗衡中國的據點。在其西北方是越南控制的無乜礁（Pigeon Reef或Tennent Reef）。在其東南方是馬來西

【7】 危險地帶還包括了東部暗沙群附近的一些位於北部和南部的礁沙灘，其準確範圍無明確界定。

亞控制的榆亞暗沙（Investigator Shoal）。三者都在1999年左右分別被菲越馬佔領，形成鼎立之勢。

安波沙洲（Amboyna Cay）在南部區域的西方，緊靠北康水道，面積爲2萬平方公尺，目前爲越南所佔領。在十九世紀後期，英國婆羅洲政府曾經對有意在此開發的商人頒發許可狀。無乜礁和安波沙洲一線中還有越南佔領的南華礁（Cornwallis South Reef）、畢生礁（Pearson Reef）、六門礁（Alison Reef）和柏礁（Barque Canada Reef），這些島礁構成了越南在南部的一條完整的防線。

榆亞暗沙以南基本是馬來西亞的勢力範圍。其西南是馬來西亞控制的南海礁（Mariveles Reef），有直升機停機坪。南海礁的西南是著名的彈丸礁（Swallow Reef），它原先是一個狹長形的環礁，僅僅在低潮時能冒出水面。1983年馬來西亞控制了這個礁，並在此構建了南沙群島第一個大型的人工島。目前它的面積達10萬平方公尺，是一個著名的水上遊樂與度假的中心，建有飛機場。彈丸礁的西南是南通礁（Louisa Reef），這是汶萊唯一聲稱主權的礁石。1993年馬來西亞控制了此處，連成榆亞暗沙——南海礁——彈丸礁——南通礁一線，與越南的控制線直接相抗。但是在2009年，馬來西亞和汶萊通過談判，把南通礁劃歸汶萊。這成爲南海各方和平解決海界問題的榜樣。

在安波沙洲以南有盟誼暗沙、康西暗沙和南康暗沙。這些暗沙都在馬來西亞的大陸棚上，也是盛產石油的地方，均爲馬來西亞所實際控制，也有多年的產油經歷。在這幾個暗沙的南方，就是中國聲稱爲「領土最南」的曾母暗沙（James Shoal）。它實際是一個大暗灘，最淺處離水面18公尺，不構成國際法意義上的領土。國際上，盟誼暗沙以南的構造不被視爲南沙群島的一部分。特別是曾母暗沙，它距離馬來西亞海岸線極近，而距離最近的南康暗沙則還有兩倍以上的距離，在地理上更加不屬南沙群島。此點在國際法上當予以考慮。在曾母暗沙附近還有八仙暗沙（Parsons Shoal）和立地暗沙。這兩個暗沙原先在1947年國民黨頒布的島礁名冊之上，但在1983年中國頒布的名冊中，卻屬「暫不公布，也不公開引用和對外提供」的三個地名之二（另一個是管事灘）[8]。值得指出的是，越南儘管聲稱對整個長沙（南沙群島）的主權，但是越南所定義的長沙中並不包括盟誼暗沙及其以南的暗沙。

南沙西部最靠近南華水道的是永暑礁（Fiery Cross Reef），它由中國所控制，是中國在南沙西部的主要軍事據點。現在中國在南海造島，把永暑礁作爲軍事中心的規模興建，目前被認爲已經成爲大型人工島。

永暑礁以南是尹慶群礁。它由華陽礁、東礁、中礁、西礁等四大礁石所組成。華陽礁（Cuarteron Reef）由中國控制，中國也正在此大規模建造人工島。另外三個礁石由越南控制，但越南僅僅在上面興建高腳屋，和近在咫尺的華陽礁相比極爲寒磣。

在尹慶群礁以南是南威島（Spratly Island），這是南沙群島的第四大島，面積約14萬平方公尺。從英文名字看來它是南沙群島的主島，但在地理上並不如此。它是越南獨立後最早佔領的島嶼，經過多年建設，也成爲越南在南沙的行政和軍事中心。南威島西側有日積礁（Ladd Reef），也被越南控制。

南威島以南和以西都沒有礁石，而只有暗灘，均爲越南實控。最西面的萬安灘（Vanguard Bank）名氣最大，因爲在二十世紀九〇年代，中國和越南在此產生油田爭議。最後中國停止了這裡的油田開發。

1.8　南海諸島爭議和佔有現狀

在南海諸島的爭議中，可以分爲三組：黃岩島只有中國和菲律賓之間存在爭議；西沙只有中國和越南存在爭議；南沙是爭議最大的群島，牽涉到中越菲馬汶五國，但激烈的爭議主要集中在中國、越南和菲律賓之間。

在南沙群島方面，各國主張主權的範圍不一樣。中國聲稱整個南沙群島；越南聲稱的南沙群島不包括南部的幾個暗沙（如曾母暗沙，北康暗沙等）；菲律賓所聲稱的南沙群島不包括上述南部的暗沙、南威島及其以西

〔8〕　中華人民共和國國務（82）國函字280號文《國務院關於南海諸島地名命名、更名方案的復函》。

的島礁和暗沙；馬來西亞基本僅主張位於其大陸棚延伸之上的島礁（主要在南部的島礁和暗沙）；汶萊僅僅聲稱對南通礁的主權。

而實控方面，根據中國的說法，越南佔有最多的南沙群島島礁，達二十九個[9]：鴻庥島、南威島、景宏島、南子島、敦謙沙洲、安波沙洲、染青沙洲、中礁（沙洲）、畢生礁（沙洲）、柏礁、西礁（沙洲）、無乜礁、日積礁、大現礁、六門礁、東礁、南華礁、舶蘭礁、奈羅礁、鬼喊礁、瓊礁、廣雅灘、蓬勃堡、萬安灘、西衛灘、人駿灘、李准灘、奧南暗沙、金盾暗沙。

菲律賓次之，佔有十個[10]：中業島、西月島、北子島、馬歡島、南鑰島、費信島、雙黃沙洲、司令礁（沙洲）、火艾礁和仁愛礁。

馬來西亞則佔有八個島礁[11]：彈丸礁、光星礁、光星仔礁、南通礁、南海礁、榆亞暗沙、簸箕礁、皇路礁，另在北康暗沙、南康暗沙、曾母暗沙附近海域有大量海上油氣開發平臺。

汶萊對南通礁聲稱主權[12]，其對南通礁的主權在2009年得到馬來西亞的承認，但似乎目前仍被馬來西亞控制。

印尼的主張不涉及島礁的主權，而僅僅對沒有主權爭議的納土納群島附近的海域聲稱主權[13]。

在中國方面，大陸實際佔領了十個島礁：渚碧礁、安達礁、南薰礁、赤瓜礁、牛軛礁、東門礁、西門礁、永暑礁、華陽礁和美濟礁。另外中國大陸最近也在其他南海海域擴大巡邏範圍，可能已經形成了對其他島礁的控制，這些控制的力度難以評測，這裡暫時不列入統計。中國大陸實控的十個島礁中有的不能在高水位時自然露出水面。但是中國大陸在它們上面都建造了人工建築，使其在漲潮時也能露出水面，最近更是大規模進行填土造地工程。一些島礁的實際面積已經超越太平島成爲南沙的最大陸地。

---

〔9〕 http://www.qstheory.cn/special/5625/5675/201108/t20110802_99156.htm。

〔10〕 http://www.qstheory.cn/special/5625/5675/201108/t20110802_99171.htm。

〔11〕 http://www.qstheory.cn/special/5625/5675/201108/t20110804_99882.htm。

〔12〕 http://www.qstheory.cn/special/5625/5675/201108/t20110804_99883.htm。

〔13〕 http://www.qstheory.cn/special/5625/5675/201108/t20110804_99884.htm。

臺灣佔有最大的島嶼——太平島，以及它附近的中洲礁。

在這些島礁中，以天然面積計算，只有十一個島嶼符合國際法中可以聲稱專屬經濟區的「島」的條件，即可以住人的島[14]。該十一個島嶼目前爲臺灣、越南和菲律賓瓜分：臺灣佔有最大的島嶼太平島；越南佔有西部的南威島和北部的南子島、景宏島和鴻庥島；菲律賓佔有中業島、北子島、南鑰島、西月島、費信島、馬歡島這六個北部和東部的島嶼。

【14】 林若雩〈東協與中國達成《南海行動宣言》的意涵與台灣的因應之道〉，《新世紀智庫論壇》55期，2011。

第二章
遠古南海（十世紀之前）

南海的歷史，按照有爭議與否，可以分爲無爭議時期和有爭議時期兩部分，它們之間的分界線可以劃在1900年。而無爭議時代，又可以以十九世紀中期爲界分爲古代和近代兩個時期。因爲最重要的兩個聲索國——中國和越南——都在同一時期遭到西方國家的入侵，而這對南海諸島的歷史有重大影響。對於菲律賓和馬來西亞等國家，西方勢力進入的時間更早一些。爲處理方便，筆者將它們在西方國家入侵之後到十九世紀之前的歷史也放入近代篇之中。在古代，南海的歷史又截然分爲兩段，大致上以十世紀中期（960年）爲界。這種分界有兩個原因：第一，在此之前，越南和中國是同一國家，而在960年代，宋朝的建立（961年）與越南的獨立（968年）幾乎同時發生。之後，中國和越南基本就是兩個不同的國家。第二，宋朝開始，中國才在南海交通中成爲不可忽視的力量，也因此和南海諸島發生緊密關係。

2.1 歷史的框架

1. 南海周邊的原居民

因爲缺乏文字材料，我們只能根據生物學和人類學研究來確定南海的上古歷史。根據古生物學和分子遺傳學的研究而總結的「走出非洲」理論（Out of Africa Theory）最爲科學家接受。根據這個理論，智人（*Homo sapiens*）即現代人大概在20萬年前到15萬年前在東非演化形成，在大約12萬年前開始走出非洲的嘗試，但是到了6萬年前左右才眞正成功地走出非洲。在智人之前，已經有其他的人科物種更早地從非洲擴散到其他大陸，比如直立人（*Homo erectus*）和尼安德特人（*Homo neanderthalensis*），這些早期人類被後來的智人所消滅和取代。因此，現存的人類都是這支形成於20萬年前的智人的後代（儘管有科學家認爲現代人的基因庫中有極少量其他人種的基因，這尙有爭議）。

從非洲到達南海一帶的智人有兩批[1]，分別稱爲早亞洲人和晚亞洲人。早亞洲人沿著西亞——南亞——東南亞——大洋洲的海岸線擴散，

[1] 李輝、金力〈重建東亞人類的族譜〉，《科學人中文版》2008年8月，78期，35頁。

大約在6萬年前到達東南亞及大洋洲（在冰期，海平面下降，很多馬來群島中的島嶼都和大陸相連或者僅僅被淺水分隔）。他們的男性Y染色體爲D型，膚色偏黑色，最終形成了現在東南亞主體人種——南島民族和澳大利亞的原住民（棕色人種）。南島民族分布廣泛，其範圍大致爲越南南部（曾經的占城）、馬來西亞、印尼、菲律賓、臺灣、新幾內亞、馬達加斯加和南太平洋島嶼。

第二批移民，也就是晚亞洲人，大約在3萬年前從東非遷出，他們的遷徙路線沿著內陸到達青藏高原東南部、印度東北、緬甸北部乃至雲南南部一帶。這批移民Y染色體爲O型，膚色爲黃色，和早亞洲人有很大的差異。他們在青藏高原東南部分爲兩支繼續遷移。一支南下到達印度支那半島（老撾、越南一帶），再從那裡遷徙到現在中國南方的廣東、廣西、海南和福建等地，這支人種成爲了「百越」族。另外一支則北上發展，他們先進入湖廣即爲後來的苗族；一部分人繼續北上進入河套平原，再向中原擴散，成爲了羌族和漢族；還有一部分人轉往西面，形成現在的藏族。

可見，最早到達南海的人是現在東南亞各國、包括越南（南部）、馬來西亞、汶萊和菲律賓的先民。其次到達南海的人是百越人。現在以百越人後裔爲主體民族的南海周邊國家就只有越南。而中國的主體民族漢人開始到達南海是很晚的事，要等到秦朝統一並征服嶺南之後（公元前214年）。

當然，這些上古時期的民族的分布與遷移並不能直接構成主權的理據，但是可以利用這些知識來構建南海歷史，以及重新審視有關南海的一些論點。比如，誰最先發現了南海？無疑，最先發現南海的是早亞洲人，即現代南島民族的先民。它們早在漢人到達南海幾萬年前就已經在南海沿岸生活了。其次到達南海的人是現在越南人的先祖百越人。因而，南海「自古以來」並不僅僅是中國人活動的地方，而是包括所有環南海地區民族生活的地方。而中國人，指主體民族漢人，不過是後來者。

2. 百越族的發展

最早到達南海的南島民族留下的史料很少，因此人們對他們所知也極少。第二批到達南海的是百越人。得益於中國豐富歷史記錄中的零散記載，也憑藉分子生物學的技術和語言學及人類學的研究，可以大致建構出其發展的脈絡（圖4）。

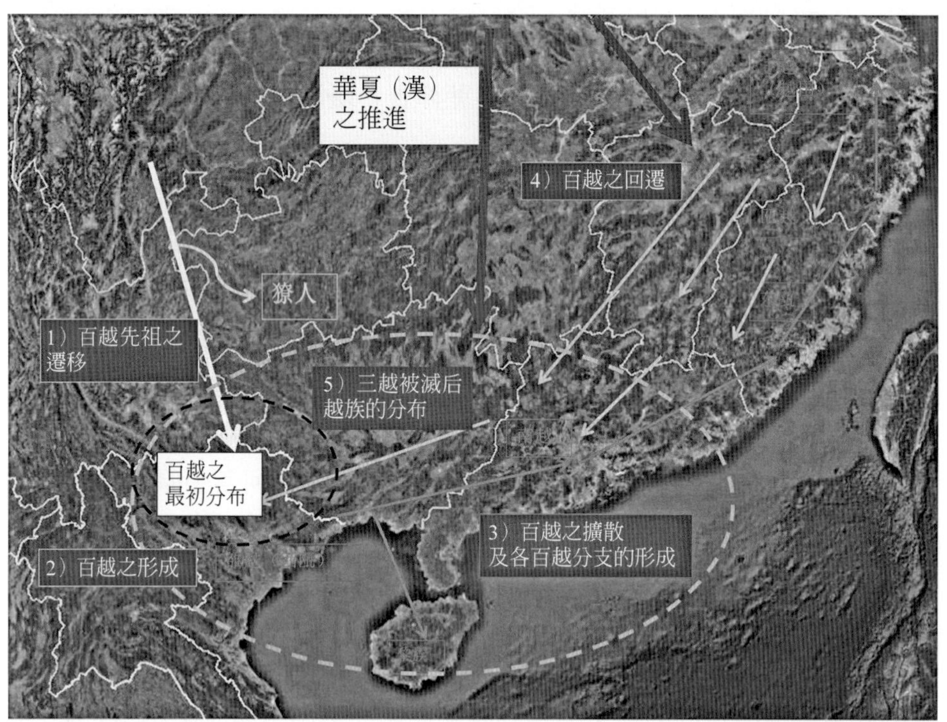

圖4　百越之形成（自繪）

上文說到的晚亞洲人的一支，從青藏高原東南邊緣越過老撾中部的長山山脈（Annamite Range）到達現在越南紅河三角洲南海沿岸一帶。這一支和另外向北發展的一支（藏漢羌苗等）相比可能是少數，但是由於越南沿岸的物產豐富，這支逐漸得到壯大，於是繼續沿海岸向北發展，經過廣西、廣東、福建一直到達浙江，成爲百越族，廣泛分布在從浙江到越南的廣大沿岸地區。在中國史料中，百越族分爲幾支，從浙江到交趾，由東北到西南沿岸，大致爲：于越（浙江北部）、甌越（浙江南部）、閩越（福建）、南越（廣東、廣西）和雒越（越南、廣西）[2]。從越人的遷徙過程

【2】 覃主元〈先秦時期嶺南越人的航海活動與對外關係〉，張一平等編《百越研究（第三輯）》，暨南大學出版社，2012，237-245頁。

看，留在越南的雒越人是越族的本源。

此外，在晚亞洲人從青藏高原東南邊緣到達越南沿岸之間，有留在雲貴高原之本土民族，這也是多支中國西南少數民族，以及後來遷往東南亞（如泰國和老撾）的民族的起源。他們在相當於中國春秋到漢朝時也建立過一系列國家（如滇國和夜郎），但在先秦和秦漢，中國對這個地區的民族似乎沒有特別的統一稱呼。有論點認為當時以越裳稱呼之，並認為越裳和雒越是一回事[3]。魏晉之後則以百濮稱呼之。有關中國西南少數民族和百越的關係在史學家中的觀點不盡相同，有人堅持西南少數民族和越南族就是百越的一支[4]，甚至有人認為越南族並不是百越人的後裔[5]。但從語言上分析，這些晉朝之後通稱為獠人的西南少數民族的語言屬壯傣語支（Tai–Kadai languages）[6]，與屬高棉語族（Mon–Khmer languages）或者是獨立起源的越南語[7]沒有直接的親緣關係[8]。根據人類學之心理素質和文化特徵來區分，百越和百濮是兩個不同的族群[9]。而新近的母系DNA研究的證據表明，中國西南少數民族和越族有著顯著的差異，並非同源[10]。因此，他們儘管在漢朝時也曾被混稱為百越，但那可能只是漢人對這些不同的民族混為一談之故，與在越南和廣西沿岸發展起來的百越族並沒有直接的關係。

浙江的越族人文化發展最高，早在5300-4200年前，浙江太湖地區已經出現了良渚文化。良渚文化以玉器的豐富和精細著稱。又有研究指出在良渚文化遺址中已經發現了古代城池的遺跡[11]。這個遺址是否是真正的古

---

[3] 王文光、李曉斌《百越民族發展演變史》，北京，民族出版社，2007，92-95頁。

[4] 同上。

[5] 李幹芬〈論百越民族與壯侗語族諸民族的關係——兼論京族的族源問題〉，西南民族研究集刊，第6期，41頁。

[6] http://www.ethnologue.com/browse/families。

[7] http://sealang.net/mk/vietic.htm?vietic-intro.htm。

[8] Nicholas Tarling, *Chambridge History of Southeast Asia*, Vol.1, Cambridge University Press, 1992, p113.

[9] 黃現璠、韋秋明〈試論百越和百濮的異同〉，《思想戰線》，1982年第一期。

[10] Hui, et.al, *Mitochondrial DNA Diversity and Population Differentiation in Southern East Asia*, 2007, American Journal Of Physical Anthropology 134:481-488 .

[11] 《浙江良渚發現史前文明時期規模最大古城》，《人民日報》，2007年12月3日，第11版。

城牆還有爭議，如果這個發現能夠確證，它就是在現今中國地區發現的最早的城池，也顯示了越人的文化還在當時的華夏族之上，甚至可以邁入「文明」的門檻了。良渚文化在4200年前消失，具體原因並不清楚。同一地區大約出現在夏商時期的馬橋文化被認爲是其後繼者。之後，馬橋文化也消失了。

關於越文化的來源，傳統歷史學界有四種說法：第一種大禹是越族的祖先；第二種越和楚是同一來源；第三種越來自三苗；第四種越是本地起源的文化。第四種說法最爲可靠[12]。這裡說的本地起源，就是指良渚文化——馬橋文化——越文化這條線。這條線獨立於中原的華夏文化。結合分子生物學的研究成果，可以得出結論：越文化是從現越南紅河谷地區起源後遷徙到浙江的越族人在本地發展而成的文化。

根據《史記》的記載，越國在夏朝的時候由少康的庶子無餘所建立。夏朝的歷史至今還不能得到確認，而《史記》的成書年代和夏朝相隔甚遠，因此其關於夏朝的說法並不可靠。中國古代周邊的民族的起源往往被追溯到和中國的傳說人物有關，但那往往都是牽強附會的結果。

到了中國周朝時期，史料中開始出現關於越人的記載。最早出現的時候稱爲「于越」或「于粵」（古代越粵相通）。根據史載，越人自西周開始已經和西周相通。春秋初年，越國已經有一定的影響力。但是越國眞正的興起還是春秋晚期。越王允常稱王，並和吳國開始了長期的鬥爭。到了越王勾踐，臥薪嘗膽，在公元前473年終於滅亡了吳國。隨後在短短幾年內通過徐州會盟，勢力達到了鼎盛，成爲中原的霸主，是中國春秋時期的最後一個霸主。

戰國時期，越國開始衰落。公元前333年，楚國擊敗越國，奪取了越國的大片土地。儘管越國並沒有滅亡，但國力大爲衰落，淪爲一個二流小國。秦滅六國之際，也把越國最後攻滅（公元前222年），當時越國大概只剩下會稽一地了。

自楚大敗越之後，由於華夏人的壓力和民族壓迫政策，浙江的于越人

---

[12] 孟文鏞《越國史稿》，中國社會科學出版社，2010，114-136頁。

開始四散南遷[13]。他們遷徙到福建、嶺南和越南一帶，成爲當地越族的一部分。位於浙江南部的越人爲甌越。在越王勾踐時期，甌越是越國的一個封國。楚擊敗越後，大批越國人向甌越遷移。位於福建的越人爲閩越，早在春秋時期就有自己的文化，但是直到楚滅越，大批越人南下之後閩越才建國。位於廣東的越人爲南越，在春秋時期也開始有自己的文化。楚攻越後，又有大批于越人逃到南越，但南越在當時大概還沒有建立起國家級的政權。

3. 早期越南

現代的越南從領土構成的歷史淵源上可以分爲三個部分。越南北部在歷史上稱爲交趾、大越和東京，在文化上屬大中華文化圈的一部分。南越國被漢朝兼併之後，直到公元968年才眞正地脫離中國獨立。越南中南部在歷史上稱爲林邑、環王、占城、占婆和安南[14]。占城在公元二世紀立國，十七世紀被大越攻滅，在文化上屬大印度文化圈的一部分。越南最南部（芽莊以南，包括西貢等地）歷史上屬扶南國，扶南國後又被吉蔑和眞臘所取代，這部分領土在十八世紀爲大越所佔領，後來稱爲交趾支那（Cochinchina）。

在交趾和廣西的越人分別稱爲雒越或西甌。西甌和雒越很可能是同一個越人的分支的不同稱呼[15]。也有人認爲他們在分布上也有區別，西甌在廣西北部，而雒越在廣西南部、越南北部[16]。但即便認爲他們是不同分支的人也承認他們之間雜居的區域是很廣泛的。總之，他們的關係非常密切。因此筆者把他們視爲同一個越人的分支。

除了分子生物學證據之外，還有很多考古學的證據證明，雒越人和擴

---

[13] 同上，311-360頁。

[14] 除了安南這個名稱外，其他幾個名稱都是指同一個占族人建立的國家（Champa），僅僅是中國對其稱呼隨時代不同有異。本書爲方便計，除了原始史料外，都用占城這個名稱。而純地理名稱，則用占婆（如占婆海、占婆島等）。

[15] 余天熾等《古南越國史》，廣西人民出版社，1988，198頁。

[16] 羅香林〈古代百越民族分布考〉，中南民族學院民族研究所編《南方民族史論文選集》，1982，32頁。

散到現中國東南沿海的越人是同一起源。他們的習俗都是斷髮紋身，都有獨特的銅鼓文化，都善於駕駛「雙身船」[17]。歷史上也記載了在戰國後期和秦朝時期，于越人大規模南遷到達雒越和西甌。因此，越國和現代越南有密切的聯繫，這種聯繫得到廣泛的承認[18]。

關於雒越和西甌，傳統的說法認爲是從于越和東甌遷徙過去的，與當地的早亞洲人（即南島語族）一系的人融合，建立起部落政治系統，形成最早的越南王國。但是根據以上提到的分子生物學的證據，越南北部反而是百越人的發源地，其後才沿著海岸線往廣東福建和浙江擴散。因此傳統的說法並不能完全得到支持。筆者認爲存在這樣一種可能：雒越人和西甌人是留在發源地的越人。在戰國後期，遷移到現中國東南沿海的越人回遷，重新與留在發源地的越人混血，同時又加入南島語族等早亞洲人的混血，形成了現在的越南人的直接祖先。這樣就可以解釋DNA的證據以及越南語中帶有強烈的南島語系特徵的現象。

百越和越國的歷史都記載在越南本國人寫的歷史之中。現代學者陶維英的《越南古代史》裡，春秋戰國時代的越國和百越部落以及秦漢時期的閩粵、東越和南越都視爲越南歷史的一部分。[19]

史前越南有傳說中的鴻龐王朝（Hong Bang dynasty）。但一般認爲，鴻龐王朝其實最多只是部落聯盟，還沒有達到國家的層次。傳說中，在公元前257年，據說來自被秦國攻滅的古蜀國的一個王子安陽王（大概就是一個部落首領）攻滅鴻龐，建立蜀泮國（Thuc Phan dynasty），又稱甌雒。安陽王是什麼民族的人還是一個很大的疑問。古蜀國有其獨特的發展歷史，他們甚至可能是三星堆文化的繼承者，但肯定不是華夏民族的一員[20]。

關於蜀泮國的地界和建立年代也都存在爭議。蜀泮國的地界可能在今天廣西、雲南和越南北部一帶，準確的大小和歷史尚不清楚。其建立年代

【17】 陶維英《越南古代史》，商務印書局，1976，104頁。

【18】 孟文庸《越國史稿》，中國社會科學出版社，2010，332-338頁。

【19】 陶維英《越南古代史》，商務印書局，1976，70-91頁。

【20】 參見同上，144-177頁。

的爭議見下。歷史學界比較肯定的是蜀泮國已經具備國家的規模。蜀泮國雖然由四川地區移民爲王，而不是由本地的雒越人爲王，但是鑒於蜀泮國成立之前本地並沒有國家層次的組織，在越南的正史當中都把蜀泮國作爲越南歷史上的第一個正式朝代[21]。

當然，不能因此認爲早期的越南是中國人建立的，因爲當時無論是越人還是四川一帶的人還不是當時中國的一部分，古蜀國也不是華夏族。中南半島國家的主體民族大部分都是原居中國西南，在歷史上受到漢人和蒙古人壓力，分批南遷至中南半島。類似的情況還有蒙元時代的泰國。蜀泮國的安陽王不過是這部長達一千多年的遷徙史中較早的篇章。

4. 中國如何到達南海

中國華夏文化起源於中原，和南海相距甚遠。在秦朝之前，中國和南海並沒有任何聯繫。秦始皇在公元前221年滅亡齊國後最終統一了中國。當時中國的疆域遠遠不能和現在相比：其北不超過長城，其西不超過陝西甘肅交界，其南大概到達湖南。在秦統一之時，越國爲秦國所滅，秦國盡得越國在浙江北部的土地，設立會稽郡。

秦始皇並不滿足於已有的領土，繼續銳意向外擴張，而其擴張的主要方向就是東南和南方的越族地區。在公元前219年，秦始皇派屠睢統兵50萬，分五路進攻嶺南和東南。東路兩路秦軍取道江西，向浙南和福建的甌越和閩越發動進攻。進攻非常順利，很快秦國就把兩國的王廢爲君長，設立閩中郡。甌越和閩越的君長大概有些實際的權力，因此閩中郡可能爲一種羈縻的統治。

西路三支秦軍進攻南越和西甌雒越。儘管秦朝人多勢眾，訓練有素，進軍卻並不順利。那很可能是氣候、疾病以及運輸供應的原因，但南越人和雒越人的頑強抵抗也顯然在秦朝預料之外。越人紛紛逃入密林，展開遊擊戰，秦主帥屠睢也被殺死。在公元前217年，戰事開始陷入膠著。這時秦命令史祿開鑿靈渠，溝通湘江與灕江，使得物資可以從水路運往嶺南。在公元前215年，秦始皇再次派任囂和趙佗等統兵進攻南越和雒越。

【21】同上，178-193頁。

直到公元前214年左右才征服了嶺南一帶，並在嶺南建立了南海、桂林和象郡三個郡。那是中國勢力第一次抵達南海。所以如果說中國「自古以來」就和南海相接，那麼這個「古」最遠應該從公元前214年算起。

秦對越人的政策十分嚴厲，從軍事、經濟、政治到習俗對越人進行全面壓迫，引發了第二次越人南遷潮。大批越人遷移往東甌、閩越、南越和雒越。秦國對越人的民族壓迫政策，導致在秦末大亂的時候，這些地區都立即反秦或獨立。

5. 南越國的成立

秦朝南抵南海的疆界僅僅維持了很短一段時間。短短幾年後，秦始皇去世，秦國陷入內亂，改變了南海的歷史。公元前208年，南海尉任囂臨死前囑咐副手趙佗割據自立。趙佗於是一邊在南海郡北部打造防線，一邊以南海郡爲基地，進攻桂林郡和象郡，之後又進攻蜀泮國。公元前204年，趙佗在嶺南正式稱帝，建立南越國。

關於這十幾年的歷史還有相當多含糊不清的地方，比如秦時的象郡是否包括越南北部？蜀泮國和象郡的關係是如何的？安陽王在何時建立蜀泮國？蜀泮國何時被趙佗攻滅？有關這段歷史的資料很少，而且大多沒有準確的年代，因而這些問題在學術上都有爭議。一種說法是，在秦時象郡已經包括了蜀泮國地界，安陽王是象郡中的其中一個酋長。秦覆滅的時候，安陽王在大約公元前210年左右才建立蜀泮國。於是趙佗在進攻象郡的時候再攻滅蜀泮國。這種說法裡，越南北部最早在秦朝爲中國所兼併。另一種說法是，在秦朝，安陽王已經是統治一方的大酋長，象郡的性質類似羈縻州，名義上屬秦，但實際上是獨立的國家，直到趙佗之後才徹底攻滅。第三種說法是，象郡實際上沒有包括越南北部，蜀泮國早在公元前257年之後已經建立。在秦朝的時候，位於越南北部的蜀泮國是完全獨立的國家。直到後來南越才攻滅蜀泮國。更有一種說法是蜀泮國根本只是一個傳說，由始至終只是一群酋長。這種說法比較極端而少被人接受。

關於趙佗在什麼時候攻滅蜀泮國也並不清楚。一種說法是，公元前207年趙佗攻滅蜀泮國。這種說法基本可以斷定是錯的。在《史記・南越列傳》中記載爲：「秦已破滅，佗即擊並桂林、象郡，自立爲南越武王。」[22]可見趙佗攻擊桂林象郡是在秦朝滅亡（公元前206年）之後，大約在公元前205年，攻擊安陽王應該更晚。第二種說法是趙佗攻滅蜀泮國的行動很快，大概在戰爭不久的公元205年左右已經攻滅了。第三種說法是攻擊行動時間很長，直到漢朝高后七年（公元前181年）才最後征服蜀泮國。無論第二種還是第三種說法，南越國把蜀泮國征服都是在秦滅亡之後。因此最晚到公元前181年，越南北部成爲南越國的一部分。

無論如何，雒越國被擊敗，最後成爲南越國的一部分。南越國在雒越的舊土上設立了交趾和九眞兩郡，仍然由各雒越首領管理，在形式上類似羈縻。在隨後幾十年間，南越國儘管向漢朝稱臣，卻維持著獨立地位。對漢朝，趙佗稱自己爲王，但是在國內，趙佗卻自稱爲皇帝。南越國的地位，等同當時的朝鮮，屬外諸侯國，與漢朝僅有名義上的從屬關係。南越國就這樣維持了一百年左右。直到公元前111年，漢武帝吞併南越國，將其併入漢朝的版圖。

與北方的高句麗一樣，南越國的歷史地位有爭議。在中國，南越國被視爲中國南方一個割據政權，是中國歷史的一部分。但是在越南卻有不同的看法。在古代越南史籍中[23]，南越國都被視爲越南歷史的正溯，史稱趙朝（Trieu dynasty）[24]。較爲新近的一派（比如越南史學家陶維英）認爲，南越國是外來的入侵者，因此並不認爲南越國應該作爲越南歷史的正溯[25]。

這種關於正統問題的討論在中國歷史上也存在。元朝和清朝，傳統的說法也認爲兩者都是中國的正統皇朝。但是新近的學界和民間卻對此提出反駁，認爲中國當時是處於被侵略被殖民的身份。

筆者認爲，民族關係和文化也是判斷這個問題的重要依據。儘管都是外族入侵，元朝和清朝不一樣。元朝是公開實施四種人的民族歧視政策，而清朝至少在表面上維持滿漢一家的民族政策；在文化上，蒙古人並不像

[22] 史記，卷一一三，南越列傳，2967頁。
[23] 如《大越史記全書》和《大越史略》等。
[24] 陶維英《越南古代史》，296頁。
[25] 陶維英《越南古代史》，294-297頁。

以前的女眞人以及後來的滿洲人一樣被漢化。在保留蒙古文化的同時，還積極引入西亞文化，也推行藏傳佛教。儒家的影響力式微，傳統的文學詩詞讓位於新興的元曲。「崖山之後無中國」準確地道出了中國傳統文化在元朝時期的衰落。所以筆者傾向籠統地認爲，元朝的中國是蒙古的殖民地，而清朝的中國可以算中國的正溯。

根據這個標準判斷，南越國之於越南更接近清朝之於中國。南越國雖然以漢人爲王，但是南越國是越人爲主體的國家，在政治上也有越人的廣泛參與。比如南越國後期影響力超過王族的宰相呂嘉就是越人。南越國也有相當多的地域由當地越人自治。趙佗推行民族平等和通婚政策，使北方來的漢人很快融入了越人的社會。在越人受到漢化的同時，漢人也受到越化。漢人接受了大量越人的風俗、農業技術以及手工藝。所以南越國更像是漢越共治的國家。由此，越南人把南越國視爲正溯並非不合理。

至於南越國到底是越南歷史的一部分還是中國歷史的一部分，這個問題就像高句麗是韓國歷史還是中國歷史一樣，基本無法得到共識，雙方各自表述即可。

6. 中國吞併南越國和第一、第二次中佔時期

秦末大亂時，不但南越獨立，就連東甌和閩越也奮起反秦。在秦滅亡之後的楚漢之爭中，東甌王搖和閩越王無諸都站在劉邦的一邊。於是在漢朝成立之後，爲了分封功臣，也因爲無力南顧，所以東甌和閩越（又稱東越）都得到了諸侯國的地位。這兩國的獨立地位並不如南越國高。漢初，由於中國實力有限，無力顧及南方三個越人國家。到了漢武帝才決定把這三個國家消滅。三個越人國家彼此也不和，給予中國一一擊破的機會。最早被消滅的是東甌。公元前138年，閩越進攻東甌，東甌不敵，於是請求內附，漢朝便順理成章地取消了東甌的封號。

由於南越力量強大，所以漢朝一開始只是希望能夠把南越變成和閩越等一樣的內諸侯國。南越國內部分爲兩派，漢人太后願意內屬，但是以丞相呂嘉爲首的越族實權派卻希望保留南越國的獨立地位，雙方爭持不下。太后企圖引漢兵以威懾呂嘉，但被呂嘉提早知道計劃，發動兵變除去太后，並擊敗前來的漢兵。漢武帝大怒，藉著滅亡閩越的餘威，派遣十萬

軍隊在公元前111年向南越發動進攻，同年滅亡南越。南越國的覆亡使中國再一次和南海相接，也開始了越南史上第一次中佔時期（First Chinese Domination，又稱北屬時期）。次年，南征的大軍順勢征服了另一個雒越人的傳統聚居地——海南島。

這時，脣亡齒寒的閩越感到了巨大的壓力，但是末代越王卻不自量力，於公元前110年自立爲帝，起兵反漢。漢武帝召集數十萬大軍對其發動攻擊，成功地把閩越滅亡。至此，三越盡歸中國。

漢武帝對越人的政策類似秦始皇，對越人，特別是東甌和閩越採取強迫遷移的政策，引發了第三次越人逃難潮，史稱「東越地遂虛」[26]。東越人的逃難方向大概爲嶺南和交趾一帶，也可能有逃亡海外的。

漢武帝征服南越國之後，把南越之地分爲七郡：南海、蒼梧、郁林、合浦、交趾、九眞和日南。南海和合浦在今日的廣東，蒼梧和郁林在今日的廣西，而交趾、九眞和日南在今日的越南北部到廣南一線。次年，在海南島上建立了儋耳和珠崖兩郡。這就是交州九郡。交趾和九眞大體是原先雒越國的國境，即南越國的交趾和九眞郡。而日南郡可能是新開闢的疆土，主要民族可能是南島種族人。後來，日南獨立成爲占城。

到了東漢，交趾發生了著名的越人徵氏姐妹起義。她們在公元40年成功驅逐了中國軍隊。徵側被尊爲王，其轄地包括交趾和九眞兩郡，也就是說，基本是雒越的舊地。但是在公元43年，徵氏姐妹領導的反抗被馬援率領南下的漢朝軍隊鎭壓，越南重新併入中國版圖，開始了第二次中佔時期（Second Chinese Domination）。對於徵氏姐妹的評價，中國古書上稱爲叛亂，在越南則視爲民族英雄，終究還是立場的問題。徵側稱王的時間很短，並不是一個穩定的政權，所以把這次起義作爲兩次中佔時期的間斷多少有點勉強。

7. 占城的起源

作爲現代越南的一部分的越南中南部和南部，在歷史上從未被中國統治過。越南中北部的主要民族是屬馬來人種的占族。在漢武帝滅南越國的

[26] 史記，卷一一四，東越列傳，2984頁。

時候，順帶向南擴展一些土地，成立了日南郡。漢朝對交趾與九眞的統治已經非常鬆懈，對日南郡更爲如此。日南郡分爲五縣，最南面是象林縣。當時絕大部分的日南郡可能都是荒蠻之地，盡是深山老林與象犀。

根據中國史料記載，公元100年起，位於最南端日南郡的象林縣的蠻夷（其實就是占族人）就開始了各種形式的反抗。到了東漢末年，一位當地官員區連在192年（另一說爲137年）舉兵自立爲王，成立了占城[27]。在中國史料中，占城最早稱爲林邑，後來又稱爲環王與占婆[28]。它並不是越族的國家。

占城開始的國界在越南中部的廣南省一帶。立國之後向南北兩個方向擴張。在南方，占城在公元四世紀中葉通過對扶南（柬埔寨）的戰爭奪取了現今越南中部偏南一帶，這個地區是中國從來沒有統治過的。占城的地界就成爲當今越南中南部疆界的基礎。占城佔領了扶南的故地後，被扶南的印度文化同化，從此進入了印度化時代。在北方，占城與中國時有交戰。從東漢到唐末，每當中國中央勢力衰微之際，占城就把握機會入侵交趾南部。當中國中央勢力強大時候，就會把占城驅除出交趾。

占城的勢力在公元七世紀到十世紀達到鼎盛。憑藉地利，成爲中國與中東貿易的中轉站，在南海貿易中扮演重要的角色。

8. 萬春國、第三次中佔時期與越南的獨立

東漢末年大亂，中國分爲魏蜀吳三國。吳國是直接管治交州的國家。孫權把交州分爲兩州：廣州領有南海、合浦、蒼梧和桂林；交州領有交趾、九眞和日南。從此交廣並稱。儘管這是爲了加強對南方的統治，但是這個政區的改變，卻再次強化了新交州作爲一個完整政治區域的概念，爲日後越南的獨立打下基礎。魏國滅蜀國的同年，從蜀國攻佔交州，交州屬魏國（後爲晉朝）比晉滅吳還要早。

東晉南北朝之際，交州多次發生割據和反叛事件。到了梁武帝期

【27】後漢書，卷八十六，南蠻西南夷列傳，2837-2839頁。

【28】占族人建立的國家（Champa），在中國書籍中有幾個不同的名稱。本書爲方便計，除了原始史料外，都用占城這個名稱。而純地理名稱，則用占婆（如占婆海、占婆島等）。

間，交州刺史暴政，引起越人不滿。公元541年，交州本地豪強李賁起義，驅逐梁朝軍隊，割據交趾。李賁本爲中原漢人，但自西漢就移居交州，早被交州人同化。李賁隨後擊敗梁朝的援軍，又擊敗占城從南部的進攻，盡得交州之地。他在544年稱南越帝，成立了萬春國，越南史稱前李朝。

隨後的六年，梁朝軍隊在陳霸先的帶領下，重挫萬春國軍隊，萬春國只得退到九眞郡一線。可是550年，陳霸先北上奪取皇位，建立陳朝。萬春國得以重新控制交趾，確保了萬春國的獨立地位。602年，前李朝被隋朝攻滅，越南北部重新併入中國，開始第三次中佔時期（Third Chinese Domination）[29]。

第三次中佔時期中，越南逐步走向獨立。唐朝從開始的直接統治逐步轉向羈縻制。唐朝交州爲安南都護府，其統領爲節度使或經略使。唐朝的節度使具有很大的權力。到了中唐後，節度使開始不受中央節制。到唐末，天下大亂。南方各地紛紛割據。交州儘管在名義上爲中央王朝所管轄，但是在905年，因爲安南靜海節度使被貶，交州成爲無人管轄之地。於是當地世家富豪曲承裕自封節度使，次年被唐朝中央冊封爲靜海節度使，交趾取得半獨立地位。後梁在907年成立之後，爲了拉攏廣州刺史劉隱，封他爲靜海節度使和安南都護。但是劉隱並未能實際派人到交州，曲氏仍然掌控實權。到了911年，後梁也不得不把靜海節度使的封號給予當時交州的首領曲承美。廣州刺史南平王劉岩在917年正式稱帝，國號大越，第二年改爲南漢。930年，南漢派大將攻打曲承美，滅亡了曲氏政權。但曲家部將楊廷藝隨即趕走了南漢勢力，南漢不得不冊封他爲節度使。937年，楊氏政權發生內亂，最後楊氏的部將吳權在938年擊敗叛軍，取得交州的實權。

吳權稱王，史稱吳朝（Ngo dynasty）。但吳朝一直陷於豪強爭權和動亂之中，統治並不穩固。直到968年，丁部領攻滅所有對手，成功統一交州。丁部領稱帝，建立丁朝（Dinh dynasty），正式脫離中國獨立。一

【29】 呂士朋《北屬時期的越南》，香港，東南亞研究室，1964，58頁。

般認爲，從968年開始，越南就不再屬中國[30]。

丁朝也好景不長，980年，其大將黎恒篡位建立黎朝（史稱前黎朝 Early Le dynasty）。前黎朝也沒有度過瓶頸期。29年後，即1009年，李公蘊篡位，成立李朝（Ly dynasty），首稱大越國。越南直到這時才眞正穩定下來。

從以上對歷史的回顧可以看到，在公元前214年到公元968年，越南長期是中國的一部分，南越國甚至被越南人認爲是屬越南的歷史。因此，這段時間內中國在南海的活動，其實是中國和越南的共同歷史。事實上，在南海開發方面，越人作出的貢獻可能比漢人還大，關於此點後文將詳述。

9. 扶南國

在這段時期，另一個在南海周邊立國的國家是扶南國（Funan）。扶南國興起比占城更早。扶南人可能是猛族和吉蔑族人，在語系來說屬南亞語系（Austro-Asiatic），和交趾[31]及占城都不同。公元一世紀，一個印度婆羅門阿若憍陳如（Ajnata Kaundinya）泛舟來到扶南，以今天金邊附近爲都城，建立了扶南國。從此扶南用梵文，信奉印度教，成爲東南亞印度化之始。

自始，扶南成爲東南亞的大國。在南海貿易興起後，扶南因爲佔據現今越南中南部和南部一帶（越南中南部一帶在四世紀才爲占城所奪取）的地利，成爲中國與西方貿易的把持者。在最強大的三世紀，扶南擁有強大的艦隊，掌握航海線，成爲東南亞與南中國海航道的霸主。扶南還曾經和占城結盟攻打中國的交趾地區。因爲受到了來自大陸上吉蔑人的壓力，扶南在五世紀開始衰落，最終在七世紀中期爲吉蔑人所滅。

吉蔑人建立了吉蔑王國（Khmer），又稱爲眞臘。吉蔑人是一個專注於陸地的民族，儘管仍然佔據著湄公河三角洲一帶，但是對於海洋貿

[30] 同上，146頁。

[31] 越南語的地位有爭議，有人認爲屬於南亞語系，有人認爲屬於壯侗語系，有人認爲是獨立的語言。這裡不深究。

易並不熱衷。於是扶南國以往在東西方貿易中的地位也讓位於後起的占城與蘇門答臘的三佛齊（又稱室利佛逝，Srivijaya）與爪哇上的塞倫德拉（Sailendra）。

八世紀初，眞臘一度分裂爲上下眞臘，但是在九世紀初又重歸統一。統一後的眞臘稱爲吉蔑或高棉王朝（Khmer）。首都從金邊一帶遷往更爲內陸的吳哥（Angkor）。眞臘面積廣大，其領土包括今天柬埔寨、泰國、寮國、越南南部的湄公河一帶以及緬甸的一部分。

2.2　誰開發和把持了南海交通

從漢朝開始，中國就開始和東南亞及西亞進行海上交流，這種交流被中國稱爲「海上絲綢之路」。海上絲綢之路是中外商品交易和人員來往的重要通道，其價値自然不容否認。但是，中國官方和學者常常不加以分析地（甚至可能是故意地）把海上絲綢之路認作中國在南海的探索，並以此論證中國在宋朝之前對南海的權利和對南海諸島的發現和主權。比如《中國近代邊界史》中寫道：「早在公元前二世紀，中國的船隻就已經在南海中航行。隨後，由於長期的航海實踐，發現了南海諸島。」[32]中國學者李金明說：「……我國南海疆域內的西沙、南沙群島正處於這條航線的要衝，因此經過長期的不斷航行，我國人民最先發現並認識了這些島嶼。」[33]中國專家在南海交通上的觀點可以陳炎的《海上絲綢之路與中外文化交流》爲代表[34]。

誰在南海的活動更多，誰就更有可能發現南海諸島，這是一個容易令人接受的邏輯。但是中國專家的結論「中國最早發現南海諸島」是不能成立的，因爲它建立在中國當時在南海的活動最爲頻繁的假設之上，而這個假設是錯誤的。從兩漢到唐末長達一千多年的歷史中，中國人在南海的交通中並不是主角。這段時間內，儘管南海絲綢之路以中國爲起點和終點，

【32】呂一燃《中國近代邊界史》，四川人民出版社，2007，1047頁。

【33】疆域研究，87-88頁。

【34】陳炎《海上絲綢之路與中外文化交流》，北京，北京大學出版社，1996。

但事實上，南海航道既不是由中國人開發，其交通也主要不是由中國人提供。並沒有多少中國船隻在南海中航行，中國海員更談不上有多少航海實踐。直到五代時期，中國人才開始逐步在南海航道上航行。這段時間內，中國史料上無疑記錄了很多南海航行的信息與知識，但這些知識幾乎都是從外國航海家口中聽到而記下的，或者是在搭乘外國船只時得知的。中國人是優秀的記錄者，但憑這點並不能支持「中國人最先發現並認識西沙和南沙群島」這個論點。

其實，「中國在南海早期交通中並不活躍」這個觀點在國際上幾乎成爲共識，但在中國備受忽視。關於宋朝之前的南海絲綢之路的專著中，近期最權威的莫過於新加坡人王賡武（Wang Gungwu）的*The Nanhai Trade: Early Chinese Trade in the South China Sea*[35]。如果以最新成果而論，Hall的新作*A History* of *Early Southeast Asia*: *Maritime Trade and Social Devellopment*, *100-1500* 也是很好的參考書[36]。這兩部著作分別從中國史料和西方史料的角度論證這個觀點。其實更早的民國時期中國人馮承鈞《中國南洋交通史》中也有類似的觀點[37]。但只有少數的中國現代學者持這種觀點[38]。本節綜合參考以上研究成果後再補充一些史料和材料來論證這個一直被中國忽略的問題。

1. 第一次海外航海旅行

海上絲綢之路是對古時南海貿易的稱呼。南越國時期的南海貿易，主要是廣東到交趾的沿岸貿易。這其實並不能算現今所說的海上絲綢之路，因爲廣東和交趾都是當年南越國的一部分，這種沿岸貿易的性質算是南越國的國內貿易。當時還沒有穿越南海的國際貿易，因爲尚未有那種需求。

漢武帝征服南越之後才開始有了眞正海上絲綢之路的記載。最早的記

[35] 王賡武（Wang Gungwu）, *The Nanhai Trade: Early Chinese Trade in the South China Sea*, Time Academic Press, Singapore, 1998.

[36] Kenneth R. Hall, *A History of Early Southeast Asia: Maritime Trade and Social Development, 100-1500*, Rowman & Littlefield Publishers, 2011.

[37] 馮承鈞《中國南洋交通史》，商務印書館1937年版，上海書店，1984年再印。

[38] 馬勇〈東南亞與海上絲綢之路〉，《雲南社會科學》2001年第6期，77-81頁。

錄出現在《漢書．地理志》，其中寫道：

> 自日南障塞、徐聞、合浦船行可五月，有都元國，又船行可四月，有邑盧沒國；又船行可二十餘日，有諶離國；步行可十餘日，有夫甘都盧國。自夫甘都盧國船行可二月余，有黃支國，民俗略與珠厓相類。其州廣大，户口多，多異物，自武帝以來皆獻見。有譯長，屬黃門，與應募者俱入海市明珠、璧流離、奇石異物，齎黃金，雜繒而往。所至國皆稟食爲耦，蠻夷賈船，轉送致之。亦利交易，剽殺人。又苦逢風波溺死，不者數年來還。大珠至圍二寸以下。平帝元始中，王莽輔政，欲耀威德，厚遺黃支王，令遣使獻生犀牛。自黃支船行可八月，到皮宗；船行可二月，到日南、象林界雲。黃支之南，有已程不國，漢之譯使自此還矣。[39]

這段文字記載了漢朝第一次派使節前往南洋的事蹟，也記錄了當時的中西航道。漢朝的使者從日南、徐聞和合浦（分別爲現在的越南順化、廣東徐聞縣和廣西合浦縣）出發，依次達都元國、邑盧沒國和達諶離國。在諶離國需要由海路轉陸路，再由陸路轉海路到達夫甘都盧國，最後到達黃支國。學界比較公認黃支國在現印度半島東側的甘吉布勒姆（Kanci，即現在的Kanchipuram）[40]。諶離國和夫甘都盧國大約在泰國克拉地峽的東西兩側（所以通過陸路交通），具體的地點並沒有共識[41]。

從這段文字可以得到兩點重要的信息：第一，漢朝派使節往黃支的起因是黃支國派人到漢朝送禮物，而黃支國顯然是通過海路來到中國的。這表示在這次旅程之前，海上絲綢之路已經爲外國所開通。第二，在漢使旅途中，「蠻夷賈船，轉送致之」，爲他們提供船舶的都是「蠻夷賈船」。這說明當時海上絲綢之路交通的主要提供者是外國人[42]，中國使臣只是搭了順風船。當時中國的造船技術並不足以應付遠洋航行，外國人的舶是

【39】漢書，卷二十八下，地理志，1671頁。

【40】南溟網，http://www.world10k.com/blog/?p=1174。

【41】南溟網，http://www.world10k.com/blog/?p=1111，http://www.world10k.com/blog/?p=1155 。

【42】馮承鈞，《中國南洋交通史》，上海書店，1984年複印商務印書館1937年版，2頁。

當時海上航運的主力。中國要等到唐朝時才製造出適合遠洋航行的船，而到了宋朝之後，中國的船隊才成規模地開始出現在南海[43]。

這些外國人是什麼人？原先學界多認爲是印度人，因爲印度人從波斯人中學習到更爲先進的造船工藝，能夠造出適合遠洋航行的船隻。但據Hall的分析，東南亞人，尤其是「崑崙」人的可能性更大[44]。傳統西方學界把東南亞人稱爲馬拉（Malay），而中國則統稱之爲「崑崙」。東南亞人除了當運輸主力之外，在海盜方面也是執牛耳者[45]。這進一步說明了當時東南亞人航海能力的強大和在南海交通上的主導力量。

2. 朱應與康泰的出訪

在東漢，《後漢書》記載相關南海貿易的只有四條記錄，分別記錄了從撣國、葉調國、天竺國和大秦的使者來訪[46]。撣國在緬甸，葉調國可能是爪哇，天竺國是印度，大秦是羅馬。這些國家進入中國都是「日南徼外」[47]，即自日南登陸，所以他們都是從水路而至。顯而易見，他們的海上交通都不是中國人提供的。而同一時間段，沒有任何從中國出發到達西方的記錄。這表明，在漢朝，中國船隻並沒有在南海航道上出沒。

三國時代的吳朝，有關東西方的交往的記載更多，其中絕大多數都是外國使者來訪[48]，只有一次是中國出訪外國。那就是在《梁書》中記載的吳朝孫權派兩名特使——朱應與康泰——前往扶南國「宣化」的事件[49]。這件事在《三國志》中反而沒有詳細記載。所謂宣化，意思指宣傳與教化，這自然是中國中心論者的一種自大的美化。準確地說來，這是一次出訪行爲，大概是對243年扶南國國王「遣使獻樂人及方物」的回訪。事實上，當時扶南是東南亞大國，把持了中國到東南亞、印度乃至羅

---

[43] Pierre-Yves Manguin, The Southeast Asian Ship: An Historical Approach, *Journal of Southeast Asian Studies*, Vol. 11, No. 2 (Sep., 1980), pp. 266-276.

[44] HESA, p44-46.

[45] 王賡武，16-18頁。

[46] 馮承鈞《中國南洋交通史》，上海書店，1984年複印商務印書館1937年版，3頁。

[47] 後漢書，卷八十六，南蠻西南夷列傳，2837頁。

[48] 王賡武，145-146頁。

[49] 梁書，卷四十八，諸夷，783，789頁。

馬的商道。在《梁書・天竺國》中還記載了扶南國派特使從扶南經海路到達天竺的事。可見扶南國當時的航海技術是很先進的[50]。

朱應與康泰都把出使情況寫成書。朱應寫的是《扶南異物志》，已經完全佚失。康泰的書在一些著作中還能輯錄出一些，統稱《吳時外國傳》[51]。現在還不能肯定這兩本書是不是同一本。關於這次出訪的細節並不清楚。比如，他們從何處出發？如何到達扶南的？坐船由誰提供？在到達扶南國之後，還有沒有繼續前往其他國家？筆者認爲比較可靠的說法是如馮承均所言，他們大概從交趾出發，乘坐中國的船隻（越人的船隻）或者扶南國使者的回船從水路到達扶南；在扶南國，他們大概乘坐扶南提供的船隻到東南亞一些國家出訪，但是其他國家諸如記錄中的天竺，他們只是聽說而沒有眞正前往[52]。

3. 法顯與宗教之旅

在晉朝和南北朝，關於南海交通的記敘更多。但是大部分同樣都是外國使者來訪。晉南北朝時中國人前往東南亞的記錄仍然不多，所去之人大部分都是從事佛教工作。晉僧法顯是一個著名的例子。法顯在399年從長安出發，到達天竺（印度）和獅子國（斯里蘭卡），最後乘搭外國人的商船經蘇門答臘（或爪哇）回到中國。他在《法顯傳》（又名《佛國記》）中詳細描述了斯里蘭卡的情況，形容當地是一個貿易大站，有眾多的商人從事交易，其中來自中國的絲綢是一種重要的商品。但是在當地，除了他自己和夥伴之外，沒有提到見過任何中國人。他對祖國的思念是如此之甚，乃至見到來自祖國的絲綢後眼淚汪汪[53]。公元414年，法顯在歸途中經過蘇門答臘島的耶婆提，那是他回國前的最後一站。法顯在耶婆提

【50】梁書，卷四十八，諸夷，798頁。

【51】陳佳榮〈朱應、康泰出使扶南和《吳時外國傳》考略〉，《中央民族學院學報》1978年04期。

【52】馮承鈞，《中國南洋交通史》，上海書店，1984年複印商務印書館1937年版，16-17頁。

【53】「法顯去漢地積年，所與交接悉異域人，山川草木，舉目無舊，又同行分披，或流或亡，顧影唯己，心常懷悲。忽於此玉像邊見商人以晉地一白絹扇供養，不覺淒然，淚下滿目。」見《佛國記》，http://zh.wikisource.org/zh/%E4%BD%9B%E5%9C%8B%E8%A8%98。

待了五個月，也沒有提及見過任何中國人。他也沒有提及在他乘搭的有大約200名乘客的船上見到中國人。這只能解釋爲中國人也沒有活躍在耶婆提[54]。可見，雖然絲綢是當時南海貿易的重要商品，但是中國在其中的作用是提供這種商品，而不是運輸這種商品。

南北朝時代，由於中央政府戰局不斷，廣東和交趾一帶時常處於半獨立狀態。在梁朝後期，交趾還獨立出去。於是外國的朝貢多寡也與戰局相關，平穩的時候，朝貢就多，動亂的時候，朝貢就少。160年來，朝貢總共錄得99次，以扶南和占城爲最多[55]。這些朝貢在經濟上有兩種性質：第一，這些朝貢本身就是貿易的一種形式，朝貢帶來商品，部分用於交易，部分在朝貢之後換回中國朝廷的回贈；第二，在朝貢中獲得中國政府對其通商的承認[56]。由於大部分朝貢都是經濟性質，扶南人和占城人在中西貿易中佔的比重最大，蘇門答臘和爪哇船隻在貿易中的比重還不高。在這個時期，沒有任何有關中國出使外國的記錄。

這一時期，中國的對南洋港口主要有三個，首先是日南（順化），另一個是交趾。它們有兩個重要的功能：第一，它們是長途貿易，即扶南和其他南洋國家船隻的入關口和前往廣州的中轉站；第二，它們是占城（林邑）與交趾之間的短途貿易的口岸。這種貿易是占城人爲主導的，通過海路進行[57]。占城人或是換取需要的物品，或是進一步把從交趾得到的貨物轉運到西方。第三個港口是廣州（南海）。晉南北朝時，廣州取代了徐聞合浦的地位，成爲海外貿易中心之一。在《梁書．王僧孺傳》中：「尋出爲南海太守。郡常有高涼生口及海舶每歲數至，外國賈人以通貨易。」[58]這表示有很多外國人在廣州進行外貿活動。

中國史料在對南洋國家的描述當中，儘管看不起「蠻夷」的文化，但還是承認「蠻夷」的航海技術發達。比如在《宋書．蠻夷傳》中有：「南夷、西南夷，大抵在交州之南及西南，居大海中洲上，相去或三五千里，

---

[54] 王賡武，40-42頁。

[55] 王賡武，146-148頁。

[56] HESA，p46.

[57] 王賡武，52-55頁。

[58] 梁書，卷三十三，列傳二十七，王僧孺，470頁。

遠者二三萬里，乘船舉帆，道里不可詳知。外國諸夷雖言里數，非定實也。」[59]這裡交州之南是指占城，西南大概指扶南。這說明占城和扶南在南海貿易中的統治地位。

這個時期還有一些關於外國船隻的描述，出現了「崑崙舶」[60]這個詞。中國史書上多次記載崑崙舶運輸貨物的事。比如《南齊書·荀伯玉傳》：「又度絲錦與崑崙舶營貨，輒使傳令防送過南州津。」[61]《北齊書·魏收傳》：「遇崑崙舶至，得奇貨猓然褥表、美玉盈尺等數十件。」[62]「舶」在中國古代特指外國船隻。吳朝萬震的《南州異物志》中寫到：「外域人名船曰舶，大者長二十餘丈，高去水三二丈，望之如閣道，載六七百人，物出萬斛。」[63]《康熙字典》中對「舶」的解釋有：「《集韻》蠻夷汎海舟曰舶。」[64]結合多種史料，這些崑崙舶是在南海海域上航行的主要船隻。

崑崙到底是什麼地方呢？法國人費琅在東南亞歷史地理的開山之作《昆侖及南海古代航行考》[65]中做過詳細分析。崑崙這個詞在不同的年代有不同的含義，都是指東南亞區域大國。在五世紀之前，崑崙指的是扶南國；五世紀之後，扶南衰落，崑崙指的是三佛齊（今蘇門答臘）。崑崙舶這個詞，大概都是泛指東南亞的船隻，包括扶南和占城的船隻[66]。崑崙舶與波斯舶（可能是來自馬來）、天竺舶等並稱。

可見，在魏晉南北朝，南海絲綢之路貿易的主力仍然是扶南人和占城人。儘管在五世紀，扶南在吉蔑人的攻擊下已經大爲衰弱，但是吉蔑人重陸地而不重海權，海路仍然掌握在扶南人的手裡。占城人則在短途貿易中佔據優勢。波斯人和印度人大概在中南半島西側到西方的航道上佔優勢，在南海這段屬次要地位。

【59】宋書，卷九十七，蠻夷，2377頁。

【60】「崑崙」有時又寫作「昆侖」。本書除原文轉引外一律寫作「崑崙」。

【61】南齊書，卷三十一，列傳十二，荀伯玉，537頁。

【62】北齊書，卷三十七，列傳二十九，魏收，492頁。

【63】劉緯毅《漢唐方志輯佚》，北京圖書館出版社，1997，48頁。

【64】http://www.zdic.net/z/22/kx/8236.htm。

【65】費朗著，馮承均譯，《昆侖及南海古代航行考》，中華書局，2002，32頁，65頁。

【66】王賡武，61頁。

前面引述的「尋出爲南海太守。郡常有高涼生口及海舶每歲數至，外國賈人以通貨易」[67]還帶出一個信息：如果說中國船隻在當時的南海交通中扮演過比重很小角色的話，那麼這個角色就是越人的短途貿易。「高涼生口」是當時漢人對越人的蔑稱，每歲數至表明是短途貿易。這些越人大概從日南交趾，通過沿岸航運的方式把外國的貨物轉運到廣州，從而部分地扮演了東西方貿易的最終一程的角色。越人被蔑視的事實也說明了越人與漢人始終沒有好好地融合，也解釋了爲何越南始終有離心傾向，且最終從中國獨立。

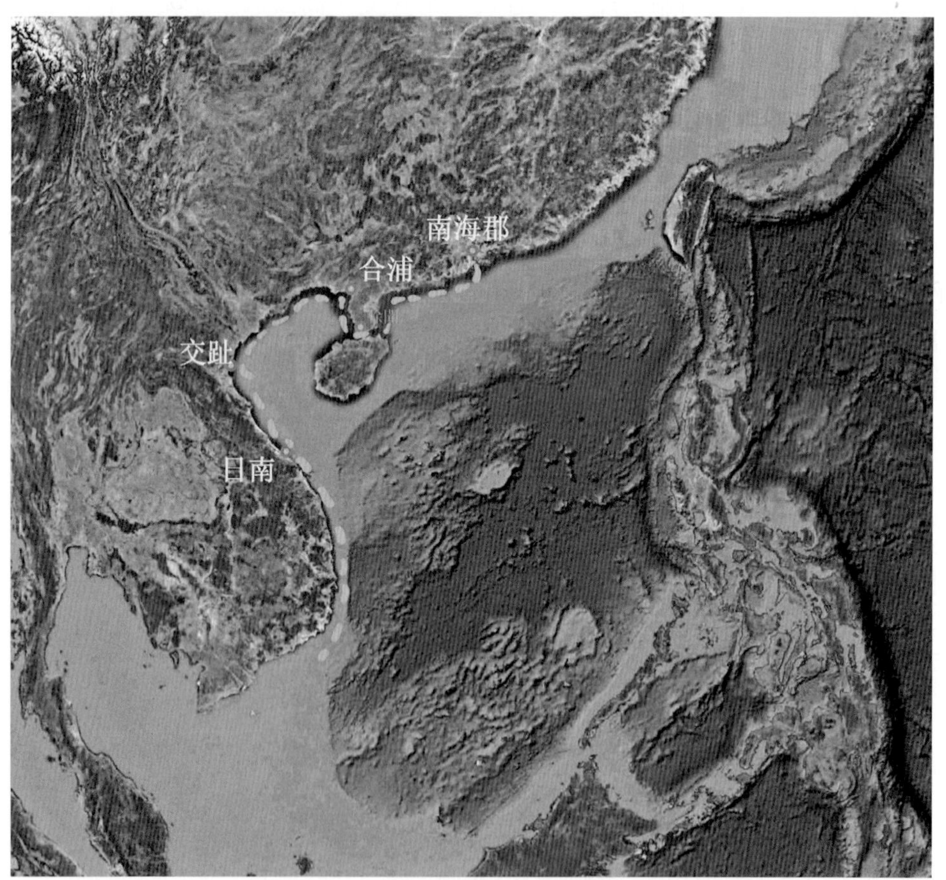

圖5　兩漢到南北朝之南海交通，按章巽《我國古代的海上交通》自繪

【67】梁書，卷三十三，列傳二十七，王僧孺，470頁。

4. 常駿的出使

隋朝統一中國，尤其是隋煬帝繼位後，中國開始對外擴張，在北方攻打高句麗，在南方攻打越南（萬春國）並重新納入領土。隋煬帝還攻打占城，把國王驅逐出首都。出於對外擴張的野心，隋煬帝派出了兩隊使者往海外，一隊前往琉球（臺灣），一隊前往赤土。607年，常駿從廣州出發。《隋書·赤土國》記載：

其年十月，駿等自南海郡乘舟，晝夜二旬，每值便風。至焦石山而過，東南泊陵伽鉢拔多洲，西與林邑相對，上有神祠焉。又南行，至師子石，自是島嶼連接。又行二三日，西望見狼牙須國之山，於是南達雞籠島，至於赤土之界。[68]

赤土國在馬來西亞半島東側，原先爲扶南屬國，很可能還是扶南人在馬來半島的一個殖民點。赤土在以往從來沒有向中國朝貢。隋朝可能從扶南人或者占城人口中得知赤土。其時，扶南國已經爲吉蔑所滅，馬來半島國家開始取代扶南國的貿易地位，赤土可能是其中重要的一個國家。

關於常駿的出使路線，後文還要討論。這裡要強調的是，常駿的出使是三百多年來中國使者第一次出訪東南亞國家。常駿乘船能前往赤土國，表明當時中國的航海技術已經大爲進步，能夠在南海長距離航行了。中國本有能力進一步參與南海交通，但是隋朝的出使是隋煬帝的個人欲望——開拓領土以及貪圖珍寶所致，在隋煬帝垮臺之後，中國在南洋的進取心就熄滅了。

5. 唐代的南海交通與阿拉伯人的壟斷

在唐朝，南海的航運又有了新的發展。南海貿易的重要性在中國經濟生活中的地位有所增強。在唐以前，嶺南總體上還是屬荒蠻之地。之前中國的經濟中心一直在中原，即便在吳、東晉、宋齊、梁、陳等南方王朝時代，嶺南的地位也遠遠不如統治中心江浙和湖北。在唐朝早期，開發了從

[68] 隋書，卷八十二，列傳四十七，赤土，1834頁。

安南到南寧，經西江到廣州，再從陸路到達南昌，由南昌經水路到揚州和江陵，再經大運河從揚州運往東都洛陽的商路，大大加快了從嶺南到中國腹地的內陸貿易。

發生在684年的一個事件加速了南海貿易的發展，那就是在廣州的崑崙人刺殺了廣州都督。《新唐書·本紀四》記載：「廣州崑崙殺其都督路元睿。」[69]〈列傳四十一〉有進一步描述：「南海歲有崑崙舶市外區琛琲，前都督路元睿冒取其貨，舶酋不勝忿，殺之。」[70]這段話說明當時廣州的東南亞商人受當時廣州都督盤剝過深，以致謀殺了他。其他一些記載中還提到具體的謀殺過程，最後這個崑崙人從海路逃走。新都督王綝上任後，爲了安撫外國商人，宣布措施嚴禁腐敗，令廣州的貿易更爲興盛。

755年，安祿山的叛亂引起了中原的動亂，商路被阻。758年的另一事件更使南海貿易備受打擊。當年，在廣州的波斯人和阿拉伯人商人聯合洗劫了廣州，在廣州放火，最後從海路逃走。《舊唐書·波斯傳》記載：「乾元元年，波斯與大食同寇廣州，劫倉庫，焚廬舍，浮海而去。」[71]此事件燃起了廣州對外國商人的敵意，加上以後二十多年廣州的動亂，致使外國商人從廣州轉往更爲安全的交趾。廣州在貿易上落後於交趾導致嶺南總督還專門上書要求中央政府干預，但是被皇帝拒絕。廣州南海貿易的弱勢直到交趾在九世紀初受到占城的攻擊後才扭轉。

這段期間的南海貿易儘管在兩個城市之間互相轉移，但是總體來說還是一直在發展之中，其最主要的原因在於751年，唐朝在怛羅斯之戰中敗北，吐蕃趁中國內亂佔據了河西走廊，導致陸上絲綢之路的衰落[72]。大量波斯商人和阿拉伯商人來到廣州定居，在廣州建立了自己的社區。

唐朝海外貿易在878年轉盛爲衰。黃巢的叛亂軍隊在該年佔領了廣州並以廣州爲都。黃巢大肆屠殺廣州的阿拉伯人，導致廣州阿拉伯社區的崩潰。隨後幾十年，廣州和交趾一直在動亂之中，南海貿易終唐一代，再也

【69】新唐書，本紀四，83頁。

【70】新唐書，卷一一六，列傳四十一，王綝，4223頁。

【71】舊唐書，卷一九八，列傳一四八，波斯，5313頁。

【72】陳炎《海上絲綢之路與中外文化交流》，北京，北京大學出版社，1996，15-27頁。

沒有回復到之前的水平。

南漢統治時期，南海貿易才逐步恢復，出現四個趨勢：第一，南海貿易開始向福建一帶發展；第二，交趾在南漢時代獨立趨勢越來越強，最終在南漢末年脫離了中國的版圖；第三，在黃巢動亂中，阿拉伯人力量受到打擊。儘管阿拉伯人不久捲土重來，但是其中的空窗期使得少部分中國船隻開展了南海貿易；第四，在動亂中，部分中國人逃往海外，成爲第一批中國海外移民。在蘇門答臘島，943年開始有中國人在當地務農[73]。

唐代的南海貿易與以往有很大不同。首先，南海貿易的路線在唐初重新到達斯里蘭卡，後來更進一步，首次拓展到波斯和阿拉伯。這意味著當時的航海技術已經提高到能夠穩定地進行長距離的航行。第二，從南海到印度洋之間不再需要從陸地跨越克拉地峽，而是可以經過馬六甲海峽和巽他海峽，這也反映了航海技術的提高。第三，南海貿易的主體再不是朝貢形式的貿易，民間的貿易上升爲主要成分。第四，波斯人與阿拉伯人（波斯爲阿拉伯人所滅，所以波斯人和阿拉伯人實爲一國）取代崑崙人（東南亞人）成爲在南海貿易中的主角。第五，也是和南海諸島最相關的，就是在隋朝以後，南海航道已經不止於以前的沿海航道，而是出現了直接從占婆島到廣州的航線[74]。這條航線在上文提到的常駿的出使路線和下文提到的賈耽記載的航道中都有記錄，它在後來稱爲「內溝」航線。正是這條航線的開發，使發現西沙群島成爲可能，因爲西沙群島距離這條航線不遠，航海家一不小心，或者有大風等意外，就會飄到西沙群島（在3.3-3.5中有諸多例子）。

關於在唐代南海貿易海上交通的主角問題需要更加詳細的分析。占城仍然在南海貿易中佔據一定地位。占城的貿易主要以區域貿易爲主，其交易品主要爲本地土產。占城也是唐代從海路朝貢最多的國家。這說明占城的經濟定位與以前幾個朝代相比基本沒有變化。除了區域貿易之外，它在南海貿易中的地位大概就只是作爲遠洋運輸的中繼站。扶南國滅亡之後，

---

[73] 馬蘇第（al-Masudi），《黃金牧地》（*The Meadows of Gold and Mines of Gems*），轉自朱傑勤《東南亞華僑史》，高等教育出版社，1990，12頁。

[74] 王賡武，74-75頁。

其繼承者吉蔑（眞臘）並沒有繼承扶南國的航海地位，除了幾次朝貢之外，其在南海貿易中的作用幾乎可以忽略。

馬來西亞有一些小邦國，在馬六甲海峽航道開通之後也喪失了曾經的地位，只有在柔佛的羅越國作爲中轉站得到發展。馬六甲海峽的得益者是三佛齊（Sri Vijaya，又譯室利佛逝，今蘇門答臘島舊港附近）。三佛齊當時控制了馬六甲海路。除了作爲東西航道的中轉站之外，還直接參與東西方的交通。當時唐朝的崑崙舶就主要是指三佛齊的船隻。在唐初，三佛齊的船隻是運營南海航道的主要船隻，直到八世紀中以後，才被大食人（波斯與阿拉伯）取代。之後，三佛齊滿足於利用地利之便收稅和提供服務，崑崙舶就大爲減少了。

阿拉伯人在七世紀初崛起。651年，阿拉伯滅波斯薩珊王朝，成爲中東地區唯一大國，中國稱爲大食。大食人在唐代中期以後是南海貿易的把持者。那得益於東西方航道從孟加拉灣拓展到波斯灣，使從波斯灣到中國的航行變得常規化以及有利可圖。大食人在南海貿易的強勢地位可以從阿拉伯人在中國建立的社區中看到。那是歷史上外國人在中國建立社區的第一例。他們在中國建立多個大食人社區，其建立社區的地點包括廣州、交趾和揚州等，主要從事航海貿易。他們在中國建立清眞寺並在中國傳教。他們人口眾多，足以洗劫廣州並安然離去。在黃巢屠殺廣州大食人的行動中，死亡人口達十幾萬人。以往扶南國最強盛的時候，商人的人數也不足以在中國建立社區。而同時，中國人在海外的還寥寥無幾。

那麼，中國在唐代南海交通中的地位如何呢？在整個大唐歷史資料中，沒有任何一條記錄提到從海路出使外國。在中外書籍當中，在唐代通過海路到達外國的中國人非常少，絕大部分是求佛的僧人，這些事例都可以用零星來形容。其中最有名的是唐初的義淨。他於671年搭乘波斯商船離開中國，在占城轉乘三佛齊舶往南洋與印度，在南洋幾十年，最後從三佛齊回國。從義淨的旅程看，在唐初，海上航行的主力還是外國商船[75]。《求法高僧傳》、《續高僧傳》和《宋高僧傳》中還記錄了大約40名僧人到國外求佛的經歷，其船隻都沒有明確寫出國籍，但是從大部分

【75】 馮承鈞《中國南洋交通史》，上海書店，1984年複印商務印書館1937年版，46-62頁。

明確寫出搭乘商船來看，他們所乘搭的都是外國商船[76]。

直到黃巢之亂後，才出現爲了躲避戰亂而移居海外的中國人。阿拉伯人寫的《黃金牧地》中提到，943年在蘇門答臘巨港附近有許多中國人耕種。這些人很可能是通過海路移居蘇門答臘的。那是歷史上第一次有中國人通過海路移民外國[77]。在所有的典籍中，都找不到這段時期裡中國商人前往海外進行貿易的可靠證據。

唐代中國記錄了多條航道。最著名的當屬唐代中期的地理學家賈耽（730-805）的記錄。賈耽官至宰相，又喜愛專研地理，「耽好地理學，凡四夷之使及使四夷還者，必與之從容，訊其山川土地之終始。」[78]他著有《海內華夷圖》、《古今郡國縣道四夷述》和《皇華四達記》等多部著作。後者的殘篇從《新唐書．地理志》中輯得。其中有「廣州通海夷道」，記錄了從廣州到南洋及印度洋的四條通道，是研究南洋交通史的必備材料。但是賈耽本人並沒有到過國外，在唐代正史中也沒有中國使者經水路出使外國的記錄[79]，因此他關於海道的知識都是從四夷來使那裡得知的，尤其可能是從獅子國（斯里蘭卡）和訶陵（爪哇）的來使口中得知的，這兩國使者在賈耽從政期間都到訪過中國。[80]張星烺考證，賈耽所記的通往大食海道的不少國名、水名，多與阿拉伯人的記載頗相一致，

【76】同上。

【77】朱傑勤《東南亞華僑史》，高等教育出版社，1990，12頁。

【78】舊唐書，卷一三八，列傳八十八，賈耽傳，3784頁。

【79】1998年在陝西涇陽縣云陽鎮發現《唐故楊府君神道之碑》，上面記載太監楊良瑤曾在785年從海路出使大食。見張世民《中國古代最早下西洋的外交使節楊良瑤》，唐史論叢，1998年。張世民猜測，賈耽的知識來自楊良瑤，惟這個說法似未得學界的普遍承認。從碑文看，沒有寫楊良瑤乘坐何人之船，以其從廣州登船，很可能也乘坐阿拉伯人的船只。原文「貞元初，既清寇難，天下乂安，四海無波，九譯入覲。昔使絕域，西漢難其選；今通區外，皇上思其人。比才類能，非公莫可。以貞元元年四月，賜緋魚袋，充聘國使于黑衣大食，備判官、內傔，受國信、詔書。奉命遂行，不畏於遠。届乎南海，舍陸登舟。邈爾無憚險之容，凜然有必濟之色。義激左右，忠感鬼神。公於是剪髮祭波，指日誓眾，遂得陽侯斂浪，屏翳調風，掛帆淩汗漫之空，舉棹乘顥淼之氣，黑夜則神燈表路，白晝乃仙獸前驅。星霜再周，經過萬國，播皇風於異俗，被聲教於無垠。往返如期，成命不墜，斯又我公扙忠信之明效也。」引自張世文《楊良瑤：唐代最早下西洋的使節》，《陝西日報》，2015/03/23，http://legal.people.com.cn/n/2015/0323/c188502-26733863.html。

【80】王賡武，150頁。

「足見其所見者，聞自阿拉伯人也」。[81]

中國當時已經能製造大型的適合遠洋航運的船隻。比如唐朝能製造可以乘坐600-700人的大船，比阿拉伯人的船更大。但是沒有任何中文材料顯示這些船隻被中國人運用於南海貿易之中，但有證據顯示，這些船隻被廣泛運用在中日貿易中[82]。

在阿拉伯人的材料中，倒是可以看到類似「中國船」的稱呼。但是根據阿拉伯人分析，這些所謂「中國船」其實不過是對運送中國貨物的船隻的稱呼，從上下文以及對船的描述看來，這些船都是阿拉伯人的船隻[83]。僅僅有一例，有可能顯示中國製造的船隻駛往了波斯灣。該例來源於阿拉伯歷史學家馬蘇第（al-Masudi）在《黃金牧地》寫的一段話[84]，但已經是五代時的事了。況且，儘管這是中國製造的船隻，但是船主和水手都更可能是阿拉伯人[85]。因此，中國大概只是在五代時期才開始進行南海海上交通，而且在海上交通中所佔份額還是很小的。《黃金牧地》在記載進出廣州的船隻時列舉了一系列國家的船隻，但並沒有提及中國的船隻。[86]即便到了五代海上交通開始重新興盛的時期，中國的海上交通還是嚴重依賴外國船隻。比如閩國「招來海中蠻夷商賈」[87]，「多發蠻舶，以資公用，驚濤狂飆，無有失壞，郡人籍之爲利」[88]。

---

[81] 張星烺《中西交通史料彙編》第三冊，古代中國與阿拉伯之交通，世界書局，1962，117頁。

[82] 章巽《我國的古代海上交通》，商務印書館，1986，47-48頁。

[83] George F. Hourani, *Arab Seafaring: In the Indian Ocean in Ancient and Early Medieval Times*, Princeton Press, 1995, p47.

[84] 參見費朗《阿拉伯波斯突厥人東方文獻輯注》，耿升、穆根來翻譯，中華書局，1989，114頁。

[85] George F. Hourani, *Arab Seafaring: In the Indian Ocean in Ancient and Early Medieval Times*, Princeton Press, 1995, p47.

[86] 參見費朗《阿拉伯波斯突厥人東方文獻輯注》，耿升、穆根來翻譯，中華書局，1989，114頁。

[87] 新五代史，卷六八，閩世家，審知，846頁。

[88] 《（乾隆）泉州府志》，卷四，轉引自陳高華、陳尚勝《中國海外交通史》，臺北，文津出版，1997，54頁。

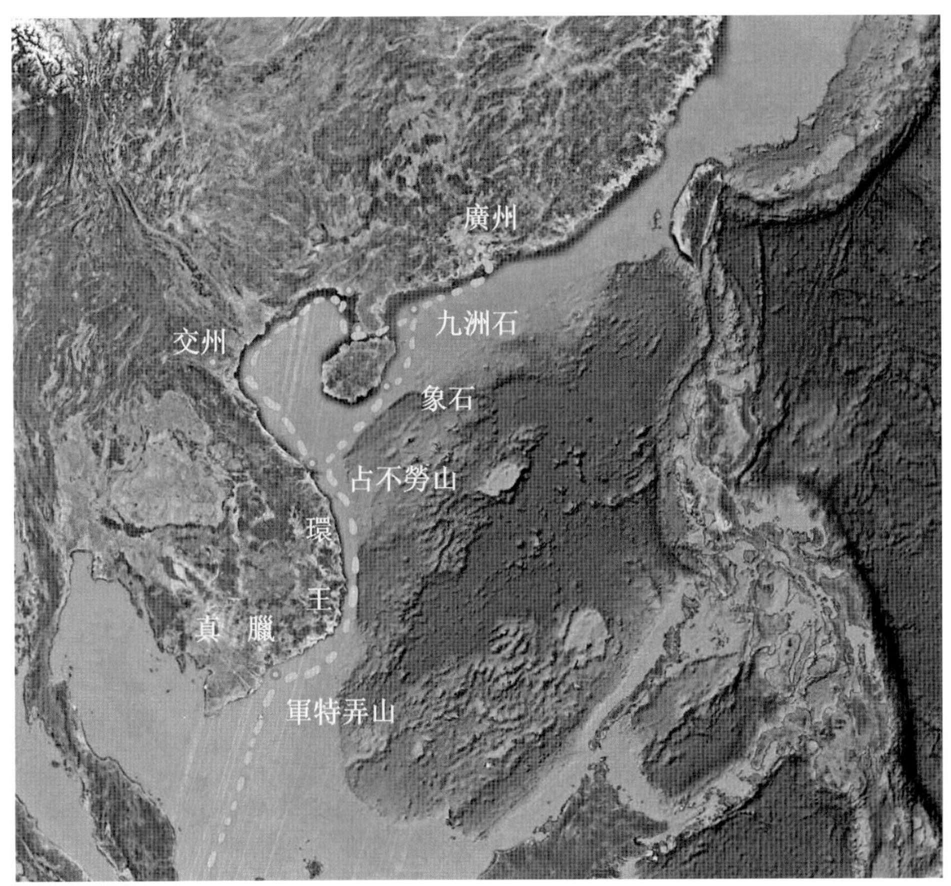

圖6　隋唐五代之南海交通，按章巽《我國古代的海上交通》自繪

為什麼唐代的製船業發達卻不等同於在唐代中國在南海貿易的交通上佔有重要地位呢？原因是航海除了和造船有關外，關於航行的知識與地理的知識的累積也非常重要，有好的船，並不等於有好的船長和水手。在當時手把手相傳的年代，傳統就是一個極為關鍵的因素。中國缺乏在南海航行的傳統，以致中國即便造船業發達後也無法在南海航行上和其他國家競爭。而具體到貿易的問題上，更和成本問題息息相關。三佛齊人也具有豐富的航海經驗，但是仍然不敵阿拉伯人的成本優勢，轉而專注轉口貿易與港口服務。阿拉伯人的長期壟斷導致中國航海業完全無法在成本上與之競爭。反觀在東海對日對朝貿易中，中國人卻有主導地位。正如有研究指出，儘管日本當時也有發達的造船業，但是其遠洋貿易的船隻大都被

中國船主買去用於中日之間的貿易[89]，類似的情況也出現在南海貿易之上[90]。

綜上所述，在唐代，儘管中國人記錄了南海的航道，但是都是從外國人口中得知的。當時儘管有把中國商品經由南海航道運往阿拉伯的海上絲綢之路，但是中國人在其中的地位限於提供商品和提供口岸，可能也提供了船隻，但並非提供航海交通。海上的交通先是由崑崙人，再由大食人（阿拉伯和波斯）控制。直到五代時期，中國航海家才在開始出現在海上絲綢之路上。在第三章可以看到，直到宋朝大力發展航海業之後，中國航海家才在南海貿易的交通上佔重要地位。在十三世紀之後，中國航海家才超越阿拉伯人，成爲南海貿易的最重要力量。

2.3　中國人有否發現南海諸島

先秦、秦朝和南越國留下的關於南海的資料很少。早期關於南海的主要資料多是漢朝與魏晉南北朝留下的。中國專家認爲：早在漢朝，中國人就在西沙和南沙一帶活動。他們收錄了一些自漢朝以來中國人在南海活動的證據，以此證明「西沙、南沙群島歷來就是我國領土」[91]。這些證據有兩類，一類是書面的記載，第二類是實物證據。實物證據的具體時間定爲「唐宋」，時間非常籠統，這將在第三章中和宋朝以後的證據一併討論，本章先討論書面記錄。中國文化遠比南海周邊國家博大深遠，在資料方面中國有無可比擬的優勢。必須指出，這些典籍的原篇都已亡佚，只能從類書的輯錄中看到隻言片語，以致很難根據上下文作全面的分析。所以筆者也只能基於殘篇，結合成書的背景進行分析。

從下面的分析可以發現，儘管中國記錄的資料不少，但是這些資料的作用被中國的專家大大誇大了。經過認眞分析，並沒有確切的證據顯示中國在宋朝之前發現過西沙和南沙群島。

---

[89] 章巽《我國的古代海上交通》，商務印書館，1986，47-48頁。

[90] 王賡武，120-121頁。

[91] 可參見林金枝〈中國人民對西沙南沙群島物產開發的悠久歷史〉，地理歷史主權，120頁。

1. 漲海的範圍有多大？

中國古時把南海叫做漲海。韓振華有專文分析漲海的範圍。綜合多部古書，他總結說：「漢唐間，漲海的地理位置基本上都已確定下來。漲海的東南爲諸薄（爪哇）；漲海之西南，可通勾稚或頓遜（馬來半島）；漲海之西爲日南（越南中部）；漲海之北爲交州；漲海之東爲尾閭。今日南海諸島的四個群島，全都包括在上述的東西南北四至的範圍之內。」[92] 此處只有漲海之東的尾閭並沒有注釋在哪裡。尾閭來自晉代張華《博物志》：「東越，通海，處南北尾閭之間。三江流入南海，通東治，山高海深，險絕之國也。」[93] 故其位置在東越，即福建，三江的地點大約是福建與廣東潮州交界之處。

韓振華的分析中，時間跨度爲從漢到唐，跨越一千多年，而這段時間正是中國對南海認識不斷加深的時期。韓振華簡單地把漢朝時期和唐朝時期對漲海的觀念混爲一談並通稱爲「漢唐間」，在學術上非常不嚴謹。顯然並不能以唐人對南海的認識等同於漢人對南海的認識，並以此探討漢人是否已經發現南海諸島的問題。李金明的論證把南海疆域分爲宋元、明、清三個階段，這就科學得多[94]。

若以唐人的認識來看，韓振華的分析大致成立。但是，即便如此，唐人所認識的漲海範圍，也不等同於南海的眞實範圍。從韓振華的分析可以看出，當時中國的地理知識主要來源於外國人開闢的航道。按照準確的地理方位，南海的南部是加里曼丹島，東部是菲律賓呂宋島，東南部是南沙和巴拉望島，這些地點在唐對漲海的範圍描述中無一提及。這說明，唐人對那些地方還一無所知，否則，斷然不會把漲海的東南部說成是爪哇，因爲事實上，爪哇還在南海的西南部（或南部）。把爪哇說成是漲海東南部的原因只能是爪哇確實在南海航道海域的東南部。從此可見，南沙群島並不在唐人認識中的漲海範圍之內。

---

[92] 韓振華《我國歷史上的南海及其界限》，史地論證，28頁。

[93] 張華《博物志》，叢書集成初編，長沙，商務印書館，1939，6頁。

[94] 疆域研究，第二章〈中國史籍中有關南海疆域的記載〉，21-39頁。他沒有論述宋之前的南海疆域，大概也是對韓理論不滿意的體現。

韓振華等把漢唐時期中國官員在南海沿海一帶的活動，都擴大成爲對整個南海的活動，並形容爲中國政府在當時已經對南海諸島行使主權。比如韓振華引用：「謝承《後漢書》記載：汝南陳茂，嘗爲交阯別駕，舊刺史行部，不渡漲海，刺史周敞涉海遇風（船欲覆沒，茂拔劍訶罵水神，風即止息）。」之後就下判斷：「可見自漢晉以來，中國政府已對南海諸島行使主權，這是誰也抹殺不了的事實。」[95]

其實，韓振華的引文來自《太平御覽》[96]。按《後漢書》原文：

> 汝南陳茂有異朮，交趾刺史吳郡周敞辟爲別駕從事，舊刺史行部，不渡漲海，敞欲到朱崖儋耳。茂諫曰，不宜履險。敞不服，涉海遇風，船欲覆沒，茂拔劍訶罵水神，風即止息，方得渡。[97]

可見周敞和陳茂只是要到海南島（即朱崖與儋耳），和南海諸島一點關係都沒有。韓振華先是模糊了這次行程的眞實路線；再把它誇大爲對南海諸島（包括幾千里外的南沙）行使主權。把古時中國在南海北部沿岸的一些活動肆意解釋爲對整個南海和遙遠的小島實施了主權，這顯然是不符合邏輯乃至荒謬的。「以部分代替全體」，是中國專家在論證南海主權問題上常犯的一個邏輯錯誤。這只是其中一個例子。如果這種荒誕的邏輯是成立的，那麼現在日本戰艦在日本本島到琉球群島之間的巡邏活動，豈不是可以解釋成日本對南太平洋的復活節島行使主權了？

2. 物產是否能作爲主權證據

一些中國專家如韓振華、李金明、林金枝和張煒等爲了證明中國人早就在南海諸島活動，還試圖提出了許多「科學」上的證據，從物產（貨貝、珊瑚和海龜）的記載斷定中國在兩漢時期就在南海諸島活動。他們的邏輯是，在中國古書上記載了這些物產，而這些物產在南海諸島上也出

[95] 史地論證，84頁。

[96] 《太平御覽》，卷六十，海，轉引自《史地論證》，93頁，註釋23。

[97] 汪文臺輯《七家後漢書》，文海出版社，1972，190頁。

產，這就證明了當時的中國人已經在南海諸島上活動了。

這個糟糕的邏輯有兩個嚴重錯誤。第一，那些物產並不僅僅只有南海諸島有，不能因為南海諸島出產這些物產就斷定這些物產僅僅能從南海諸島中得到。他們的這些文章都聲稱那些物產是南海諸島的「特產」。但那些所謂的「南海諸島特產」無一屬實。例如，韓振華認為，商代貨貝的產地，是指包括南海諸島在內的海南，因此殷商時代的貨幣，其產地應包括南海諸島在內，中國大陸沿海也都不出產貨貝。[98]林金枝說：「尤其是貨貝，中國大陸沿岸地區，都沒有出產貨貝，只有在西南沙群島才有產貨貝。」[99]而事實上，貨貝又名黃寶螺（Monetaria moneta），其國內分布為「臺灣島、香港、海南島、西沙、東沙、南沙群島」[100]。這表示，貨貝在中國大陸南海沿岸就有，根本不必到南海諸島。除非韓振華和林金枝認為香港和海南島都不是中國的一部分。事實上，貨貝分布極為廣泛，國外的產地包括「日本、菲律賓、印度尼西亞、澳大利亞、可可島、加拉帕斯島、馬紹爾群島、科科斯群島、斯里蘭卡、印度、東非」。如果按照他們的邏輯，澳大利亞和印度也是中國殷商時代的貨貝產地了。

他們又認為，中國古代有珊瑚，就意味著中國人在南海諸島上採集了珊瑚。比如張煒寫道：「南沙群島是我國有名的珊瑚產地……，南沙群島的珊瑚在古代早就成為貴重的觀賞品」[101]。其實，珊瑚在南海沿岸一帶就有，根本不是南沙群島的特產。梁任昉《述異記》中就有記載：「郁林郡有珊瑚市，海客市珊瑚處也。」[102]郁林郡在廣西北部灣，珊瑚當在附近海面捕獲。另外中國沿岸多處近海小島都有珊瑚出產，如廣西潿洲島、廣東桑洲島、海南蜈支洲島、海南後水灣等都盛產珊瑚。

張煒又稱：「海龜與玳瑁都是南海諸島特有的爬行動物。」[103]事實

【98】韓振華《南海諸島史地研究》，社會科學文獻出版社，1996，51-52頁。

【99】林金枝〈中國人民對西沙南沙群島物產開發的悠久歷史〉，地理歷史主權，120-137頁；又見《歷史與現狀》，107頁。

【100】中國動物物種編目數據庫，貨貝條，http://www.zoology.csdb.cn/page/showItem.vpage?id=specieslist.specieslist/m1030023。

【101】張煒、方堃《中國海疆通史》，鄭州，中州古籍出版社，2003，78頁。

【102】引自《太平廣記》，卷四百三，寶四（雜寶上），珊瑚。

【103】張煒、方堃《中國海疆通史》，鄭州，中州古籍出版社，2003，78頁。

上，玳瑁（Eretmochelys imbricata）產地「北起山東，南至北部灣及南海諸島」。[104]根本不是南海諸島的特產。

第二個邏輯錯誤是，沿海各國也有很多關於這些物產的記載，並非中國獨有。比如，林金枝指出，我國古籍記載有關硨磲資料很多，西沙群島和南沙群島上都有硨磲，並以此作爲中國對南海諸島的主權證據之一。[105] 但在宋代《諸蕃志》中記載：「硨磲出交趾國。」[106]這裡明確說了，硨磲在交趾國出產，按照中國專家的邏輯，豈不是證明了西沙和南沙都是越南的領土？再如關於玳瑁的記錄，韓愈記載：「外國之貨日至，珠、香、象、犀、玳瑁，稀世之寶，溢於中國，不可勝用」[107]這裡玳瑁是來自外國的稀世之寶。而《諸蕃志》記載：「玳瑁，出渤泥、三嶼、蒲哩嚕、闍婆諸國。」[108]渤泥是汶萊，三嶼和蒲哩嚕是屬現在菲律賓，闍婆是爪哇。如果中國專家的論證方法是成立的，那豈不成了南海諸島屬那些國家的鐵證？

3. 宋前文獻有沒有南海諸島

中國專家把以下這些記載文字和南海諸島拉上關係：

東漢楊孚《異物志》。楊孚，東漢章帝及和帝時期（一世紀）的廣東南海人，生卒年不詳。他所著的《異物志》又名《交州異物志》或《交趾異物志》，原書早已佚失，現在流傳的都是從各類古籍中輯錄的文字[109]。《異物志》中經常被中國方面引用的一句是：「漲海崎頭，水淺而多磁石。」[110]中國方面認爲，漲海指的是南海，崎頭指的就是南海諸

[104] 中國動物物種編目數據庫，玳瑁條，http://www.zoology.csdb.cn/page/showTreeMap.vpage?uri=cnAmpRep.tableTaxa&id=6C02B2BE-DCFC-4977-9247-6CB9D4E0FB82。

[105] 林金枝〈中國人民對西沙南沙群島物產開發的悠久歷史〉，地理歷史主權，125頁。

[106] 趙汝適著，楊博文校釋，《諸蕃志校釋》，中華書局，1996，206頁。

[107] 韓愈〈送鄭尚書序〉，自《昌黎先生集》，卷二。

[108] 趙汝適著，楊博文校釋，《諸蕃志校釋》，中華書局，1996，214頁。

[109] 吳永章《異物志輯佚校注》，廣東人民出版社，2010，6頁。

[110] 吳永章《異物志輯佚校注》，廣東人民出版社，2010，212頁。

島[111]。這句話經考證其實是出自吳時萬震《南州異物志》[112]。《南州異物志》也是一本佚失的書，現有殘篇也是從各種類書中輯錄出來的。《南州異物志》有同樣一句話：「漲海崎頭，水淺而多磁石。檄外人乘大舶，皆以鐵葉錮之，至此關，以磁石不得過。」[113]

然而，中國方面的論證並不成立，原因如下：

第一，這些崎頭並不是珊瑚島。珊瑚島的主要成分是珊瑚礁，其化學物是碳酸鈣，根本不可能對鐵和磁石有吸引力[114]。

第二，即便這裡的崎頭是珊瑚礁，也不能認定這就是南海諸島。漢朝時，中國已經在南海擁有海岸線，知道「漲海」毫不爲奇。但是僅僅憑藉這段話，並不能證明這些「崎頭」和「磁石」在什麼地方，也從來沒有一篇中國的論文嘗試論證這些崎頭在什麼地方。它可能是南海諸島中的其中一個礁，也可能僅僅是一個近海的珊瑚礁（這樣的珊瑚礁在南海沿岸不少），並無根據認爲它們就是幾千里之外的南沙群島。

這裡，一些中國專家又犯了「以部分代替全體」的邏輯錯誤：發現了一個珊瑚礁當然不等於發現了所有的珊瑚礁，籠統地把一個珊瑚礁稱爲南海諸島並不能成爲中國聲稱西沙和南沙的證據。正如臺灣島可以稱爲太平洋諸島之一，但是並不能從臺灣島屬中國推論日本島、夏威夷、新幾內亞島等太平洋的島嶼也屬中國，儘管它們也可以籠統地稱爲太平洋諸島。

第三，即使能夠證明這些崎頭是西沙和南沙，它們也是外國人發現的。因爲文中明確寫了「檄外人乘大舶」，也就是說外國航海家在南海中航行時發現了這些古怪的崎頭，再告訴中國人，由中國人記錄下來。中國人只是記錄者，而不是發現者。而這些外國人，最有可能的就是當時南海貿易的霸主扶南人，當然也可能是占城人或是其他外國人。

吳朝康泰出使扶南後所作的《扶南傳》又稱《吳時外國傳》（關於康泰等出使的事見2.2）。原書也早已佚失，現在所知的都是隻字片語，

【111】例如，林金枝〈中國最早發現、經營和管轄南海諸島的歷史〉，地理歷史主權，27頁。

【112】吳永章《異物志輯佚校注》，廣東人民出版社，2010，212頁。

【113】劉煒毅《漢唐方志輯佚》，北京圖書館出版社，1997，49頁。

【114】曾昭璇〈中國古代南海諸島文獻初步分析〉，《中國歷史地理論叢》，1991年第1期，133-160頁。

主要從《太平御覽》中輯錄出。《扶南傳》中記載：「漲海中倒珊瑚洲，洲底有磐石，珊瑚生其上也。」[115]和前一條記錄相比，這條記錄明確說的是珊瑚洲。但是，和上一條記錄一樣，這條記錄並沒有記錄珊瑚洲的位置，因而也沒法判斷到底是指哪裡。

許雲樵提到唐代《初學記》[116]中有另外一條記錄：「大秦西南漲海中，可七八百里，到珊瑚礁，洲底大磐石，珊瑚生其上，人以鐵網取之。」[117] 他認爲這裡的記錄和《太平御覽》的記錄是同一條，《太平御覽》引用不完全，而他又認爲這裡的大秦是扶南之誤。[118]大秦一般指羅馬[119]。而這個記錄和《新唐書》卷二二一談到拂菻國（古大秦，羅馬）時對珊瑚洲詳細的形容非常相似：

> 海中有珊瑚洲，海人乘大舶，墮鐵網水底。珊瑚初生磐石上，白如菌，一歲而黃，三歲赤，枝格交錯，高三四尺。鐵發其根，系網舶上，絞而出之，失時不敢即腐。[120]

到底是《初學記》中記錄的大秦搞錯了，還是《初學記》中把原先對漲海珊瑚洲的描述轉借到對大秦珊瑚洲的描述上？這難以肯定。但即便注者所言屬實，這裡的珊瑚洲也不是南海諸島，因爲扶南在現在柬埔寨一帶，其東北方和東南方才是西沙和南沙群島，西南方當是暹羅灣海域。

另外，康泰出使的路線從交趾到占城再到扶南。從交趾到占城，即便是沿海路出發，這條航道也僅僅是一條近岸航道，並不需要經過西沙群島和南沙群島，所以康泰自己並沒有路過這些地方。康泰在扶南多年，其《扶南傳》記錄的主要是扶南國相關的事物，還有一些其他東南亞甚至南亞國家的事物。如果《初學記》所記的「大秦」眞的是扶南的話，那麼即

【115】許雲樵《康泰吳時外國傳輯注》，《東南亞研究所輯佚叢刊》之二，1971，35頁。
【116】唐玄宗時由學士徐堅撰成的類書。
【117】轉引自許雲樵《康泰吳時外國傳輯注》，36頁。
【118】同上。
【119】南溟網「大秦」條，http://www.world10k.com/blog/?p=1119。
【120】新唐書，卷二二一，列傳一四六，西域下，6261頁。

便這裡的珊瑚洲是西沙或者南沙，這些島嶼也都是和扶南等國家相關的。

晉人裴淵的《廣州記》是記敘晉時廣州一帶地理物產的書。書中有兩個地方可能和南海諸島有關。第一條記錄為：「珊瑚洲，在縣南五百里，昔有人於海中捕魚，得珊瑚。」[121]中國專家多認為這個珊瑚洲是東沙群島[122]。這裡的縣是指東莞，東沙距離東莞海岸大約300公里，這和五百里的形容大致吻合。但其方位不符，東沙群島在東莞的東南方，其正北是汕頭，和東莞相差很遠。

在中國歷史上，珊瑚洲並不一定是珊瑚島，它還可以是海底之下的珊瑚礁。就上文列舉的《新唐書．拂菻國》對珊瑚洲的形容，大秦的珊瑚洲便是在海底的，需要「墮鐵網水底」再「絞而出之」。從地理上看，這裡所說的珊瑚洲，也可能是被中國歸在中沙群島的一統暗沙（Helen Shoal），它距離東莞海岸也是300公里左右，幾乎位於東莞正南，符合縣南五百里的描述。它水深最淺處11.8公尺，一般深度為15公尺左右[123]，可以採集珊瑚。

第二條記錄為：「石州，在海中，名為黃山。山北，一日潮，山南，日再潮。」[124]韓振華認為這石州指的是南沙中的太平島，其根據有兩個：第一是據海南島漁民說，太平島俗稱「黃山馬峙」，名稱相近；第二在太平島西南的南威島，就是24小時只一次潮汐（一日潮）[125]。

這兩個證據都不成立。首先，從其他《廣州記》的文字看，《廣州記》記錄的事物主要都在廣州附近，記錄有關廣州的傳說、地理和物產，

---

[121] 自（宋）樂史《太平寰宇記》，卷一五六，嶺南道一，廣州，東莞縣，文海出版社印行，1963年，第二冊，380頁。中國的著作，（比如《史料匯編》，27頁）都認為這句話出自《廣州記》。其實，《太平寰宇記》中，有兩條相鄰的記錄，前條記錄是「盧山」，註明出自《廣州記》，緊接著的記錄「珊瑚洲」，卻沒有註明出處，兩條記錄間，在我查閱的版本中有空白格相間。故這條記錄看來不是出自《廣州記》的。無論是（清）王謨的《漢唐地理書鈔》（中國書局影印，1961，366-370頁），還是劉緯毅的《漢唐方志輯佚》（北京圖書館出版社，1997，135-146頁），都沒有輯錄，可作佐證。但這裡依照韓振華的說法。

[122] 例如，呂一燃〈日商西澤吉次強佔東沙群島與中日交涉〉，海疆歷史與現狀，90頁。

[123] *China Sea Direcotry*, Vol IV, 1884, p129.

[124] 劉煒毅《漢唐方志輯佚》，北京圖書館出版社，1997，137頁。

[125] 史地論證，88頁。

而且都以陸地上的事物爲主。沒有理由認爲《廣州記》會孤零零地記錄一條距離廣州1428公里（約3000里）之外的太平島。如果遠離海岸，大致的路程也會說明，比如上面所列舉的記錄就說是離岸五百里。離岸幾千里的太平島，不太可能不特別注明。

其次，黃山只是一個普通的名字，在中國叫黃山的地方多不勝數。比如在安徽有黃山，南京有黃山島，徐州有黃山島，山東有黃山鎮，這說明有類似的名字並不爲奇。何況海南漁民對太平島的稱呼是「黃山馬峙」，而不是「黃山」，兩者有相當差別。在沒有其他證據證明這是太平島的情況下，僅僅憑一個現代的俗名去判斷一千七百多年的一個遙遠的地名，是非常草率和不可靠的。在中國古書中，即便是西沙群島的名稱，在幾百年的時間內也有多次變化，包括石塘、長沙、千里石塘、萬里石塘等等（見第三章），沒有理由認爲一千七百多年後一個遙遠的小島還能保持原先的稱呼。

再次，太平島只是一個低平的珊瑚島，並沒有可以被稱爲山的地貌。儘管中國後來有把島稱爲山或嶺的習慣，但珊瑚島當時稱爲珊瑚洲，而不是石州。足見此處「黃山」並不是一個珊瑚島。

最後，韓振華自己的第二條證據也否定了自己。《廣州記》中說山的北面是一日潮，山的南面是日再潮（即一天漲潮兩次）。南威島在太平島的南面，應該是日再潮才對。但是他自己論證中就指出南威島24小時只有一次潮汐，爲一日潮。這足以證明黃山不是太平島。

綜上所述，這裡的黃山根本不是太平島。基於《廣州記》的記錄範圍，「黃山」只能是珠江三角洲出海口處的一個小島。

在隋唐出現了兩條可能和西沙群島有一定關係的記載。它們都在上文提過。第一條是隋朝607年，常駿從廣州出發，出使赤土國。《隋書·赤土國》記載：

其年十月，駿等自南海郡乘舟，晝夜二旬，每値便風，至焦石山而過，東南泊陵伽缽拔多洲，西與林邑相對，上有神祠焉。又南行，至師子石，自是島嶼連接。又行二三日，西望見狼牙須國之山，於是南達雞籠島，至於赤土之界。[126]

韓振華認爲，「焦石山（西沙群島的紅石山）」[127]，其根據僅僅是焦石山有一個「焦」字，是指礁石，所以指西沙群島上的礁石。但是，焦石山極不可能是西沙群島。從文中看，焦石山的東南面是陵伽缽拔多洲。陵伽缽拔多洲梵語爲Lingapurrata，是占城海岸一帶的小島，可能是占婆島中的一個，也可能是華列拉角（Cape Varella，越南歸仁附近，韓振華又稱之爲「燕子岬」）對開的小島[128]。焦石山的位置當位於越南中部海岸與陵伽缽拔多洲之間靠北的位置。曾昭璇指出，所謂「焦石」，也不是韓振華所說的「礁石」，而是沒有泥土的石山。在宋代徐兢《奉使高麗圖經》中就有「其質純石，則曰焦」[129]。另外他也認爲，西沙群島中並沒有一個可以看成是山的地貌，亦缺乏其他的支持證據。[130]因此，焦石山的位置並不確定[131]。把陵伽缽拔多洲解釋爲華列拉角，焦石山解釋爲占婆島可能是最合適的[132]。

韓振華等進一步認爲，這表明了中國對西沙群島的管治[133]。退一萬步說，即便該地眞的是西沙群島，也不過說明了常駿出使的時候路過這個地點而已。常駿的行爲是出訪外國，而不是巡邏領海，其路過某地不說明中國當時管治當地。否則，陵伽缽拔多洲、林邑和師子石等地豈非也是中國的管治範圍？

第二條出自賈耽對海路的記錄的《廣州四夷海道》，部分海路在《新唐書》中有記錄。其中一條是：

[126] 隋書，卷八十二，列傳四十七，赤土，1834頁。
[127] 史地論證，85頁。
[128] 南溟網，http://www.world10k.com/blog/?p=1224。
[129] 曾昭璇〈中國古代南海諸島文獻初步分析〉，《中國歷史地理論叢》，1991年第1期，133-160頁。
[130] 同上。
[131] 同上。另見，王賡武，74頁。另參見南溟網，http://www.world10k.com/blog/?p=1196。
[132] 章巽《我國古代的海上交通》，上海，新知識出版社，1956，20頁。
[133] 史地論證，85頁。

廣州東南海行二百里，至屯門山，乃帆風西行二日，至九州石，又南二日，至象石，又西南三日行，至占不勞山，山在環王國東二百里海中。[134]

韓振華認爲這裡的象石是西沙群島[135]，這也是錯的。占不勞山是越南中部海岸線對開的劬勞占島，即占婆島（Cham Islands：Cù lao Chàm），位於西沙群島的正西面，而不是西南面。曾昭璇[136]、Pelliot[137]和章巽[138]都認爲象石應爲海南島南部萬寧市對開的大洲島。在大洲島附近也有叫象石的地方。如在明代黃佐的《廣東通志》中有：「昌化縣……南十里有昌江……十五里有象石【形似象，擊之聲如缸】。三十里有馬嶺。」[139]在《嘉慶重修一統志》的《瓊州縣．山川》中，也有對此象石的記載[140]（圖7）。象石和焦石山之不可能是西沙群島，更重要的原因還是直到明清之際，西沙群島都是一個航海中需要避免的危險地帶，亦缺乏高山作爲標誌，在航海中並不可能作爲一個常規的確定航道的標準。在明清的航海手冊中，它是只有錯誤地偏離了航道才會誤入之險境（見第三章）。

如同上一個證據一樣，即使象石是西沙群島，也不說明中國對西沙群島的管治。正如前文的分析，賈耽的海道知識都是從外國使節中得知。他對當時海道加以記錄這個功勞不可抹殺，但是記錄了某個地方並不等同於管治了某個地方。否則，占不勞也是中國的領土了，其他三條航道也都是中國領土了。這顯然是荒謬的。

【134】新唐書，卷四十三下，志第三十三下，地理七下，1153頁。

【135】史地論證，85頁。

【136】曾昭璇〈中國古代南海諸島文獻初步分析〉，《中國歷史地理論叢》，1991年第1期，133-160頁。

【137】伯希和（Paul Pelliot）著，馮承鈞譯《交廣印度兩道考》，商務印書館，1962，64頁。

【138】章巽《我國古代的海上交通》，上海，新知識出版社，1956，23頁。

【139】黃佐《廣東通志》卷十四輿地二，嘉靖本，香港，大東圖書公司影印版，1977，379頁。

【140】《嘉慶大清一統志》，卷四五三，瓊州一，四部叢刊續編，上海商務印書局，1922，169冊，17頁。

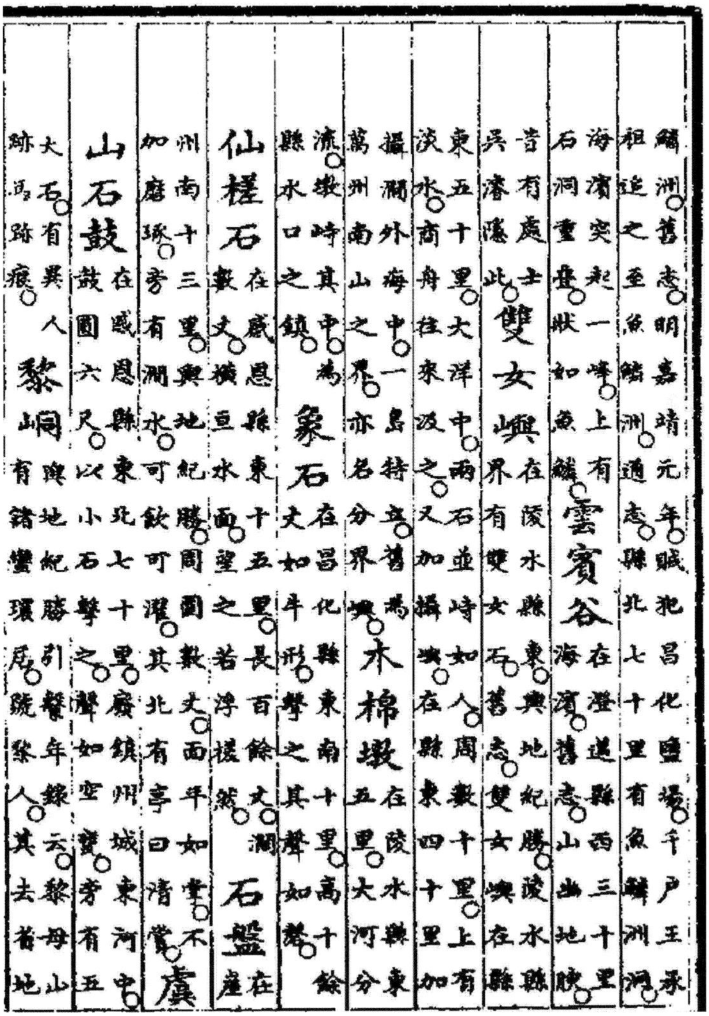

鱗洲舊志明嘉靖元年賊犯昌化鹽場千戶王承祖追之至魚鱗洲通志縣北七十里有魚鱗洲洞海濱突起一峰上有石洞重疊狀如魚鱗

雲賓谷 在澄邁縣西三十里海濱舊志山幽地暎昔有處士兵濟隱此

雙女嶼 在陵水縣東興地紀勝陵水縣界有雙女石舊志雙女嶼在縣東五十里大洋中兩石並峙如人周數十里上有淡水商舟往來汲之又加攝嶼在縣東四十里加攝灡外海中一島特立舊爲萬州南山之界亦名分界嶼

木棉墩 在陵水縣東五里大河分流坡峙其中爲縣水口之鎮

象石 在昌化縣東南十里高十餘丈如斗形擊之其聲如磬

仙槎石 在感恩縣東十五里長百餘丈闊數丈橫亘水面望之若浮槎然

石盤 座在州南十三里興地紀勝周圍數丈西平如掌不加磨琢旁有澗水可飲可濯其北有亭曰清賞

廣山石鼓 在感恩縣東北七十里廢鎮州城東河中鼓圓六尺以小石擊之聲如空甕旁有五大石有異人跡馬跡痕

黎峒 與地紀勝引黎年錄云黎母山有諸蠻環居號黎人其去省地

圖7　《嘉慶大清一統志》之象石

以上五條記錄就是中國學者找到的所有在宋代之前疑似有關南海諸島的記錄。在這些記錄中，沒有一條能夠證實和南海諸島有關。即便眞的有關，也是外國人發現的，被中國學者記錄下來而已，絲毫談不上任何主權方面的意味。

值得指出的是，以上所記錄的都是筆者覺得多少還有一些道理的記錄。韓振華爲了增強自己的論據，還啼笑皆非地找了許多神話傳說來證明中國和西沙南沙的關係。茲舉兩例。他寫道：「秦始皇在臨死前的幾個月，就曾作過一次航海嘗試，目的是自『會稽茲海上，畿遇海中三神山』……三神山是指那些隨潮漲、退而淹沒、出現的南海諸島的沙洲、暗礁。」[141]「三神山」就是南海諸島完全出自韓振華的臆想，全無根據。

他還寫道：「後來，又相傳後漢時馬援積石為塘，自從有了石塘以後，『可以遏海波，自是不復遇海漲』，積石為堤以遏海波，不遇海漲、海溢的的石塘，即萬里石塘。……在漲海中積石為塘的範圍，應和上述萬里石塘的範圍一樣，都包括今天的東沙、中沙和西沙群島這三個島群及其海面。」[142]漢朝人馬援所能建造的石塘，顯然最多只能是海岸線附近的防波堤。這段話其實出自《廣州記》：「馬援鑿九眞山，即石為堤，以遏海波，自是不復遇海漲。」[143]韓振華故意隱去了馬援築堤壩的地點（越南的九眞山），而把石堤牽強附會成了西沙、東沙和中沙群島。在南海離海岸線一千多公里的地方堆砌出一大片礁石島嶼，如此浩大的工程，怎麼可能由約兩千年前的馬援實現呢？

2.4 越人對南海的開發

1. 漲海是什麼「中國人」的活動範圍

正如上文討論南海交通時提到的，宋代之前在南海交通中佔支配地位的先是扶南人，後是三佛齊人，最後是大食人，而印度人、占城人和爪哇人也佔有一定的地位。而中國人，在長達1200年的歷史中，在南海航運中只是很不重要的角色。而在這少量的中國人航海活動中，越族人又佔了絕大部分。

首先，交趾和占城的區域性貿易是南海貿易的一個組成部分。在這個區域交通中，占城佔多數，交趾佔少數。

其次，在交趾到廣州的國內交通中，越族人是交通的主力。《梁書・王僧孺傳》中有：「尋出為南海太守。郡常有高涼生口及海舶每歲數

【141】史地論證，83頁。

【142】史地論證，29頁。

【143】劉煒毅《漢唐方志輯佚》，北京圖書館出版社，1997，144頁。

至，外國賈人以通貨易。」[144]「高涼生口」是當時漢人對越人的蔑稱，「每歲數至」表明是短途貿易。這個記錄說明，如果說中國船隻在當時的南海交通中扮演過比重很小角色的話，那麼這個角色就是越人的短途貿易。這些越人大概從日南交趾，通過沿岸航運的方式把外國的貨物轉運到廣州，從而部分地扮演了東西方貿易的最終一程的角色。

最後，漲海是越人的活動區域。在很多有關南海的書籍中，漲海都和交趾有密切關係。比如《異物志》又名《交州異物志》或《交趾異物志》。交趾是以現在越南北部爲主的行政區。三國時期謝承著《後漢書》中記載「交趾七郡貢獻皆從漲海出入」[145]。即便在隋唐，兩廣與越南的居民還是大部分以越人爲主[146]。在交趾，越人與漢人的融合始終非常緩慢。漢人歧視越人，稱之爲蠻人和生口。正史上歧視之語不絕於書。這種民族歧視也解釋了爲何越南在五代末能夠最終獨立出中國。

故當時在漲海活動的中國人以越族人爲主。而交趾的越族人是與南海海上活動最爲相關的人群。

2. 越南獨立，南海主權應該如何劃分

由於從秦末到到五代末的絕大部分時間，越南都是中國的一部分，所以在宋代之前，中國的歷史是後來的宋朝和越南的共同歷史。這樣就存在一個問題，那段時間的「證據」並不能輕易地把後來的中國人和越南人分開。

比如說，如果當時中國人發現了一個海島，那麼發現它的人到底是後來的中國人的祖先還是後來的越南人的祖先呢？比如如果在某個海島上的考古發現了隋唐時期中國人的遺址，那麼算是後來的中國人的還是後來的越南人的呢？又比如說，如果當時中國人眞的發現了西沙，又如果當時西沙是廣東人和海南人的傳統活動地帶，那麼把西沙說成是中國人的傳統活動地帶自然是毫無問題。但是如果西沙是交趾人的傳統活動地帶，那麼當

[144] 梁書，卷三十三，列傳二十七，王僧孺，470頁。

[145] 汪文臺輯《七家後漢書》，文海出版社，1972，255頁。

[146] 王文光《中國南方民族史》，民族出版社，1999，191-192頁。

交趾獨立之後，他們的傳統活動地帶算是中國還是越南的「自古以來」的領土？

這種疑問有現實性的意義。正如前文所述，在越南獨立前，中國人在南海的活動絕大部分爲越族人，尤其是交趾的越族人所操控。如果用現在的標準劃分當時南海權利的話，越南能分到的權益將比中國還要大。

當然，由於當時沒有國際法，越南獨立後，中越也沒有劃分疆界，嚴格的海疆劃分更加不存在，所以在越南獨立時候沒有任何文件可以證明南海的權益到底是歸屬誰。現在的國際法中對這種歷史遺留問題並沒有一個明確的規定，因爲在國際法中，「發現」、「知道」和「活動」不是確立主權的標準，相關證據只能做輔助的作用。所以這些問題都非常棘手。

2.5 自古不屬中國的南海

從古代起，南海就是沿岸各個民族休養生息之地。南島語系的早亞洲人是最早到達南海的人，晚亞洲人中的百越族是其次到達南海的人。與現在沿岸幾個國家相比，晚亞洲人中的華夏族只是後來者。中國直到秦始皇吞併南越之後才眞正短暫地和南海接壤。直到漢朝重新吞併南越國之後，中國才眞正成爲南海的沿岸國家。

宋朝（約960）之前，中國對南海的開發和利用都很有限，更不用說控制。儘管從西漢開始，南海貿易和交通已經興盛，但是在接下來的一千多年的時間內，中國作爲南海貿易的生產地和市場，卻缺乏動力和經驗直接參與南海貿易的交通，以致在南海交通中並不活躍。而扶南、占城、印度、波斯和阿拉伯人等相繼成爲南海交通的主角。中國人只對中國兩廣交趾沿岸的近岸航運交通有部分的貢獻。

中國對南海的利用極少，而南海對於中國來說亦不是一個具備戰略意義的地方。隋朝之前，中國不曾試圖控制南海。隋煬帝一度企圖在南海擴展影響力，但很快就因爲敗亡而告終。唐朝對南海也沒有控制欲望。

儘管中國歷史學者認爲一些中國書籍中的記錄是關於西沙或南沙。但事實上，在宋朝之前並沒有可靠的關於南海諸島的記錄可以證明當時中國已經知道南海諸島，也沒有證據證明中國人已經在南海諸島從事過生產活動，更沒有證據證明中國治理過南海諸島。這並不奇怪，因為古代對海洋的認識源於航線的開發。中國在唐朝時期所認識的漲海，也僅是外國開發的航道周邊的範圍。在隋朝之前，南海的航道是經過北部灣的沿岸航線，自然與南海諸島的發現無關。到了隋唐之際，開發出從占城到廣州的直航（以後被稱作內溝航線），發現西沙群島才成為可能。在唐代南海交通中佔壟斷性地位的阿拉伯人，可能最早發現西沙群島。事實上也有一些疑似是西沙群島的記載。但由於記錄不準確，難以認定到底是不是南海諸島（見3.3.1）。至於南沙群島，由於遠離交通航道，更不為人所知。

值得指出的是，自從被漢朝吞併之後，越南在長達千年內是中國的一部分。在這段時間內的中國歷史，是現代中國和現代越南的共同歷史。當時，「中國人」在南海中的活動，包括在南海的（近岸）生產和（短途）航運活動，很大的程度上歸功於被稱為高涼生口的越人。因此中國在此時期即便有對南海的「歷史權利」，也難以在國際法中獨佔這種權利。

在中國的宣傳中，「中國在南海的主權、主權權利、管轄權主張有2000多年的歷史，從漢朝開始就發現和逐步完善了對南海，特別是南沙諸島礁以及相關海域的管理。」[147]這句話把眾多的論點混為一談，產生中國「自古以來」就對南海諸島擁有主權的誤導。而實際上，中國人既非最早發現南海的人，在漢唐上千年的時間裡，也沒有發現南海諸島，更沒有對南海進行任何控制和管理。充分的歷史證據證明：在宋代之前，南海是一個不屬於任何國家的公共海域。南海自古不屬中國。

【147】中國副總參謀長王冠中2014年6月1日在新加坡香格里拉論壇上的發言，http://www.nanzao.com/tc/national/14c315bf53d6a5e/zhong-guo-jun-fang-zhong-yong-nan-hai-zhu-quan-yu-liang-qian-nian-guo-ji-gong-yue-bu-shi-yong。

第三章
近古南海（I）——中國

近古南海的時間大致從十世紀中到十九世紀中。伴隨著越南的獨立，以及中國在南海交通中的活躍，人們對南海的認識越來越深，南海的歷史也因而開始變得複雜。惟各種材料的準確意義和在國際法上的效力都需要仔細推敲。由於史料眾多，只能分爲兩章，本章著重討論中國方面的材料，而下一章著重討論越南方面的材料，也順帶討論汶萊和菲律賓的材料。

3.1 十世紀後的中國與越南

1. 宋朝與大越及占城

宋朝統一中國的前後，正值黎朝取代丁朝。黎朝建立之初就開始和北方的宋朝和南方的占城開戰。在981年白藤江之戰中，黎朝抵抗了宋朝以支持丁朝復位爲名的干涉（越方稱第一次抗宋戰爭）。可是由於征戰過度，黎朝並沒有維持太久，僅僅二十九年之後就被李朝取代。在李朝之初，爲了對國內對手取得政治優勢，李太祖請求宋朝皇帝的冊封。但是這並不等於李朝成爲宋朝的屬國。李朝對宋朝類似南越對漢朝，對宋朝稱王，但是在國內稱皇帝。所謂冊封，不過是一種政治姿態，並沒有實質的意義。

李朝是一個對外軍事擴張成性的朝代，一邊受宋朝冊封，一邊不斷和宋朝開戰。在十一世紀後期，宋越爆發「熙寧戰爭」（1075-1077），越南稱爲「第二次抗宋戰爭」。李朝派出大將李常傑「先發制人」進攻宋朝，還一度攻佔了廣東西南部欽州、廉州、邕州等地，最后在宋朝反攻之下，雙方才講和。以後終宋一代，即便北宋變成南宋，中越也大致和平。李朝原先的國號是「大越」，而宋朝卻冊封爲「交趾郡王」。直到1174年左右，宋朝冊封李英宗爲「安南國王」。從此，越南又稱爲安南國。

李朝也一改獨立前交趾對占城的守勢，對占城進行攻擊。1044年，擊斃占城國王，導致占城第八王朝覆沒。1068年，李常傑出兵占城，在海戰中大敗占城軍隊，俘獲占城第九王朝國王。當時宋朝優待占城，以牽制越南。熙寧戰爭中，宋朝、占城和真臘三國結盟對抗李朝，但也無法將其擊敗。戰爭後，占城再次向李朝示好，宋朝也改變對占城的扶持態度。

宋占關係變得疏遠，但仍正常。但後來，占城恢復元氣，在和越南的對抗中取得均勢。故終此一朝，交趾和占城的疆域並無大變化。此外，李朝和大理、眞臘以及哀牢（老撾）都發生過大規模的戰爭。

2. 留在中國的越族

越南獨立後，並非所有越族都遷到越南。留在中國的越族數量不詳，但總的說來，除了不明數目的被漢人同化的越人之外，還有兩支比較明確的越族後人以獨特的方式生活至今。一支是海南島上的黎族。另一支是活躍在華南的水上人家疍民，他們長期以舟爲家，浮生江海，專營水上生活。由於語言生活習慣和漢人有重大差異，一直被視爲賤民。直到二十世紀三〇年代，民國政府才頒發命令，禁止歧視疍民。共產黨上臺後，在1950年代的民族識別時，認爲疍民內部關係疏遠，民族意識消失，已經「自然同化」爲漢人，故並沒有把他們劃爲獨立的民族，而指定爲漢族[1]。之後，疍民被安排棄舟上岸，迅速被漢化。此外，還有少量的越南人在十九世紀之後因爲遷徙和劃界的原因成爲中國的京族。但無論如何，在中國明確的越族後裔，其數量和越南本土相距甚遠。所以越南這個唯一以越族爲主體民族的國家，理應是越人歷史權利的繼承者。

3. 蒙古佔領時期的中國、越南以及元朝的歷史定位

十三世紀初開始，蒙古崛起。歐亞大陸面臨全新的大敵。蒙古崛起的前夜，在現今中國的土地上和印度支那半島上大致有這幾個國家：現中國北方爲金國，西北爲大夏（西夏），新疆地區爲西遼，青藏高原上有吐蕃，雲南一帶爲大理，淮河以南爲中國宋朝；越南北方爲大越，越南南方爲占城。蒙古崛起之後，這些地區無不成爲蒙古人攻擊的對象。

十三世紀前葉，西夏、西遼和金國一一爲蒙古所滅。吐蕃在1246年被蒙古所納。1254年，蒙古通過西康攻滅大理，從此與大越接壤。蒙古攻滅大理導致大理的泰族人南下，給高棉王國造成巨大的壓力。最後泰族

---

[1] 張朔文〈海南疍民問題再研究〉，自張一平等主編《百越研究》，暨南大學出版社，2011，378-389頁。

在泰國建立了政權，高棉把首都重新南遷到金邊。

大越的李朝在1225年被陳朝（Tran dynasty，1225-1400）取代。1257年，蒙古人第一次進攻越南。蒙古一度佔領了越南的首都，但是在陳太宗和陳聖宗（當時是皇儲）的領導下，越南成功抵抗蒙古軍隊，最後以稱臣爲條件換取蒙古退出越南。

攻越不遂後，蒙古轉而全力攻擊中國，經過長期的戰爭，在1276年攻佔宋朝首都並在1279年最終擊潰了宋朝的反抗軍隊。中國第一次亡國。宋朝在滅亡之際，宋朝皇帝曾希望到占城避難，不果。

攻滅了中國後，蒙古在1284年再次入侵大越，同時分兵取道大越並結合海路攻擊占城。大越與占城放下宿怨，聯手對抗蒙古軍隊，擊敗了蒙古。在1287年，蒙古第三次入侵大越，仍以失敗告終。自始，蒙古滿足於大越和占城的表面臣屬關係，再也沒有大規模的攻擊行爲。越南成爲少數擊退蒙古人的大陸國家。在入侵安南不遂之後，蒙古在1292年還進一步入侵爪哇。同樣無功而返。

中國在蒙佔時代稱爲元朝，關於元朝的定位，歷史學界頗有爭論。一方認爲，元朝是中國的正統皇朝，另一方認爲，元朝是中國被佔領的時代。筆者傾向於第二種看法，原因如下：

首先，元朝是蒙古人建立的國家，在成吉思汗建國的時候，蒙古和當時的中國（南宋）並無直接關係。在蒙古擴張的過程中，西遼、金國、西夏和宋朝都一一被蒙古吞併。蒙古分裂之前，其勢力已經直達歐洲、中亞和西亞，並把西藏和大理這些一直不屬中國範圍的國家收入囊中。即使在蒙古帝國分裂之後，蒙元所涵蓋的土地也遠遠不止原先的「中國」土地。除了原西夏、金國和南宋的土地，它還包括了蒙古本部、西藏、大理、嶺北和北部朝鮮。滅亡南宋之後，它又曾經短時間佔領大越、占城和蒲甘（緬甸北部），也曾越海攻打日本和爪哇。由此可見，中國不過是蒙古人在整個擴張過程中的一部分，儘管是非常重要的一部分。

其次，在蒙古帝國體系當中，元朝的皇帝稱爲大汗，視爲成吉思汗的繼承者。在名義上是其他幾個汗國的宗主國。從帝國的規模看來，大汗這個頭銜比元朝皇帝要更高。在朱元璋攻入大都之後，元朝並沒有結束，而是繼續在蒙古故地漠北繼續統治。儘管中國史料上稱爲「北元」，但是無論他們自己的國號還是法統都並沒有中斷。

再次，漢人在元朝的民族等級制度下處於最低的第三和四等。漢人不得和蒙古人通婚。蒙古人以及回回人、西藏人為主的色目人佔據了統治地位。漢人無論在政治上還是經濟上屬被壓迫和被吸血的階級。從種種特徵看來，在元朝，中國當時只是蒙古的征服地，地位比更早被征服的其他地區還要低。

就連中國引以為榮的文化方面，元朝也是一個顛覆。在文化上，蒙古人並不像以前的女真人以及後來的滿洲人一樣被漢化。他們在保留蒙古文化的同時，還積極引入中西亞文化，尤其是推行藏傳佛教。科舉制度長時間被取消。儒家的影響力式微。傳統的文學詩詞讓位於新興的元曲。所謂「崖山之後無中國」準確地道出了中國傳統文化在元朝時期的衰落。

當然最重要的一點在於，蒙古人並不像滿人一樣已經完全成為現在中國的一部分，而是有自己獨立的國家。在蒙古1945年獨立之後，蒙古被視為蒙古帝國的正統。元朝作為蒙古帝國的一部分自然也被視為蒙古歷史的一部分。

如果用以上原則比較南越國之於越南，清朝之於中國，元朝之於中國，這三者的殖民性質從弱到強依次是：南越——清朝——元朝。筆者認為可在清朝與元朝之間劃一條界線：清朝可以被視為中國的正統皇朝，而元朝則被視為中國被征服的階段。

4. 明朝與第四次中佔時期

蒙古人在1368年被中國反抗軍建立的明朝驅逐出北京。明朝還把原先不屬中國但被蒙古整合的雲南收於帳下。從此，雲南也成為了中國的一部分。

在越南，陳朝的統治在1400年發生內亂，出現短暫的胡朝（Ho dynasty）。在1407年，明朝趁越南局勢不穩，明成祖派50萬大軍再次佔領了越南，開始了第四次中佔時期。第四次中佔時期基本可以看作中國對越南的侵略。這種侵略既不得人心也缺乏穩定，明朝的統治僅僅維持了二十年，就被迫在1428年撤出越南。反抗軍首領黎利建立了後黎朝（Le dynasty）。從此越南永遠脫離中國的版圖。在以後的歲月，儘管經歷了朝代的變化，但是大部分時候，越南都以藩屬國的身份對中國稱臣。但是那主要只是爲了保證中國不加以侵略的禮儀性舉動，越南完全保持了獨立的地位。然而明朝對越南的侵略還導致在戰亂中越南大量的書籍遭到搶掠和焚毀，致使越南在那之前的歷史記錄受到極大的損失。

5. 越南對占城的兼併，以及交趾支那的獲取

在大越建國之後，大越與占城的戰爭持續進行。大越在總體上處於優勢，從公元十世紀到十四世紀，多次迫使占城臣服。明朝攻滅胡朝之際，占城乘機北上，收復了被大越佔據的國土。但大越重新擺脫明朝獨立後，又開始對占城發動持續性的攻擊。

1470年，大越發動一次滅國性的攻擊，佔領了占城首都，俘虜了占城國王。占城絕大部分土地併入越南，只剩下瓦瑞拉角（Cap Varella）到芽莊一帶的一小塊地區作爲占城人的自治區域，淪爲大越的保護國。至此，占城基本被大越吞併。占族人大量流亡海外，其中一支逃往蘇門答臘，成立亞齊蘇丹國；另一支逃往馬六甲；還有不少占族人逃往高棉（柬埔寨）和寮國。

1527年，越南分裂，進入南北朝時代。北方由莫氏統治，成立了莫朝；南方則由名義上支持黎朝皇族的鄭氏統治。多年的戰爭之後，1592年鄭氏攻滅莫朝。莫氏後人只有在越南北方邊境高平依附明清，維持小政權。鄭主基本統一越南，名義上是黎氏復辟，但其實只是鄭主的傀儡，地位類比於日本幕府政權下的天皇。然而鄭主旋即又面臨另一個對手的挑戰。

阮主與鄭主同爲支持南方黎朝的兩大門閥，但阮主一直被鄭主壓制，只能以南方的廣南爲基地發展。爲了獲得與鄭主對抗的能力，阮主重新扶持占城政權，並與眞臘聯姻。占城一度得到復興的機會。阮主與鄭主兩大勢力在1627年正式反目，鄭主在北，阮主在南，南北再次對峙，持續長達五十年的戰爭。直到1673年，在清朝的斡旋之下，雙方才停戰。鄭主在1677年攻滅莫氏的高平政權，重新統一北方。阮主在1692年向企圖重新壯大的占城發動戰爭，最終在1712年兼併占城，只給占族人留下一個有名無實的封號。最後一位占城國王帶領大批臣民逃往柬埔寨。阮主

通過移民和對高棉（眞臘，即柬埔寨）的戰爭，佔據了原屬高棉的湄公河三角洲一帶，取得了今天稱爲交趾支那的地區，奠定今日的南方越南的邊界。高棉從此與南海不再相接。

1771年，越南中部（屬阮主的南方地界）的阮氏三兄弟發動西山起義。他們在1777年推翻阮主政權，在1787年北伐攻滅了鄭主政權，統一了越南，成立西山朝，也結束了名義上的後黎朝。西山朝好景不長，阮主的幼主阮安（阮福映）在越南人中得到了廣泛的支持。最後，在法國人的支持下，他在1802年擊敗西山朝，建立了越南最後的皇朝阮朝，並即位成爲嘉隆皇帝。

6. 清朝取代明朝

十六世紀末，滿州在中國東北崛起。十七世紀初，明朝陷於內部武裝叛亂與滿人侵略的兩條戰線中，最後明朝在1644年被李自成的大順政權所滅。清朝趁此機會入關，在長達二十多年的戰爭中，一一平定了南明政權和其他武裝集團，統一了中國。

儘管存在很大的爭議，但與元朝相比，清朝更接近中國的正統皇朝。滿洲崛起之前受明朝冊封與差遣，基本可以算是明朝的屬國。儘管在開國時也有屠殺漢人的事例，但是在開國不久，統治者就宣稱滿漢一家的政策，儘管政治利益還是偏向滿人。雖然在風俗上，滿人把自己的髮式與服裝強行向漢人推廣，但是在文化上，滿人很快就被漢化。在清末，就連說滿語，寫滿字的人都不多了。在制度上，滿人沿用漢法，推崇儒家，實行科舉。最重要的是，在清滅亡之後，滿洲人完全融入了漢人之中，並沒有保留自己的國家。儘管後來短暫建立了滿洲國，但是很快就被重新併入中國之中。根據種種標準來看，清朝，特別是後期的清朝，其性質與元朝都有本質的不同。因而筆者認爲，清朝與明朝之間的關係是互相取代的關係，與蒙古滅亡宋朝有根本的區別。

宋代開始，越南已經是一個獨立的國家，期間僅僅在明代被中國吞併二十一年，之後就重新獨立。所以在近九百年的時間內，越南和中國的主權基本是獨立的。因此中國和越南在主權繼承方面不存在宋朝以前主權繼承地位不清的問題。

3.2 宋代後的古代南海交通

1. 宋元之發達

從宋朝開始，中國的航海事業得到了極大的發展。這有幾個方面的原因[2]：首先，宋朝對外的陸路貿易受到阻隔。宋朝從建立之初就沒有控制西北的河西走廊（被西夏控制），在南宋建立之後，宋朝的國境退到了淮河一帶，已經不能和西夏接壤，中間還隔著金國。所以宋朝基本上斷絕了和西方的路上絲綢之路，只能完全通過海路和西方交易。同時，宋朝，即使是南宋，還繼續擁有從漢朝開始發展的重要沿岸港口，有利於海外貿易的進行。

其次，由於官員和軍隊體系臃腫，宋朝的政府開支龐大，增加政府的收入是歷屆政府面對的最迫切問題。通過海路貿易收取商業稅成爲宋朝政府不可或缺的收入來源。

第三，宋朝經濟繁榮，手工業發達，尤其是瓷器和絲織業。宋朝需要外國的市場，外國也需要宋朝的商品，於是海外貿易的分量加重。

最後，宋朝的航海技術和造船技術有了突破性的發展。船體比唐朝更大，當然最傑出的發明是指南針。以前的航海，船員只能靠天體判斷方向。指南針發明之後，就可以全天候地判斷方向，不受天氣狀況影響。

宋朝對航海的鼓勵可以用兩個例子說明：

第一，在宋朝建立之初，宋朝政府就「遣內侍八人，齎敕金帛，分四綱，各往海南諸蕃國勾招進奉，博買香藥、犀、牙、珍珠、龍腦。」[3]。那是中國歷史上第一次由政府組織的大規模海外採購和招商行動，無疑大大促進了中外海路貿易。

第二，宋朝爲了管理海上貿易，在杭州、明州、泉州等設立了市舶司，意味著南海通商口岸從廣州進一步擴大到福建浙江沿岸。宋朝的通商口岸最多達九個。

在宋朝，關於海外的地理書籍較之前大爲豐富。最有代表性的是周去

〔2〕 可參見陳高華、陳尚勝《中國海外交通史》，文津出版社，1997。

〔3〕 徐松《宋會要輯要》，職官四四之二，中華書局影印本，1957，3364頁。

非的《嶺外代答》和趙汝適的《諸蕃志》。後文會對這兩本書具體討論。它們記載的蕃國多達幾十個，關於阿拉伯半島和北非等地的記載尤爲珍貴。宋朝時也開始出現關於菲律賓的記載，顯示南海貿易已經到達南海的東部[4]。

與唐朝時期南海貿易由外國人把持不同，宋人已經大量參與到南海的航行之中。宋朝的南海交通開始是由阿拉伯人把持，漸漸發展爲阿拉伯人和宋人共同把持。蕃舶還佔有重要的地位，但是唐舶也取得了分庭抗禮的地位。

宋朝來中國定居的外國人數量眾多。在廣州聚集的蕃客數量之大，以致廣州政府需要頒布命令，禁止外國人在廣州大量購買田宅。泉州也是「蕃商雜處民間」的地方。絕大部分蕃客都是短期的航海家和商人，因此通常居住在碼頭附近。但也有眾多蕃客長期留在中國。史料中留下了許多外國留華的商家名人，比如住在廣州的阿拉伯人辛押陀羅，就是一位居住廣州數十年的巨商。有的蕃客甚至擔任了要職，比如住在泉州的占城人蒲壽庚[5]，曾經掌握泉州的市舶司。

這一時期的另一顯著特點是從中國移居外國的人比以前大大增多。海外出現了「唐人」這個名詞，直至今天。宋朝的海外移民有出於經濟原因的，也有出於政治原因的。南宋滅亡的時候就有一次大規模的中國人向南洋（主要是印度支那半島和印尼各島嶼）的移民潮。

南宋中後期，海盜日益猖獗，南海貿易一度衰退。但是到了元朝，南海貿易進一步興盛。蒙古帝國的統治區域遼闊。元朝本身是蒙古人統治的國家，大量的西域人在中國從事政府和貿易的工作，民族之間的交流比以往任何一個時期都要深入。元朝也一直鼓勵海外貿易，南海貿易的規模甚至超越了宋朝。在中國，蕃客數量之多和分布之廣都遠在宋朝之上。同時，前往海外定居的漢人也比以前增多。這時，隨著阿拉伯帝國的衰落

[4] 陳高華、陳尚勝《中國海外交通史》，文津出版社，1997，95-101頁。

[5] 亦有說蒲壽庚是阿拉伯人，其生世分析見桑原隲藏，陳裕青譯《蒲壽庚考》，中華書局，1954。

（被蒙古滅國），華船可能已經取得南海貿易中的絕對優勢了[6]。

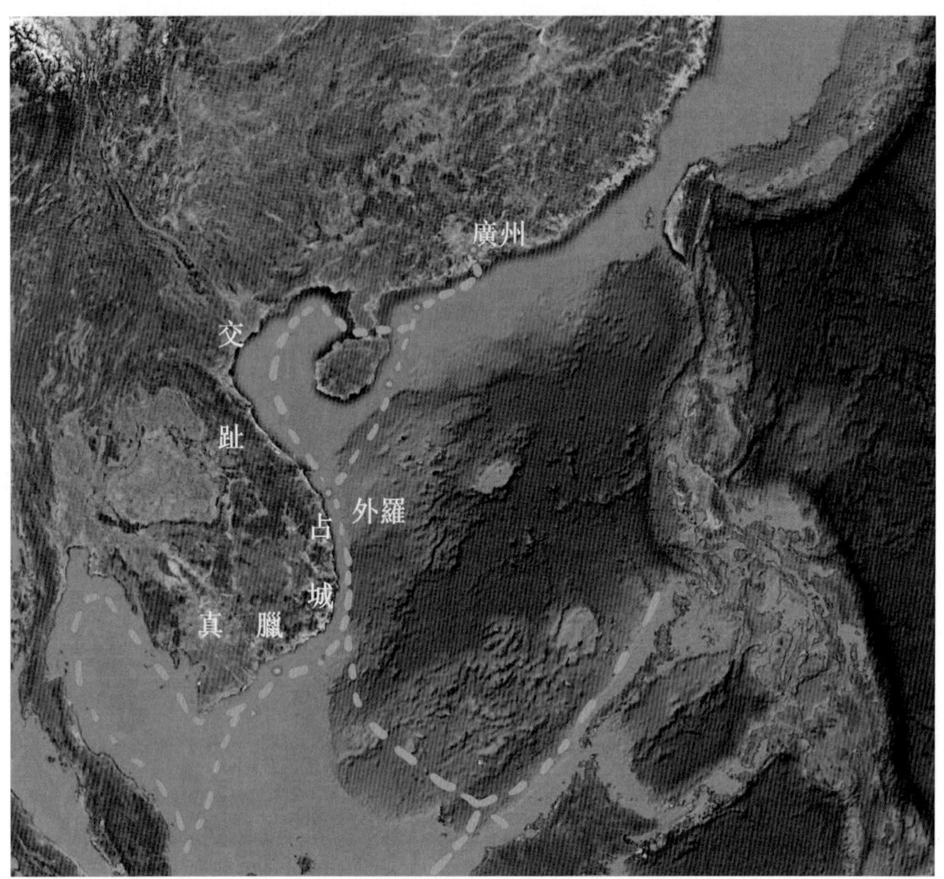

圖8　宋元之南海交通，按章巽《我國古代的海上交通》自繪

宋朝和元朝，南海交通的範圍大大擴充了。最爲顯著的變化是，南海的東岸和南岸——菲律賓和汶萊，也加入了南海交通網絡。在南宋的《諸蕃志》中，首次出現了三嶼（菲律賓）、渤泥（汶萊）、麻逸（Mindaro）等名稱。汪大淵的《島夷志略》是第一本根據海路出遊的中國人的所見所聞所著的海外地理學專著（宋代的海外地理學著作都是通過外國人的敘述記錄寫成的），其涉及的國家數量比宋朝兩部著作更多，而且書中已

[6] 桑原隲藏，陳裕青譯《蒲壽庚考》，中華書局，1954，92頁。

經出現了關於南沙群島的可靠記載。值得指出的是，正是由於南海東岸和南岸航線的開發，船隻才有可能經過南沙群島附近海域或被風吹到南沙群島，使發現南沙群島成爲可能。在《諸蕃志》中已經有了從中國泉州到臺灣，再到呂宋的航線[7]。但在宋元時代，從渤泥到中國，似乎是先繞道到占城，或到爪哇，再由此沿著傳統航道進行，從渤泥直接到中國可能是明朝之後的事[8]。

2. 明朝之轉折

明代標誌著中國航海事業由盛到衰的轉折。由於明太祖朱元璋需要各國承認其正統性，派出了大批使節到海外，要求外國接受其「冊封」。這奠定了明清「宗藩體制」的框架。南海各國紛紛因此成爲了明朝的「藩屬」。但大部分的這些「藩屬」卻並非中國的附屬國，而僅僅是對中國權力的一種承認，後來則甚至是獲得和中國進行貿易的唯一途徑。因爲朱元璋懼怕張士誠、方國珍的殘餘勢力與日本人勾結入侵（即前期倭寇），明朝很快開始實行海禁。1371年，朱元璋下令禁止沿海的船戶入伍，禁止私自出海。其後，再次下令禁止一切出海活動，包括打漁，並言「朕以海道可通外邦，故嘗禁其往來」。市舶司也被朱元璋裁撤。朱元璋的海禁在1394年達到頂峰，除了再次「申嚴交通外藩之禁」，還「禁民間用番香番貨」。[9]期間，至少在官方層面，中國的船隻不允許出海貿易，而允許到中國交易的海外國家只剩下琉球、占城、眞臘和暹羅四國。中國在南海貿易的地位自然大大下降。儘管事實上海禁是不可能徹底的，相當數量的私船從正式的貿易轉爲走私貿易，但是其規模和宋元官方所倡導的海外貿易相比，自然是不可同日而語。

永樂帝朱棣奪得政權之後，明朝繼續禁止民間出海貿易，但恢復了和海外各國的朝貢貿易。朱棣派遣鄭和開始了史無前例的下西洋的壯舉。鄭

[7] 陳鴻瑜〈早期南海航路與島礁之發現〉，《國立政治大學歷史學報》第39期，2013年5月，49-50頁。

[8] 同上，51-53頁。

[9] 陳高華、陳尚勝《中國海外交通史》，文津出版社，1997，167-172頁。

和前後三十餘年間七次下西洋（1405-1433），訪問了幾十個國家，最遠達到東非等地，規模空前。鄭和出使的原始記錄已經失去，其行程在正史中也沒有記載，但其隨從所寫的三部著作和一份航海圖（見3.10.3），仍然可以讓後人重構其行程。

鄭和下西洋標誌著中國航海的輝煌。可惜即便是鄭和時期，明朝也禁止私人商船出海。當這種官方的大規模行動因耗資巨大而不得不停止後（部分原因也由於鄭和在第七次出海後不久就病死），再沒有皇帝能夠推動這種航行。

明朝重新進入航海蕭條期。朝貢貿易給中央朝廷帶來的負擔極重（按照慣例，中國賞賜給「朝貢者」相當於朝貢品價值數倍的回贈）。到了十六世紀初的弘治年間，幾乎難以爲繼，朝貢貿易的次數也大爲減少。但中外互相對各自商品有著需求，逐漸減少的朝貢貿易並不能滿足那些需求。而在法律上，中外不能私自出海交易，這就催生了非法的走私貿易。十六世紀初一度放鬆的海禁減緩了這種走私貿易，但是葡萄牙人強行要求通商（1517），引起眾多官員的反對，於是明朝再次下令海禁，在1525和1529年兩次命令沒收和拆毀所有雙軌海船。終嘉靖一朝，海禁越來越嚴。

私商無奈，只能重新變爲走私者。這些走私者結合海盜，成爲十六世紀的倭寇，即後期倭寇，又稱嘉靖大倭寇。後期倭寇的形成有很多原因[10]，最主要的就是在1520年代，葡萄牙來到東方後，開始了中日葡的三方走私貿易。到了1530年代，日本也引入了新式的鑄銀方法（吹灰法），白銀產量大增，擁有龐大的購買力。於是在十六世紀中期，中日葡三國的貿易已經成型並規模龐大。商人在這種貿易中獲利甚大。但是另一方面，明朝還在繼續長期的嚴厲海禁政策，嚴重阻礙了這種貿易的進行。這導致中國商人鋌而走險，以走私作爲交易的主要方式。他們從商人轉變爲走私和海盜頭子，或者兼有雙重身份，在倭寇中發揮最爲重要的領導作用。嘉靖大倭寇的主要領導人都是中國人，儘管他們都以日本作爲基地，其中最爲出名的是王直（又名汪直）。他是當時東亞一個大型武裝海商集

【10】 童傑〈嘉靖大倭寇成因新探〉，《中國社會歷史評論》，2011年第12卷，204-220頁。

團的首領，並接受日本戰國大名松浦隆信的邀約，以九州外海屬肥前國的平戶島（屬今長崎縣）爲基地，從事海上貿易和海盜生意，並兼併其他中國海盜集團。當時「海上之寇，非受（王）直節制者，不得存」。可見，王直等中國人，正是倭寇的操控者。

倭寇的主要成分是中國沿海居民和日本破產農民和浪人。中國江浙閩的沿海居民在中國長期嚴厲海禁之下，以海爲生的生計被斷絕，於是大量參加走私。他們越走私，政府的海禁則越嚴厲。於是在惡性循環的矛盾中，「倭寇」越演越烈，從走私擴大到搶掠。1540年代，江浙一帶發生嚴重的災荒，當地沿海居民除了走私和搶掠外別無生路。在日本方面，十六世紀中期日本處於戰國時期，由於戰亂和沒有中央政府管束之故，產生了很多破產的農民和浪人。日本的當地領主（大名）一來無法對之進行約束，二來也樂得從倭寇走私與搶掠中取利。於是這些農民和武士也加入倭寇隊伍。另外中國在十六世紀中期，由於北方的韃靼的崛起，很大精力放在了北方防禦上。東南部防守空虛，這也加劇了東南部倭寇的嚴重性。

於是，中國走私商以日本作爲基地，雇傭了中國和日本的流民，在中國沿海亦商亦盜，釀成了長達將近一百年的倭寇之禍。雖然「倭寇」中既有中國人，又有日本人，但當中又以中國人爲主。《明史日本傳》有云：「大抵眞倭十之三，從倭者十之七」[11]。既然是中國人爲主，那麼怎麼會被叫做倭寇呢？事實上，當時「倭寇」和明軍都願意把自己和對方稱爲倭寇。從「倭寇」的角度看，自稱爲「倭寇」有助於增強恐嚇力。從明軍的角度來看，稱之爲倭寇有助於增加戰功。於是明明是中國人爲主的走私海盜集團，就這樣一直沿用倭寇的稱呼。

倭寇爲患使明朝需要下大力清剿，這構成了十六世紀中國海防的主題──防倭。倭寇一開始在江浙一帶東南沿海，聲勢之大，令明朝不得不重點防範。胡宗憲、戚繼光與俞大猷等名將應運而生。到了嘉靖末年，東南沿岸的倭寇基本被肅清。東南沿海的倭寇轉而在廣東沿岸活動，但勢力已經大不如前。倭寇式微的另一原因是明朝在1567年開放海禁，准許中國民間船隻前往南洋，但前往日本的船隻還在禁令之下。到了豐臣秀吉

【11】明史，卷三三二，日本，8353頁。

在1588年統一日本之後，頒發《海賊禁令》，日本人參加倭寇的大爲減少。十六世紀末，倭寇基本不復存在。到1624年，倭寇被最後肅清。

在南海的倭寇中，林道乾（約十六世紀中）和林鳳（約十六世紀中）兩人最値得一提，他們當時都威震南海。林道乾原先活躍在福建一帶，被擊敗後轉戰廣東惠州和潮州。1573年，他在廣東被官軍擊敗，又被後起的林鳳奪取了船隊，於是只能逃至馬來半島的北大年（Pattani）。他後爲暹羅王所招攬，在暹羅和越南戰爭中立下戰功，成爲暹羅的高官。林鳳是林道乾之後新冒起的海盜。1574年，他被追擊到澎湖和臺灣，失敗後逃到菲律賓。當時菲律賓已經被西班牙所佔據。林鳳攻佔馬尼拉，並大肆屠殺當地居民。1575年在西班牙反攻之下，他才在一個叫Tocaotican的小島上敗亡[12]。

萬曆初年，中國一度開放海禁，但只長期保留了廣州一個貿易口岸，泉州（後改爲福州）和寧波兩個口岸時開時停。中國海運事業從此無法恢復宋元時的光彩[13]。

阿拉伯人的航海事業在十四世紀時衰落。但是伊斯蘭教在十五世紀開始進入了東南亞的群島地區，建立了興盛的國家。馬六甲、汶萊和蘇祿蘇丹是其中最強大的三個。馬六甲取代了三佛齊在「西洋」貿易中的地位，而汶萊和蘇祿在「東洋」航線的交通（即汶萊以東的南海）上都有重要的地位。

十六世紀南海貿易的最大變化就是西方人開始出現。葡萄牙人在十五世紀末開拓了從歐洲繞過好望角到達亞洲的航行，成爲最早到達南海的西方人。西班牙人在十六世紀初開拓了繞過南美洲環繞世界的航線，並且在十六世紀中後期佔領了呂宋島。荷蘭在十六世紀末也到達了南海，佔據了爪哇，並在當時的無主地臺灣建立了自己的政權。英國和法國大約在十七世紀初開始也在南海航行。這些西方國家，尤其是葡萄牙、西班牙和荷蘭，在明朝時期的南海貿易中扮演了重要的角色。如上所述，倭寇泛濫和

---

〔12〕 Juan González de Mendoza, Robert Parke, Sir George Thomas Staunton, *The History of the Great and Mighty Kingdom of China and the Situation Thereof*, Vol II, Hakluyt Society, 1854 , p117-119.

〔13〕 童傑〈嘉靖大倭寇成因新探〉，《中國社會歷史評論》，2011年第12卷，204-220頁。

西方人的貿易關系甚大。

日本在十六世紀中期開始和東南亞進行貿易，史稱「南蠻貿易」（南蠻指東南亞）。最開始時，貿易以西方人的船隻爲主。但日本統一後，爲了打破西人的壟斷，也開始了自己的南海航行。1592年，豐臣秀吉頒發給長崎等地商人渡航朱印狀作爲外貿特許狀，朱印船貿易從此成爲日本的外貿體系。朱印船遠赴交趾（即阮主的廣南國）、暹羅、呂宋、安南（即鄭主的東京）、柬埔寨、高砂（臺灣）、西洋（即澳門）、汰泥（馬來半島）和占城等地，但不能前往中國和朝鮮。日本船一時在南海交通中極盛。可是到了1633年，日本鎖國，禁止製造大船，朱印船貿易遂絕。

3. 清朝之衰落

清朝立國之後，中國的海運事業進入了衰落期。清政府爲了防止鄭成功在海岸線的滋擾，先後制定了「海禁」和「遷界」的政策。前者禁止民間船隻下海，後者更爲極端，把所有的沿海居民都遷移到離岸30到50里。這些政策大大打擊了中國的航運業。在清朝擊敗鄭氏集團，佔領了臺灣之後，海禁政策有所放寬。但即便如此，對於國人前往海外貿易還是諸多限制，比如禁止打造大型商船，對中國商人賦以重稅等。這些限制措施，使中國商人在對外貿易中與西方人等的差距越來越大，最後的結果就是中國人在南海交通中完全被邊緣化。南海交通於是被西方列強所把持。中國的對外通商海岸也逐漸減少，清初還有四個貿易口，到乾隆二十二年（1757年）規定全國之內只有廣州一個對外貿易口岸。由此到1840年鴉片戰爭之時，中國的海外政策一般被稱爲閉關鎖國，中國政府並不追求在南海上的權利。清朝的海防與海軍，也和明朝一樣，限於近岸防禦，只能進行反海盜襲擊和緝私的工作，並不具備遠洋開拓的能力。比如寫於十九世紀中期的《洋防輯要》，作者嚴如熤是親身經歷廣東海事的士大夫，其思想依然是「眼光向後」的，行文和著眼點不脫《籌海圖編》的抗倭框架[14]（見3.9）。

【14】 李恭忠、李霞〈倭寇記憶與中國海權觀念的演進——從籌海圖編到洋防輯要的考察〉，《江海學刊》，2007年，第3期。

儘管從明朝開始，中國官方長期實行海禁，但是中國人的商船仍然是南海貿易的一支重要力量，因爲南海貿易有利所圖。大部分這些商船都是以走私的形式從事這些貿易，有的甚至與外國勢力相結合，比如和日本人（倭寇）、西班牙人、英國人等。儘管這些走私勢力的繁盛也和中國有關官員的腐敗有關，但顯然不能因此認爲中國官方支持這種走私貿易。在中國，海盜是罪犯，是必須要剿滅的對象，這和一些鼓勵海盜的國家（如當時的日本眾大名，蘇祿以及英國等）情況完全不同。

值得指出的是，明清之際，中國商船儘管在南海交通中佔一定比例，但其航海仍然不如西方甚至汶萊和蘇祿發達。十八世紀從中國到南洋有四條航線，即從福建經臺灣海峽再到菲律賓的航線、從廣東通過中沙群島以東到達菲律賓的航線、從廣東通過西沙群島以東開往印尼的航線（即所謂外溝），以及從廣東通過海南島以東和西沙群島以西之間海道到達交趾和占城的航線（即所謂內溝）。這四條航線中，中國船隻能走第一條和第四條，而中間的兩條只能由西洋船或者汶萊蘇祿的船隻航行（見3.4.11,3.4.12）。原因之一是中國船隻不具備航海的天文學知識，在大海中無法找到航標，因此只能走相對近岸的航線；原因之二是後兩者經過航海的危險地帶，中國船隻容易觸礁，因此無法航行。這兩條航線之所以值得一提，是因爲這兩條航線都經過中沙群島和南沙群島（穿越或在旁通過），因此與南沙群島的發現和活動息息相關。

從明朝起，中國一直有成規模的海外移民。特別在清初，爲了逃避戰亂和逃避海禁政策，大量東南沿海的民眾移居到南洋一帶。這些移民在中國政府的眼中是「逆民」，所以他們的活動也和中國政府無關。

總的說來，從宋到清，南海交通基本上是這樣的：從宋朝開始，中國在南海的航海事業開始繁榮，到元朝之際達到頂峰。其在南海交通中的地位，可以和阿拉伯人相抗衡。可是是到了明朝，中國開始實行海禁政策，儘管有所反覆，但總體而言中國的航運業每況愈下。鄭和下西洋在當時的航海史是一次壯舉，但並無助於中國在南海貿易中的復興。同一時期，阿拉伯人的航運業也衰落了，而馬六甲、蘇祿和汶萊等國興起，成爲這一帶的主要交通提供者。從十六世紀開始，西方人進入了南海，並逐漸取得了主要的地位。清朝實施比明朝更爲嚴厲的海禁政策，在1757年之後更是

「閉關鎖國」。中國在南海的航運業也從此衰落。儘管中國人期間仍以走私爲主的形式活躍在南海，而且中國移民往南洋的人數甚多，但那都不代表中國官方對南海交通的態度。

3.3　誰先發現了西沙和南沙群島

1. 阿拉伯人有沒有發現西沙群島

在歷史上誰先發現了西沙群島這個問題並沒有確切的答案，因爲發現者並不一定留下記錄，而留下的記錄也不一定能夠流傳。筆者猜想，早在先宋時代，西沙群島就已經被發現。因爲在隋唐後，從占城到廣州的航海道路已經不需要經過沿岸航道繞道東京灣再繞過雷州半島，而是可以從日南直接到象石（萬寧大洲頭）再開赴廣州。從日南到象石這段，只要風向有變化，船舶就可能被吹到西沙或中沙群島。而這一時期，海上貿易的交通主要由阿拉伯人（大食）提供，因此他們可能是最早發現西沙群島的人。

在阿拉伯人的東方航海記錄裡，提到一個叫「中國門」的地方，有可能就是現在的西沙群島。在他們的航海記錄中，從阿拉伯到中國的航行分爲七個海。從西到東大致上是波斯海、囉囉海（Larwi）、哈爾干海（Harkand）、安達曼海（Andaman）、軍特弄海（Kundrang）、占婆海（Campa）和漲海（Cankhay）[15]。不同的書籍記載有不同，比如雅庫比的《阿巴斯人史》中，安達曼海被稱爲固羅海，固羅海之後是石矾海、軍特弄海和漲海，沒有占婆海。[16]

很多阿拉伯記錄中都說漲海又名中國海。韓振華認爲，這就說明漲海屬於中國[17]。海域的名稱對於東方相鄰國家而言可能會表示主權分界的情況，但阿拉伯人對海域的稱呼並不帶有主權歸屬的意味，而僅僅表示一種地理上的聯繫（西方人對海域的起名方式和傳統大概是遵從阿拉伯人的習

---

[15] 蘇萊曼《蘇萊曼東游記》，轉引自《東方文獻輯注》，51-57頁。

[16] 雅庫比《阿巴斯人史》，轉引自《東方文獻輯注》，67頁。

[17] 史地論證，31頁。

慣）。比如占婆海，並不是屬於占城的海，而是屬於闍婆格國（爪哇）的摩訶羅闍王（Maharadja）[18]。比如阿拉伯人對同一個海面有幾種稱呼，安達曼海又稱爲固羅海[19]、石砌海、即錫蘭（斯里蘭卡）海。[20]亦有人記錄，占婆海就是中國海[21]。故對中國海這個名稱不宜作過度解釋。

851年的《蘇萊曼東游記》中寫道：

從昆侖島出發，船隊進入漲海海面，隨後便進入中國門。中國門由海水浸沒著的暗礁形成，船只從這些暗礁之間的隘道通過。當船只在上帝的保佑下安全無恙時，從昆侖島揚帆出發，一個月後到達中國。在一個月裡，其中有七天的時間在暗礁中穿來穿去。[22]

這裡的中國門，韓振華認爲是西沙群島[23]。但實際上其具體位置很難認定。這裡的崑崙島即越南南方的崑崙島（Poulo Condore），自古就是一個航海的危險地。後來中國航海家所稱的「去怕七洲，回怕崑崙」[24]就是指這裡。根據這段話的描述，過了崑崙島進入漲海後，中國門是必經之路，船隻在其暗礁中需要航行七天，這和以後中國文獻中記載西沙群島是需要避開的險境有很大差異（見3.4，3.5）。故不能認爲這裡的暗礁一定是西沙群島。

對於中國門的描述，還有互相矛盾的記錄，比如法基赫的《地理書》（約902年）中記載中國門：

所謂門，乃位於海中高山之峽谷，船只由此而通過，方可到達中國。從昆侖島到中國要一月之行程，但船隻在大山間行駛需七日。穿過

【18】 馬蘇第《黃金牧地》，轉引自《東方文獻輯注》，117頁。
【19】 雅庫比《阿巴斯人史》，轉引自《東方文獻輯注》，67頁。
【20】 雅庫特《地名辭典》，轉引自《東方文獻輯注》，224頁。
【21】 埃德里奇《諸國風土記》，轉引自《東方文獻輯注》，208頁。
【22】 蘇萊曼《蘇萊曼東游記》，轉引自《東方文獻輯注》，57頁。
【23】 史地論證，32頁。
【24】 吳自牧《夢粱錄》，四庫全書，590卷，102頁。

（中國）門，便抵達廣府，有淡水，而且晝夜兩次漲落潮。[25]

從這個記錄看，中國門是在海中的高山形成的峽谷，並非暗沙，而且穿過中國門就能到達廣州。因此這裡的中國門，可能就是珠江口的萬山群島，或者是海南島東北的七洲列島。

此外，韓振華又認爲在埃德里奇《諸國風土記》（1154）中記錄的「漲海島」是西沙群島[26]。但文中有對漲海島的描述，「此乃一富饒島嶼，島上人口密布，有淡水。」[27]這顯然和西沙群島截然不同。

因此，從阿拉伯人的記錄來看，他們確實很可能已經知道西沙群島，但仍然沒有證據說明他們描述的就是西沙群島。筆者猜想，最大的可能是這些需要七天時間通過的區域，是包括從西沙到崑崙島之間南北走向的一大片「危險區域」。這也許就是十六世紀開始，西洋出版的南海地圖中畫有一個「靴子狀」的「帕拉塞爾危險區」的源頭（見4.1.2）。

2. 誰先發現西沙群島

如前所述，誰最先發現西沙群島這個問題很難回答，但如果把問題改爲：在歷史記錄中，誰先發現西沙群島？答案就較爲有把握了。

在歷史記錄中，最早可以較爲清晰地辨認爲是指西沙群島的記載出自宋朝初年的《宋會要》[28]，它最早用「石塘」這個詞稱呼西沙群島。根據它的記載，在天禧二年（公元1018年），占城使者羅皮帝加出使中國（圖9）。

羅皮帝加言：國人詣廣州，或風漂船至石塘，即累歲不達矣。[29]

---

[25] 伊本·法基赫，無書名，暫名《地理書》，轉引自《東方文獻輯注》，75頁。

[26] 史地論證，32頁。

[27] 埃德里奇《諸國風土記》，轉引自《東方文獻輯注》，212頁。

[28] 《宋會要》已經亡佚，現有的《宋會要輯稿》是清人徐松從《永樂大典》中輯錄。

[29] 徐松《宋會要輯稿》，197冊，中華書局影印本，1957，7748頁。

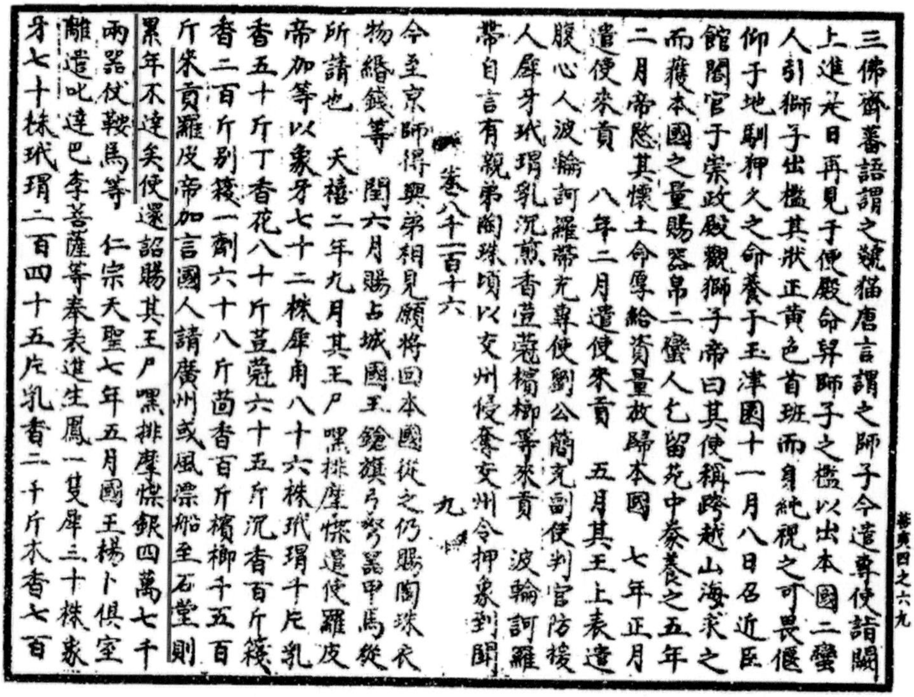

蕃夷四之六九

三佛齊蕃語謂之號猫唐言謂之師子今遣專使詣闕
上進是日再見于便殿命舁師子之檻以出本國二蠻
人引獅子出檻其狀正黃色首班而身純視之可畏偃
仰于地馴狎久之命養于玉津園十一月八日召近臣
館閣官于崇政殿觀獅子帝曰其使稱跨越山海求之
而獲本國之量賜器帛二蠻人乞留苑中豢養之五年
二月帝愍其懷土命厚給資量放歸本國 七年正月
遣使來貢 八年二月遣使來貢 五月其王上表遣
腹心人波輪訶羅帶充專使劉公簡充副使判官防援
人犀牙玳瑁乳沉煎香荳蔻檳榔等來貢 波輪訶羅
帶自言有親弟閹珠頃以交州侵奪交州令押象到闕
卷八千一百十六 九
令至京師得與弟相見願將回本國從之仍賜閹珠衣
物緡錢等 閏六月賜占城國王鎗旗弓弩器甲馬從
所請也 天禧二年九月其王尸嘿排摩惵遣使羅皮
帝加等以象牙七十二株犀角八十六株玳瑁千片乳
香五十斤丁香花八十斤荳蔻六十五斤沉香百斤箋
香二百斤別箋一劑六十八斤茴香百斤檳榔千五百
斤來貢羅皮帝加言國人詣廣州或風漂船至石堂則
累年不達矣使還詔賜其王尸嘿排摩惵銀四萬七千
兩器仗鞍馬等 仁宗天聖七年五月國王楊卜俱室
離遣叱達巴李菩薩等奉表進生鳳一隻犀三十株象
牙七十株玳瑁二百四十五片乳香二千斤木香七百

圖9 《宋會要》，占城使者提及石塘

顧祖禹著《讀史方輿紀要》中記載：

宋天禧二年占城使言國人詣廣州，或風漂船至石塘即累歲不達。石塘在崖州海面七百里外，下陷八九尺者也。[30]

《宋史》中也有和《宋會要》中類似的記載[31]。這裡所說的石塘的位置非常清楚，就是崖州海面七百里外。從行程、地理位置和地貌描述看，這裡的石塘就是西沙群島。因爲西沙群島的主島永興島和崖州距離330公里，約等於700里，而下陷八九尺應當指暗礁，與西沙的地形相

[30] 顧祖禹《讀史方輿紀要》，卷一百五，廣東六，瓊州府，崖州。臺北，中華書局，1955，第五冊，4336-4337頁。

[31] 宋史，列傳二四八，占城，14083頁。

同（圖11）。這個結論得到廣泛的認同[32]，但也有人認爲石塘指的是南沙[33]。

通常，中國專家把這個記錄當成「中國人在宋代就知道西沙群島」的證據[34]。但筆者必須指出，儘管這段文字是中國人記錄下來的，但當時中國人只是一個記錄者，占城人才是這個信息的提供者，而中國人所記載的也是占城人到達西沙群島的事情。占城人自然應該感謝中國人幫助他們把這段歷史記載下來，但如果沒有占城人提供的信息，中國人對「石塘」就不得而知。

因此，如果以歷史上的記錄爲準，占城人最早發現西沙群島。如前所述，占城現在是越南的一部分，因此從國際法的主權繼承關係來說，越南人，而不是中國人，是最早發現西沙群島的人。1018年，就是歷史記載中西沙群島的開始。

西沙群島到底是如何命名的呢？可以想像，占城人到達這個島，一定會給這個島一個名稱，名稱可能是很特別的，也可能是很普通的。但是占城人不說中文，所以這個名字也不會是石塘。占城人的文字資料很少，所以現在也無法知道他們是如何稱呼這個島嶼的。

「石塘」這個名詞最早出現在唐代類書《初學記》，當時並不是一個專用名詞，而是對一類環礁地形的概括[35]。西沙群島之所以被稱作石塘，大概是中國人根據占城人描述的這個島的地貌，而以「石塘」這個詞稱呼。在中國，石塘也不是單指西沙，很多文獻中，石塘也指南沙或中沙，這給後人研究帶來很多不便。所以在識別中國記錄的南海諸島的時候，不能單靠地名就判斷其所指。

【32】疆域研究，41頁。陳鴻瑜〈早期南海航路與島礁之發現〉，《國立政治大學歷史學報》，第39期，2013年5月，25-92頁。

【33】劉南威〈南海諸島古地名初探〉，地名資料彙編，419頁。

【34】疆域研究，41頁。

【35】曾昭璇〈中國古代南海諸島文獻初步分析〉，《中國歷史地理論叢》，1991年第1期，133-160頁。

3. 誰先發現南沙群島

那麼到底是誰發現南沙群島的呢？這個問題就更難回答了。阿拉伯人在十世紀之前沒有開發穿越南沙群島區域的航線，故他們不太可能是南沙群島的發現者。就記載而論，最早的較爲確定的關於南沙群島的記載還是出於《宋會要》，第197卷記載：

> 嘉定九年七月二十日。眞里富國不知立國始於何年。其國在西南隅，東南接波斯蘭，西南與登流眉爲鄰……欲至中國者，自其國放洋，五日抵波斯蘭，次崑崙洋，經眞臘國，數日至賓達椰（應爲賓達榔之訛，即賓瞳龍之同名異譯）國，數日至占城界。十日過洋，傍東南有石塘名曰萬里，其洋或深或淺，水急礁多，舟覆溺者十七八，絕無山岸。方抵交趾界，五日至欽、廉州。皆計順風爲則，謂順風者全在夏汛一季南風可到，若回國須俟冬季北風，捨是則莫能致也。[36]

這裡說的是1209年，有眞里富國使者來訪。他告訴宋官員自己的方位與到中國的路線。眞里富大約在泰國中部的叻武里（Ratcha Buri）[37]或者東南部的尖竹汶府（Chanthaburi Province）[38]。航行到達占城之後，占城東南面有一個叫萬里的石塘。根據使者的說法，其國人在進入占城界開往交趾界的途中會遇到風浪，把船隻吹往其東南的「萬里石塘」。這個途中是指在現在越南中部到南部的沿岸（圖10）。

儘管也有一部分中國學者認爲所指的地方是西沙群島[39]。但根據文本所提供的方位分析，這裡的萬里石塘只可能是南沙群島。持西沙論者多把「占城界」理解爲「占城」，即以爲是占城舊都順化一帶，而忘記了占城並不是一個地點，而是一個南北向長條形的國家。使者的航海路線是沿海航線，從占城界，即占城的南端（也就是越南芽莊附近）要十日才能到

---

[36] 徐松《宋會要輯稿》，197冊，中華書局影印本，1957，7763頁。

[37] [泰] 黎道剛《泰國古代史地叢考》，北京，中華書局，2000，132頁，140頁。

[38] 蘇繼卿《南海鈎沉錄》，臺北，商務印書館，1982，106頁。

[39] 疆域研究，41頁。

達交趾界，也就是交趾的南端（順化附近）。西沙群島在占城和交趾交界的順化的正東面，在整條航線的東北方而不是東南方。即便按照航行的最北端的順化算，西沙群島也在順化的正東方。因此，西沙群島無論如何也不能說成是在這段海路的東南面。而南沙群島卻正好在這段航線的東南方，所以唯有南沙群島是合理的解釋[40]（圖11）。從航線來看，該使者走的是沿著越南海岸，進入東京灣到達欽州的沿岸航線，這條航線不需經過西沙群島（見2.2）。

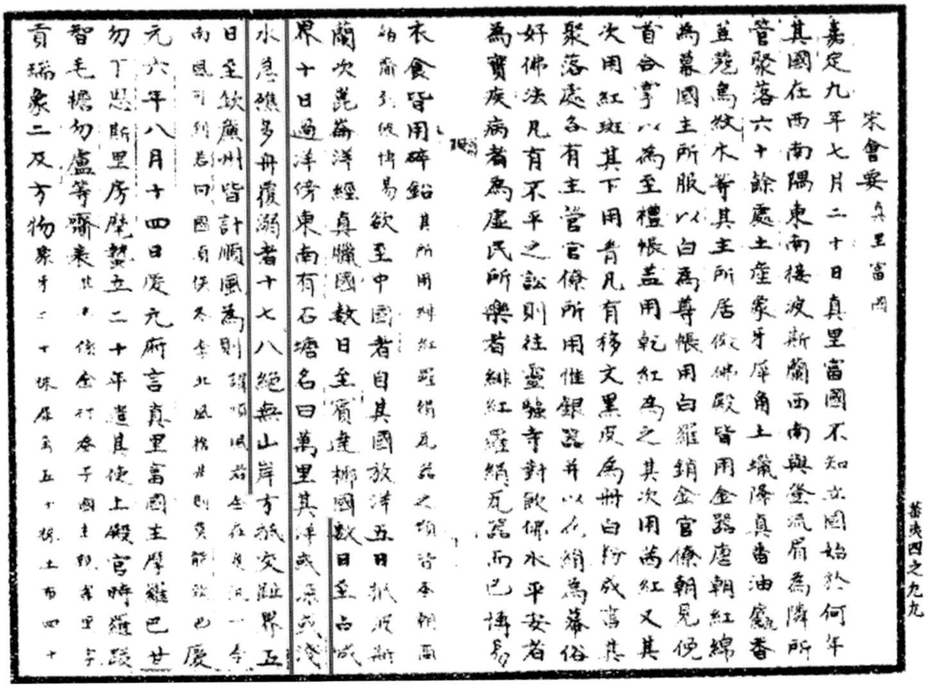

宋會要 眞里富國

嘉定九年七月二十日眞里富國不知立國始於何年
其國在西南隅東南接波斯蘭西南與登流眉爲隣所
管聚落六十餘處土産象牙犀角上箋降眞當油麄香
草荳蔻烏紋木等其主所居傚佛殿皆用金器唐朝紅綿
爲幕國主所服以白爲尊帳用白羅銷金官僚朝見俛
首合掌以爲至禮帳蓋用乾紅爲之其次用茜紅又其
次用紅斑其下用青凡有移文黑皮爲冊白粉成書其
聚落處各有主管官僚所用惟銀器并以布絹爲幕俗
好佛法凡有不平之訟則往靈驗寺對飲佛水平安者
爲實疾病者爲虛民所樂者緋紅羅絹瓦器而已博易
衣食皆用碎鉛
欲至中國者自其國放洋五日抵波斯
蘭次崑崙洋經眞臘國數日至賓達椰國數日至占城
界十日過洋傍東南有石塘名曰萬里其洋或深或淺
水急礁多舟覆溺者十七八絕無山岸方抵交趾界五
日至欽廣州皆計順風爲則
慶
元六年八月十四日慶元府言眞里富國主摩羅巴甘
勿丁恩斯里房摩蟄立二十年遣其使上殿官時羅跋
智毛槐勿盧等齎表
貢瑞象二及方物

蕃夷四之九九

圖10　《宋會要》，眞富里國使者提及萬里石塘

[40] 參見劉南威〈南海諸島古地名初探〉，地名資料彙編，419頁。

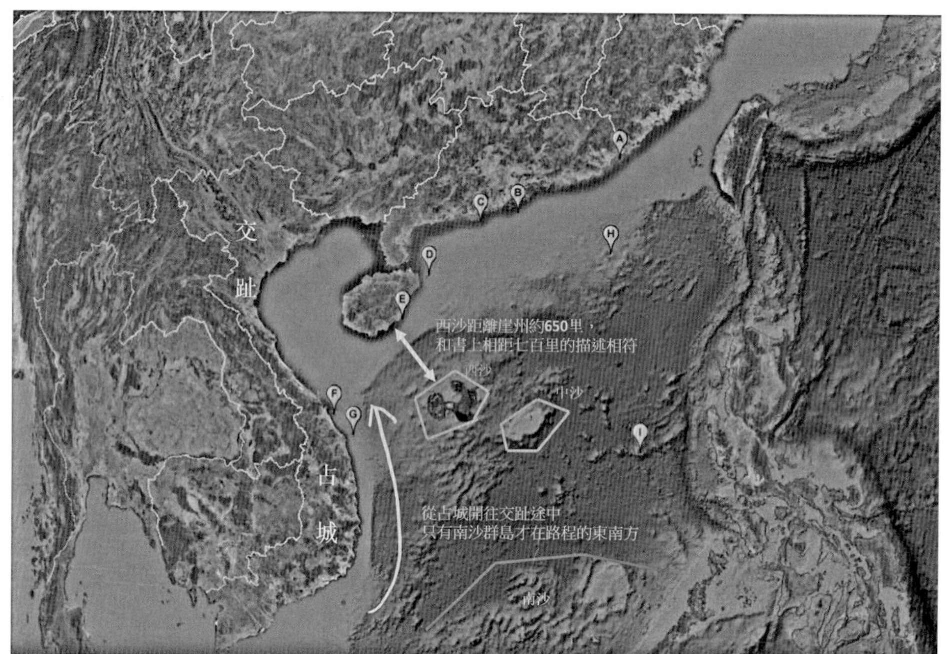

A 南澳；B 老萬山；C 烏豬山；D 七洲列島；E 獨豬山（大洲頭）； F 占婆島；G 外羅（理山群島）；H 南澳氣（東沙島）；I 黄岩島。

圖11　兩則《宋會要》記錄的解釋圖

這段文字還有兩個値得注意的地方。第一，當時石塘還是珊瑚礁的通稱，而不是一個專有名詞，所以才有「東南有石塘名曰萬里」的說法。南沙群島的名稱是叫「萬里」的石塘。這再一次證明了上一章關於石塘這個名詞的用法的演變。第二，當時使者是先經占城界進入占城，再經過交趾界（即占城和交趾的分界）進入交趾，最後才到中國。在提到萬里石塘時，它還在進入交趾界之前，即在占城海域之中。過了這個海域，才到達交趾的海域（交趾界）。這證明南沙群島在當時被眞富里人視爲傳統的占城海域。

這段文字沒有說明這個萬里石塘是誰發現的。從文字上看，未必是眞里富國人所發現，其知識來源的最大可能還是從占城人中得來的，因爲萬里石塘就在占城界的東南。

占城人可能是最早發現南沙群島的人還有另外的佐證。在《宋史・占城傳》中，有「東去麻逸國二日程，蒲端國七日程」。[41]麻逸國即菲律賓中部的Mindaro島，這是《宋史》中僅有的一條橫穿南海南部，而且需要經過南沙群島的航線。此外，書中也記敘了渤泥國「去占城與摩逸各三十日程」[42]。如果占城到麻逸（即摩逸）僅兩天，則不太可能先到渤泥再沿近岸航線到達，而很可能是一條橫穿南海南部水域的航線。陳鴻瑜又推測，關於占城到麻逸國的記錄是971年占城人出使宋朝時告知中國人的（但並沒有說出什麼根據），故可能是占城人在十世紀中期之時已經首先開發從越南南部到菲律賓的直達航線[43]。如果是這樣，在這條航線上航行的占城人也自然是最有機會發現南沙群島的人。

3.4　中國地理著作對南海諸島的描述

從宋代起，中國典籍裡對南海諸島，尤其是西沙群島的記載大大增加。這些記錄可以分爲四類：第一類是純粹的地理學著作和針經，它們大部分都沒有明示中外界線和領土歸屬，但可以從某些作品的一些字句中找到暗示。這些作品多是私人作品，因此並不反映官方的主權意圖。但從中可以更爲深刻地了解在傳統思維中的海洋界限和島嶼歸屬。第二類是方志和官方地理志，它們在中國一直有官方或者半官方的地位，從證據的效力來看，它們對論證中國對南海諸島的主權比單純的地理書或者地圖的意義要重大。第三類是地圖，在地理學著作和方志中通常也附有地圖，這些地圖會在討論那些著作時涉及，這裡說的地圖是指單獨出版的地圖或地圖冊。第四類是史書上有關南海諸島的治理證據，這是在論證中國對南海諸島主權中最爲重要的證據。此外，在歷史考古中還有發現中國人在南海諸島的活動痕跡。以下將一一加以討論。

第一類是地理著作和針經。中國由於歷史悠久，尤其是有文字記錄

【41】宋史，卷四八九，14077頁。

【42】宋史，卷四八九，14094頁。

【43】陳鴻瑜〈早期南海航路與島礁之發現〉，《國立政治大學歷史學報》，第39期，2013年5月，51-53頁。

的時間長且保留得好，所以在歷史記錄方面有著明顯的優勢。一般而言，地理學著作並不能作爲判定主權的依據。因爲知道某個地方，在地理書上記錄了某個地方，並不等於擁有某個地方，這在道理上是顯而易見的。在國際法上，單純的「發現」尚且不能帶來主權，單純的「知道」就更不能視爲主權的根據了。但是，如果在地理學書籍中有牽涉傳統國境劃分的字眼，或者有能夠說明島嶼歸屬的字句，那麼它們，尤其是後者，在判斷主權歸屬方面仍然是比較有力的依據。這種古書上的記錄對於了解當時的人對所謂「傳統國界」的認識相當重要，而「傳統國界」的劃分對現代國際法規則形成之前的國界認定有很大的意義。

由於宋代之後關於南海和南海諸島的地理學記載頗多。這些記載幾乎都在以記錄海外國家爲主要內容的地理書和遊記中，包括宋朝的《嶺外代答》和《諸蕃志》、元朝的《島夷志略》、明朝的《海語》和《海槎餘錄》、早清的《海國聞見錄》和《海錄》，以及晚清的《海國圖志》和《瀛寰考略》等等。在中國的航海針經（航海手冊）中也有頗多相關的記載。這些針經要不是單獨成書，就是被部分地收錄在其他書籍之中。

中國歷史上對西沙和南沙的名稱十分混亂，通常多以長沙、石塘、萬里長沙、千里石塘等名稱的指代，這類名稱共有二十多種叫法，有一名多用的，有一地多名的，甚至同一個名字在同一本書中指稱兩個不同的地方[44]。林金枝在《石塘長沙資料輯錄考釋》中認爲至少有一百多種不同的叫法[45]。本節主要分析記載長沙石塘的記錄。也有學者認爲七洲洋、九乳螺洲甚至其他的一些名稱也是指西沙群島[46]。有關七洋洲的問題在下一節專門討論。至於其他不常見的名稱，在其他各節提及它們的文獻時再加以分析。總之，必須具體細緻分析這些文獻中的各種名稱，才可以推測出它們到底指什麼地方，而不能簡單地望文生義。有一些材料中列明方位，故能較爲便利地推斷出它們指的是哪裡；但是也有很多材料上僅僅列舉了一個名字，難以單憑這份材料來準確分析，因而必須進行綜合考量。

【44】林金枝〈中國最早發現、經營和管轄南海諸島的歷史〉，地理歷史主權，27-28頁。

【45】林金枝〈石塘長沙地名資料輯錄考釋〉，地名資料匯編，423-442頁。

【46】林金枝〈中國最早發現、經營和管轄南海諸島的歷史〉，地理歷史主權，41頁。

筆者在這裡必須指出，這些指代上的混亂，既是南海史地研究中的難點，也為一些歷史學者有意作出傾向性的論證提供空間。這種背離實事求是原則的做法儘管在「政治上」很正確，但在學術上是無法令人贊同的，對此進行糾正也是以下討論的重要目的。

由於宋以來記錄南海諸島的文字眾多，筆者無法在本書中對所有材料加以辨識。但鑒於很多中國的材料是直接摘抄前人的作品，因此本書只需要分析重要的原始材料即可。這些材料大部分在韓振華的《史地論證》和李金明的《疆域研究》都能找到。他們是中國方面的南海史地的權威，而那些專著也基本囊括了具備原創性和具有史料價值的最有說服力的證據，故基本可以反映出中國方面材料的全貌。另外還可以參考劉南威[47]、林金枝[48]等的論文。筆者還將在這些材料之外另外補充一部分證據，務求盡可能眞實地反映出歷史的全貌。

1. 宋代周去非的《嶺外代答》（1178）

宋朝以降，最早的重要地理學著作是南宋地理學家周去非的《嶺外代答》。周去非在廣西為官6年間，特別是在欽州為官之時，曾「隨事筆記，得四百餘條」（自序）[49]，最後寫成了《嶺外代答》，這也是他的唯一傳世之作。它包含關於宋代廣西的地理、人文、邊防、風土、物產等方面的豐富的記載，兼述安南、占城、三佛齊、爪哇、波斯、木蘭皮、大秦、女人國等域外國家的地理、人文、風土、物產。所以，這本書既是宋代廣西地方誌，又是宋代中外交通的地理歷史著作。在周去非之前，沒有人對外域與海上交通做系統而詳確之記敘，即便有，也是對史料的彙集，因循錯誤和以訛傳訛之處不少。周去非儘管並未出國，又未在船舶司工作，但他留心外域，通過舶商或譯者之口，記下了四十多國的名稱和記載了二十多國的位置、國情和交通線路，完全是原創，成就斐然[50]。

---

[47] 劉南威〈南海諸島古地名初探〉，地名資料彙編，419-423頁。

[48] 林金枝〈石塘長沙地名資料輯錄考釋〉，地名資料匯編，423-442頁。

[49] 周去非著，楊武泉校注，《嶺外代答校注》，北京，中華書局，1999，1頁。

[50] 同上，序言，9頁。

《嶺外代答》中和南海諸島相關的文字有兩條。第一條是《地理門·三合流》（圖12）：

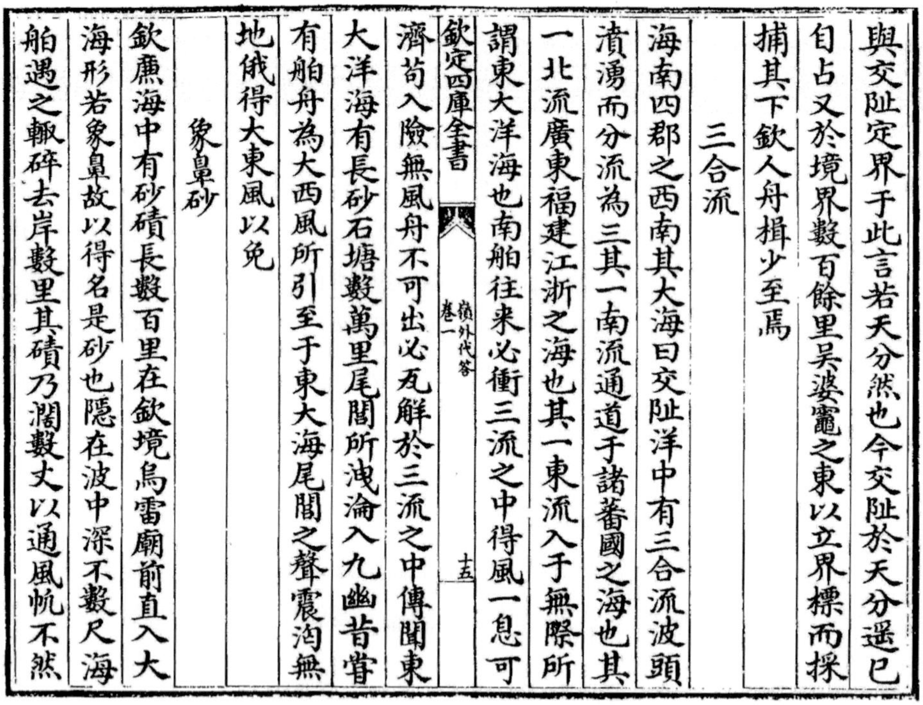

與交阯定界于此言若天分然也今交阯於天分遥已
自占又於境界數百餘里吴婆竈之東以立界標而採
捕其下欽人舟揖少至焉
三合流
海南四郡之西南其大海曰交阯洋中有三合流波頭
濆湧而分流為三其一南流通道于諸蕃國之海也其
一北流廣東福建江浙之海也其一東流入于無際所
謂東大洋海也南船往来必衝三流之中得風一息可
濟苟入險無風舟不可出必瓦解於三流之中傳聞東
欽定四庫全書　嶺外代答 卷一　十五
大洋海有長砂石塘數萬里尾閭所洩淪入九幽昔嘗
有舶舟為大西風所引至于東大海尾閭之聲震洶無
地俄得大東風以免
象鼻砂
欽廉海中有砂磧長數百里在欽境烏雷廟前直入大
海形若象鼻故以得名是砂也隱在波中深不數尺海
舶遇之輙碎去岸數里其磧乃濶數丈以通風帆不然

圖12　《嶺外代答》

海南四郡之西南，其大海曰交阯洋。中有三合流，波頭濆湧而分流爲三：其一南流，通道於諸蕃國之海也。其一北流，廣東、福建、江浙之海也。其一東流，入於無際，所謂東大洋海也。南船往來，必沖三流之中，得風一息，可濟。苟入險無風，舟不可出，必瓦解於三流之中。傳聞東大洋海，有長砂石塘數萬里，尾閭所泄，淪入九幽。昔嘗有舶舟，爲大西風所引，至於東大海，尾閭之聲，震洶無地。俄得大東風以免。[51]

在這個段落中，周去非首先描述了一個極爲重要的地方，叫「三合

【51】 同上，36頁。

流」，它之所以有這個名稱是因爲它是三條水流交界之處，向北可以到達中國，向南可以到達諸藩，即安南、占城、眞臘等國，向東就是大海（東大洋海）。在「傳聞」中，東大洋海有長沙石塘，是一個非常危險的地方。而三合流本身也非常危險，如果沒有風的話，船就會困在三合流之中而不得出，如果吹西風的話，船就會流入東大洋海中，到達長砂石塘而入險境。

這個三合流的地點在交趾洋（原文爲交阯洋），交趾洋的位置在哪裡呢？文中說是在海南的西南。李金明認爲交趾洋是指北部灣「今越南北部沿岸一帶」[52]，韓振華也這麼認爲，他說：「交洋（今北部灣口的南面）……」[53]。他們這樣論證的目的之一是希望縮小交（趾）洋的範圍而把中國的海界推至遠及納土納群島，這一點在後面會繼續說明。但這是錯誤的。原文明確地描述了交趾洋在「海南四郡之西南」，但北部灣在海南島西北，而不是西南。對比地圖可知，這裡的交趾洋是指中國海南島以南，越南中部海岸線以東，西沙群島以西一帶的洋面。事實上，不少並非專門爲了論證南海諸島歸屬的歷史地理學者都正確地認爲「交趾洋」指的是越南中部對開的海面。比如《嶺外代答》的注釋者楊武泉就認爲「交趾洋，指今越南中部以東之海面」。[54]在《順風相送》中更說明交趾洋是獨豬山（海南大洲島）和尖筆羅（占婆島）之間的海域（見3.4.4）

長砂石塘在東大洋海中，而東大洋海在交趾洋的東面。從地理位置看來，這裡的長砂石塘指的是西沙群島，也可能兼指中沙群島。注釋者楊武泉也認爲「指西沙及中沙之島嶼與礁石」[55]。這兩個群島的位置相近，在中國古代文獻中難以仔細區分。長沙石塘不可能是指南沙群島。此外，必須注意到，周去非對於「長砂石塘」認識並不熟悉，因此用了「傳聞」的字眼。

第二條是《外國門．航海外夷》：

---

[52] 疆域研究，22頁。

[53] 史地論證，236頁。

[54] 周去非著，楊武泉校注，《嶺外代答校注》，北京，中華書局，1999，36頁。

[55] 同上，37頁。

今天下沿海州郡，自東北而西南，其行至欽州止矣。沿海州郡，類有市舶。國家綏懷外夷，於泉、廣二州置提舉市舶司，故凡蕃商急難之欲赴愬者，必提舉司也。歲十月，提舉司大設蕃商而遣之。其來也，當夏至之後，提舉司征其商而覆護焉。諾蕃國之富盛多寶貨者，莫如大食國，其次闍婆國，其次三佛齊國，其次乃諸國耳。三佛齊者，諸國海道往來之要衝也。三佛齊之來也，正北行，舟歷上下竺與交洋，乃至中國之境。其欲至廣者，入自屯門。欲至泉州者，人自甲子門。闍婆之來也，稍西北行，舟過十二子石而與三佛齊海道合於竺嶼之下。大食國之來也，以小舟運而南行，至故臨國易大舟而東行，至三佛齊國乃複如三佛齊之入中國。其他占城、眞臘之屬，皆近在交阯洋之南，遠不及三佛齊國、闍婆之半，而三佛齊、闍婆又不及大食國之半也。諸蕃國之入中國，一歲可以往返，唯大食必二年而後可。大抵蕃舶風便而行，一日千里，一遇朔風，爲禍不測。幸泊於吾境，猶有保甲之法，苟泊外國，則人貨俱沒。若夫默伽國、勿斯里等國，其遠也，不知其幾萬里矣。[56]

這裡的上下竺指的是什麼地方還有爭議。有的學者認爲是新加坡，有的認爲是亞南巴斯群島，有的認爲是奧爾島（Pulau Aur），後者可能是最確切的[57]。韓振華和李金明認爲它是指納土納群島[58]。無論如何，這些地方相距都不太遠，也都在南海西南角一帶，它確切的位置對於所討論的問題沒有太大影響，就姑且把它視爲納土納群島。

李金明稱：「這個記載把當時我國南海疆域的界限講得很清楚，即西面與越南北部的交趾洋接境，南面與印度尼西亞的納土納群島相鄰，來中國貿易的商船，只要駛過納土納群島和交趾洋，就進入中國海境。」[59]可見李金明和韓振華爲什麼要把交趾洋（交洋）論證爲北部灣的用意。他們先認爲交洋是今越南北部沿海北部灣，從北部灣到到廣州和泉州不是需

【56】同上，126頁。

【57】同上，027頁。另見南溟網http://www.world10k.com/blog/?p=1302。

【58】疆域研究，22頁。

【59】疆域研究，23頁。

要從西向東行嗎？於是，他們再認爲這段話說明上下竺是中國南海疆界（即所謂中國之境）的南限，而交洋（他們指的北部灣）是西限。

韓振華希望否定文中所指的是一條南北航向的路線，於是進一步論證說：「上文所說舟行『歷上下竺與交洋，乃至中國之境』由於使用『與』字，乃知『歷上下竺』，『乃至中國之境』，以及（即『與』字）暦『交洋，乃中國之境』。如果說，只有到了交洋才是『乃至中國之境』，那就不必用『與』字，只用『歷上下竺、交洋，乃至中國之境』就可以了。這樣豈不是在文字上更加簡潔了嗎？然而行文之中，偏用『與』字，當然是包括從前者以及後者這兩個地方，均可到達中國之境。」[60]他們在這裡對交洋的分析是完全錯誤的。

首先，正如上面分析，交洋不是北部灣，而是海南島南部到越南中部沿岸一帶的廣闊海面。其次，在這裡所說的行舟路線，出發地是三佛齊（蘇門答臘），目的地不是欽州等北部灣的港口，而是到設有市舶司的廣州和泉州。而從前文對唐代之後的南海交通的分析可知，當時的航海路線已經不是漢朝時代的沿海航道了，船舶並不需要繞道北部灣才到中國的廣州和泉州。從北部灣到廣州和泉州需要向東行，但文中根本沒有提從西向東的字眼。韓振華對「與」的解釋更是完全錯誤的，其立論的基礎僅僅是如果按照先從經上下竺再經交趾洋的解釋，「與」字是不必要的。但是儘管這裡的「與」並不是絕對必要的，但加上一個「與」字在文氣上同樣也是很自然的。古書上如果描述兩條路線，一般會直接寫出來（見以上三合流條及以下《海語》的討論），而不會用這樣令韓振華「誤解」的隱晦方式。況且如果按照韓振華的解釋，這裡就應該用「或」而不是「與」，或者用「皆至中國之境」而不是「乃至中國之境」。何況，從蘇門答臘出發，在水路如何才能不經過上下竺就直接去到北部灣呢？

因此，《外國門．航海外夷》文中清楚無誤地描述了一條從蘇門答臘出發，從南向北行，先經過上下竺（納土納），再經過交洋，才到中國國境的路線。其從南到北的順序是上下竺洋面、交洋和中國國境。顯然交洋的北界才是中國國境的南界。中國海域與交趾洋不是東面和西面的鄰接，

【60】史料論證，236頁。

而是北面和南面的鄰接。韓李把交洋認爲是中國國境的西限是毫無道理的，交洋只能是中國南海疆界的南限。

2. 宋代趙汝適的《諸蕃志》及其他同期的文獻（1225）

趙汝適是南宋地理學家。他在嘉定十七年（1224年）任福建路市舶司提舉；寶慶元年（1225年）任福建泉州市舶司提舉。在南海地理方面，趙汝適是第一手的記錄者。出於對地理學的興趣，他在擔任福建路市舶司兼權泉州市舶使期間，利用工作上的便利，從各國商人和使節那裡大量聞訊了關於他們國家的地理、風土、物產。他利用這些交流的得到的信息，以及收羅得來的多種材料，撰寫成爲《諸蕃志》兩卷。上卷記載東自日本，西至北非摩洛哥共50餘國的概況。下卷記載物產，以物爲綱，具述產地、製作、用途及運銷等，末尾有《海南》篇。這是一部研究宋代海上交通、對外貿易以及與各國友好交往的重要文獻。原書已經佚失，現有版本是從《永樂大典》中輯出。

在《諸蕃志》中涉及南海諸島的地方有兩個：第一個在序言中，第二個在最後的《海南地理志》中。《諸蕃志》序言中記載：

> 汝適被命此來，暇日閱諸蕃圖，有所謂石床長沙之險，交洋竺嶼之限，問其志則無有焉。迺詢諸賈胡，俾列其國名，道其風土，與夫道里之聯屬，山澤之蓄產，譯以華言，刪其穢渫，存其事實，名曰《諸蕃志》。[61]

中國方面的專家（如韓振華李金明）多認爲石床和長沙分別指西沙和南沙，又幾乎一致地認爲這句話表達了交洋和竺嶼是中國海域與外國海域之間的分界線的意思[62]。因而他們認爲西沙和南沙都是中國的領土。但是這種理解是錯的。

第一，這裡的「限」不是指界限，而是指「險阻」，這是「限」的

[61] 趙汝適著，楊博文校釋，《諸蕃志較釋》，中華書局，1996，1頁。
[62] 疆域研究，24頁。

本意。《說文解字》有：「限，阻也。」。《辭源》中有：「(1)限，險阻。《戰國策》中有『南有巫山, 黔中之限。』」因此，在這個句子中，先說石床長沙之險，再說交洋竺嶼之險阻（限），這是一種排比和對仗的方法，在中國古文中是最常用的表達方式。在《嶺外代答》中已經注明，從三佛齊向北開要先後經過上下竺和交洋。無論上下竺是在納土納群島，還是在奧爾島，它們都距越南南部的崑崙島不遠，均在南海西南端。汪大淵《島夷志略．崑崙》中提到：「崑崙山……瀛海之中與占城西竺鼎峙，而相望下有崑崙洋，因是名也」[63]。交趾洋和崑崙洋都是有風險的洋區。在上文討論到的《嶺外代答．地理門．三合流》中已經寫了交趾洋是一個危險的區域。崑崙洋也是一個危險區域。《島夷志略．崑崙》中說「諺雲上有七州下有崑崙。」[64] 南宋《夢粱錄》也有：「去怕七州，回怕崑崙。」[65]這就是崑崙洋之險的寫照。所以交洋和竺嶼就是中國通往海外的兩重險阻。

第二，趙汝適寫的是《諸蕃志》，看的是《諸蕃圖》，沒有理由認爲他寫的幾個地名是屬中國的國境。既然交洋和竺嶼不是中國的地界，那麼也沒有理由認爲，趙汝適在這裡提到了石床長沙就意味著他認爲這兩地屬中國境內。

第三，這裡的石床和長沙，都是指西沙群島。韓振華和李金明認爲石床指西沙，長沙指南沙只是一種想當然。地理學家曾昭璇指出，在宋代，石床和長沙指兩種不同的地貌，石塘爲環礁，石床爲礁盤（石塘和石床有混用），長沙爲在石床上發育的沙洲和沙島，它們（冠以千里萬里等前綴）作爲專有名稱是元代以後的事[66]。

《諸蕃志》下卷最末有海南篇（圖13）。其中一句是這樣的：

【63】《中國南海諸群島彙編之一：酉陽雜俎，諸蕃志，島夷志略，海槎餘錄》，臺灣學生書局，344頁。

【64】同上。

【65】吳自牧《夢粱錄》，四庫全書，509卷，102頁。

【66】曾昭璇〈中國古代對環礁的研究〉，轉引自曾昭璇〈中國古代南海諸島文獻初步分析〉，《中國歷史地理論叢》，1991年第1期，133-160頁。

至吉陽，乃海之極，亡複陸塗。外有州，曰烏里，曰蘇吉浪[67]，南對占城，西望眞臘，東則千里長沙、萬里石床，渺茫無際，天水一色。舟舶來往，唯以指南針爲則，晝夜守視唯謹，毫釐之差，生死系焉。[68]

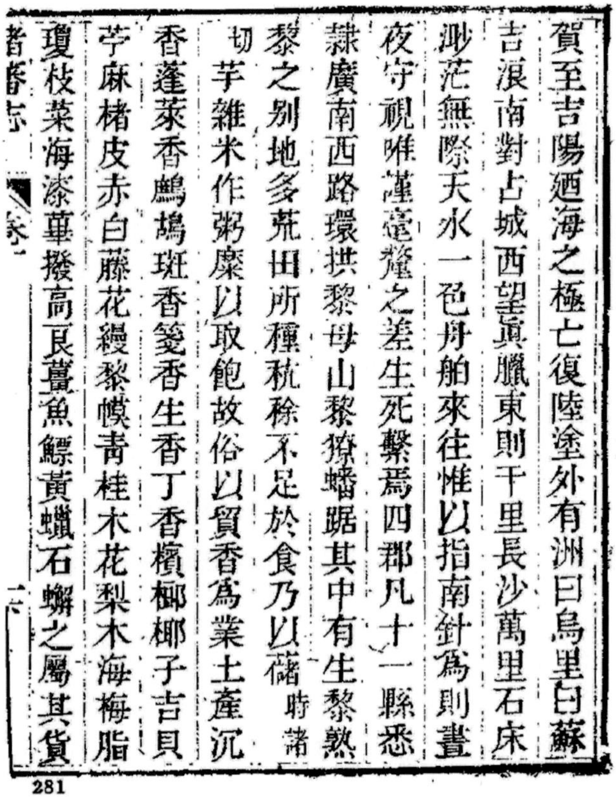

貿至吉陽迺海之極亡復陸塗外有洲曰烏里曰蘇
吉浪南對占城西望眞臘東則千里長沙萬里石床
渺茫無際天水一色舟舶來往惟以指南針爲則晝
夜守視唯謹毫釐之差生死繫焉四郡凡十一縣悉
隷廣南西路環拱黎母山黎獠蟠踞其中有生黎熟
黎之別地多荒田所種秔稌不足於食乃以藷（時藷切）
芋雜米作粥糜以取飽故俗以貿香爲業土產沉
香蓬萊香鷓鴣斑香箋香生香丁香檳榔椰子吉貝
苧麻楮皮赤白藤花縵黎幙青桂木花梨木海梅脂
瓊枝菜海漆蓽撥高良薑魚鰾黃蠟石蝴之屬其貨

諸蕃志　卷下　二六

281

圖13　《諸蕃志．海南篇》

《諸蕃志》很多內容都是原創，也有一些是引自《嶺外代答》。附在全書最後的《海南》篇可能不是原創。因海南最早在漢朝歸入中國領土，但是在西漢後期（公元前46年），由於島上黎民的不斷反抗，島上的建制已被撤銷，直到隋朝（七世紀初）才重新設置。但到了宋朝，建制已經數

【67】這裡的「曰蘇吉浪」應爲「曰蘇密曰吉浪」的脱字，參看後文提及的《輿地紀勝》和《方輿勝覽》。

【68】趙汝適著，楊博文校釋，《諸蕃志校釋》，中華書局，1996，216頁。

百年，實在算不上諸蕃。馮承鈞認爲，因爲《嶺外代答》中有寫到海南的黎民，所以趙汝適也把海南加入[69]。楊博文根據其描述的物產，猜測趙汝適僅僅是轉錄范成大所著的《桂海虞衡志》[70]。這本書是范成大在從靜江府（桂林）升遷到四川後回憶舊事所著，成書年代大概爲1170年代。可惜這部書已經佚失，現存從《永樂大典》中輯出的版本中並沒有這段文字，難以佐證。極爲相似的文字也出現在同期稍後的另外兩本地理著作中。一本是王象之寫的《輿地紀勝》（1227年），其一百二十七卷《吉陽軍・風俗行勝》載有：

吉陽，地多高山峰巒秀拔所以郡人間有自立者（原注，瓊管志）吉陽俗近夷，多陰陽拘忌，至有十數年不葬其親者（原注，胡澹庵）其外則烏里蘇密吉浪之洲，而與占城相對。西則眞臘交趾，東則千里長沙萬里石塘，上下渺茫，千里一色，州船往來，飛鳥附其顚頸而不驚（原注，瓊管志）[71]。

這段文字基本與《諸蕃志》一致，可能是源自同一份材料，而這本書中注明文字是來自一本叫《瓊管志》的古書。另一本是祝穆的《方輿勝覽》（1239年）。當中寫有：

其外則烏里蘇密吉浪之州，南與占城相對云云，東則千里長沙、萬里石塘，上下渺茫，千里一色。

其描述基本上也和《諸蕃志》記錄類似，在方位方面稍有出入。從「云云」的用語可知，這是摘錄的作品。因此，《諸蕃志》中〈海南〉篇的文字可能也是來自這本《瓊管志》。由於《瓊管志》也久已佚失，其準確的年代更是不可知，但一般猜測它是一部十三世紀初的作品（約1200

【69】馮承鈞《諸蕃志校注》，北京，中華書局，1956，148頁。

【70】疆域研究，222頁。

【71】王象之《輿地紀勝》，文選樓影宋鈔本，第三十三冊，一百二十七卷。

年代）。《諸蕃志》可能摘抄了《瓊管志》，但也不排除《瓊管志》和《諸蕃志》都摘抄《桂海虞衡志》，而《輿地紀勝》和《方輿勝覽》又摘抄《瓊管志》的可能。

從《諸蕃志》的文字來看，吉陽指的吉陽軍，也就是後來的崖州，今天的三亞。該句稱，崖州之外有地方叫烏里、蘇密和吉浪。這三個地方都是交趾的地方（烏里在順化一帶，蘇密與吉浪也大概在附近[72]，它們大概是越南中部沿岸的地名），都是外國屬地。它的南面是占城，西面是眞臘，東面是千里長沙、萬里石床。占城和眞臘也都是外國地方。因此，從這個描述中也無法得出和交趾、占城和眞臘並列的千里長沙和萬里石床屬中國領土的見解。

這裡的千里長沙和萬里石塘是指哪裡呢？從地理上看，在海南以東的千里長沙和萬里石塘都只能指西沙群島和中沙群島。南沙群島遠在海南島南方偏東，難以認爲被包括在內。這個解釋也和《嶺外代答》中的描述相符。中國歷史地理學家曾昭璇[73]、臺灣陳鴻瑜[74]、以及霍斯（F. Hirth）和洛克希爾（W.W. Rockhill）[75]也持這種看法。這裡只是用「千里長沙」代替了「長沙」，「萬里石床」代替了「石床」，以形容其寬廣。這也是第一次出現千里長沙的文獻。筆者並不排除兩者分指西沙群島兩種地貌的可能。

3. 元代汪大淵的《島夷志略》（1349）

以上的地理學書籍的作者都沒有到過海外，只是通過詢問外國使節和商賈才得知海外的情景。這種狀況到了元朝有了改觀。元朝僅有三部傳世之作與海外有關，即《大德南海志》、《眞臘風土記》和《島夷志略》。第一部是殘本，而且作者陳氏並非海外親歷者，僅列舉了地名而無注釋。

---

[72] 史地論證，237頁。

[73] 曾昭璇〈中國古代南海諸島文獻初步分析〉，《中國歷史地理論叢》，1991年第1期，133-160頁。

[74] 陳鴻瑜〈早期南海航路與島礁之發現〉，《國立政治大學歷史學報》，第39期，2013年5月，25-92頁。

[75] 轉引自上引文。

第二部是周觀達在跟隨元朝使節出使眞臘時的見聞錄，但只記敘眞臘一國，並無有關南海諸島的記載。只有汪大淵所寫的《島夷志略》是第一手遊歷各國的著作。汪大淵（1311-1350）是元代商人。他曾於元明宗至順元年（1330年）及元統五年（1337年）兩度由泉州出發，航海到西洋各國，最遠抵達埃及的特番里（杜姆亞特），也可能抵達摩洛哥的撻吉那（丹吉爾）。他於元惠宗至正九年（1349年）在泉州著《島夷志略》一書，記述親身經歷的二百多個地方。它上承《嶺外代答》和《諸蕃志》，下接鄭和出使的三本著作。與宋代著作相比，它有更多的一手資料，其深度與廣度甚至超過明初的著作，是一部重要的中外交通史文獻。

在《島夷志略》中有專門的萬里石塘詞條（圖14）：

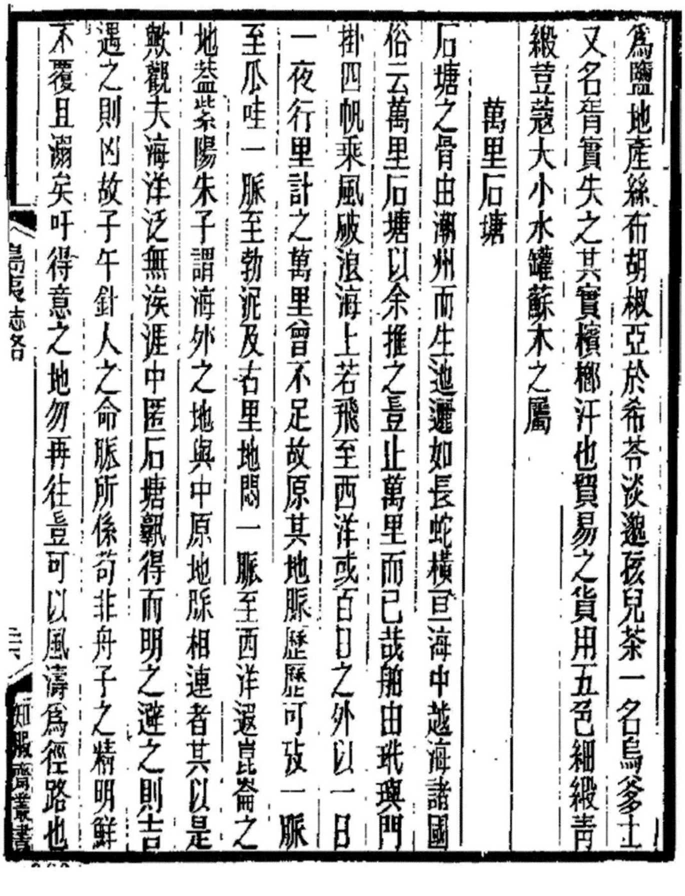

爲鹽地產絲布胡椒亞於希苓淡邈孩兒茶一名烏爹土
又名胥實失之其實檳榔汁也貿易之貨用五色細緞青
緞荳蔻大小水罐蘇木之屬

萬里石塘

石塘之骨由潮州而生迤邐如長蛇橫亘海中越海諸國
俗云萬里石塘以余推之豈止萬里而已哉舶由玳瑁門
掛四帆乘風破浪海上若飛至西洋或百日之外以一日
一夜行里計之萬里曾不足故原其地脈歷歷可考一脈
至爪哇一脈至勃泥及古里地悶一脈至西洋遐崑崙之
地蓋紫陽朱子謂海外之地與中原地脈相連者其以是
歟觀夫海洋泛無涯涘中匿石塘孰得而明之避之則吉
遇之則凶故子午針人之命脈所係苟非舟子之精明鮮
不覆且溺矣吁得意之地勿再往豈可以風濤爲徑路也

島夷志略　三三　知服齋叢書

圖14　《島夷志略》

石塘之骨，由潮州而生，迤邐如長蛇，橫亙海中，越海諸國，俗雲萬里石塘。以餘推之，豈止萬里而已哉。舶由玳嶼門掛四帆，乘風破浪，海上若飛。至西洋或百日之外。以一日一夜行里計之，萬里曾不足。故原其地脈歷歷可考：一脈至爪哇，一脈至渤泥及古里地悶，一脈至西洋遐崑崙之地。蓋紫陽朱子謂海外之地，與中原地脈相連者，其以是歟？觀夫海洋泛無涯涘，中匿石塘，孰得而明之？避之則吉，遇之則凶。故子午針人之命脈所系，苟非舟子之精明，能不覆且溺乎？籲！得意之地勿再往，豈可以風濤爲徑路也哉？[76]

這裡記載的萬里石塘，是一個想像中的概念。汪大淵認爲萬里石塘從潮州起，分三支向南延伸，一支到達爪哇，一支到達汶萊（渤泥）和帝汶（古里地悶），一支到達地望不明的「西洋遐崑崙之地」[77]。以現在的知識看，在南海當然不存在這麼一條石塘之骨。從地理位置分析，潮州對開的地方首先會遇上東沙；而「一脈至渤泥及古里地悶」中應該包括南沙群島，因爲南沙就在婆羅洲的北面；而從潮州到爪哇的一脈又必然穿過西沙和中沙；而遠至「西洋遐崑崙」的一脈也很可能包括其他危險的沙洲和暗礁。因此，這裡的萬里石塘並不專指南海某群島，甚至不是專指南海諸島，而是包括東沙島（潮州對開海面）、南沙群島（南海群島在汶萊的北面），西沙和中沙群島（潮州到爪哇之間）在內的眾多島礁。這是中國歷史上最早毫無疑問地描述到南沙群島的記錄。

此書證明了中國對南海諸島的了解已經比前代大爲加深了。但是，書中僅僅描述了一個地理現象，並無明言萬里石塘是中國領土，相反，卻有「越海諸國」的字眼，表明萬里石塘跨越多個國家的疆域，而非專屬一國。從字面上看，甚至有理由認爲，至汶萊、爪哇和帝汶的部分是屬那些國家的。

【76】《酉陽雜俎，諸蕃志，島夷志略，海槎餘錄》，中國南海諸群島彙編之一，臺灣學生書局，363頁。

【77】此處的地點韓振華認爲是加里曼丹島（史料彙編，49頁），李金明認爲是納土納群島（疆域研究，27頁），有人認爲是遠至印度洋某處如馬達加斯加。這裡不深究。

4. 明代針經《順風相送》

從明代開始，中國隨著航海事業的積累，出現了海圖和針經。針經是當時行舟人士的航海指南，屬舟子的秘本。把它和海圖共用或者單用，就可以進行遠海航行了。它們各有叫法：洋更、渡海方程、四海指南、海航秘訣、航海全書、鍼路、航海針經、鍼位篇、羅經針簿等等不一而足。很多地理書、海防書都參考了一些針經，也留下一鱗半爪的針路，但很少文人會專門記錄針經。[78]明代的《順風相送》和清代的《指南正法》是其中少有的兩種。今人向達從英國圖書館中將兩者鈔錄出來彙編而成《兩種海道針經》。

《順風相送》的成書年代有多種說法，有說1393年，有說1403年，有說1570年代（因爲書中記錄的日本長崎在1570年才開埠）[79]，各有自己的道理，但成書年代肯定是明朝。這裡暫且不細究其成書年代，主要看它對西沙和南沙的記載。《順風相送》有兩處記載了長沙與石塘。

(1) △定潮水消長時候

每月三十並初一、初二、初三、初四、初五、初六、初七日水平，交十五日水又醒。至十六、十七、十八、十九、二十日水俱醒。廿一日水又平似前日。水醒流緊，其勢但凡船到七州洋及外羅等處，遇此數日水醒，看風斟酌。船身不可偏東，東則無水扯過西。自初八、初九、初十、十一、十二、十三、十四日止，水遲流東，廿二、廿三、廿四、廿五、廿六、廿七、廿八、廿九日止水俱遲東。船到七州洋及外羅等處，可算此數日流水緊慢、水漲水遲，亦要審看風汛，東西南北，可以仔細斟酌，可算無悞。船身不可偏，西則無水扯過東，船身若貪東則海水黑青，並鴨頭鳥多。船身若貪西則海水澄清，有朽木漂流，多見拜風魚、船行正路，見鳥尾帶箭是正路。船若近外羅，對開貪東七更船便是萬里石塘，内有紅石嶼不高，如是看見船身，便是低了，若見石頭可防。若船七州洋落去貪東七

【78】 向達《兩種海道針經》，中華書局，1961年，序言，第三頁。

【79】 廖大珂〈關於中琉關係中釣魚島的若干問題〉，《南洋問題研究》，2013年第1期，95-102頁。

更，船見萬里石塘似船帆樣，近看似二三個船帆樣，可防牽船，使一日見外羅山，千萬記心耳。其船若在靈山大佛前，四、五、六、七、八月，流水往西南，水甚緊甚緊。東北時往正南甚緊，船可近山甚妙。船若回唐，貪東，海水白色赤見百樣禽鳥，乃是萬里長沙，可防可防。多蘆荻柴多流界，船若貪西，則見海南山，不可近。行聲廉頭，生開恐犯難得出，船身低了使開至緊。若遇七州洋見流界七條，乃近南亭門。船若出唐，到交趾洋貪西水色清白，拜風魚多，船可行開，怕落占筆羅內難出。船見蘆荻柴成流界，乃貪東可行，用坤申針，使一日一夜見靈山大佛。若見白鳥尾帶箭，便是正路，即是外羅也。[80]

(2) △各處州府山形水勢深淺泥沙地礁石之圖

烏豬山　洋中打水八十托，請都公上船往回放彩船送者，上川下川在內，交景交蘭在外。

七州山　山有七個，東上三個一個大，西下四個平大。

七州洋　一百二十托水。往回三牲酒醴粥祭孤。貪東鳥多，貪西魚多。

獨豬山　打水六十托。往來祭海寧伯廟。係海南萬州山地方。頭長若見庚山，船身低了。

交趾洋　低西有草嶼，流水緊，有蘆荻柴多。貪東有飛魚，貪西有拜風魚。打水四十五托。貪東七更船有萬里石塘。

尖筆羅　打水五十托。山上柴水甚多。有蘆竹葉多流水界，西南都是山仔，如筆羅樣者多。

外羅山　遠看成三個門，近看東高西低，北有椰子塘，西有老古石。行船近西過，四十五托水。往回可近西，東恐犯石欄。馬陵橋二十五托水，內外俱可過船。南邊有礁石出水。[81]

在第一條記錄中，所謂貪東，就是指在原先正確的航線方向的基礎

【80】 同上，27-28頁。

【81】 同上，33頁。

上偏向了東面，而貪東七更，就是指在這個錯誤的方向上行走了七更（約420里）。「更」是一個距離單位，但是在古代針經中，每更所代表的長度相差很大，儘管一般而言每更大約60里，但這個長度是頗爲不準確的。原因是舟子沒有合適的工具去測量長度，只能依靠時間，但因各地水流方向和風速不一樣，相同的時間內走過的路程也不一樣。萬里石塘是從七洲洋（即海南島東北的七洲列島外洋面，見3.5）往西南行時偏東走七更（約420里）所致。可知這裡的萬里石塘當是西沙群島（但「船若近外羅，對開貪東七更船便是萬里石塘」中的萬里石塘，可能是南沙群島，見3.4.10）。回程中提及的石欄，也應當和萬里石塘一樣是西沙群島。萬里長沙的方位沒有如此明白，但既是從外國回中國，路上偏東，可以認爲是南沙群島。

在第二條記錄中，「貪東七更船有萬里石塘」是和第一條記錄相融洽的，這裡的萬里石塘和石欄都是指西沙群島。它不是說從交趾洋開出後貪東，而是從獨豬山開出時貪東。這裡把萬里石塘放在交趾洋的條目中，證明在作者看來，西沙群島是交趾洋內的島嶼。這進一步證明交趾洋是從越南中部沿海一直向東延伸到包括西沙群島在內的寬廣海域，其北界和獨豬洋相鄰。

5. 明代黃衷《海語》（1536）

黃衷（1474-1553）是明朝廣州人，在湖州、福建、廣西和雲南等地任職，最後官至兵部侍郎。明嘉靖十五年（1536），由於沿海一帶屢受倭寇騷擾，朝廷實行「海禁」政策，撤銷寧波和泉州的市舶司，全國對外口岸僅存廣州一口通商。廣州成爲與外洋接觸最爲頻繁的地方。黃衷晚年居家時，有機會與來往外洋的舟師、艙卒和番客來往。他留心海外風物，不僅時常與海外來客邀談，還詳爲記錄，並整理爲《海語》一書[82]。《海語》是明代關於海外地理的主要著作。

《海語》中有三段文字與南海諸島直接相關，都記錄在《卷三・畏

[82] 《明兵部侍郎黃衷》，廣州市地方誌，http://www.gzsdfz.org.cn/rsgz/lsmr/201202/t20120208_4590.htm。

途》中（圖15）：

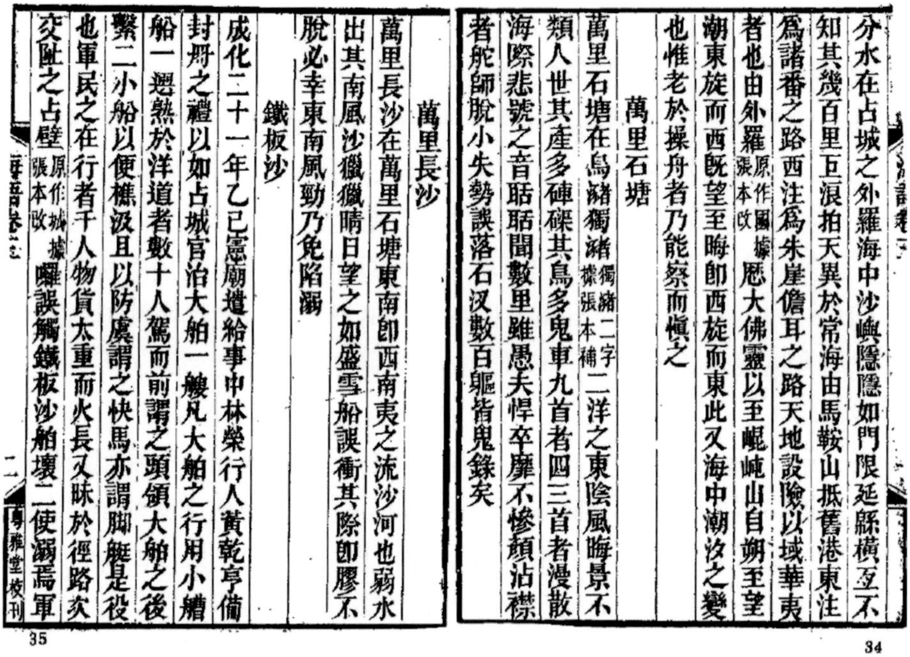

分水在占城之外羅海中沙嶼隱隱如門限延綿橫亙不知其幾百里巨浪拍天異於常海由馬鞍山抵舊港東注爲諸番之路西注爲朱崖儋耳之路天地設險以域華夷者也由外羅（原作圖據張本改）歷大佛靈以至崐崘山自朔至望潮東旋而西既望至晦卽西旋而東此又海中潮汐之變也惟老於操舟者乃能察而愼之

萬里石塘

萬里石塘在烏瀦獨瀦（獨瀦二字據張本補）二洋之東陰風晦景不類人世其產多硨磲其鳥多鬼車九首者四三首者漫散海際悲號之音聒聒聞數里雖愚夫悍卒靡不慘顏沾襟者舵師脫小失勢誤落石汊數百軀皆鬼錄矣

34

萬里長沙

萬里長沙在萬里石塘東南卽西南夷之流沙河也弱水出其南風沙獵獵晴日望之如盛雪船誤衝其際卽膠不脫必幸東南風勁乃免陷溺

鐵板沙

成化二十一年乙巳憲廟遣給事中林榮行人黃乾亨備封冊之禮以如占城官治大舶一艘凡大舶之行用小艚船一艘熟於洋道者數十人駕而前謂之頭領大舶之後繫二小船以便樵汲且以防虞謂之快馬亦謂脚艇是役也軍民之在行者千人物貨太重而火長又昧於徑路交交阯之占壁（原作城據張本改）囉誤觸鐵板沙船壞二使溺焉軍

海語卷三　　二十一　　粵雅堂校刊

35

海語

圖15　《海語．畏途》

分水：分水在占城之外羅海中，沙嶼隱隱如門限，延綿橫亙不知其幾百里。巨浪拍天，異於常海。由馬鞍山抵舊港，東注爲諸番之路，西注爲朱崖儋耳之路，天地設險以域華夷者也。由外羅歷大佛靈以至崐崘山，自朔至望，潮東旋而西，既望至晦，即西旋而東，此又海中潮汐之變也，惟老於操舟者乃能察而愼之。

萬里石塘：萬里石塘在烏瀦獨瀦二洋之東，陰風晦景，不類人世。其產多硨　，其鳥多鬼車，九首者四三首者。漫散海際悲號之音，聒聒聞數里，雖愚夫悍卒靡不慘顏沾襟者。舵師脱小失勢誤落石汊數百軀皆鬼錄矣。

萬里長沙：萬里長沙在萬里石塘東南，即西南夷之流沙河也。弱水出其南，風沙獵獵，晴日望之如盛雪。舶誤衝其際即膠不可脫，必幸東南風勁乃免陷溺。[83]

這裡首先要討論分水的位置。李金明在討論這個史料的時候認為：分水就是理山群島（即外羅山）附近，並根據此認為「天地設險以域華夷者也」說明中國的南海西界是外羅山。[84]他又認為：「外羅海是中外兩條航線的匯合點。從中國到外國的船隻，一般乘東北風，走外羅海東邊的航線。分水稱之為東注；而從外國返海南島的船隻，則乘西南風，航經外羅海西邊的航線，分水稱之為西注。」[85]

這兩種說法都是錯誤的。外羅海得名於外羅山，外羅山固然是位於越南中部理山群島。但是李金明說的分水就在理山島附近則完全沒有道理，因為外羅海並不等於僅僅就是理山島附近的海面。理山島是越南中部海岸線附近的一個小群島，只有八個小島組成，距離大陸海岸線僅有16公里。從地質上說它們是大陸島而不是珊瑚島。島上有高山，最高的山達到517公尺。它環境優美，目前是著名的生態公園和旅遊區。這顯然與分水所指的「沙嶼」完全不一樣。在古時，理山島是一個理想的航海停泊處，是南海航行的地標，也是商船轉運點。這與「巨浪拍天」，「延綿橫亙不知其幾百里」的描述完全不同。另外，理山島本身處於海南島西南面，說理山島以西「西注為朱崖、儋耳之路」，並不成立。

所以外羅山本身並不是「分水」。外羅海儘管是以外羅山命名，但是其範圍卻不限於越南近海岸的外羅山。在《鄭和航海圖》中，外羅山遠離大陸的水域標注為交趾洋（見3.10.3）。可見，外羅海當為交趾洋的另一種稱呼。結合《順風相送》，這裡的外羅海的水域應當和交趾洋一樣，是北達海南島，西達越南海岸的廣闊洋面，包括西沙群島的洋面。而這裡的「分水」，從地形描述來看，當是指西沙群島。因為「沙嶼隱隱如門限，

---

[83] 《海語，海國見聞錄，海錄，瀛環考略》，中國南海諸群島彙編之三，臺灣學生書局，33-35頁。

[84] 疆域研究，29頁。

[85] 疆域研究，29頁。

延綿橫亙不知其幾百里」，正好是西沙群島長沙的特徵。而在理山群島附近根本找不到如此的地形。

李金明把諸番之路理解爲從中國到外國的路，而朱崖儋耳之路理解爲從外國到中國的路。但是文中明明寫道：「由馬鞍山抵舊港」，自始至終都是說從中國（馬鞍山）出發到外國（舊港，即蘇門答臘巨港，Palembang）的路，無論東西洼都指這單一的方向。這個「諸番」和「朱崖儋耳」並不是指方向，而是指兩條路線路過的地方。

所謂分水，是指從該處可以分爲兩條水路。整句話的正確解讀是：從廣州附近（馬鞍山）到蘇門答臘巨港（舊港）有兩條路線：一條是東線，經歷諸番，即所謂諸番之路，從西沙群島的東面過；一條是西線，經歷海南島（朱崖儋耳），從海南島和西沙群島之間的水道，即西沙群島的西面通過。（圖16）

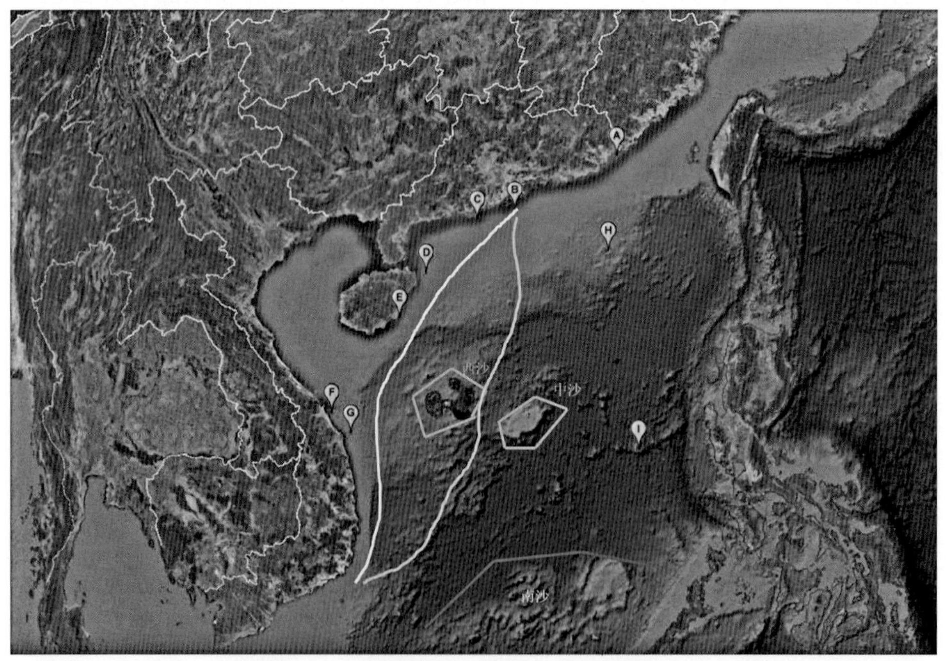

A 南澳；B 老萬山；C 烏豬山；D 七洲列島；E 獨豬山（大洲頭）；F 占婆島；G 外羅（理山群島）；H 南澳氣（東沙島）；I 黃岩島。

圖16　圖解《海語》記載的兩條水路

在清代的《海錄》中同樣也記錄了這兩條路線：西注稱爲內溝，「萬里長沙在其東」，是傳統的針路描述的路線；東注叫外溝，「萬里長沙在其西」，是後來開發出來的路線。「溝之內外，以沙分也。」這裡的沙是萬里長沙，也就是西沙群島（見3.4.12）。《海錄》中的記載和《海語》中的非常一致，足以證明這種解讀是正確的。

韓振華和李金明一再強調「中國領海的西界」，目的是爲了證明古時候的中國領海大致是現在九段線的範圍[86]。因此每當古籍中提到外羅海（比如本處）或交趾洋（見《諸蕃志》的討論）是中外的界限的時候，他們一律認爲是指中國領海的「西界」，並以外羅山作爲這個分界點。這種理解是武斷和錯誤的。在所有這些典籍中都沒有提過所謂的分界是「西界」這一點。如果把外羅海和交趾洋的界限定義爲理山群島附近，那麼所謂外羅海或交趾洋，就指外羅山到越南大陸沿岸的區區16公里寬的海面範圍了，這顯然與「海」、「洋」的定義不同，也和《鄭和航海圖》的圖示不同（見3.10.3）。從《順風相送》來看，交趾洋包括西沙群島（萬里石塘）；從《海語》中也可知外羅海包括西沙群島（分水在外羅海中）。從地理方位來看，如果中國和外國的海域是有明確交界的話，那麼這種交界是南北之間的交界，而不是東西之間的交界。古代中國傳統海域的南界應該是交趾洋或外羅海的北界。在清朝的文獻中，也可以看到這一點。

如《海語》所說，「天地設險以域華夷者也」，這個界是西沙群島。那麼這是否說明西沙群島的歸屬？答案是否定的。首先，把「天地設險以域華夷者也」說成是中外雙方明確的交界過於武斷。其次，也是更重要的，以一個地方爲界，本身並沒有說這個地方屬誰。這個分界點，可以屬中國，也可以屬外國，可以是兩者分享，也可以是無主地（而僅僅作爲一個界而已）。因此，僅僅說這是分界，並不能說明作爲這個界的西沙到底是屬中國還是外國。而且，應該注意到書中認爲西沙在「外羅海」之中，所以僅就文本分析，作者甚至更有可能認爲西沙是屬交趾或占城的，這和《順風相送》中認爲西沙屬「交趾洋」不謀而合。最後，由於黃衷寫書時的身份僅僅爲一介平民，他的書籍充其量表明一種歷史上的認識，這

[86] 疆域研究，37頁。史地論證，61-63頁。

種認識可能是對的，也可能是錯的。它對了解傳統民間疆界有幫助，但並不表明官方的態度，自然也無法視爲官方對西沙群島的主權意圖。

第二條記錄中的「萬里石塘」是指哪裡呢？從準確的方位看，「萬里石塘在烏豬獨豬二洋之東」。烏豬和獨豬二洋分別是廣東省上下川島附近的烏豬州的外洋和南海萬州東南的大洲頭的外洋。它們二者的正東面並無可以稱爲萬里石塘的地貌。西沙群島在烏豬洋的南方，在獨豬洋的東南方。而中沙群島則在這兩個洋的東南面，倒是勉強可以算「烏豬獨豬二洋之東」。萬里石塘是這裡列出的三個地名中唯一沒有「沙」的地方，正好和中沙群島全是暗礁的特徵相符。當然，如果考慮到對西沙和中沙的區分不是那麼明顯，把這裡的萬里石塘視爲西沙和中沙的集合也可以說得通。

第三條記錄中的萬里長沙在萬里石塘東南，所以萬里長沙指南沙群島應當沒有異議。這裡值得注意的是，萬里長沙「乃西南夷之流沙河也」。也就是說，南沙群島是「西南夷」的地盤。這說明，至少在黃衷看來，南沙群島是屬外國的地方。所謂西南夷，其實是中國對南洋國家的通稱。在《四夷廣記》中總結的西南夷包括了渤泥國和蘇祿國[87]。渤泥國即今天的汶萊，當時佔有了整個北部加里曼丹島，包括沙撈越和沙巴。而蘇祿國則在今菲律賓的蘇祿群島。這兩個國家當時正值強盛，是東南亞海上交通的重要組成。從歷史背景和地理方位看，這裡說的西南夷可能就是這兩國。

《海語》中尚有關於七洲洋的記載。這個記載在3.5節再討論。

6. 明代愼懋賞的《四夷廣記》及嚴從簡《殊域周咨錄》（1574）記載的吳惠出使

愼懋賞是浙江吳興人，號檯子，生卒年不詳。《四夷廣記》書中〈朝鮮釜山往日本路程地理〉條（〈東夷廣記〉）提及日本「關白（豐臣秀吉）寇朝鮮」、「今關白蕩平諸島」云云。因此《四夷廣記》應作於萬曆二十年至廿六年（1592-1598）朝鮮戰爭間或其後。書中記錄了很多水程，亦有記事，其中有：

[87] 愼懋賞《四夷廣記》，《玄覽堂叢書續集》，臺北，國立中央圖書館，1985，第222冊，二一二十二一六三三。

正統六年吳惠由廣東至占城水程

正統六年，給事中舒某、行人吳惠於十二月廿三日，發東莞縣。廿四日，過烏豬洋。廿五日，過七洲洋，瞭見銅鼓山。廿六日，至獨豬山，瞭見大周山。廿七日，至交趾界。有巨洲橫截海中，怪石廉利，風橫舟觸即靡碎。舟人甚恐，須臾風急過之。廿八日，至占城外羅洋校杯墅中。至七年五月十五日歸東莞。【按，詔使往占城者，惟鄭吳舟跡可考。然和由新州入，惠由校杯入，豈二路皆可通，而隨風所泊故異耳！】[88]

這裡說到1441年明朝官員吳惠等出使占城。他們先過烏豬洋，後過七洲洋，再過獨豬山。這裡的七洲洋在烏豬山和獨豬山之間，是指海南島東北的七洲列島附近。在進入交趾界（至交趾界）後，他們遇上了巨洲，怪石廉利，極爲危險。根據這樣的位置和地貌描述，這裡的巨洲當指西

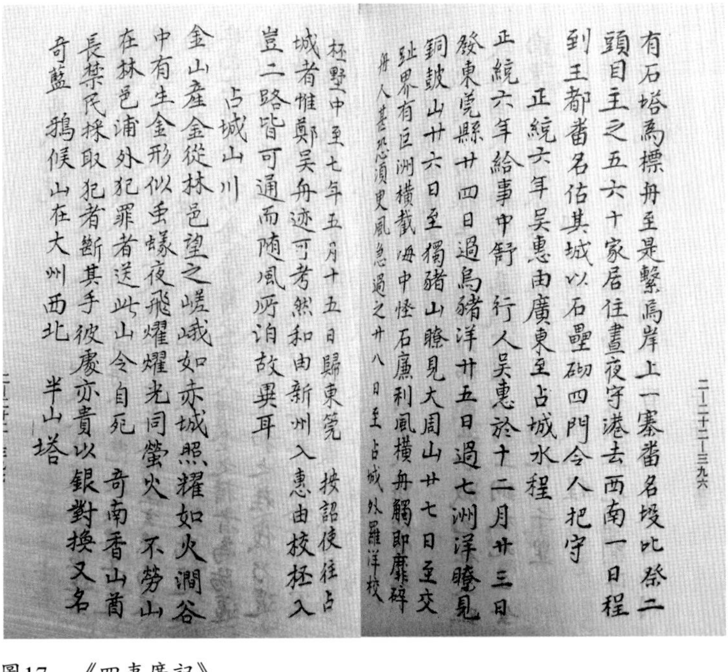

有石塔爲標舟至是繫焉岸上一寨酋名垵比奈二
頭目主之五六十家居住晝夜守港去西南一日程
到王都酋名佔其城以石壘砌四門令人把守
正統六年吳惠由廣東至占城水程
正統六年給事中舒　行人吳惠於十二月廿三日
發東莞縣廿四日過烏豬洋廿五日過七洲洋瞭見
銅鼓山廿六日至獨豬山瞭見大周山廿七日至交
趾界有巨洲橫截海中怪石廉利風橫舟觸即靡碎
舟人甚恐須臾風急過之廿八日至占城外羅洋校

二—二十二—三九六

杯墅中至七年五月十五日歸東莞　按詔使往占
城者惟鄭吳舟迹可考然和由新州入惠由校杯入
豈二路皆可通而隨風所泊故異耳
占城山川
金山產金從林邑望之嵯峨如赤城照耀如火澗谷
中有生金形似蚕蛾夜飛燿燿光同螢火　不勞山
在林邑浦外犯罪者送此山令自死　奇南香山酋
長禁民採取犯者斷其手彼處亦貴以銀對換又名
奇藍　鵝候山在大州西北　半山塔

圖17　《四夷廣記》

【88】慎懋賞《四夷廣記》，《玄覽堂叢書續集》，臺北，國立中央圖書館，1985，第222冊，二—二十二—三九六頁。

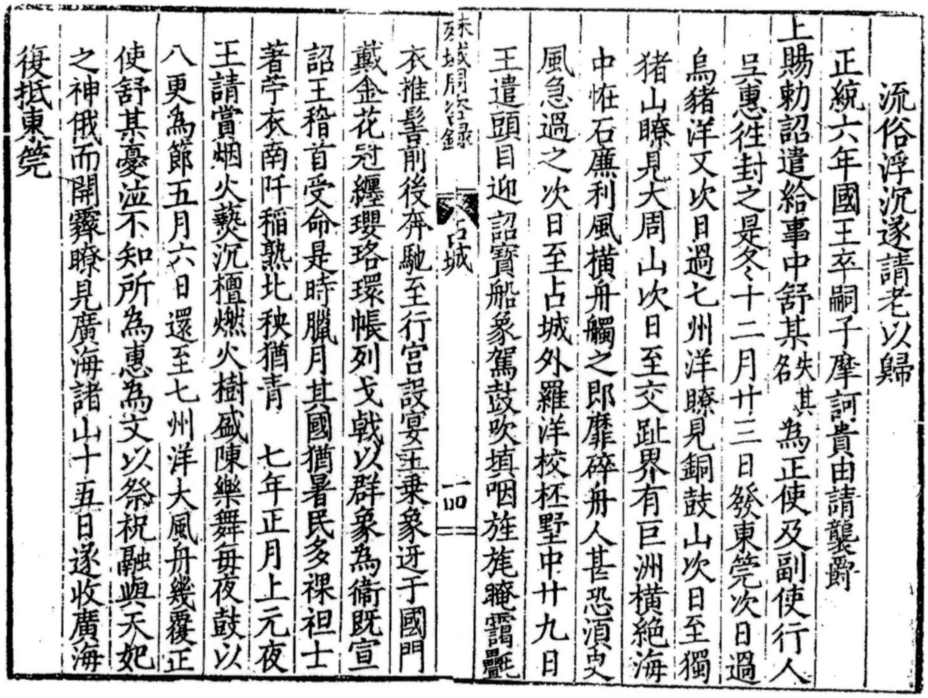

流俗浮沉遂請老以歸
正統六年國王卒嗣子摩訶貴由請襲爵
上賜勅詔遣給事中舒某失其名為正使及副使行人
吳惠往封之是冬十二月廿三日發東莞次日過
烏豬洋又次日過七州洋瞭見銅鼓山次日至獨
豬山瞭見大周山次日至交阯界有巨洲橫絕海
中恠石廉利風橫舟觸之即靡碎舟人甚恐須臾
風急過之次日至占城外羅洋校杯墅中廿九日
王遣頭目迎詔寶船象駕鼓吹塡咽旌旄瞻靄氎
殊域周咨錄 卷七 占城 一四
衣椎髻前後奔馳至行宮設宴王乘象迓于國門
戴金花冠纓瓔珞環帳列戈戟以群象為衛既宣
詔王稽首受命是時臘月其國猶暑民多裸袒士
著苧衣南阡稻熟北秧猶青 七年正月上元夜
王請賞烟火爇沉檀燃火樹盛陳樂舞每夜鼓以
八更為節五月六日還至七州洋大風舟幾覆正
使舒某憂泣不知所為惠為文以祭祝融與天妃
之神俄而開霽瞭見廣海諸山十五日遂收廣海
復抵東莞

圖18 《殊域周咨錄》

沙群島。韓振華也認爲此處「是指西沙、中沙群島及其附近航海危險區」。[89]

此事在其他書籍中也有記載。嚴從簡《殊域周咨錄．卷七占城》中對此亦記錄甚詳（圖18）：

正統六年，國王卒，嗣子摩訶貴由請襲爵。上賜敕詔，遣給事中舒某【失其名】爲正使，及副使行人吳惠往封之。是冬十二月廿三日，發東管。次日過烏豬洋，又次日過七州洋，見銅鼓山。次日至獨豬山，見大周山。次日至交趾界，有巨州橫絕海中，怪石廉利，風橫，舟觸之即靡碎，舟人甚恐。須臾風急過之。次日至占城外羅洋校允中。廿九日，王遣頭目迎詔，寶船象駕，鼓吹塡咽，旌旄晻靄，氎衣椎髻，前後奔馳，至行宮設

【89】 史料彙編，55頁。

宴。王乘象迓於國門，戴金花冠，纏瓔珞，環帳列戈戟，以群象爲衛。既宣詔，王稽首受命。是時臘月，其國猶暑。民多裸袒，士著苧衣。南阡稻熟，北秧猶青。七年正月上元夜，王請賞煙火。爇沉檀，燃火樹，盛陳樂舞。每夜鼓以八更爲節。五月六日還，至七州洋，大風舟幾覆。正使舒某憂泣，不知所爲，惠爲文以祭祝融與天妃之神。俄而開霽，見廣海諸山。十五日遂收廣海，復抵東莞。

按吳惠字孟仁，東吳人。年二十，以糧役管運至京，途中日歌古詩。或言於縣令，令奇之，名爲弟子員。舉永樂甲辰進士。洞庭有進士自惠始。授行人，喜言事。使占城還，升桂林守。義甯峒蠻楊氏結苗人爲亂，藩臬議進兵征之。惠止之曰：「義寧吾屬，吾往撫之。不從，用兵未晚。」乃肩輿從十餘人，入其峒，山石攢峭如劍戟。傜人騰躍如飛，聞太守至，奔告於其酋出迓。惠諭之曰：「吾若屬父母也，宜聽吾語。」眾唯唯。惠因爲陳逆順禍福。楊氏諸蠻感泣，留數日，歷觀諸屯形勢，以數千人衛出境，歸報罷兵。明年，武岡州盜起，宣言推義寧峒主爲帥。藩臬咸尤惠。惠曰：「吾當任其咎。」乃遣人至義寧。群傜從山巔望見惠使，即遙拜，言不敢反狀。且求雪武岡之誣，盜計遂阻。迄惠在郡，無敢騷竊者。後升廣東右參政，支正三品俸卒。愚謂航海颶濤，非人力所及，而惠蹈險如常，不爲舒某之駭亂。噫！雷雨弗迷，大舜所以爲聖；遭風存敬，程子所以爲賢。惠之度量，於此可見。其後峒夷之反覆難信，猶之海波不測也。惠處之坦然，皆自此度量推之耳，惠豈無所本哉！觀其日歌古詩，悠優諷詠，涵養性靈，中有素定者，故夷險一致，克定大事若是。語曰：誦詩三百，不能專對，授之以政不達，雖多亦奚爲！今惠不惟專對於遠，又能達政於蠻。則其所歌，固可謂有用之文章。而縣令乃能識之於吟誦之間，亦異鑒也哉！抑因是知古人奉使列國，宴享之際，賦詩見志，占其所就，後竟不爽，諒有以大。又按詔使之往占城者，其人不一。而獨鄭和之舟跡載於《星槎勝覽》，吳惠之舟跡載於惠之日記，故特著之以見其道里所經，日月所曆，俾後使可據而行耳。且和由新州而入，惠由校杯面入。豈二路皆可通而隨風所泊，故異耶？[90]

【90】嚴從簡《殊域周咨錄》，續修四庫全書，735卷，661頁。

吳惠出使占城之事在其他書籍，比如在王鏊的《守溪長語》和《震澤紀聞》，以及黃佐的《廣東通志》中，有大同小異的記載。[91]

《四夷廣記》和《殊域周咨錄》中的記載尤其值得注意的是，吳惠一行先進入交趾界，再遇見西沙群島，這句話顯示記錄者認爲西沙群島在交趾界內。根據嚴從簡《殊域周咨錄》中的說法，這個路程的經歷是吳惠出使的日記中所記載的，即「吳惠之舟跡載於惠之日記」。嚴從簡是當時明朝行人司行人和刑科右給事中，行人司是明朝官方專門掌管外事的機構，能夠接觸所有的外事資料。因此，嚴從簡的「舟跡」記載可能就是直接從吳惠上交行人司的出使日記中摘錄下來的。如果這當眞是吳惠日記的原話，由於吳惠是出使占城的使者身份，可以視之爲官方的表態。與之相似的例子是在釣魚臺歷史中，中國的冊封使寫下的琉球記錄被廣泛認爲是正式的官方文書，在論證釣魚臺地位的問題上有重要的法律價值。此外，嚴從簡以當時明朝行人司行人寫成的作品，本身也很大程度上帶有官方的意味。

在《四夷廣記》中還有七洲洋的記載，其內容和出現的地方與《海語》中的一樣，因此兩者可能有相同的來源，或者《四夷廣記》就是從《海語》中抄錄的。

7. 明朝顧岕的《海槎餘錄》（1540）

和《海語》幾乎同時的是顧岕的《海槎餘錄》。顧岕是明朝嘉靖時期的人，生平幾不可考。根據其自述，他在嘉靖元年（1522）到海南爲官，在1527年卸任。之後憑著在海南見聞記下的幾百則事件，在1540年寫成此書。《海槎餘錄》是一本主要講述海南島事蹟的書，但是在最末，也提及了千里石塘和萬里長堤（圖19）。

千里石塘在崖州海面之七百里外，相傳此石比海水特下八九尺，海舶必遠避而行，一墮既不能出矣。萬里長堤出其南，波流甚急，舟入回溜中，未有能脱者。番舶久慣，自能避，雖風汛亦無虞。又有鬼哭灘，極怪

[91] 史料彙編，55-57頁。

異，舟至則沒頭、只手、獨足、短禿鬼百十爭互爲群來趕，舟人以米飯頻頻投之即止，未聞有害人者。[92]

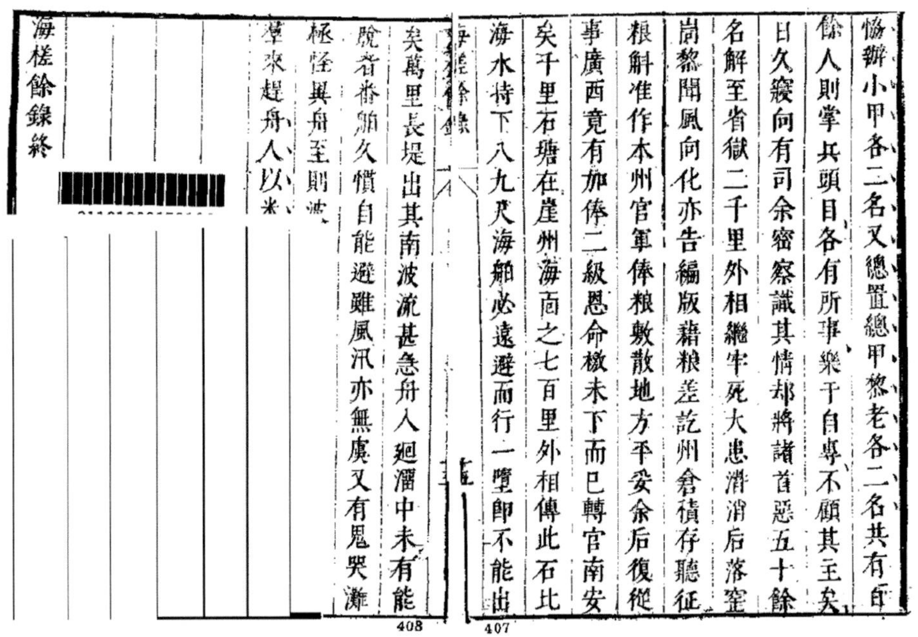

協辦小甲各二名又總置總甲黎老各二名共有百
餘人則掌兵頭目各有所事樂于自專不顧其主矣
日久竊向有司余密察識其情却將諸首惡五十餘
名解至省獄二千里外相繼牢死大患潛消后落窒
崗黎聞風向化亦告編版藉粮差訖州倉積存聽征
粮斛准作本州官軍俸粮數散地方乎妥余后復從
事廣西竟有加俸二級恩命檄未下而已轉官南安
矣千里石塘在崖州海面之七百里外相傳此石比
海水特下八九尺海舶必遠避而行一墮即不能出

海槎餘錄　407

矣萬里長堤出其南波流甚急舟入廻溜中未有能
脫者番舶久慣自能避雖風汛亦無虞又有鬼哭灘
極怪異舟至則沒
草來趕舟人以米

海槎餘錄終

408

圖19　《海槎餘錄》

這裡提到了千里石塘和萬里長堤兩個地名。這裡的千里石塘當指西沙群島。有人認爲是中沙群島[93]，那應該是不對的，因爲中沙群島目前最淺處仍然在水面之下十幾公尺，遠不止三公尺。在幾百年前，珊瑚甚至還沒有生長得這麼高。所以此處應爲西沙群島，或者兼而有之。而萬里長堤在西沙群島的南面，應該指的是南沙群島。

這個記載反映了當時海南人已經對西沙和南沙有一定的認識。否則，以顧岕並不十分關心海外地理和風情的人，斷然不可得知西沙和南沙的事蹟。但同時，從描述可知，作者對西沙和南沙的認識還是非常少的，前者

[92]　《酉陽雜俎，諸蕃志，島夷志略，海槎餘錄》，中國南海諸群島彙編之一，臺灣學生書局，407-408頁。

[93]　史料彙編，62頁。

用了「相傳」二字，後者更加上了神鬼之說，和《海語》的記錄相仿。

值得注意的是，儘管顧岕對西沙和南沙的認識來自海南人，文中卻進一步說明了南沙（萬里長堤）是夷人的活動範圍。「番舶久慣，自能避，雖風汛亦無虞」這句，說明外國船員經常在南沙群島海域航行，而且能夠熟練閃避礁石。這句話有力地證明了當時「夷人」才是在南沙群島活動的主力，南沙群島也是他們的勢力範圍。這正好和《海語》認爲萬里長沙「乃西南夷之流沙河也」相吻合。如前所述，這裡的番舶指的應是汶萊或蘇祿國的船隻。

8. 明朝章潢《圖書編》（1562-1577）

章潢（1527年－1608年）是明代理學家、教育家、易學家。與吳與弼、鄧元錫、劉元卿並號江右四君子。他曾於東湖之濱建此洗堂聚徒講學，主白鹿洞書院講席，爲其時南昌一帶王門學者的領軍人物之一。他與義大利人利瑪竇結交，甚至請利氏登白鹿洞書院講堂，宣講西學，以薦授順天訓導。他著有《圖書編》（又名《古今圖書編》），共有127卷約一百多萬字，每卷都有大量的插圖，1-15卷爲經義，16-28卷爲象緯曆算，29-67卷爲地理，68-125卷爲人道，126卷爲易象類編，127卷爲學語。整部巨作涉獵的內容十分全面，對政治、經濟、文化、軍事、風土人情、人體結構、醫藥和動植物等等都有精彩的論述。

在卷五十一中引述了1572年暹羅通事握文源的話:

遇西風飄入東海中，有山名萬里石塘，起自東海琉球國，直至南海龍牙山，潮至漸沒，潮退方現，飄舟至此，罕有存者。[94]

暹羅通事握文源的事蹟在其他書籍中亦有記錄。比如在清代梁廷枏

[94] 引自《史料彙編》，64頁。上面寫該文引自《古今圖書編》卷五十九，古南海夷攷略，暹羅國。但查成文出版社翻印之《圖書編》，古南海夷攷略在卷五十一，而非五十九，而且筆者所翻查的版本中找不到韓振華所指的話。但由於這個記錄在《粵海關志》中也有，故采用韓振華的說法，不再深究。

《粵海關志》（1838）中有記載：

隆慶六年……通事握文源言：其國東連大泥，南臨東牛，西接蘭場，北界大海，由廣東香山縣登舟，用北風下，指南針向午行，出大海，名七洲洋，十晝夜可抵安南海次，有一山名外羅，八晝夜可抵占城海次……順風四十日可至，若遇東風，飄舟西行，即舟壞由可登山，遇西風飄入東海中，有山名曰萬里石塘，起自東海琉球國，直至南海龍牙山，潮至測沒，潮退方現，舟飄至此，罕有存者。[95]

這裡描述了叫萬里石塘的山，從東海的臺灣（琉球國）一直延伸到南海的龍牙山（新加坡或者是越南的華列拉岬或印尼林加島，說法不一）[96]。這裡的萬里石塘可能和《島夷志略》的萬里石塘類似，包括了東沙群島和南沙群島，也可能把中沙和西沙都包括進去。具體範圍不可考。文中並沒有認爲這是中國的地方，只是記錄了暹羅官員話，描述從暹羅國到中國的航道中可能經歷的險境。

9. 明朝張燮《東西洋考》（1617）

張燮（1574年－1640年）是漳州的舉人，見明末政治腐敗，無意仕進，居家潛心著述。萬曆四十五年（1617年）在漳州官員的請求之下寫成《東西洋考》，主要記錄和漳州有關的貿易情況。書中記錄了很多非常有用的針路信息，可以和《順風相送》以及《四夷廣記》相對照。該書還第一次提及了所謂東西洋的分界，以汶萊爲界線，汶萊以東爲東洋，汶萊以西是西洋。書中第九卷《舟師考》中，在敘及海南往交阯東京的針路時有關於七洲洋和石塘的記載（圖20）：

七州山、七州洋【瓊州志曰：在文昌東一百里。海中有山，連起七峰，內有泉，甘冽可食。元兵劉深追宋端，宗執其親屬俞廷珪之地也。俗

[95] 梁廷枏《粵海關志》，續修四庫全書，卷835，86頁。

[96] 南溟網，http://www.world10k.com/blog/?p=1226。

傳古是七州沉而成，海舶過，用牲粥祭海厲，不則爲祟，舟過此極險，稍貪東，便是萬里石塘，即《瓊志》所謂萬州東之石塘海也。舟犯石塘，希脱者。七州洋打水一百三十托，若往交阯東京，用單申針五更，取黎母山】[97]

半更船過此用丁未大小柑橘嶼內是銅山所欽依把
針四更取大小柑總置寨於此船從外
過內打水十五托外二十五南澚是漳湖接
托用坤未針三更取南澚坪南澚坪山連處萬歷四年
設副總兵鎮此築城周圍五百丈其外立鍾寨屬漳柘
材寨屬湖最稱重鎮坪山者遠望只一山近有三門西
南邊一派沉礁與澚相連內打水十八托外打水大星
二十五托船從外過用坤申十五更取大星尖
尖屬廣州東莞縣其內為大鵬所洪武間築城守之大
星尖亦石甚尖故名內打水三十五托外四十五托
用坤申針七東姜山對開打水四十五弓鞋山如弓
更過東姜山托其前為弓鞋山鞋樣對
開打水四十九托內外俱南亭門對開打水四十七托
可過船其前為南亭門用單坤五更取烏豬
山烏豬山上有都公廟舶過海中具儀遙拜請其神祀
之回用彩船送神洋中打水八十托用單

欽定四庫全書 東西洋考 卷九 三

申針十三更七州山七州洋瓊州志曰在文昌東一百
取七州山里海中有山連起七峰內
有泉甘冽可食元兵劉深追宋端宗執其親屬俞廷珪
之地也俗傳古是七州沉而成海舶過用牲粥祭海
厲不則為祟舟過此極險稍貪東便是萬里石塘即瓊
志所謂萬州東之石塘海也舟犯石塘希脫者七州
洋打水一百三十托若往交阯黎母山在瓊州定安縣
東京用單申針五更取黎母山南四百里廣東
通志曰五指山一名黎母生黎峒中五峰如人指屹立
圖經云島上四洲黎母為主每辰巳後雲霧收斂則一
峯聳翠插天中酉間復歛不見此南極星芒所降之地
又云婺女星見此山因名黎婺後訛呼黎母廣衡志曰
山極高常在雲霧中黎人自鮮識之从晴海氣清明見
翠尖浮半空明丘濬詩五峯如指翠相連撐起炎荒
半壁天夜盥銀河摘星斗朝探碧落弄雲煙雨餘玉筍
空中見月出明珠掌上懸豈是巨靈伸一掌遙從海外

圖20 《東西洋考》

在「水星水醒」一節中也有談到萬里石塘：

水醒，流勢甚緊，凡船到七州洋及外羅洋，值此數日，斟酌船身不可偏東，宜扯過西。自初八、九、十一、二、三、四，水退流東；廿三、四、五、六、七、八，水俱退東，船到七州洋及外羅，值此數日，斟酌船身不可偏西，西則無水，宜扯過東。凡行船，可探西，水色青，多見拜浪

[97] 張燮著，謝方點校，《東西洋考》，中華書局，1981，172頁。

魚，貪東，則水色黑；色青有大朽木、深流及鴨鳥聲，見如白鳥尾帶箭，此系正針足。近外羅對開，貪東七更船，便是萬里石塘，內有一紅石山，不高，如看見船身低下，若見石頭可防。[98]

這裡的七洲洋指的是海南島東北的七洲列島的海域（見3.5）。在第一條記錄中的萬里石塘，是從七洲列島出發，在原先西南方向的基礎上偏東航行七更而到達的，指的應該是其南面的西沙群島。當時《瓊州志》中用了所謂「萬州東之石塘海」，即萬州東面的石塘海，而不是「萬州之石塘海」。因此，這段話說的是航海路線和地理方位，沒有涉及領土歸屬問題。

第二條記錄中的萬里石塘當指南沙群島，這和《順風相送》出現矛盾，在下文一併分析。

10. 清代針經《指南正法》

清初有另外一本針經《指南正法》，書中提到的最後日期是康熙五十年（1711），從行文看是臺灣歸順清朝後不久，其成書年代可能在十八世紀初。[99]其作者可能是一個叫吳樸的漳州人，他是一個走洋下番的人，家中藏有一本《海路記》。他大概還收集了其他一些針經，加以整理而寫成此書。[100]《指南正法》中有三處提到萬里長沙和萬里石塘：

(1) 序言

凡船到七洲洋及外羅，遇漲水退數，乃須當斟酌。初一至初六、十五至二十，水俱漲，漲時流西。初八至十三、念二至念九，水退，退時流東。亦要至細審看。風看大小，流水順逆，可準正路。慎勿貪東貪西，西則流水扯過東，東則無流水扯西。西則海水澄清，朽木漂流，多見拜風魚。貪東則水色黑青，鴨頭鳥成隊，惟箭鳥是正路。若過七洲，貪東七

[98] 同上，310-311頁。
[99] 向達《兩種海道針經》，中華書局，1961，序言，第4頁。
[100] 同上，序言，11頁。

更，則見萬里長沙，遠似舡帆，近看二、三個船帆，可宜牽舵。使一日見外羅對開，東七更，便是萬里石塘，內有紅石嶼不高，如是看見舡身低水可防。若至交趾洋、水色青白、併見拜風魚、可使開落占筆羅、惟得出。若見紫城流界併大死樹、可用坤申針、一日一夜見靈山大佛。大佛前四、六、七、八月水流西甚急、可近山便妙。東北風晴、流水正北、緊記之。[101]

(2) △大明唐山並東西二洋山嶼水勢

獨豬山打水一百二十托，往回祭獻。貪東多魚，貪西多鳥。內是海南大洲頭，大洲頭外流水急，蘆荻柴成流界。貪東飛魚，貪西拜風魚。七更舡開是萬里長沙頭。

外羅山東高西低，內有椰子塘，近山有老古，打水四十五托。貪東恐見萬里石塘，丙午七更取交杯，內打水十八托，外打水念五托，俱可過舡，南邊有礁出水。若是馬陵橋神洲港口，打水八九托，鼻頭二三托打水進港有塔，可拋舡。[102]

(3) △天德方

船回唐貪東，見海水白色，百樣禽鳥萬群，萬里長沙可防之。蘆荻多見，肛身貪西即見海南冊，不可近青蘭頭。青蘭頭生開恐犯難得出，隻甲寅使開妙也。過七洲洋，七洲洋流界七條，乃是近南亭門，丑艮見南澳，妙哉。[103]

根據這裡的記載，萬里長沙頭是從獨豬山開往外羅山所經之路。而回程時，過了萬里長沙相鄰的路段就到達海南。這裡的萬里長沙應該指西沙群島，而萬里長沙頭應該是指西沙群島最西處對開的海域。而萬里石塘，則在外羅山再往南行的路線的東側，應該爲南沙群島。和《順風相送》比

[101] 同上，（乙），108頁。
[102] 同上，（乙）117頁。
[103] 同上，（乙）137頁。

較，名稱上剛好對調了。這個對照進一步說明，這兩部針經有截然不同的來源。當然，這裡也沒有涉及主權歸屬。

「見外羅對開，東七更，便是萬里石塘，內有紅石嶼不高，如是看見舡身低水可防」中的萬里石塘到底指哪里呢？《順風相送》和《指南正法》有矛盾。《順風相送》也有幾乎一樣的句子（「船若近外羅，對開貪東七更船便是萬里石塘，內有紅石嶼不高，如是看見船身，便是低了，若見石頭可防。」），而緊接著的一句「若船七州洋落去貪東七更，船見萬里石塘似船帆樣」也有萬里石塘，似乎是同一個地方。但是在《指南正法》中，雖然同樣有「若過七洲，貪東七更，則見萬里長沙，遠似舡帆」，但這裡卻叫做萬里長沙，似是兩個地方。那麼到底是誰對誰錯呢？向達認爲兩者都是西沙群島，石塘是南部，長沙是北部，但他並不確定。[104]筆者認爲，按照路程分析，這個有紅石嶼的萬里石塘是指南沙群島，因爲船到了外羅山對開再貪東七更才到達（即往東南方向開七更），這只有南沙群島能符合條件。《東西洋考》裡的用詞，與《指南正法》中完全一樣，故當是同一來源，也應該擬定爲南沙群島爲宜。

2008年，英國歷史學者「再發現」了一幅由英國人保存下來的據信是十七世紀中期的中國航海圖，史稱The Selden Map of China[105]。該地圖爲澄清萬里長沙和萬里石塘提供了新的證據。在這張圖（圖21）[106]中，萬里長沙在海南島南方，旁邊寫著「似船帆樣」，和西沙群島的位置相似；萬里石塘在萬里長沙的西南方，和萬里長沙直接相連，靠近越南海岸，並與海岸平行，中間有一紅色的點，旁邊寫著「嶼紅色」。兩者均和南沙群島的地點相差甚遠。從這個地圖史料看來，向達的說法（即長沙是西沙群島北部，石塘是南部）不無道理。儘管西沙群島實際上並不那麼分布，但不能否定當時的人這麼認爲的可能。而這種南北走向的長沙石塘，和早年西方的帕拉塞爾危險區（見4.1.2）的形狀有異曲同工之妙，但它們之間的關係暫時還難以確定。

【104】向達《兩種海道針經》，中華書局，1961，261頁。

【105】http://seldenmap.bodleian.ox.ac.uk/history。

【106】http://seldenmap.bodleian.ox.ac.uk/map。

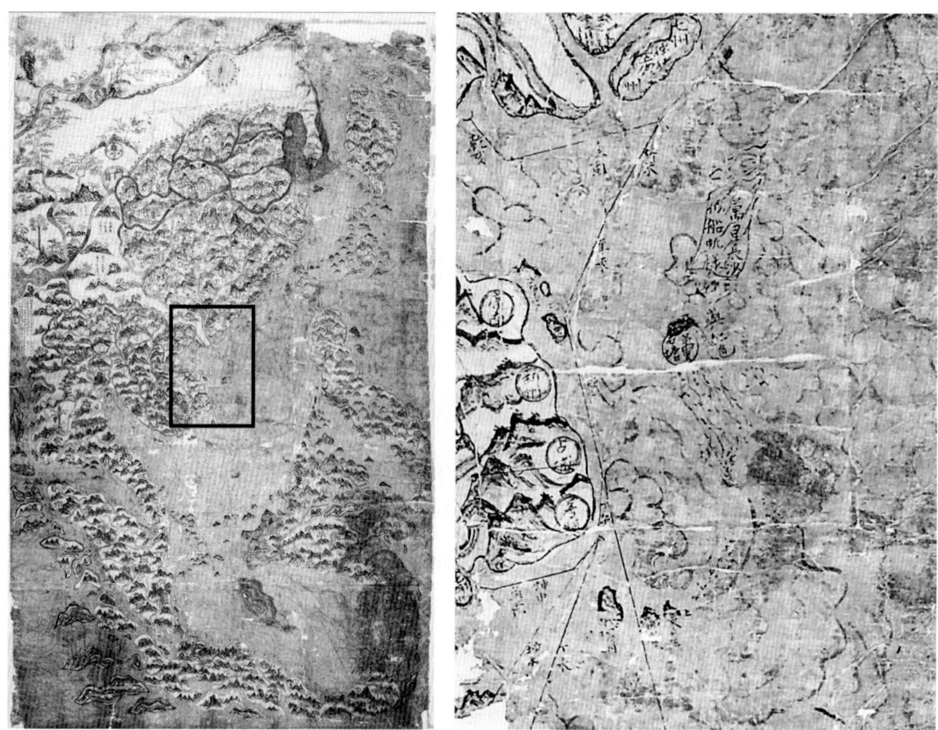

圖21 The Selden Map of China左，全圖；右，左圖方框處放大，顯示萬里長沙和萬里石塘（見彩頁P527）

此外還有南澳氣的記載：

△南澳氣

南澳有一條水嶼，俱各有樹木。東邊有一個嶼仔，有沙灣拖尾，看似萬里長沙樣。近看南勢有一灣，可拋舡，是泥地，若遇此山可防。西南邊流界甚急，其中門後急可過舡，西北邊有沉礁，東北邊有沙坡，看似萬里長沙，拖尾在東勢，流水盎皆拖東，可記可記。若見此山，用乾戌使隴，是大星。[107]

此南澳氣，在南澳之南，從地貌，結合下節《海國聞見錄》的說

[107] 同上，（乙）121頁。

法，當是東沙群島。這也是中國史料上最早的關於東沙群島的記載。

11. 清朝陳倫炯《海國聞見錄》（1730）

陳倫炯是十七世紀末到十八世紀中的清代武官，最高官至臺灣鎮總兵和浙江提督。他從小就對海事非常感興趣，對海路事蹟認識甚多。後在雍正八年（1730）著有《海國聞見錄》，詳細記載了臺灣及其附近島嶼的自然、人文地理狀況，另外還收入多篇有關外國的記錄。這部著作提供了豐富的海洋地理資料，被後人引用，史料價值非常高。《海國聞見錄》中多次提到西沙和南沙，還提到東沙。而最重要的是，該書中的七洲洋的位置和以往所有書籍中的都不一樣。以前的七洲洋是指海南省東北角的七洲列島的七洲洋，而該書的七洲洋有另外的範圍和方位。這在後文有專門討論，這裡只討論直接提及南海諸島的文字。

《海國聞見錄・南洋記》（圖22）中有：

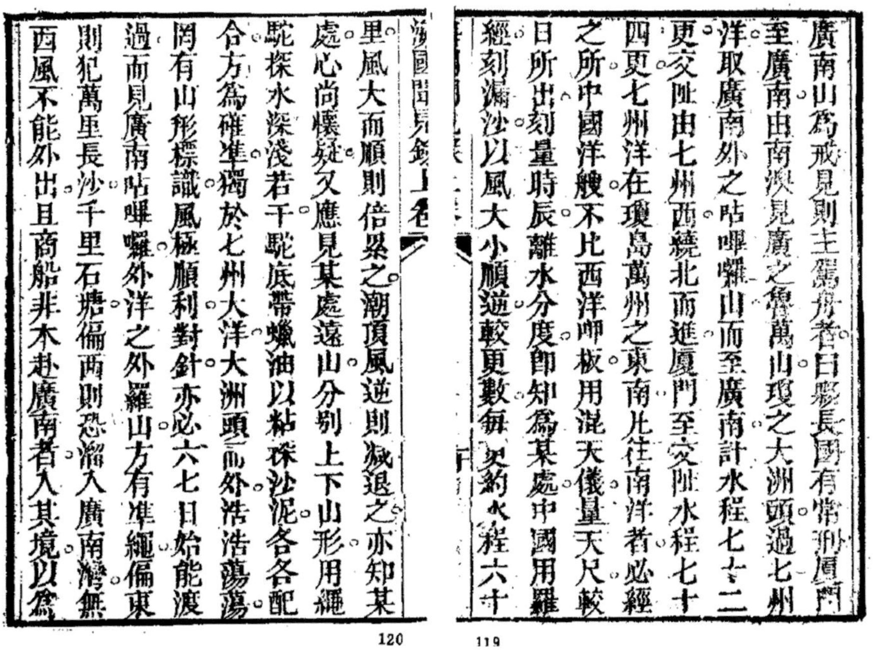

廣南山爲戒見則主舵者曰彩長風有常到厦門
至廣南由南澳見廣之魯萬山瓊之大洲頭過七州
洋取廣南外之咕嗶囉山而至廣南計水程七十二
更交阯由七州西繞北而進厦門至交阯水程七十
四更七州洋在瓊島萬州之東南凡往南洋者必經
之所中國洋艘不比西洋呷板用混天儀量天尺較
日所出刻量時辰離水分度即知爲某處中國用羅
經刻漏沙以風大小順逆較更數每更約水程六十

119

海國聞見錄上卷

里風大而順則倍累之潮頂風逆則減退之亦知某
處心尚懷疑又應見某處遠山分別上下山形用繩
駝探水深淺若干駝底帶蠟油以粘探沙泥各各配
合方爲確準獨於七州大洋大洲頭而外浩浩蕩蕩
罔有山形標識風極順利對針亦必六七日始能渡
過而見廣南咕嗶囉外洋之外羅山方有準繩偏東
則犯萬里長沙千里石塘偏西則恐溜入廣南灣無
西風不能外出且商船非本赴廣南者入其境以爲

120

圖22　《海國聞見錄・南洋記》

廈門至廣南，由南澳見廣之魯萬山、瓊之大洲頭，過七洲洋，取廣南外之咕嗶囉山，而至廣南；計水程七十二更。交阯由七州洋西繞北而進；廈門至交阯，水程七十四更。七州洋在瓊島萬州之東南，凡往南洋者，必經之所。中國洋艘不比西洋呷板用渾天儀、量天尺較日所出，刻量時辰、離水分度，即知爲某處。中國用羅經，刻漏沙，以風大小順逆較更數；每更約水程六十里，風大而順則倍累之，潮頂風逆則減退之，亦知某處；心尚懷疑，又應見某處遠山，分別上下山形，用繩駝探水深淺若干（駝底帶蠟油以粘探沙泥），各各配合，方爲確准。獨於七州大洋、大洲頭而外，浩浩蕩蕩，無山形標識；風極順利、對針，亦必六、七日始能渡過而見廣南咕嗶囉外洋之外羅山，方有准繩。偏東，則犯萬里長沙、千里石塘；偏西，恐溜入廣南灣，無西風不能外出。且商船非本赴廣南者入其境，以爲天送來，稅物倍加；均分猶若不足。比於紅毛人物兩空，尚存中國大體；所謂差毫釐、失千里也。七州洋中有種神鳥，狀似海雁而小；喙尖而紅、腳短而綠，尾帶一箭長二尺許，名曰箭鳥。船到洋中，飛而來示，與人爲准。呼是，則飛而去；間在疑似，再呼細看決疑，仍飛而來。獻紙謝神，則翱翔不知其所之。相傳王三寶下西洋，呼鳥插箭，命在洋中爲記。[108]

《海國聞見錄．南澳氣》（圖23）中有：

南澳氣，居南澳之東南。嶼小而平，四面掛腳，皆嶁岵石。底生水草，長丈餘。灣有沙洲，吸四面之流，船不可到；入溜，則吸擱不能返。隔南澳水程七更，古爲落漈。北浮沉皆沙垠，約長二百里，計水程三更餘。盡北處有兩山：名曰東獅、象；與台灣沙馬崎對峙。隔洋闊四更，洋名沙馬崎頭門。氣懸海中，南續沙垠至粵海，爲萬里長沙頭。南隔斷一洋，名曰長沙門。又從南首複生沙垠至瓊海萬州，曰萬里長沙。沙之南又生嶁岵石至七州洋，名曰千里石塘。長沙一門，西北與南澳、西南與平海之大星鼎足三峙。

【108】《中國南海諸群島彙編之三：海語，海國見聞錄，海錄，瀛環考略》，臺灣學生書局，119-120頁。

長沙門，南北約闊五更。廣之番舶、洋艘往東南洋呂宋、文萊、蘇祿等國者，皆從長沙門而出；北風以南澳爲准、南風以大星爲准。惟江、浙、閩省往東南洋者，從台灣沙馬崎頭門過而至呂宋諸國。西洋呷板，從昆崙七州洋東、萬里長沙外，過沙馬崎頭門而至閩、浙、日本，以取弓弦直洋。中國往南洋者，以萬里長沙之外渺茫無所取准，皆從沙內粵洋而至七州洋。此亦山川地脈聯續之氣，而於汪洋之中以限海國也。沙有海鳥，大小不同。少見人，遇舟飛宿；人捉不識懼，搏其背吐魚蝦以爲羹。[109]

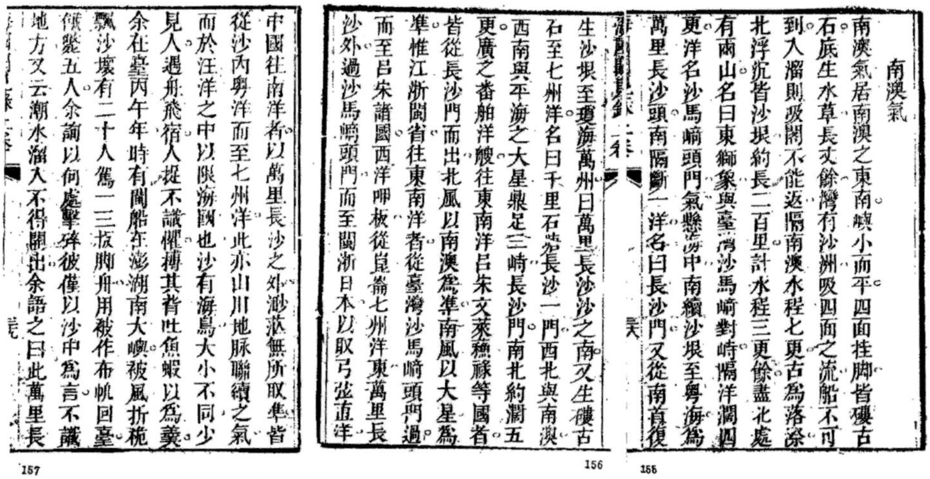

南澳氣
南澳氣居南澳之東南嶼小而平四面挂脚皆𥗼古
石底生水草長丈餘灣有沙洲吸四面之流船不可
到入溜則吸閣不能返隔南澳水程七更古爲落漈
北浮沉皆沙垻約長二百里計水程三更餘盡北處
有兩山名曰東獅象與臺灣沙馬崎對峙隔洋闊四
更洋名沙馬崎頭門氣懸海中南續沙垻至粵海爲
萬里長沙頭南隔斷一洋名曰長沙門又從南首復
155
生沙垻至瓊海萬州曰萬里長沙沙之南又生𥗼古
石至七州洋名曰千里石塘長沙一門西北與南澳
西南與平海之大星鼎足三峙長沙門南北約闊五
更廣之番舶洋艘往東南洋呂宋文萊蘇祿等國者
皆從長沙門而出北風以南澳爲準南風以大星爲
準惟江浙閩省往東南洋者從臺灣沙馬崎頭門過
而至呂宋諸國西洋呷板從崑崙七州洋東萬里長
沙外過沙馬崎頭門而至閩浙日本以取弓弦直洋
156
中國往南洋者以萬里長沙之外渺茫無所取準皆
從沙內粵洋而至七州洋此亦山川地脉聯續之氣
而於汪洋之中以限海國也沙有海鳥大小不同少
見人遇舟飛宿人捉不識懼搏其背吐魚蝦以爲羹
余在臺丙午年時有閩船在澎湖南大嶼被風折桅
飄沙壞有二十人駕一三板脚舟用被作布帆回臺
傾鬆五人余詢以何處擊碎彼僅以沙中爲言不識
地方又云潮水溜入不得開出余語之曰此萬里長
157

圖23　《海國聞見錄．南澳氣》

《海國聞見錄》配有四海總圖，圖內標識了這些地點（唯千里石塘稱爲石塘，萬里長沙稱爲長沙）（圖24）。這裡的南澳氣，在地圖上標記爲「氣」，南澳現時是廣東汕頭的南澳縣，地理位置爲廣東福建交界之處。在歷史上，南澳爲廣東和福建分治，是海防重鎮。從地圖上可知，實際上東沙在南澳的正南或者南方偏西。儘管方位上說南澳氣在南澳之東南的描述與實際情況不盡相符，但是從地圖和地貌上都可以看到只有東沙群島符合這些特徵。從南澳氣向南進入粵海（南澳氣爲粵閩交界之處），南面有沙垠，稱爲萬里長沙頭。這個沙垠大概是靠近南澳氣的一些暗灘。因爲同

[109]《中國南海諸群島彙編之三：海語，海國見聞錄，海錄，瀛環考略》，臺灣學生書局，155-156頁。

樣是沙垠，北面的有明確寫出是200里，南面的就沒有寫出多長，大概是距離不遠之故。從這個沙垠到萬里長沙（西沙群島），約五更路程，稱爲長沙門。這個長沙門也很可能包括中沙群島一帶的海面。其後的方位描述繼續有誤，長沙門當在南海之中，而平海之大星在現在惠州市的平海古城，它斷然不可能在長沙門之西南。與平海及南澳成「鼎足三峙」的，從地理位置上看反而是東沙島（南澳氣），如果萬里長沙頭和東沙島距離很近的話，那麼長沙門也離東沙島很近，這樣長沙門也能滿足「鼎足三峙」的描述。但即便這樣，西北和西南的方位描述仍然不對。這裡無法深究。萬里長沙一直通到瓊海的萬州，無疑是指西沙群島，儘管在眞實地理中，西沙群島和萬州仍然有300公里之遙，但古書的描述不能太深究（特別是本書方位描述錯誤甚多）。千里石塘在萬里長沙之南，當是指南沙群島。

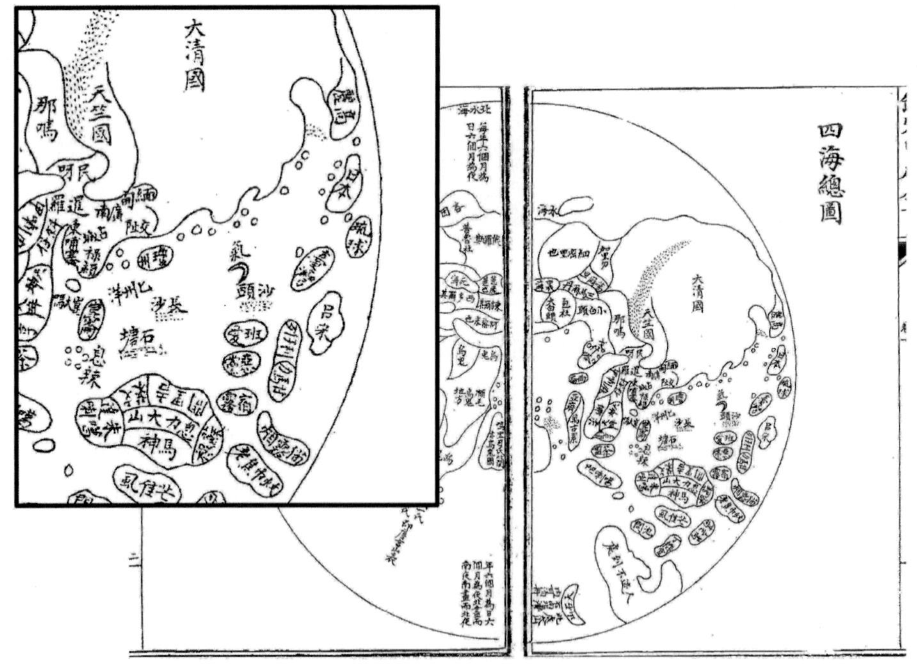

圖24　《海國聞見錄．四海總圖》

這裡的七洲洋，又稱七洲大洋，與傳統的七洲洋不同，它不是指海南島東北的七洲列島附近洋面，而是指海南島、西沙群島、南沙群島、納土納群島、崑崙島和印度支那半島所包圍的洋面，基本上相當於南海的西部或西南部。這是中國史籍上第一次出現「廣義的七洲洋」[110]（見3.5.8節）。書中這兩個段落對粵海的範圍作了描述，粵海被定義爲東沙——中沙——西沙——海南島一線爲限的海面。這正是「沙內粵洋」，過了萬里長沙，就到了七洲洋。萬里長沙在這裡被定義爲粵洋和七洲洋的界限，而未被定義爲粵海的一部分。至於千里石塘，遠在粵海外，就更不屬粵海了。

如《海語》和《海錄》之言，當時已經有分別被稱爲「諸番之路」和「外溝」的航線。航線都是從西沙群島東側穿過，路過中沙群島的海面，此海面即這裡所說的長沙門。本書的描述爲了解當時的航運提供了更多的信息。根據本書所言，中國船隻到南洋，因爲技術上的問題（以萬里長沙之外渺茫無所取准），都從沙內粵洋到七洲洋，即走內溝航線。而西洋甲板，則多走七洲洋東，通過萬里長沙外（即西沙群島以東）的外溝航線。如果從江浙閩往菲律賓，會直接從臺灣海峽向南開，唐船尚可勝任。但是如果從廣東到菲律賓，若要快捷則只能穿過長沙門（否則就要繞道加里曼丹再往東行）直接向南開。但由於技術上的原因，這條航線上行駛的船隻只限於「番船洋艘」，唐船就無法航行了。這裡番船當指蘇祿的船隻，當時蘇祿從汶萊手裡取得沙巴，正值國力鼎盛之時，在南海交通中的地位十分重要。而洋艘則泛指西洋的船隻，比如西班牙、荷蘭、英國等。這裡的記錄與《海語》認爲的萬里長沙「乃西南夷之流沙河也」相吻合，也與《海槎餘錄》稱南沙群島中「番船久慣」相吻合。只走內溝的航線和只走臺灣——菲律賓以西水道的航線與南沙群島的關係都不大。這證明，在十八世紀初，中國和南沙群島的關係還是非常薄弱的（圖25）。

在《海國聞見錄》中收錄有全國沿海圖。在其廣東及瓊州海圖中，並沒有南海諸島（圖26）。

[110] 韓振華主編《南海諸島史地考證論集》，中華書局，1981，1-20頁。

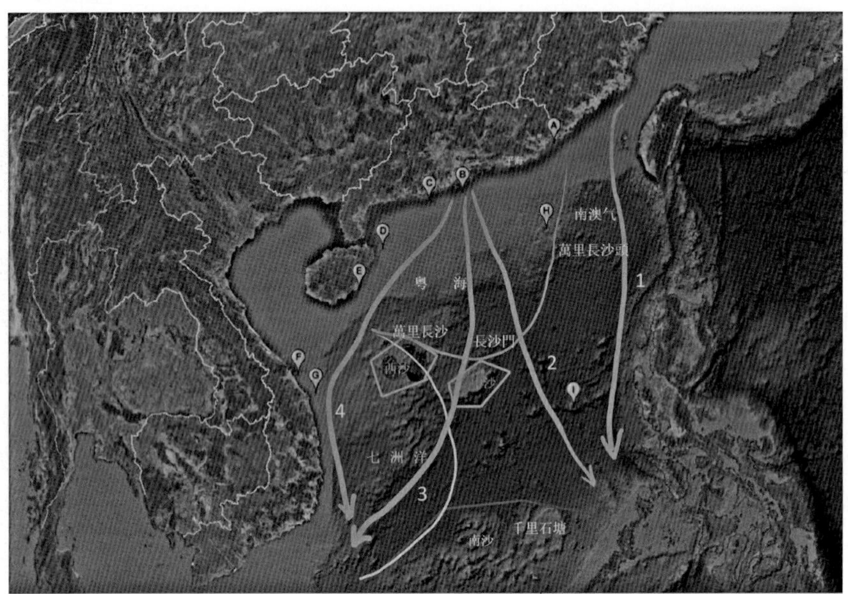

A 南澳；B 老萬山；C 烏豬山；D 七洲列島；E 獨豬山（大洲頭）； F 占婆島；G 外羅（理山群島）；H 南澳氣（東沙島）；I 黃岩島。

圖25　《海國聞見錄》之海道解說

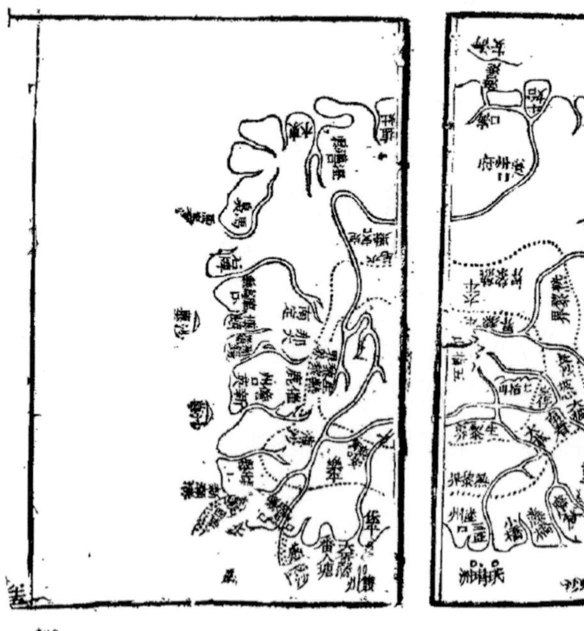

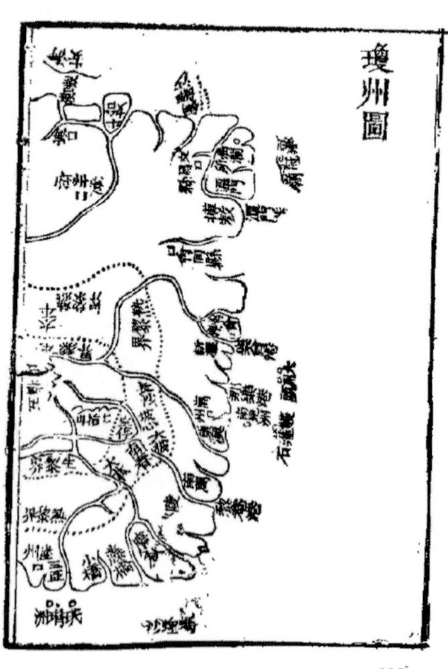

圖26　《海國聞見錄．瓊州圖》

12. 清朝謝清高《海錄》（1820）

謝清高（1765年－1821年）是廣東嘉應州（今梅州）人。他在1782年乘船去海南途中遭遇風暴翻船，被路過洋船救起，帶到葡萄牙。他從此在洋船上逗留14年，到過很多地方。後因雙目失明，於1796年返回中國，居住澳門，以口譯謀生。他的經歷引起了廣東學者楊炳南的注意，後者將其遊歷14年的回憶整理成《海錄》一書，於1820年刻印發行。本書被譽爲中國的《馬可波羅遊記》，欽差大臣林則徐稱讚此書「所載外國事頗爲精審」，魏源的《海國圖志》、徐繼畬的《瀛寰志略》，亦多處引用《海錄》的資料[111]。《海錄》中有關西沙和南沙的論述主要集中在兩段。

《海錄·噶喇叭》（圖27）裡記載：

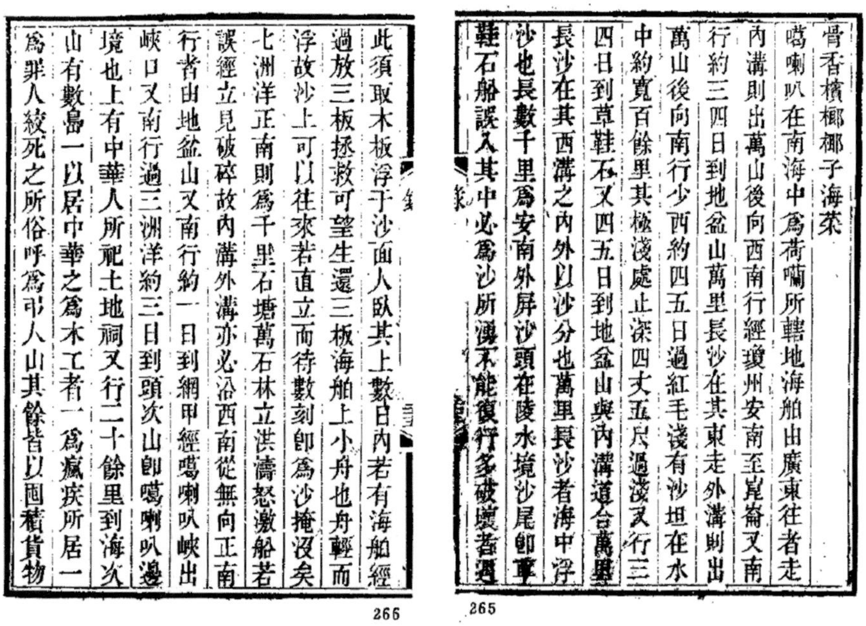

骨香檳榔椰子海菜
噶喇叭在南海中爲荷蘭所轄地海舶由廣東往者走內溝則出萬山後向西南行經瓊州安南至崑崙又南行約三四日到地盆山萬里長沙在其東走外溝則出萬山後向南行少西約四五日過紅毛淺有沙坦在水中約寬百餘里其極淺處止深四丈五尺過淺又行三四日到草鞋石又四五日到地盆山與內溝道合萬里長沙在其西溝之內外以沙分也萬里長沙者海中浮沙也長數千里爲安南外屏沙頭在陵水境沙尾卽草鞋石船誤入其中必爲沙所湧不能復行多破壞者遇

265

此須取木板浮于沙面人臥其上數日內若有海船經過放三板拯救可望生還三板海舶上小舟也舟輕而浮故沙上可以往來若直立而待數刻卽爲沙掩沒矣七洲洋正南則爲千里石塘萬石林立洪濤怒激船若誤經立見破碎故內溝外溝亦必沿西南從無向正南行者由地盆山又南行約一日到網甲經噶喇叭峽出峽口又南行過三洲洋約三日到頭次山卽噶喇叭邊境也上有中華人所祀土地祠又行二十餘里到海次山有數島一以居中華之爲木工者一爲瘋疾所居一爲罪人絞死之所俗呼爲吊人山其餘皆以囤積貨物

266

圖27　《海錄·噶喇叭》

噶喇叭在南海中，海舶由往廣東者，走內溝，則出萬山後，往西南行，經瓊州，安南至崑崙。又南行約三四日到地盆山，萬里長沙在其東。

[111] 章文欽《謝清高與葡萄牙》，http://www.library.gov.mo/macreturn/DATA/I23-25/index.htm。

走外溝，則出萬山後，向西南行少西，約四五日經紅毛淺，有沙坦在其中，約寬百餘里，其極淺處止四丈五尺，過淺又行三四日到草鞋石，又四五日到地盆山，與內溝道合，萬里長沙在其西。溝之內外，以沙分也。萬里長沙者，海中浮沙也，長數千里，爲安南外屏。沙頭在陵水境，沙尾即草鞋石。船誤入其中，必爲沙所湧，不能複行，多破壞者（遇此須取木板，浮於沙面，人臥其上，數日內若有海舶經過，放三板小舟拯救，可望生還。若直立沙中，數刻即爲沙所掩沒矣）。七州洋正南則爲千里石塘，萬石林立，洪濤怒激，船若誤經，立見破碎。故內溝外溝亦必沿西南從無向正南行者。[112]

這裡噶喇叭是雅加達，萬里長沙是西沙群島。紅毛淺指該處水深很淺，最淺處只有13公尺左右，這和中沙群島的地貌相近，當爲中沙群島某處。爲什麼叫紅毛呢？李金明說是因爲西洋船吃水較深，所以需要防淺。[113]草鞋石是越南的Catwick Island，而地盆山是馬來西亞的Pulou Tioman。[114]這裡說七洲洋正南是千里石塘，應是南沙無疑，但這裡描述的七洲洋的位置又和《海國聞見錄》中有所不同。這點在後面再集中討論。

要注意兩點：第一，這段話描述了從廣州到雅加達的兩條航線，即內溝和外溝。這兩條航線可以與《海語》中的東注和西注，以及《海國聞見錄》的相關描述作對比。如前分析，三者之間是高度吻合的。英國人的航海書*The India Directory*中也有關於外溝和內溝的航線的描述，外溝（Outer Passage）是從澳門向奧爾島（Pulo Aor），經過中沙群島（Macclesfield）的航線，而內溝（Inner Passage）是經過海南島東側到越南沿岸而下的航線[115]。這與中國文獻中相關描述高度吻合。第二，文中稱，「萬里長沙者，海中浮沙也，長數千里，爲安南外屏。」從文字上看，作

[112] 《海語，海國見聞錄，海錄，瀛環考略》，中國南海諸群島彙編之三，臺灣學生書局，265頁。

[113] 疆域研究，30頁。

[114] 同上。

[115] *The India Directory*, 3rd version, 1827, p310-313.

者把西沙群島視爲越南的外屏，也就是認爲西沙群島乃屬越南之領土。

《海錄．小呂宋》（圖28）記載：

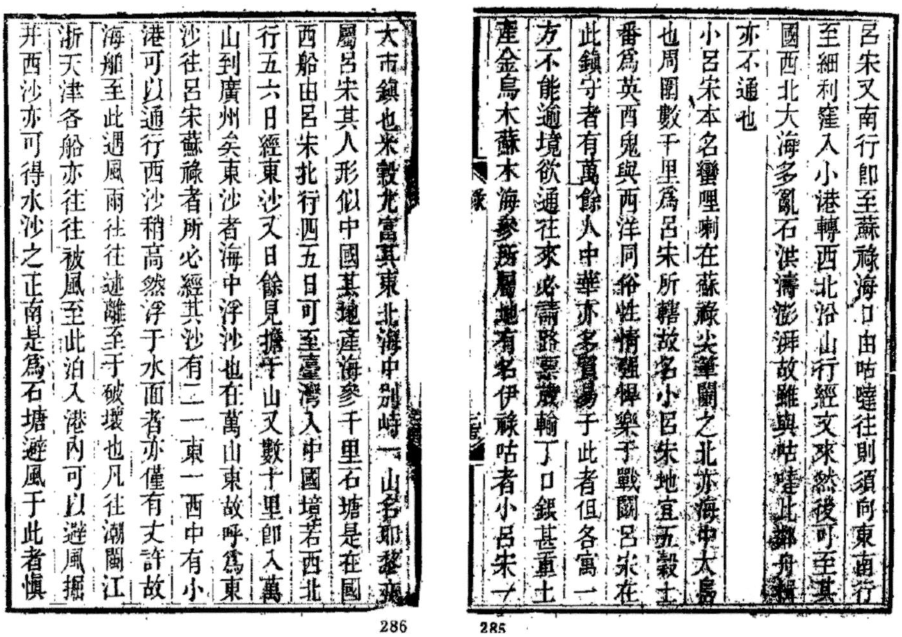

呂宋又南行卽至蘇祿海口由咕噠往則須向東南行至細利窪入小港轉西北沿山行經文來然後可至其國西北大海多亂石淇濤澎湃故雖與咕噠比鄰舟楫亦不通也

小呂宋本名蠻哩喇在蘇祿尖筆闌之北亦海中大島也周圍數千里爲呂宋所轄故名小呂宋地宜五穀土番爲英西鬼與西洋同俗性情强悍樂于戰鬬呂宋在此鎮守者有萬餘人中華亦多貿易于此者但各富一方不能逾境欲通往來必請路票歲輸丁口銀甚重土產金烏木蘇木海參所屬地有名伊祿咕者小呂宋之

285

大市鎮也米穀尤富其東北海中別峙一山名耶黎亦屬呂宋其人形似中國其地產海參千里石塘是在國西船由呂宋北行四五日可至臺灣入中國境若西北行五六日經東沙又日餘見擔干山又數十里卽入萬山到廣州矣東沙者海中浮沙也在萬山東故呼爲東沙往呂宋蘇祿者所必經其沙有二一東一西中有小港可以通行西沙稍高然浮于水面者亦僅有丈許故海船至此遇風雨往往迷離至于破壞也凡往潮閩江浙天津各船亦往往被風至此泊入港內可以避風掘井西沙亦可得水沙之正南是爲石塘避風于此者慎

286

圖28　《海錄．小呂宋》

小呂宋島，本名蠻裏喇。在蘇祿尖筆闌之北，亦海中大島也……其東北海中別峙一山名耶黎，亦屬呂宋，其人行似中國，其地產海參。千里石塘在是國西。船由呂宋北行，四五日可至台灣。若西北行五六日，經東沙，又日餘見擔千山，又數十里，即入萬山到廣州矣。東沙者，海中浮沙也，在萬山東，故呼爲東沙，往呂宋蘇祿者所必經。其沙有二，一東一西，中有小港可以通行。西沙稍高，然浮於水面者亦僅有丈許，故海船至此遇風雨，往往迷離至於破壞。凡往潮閩江浙天津各船，亦往往被風至此，泊入港內，可以避風。掘井西沙，亦可得水。沙之正南是爲石塘。避風於此者愼不可妄動也。[116]

---

[116]《海語，海國見聞錄，海錄，瀛環考略》，中國南海諸群島彙編之三，臺灣學生書局，286頁。

這裡又再出現東沙群島，並且首次命名爲「東沙」，並解釋東沙之所以稱爲東，是因爲在廣東珠江口萬山群島的東面。這裡的「西沙」是指東沙群島中的東沙島，不是現在的西沙群島。這裡的千里石塘是在呂宋島西面，東沙群島南面，所以可能指中沙群島，也可能是南沙群島。單從地理方位描述來看，似解釋爲中沙群島更爲合適，因爲它正在呂宋島的正西面。

馮承鈞注《海錄》中提及「海山仙館叢書本，此（指小呂宋，筆者）條後，不知何人妄注十字曰『以上屬南海，以下屬北海』」。[117]《海山仙館叢書本》在1851年出版，現在已經無法看到了。故不清楚注釋寫在書中什麼位置，「此處」指的是何處？但很可能是指千里石塘。馮承鈞認爲是妄注，但似非如此，見4.6.2的分析。

《海錄》也有配圖（圖29）。與幾乎所有的中國古地圖一樣，這個地圖的變形極大，其方位須仔細辨認。從圖中看，長沙即萬里長沙，石塘即千里石塘，它們大致對應西沙和南沙的位置。故結合地圖，如果在書中所提及的千里石塘均爲同一地點的話，那麼把它定爲南沙群島爲宜。七洲洋和《海國聞見錄》中所指一樣，是位於海南島、西沙群島、南沙群島、納土納群島、崑崙島和印度支那半島所包圍的洋面。而在東沙，西沙和南沙加里曼丹島以及菲律賓之間的水域被稱爲大明海（圖30）。

13. 清朝鄭光祖《一斑錄》（1822）

鄭光祖的《一斑錄》並不是一本地理專著，而是一本類似簡短的百科全書的雜著，分爲天地、人事、物理、方外、鬼神五卷，但每一卷都不詳細。惟當中提及長沙石塘，還有一幅地圖，故值得一提。

在第一卷之外夷篇中，寫道：

【117】馮承鈞注釋《海錄注》，中華書局，1955，60頁。

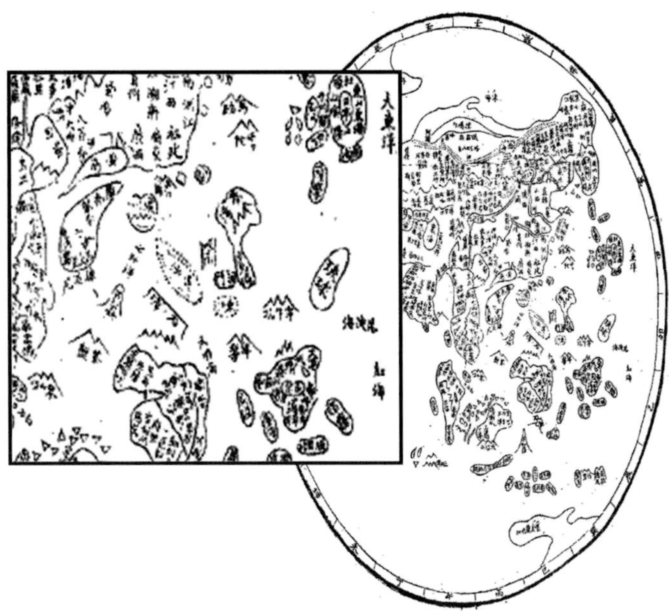

圖29　《海錄之總》圖

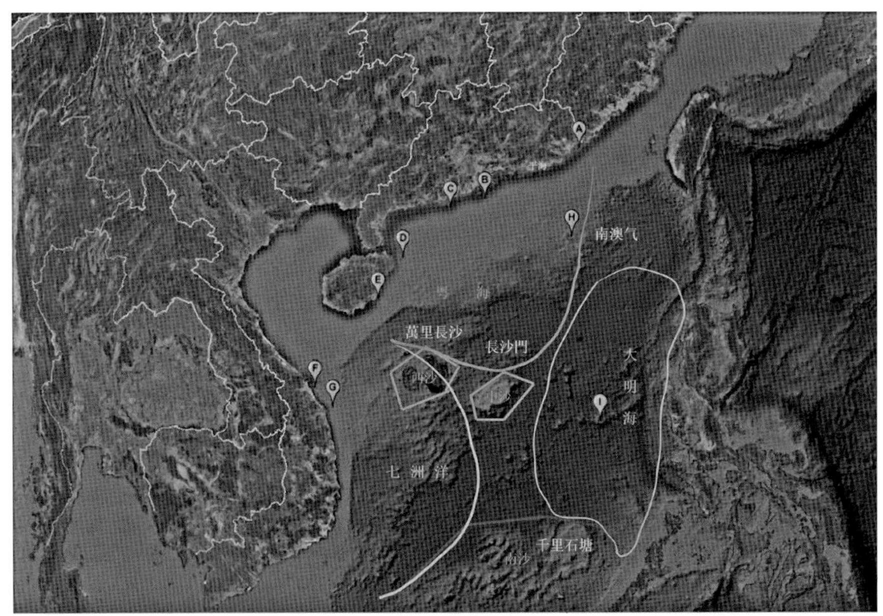

A 南澳；B 老萬山；C 烏豬山；D 七洲列島；E 獨豬山（大洲頭）； F 占婆島；G 外羅（理山群島）；H 南澳氣（東沙島）；I 黃岩島。

圖30　《海錄》之圖解

南洋廣東崖州之外，有長沙石塘，重疊如衛其外，海道渺茫，尚有噶喇叭、馬辰、地問等國，已漸近赤道之下。[118]

《一斑錄》的地圖比較有趣（圖31），在中國東南面畫有臺灣、沙馬崎門、落際、長沙門、東沙、西沙等一列地名。西沙之下有石塘。圖中的長沙和石塘畫得非常形象。這裡的石塘可以被定爲南沙群島，西沙即現在的西沙群島，但東沙是否就是東沙島卻有疑問。因爲從圖中看，落際這個地方更像東沙島。在《海國聞見錄》中，南澳氣古名落際，而在《一斑錄》中也有「（落際）有一沙島名南澳氣」[119]。故這裡的落際才是東沙島，而東沙則是中沙群島，這和《海錄》的記載不同。看來當時對東沙島的名稱似乎還沒有固定下來。

《一斑錄》寫道：「長沙石塘，重疊如衛其外。」但在此並沒有說明它們屬於中國，即便有這個意思，其語氣較之《海錄》所說的萬里長沙爲安南外屏的表述更弱。

綜上分析，從宋到早清，中國對西沙群島和南沙群島的稱呼不乏混亂。長沙和石塘最早是指同一地點的不同地貌，後來轉變爲西沙群島（及中沙群島）的特稱。到了明朝，開始有石塘指西沙而長沙指南沙。但是到了晚明，大概最早從1602年利瑪竇的《坤輿萬國全圖》就開始出現萬里長沙和萬里石塘名稱的對調[120]。這幅地圖主要沿用西方地圖的底本，但名稱則翻譯爲中文，西方地圖的Paracel（即西沙）被譯爲萬里長沙。到了清朝，稱呼徹底調換了，長沙指西沙，而石塘指南沙。也有以石塘指代所有的南海島嶼。而到晚清，還有長沙和石塘都是指同一處的說法（見5.3）。

[118] 鄭光祖《一斑錄》，中國書店，海王邨古籍叢刊，1990翻印，卷一，第4頁。

[119] 鄭光祖《一斑錄》，中國書店，海王邨古籍叢刊，1990翻印，卷一，第34頁。

[120] 陳鴻瑜〈早期南海航路與島礁之發現〉，《國立政治大學厤史學報》，第39期，2013年5月，42-43頁。

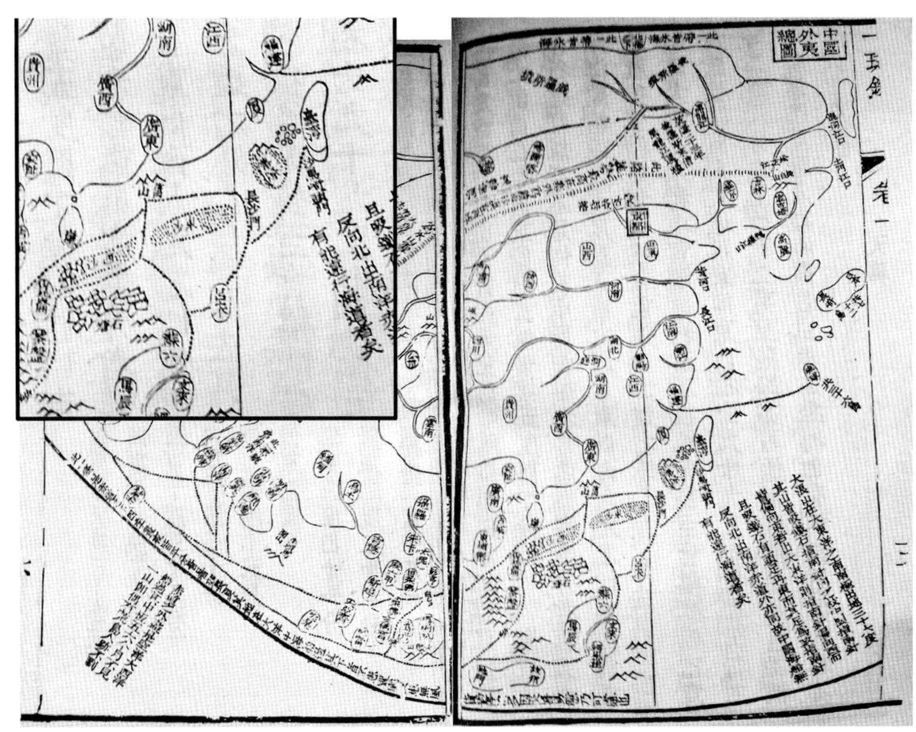

圖31　《一斑錄》之地圖

3.5　七洲洋到底是哪裡

中國關於南海的記錄中，時常提到的一個名詞是七州洋，有時寫作七洲洋[121]。一些西方早期研究者，大概受中國方面論著的影響，默認了七洲洋就是西沙群島的海域[122]。殊不知中國文獻中的七洲洋可能指兩個地方。一個可能是海南七洲列島對開的洋面，地理坐標爲北緯19° 58'30"，東經111° 16'24"，又名「七洲峙」，隸屬中國海南省文昌縣。七洲列島位於海南島東北側海域，文昌市翁田鎮與龍馬鄉交界的河門、白坪一帶

[121] 在中國古籍中，「七州山」和「七洲山」，「七州洋」和「七洲洋」都有混用。爲統一起見，如果不是原始文獻，在書中均寫作「七洲山」，和「七洲洋」。

[122] 例如，Sameuls，CFSCS，17-20頁。

海灘，距七洲列島僅十餘海里。七洲列島主要由北峙（北士）、燈峙、狗卵脬峙、平峙、赤峙、南峙（南士）、雙帆等七個主要海島組成，因此得名。總面積1.03 平方公里，最高點海拔174.6公尺，系花崗岩組成。除赤峙外，各島均有植被。北峙有水源，並建有太陽能燈塔。北峙及南峙各有一天然海灣。周圍海域水深20～68公尺。七洲洋的另一個所指才是可能包括西沙群島在內的洋面。那麼，七洲洋具體位置到底在哪裡呢？詳細做過研究的文章主要有兩篇，一篇是譚其驤的《七洲洋考》[123]，另一篇是韓振華的《七州洋考》[124]。他們得出了互爲相反的結論，到底誰錯誰對？這對於認定中國對南海諸島的歷史性主權有重要的意義。因此，要確定七洲洋的位置，還是得審視歷史記錄。

1. 早期記錄

七洲洋最早見於南宋吳自牧的《夢粱錄・卷十二・江海船艦》（圖32）：

> 自入海門，便是海洋，茫無畔岸，其勢誠險。蓋神龍怪蜃之所宅，風雨晦冥時，惟憑針盤而行，乃火長掌之，毫釐不敢差誤，蓋一舟人命所繫也。愚屢見大商賈人，言此甚詳悉。若欲船泛外國買賣，則自泉州便可出洋，迤邐過七洲洋，舟中測水，約有七十餘丈。若經崑崙、沙漠、蛇龍、烏豬等洋，神物多於此中行雨，上略起朶雲，便見龍現全身，目光如電，爪角宛然，獨不見尾耳，頃刻大雨如註，風浪掀天，可畏尤甚。但海洋近山礁則水淺，撞礁必壞船。全憑南針，或有少差，即葬魚腹。自古舟人云：「去怕七洲，回怕崑崙。」亦深五十餘丈。……若商賈止到臺、溫、泉、福買賣，未嘗過七洲、崑崙等大洋。若有出洋，即從泉州港口至岱嶼門，便可放洋過海，泛往外國也。[125]

---

[123] 史地考證論集，1頁。

[124] 韓振華的〈七州洋考〉有兩個版本，一個版本是在先出版的《史地考證論集》，21頁。另一個版本在《史地論證》，99頁。這兩個版本有相當差異。這裡以經過修改的後者爲據。

[125] 吳自牧《夢粱錄》，景印文淵閣四庫全書，590卷，102頁。

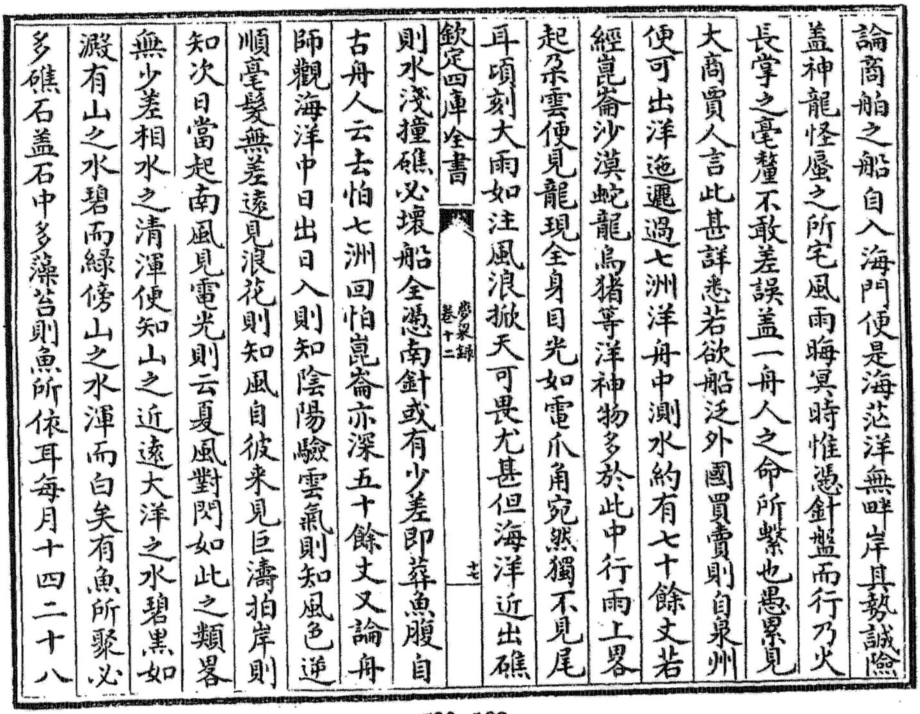

論商舶之船自入海門便是海茫洋無畔岸其勢誠險
蓋神龍怪蜃之所宅風雨晦冥時惟憑針盤而行乃火
長掌之毫釐不敢差誤蓋一舟人之命所繫也愚累見
大商賈人言此甚詳悉若欲船泛外國買賣則自泉州
便可出洋迤邐過七洲洋舟中測水約有七十餘丈若
經崑崙沙漠蛇龍烏猪等洋神物多於此中行雨上畧
起朶雲便見龍現全身目光如電爪角宛然獨不見尾
耳頃刻大雨如注風浪掀天可畏尤甚但海洋近出礁
欽定四庫全書　夢粱錄　卷十二　十七
則水淺撞礁必壞船全憑南針或有少差即葬魚腹自
古舟人云去怕七洲回怕崑崙亦深五十餘丈又論舟
師觀海洋中日出日入則知陰陽驗雲氣則知風色逆
順毫髮無差遠見浪花則知風自彼來見巨濤拍岸則
知次日當起南風見電光則云夏風對閃如此之類畧
無少差相水之清渾便知山之近遠大洋之水碧黑如
澱有山之水碧而綠傍山之水渾而白矣有魚所聚必
多礁石蓋石中多藻苔則魚所依耳每月十四二十八

590–102

圖32　《夢粱錄》

在《宋史・二王本紀》中有：

十二月丙子，昰至井澳，颶風壞舟，幾溺死，遂成疾。旬余，諸兵士始稍稍來集，死者十四。丁丑，劉深追昰至七州洋，執俞如珪以歸。[126]

《元史・史弼傳》中記載元軍攻打爪哇的路線：

十二月，弼以五千人合諸軍，發泉州。風急濤湧，舟掀簸，士卒皆數日不能食。過七洲洋、萬里石塘，曆交趾、占城界，明年正月，至東董西

[126] 宋史，卷四十七，943-944頁。

董山、牛崎嶼，入混沌大洋橄欖嶼，假里馬答、勾闌等山，駐兵伐木，造小舟以入。[127]

元代周達觀奉命隨使團前往眞臘，在1296年回國後寫成遊記《眞臘風土記》，裡面也有提到七洲洋：

自溫州開洋行丁未針，曆閩廣海外諸州港口，過七洲洋，經交趾洋，到占城。[128]

元代汪大淵的《島夷志略》：

古者崑崙山，又名軍屯山。山高而方，根盤幾百里，截然乎瀛海之中，與占城東西竺鼎峙而相望。下有崑崙洋，因是名也。舶泛西洋者，必掠之。順風七晝夜可渡。諺云：「上有七州，下有崑崙，針迷舵失，人船孰存。」[129]

明初，鄭和下西洋。隨行人員費信著《星槎勝覽》，馬歡著《瀛涯勝覽》，鞏珍著《西洋番國志》。另明末茅元儀的《武備志》中有鄭和航海圖，此乃研究鄭和下西洋時航海路線之基本材料，圖上有七洲這個地方。但三大記錄裡面只有費信的《星槎勝覽．崑崙山》提到七洲洋。

其山節然瀛海之中，與占城及東、西竺鼎峙相望。山高而方，根盤曠遠，海之名曰崑崙洋。凡往西洋商販，必待順風，七晝夜可過。俗云：「上怕七洲，下怕崑崙，針迷舵夫，人船莫存。」此山產無異物，人無居室，而食山果魚蝦，穴居樹巢矣。[130]

【127】元史，卷一六二，3802頁。

【128】周達觀《眞臘風土記》，四庫全書，594卷，54頁。

【129】《酉陽雜俎，諸蕃志，島夷志略，海槎餘錄》，中國南海諸群島彙編之一，臺灣學生書局，344頁。

【130】馮承鈞校註，《星槎勝覽校注》，台北，商務印書館，1962，前集8頁。

這些記錄中所記載的七洲洋文字相對簡單。《夢粱錄》、《島夷志略》和《星槎勝覽》中提到的七洲洋都來自基本相同的一句俗語，即所謂「上怕七洲，下怕崑崙」，這裡的七洲洋是和崑崙洋並列的一個危險的航海地區，但在到海外的路線中又不得不過，於是船家就要加倍小心。僅僅憑這句話，無法判斷七洲洋之所在。《眞臘風土記》中只記敘了先過七洲洋再過交趾洋的路線，也無從區分這裡的七洲洋到底在哪裡。

《元史》中的記載較爲有意思。在對這條進攻路線的描述中，先經過七洲洋，再經過萬里石塘。再進入交趾和占城的海域。這裡的萬里石塘很明顯是指西沙群島。而七洲洋既然是和西沙群島明確區分的地方，就必定不是西沙群島一帶的海面了。因此，七洲洋只能是七洲列島。

韓振華認爲這裡萬里石塘是指南沙群島，所以七洲洋還是指西沙群島。這種說法是錯誤的。從中國到爪哇不必經過南沙群島，因爲爪哇在南海的東南角，而南沙在南海的西南邊。記錄中的中國到爪哇的路線都沒有經過南沙群島，史弼何需另辟蹊徑？再者，南沙群島在交趾洋以南，又何以會先到南面的南沙才北折往交趾洋，再南下到占城和爪哇呢？可見，韓振華的論證方法不過是爲了證明七洲洋就是西沙群島而把萬里石塘挪坑而已。

《島夷志略》中提及七洲洋的地方雖然沒有提及長沙和石塘，但是在該書中，有專門的萬里石塘條[131]，稱萬里石塘「一脈至爪哇」，這一脈顯然是指西沙群島（見4.3.3）。既然有專門的術語指代西沙群島，那麼也幾乎可以肯定，書中所說的七洲洋並不是指西沙群島。因此，這裡的七洲洋還是指七洲列島。

在鄭和航海圖中，烏豬山和獨豬山之間有一個七洲，從位置可知，這裡的七洲是指七洲群島。中國習慣的稱呼是以某某洋指代某個地方對開的洋面。因此，在鄭和航海圖中的七洲洋也是指七洲列島一帶的洋面。這個地圖記錄和費信的《星槎勝覽》的記錄相結合，可知費信所指的七洲洋也是七洲列島附近的七洲洋。

【131】《酉陽雜俎，諸蕃志，島夷志略，海槎餘錄》，中國南海諸群島彙編之一，臺灣學生書局，363頁。

從以上那些記錄已經大致可以得出七洲洋就是七洲列島附近洋面的結論了。如果繼續研究詳細的記錄，就會進一步發現這種結論的基礎是極爲堅實的。詳細的記錄來自當時航海家所留下的針路記錄。向達鈔出的《兩種海道針經》就是最寶貴的資料。

2.《順風相送》

第一種針經是明代的《順風相送》，有人認爲它是初明的作品（1403年）[132]，也有人認爲它是中晚明的作品（1571年）[133]。總之，它反映了明代時期航海人士對針路的記錄。它的權威性，當在只有隻言片語提及七洲洋的作品之上。因爲那些作品大部分都是道聽塗說而來的，其準確性與實用於航海上的指南不可同日而語。《順風相送》中提到七洲洋的地方計有以下七處：

(1) △序言

昔者上古先賢通行海道，全在地羅經上二十四位，變通使用。或往或回，須記時日早晚。海島山看風汛，東西南北起風落一位平位，水流緩急順逆如何。全用水掏探知水色深淺，山勢遠近。但凡水勢上下，仔細詳察，不可貪睡。倘差之毫釐，失之千里，悔何及焉。若是東西南北起風籌頭落一位，觀此者務宜臨時機變。若是弔戧，務要專上位，更數多寡，順風之時，使補前數。其正路若七州洋中，上不離艮下不離坤，或過南巫里洋及忽魯謀斯，牽星高低爲準，各宜深曉。[134]

(2) △定潮水消長時候

每月三十並初一、初二、初三、初四、初五、初六、初七日水平，交十五日水又醒。至十六、十七、十八、十九、二十日水俱醒。廿一日水

【132】鄭海麟《釣魚島列嶼之歷史與法理研究（增訂本）》，中華書局，2007，3-18頁。

【133】廖大珂〈關於中琉關係中釣魚島的若干問題〉，《南洋問題研究》，2013年第1期，95-102頁。

【134】向達《兩種海道針經》，中華書局，1961，21頁。

又平似前日。水醒流緊，其勢但凡船到七州洋及外羅等處，遇此數日水醒，看風斟酌。船身不可偏東，東則無水扯過西。自初八、初九、初十、十一、十二、十三、十四日止，水遲流東，廿二、廿三、廿四、廿五、廿六、廿七、廿八、廿九日止水俱遲東。船到七州洋及外羅等處，可算此數日流水緊慢、水漲水遲，亦要審看風汛，東西南北，可以仔細斟酌，可算無悮。船身不可偏，西則無水扯過東，船身若貪東則海水黑青，並鴨頭鳥多。船身若貪西則海水澄清，有朽木漂流，多見拜風魚、船行正路，見鳥尾帶箭是正路。船若近外羅，對開貪東七更船便是萬里石塘，內有紅石嶼不高，如是看見船身，便是低了，若見石頭可防。若船七州洋落去貪東七更，船見萬里石塘似船帆樣，近看似二三個船帆樣，可防牽船，使一日見外羅山，千萬記心耳。其船若在靈山大佛前，四、五、六、七、八月，流水往西南，水甚緊甚緊。東北時往正南甚緊，船可近山甚妙。船若回唐，貪東，海水白色赤見百樣禽鳥，乃是萬里長沙，可防可防。多蘆荻柴多流界，船若貪西，則見海南山，不可近。行聲廉頭，生開恐犯難得出，船身低了使開至緊。若遇七州洋見流界七條，乃近南亭門。船若出唐，到交趾洋貪西水色清白，拜風魚多，船可行開，怕落占筆羅內難出。船見蘆荻柴成流界，乃貪東可行，用坤申針，使一日一夜見靈山大佛。若見白鳥尾帶箭，便是正路，即是外羅也。[135]

(3) △各處州府山形水勢深淺泥沙地礁石之圖

烏豬山　洋中打水八十托，請都公上船往回放彩船送者，上川下川在內，交景交蘭在外。

七州山　山有七個，東上三個一個大，西下四個平大。

七州洋　一百二十托水。往回三牲酒醴粥祭孤。貪東鳥多，貪西魚多。

獨豬山　打水六十托。往來祭海寧伯廟。係海南萬州山地方。頭長若見庚山，船身低了。

交趾洋　低西有草嶼，流水緊，有蘆荻柴多。貪東有飛魚，貪西有

---

[135] 同上，27-28頁。

拜風魚。打水四十五托。貪東七更船有萬里石塘。

尖筆羅　打水五十托。山上柴水甚多。有蘆竹葉多流水界，西南都是山仔，如筆羅樣者多。

外羅山　遠看成三個門，近看東高西低，北有椰子塘，西有老古石。行船近西過，四十五托水。往回可近西，東恐犯石欄。馬陵橋二十五托水，內外俱可過船。南邊有礁石出水。[136]

(4) △福建往交趾針路

五虎門開船，用乙辰針，取官塘山。船行有三礁在東邊，用丙午針取東沙山西邊過，打水六七托，用單乙針三更船取浯嶼，用丁午針一更坤未針取烏坵山，坤申七更船平太武山，用坤申及單申七更船平南澳山，用坤申針十五更平大星尖，用坤未針七更平東薑山，坤未針五更平烏豬山，用單坤針十三更平七州山，單申針七更平海南黎母山，即是青南頭，用庚申針十五更取海賓業，正路用單亥及乾亥針五更取雞唱門，即是安南國雲屯州海門也。[137]

(5) △浯嶼往大泥吉蘭丹

浯嶼開船定內開，用丁未及單丁針七更船平南澳坪山外過。用坤申針十五更船平大星尖。用坤申針七更船取南亭門。用單坤五更取烏豬山，用單坤及坤未針十三更船平七州洋。用坤未七更平獨豬山，用坤未針二十更船取外羅山外過。用丙午針七更取校杯嶼及羊嶼。用丙午針五更船取靈山大佛。用單午針三更船取伽倆貌山。用丁午針五更取羅灣頭，用單坤及坤未針五更船取亦坎。用坤未針十五更船取崑崙山外過。用坤申及庚酉針三十更船收吉蘭丹港口。是泥地拋船。用單申針七更船六坤，坤身尾有淺，過西邊入港是大泥。[138]

---

[136] 同上，33頁。
[137] 同上，49頁。
[138] 同上，53頁。

(6) △太武往彭坊針路

丁針四更船平州山。開用未針三更取南澳。用坤申針十五更取大星．用坤未七更取東薑山。用單坤五更船取烏豬山。用單坤十五更取七州洋。用單坤針七更取獨豬山。用坤未針二十更取外羅山外過。用丙午針七更船取校杯嶼及羊嶼。用丙午針七更船取靈山大佛。用單午針三更取伽俑貎。用丁午針五更船取羅灣頭，用坤未針五更船取赤坎。身開，恐犯玳瑁州；籠，恐犯玳瑁礁及玳瑁鴨，在山兜用單未十五更船取崑崙山。用坤未四十更船取彭坊港口爲妙。[139]

(7) △廣東往磨六甲針

南亭門放洋，用坤未針五更船取烏豬山。用單坤十三更取七州洋。坤未針七更船平獨豬山。單未針二十更取外羅山外過。丙午針七更船平校杯及羊嶼。内外可過，船沿山使前是占城新州港口嶼外過船，用丙午針五更是靈山大佛，放彩船。丙午針三更取伽俑貎，用丁午針五更船取羅灣頭，用坤未針五更船取赤坎山。船身開，恐犯玳瑁州；籠，恐犯玳瑁礁。用坤未十五更船取崑崙山外過。用丁未二十更船用單未二十五更船取苧盤山及東西竹將軍帽。遠看見將軍帽内及火燒山。丁未針十五更船取白礁。北及南鞍並羅漢嶼。白礁在帆鋪邊過船。用單酉針五更船取龍於門。夜不可行船，防南邊有牛屎礁。過門平長腰嶼，防南邊沙淺及涼傘礁。用辛戌針三更船取吉裏悶山。乾亥針五更船平昆宋嶼，單亥針五更船取前嶼。乾針五更取五嶼。沿山使取磨六甲妙。[140]

在這七條記錄中，除了序言中的第一條僅僅是泛泛而談之外，其他六條記錄都清晰地描述了航海路線，從而給出了七洲洋的精確位置。在第(4)條，七洲山在烏豬山和海南黎母山之間。在第(5)、(6)、(7)條，七洲山也在烏豬山和獨豬山之間。烏豬山在廣東珠江口外，獨豬山在海南萬州附近。可見，七洲洋是指七洲列島。

---

[139] 同上，54頁。

[140] 同上，55頁。

第(3)條是最明確解釋七洲山和七洲洋的文字。從描述的順序，七洲山和七洲洋都在烏豬山和獨豬山之間。七洲洋的地理位置顯然在這兩者之間。因此，這裡的七洲山是指海南島東北七州群島，七洲洋是對開的海面。從對七洲洋水深的描述中也可以看到，七洲洋一帶的水深是120托。一托是指雙臂平展的長度，大約1.5公尺左右。120托相當於180公尺。在《夢粱錄》中提到七洲洋的水深是五十丈，即150公尺。這兩個深度基本相符。可見，《夢粱錄》等書中所提及的俗語中的七洲洋也是七洲列島附近的洋面。

3.《東西洋考》

明朝張燮的《東西洋考》也有詳細的針路記錄，可以和《順風相送》相對照。在卷九〈舟師考〉中有五條記錄涉及七洲洋（圖33）：

西洋針路

(1)（漳州往海南）

……

南亭門【對開，打水四十七托，用單坤五更，取烏豬山。】

烏豬山【上有都公廟，舶過海中，具儀遙拜，請其神祀之，回用彩船送神。洋中打水八十托、用單申針十三更，取七州山。】[141]

(2)（海南往交阯東京）

七州山、七州洋【瓊州志曰：在文昌東一百里。海中有山，連起七峰，內有泉，甘冽可食。元兵劉深追宋端，宗執其親屬俞廷珪之地也。俗傳古是七州沉而成，海舶過，用牲粥祭海厲，不則爲祟，舟過此極險，稍貪東，便是萬里石塘，即《瓊志》所謂萬州東之石塘海也。舟犯石塘，希脱者。七州洋打水一百三十托，若往交阯東京，用單申針五更，取黎母山】

[141] 張燮《東西洋考》，中國南海諸群島文獻彙編之二，臺北，臺灣學生書局，1975，288頁。圓括號內小標題爲筆者所加，方括號內爲原文注腳，下同。

黎母山……

海寶山……

交阯東京……[142]

(3)（**海南往廣南**）

又從七州洋【用坤未針三更，取銅鼓山。】

銅鼓山【《廣東通志書》曰：在文昌東北，諸獠鑄銅爲大鼓，懸庭中，雠殺相攻則擊此鼓到者雲集後瘞此山鄉人掘得之故名。《瓊州志》曰：銅鼓海極深險，坤未針四更，取獨珠山。】

獨珠山【俗名獨豬山。《瓊州志》曰：獨州山，一名獨珠山，在萬州東南，海中峯勢高峻，周圍五六十里。南國諸番修貢水道，視此爲準，其洋爲獨珠洋。　船人雲：有靈伯廟，往來祭獻。打水六十五托，用坤未針十更，取交阯洋。】

交趾洋……

廣南……[143]

(4)（**占城往暹羅**）

又從赤坎山【單未十五更，取崑崙山。】

崑崙山【此非河源之崑崙，然自海中一大名勝。《星槎勝覽》曰：節然瀛海中，山高而方，山盤廣遠，俗云上怕七州下怕崑崙，針迷舵失，人船莫存，用單庚及庚酉三更。取小崑崙。】[144]

(5)水星水醒

水醒，流勢甚緊，凡船到七州洋及外羅洋，值此數日，斟酌船身不可偏東，宜扯過西。自初八、九、十一、二、三、四，水退流東；廿三、四、五、六、七、八，水俱退東，船到七州洋及外羅，值此數日，斟酌船

---

[142] 同上，288頁。

[143] 同上，289頁。

[144] 同上，292頁。

身不可偏西，西則無水，宜扯過東。凡行船，可探西，水色青，多見拜浪魚，貪東，則水色黑；色青有大朽木、深流及鴨鳥聲，見如白鳥尾帶箭，此系正針足。近外羅對開，貪東七更船，便是萬里石塘，內有一紅石山，不高，如看見船身低下，若見石頭可防。[145]

數中原用庚酉針十五更取海寶山　海寶山　用單亥針及乾亥由塗山海口五更取雞唱門即安南雲屯海門也
交阯東京　一統志曰東至海西至老撾南至占城北至思明府
又從七州洋　用坤未針三更取銅鼓山　銅鼓山　廣東通志曰在文昌東北諸獠鑄銅為大鼓懸庭中釁殺相攻則擊此鼓到者雲集後瘞此山鄉人掘得之故名瓊州志曰銅鼓海極深險　坤未針四更取獨珠山
獨珠山　俗名獨猪山瓊州志曰獨州山一名獨珠山在萬州東南海中峯勢高峻周圍五六十里南國諸番修貢水道視此為準其洋為獨珠洋　舶人云有靈伯廟往來祭獻打水六十五托用坤未針十更取交阯洋
交阯洋　唐沈佺期有渡海詩嘗聞交阯郡南與貫胸連四氣分寒少三光置日偏越人遂捧翟漢將下飛鳶北斗崇山掛南風漲海牽別離頻改月容髮驟催年虛道崩城淚明心不應天　打水七十托用坤未針取占筆羅山是廣南港口

欽定四庫全書　東西洋考　卷九　四

廣南　漢為日南郡隋唐為驩州國朝為乂安府
又從交阯洋　用未申針三更取望瀛海口入清華港
清華港　漢為九真郡隋唐為愛州交阯為西京國朝為清化府
又從交阯洋　取小長沙海口入順化港
順化港　國朝為順化府
又從交阯洋　用坤未針十一更取外羅山
外羅山　遠望成門近看東高西低北有椰子塘西有古老石船傍西行打水四十五托用丙午針三更取馬陵橋其內為提夷是交阯屬縣
提夷馬陵橋　打水二十五托內外俱可過船南邊有礁出水用丙午針四更至交杯嶼即新州港口
新州港　國朝為新安府

圖33　《東西洋考．西洋針路．海南往廣南》

從《東西洋考》的描述順序可知，這裡所說的七洲洋仍然是海南東北的七洲列島。它處於烏豬山和獨豬山之間，與萬里石塘，即西沙群島明確區分開來。

4.《海語》

在明朝，僅有黃衷的《海語》可能令人產生「七洲洋是西沙群島的海面」的結論（圖34）：

【145】同上，310-311頁。

暹羅國在南海中，自東莞之南亭門放洋，南至烏豬獨豬七洲，星盤坤未針至外羅，坤申針四十五程至占城。[146]

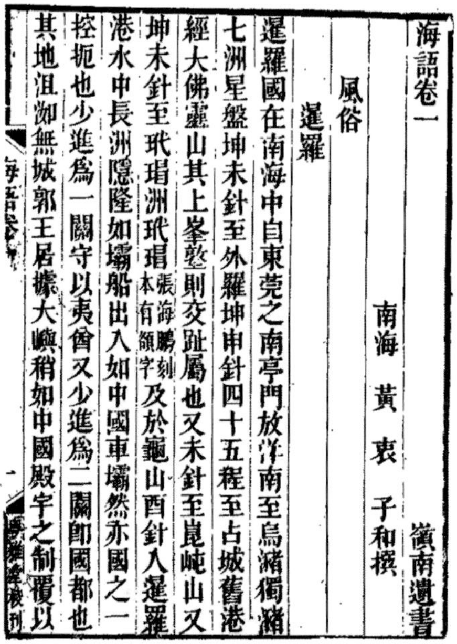
海語卷一　嶺南遺書

風俗　南海　黄　衷　子和撰

暹羅

暹羅國在南海中自東莞之南亭門放洋南至烏豬獨豬七洲星盤坤未針至外羅坤申針四十五程至占城舊港經大佛靈山其上峯墪則交趾屬也又未針至崑崙山又坤未針至玳瑁洲玳瑁（張海鵬刻本有額字）及於龜山酉針入暹羅港水中長洲隱隆如壩船出入如中國車壩然亦國之一控扼也少進爲一關守以夷酋又少進爲二關卽國都也其地沮洳無城郭王居據大嶼稍如中國殿宇之制覆以

圖34　《海語・暹羅》

這裡所說的烏豬獨豬七洲的順序和以上作品都不一樣。如果按照從南到北的順序，這裡的七洲洋確可能指西沙群島的海面。但筆者認爲這種理解是不對的。首先，黃衷自己並非航海家，在紀曉嵐撰寫的提要中指出：「海語三卷，明黃衷撰，衷字子和上海人，弘治丙辰進士，官至兵部右侍郎。是書乃其晚年致政家居，就海洋番舶詢悉其山川風土裒錄成編。」[147]因此，黃衷的記錄也是從外國人處聽回來的。其次，他並沒有詳細地討論此三洋之間的針路，這和記錄詳細的被航海人士實際應用的《順風相送》和《指南正法》等相比，顯得非常簡略。如果他確要表達的是「七洲洋是西沙群島」，而這兩種矛盾的理論之間有一種是錯的話，那麼他錯的機會很大：可能是他或者告訴他的那個人搞錯了。第三，從他記載的簡略程度看，更爲可能的是，作者在這條記錄中並不強調此三洋的順序，而僅僅要列舉這三個位置相近的洋。這在後來被後人誤解爲七洲洋在獨豬洋之南了。這一點在《四夷廣記》中能夠得到更好的說明。

---

[146] 《海語，海國見聞錄，海錄，瀛環考略》，中國南海諸群島彙編之三，臺灣學生書局，5頁。

[147] 四庫全書提要，http://ctext.org/wiki.pl?if=gb&chapter=676173#，卷七十一 史部二十七《海語》三卷。

5.《四夷廣記》

《四夷廣記》中有多條七洲洋的記錄。

(1) 福建往安南國針路

福州五虎門開船，用乙辰針取官堂，船行三礁東西邊。用丙午針取東沙山，西邊過船，打水六七托。用單巳針，三更船，取片嶼。用丁午針一更船，用坤未針二更船，用坤申一更船，平烏垢山。用坤申七更船，平太武山。用坤申七更船，平南澚外。平外用坤申十五更船，平大星尖。用坤未針七更船，取東薑山。用坤未針五更船，平烏豬山。用單申針十五更船，取七洲。用單申針，平海南黎母山。用庚酉針十五更船，取海堂山，正路。用單亥針及乾亥針十五更船，取雞唱門，即是南海某雲屯州海門也。[148]

(2) 正統六年吳惠由廣東至占城水程

正統六年，給事中舒某、行人吳惠於十二月廿三日，發東莞縣。廿四日，過烏豬洋。廿五日，過七洲洋，瞭見銅鼓山。廿六日，至獨豬山，瞭見大周山。廿七日，至交趾界。有巨洲橫截海中，怪石廉利，風橫舟觸即靡碎。舟人甚恐，須臾風急過之。廿八日，至占城外羅洋校柸墅中。至七年五月十五日歸東莞。【按，詔使往占城者，惟鄭吳舟跡可考。然和由新州入，惠由校柸入，豈二路皆可通，而隨風所泊故異耳！】[149]

(3) 福建往占城針位

五虎開船，用乙辰針，取官塘山，行船三礁東北邊過。用丙巳針，取東沙山，西邊過船，打水六七托。用單巳針，三更船，平牛嶼。用丁午針一更船，用坤未針二更船，用坤申針一更船，取烏垢山。用坤申針，七更船，取太武山。用坤申針及單申針，七更船，取南澚外彭山。用坤申針，

【148】愼懋賞《四夷廣記》，玄覽堂叢書續集，臺北，國立中央圖書館，1985，第222冊，二—二十二—六三三。

【149】同上，二—二十二—三九六。

十五更船，取平大星尖。用坤未針，七更船，平東薑山。用坤未針，五更船，取烏豬山。用坤未針，十更船，平七州山。用坤未針，七更船，平獨豬山。用單未針，二十更船，取占畢羅。用單未針，五更船，取外羅山外。用丙午針，七更船，取校檻嶼，內過船，沿山使入新州港口也。[150]

這三條記錄中的七洲洋都是指七洲列島附近的洋面。但在(4)《廣東東莞縣至暹羅鍼路》中卻記載：

自廣東東莞縣之南亭門放洋，南至烏豬洋、獨豬洋、七洲洋，星盤坤未針至外羅。坤申針四十五程至占城舊港。經大佛靈山，其上烽墩，則交趾屬也。又未針至崑崘山。又坤未針至玳瑁洲、玳瑁額及於龜山。酉針至暹羅，由盈和門臺海口入港。水中長洲隱隆如壩，海舶出入，如中國車壩然，亦國之一控扼也。少進，爲一關，守以夷酋。又少進，爲二關，即國都也。[151]

這裡的順序是烏豬洋到獨豬洋到七洲洋。這個順序和《海語》中的一致。但是在本節最後附錄的(5)《廣東往暹羅針路》中卻寫道：

南亭門開洋，用坤未針，五更船，平烏豬山，在馬户邊。用坤未針，十三更船，平七洲山。又坤未針七更，平獨豬山。如見獨豬山，可用丁未針，二十更，取外羅山。用丙午針七更，平校杯嶼及新州港。用丙午針五更，船平大佛靈山。用單午針，三更船，平伽藍兒[貌]山。用丁午針，平羅灣頭。用坤未針，五更船，平赤坎山。船身開，恐犯玳瑁州。船身朧，恐犯玳瑁鴨、玳瑁礁。若船身近赤坎山，看不見玳瑁州，用丁未及單未針，十五更船，取大崑崙山，內過船，打水十五六托。用庚酉針，三更船，取小崑崙山。用庚酉針，十更船，取眞嶼山。山內過船，打水十四五托。用辛戌十更船，取大横山，內外可過船。用辛戌針，五更船，

[150] 同上，二—二十二—四二九。
[151] 同上，二—二十二—四四四。

取小橫山，內外可遠山過船。用乾戌針，二十五更船，取筆架山。用壬子針，十更船，取陳翁嶼。用單壬針三更船，上淺，收進暹羅爲妙也。[152]

這時，順序又變爲了烏豬山到七洲山到獨豬山。而在(6)《暹羅回廣東針路》中：

離淺，用丙巳針，平陳翁嶼。用丙午針，十更船，平筆架山。遠放洋，用單丙針及丙巳針，二十五更船，取小橫山，在帆鋪邊。用丙巳針，五更船，平大橫山，帆鋪户邊。用單辰針，十更船，取眞嶼山，在帆鋪邊。用申卯針及單卯針，十三更船，取大崑崙山，在馬户邊。用單丑及丑癸針，十五更船，取赤坎山。若船身開，恐犯玳瑁洲。若船身隴，恐犯玳瑁鴨、玳瑁礁。用單丑針，五更船，取羅灣長。用單丑及丑癸針，五更船，取伽倆貌。用單子針，三更船，平大佛靈山。用子癸針，五更船，平校杯櫾嶼及羊角嶼，內是新州港口。用壬子針，七更船，取外羅山，東邊過船。用丑癸針，二十更船，取獨豬山。用丑艮針及單艮，五更船，平銅鼓山。用丑艮針，二更船，平七洲山。用丑艮針，十三更船，取烏豬山。用單艮針，五更船，收南亭門，薑山爲妙也。[153]

這個順序也同樣是烏豬山到七洲山到獨豬山（但反過來了，因爲這是回程）。沒有理由認爲這是不同的兩條路線，特別是第(4)和(第(5)條所記錄的出發點和終點都是一樣的，通過的地方也一致。這只能表明，在第(4)條記錄中，出現了順序上的問題。但筆者並不認爲這是一種錯誤。因爲在第(4)條中並沒有像第(5)條一樣詳細談及這段水路的順序（比如方位與水程），這和其他的詳細描述很不一樣。有理由相信作者只是列舉了這三個洋，認爲這是相近的三個洋，可以放在一道說，列舉的順序並不重要的。但這令後人誤解爲七洲洋在獨豬洋之南。

《四夷廣記》中的這種表述方式很顯然是受到了《海語》的影響。

【152】同上，二—二十二—四六三。
【153】同上，二—二十二—四六四。

因爲在廣東到占城、廣東到暹羅的針路中都沒有出現如此文字，到暹羅和到占城的前半段路程是一樣的，沒有理由認爲需要走不同的路。而在《四夷廣記》中只有東莞到暹羅這段有如此的描述。這和《海語》中運用如此描述的出發點和終點是完全一致的（暹羅國在南海中，自東筦之南亭門放洋）。其實在《四夷廣記》中，廣東到占城的出發點也是南亭門，只不過沒有強調「東莞南亭門」。事實上，由於《海語》的影響頗大。後來的很多作品都引用了《海語》的注釋，或者運用了這種表達方式。另一個例子是黃佐的《廣東通志》：

海寇有三路設巡海備倭，官軍以守之。春末夏初，風迅之時，督發兵船出海防禦，中路曰東莞縣南頭城，出佛堂門、十字門、冷水角諸海澳【海語：自東莞之南亭門放洋，至烏豬、獨豬、七洲三洋，星盤坤未針，至外羅；申針，則入占城，至崑崙洋；直子午收龍牙門港則入暹羅。若番賊海寇則入十字門打劫。故防之。】[154]

後來，這個材料就被說成明朝軍隊在西沙群島巡洋了，但事實上根本不是那麼回事（見3.9.2）。

6.《指南正法》

早清有另一部針經——《指南正法》（十八世紀初），當中有多達9處提到七洲洋。

(1) 序言

凡船到七洲洋及外羅，遇漲水退數乃須當斟酌。初一至初六、十五至二十，水俱漲，漲時流西。初八至十三、念二至念九，水退，退時流東。亦要至細審看。風看大小，流水順逆，可準正路。愼勿貪東貪西，西則流水扯過東，東則無流水扯西。西則海水澄清，朽木漂流，多見拜風魚。貪

[154] 黃佐《廣東通志》卷六十六外志三，嘉靖本，香港，大東圖書公司影印版，1977，1784頁。

東則水色黑青，鴨頭鳥成隊，惟箭鳥是正路。若過七洲，貪東七更，則見萬里長沙，遠似舡帆，近看二、三個船帆，可宜牽舵。使一日見外羅對開，東七更，便是萬里石塘，內有紅石嶼不高，如是看見舡身低水可防。若至交趾洋、水色青白、併見拜風魚、可使開落占筆羅、惟得出。若見紫城流界併大死樹、可用坤申針、一日一夜見靈山大佛。大佛前四、六、七、八月水流西甚急、可近山便妙。東北風晴、流水正北、緊記之。[155]

(2) △大明唐山並東西二洋山嶼水勢

烏豬山洋中打水八十托，上、下川在內。單未七更取七洲洋，有嶼仔，東有三個西有四個。坤申七更取獨豬。

獨豬山打水一百二十托，往回祭獻。貪東多魚，貪西多鳥。內是海南大洲頭，大洲頭外流水急，蘆荻柴成流界。貪東飛魚，貪西拜風魚。七更舡開是萬里長沙頭。

外羅山東高西低，內有椰子塘，近山有老古，打水四十五托。貪東恐見萬里石塘，丙午七更取交杯，內打水十八托，外打水念五托，俱可過舡，南邊有礁出水。若是馬陵橋神洲港口，打水八九托，鼻頭二三托打水進港有塔，可拋舡。[156]

(3) △天德方

船回唐貪東，見海水白色，百樣禽鳥萬群，萬里長沙可防之。蘆荻多見，肛身貪西即見海南冊，不可近青蘭頭。青蘭頭生開恐犯難得出，隻甲寅使開妙也。過七洲洋，七洲洋流界七條，乃是近南亭門，丑艮見南澳，妙哉。[157]

---

[155] 向達《兩種海道針經》（乙），中華書局，1961，108頁。

[156] 同上，117頁。

[157] 同上，137頁。

(4) △廣東寧登洋往離州山形水勢

烏豬山打水十五托，坤未十三更取七洲洋。[158]

(5) △大擔往交趾

太武開舡，用坤申七更取南澳彭外過。單坤十五更取大星尖。用坤未七更取東薑。坤未五更取烏豬。坤申十三更取七洲洋。用單申五更取海南犁母山。單酉十五更取海寶山，正路。用乾亥、單亥五更取雞叫門，即安南國港口也。[159]

(6) △大擔往東埔寨針

大擔開舡，椗内過，用丁未及單未七更取南澳彭外過。用坤申十五更平大星尖。用坤申七更取東薑並南亭門。用坤未五更取烏豬。用坤未十三更取七洲洋。用坤未七更取獨豬山。用坤未二十更取外羅外過。用丙午七更取交杯嶼及羊角嶼正路新州港口過。用丙午五更取靈山大佛，往回放彩舡祭獻。用丙午及單午三更取伽倆貌山。用丁未五更取羅灣頭。用坤未五更取赤坎山，身開，恐犯玳瑁州，身隴，玳瑁鴨。用坤申及單申四更取鶴頂山，打水七八托。用單庚二更取一員小嶼，又單庚二更沿山使打水八托，見馬鞍形是外任，看大水好風進港，妙也。[160]

(7) △大擔往暹羅針

大擔開舡，用坤未四更柑桔外過。用坤申三更取南澳評外過。用坤申十五更取大星。用坤申七更取東薑。坤未七更取烏豬。用單坤十三更取七州洋，祭獻。用坤來七更取獨豬。用坤未二十二更取外羅。丙午七更取校杯，丙午五更取靈山佛，放彩舡。單午五更取伽倆貌。用丁午五更取羅灣頭。坤未五更取赤坎及覆鼎大山，邊有老古名是林郎淺。單坤十五更取崑崙，東有檳榔嶼在帆鋪尾外過。用庚酉三更取小崑崙，西有沉礁出水。

【158】同上，159頁。
【159】同上，167頁。
【160】同上，169-170頁。

過了用庚酉八更取眞糍，東邊有礁，南邊是正路。三更取假糍，便見占月臘尾。坤申有小港不可行，恐風不順，難出。辛戌十五更取大橫，南邊正路。用辛戌及乾戌五更取小橫，成三個門，門中有礁，俱是橫木正路。辛戌十五更取筆架，在帆鋪邊。用單子及壬亥五更取陳公嶼及犁頭山，用單子三更取烏頭淺。用單乾三更取竹嶼。單子五更取淺口，用子癸坐竹嶼進港。[161]

(8) △寧波往東京針路

出中寮可用丙午，離山一更用丁未，六更見鳳尾。用丁未十九更見牛嶼。用坤未四更見烏坵。單申七更見太武。起用坤申七更見南澳坪外，用坤申十五更見大星。用坤未七更見東薑。用坤未七更見烏豬。用單坤十三更見七州。用單申二更見銅鼓。用單坤五更見獨豬。用坤未四更見海南犁母。用庚酉十五更取海寶。用單亥及乾亥五更取雞唱門入港。涯州尾，巽乾單戌五更、單乾巽戌三更、乾亥巽巳單乾二更、亥壬巳單亥丙五更。[162]

(9) △太武往大泥針路

用單未七更見南澳外過。用坤未十五更取大星。用坤申七更取南亭門。用單坤五更取烏豬。用坤未十三更取七洲。用坤未七更取獨豬。用坤未二十一更取外羅。丙午七更取交杯嶼，用丙午五更取靈山大佛。用丙午三更取伽俑貌。丁丑五更取羅灣頭。單坤及坤未五更取赤坎山。坤未十五更取崑崙山。用坤及庚申三十更取吉蘭丹港口，泥地，好抛船。開辛戌，朧用乾亥巡山駛六昆。下七更打水七八托是宋居勞。又來屈頭朧連至東勢是大泥，有涼傘樹，在昆身岸上。前去昆身尾取六昆，下泥尾有淺，船過西南邊入爲妙。[163]

---

[161] 同上，171-172頁。
[162] 同上，190頁。
[163] 同上，191頁。

顯而易見，在這9條記錄中，除了第(1)條序言中的記錄缺乏方位細節之外，其餘8條中的七洲和七洲洋都是指烏豬山和獨豬山之間的七洲列島。這裡只需略微解釋一下第(3)條。這是一條從海外回中國的航線（回唐）。航線先經過萬里長沙（西沙群島）以西海面，這時需要防止誤入萬里長沙（可防之）。然後就到達海南，之後才到七洲洋，到了七洲洋就已經靠近廣東了。這裡的七洲洋在進入海南海域之後，當指海南東北角的七洲群島，而不是西沙群島附近的海面。

那七洲洋爲什麼是一個「上有七州、下有崑崙」的險境呢？這有雙重原因。第一，七洲洋時有颶風，如《殊域周咨錄》中記載的吳惠由占城回廣東的時候，「五月六日還，至七州洋，大風舟幾覆。」[164]這裡的七洲洋七洲列島，見3.4.6。第二，在七洲洋中駕舟稍有不慎，貪東即會駕至萬里長沙（即西沙群島），船隻就容易遇難。這裡的「貪東」不是指船往正東面開，而是指船在開的時候沒有按照原先的路線，錯誤地比原先的路線偏東一個角度，因此，貪東的後果不是向東開了多少里程，而是沿著與原先路線某個夾角的路線開了多少里程。如果原先路線是從東北到西南，那麼貪東可能指靠近正南開。一般針經中不會準確描述貪東會偏多少度的夾角，因爲這和水流的方向有關，可能稍稍偏10度或20度，就會被另一股水流帶到完全不同的角度去；而且，編寫針經的目的是爲了讓航海家不走錯路，而不是讓航海家到那個錯誤的地方。

在英國人保存的十七世紀中期的中國航海圖（The Selden Map of China，見3.4.10）中，畫出了當時中國人的航海路線。當中從廣州到越南的路線，經過海南島的七洲，而遠離西沙群島（萬里長沙）（圖21）[165]。這再一次證實了當時的七洲洋是七洲列島，而不是西沙群島。

7. 方志中的七洲洋

在廣東、瓊州等方志中，七洲山和七洲洋這個名詞反覆出現，無一不指七洲列島和其附近的七洲洋。

---

[164] 嚴從簡《殊域周諮錄》，續修四庫全書，735卷，661頁。

[165] http://seldenmap.bodleian.ox.ac.uk/map。

明代黃佐的《廣東通志》中有：「七星山其下七星之泉出焉【在大海中峰連有七，一名七洲洋……】」[166]

萬曆《瓊州府志》中有：「七洲洋山【（文昌）縣東一百里大海中峰連有七，一名七星山……】」[167]（圖 35）

《嘉慶大清一統志》中有：「七星山【在文昌縣北。輿地紀勝：在文昌縣界海濱，狀如七星連珠。明統志：山有七峰，亦名七洲洋。通志：在縣北一百五十里大海中，上多茂林，下出溪泉，航海者必於此取水采薪……】」[168]

這些地方所談到的七洲洋都在文昌縣附近，顯然都是指海南島東北角的七洲列島。

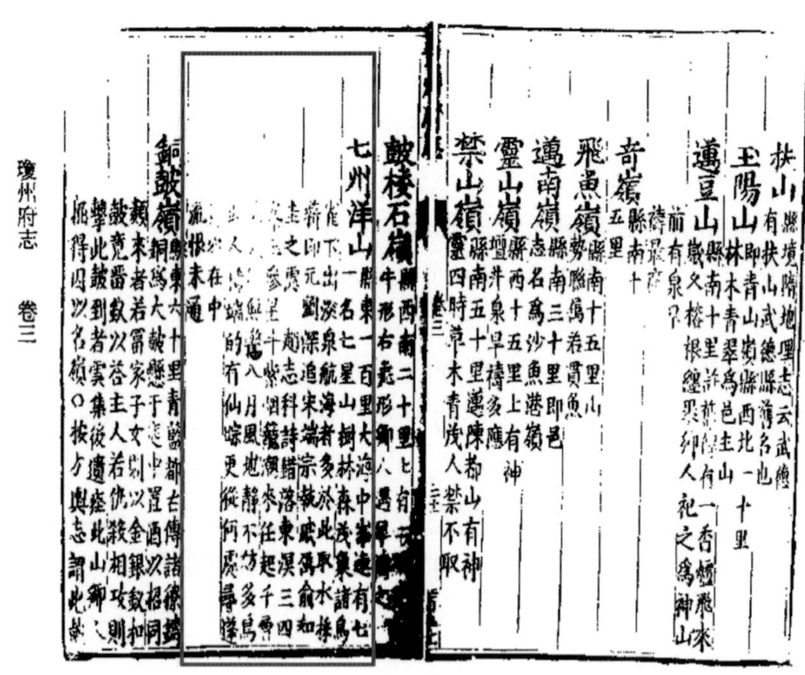
扶山 縣境隋地理志云武德有扶山武德縣舊名也
玉陽山 縣西北一十里即青山嶺為邑主山林木青翠
邁豆山 縣南十里許[illegible]有一香爐飛來嶺久榕根纏果卵人祀之為神山
前有泉旱禱[illegible]應
奇嶺 縣南十五里
飛魚嶺 縣南十五里山勢聯屬若貫魚
邁南嶺 縣南三十里即邑志名為沙魚港嶺
靈山嶺 縣西十五里上有神壇井泉旱禱多應
禁山嶺 縣南五十里邁陳都山有神靈四時草木青茂人禁不取
鼓棧石嶺 縣西南二十里七[illegible]有石牛形右角形卿八[illegible]
七州洋山 縣東一百里大海中峯連有七一名七星山樹林森茂集諸鳥
[illegible]下出淡泉航海者多於此取水[illegible]
[illegible]即元劉深追宋端宗執[illegible]
銅鼓嶺 縣東六十里青[illegible]都右傳諸[illegible]銅鑄為大鼓懸于[illegible]中置酒以招同類來者若富家子女則以金銀釵[illegible]和鼓竟留[illegible]數以答主人若[illegible]殺相攻則擊此鼓到者雲集後遺[illegible]此山鄉人掘得因以名嶺○按方輿志謂此[illegible]
瓊州府志　卷三

圖35　《萬曆瓊州府志》

【166】黃佐《廣東通志》卷十四輿地二，嘉靖本，香港，大東圖書公司影印版，1977，377頁。

【167】《萬曆瓊州府志》，日本藏中國罕見地方誌叢刊，書目文獻出版社，1990，43頁。

【168】《嘉慶大清一統志》，卷四五三，瓊州一，四部叢刊續編，上海商務印書局，1922，169冊，10頁。

8.《海國聞見錄》

在清朝，第一次出現七洲洋所指並非七洲列島的作品是陳倫炯的《海國聞見錄》。該書有四處出現過七洲洋。在〈東南洋記〉（圖36）中有：

由呂宋正南而視，有一大山，總名無來由息力大山。山之北爲蘇祿，從古未奉朝貢；雍正戊申六年，至閩貢獻。西鄰吉里問；又沿西文萊，即古婆羅國；再繞西朱葛礁喇；大山之正南爲馬神。其山之廣大長短，莫能度測。山中人跡所不到，產野獸亦莫能名其狀。蘇祿、吉里問、文萊三國皆從呂宋之南分籌。而朱葛礁喇必從粵南之七洲洋過崑崙、茶盤，向東而至朱葛礁喇一百八十八更；馬神亦從茶盤、噶喇吧而往，水程三百四十更。[169]

在〈南洋記〉（圖22）中有：

廈門至廣南，由南澳見廣之魯萬山、瓊之大洲頭，過七州洋，取廣南外之咕嗶囉山，而至廣南；計水程七十二更。交阯由七州洋西繞北而進；廈門至交阯，水程七十四更。七州洋在瓊島萬州之東南，凡往南洋者，必經之所。中國洋艘不比西洋呷板用混天儀、量天尺較日所出，刻量時辰、離水分度，即知爲某處。中國用羅經，刻漏沙，以風大小順逆較更數；每更約水程六十里，風大而順則倍累之，潮頂風逆則減退之，亦知某處；心尚懷疑，又應見某處遠山，分別上下山形，用繩駝探水深淺若干（駝底帶蠟油以粘探沙泥），各各配合，方爲確準。獨於七州大洋、大洲頭而外，浩浩蕩蕩，無山形標識；風極順利、對針，亦必六、七日始能渡過而見廣南咕嗶囉外洋之外羅山，方有準繩。偏東，則犯萬里長沙、千里石塘；偏西，恐溜入廣南灣，無西風不能外出。且商船非本赴廣南者入其境，以爲天送來，稅物倍加；均分猶若不足。比於紅毛人物兩空，尚存中國大體；所謂差毫釐、失千里也。七洲洋中有種神鳥，狀似海雁而小；喙尖而紅、

【169】《海語，海國見聞錄，海錄，瀛環考略》，中國南海諸群島彙編之三，臺灣學生書局，112頁。

腳短而綠，尾帶一箭長二尺許，名曰箭鳥。船到洋中，飛而來示，與人為準。呼是，則飛而去；間在疑似，再呼細看決疑，仍飛而來。獻紙謝神，則翱翔不知其所之。相傳王三寶下西洋，呼鳥插箭，命在洋中為記。[170]

〈崑崙〉中有：

崑崙者，非黃河所繞之昆崙也。七州洋之南，大小二山屹立澎湃，呼為大昆崙、小昆崙。山尤甚異，上產佳果，無人跡，神龍蟠踞。[171]

〈南澳氣〉（圖23）中有：

隔南澳水程七更，古為落漈。北浮沉皆沙垠，約長二百里，計水程三更餘。盡北處有兩山：名曰東獅、象；與臺灣沙馬崎對峙。隔洋闊四更，洋名沙馬崎頭門。氣懸海中，南續沙垠，至粵海，為萬里長沙頭。南隔斷一洋，名曰長沙門。又從南首復生沙垠至瓊海萬州，曰萬里長沙。沙之南又生嶁岵石至七州洋，名曰千里石塘。長沙一門，西北與南澳、西南與平海之大星鼎足三峙。

長沙門，南北約闊五更。廣之番舶、洋艘往東南洋呂宋、文萊、蘇祿等國者，皆從長沙門而出；北風以南澳為準、南風以大星為準。惟江、浙、閩省往東南洋者，從臺灣沙馬崎頭門過而至呂宋諸國。西洋呷板，從昆崙七州洋東、萬里長沙外，過沙馬崎頭門而至閩、浙、日本，以取弓弦直洋。中國往南洋者，以萬里長沙之外渺茫無所取准，皆從沙內粵洋而至七州洋。此亦山川地脈聯續之氣，而於汪洋之中以限海國也。沙有海鳥，大小不同。少見人，遇舟飛宿；人捉不識懼，摶其背吐魚蝦以為羹。[172]

這裡的七洲洋，又稱七洲大洋，與傳統的七洲洋不同，它不是指海南

---

[170] 同上，119-120頁。

[171] 同上，151頁。

[172] 同上，155頁。

島東北的七洲列島附近洋面，而是指海南島、西沙群島、南沙群島、納土納群島、崑崙島和印度支那半島所包圍的洋面，基本上相當於南海的西部或西南部。這在《海國聞見錄》的配圖上表示得更爲清晰[173]（圖24）。如譚其驤《七洲洋考》中所言，這是中國史籍上第一次出現第二種意義的七洲洋[174]。在書中〈南澳氣〉一節還對粵海的範圍作了一個描述（皆從沙內粵洋而至七州洋）。粵海被定義爲從東沙到中沙到西沙到海南島一線爲限的海面，這正是「沙內粵洋」。過了萬里長沙，就到了七洲洋。萬里長沙在這裡被定義爲粵洋和七洲洋的界限，而千里石塘則遠在粵海外。

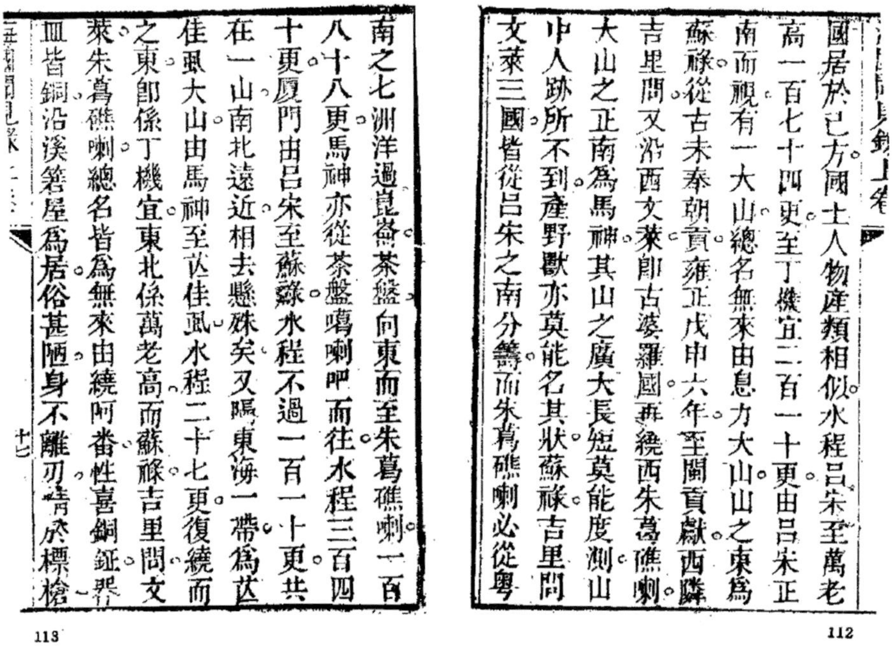

海國聞見錄上卷

國居於巳方風土人物產類相似水程呂宋至萬老
高一百七十四更至丁機宜二百一十更由呂宋正
南而視有一大山總名無來由息力大山山之東爲
蘇祿從古未奉朝貢雍正戊申六年至闕貢獻西隣
吉里問又沿西文萊即古婆羅國再繞西朱葛礁喇
大山之正南爲馬神其山之廣大長短莫能度測山
中人跡所不到產野獸亦莫能名其狀蘇祿吉里問
文萊三國皆從呂宋之南分籌而朱葛礁喇必從粵

112

南之七洲洋過崑崙茶盤向東而至朱葛礁喇一百
八十八更馬神亦從茶盤噶喇吧而往水程三百四
十更廈門由呂宋至蘇祿水程不過一百一十更共
在一山南北遠近相去懸殊矣又隔東海一帶爲苎
佳風大山由馬神至苎佳風水程二十七更復繞而
之東即係丁機宜東北係萬老高而蘇祿吉里問文
萊朱葛礁喇總名皆爲無來由繞阿番性喜銅鉦斝
皿皆銅沿溪箬屋爲居俗甚陋身不離刃精於標槍

海國聞見錄　十七

113

圖36　《海國聞見錄·東南洋記》

【173】同上，162-163頁。

【174】韓振華主編《南海諸島史地考證論集》，中華書局，1981，1-20頁。

9. 廣義之七洲洋

自《海國聞見錄》起，七洲洋就成爲兩個不同地點的共同名稱。譚其驤把在海南東北角的七洲洋稱爲狹義七洲洋，而把《海國聞見錄》中所形容的七洲洋稱爲廣義七洲洋。這裡狹義和廣義的說法其實有不妥。一般而言，廣義所定義的範圍包括了狹義所定義的範圍，但海南東北角的七洲洋所定義的範圍卻並不在《海國聞見錄》所定義的範圍之內。但既然譚其驤這樣用了，筆者就沿用他的叫法。

在《海國聞見錄》之後，兩個七洲洋並存於不同的書籍之中，甚至共存於同一本書中。這給辨別七洲洋的具體所指帶來困難。特別是僅僅提及七洲洋而缺乏清晰的上下文的情況下，比如3.9.3節要討論的《同安縣誌》中的記敘就是一個例子。

謝清高的《海錄》就是兩個七洲洋共存的例子。他在《海錄．噶喇叭》（圖27）中提到：

噶喇叭在南海中，海船由往廣東者，走內溝，則出萬山後，往西南行，經瓊州，安南至崑崙。又南行約三四日到地盆山，萬里長沙在其東。走外溝，則出萬山後，向西南行少西，約四五日經紅毛淺，有沙坦在其中，約寬百餘里，其極淺處止四丈五尺，過淺又行三四日到草鞋石，又四五日到地盆山，與內溝道合，萬里長沙在其西。溝之內外，以沙分也。萬里長沙者，海中浮沙也，長數千里，爲安南外屏。沙頭在陵水境，沙尾即草鞋石。船誤入其中，必爲沙所湧，不能複行，多破壞者（遇此須取木板，浮於沙面，人臥其上，數日內若有海舶經過，放三板小舟拯救，可望生還。若直立沙中，數刻即爲沙所掩沒矣）。七洋州正南則爲千里石塘，萬石林立，洪濤怒激，船若誤經，立見破碎。故內溝外溝亦必沿西南從無向正南行者。[175]

這裡的七洲洋是指廣義七洲洋。《海錄》的配圖（圖29）儘管變形

[175] 《海語，海國見聞錄，海錄，瀛環考略》，中國南海諸群島彙編之三，臺灣學生書局，265頁。

極大，但其方位在仔細辨認後還是能夠和現在的地圖一一對應。從圖中看，長沙即萬里長沙，石塘即千里石塘，它們大致對應西沙和南沙的位置。七洲洋和《海國聞見錄》中的一樣，位於海南島、西沙群島、南沙群島、納土納群島、崑崙島和印度支那半島所包圍的洋面。而在東沙，西沙和南沙加里曼丹島以及菲律賓之間的水域則被稱爲大明海。

但在〈萬山〉篇中（圖37），七洲洋又是指七洲列島附近的七洲洋。

> 自萬山始，即出口，西南行過七洲洋，有七洲浮海面故名，又行經陵水……[176]

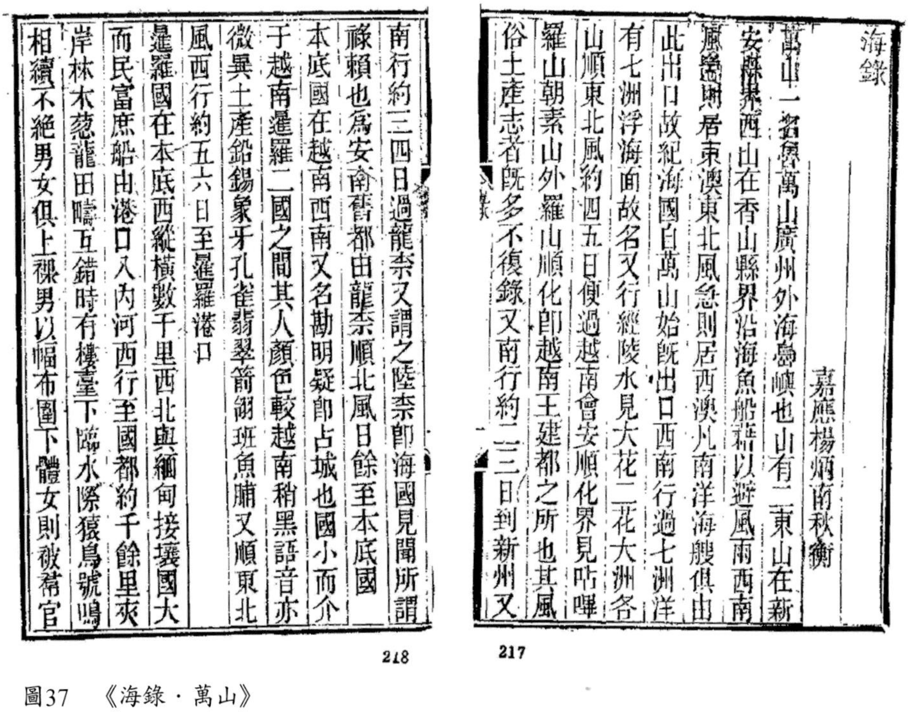

海錄

嘉應楊炳南秋衡

萬山一名魯萬山廣州外海島嶼也山有二東山在新安縣界西山在香山縣界沿海魚船藉以避風雨西南風急則居東澳東北風急則居西澳凡南洋海艘俱由此出口故紀海國自萬山始既出口西南行過七洲洋有七洲浮海面故名又行經陵水見大花二花大洲各山順東北風約四五日便過越南會安順化界見咕嚕羅山朝素山外羅山順化即越南王建都之所也其風俗土產志者既多不復錄又南行約二三日到新州又

217

南行約三四日過龍柰又謂之陸柰即海國見聞所謂祿賴也爲安南舊都由龍柰順北風日餘至本底國

本底國在越南西南又名勘明疑即占城也國小而介于越南暹羅二國之間其人顏色較越南稍黑語音亦微異土產鉛錫象牙孔雀翡翠箭翎班魚脯又順東北風西行約五六日至暹羅港口

暹羅國在本底西縱橫數千里西北與緬甸接壤國大而民富庶船由港口入內河西行至國都約千餘里夾岸林木葱蘢田疇互錯時有樓臺下臨水際猿鳥號鳴相續不絕男女俱上裸男以幅布圍下體女則被裙官

218

圖37　《海錄・萬山》

[176]《海語，海國見聞錄，海錄，瀛環考略》，中國南海諸群島彙編之三，臺灣學生書局，217頁。

在這個行程中，先經過七洲洋，再經過陵水。因此自然不可能先到西沙群島再折回陵水，加上七洲浮於海面的名稱來源和狹義七洲洋完全一致，這裡的七洲洋顯然是七洲列島附近的七洲洋。

徐家幹的《洋防說略》（1887）對七洲洋的形容也有狹義和廣義兩種。書中寫道：「瓊州孤懸海外，一至銅鼓山百二十里，其下有礁石，海船望見輒相驚避，東北數十里間，有浮邱山，七島羅列，即七洲洋山也。」又寫道：「崖州在南，爲後戶，港漢紛岐，島嶼錯出，暗沙、礁石所在有之。又有萬里長沙，自萬州逸東直至南澳；又有千里石塘，自萬州迤南直至七洲洋。粵海天塹最稱險阻，是皆談海防者所宜留意也。」[177]前者是狹義的，後者則是廣義的，大約位於萬州到南沙群島之間。

在顏斯綜之《南洋蠡測》（1842，圖126）中對七洲洋的描述則有另外的說法。

> 南洋之間有萬里石塘，俗名萬里長沙，向無人居。塘之南爲外大洋，塘之東爲閩洋。夷船由外大洋向東，望見台灣山，轉而北，入粵洋，曆老萬山，由澳門入虎門，皆以此塘分華夷中外之界。唐船單薄，舵工不諳天文，惟憑吊鉈驗海底泥色，定爲何地，故不能走外大洋。塘之北爲七洲洋，夷人知七洲多暗石，雖小船亦不樂走。塘之西爲白石口……此島名之曰星忌利坡。[178]

這裡的萬里石塘和萬里長沙是同一地點。從塘之東爲閩洋看，當爲西沙群島——中沙群島——東沙一線。外大洋在石塘之南，則是包括南沙群島在內的大洋通稱。西沙和南沙之間距離遙遠，中間缺乏定標點，中國船工不會天文，無法在外大洋中定位，所以不能走這條航線。這與《海錄》和《海國聞見錄》關於外溝航線的記載是完全吻合的。這裡的七洲洋，是指塘之北，其位置近於《海國聞見錄》中的粵海，和上面的廣義七洲洋位

---

[177] 徐家幹《洋防說略》卷上廣東海道，轉引史料彙編，125頁。

[178] 顏斯綜《南洋蠡測》，自王錫祺編《小方壺齋輿地從鈔再補篇六》，臺北，廣文書局印行，1964。

置頗有不同。

在徐繼畬之《瀛寰志略》（1849，圖129）中有《亞細亞南洋圖》[179]。這幅地圖在南洋諸國的地理位置和形狀方面非常準確，相比《海國圖志》是一個飛躍。南洋諸國的海岸線的準確度空前，這是作者借鑒外國地圖之故。在此，石塘和長沙被標爲東西相連的兩處。從地理位置看，石塘是西沙群島，長沙是中沙群島，南澳氣應該指東沙群島，長沙門則當爲東沙群島和中沙之間的安全地帶。從此圖方位描繪的準確程度來看，它比《海國聞見錄》中的地圖更爲精確地反映了實際的方位。唯南沙群島的地方是一片空白。在本圖中，七洲洋三字注於西沙群島的南部，在方位上也位於海南島的東南。從整幅地圖看，它是指南海的西側。如果南沙群島被描繪到圖上的話，七洲洋當在南沙的西側。這樣就與《海國聞見錄》和《海錄》中關於七洲洋的位置表述一致。在文字上，《瀛環志略》這裡（卷一）對七洲洋基本引用了《海國聞見錄·南洋記》中的文字。此處不再引述。但在卷二〈南洋各島〉中又有：

> 近年諸番來粵東者，多聚於馬尼剌，米利堅、佛朗西遣酋來通市，其船皆會集於此，蓋其地爲七洲洋之東岸，轉柁北行即入長沙頭門而抵粵東。[180]

從這裡看，馬尼拉既然是在七洲洋的東岸，七洲洋又應是整個南海的另一個稱呼，而不僅限於南海西側。

郭嵩燾在《使西紀程》（1876，圖142）中記錄了他在出使西洋行程中的見聞。當他乘船路過越南瓦蕾拉山的時候，他記敘：

> 二十五日雨，午正行八百五十二里，在赤道北一十三度過瓦蕾拉山，安南東南境也，海名七洲洋。[181]

【179】徐繼畬《瀛寰志略》，續修四庫全書，743卷，25頁。

【180】同上，28頁。

【181】郭嵩燾《使西紀程》，續修四庫全書，577卷，3頁。

而在此之前二十四日，在路過「左近拍拉蘇島」（Paracel Islands，即西沙群島）的海域時，他稱之爲「瓊南三百里，船人名之齊納細，猶言中國海也」。可見在這裡的七洲洋並不包括西沙群島的海域，而僅僅對應《瀛寰志略》中七洲洋的南部。

而在此時，狹義的七洲洋還廣泛地出現在各種方志中和輿圖中。比如，在1909年的《廣東輿地全圖》中，七洲洋就被畫在海南省的東北角[182]（圖153）。1908年的《廣東輿地圖說》[183]亦是如此。在道光版《瓊州通志》和道光版《廣東通志》中，七洲洋也被如此記錄。民間也都用狹義的七洲洋。比如，漁民符用杏和彭正楷都聲稱，從來沒有聽過把西沙稱爲七洲洋[184]，七洲洋僅僅指七洲列島[185]。

綜上所述，在1730年之後，出現了兩個意義的七洲洋——狹義的七洋洲和廣義的七洋洲，兩者共存。狹義的七洲洋被方志系統的書籍所應用，也被一些航海書籍所應用；而廣義的七洲洋僅限於談及海外航線和海外地理的書籍。狹義的七洲洋自然和西沙群島無關，即便是廣義的七洲洋也不限於一地。它可以是指位於海南島、西沙群島、南沙群島、納土納群島、崑崙島和印度支那半島所包圍的洋面，即南海西南部；也可以是這個洋面的南部；還可以指西沙群島和中沙群島以北的海面，甚至整個南海，並無特指西沙群島之意。

10. 七洲洋怎麼變成了西沙群島

那麼，歷史上又怎麼會把七洲洋說成是西沙群島的呢？據夏鼐的研究，這種說法最先出自西方。最早出自邁厄斯（Mayers）於《中國評論》（*China Reviews*）第三期（1874）中。格倫末德（W.P. Groeneveldt）在《關於印度之南論文集》第二輯第一冊151頁，以及夏德（F. Hirth）於1894年《通報》第五卷（388頁），均以七洲洋指西沙群

[182] 《廣東輿地全圖》，中國方志叢書108號，成文出版社，1967。
[183] 《廣東輿地圖說》，中國方志叢書107號，成文出版社，1967。
[184] 史料匯編，411，414頁。
[185] 同上，414頁。

島[186]。而漢學大家伯希和在1902年《眞臘風土記箋注》中錯誤地引用了這些說法，使其得以流傳。惟他在1904年已經發現這個說法是不對的，改爲了七洲洋乃七洲列島（Taya Islands），並在增訂本中將此改正。但此書第一版的影響甚大，在中國又有馮承鈞的譯本，於是這個錯誤的說法就一直流傳了下來，以致法國在1930年代時向中國提出西沙群島主權問題的爭議中，直接把西沙群島和「七洲洋」等同。[187]

11. 韓振華爲什麼是錯的

在中國需要對南海諸島主權進行論證的時候，把七洲洋當成是西沙群島確實是有便利之處，至少文獻記錄就多了不少。於是有中國專家，如韓振華，不但要證明廣義的七洲洋就是西沙群島或者包括西沙群島，還要把很多當爲狹義的七洲洋的記錄，尤其是宋明之間的七洲洋也說成是西沙群島，或者說成至少已經存在「兩個七洲洋」的說法，以此證明在宋明已經有中國在西沙群島的管轄記錄，或者西沙群島在宋明之際已經是中國的「國境之內」[188]。

韓振華認爲，七洲列島的特點與宋朝到早清時期書上對七洲洋的描述不符。在《七州洋考》中[189]，他總共列出了五點：第一，七洲洋是一條深水路線，和七洲列島的不符；第二，七洲洋浩浩蕩蕩，一望無涯，沒有山形可以作爲準繩，和較近岸的七洲列島不一樣；第三，七洲洋風浪大，颶風多，和七洲列島不符；第四，七洲洋貪東就是萬里石塘危險區；第五，他認爲七洲列島中沒有海鳥，和書上描述在七洲洋中看到海鳥的情況不符。此外，在《宋端宗與七洲洋》[190]他還多加了三個理由：第六，七洲列島都是光禿禿的，沒有水源，因此不能成爲路上的取水點；第七，他認爲「七洲洋」是宋帝逃亡而被元軍俘獲的地方，七洲列島不是。第八，

[186] 夏鼐〈夏鼐至譚其驤函（節錄）〉，考證論集，7頁。

[187] Annex 10, SOPSI, p184.

[188] 韓振華的〈七州洋考〉有兩個版本，一個版本是在先出版的《史地考證論集》，21頁。另一個版本在《史地論證》，99頁。這兩個版本有相當差異。這裡以經過修改的後者爲據。

[189] 史地論證，99頁。

[190] 史地論證，143頁。

七洲列島上沒有沙灘，但在史書記載中宋端宗停留的地方有沙灘。綜上所說，他認爲在宋元明朝書上很多航海記錄上說七洲洋並不是七洲列島，而是西沙群島附近的洋面。

韓振華的理論基本是錯誤的。在他所總結的八點中，很多只是他自己想像的東西，而不是基於文獻與記錄。以下一一加以反駁。

首先，在第六點中，他認爲七洲列島都是光禿禿的，沒有水源。但事實並非如此。七洲列島現在是一個旅遊點，在基本保持自然風貌的情況下有不少遊記反映了眞實情況。在一篇鄧嵐予寫的《周遊七洲列島》[191]中記載：

北峙島在七洲列島中「獨佔鰲頭」：離陸地最遠，據說是唯一存有淡水的島嶼。文昌海洋局提供的資料顯示，北峙島海拔146米，面積0.4平方公里，距陸地最近有32公里。島上雜草叢生，灌木蒼鬱，甚至生長著碗大的樹木，除了大群的海鳥外，還生長著蛇以及一些類似蛤蚧的爬行動物。

可見，儘管七洲列島中有的島嶼是缺乏淡水的，但至少在北峙島還是有水源和植被的，甚至可以用蒼鬱來形容。這說明，七洲列島並不是一個荒蕪的地方。

同樣第五點說七洲列島沒有海鳥，這也是信口開河。在上面提及的遊記上說：

「船長」說，他們也將平峙叫做鳥島，那裡的鳥類才最多。平峙北部有一避風小港，密密麻麻雜亂無章地飛舞著無數隻海鳥，此起彼伏的「嚄、嚄」聲沒有一刻停息。正當我們聆聽著這海鳥的叫聲，突然感覺天空有異，瞬間暗了下來。一抬頭，嚇了一跳：頭頂上是成千上萬只海鳥飛舞起來，還有鳥兒源源不斷地從燈峙飛出。一時間，海鳥遮天蔽日，在它們雙翅的扇動下，幾座海島似乎也在飄移。不一會兒，鳥群散開來，天空

[191] 鄧嵐予〈周遊七洲列島〉，《南島視界》，2011年9月刊。http://www.zcom.com/article/36849/index3.htm。

又恢復了正常。…… 漁民說，這片海域魚類豐富，海鳥食物充足，又沒有蛇鼠的危害，所以鳥類樂於棲居於此。[192]

第二點所謂浩浩蕩蕩一望無涯的感覺，其實是指整個航海旅程而言（比如在《夢粱錄》中），並不單單指七洲洋。但即便在七洲列島附近，是否一望無涯，視乎你往哪邊看，以及距離岸邊多遠。比如在上文中作者提到：

跑到燈塔上，在上面眺望，遠處的島嶼猶如蓬萊仙境，近的像山丘，遠的滄海一粟，漁船更是無比渺小，遂感歎大海的無垠。[193]

這說明在七洲列島附近海域中有一望無涯的感覺毫不出奇。況且，韓振華在論證七洲洋沒有山形做指引時的論據也是錯誤的。比如，他舉例《夢粱錄》中「自入海門，便是海洋，茫無畔岸，其勢誠險。」但對比原文可知，儘管確實有這句話，但它並不是形容七洲洋的，而是一般性地形容航海旅程。他又引用《海國聞見錄》作爲例證，但並沒有人否認這篇作品中的七洲洋是廣義七洲洋。用概念已經開始變遷後的清朝時作品來論證明朝和宋朝的地點，顯然是一種錯誤的論證方式。他列舉的其他兩篇作品都是詩作，對詩作的文藝性和誇張性稍有認識的人都不會把這些描述作爲可以依賴的史料。

第一點，「七洲洋是一條200米深的深水路線，和七洲列島的不符」也是錯誤的。韓振華根據《夢粱錄》記載七洲洋的水深爲70丈（約210公尺），就認爲那裡不可能是七洲列島的七洲洋。韓振華所說的七洲列島水深只有50公尺的論據來自英國人的航海書中對七洲列島兩小群島間的水文記錄，其中確實說兩島之間的水深大約只有50公尺左右。但在七洲洋航行並不意味著要穿過七洲列島。航海家一般只是把它作爲一個基準點，只要在海上能夠望到它們就可以了。而英國人測量的目的是在那裡蒐集詳細的水文

【192】同上。
【193】同上。

資料，所以要進入群島之間的水域測量。韓振華把這兩者混爲一談了。

韓振華甚至更進一步據此認爲，《順風相送》等針經所記載的七洲洋就是「西沙群島的七洲洋」，因爲他認爲七洲列島的七洲洋水深僅僅50公尺，和《順風相送》中記錄的七洲洋水深一百二十托（按每托1.5公尺算，即180公尺）不符。這裡，他除了再次錯誤地混淆了英國測量的50公尺是指群島內水域的深度之外，也犯了論證的錯誤。從路線記錄看，《順風相送》中的七洲洋確定無疑就是狹義七洲洋。所有針經在描述水深的時候都一起描述方位，其方位描述極爲詳細準確。實在沒有什麼理由認定水深是對的，而方位是錯的。正確的論證方法應該是用《順風相送》的詳細記錄來論證《夢粱錄》裡記錄簡單的七洲洋就是七州列島附近的海面，而不是相反。

第三點，韓振華舉出了一些在七洲洋遭遇風浪的記錄，但這並不能說明此七洲洋不是狹義七洲洋，因爲狹義七洲洋中也有遭遇風浪的記錄。比如，嚴從簡《殊域周咨錄》記載吳惠出使占城，回航時在七洲洋遭受風浪。而啓航時的旅程說明，這個七洲洋在烏豬洋和獨豬洋之間，就是狹義七洲洋。沒有理由認爲在短短一段文字中有兩個不同地方的七洲洋[194]（見3.4.6）。

第四點，「七洲洋貪東就是萬里石塘危險區」。這裡，韓振華錯誤地理解了「貪東」的意思。比如他寫道「若船由七洲洋落去處（在東經109度1/2，北緯16度1/4），貪東七更船（經距1度41分，緯距0度0分），見船帆樣的萬里石塘。」[195]這表明了他認爲「貪東」就是正東面（緯距0度0分）。但事實上，所謂「貪東」是指船隻在開的時候沒有按照原先的路線，而是比原先的路線偏東一個角度。因此，貪東的結果不是向東開了多少里程，而是沿著與原先路線成某個夾角的路線開了多少里程。如果原先路線是從東北到西南，那麼貪東可能指向正南。在狹義七洲洋往西南開，貪東可能到了正南面，而其正南正好是西沙群島。

至於第七點和第八點，所謂宋朝亡國君主走到西沙群島，僅僅是韓振

【194】嚴從簡《殊域周咨錄》，續修四庫全書，735卷，661頁。
【195】史地論證，113頁。

華一家之見，與歷史學家的共識完全不一致。關於此點，可參考譚其驤的《宋端宗到過的七州洋考》一文[196]。此文及文後所列各信函已經從歷史材料角度把問題分析得非常清楚了，故在這裡無詳細討論之必要。至於第八點，韓振華說在七洲列島上沒有沙灘，與相關宋端宗停留的地方的史料記錄不符。但七洲列島上其實是有沙灘的，如*The China Sea Directory*中指出的，在最南端的一個島上，有一大片長達3英里的沙灘[197]。

韓振華特別希望得出在宋朝時七洲洋已經指西沙群島海面的結論，因為這樣一來就可以把很多以後的七洲洋記錄都說成是西沙群島海面，然後再從中找西沙群島屬中國的證據。為此，他特別要論證《夢粱錄》裡的七洲洋就是西沙群島。但那篇作品的相關信息極少，僅有「自泉州便可出洋，迤邐過七洲洋，舟中測水，約有七十餘丈」以及「去怕七洲，回怕崑崙」這兩句。

韓振華稱第一條路線是從泉州直接沿著一條和緯度線成45度的直線到達占城，這樣就不經過七洲列島而是經過西沙群島附近海面了。從圖上可以看出，從泉州到理山群島確實可以畫一條45度角的線。韓振華無視所有航海記錄中都沒有這條點對點的直線的事實，只說「迤邐」指的是「斜行」，而「斜行」是一條和子午線成45度角的直線。「迤邐」確實是斜斜地走的意思，但這並不表明「迤邐過七洲洋」就是沿45度角的直線行走的意思，更加不表明整條航線就是一條直線。它可能是沿60度角，也可能是由幾條折線構成（記錄中的航線正是這樣）（圖38）。事實上，任何兩個點連成一線都可以符合斜行的條件。何況，在《夢粱錄》裡並沒有說目的地是占城的理山群島。

為了進一步支持自己的結論，他又引用了《西洋朝貢典錄》中「自南澳至獨豬之山為四十更，自獨豬之山至通草之嶼外羅山為十更」的記錄，並認為這條航線和《夢粱錄》的是同一條。但這樣一來，文獻中的必經之路獨豬山就遠在航線之外了。於是，為了克服這個矛盾，他在地圖上找到了一個恰好和他畫出來的45度線相距不遠的西沙群島的北礁島，稱其為獨

[196] 考證論集，9-20頁。
[197] *The China Sea Directory*, Vol.II, 1879 version, p390.

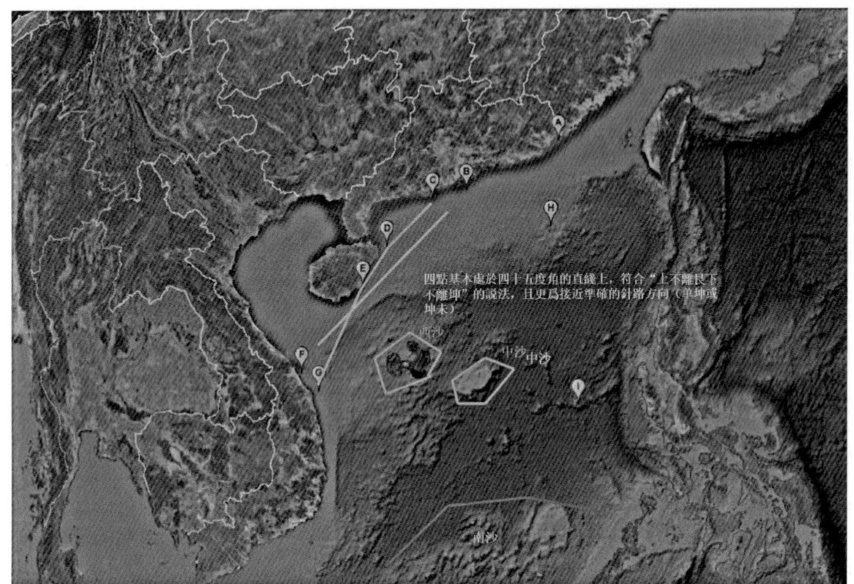

A 南澳；B 老萬山；C 烏豬山；D 七洲列島；E 獨豬山（大洲頭）；F 占婆島；G 外羅（理山群島）；H 南澳氣（東沙島）；I 黃岩島。

圖38　圖解南海水道中的斜行

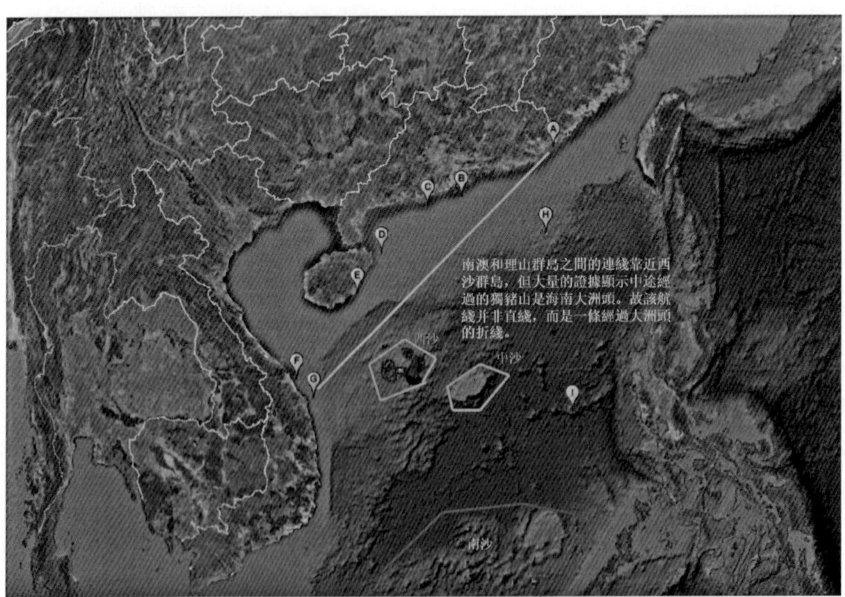

A 南澳；B 老萬山；C 烏豬山；D 七洲列島；E 獨豬山（大洲頭）；F 占婆島；G 外羅（理山群島）；H 南澳氣（東沙島）；I 黃岩島。

圖39　圖解從南澳到外羅（理山群島）之航道

豬之山。[198]惟歷史文獻上關於獨豬山的描述和地圖都甚多，公認的位置就是萬州對開海面上的大洲頭。從來沒有文獻描述獨豬山的位置與其他文獻有矛盾，更沒有出現過獨豬山是西沙群島的記錄。從圖上可知，該航線並非直線，而是一條經過大洲頭的折線。原文的表述只是說明路程，絕非表示直線的航線。韓振華的做法是無中生有，毫無說明地創造「事實」來支持自己的理論，正如他在論證郭守敬四海測量地點是黃岩島時搜腸刮肚地找到六個測量點一樣，貽笑大方（見3.8）。

韓振華還想在航海里程數上作文章。在所有的海道針經的記錄中，各個位置之間的里程數是非常一致的，如《順風相送》所言：「南亭門放洋，用坤未針五更船取烏豬山。用單坤及坤未針十三更船平七州洋。用坤未七更平獨豬山，用坤未針二十更船取外羅山外過。」其他詳細記錄針路的書，如《東西洋考》、《四夷廣記》和《指南正法》的各條記錄莫不如是。唯一的小差別是，有的記錄說從烏豬山到七洲洋是十五更。因此，從航海家所用的針路記錄上看，並不存在另外一個七洲洋。韓振華對此很不滿，他說：「由於編纂《海道針經》的某些文人，如漳人吳樸之流不顧上述兩條海道的不同，爲了片面追求航行更數的一致，不顧星盤針位之不同，乃修改上述兩條海道的航行更數，爲了使它們自東莞南亭門至外羅山都是航行四十五更，乃把烏豬至七洲洋單未七更，改爲十三更，以求一致，卻由此造成了混亂。」[199]

韓振華如此無理指責和抹黑吳樸的目的只有一個，就是試圖論證明代七洲洋的命名混亂，進而證明當時有兩條起點和終點相同的路經「七洲洋」的航線，但兩條航線所經過的「七洲洋」是不一樣的：一個在七洲列島之東（即水深200公尺的地方），另一個在七洲列島之間（即他認爲英國人測量的水深50公尺的地方）。如此一來，他就可以方便地把「七洲洋」的位置挪到西沙群島（即七洲列島之東），做出此處「七洲洋」雖然是七洲列島附近的「七洲洋」，但其實是在西沙群島附近的解釋。即便如此，這個解釋仍然牽強，而且無法解釋爲何船隻若從七洲列島東面附近經

[198] 史地論證，100-101頁。
[199] 史地論證，124頁。

過，所過之處就必然是西沙群島，因爲七洲列島的東面水域附近水深也達到200公尺，而且西沙群島幾乎在七洲列島正南方，而遠非東面。

何況記載航道的不僅僅是吳樸一個人，沒有證據顯示其他人的記錄都是抄自《指南正法》的，《指南正法》甚至是以上列舉的針經中最晚產生的一種。即便吳樸篡改了更數，莫非其他人在所有記錄也都篡改了不成？

12. 到達七洲洋並不等於到達西沙群島

如前所述，七洲洋在歷史上有兩種以上的稱謂，狹義的七洲洋僅僅是七洲列島附近的洋面，和西沙群島沒有關係。而廣義的七洲洋，並不單指西沙群島附近的海域，它既是一片洋面，也是一條水道。這片洋面非常寬廣，西沙群島僅僅是這片洋面之中的地貌之一。這與七洲列島的七洲洋，以及其他以地名命名的洋面（如烏豬洋和獨豬洋）不同。那些洋面是依附於島嶼或沿岸的地點的。比如烏豬山和烏豬洋，後者是前者附近的外洋。烏豬山、七洲山和獨豬山，都是在航行中作爲航標的地貌。船隻要以它們爲航標，自然要先行駛到它們附近的洋面，即烏豬洋、七洲洋和獨豬洋。如此，船隻經過這些洋面，即等同到達這些地點。

而西沙群島在歷史上從來沒有被稱爲七洲山或者類似的稱呼，這兩者並沒有從屬關係。韓振華認爲西沙群島的島嶼是東七西八，七洲洋是從東七島中衍生過來的。但這個說法並沒有任何根據。在歷史書籍和民間，都沒有把西沙群島或其一部分稱爲七洲的說法。況且，如果僅僅依照島嶼數目，何不把此稱爲十五洲洋？可見，七洲洋並不是因爲西沙群島而得名的。

七洲洋的面積甚大，在海南島和西沙群島之間的水道或洋面也可能被視爲七洲洋的一部分。比如在《海國聞見錄》中說到「廈門至廣南，由南澳見廣之魯萬山、瓊之大洲頭，過七洲洋」。這裡的七洲洋既可以是整個廣義之七洲洋，也可以說成是過了大洲頭（即獨豬山）後海南島和西沙群島之間的水道。但即便是後者，也不能把到達七洲洋視爲到達西沙群島，因爲這條水道很寬，從大洲頭和西沙群島之間還有三百多公里（即中國古代的七百里）。並沒有一個統一的標準規定船隻與某個島嶼多接近才算是經過那個島嶼。最嚴格的定義「經過」是登島或停泊在那個島嶼。但不妨把條件放寬一些，比如在海上肉眼能看到某個島嶼就相當於路經此島。西沙群島並不是高高的海島，其最高點是石島（Rocky Island）上某點，大約是14公尺，等於46英尺[200]。由於地球是圓的，人眼並不能看到無限遠的海面上的物體，超過了一定距離後，那個物體到人眼之間的視線就會被彎曲的水平面所阻隔，這個距離和物體的高度以及人所身處的高度有關。人通常在船的甲板上進行觀察，一般的計算公式是：可視距離 = 1.17 $\times\sqrt{(\text{物體高度}+\text{人眼高度})}$，這裡可視距離以海里計，高度以英尺計[201]。比如，如果人在8.5公尺高的甲板上觀察，人眼到甲板的距離爲1.5公尺。則人眼的高度離水面爲10公尺，而西沙最高點爲14公尺，兩者之和爲24公尺，即79英尺，則可視距離爲10.4海里。這和12海里的領海寬度基本一致。因此，如果船隻在12海里以外是看不到西沙群島的。而西沙石島和海南島獨豬山之間有140海里之遙，船既駛過大洲頭，必然距離大洲頭甚近。船隻在駛出大洲頭之後一直往西南方向開，並不駛往東南方向的西沙群島，與後者的距離只會越來越遠。因此，在兩者之間的水道行走的時候是基本看不到西沙群島的。比如，在晚清周凱的《廈門志》中寫道：

越南，即古交趾，舊號安南……由廈門，過瓊之大洲頭，七洲洋【大洲頭而外，浩浩蕩蕩，罔有山形標記，偏東則犯萬里長沙、千里石塘，而七洲洋在瓊州萬州之東南，凡往南越必經之所】至廣南，水程七十二更，由七洲洋之西繞北而至交趾，水程七十二更。[202]

在這裡，七洲洋顯然是廣義的七洲洋，但在正常的路線中，過了大洲頭後是看不到任何山形標記的，只有開船時比正常航道偏東才能到達西沙群島。船隻如果行走在廣義的七洲洋的主體水域中，則更加無法說經過七洲洋就是到達西沙群島了。因此，即使文獻中的七洲洋是指廣義七洲洋，

---

[200] http://en.wikipedia.org/wiki/Rocky_Island,_South_China_Sea。

[201] http://www.dublerfamily.com/Activity3.html。

[202] 周凱《廈門志》，卷八，番市略，越南。臺灣文獻叢刊第九十五種，臺灣銀行經濟研究室，1961，第二冊，249頁。

把路過七洲洋等同於路過西沙群島也是不對的。

即便以傳統海疆線而論，在清代這個廣義的七洲洋也不是中國的海域。在官方出版的《欽定皇朝通典》（1787）中有一個記載（圖40），在記敘從廈門到廣南（越南南方）的航道中，有「過安南界，歷七洲洋，取廣南外之占畢羅山，即入其境。」[203]這裡的七洲洋是指廣義的七洲洋，而在這個描述中，船隻必須先進入安南界，後經過七洲洋，再到達廣南界。可見，從這部官方作品看來，七洲洋屬安南界，不屬中國。這和第五章所討論的中國和越南間傳統海疆界線的記載是高度吻合的。

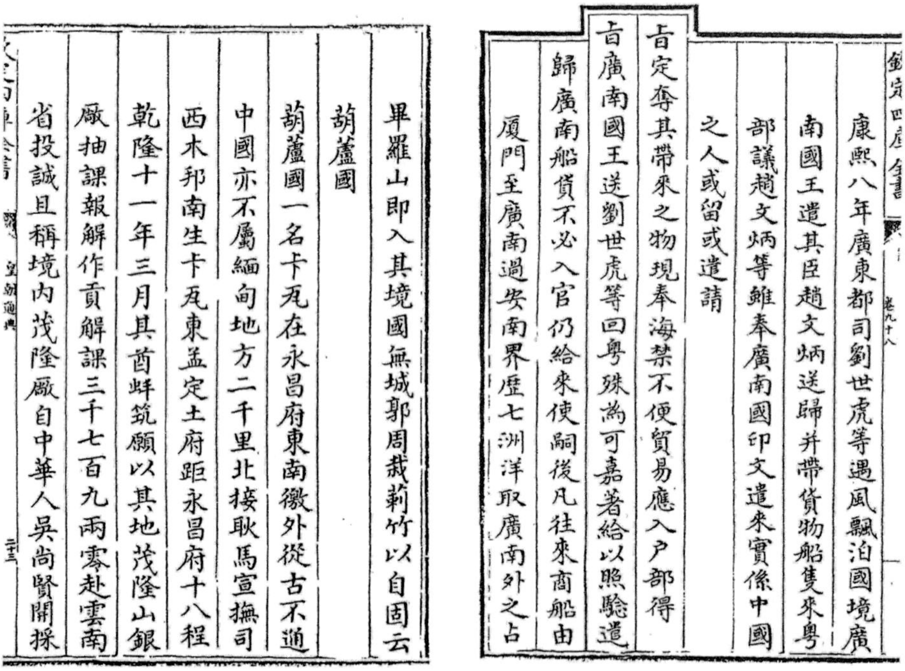

欽定四庫全書 卷九十八

康熙八年廣東都司劉世虎等遇風飄泊國境廣南國王遣其臣趙文炳送歸并帶貨物船隻來粵部議趙文炳等雖奉廣南國印文遣來實係中國之人或留或遣請

旨定奪其帶來之物現奉海禁不便貿易應入戸部得

旨廣南國王送劉世虎等回粵殊為可嘉著給以照驗遣歸廣南船貨不必入官仍給來使嗣後凡往來商船由廈門至廣南過安南界歷七洲洋取廣南外之占畢羅山即入其境國無城郭周栽荊竹以自固云

葫蘆國

葫蘆國一名卡瓦在永昌府東南徼外從古不通中國亦不屬緬甸地方二千里北接耿馬宣撫司西木邦南生卡瓦東孟定土府距永昌府十八程乾隆十一年三月其酋蚌筑顧以其地茂隆山銀廠抽課報解作貢解課三千七百九兩零赴雲南省投誠且稱境內茂隆廠自中華人吳尚賢開採

圖40　《皇朝通典》

【203】嵇璜等《皇朝通典》，卷九十八，邊防二，廣南，四庫全書，卷六四三，933頁。

3.6　中國地圖資料中的南海

地圖資料是中方提出的主要證據。在中方的論述中，長沙和石塘都是早就畫在中國地圖中，因此也表明長沙和石塘自古以來就是中國的一部分。以下將一一分析多個版本的地圖，看看中國的「地圖證據」是否能證明中方論點。

一般而言，從國際法上說，地圖並不是效力很強的主權證據。因爲很多地圖都是民間所畫，不能判斷爲官方的態度。即便是官方所畫的地圖，也最多能表達出有主權意圖而已，並不是有效控制的證據。對於古地圖來說，其效力更進一步地降低。這有幾個原因：第一，古地圖中的島嶼通常極不準確，難以給出有效的地理信息，東亞國家繪製的古地圖和西方地圖相比更是如此；第二，古地圖中一般缺乏明確的國家分界線和表明國別的著色，很難依據地圖作出有關主權方面信息的結論；第三，一些特殊的地圖（比如海防圖）是國家基於海防的軍事需要而畫出的地圖，其範圍要比國家的實際領土區域更大。

儘管如此，古地圖還是很重要的歷史資料，因爲它可以幫助理解一個國家在某個時期對領土範圍的總體思維，這在歷史學上有巨大的意義。從這個角度出發，就需要參考大量有代表性的地圖，不僅要研究把某地畫在地圖上的地圖，也要研究沒有把某地畫在地圖上的地圖，這樣才能瞭解在某時期社會總體上對疆域的認識。換句話說，地圖既可以說明某個國家在某個時期「擁有」某領土，也可以說明某個國家在某個時期「不擁有」某領土。這點對於現代主權意識明晰之後的地圖更爲重要。一般而言，官方地圖的意義比民間地圖大，而中央主編的地圖的意義比地方主編的地圖大。

在對中國古地圖的考察中，筆者將兼顧全國（世界）性的地圖、描述外國的地圖、廣東省地圖、海南地圖、府縣地圖以及海防圖。正如上述分析，要注意的是兩點：第一，對於全國性的地圖，省地圖（廣東省）和州府地圖（瓊州府），需要看這些地圖上有沒有包括西沙和南沙；第二，如果這些地圖畫有西沙和南沙的地圖，還需要看在地圖上有沒有明確注明是屬中國或者明顯區分於外國的標誌，比如邊界、標注方式和顏色等等。

1. 宋朝和元朝

宋代的全國地圖以三幅爲代表，分別是宋朝的全國地圖《古今華夷區域總要圖》（1098，選自中國第一本歷史地圖集《歷代地理指掌圖》，圖41）[204]、《九域守令圖》（1121，原爲榮州刺史宋昌宗所立的一塊圖碑）[205]和《唐一行山河分野圖》（1201，選自南宋唐仲友著《帝王經世圖譜》）[206]。在這三幅圖上中國最南端都只是海南島，沒有西沙或者南沙。

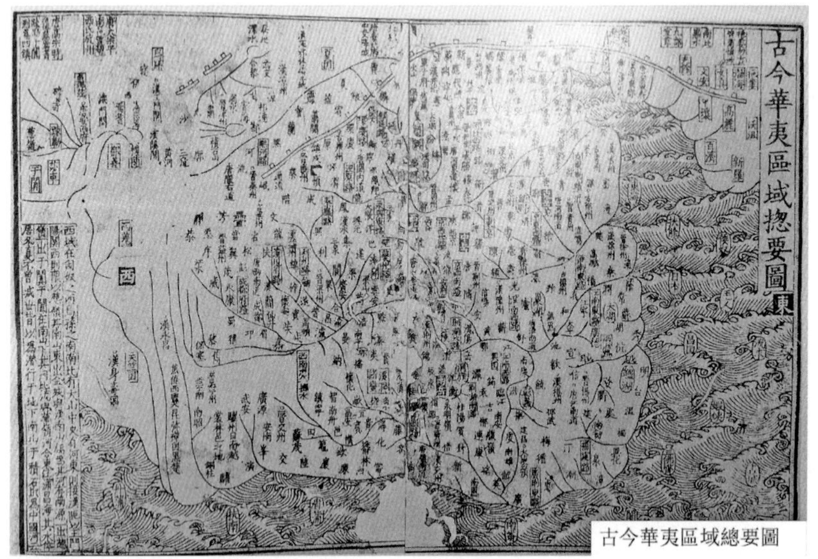

圖41　《古今華夷區域總要圖》，自《古地圖集》

兩幅元朝地圖——《歷代輿圖》（1330）[207]和《大元混一圖》（1330，圖42）[208]，都選自南宋《新編纂圖增類群書類要事林廣記》。《大元混一圖》目前只有元代刻本。按照圖中所畫，中國的南疆只到達瓊州，沒有畫出西沙和南沙。

【204】古地圖集（戰國——元），plate 94。

【205】同上，plate 64-66。

【206】同上，plate 121。

【207】同上，plate 174。

【208】同上，plate 177。

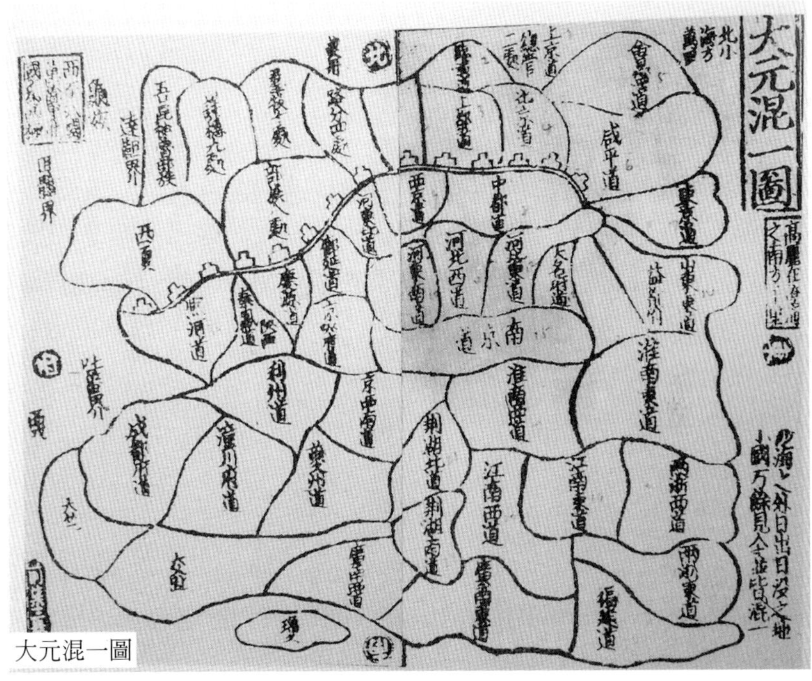

圖42　《大元混一圖》，自《古地圖集》

元朝的《南臺按治三省十道圖》（1344，圖43）[209]，選自《至正金陵新志》，圖中出現石塘的地名。這是在整本《中國古代地圖集（戰國──元）》中，唯一有「石塘」或者「長沙」字樣的圖。這個石塘在福建對開海岸線附近，鄰近廈門，遠離廣東沿岸和海南島，位置與西沙和南沙差異極大，最多可能是東沙群島。

2. 明朝

總的說來，繪製有「長沙」和「石塘」等名稱的地圖是自明朝開始的（1400年之後），根據吳鳳斌的說法，它們分爲三種體系[210]：

第一種，也是中國地圖中最早出現「長沙」、「石塘」等字眼的

[209] 同上，plate 193。

[210] 吳鳳斌〈古地圖記載南海諸島主權問題研究〉，地理歷史主權，58頁。

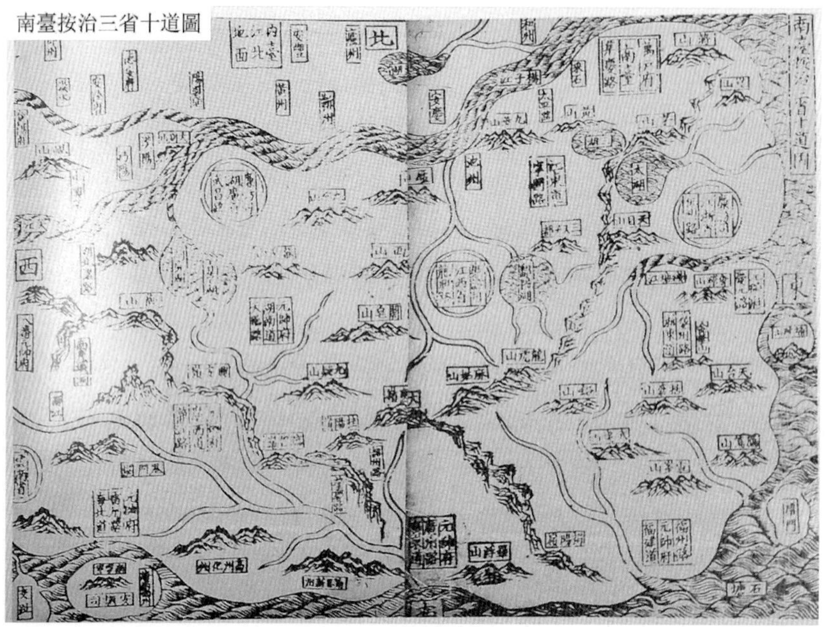

圖43　《南臺按治三省十道圖》，自《古地圖集》

《混一疆理歷代國都之圖》（1402，圖44）[211]。但其實這幅地圖不是中國人繪製的，而是朝鮮人李薈繪製的。其附記中說：

天下至廣也，內自中邦，外薄四海，不知其幾千萬里也。約而圖之於數尺之幅，其致詳難矣。故爲圖者皆率略。惟吳門李澤民《聲教廣被圖》，頗爲詳備；而歷代帝王國都沿革，則天臺僧清浚《混一疆理圖》備載焉。建文四年夏，左政丞上洛金公燮理之暇，參究是圖，命檢校李薈，更加詳校，合爲一圖。其遼水以東，及本國之圖，澤民之圖，亦多缺略。今特增廣本國地圖，而附以日本，勒成新圖。井然可觀，誠可不出户而知天下也……

【211】同上，58頁。

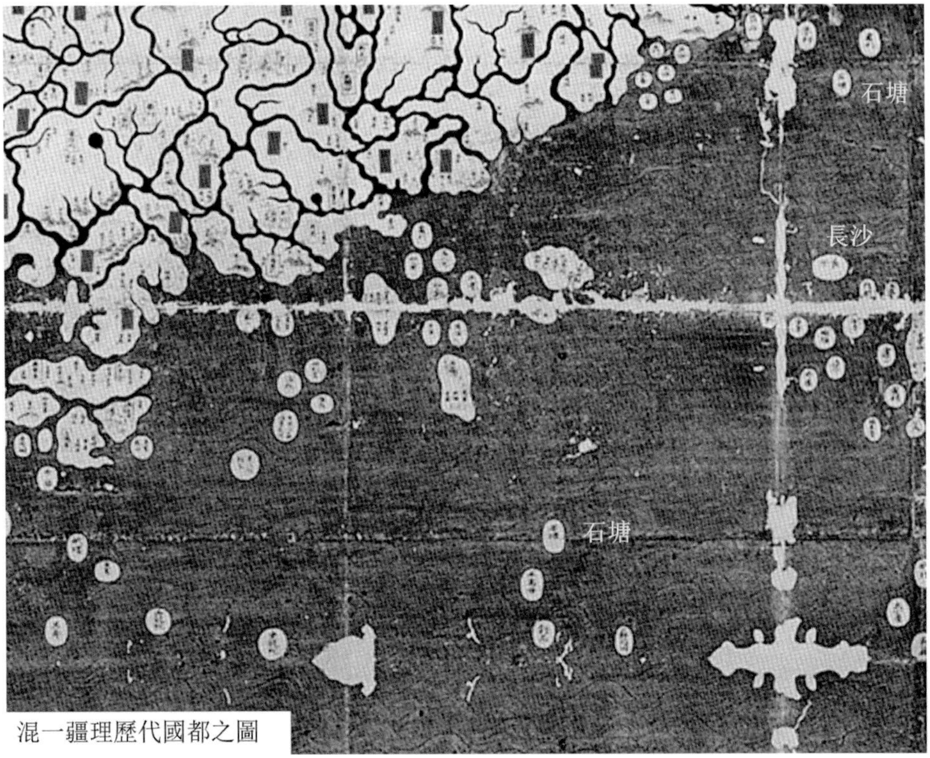

圖44　《混一疆理歷代國都之圖》（局部）

吳鳳斌認爲，這幅圖是根據元代李澤民《聲教廣被圖》和清浚《混一疆理圖》混合而成，因此中國在元代就應該有地圖記載長沙和石塘。從上面附記可知，除了以上提到的兩幅圖外，該圖還至少參考了另外兩幅地圖[212]。《聲教廣被圖》和《混一疆理圖》均已佚失，無法一睹眞貌。儘管當時已經有長沙和石塘（有兩個石塘）的標誌，但憑標注的位置都難以確定其眞正地點。最北的石塘在廈門的南面，長沙在福建對開的海面，而較南的石塘在海南島以東頗遠之處。而且這幅圖並不是中國地圖，而是一幅世界地圖（東亞眼中的世界），裡面既畫有中國的地方，也畫有外國的地方。從這幅圖中，也無法確定它們的歸屬，因爲它們（除了和廈門相近的石塘外）都混雜在一堆外國地名之中。

[212] http://en.wikipedia.org/wiki/Kangnido。

第二個系統是《廣輿圖》系統的地圖。《廣輿圖》（1553）是最早由朱思本所撰的整張地圖，後由羅洪先增補並按地域分割爲地圖冊。它是中國古代地圖系統中最廣爲流傳的地圖，在明朝翻刻數次，是明朝地圖集的標準版本，直到清朝還有翻刻。在《輿地總圖》[213]中，中國的國界僅到海南（圖45）。在《廣東圖》[214]中，也只到海南。在書末的《東南海夷總圖》[215]中則出現了石塘和長沙這兩個名稱（圖46）。但其位置在溫州和臺州對開海面，難以從地圖上判斷是否爲今天的西沙和南沙，而且混雜在一堆顯然爲外國名稱的島嶼（婆利、龍禦、蝦夷等）之間，沒有任何跡象顯示這兩個名字所代表的地方屬中國。在《西南海夷總圖》[216]中，則有另外一個石塘，被一大堆外國名稱的島嶼（沙里骨的、馬剌里等等）與老撾、緬甸等大陸上的國家相隔，靠近渤泥和平高崙（圖47）。難以確定其眞正指代的地方，更是和中國毫不相關。

吳鳳斌綜合兩個系統的地圖認爲：最北方的石塘「應係泛指東沙群島」，長沙「係指中沙和西沙群島，而南方的石塘「應指南沙群島」。[217]這個說法由於地點和實際位置相差太遠，缺乏地圖上的根據，僅僅是爲了把這幾個地方安放在地圖上而已。

《廣輿圖》多有各種類似的翻版，比如1613刻本的《圖書編》。它由章潢編纂，是一本晚明圖集。這裡的「圖書」，不是現在通稱的書籍，而是以圖爲核心的書。它收集了明代各種圖，有儀式、衣服、器物和動植物等，當然也包括眾多地圖，相當於一部百科全書。它還包含世界地圖（畫出美洲），相當先進。

---

[213] 《廣輿圖》，中國輿地叢書之九，臺北，學海出版社，1969年影印版，32-33頁。

[214] 同上，172-173頁。

[215] 同上，386-387頁。

[216] 同上，388-389頁。

[217] 吳鳳斌〈古地圖記載南海諸島主權問題研究〉，地理歷史主權，59-61頁。

圖45　《廣輿圖》之《輿地總圖》

圖46　《廣輿圖》之《東南海夷總圖》（因清晰度之故，選《三才圖會》版本）

圖47　《廣輿圖》之《西南海夷總圖》（因清晰度之故，選《三才圖會》版本）

《圖書編》中有《四海華夷總圖》，相當於世界地圖，沒有畫出西沙和南沙[218]。《二十八宿分應各省地理總圖》[219]基本上是中國地圖，中國疆界南端是海南島，沒有西沙和南沙。《東南海濱諸夷國圖》[220]屬《四夷總圖》之列，沒有畫出西沙和南沙。《東南海夷圖》[221]屬《四夷總圖》之列，與《廣輿圖》的相仿，地圖上畫出了石塘和長沙這兩個名字，可是位置在溫州和臺州對開海面，不能肯定是否是今天的西沙和南沙，而且混雜在一堆外國島嶼之間，沒有任何跡象顯示這兩個名字所代表的地方屬中國。另外半幅圖展示了廣東和海南島對開海面，沒有石塘和長沙這兩個地名，也沒有任何和西沙或南沙相似的島嶼。《西南海夷圖》[222]屬《四夷總圖》之列，出現了石塘字樣，但是從圖中看，明顯不是中國地

[218] 《圖書編》，成文出版社，1971，第十冊，4024-4025頁。

[219] 同上，3951-3952頁。

[220] 同上，5923-5924頁。

[221] 同上，5921-5922頁。

[222] 同上，5925-5926頁。

界。類似的還有《三才圖會》（1607），其《東南夷海圖》和《西南夷海圖》與《廣輿圖》的幾乎完全一樣。

第三種是《鄭和航海圖》。此圖只有一幅，放在3.10.3節中論述。

此外，明代很多地圖都沒有出現長沙和石塘字樣。《大明萬世一統圖》（1638，圖48）選自《古今輿地圖》，中國南方只到達海南。《坤輿萬國全圖》（東亞部分）（1608）爲利瑪竇著，是一張西式的世界地圖，東亞部分沒有畫出西沙和南沙。

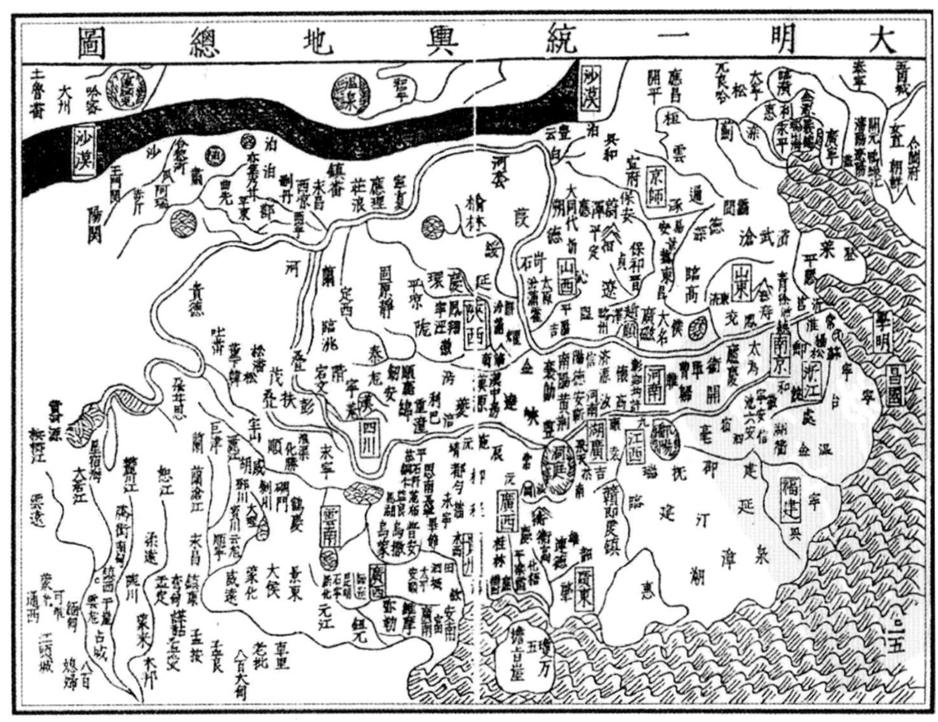

圖48　《大明萬世一統圖》

再看海防圖系列。最早的海防圖出自鄭若曾之手，計有《籌海圖編》（1561）和《鄭開陽選集》（1570）中的各種海防圖。《萬里海防圖》選自《籌海圖編》，所有三幅廣東對開海面的圖上都沒有西沙和南沙。《乾坤一統海防全圖》(1592)[223]是董可威依據鄭若曾《萬里海防圖》

【223】古地圖集（明），北京文物出版社，1990，plate 39-44。

摹繪的摹本，詳細地描繪了從遼寧到廣東的海岸和軍事設施。在圖的瓊州部分，沒有畫出西沙和南沙。在瓊州的東北角有七洲洋、九洲洋和獨豬山。另外，在圖的福州府部分，雖然畫出一個叫釣魚嶼的島嶼，但是位置全然錯誤。

可見，在明代，儘管在一些圖中出現了長沙和石塘的字眼，但是這些地點標注與西沙及南沙的位置差異很大，僅僅從圖中難以認定就是這兩個地方。而且，這些地名多在西南夷及東南夷的地圖上，並和眾多的外國地名混雜在一起，無法認為表示了中國的地界。而在中國的疆域圖中，很多沒有顯示長沙石塘的名字。

3. 清朝

清朝有關長沙和石塘的畫法分為幾種。第一種就沿用明代《廣輿圖》的畫法，採用《東南海夷圖》和《西南海夷圖》。這類地圖數目繁多，如顧祖禹的《讀史方輿紀要》（1678）、溫汝能的《方輿類纂》（1808）乃至嚴如熤的《洋防輯要》（1842）等。這裡不再討論。

第二類是《大清中外天下全圖》系統的地圖。這系列的地圖多有萬里長沙和萬里石塘的字樣，但也有些圖只有其中一種。總體而言，這些圖中雖然畫出了這兩個地方，其位置儘管要比《廣輿圖》準確，但還沒有準確到能夠辨認區分出西沙和南沙的的程度。從圖上看，它們是連成一線的，而且都出現在海南島的東部。似乎把它們看成是西沙和中沙更為合適。這些地圖都是「天下」全圖，即以中國為中心的世界地圖，包括了周邊很多國家。它們通常缺乏明確的國界標識，長沙和石塘又和外國地方在一起（儘管不至於《廣輿圖》中那麼全然混雜），難以確定是否有屬中國的意思。

《大清萬年一統地理全圖》[224]（約1800，圖49）是嘉慶年間的一幅巨大的地圖，這裡截取了相關的區域。圖中出現萬里長沙和萬里石塘。從著色上無法看出它們是不是中國的一部分，因為圖中還出現亞齊、咖留田、爪哇等外國地名。

【224】《中國古地圖珍品選集》，中國測繪科學研究院編纂，哈爾濱地圖出版社，1998，plate 141。

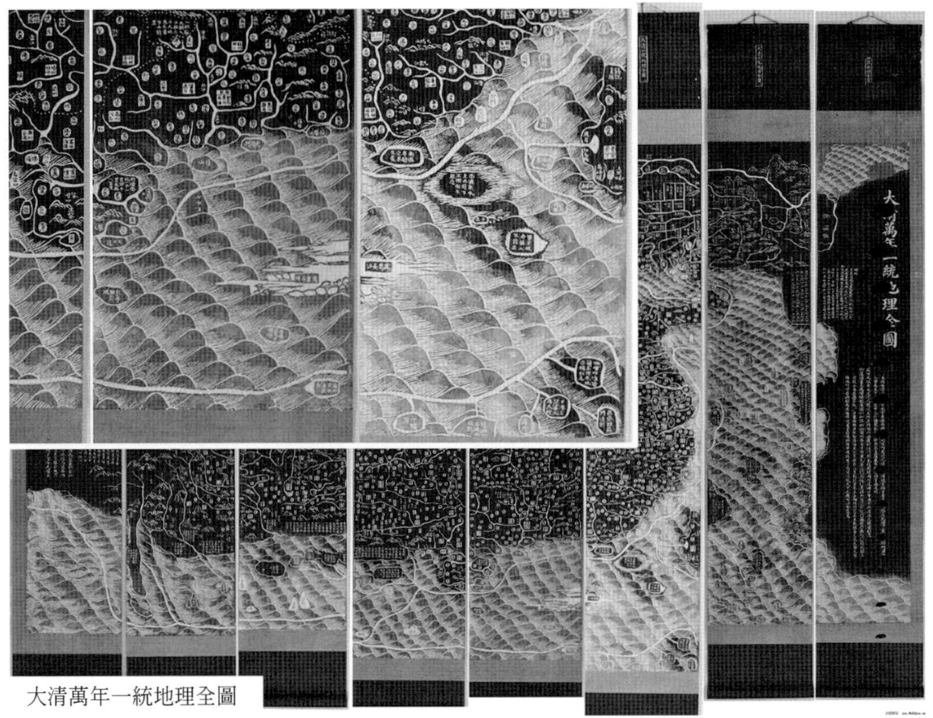

圖49 《大清萬年一統地理全圖》（見彩頁P528）

《大清一統天下全圖》（1818，圖50）[225]由朱錫齡繪製。這張地圖是中國舊地圖中少見的有現代意義國界線的地圖。整個中國轄區和邊境線都用紅線勾勒。於是在這張圖上很明顯看出哪些是中國領土，哪些不是中國領土。金門、廈門和海南島都用紅線和大陸劃在一起，臺灣和舟山群島則專門用紅線把整個島嶼圈住，以示爲中國一部分。圖中出現了萬里長沙和萬里石塘這兩個名字，但是它們和柔佛、滿剌加和三佛齊等都在中國疆土界線之外。而崖山和虎頭門等廣東對開小島也在中國疆土界線之外。

第三類是陳倫炯在《海國聞見錄》（1730）所繪製的《四海總圖》一系的地圖（圖24）。這是具備一定西方知識的中國地圖。作者參考了西方的繪圖概念，用了兩個圓形的方式來顯示全球，在中國本土地圖史上史無前例。長沙和石塘基本大致畫在了相應的區域，南澳氣、長沙頭、長沙

[225] 《地圖中國》，周敏民主編，香港大學圖書館，2003，plate 48。

門、長沙連成一線，而石塘則在和長沙平行的南方。在圖中，沒有顯示長沙和石塘是中國的領土。《海錄》（1820）中的地圖也是一幅圓形的世界地圖（圖29）。長沙和石塘也基本畫在了相應的區域，儘管其位置還是相當不準確。圖中也沒有任何標識表明它們屬中國。在近代中國，這種圖式開始變多。

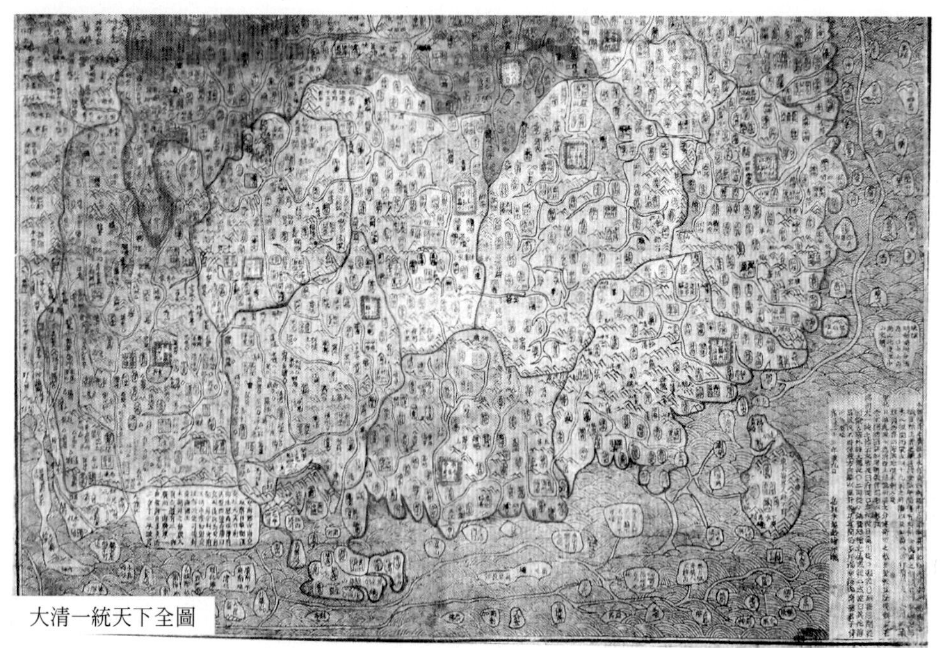

圖50 《大清一統天下全圖》，自《地圖中國》（見彩頁P529）

第四類是外國傳入的西洋畫法的地圖，其實就是西洋地圖的漢化版，比如西方傳教士如利瑪竇按照西方的地圖糅合中國的資料而繪製的《坤輿萬國全圖》（1602年，晚明，圖51）。在這部地圖的原版中並沒有萬里長沙的字眼[226]，但是在日本翻譯（並著色）版中[227]卻加上了萬里長沙（圖52）。這裡的萬里長沙似乎是南沙群島，或者是泛指南海諸島。似乎是日本人在翻譯的過程中自行加上的。地圖無任何標識顯示其主權歸

[226] http://en.wikipedia.org/wiki/Kunyu_Wanguo_Quantu。

[227] http://en.wikipedia.org/wiki/Kunyu_Wanguo_Quantu。

屬。在南懷仁（Ferdinand Verbiest）的《坤輿全圖》[228]（1674）中所畫的萬里長沙是西方地圖上的帕拉塞爾（圖53）（見4.1.2）。

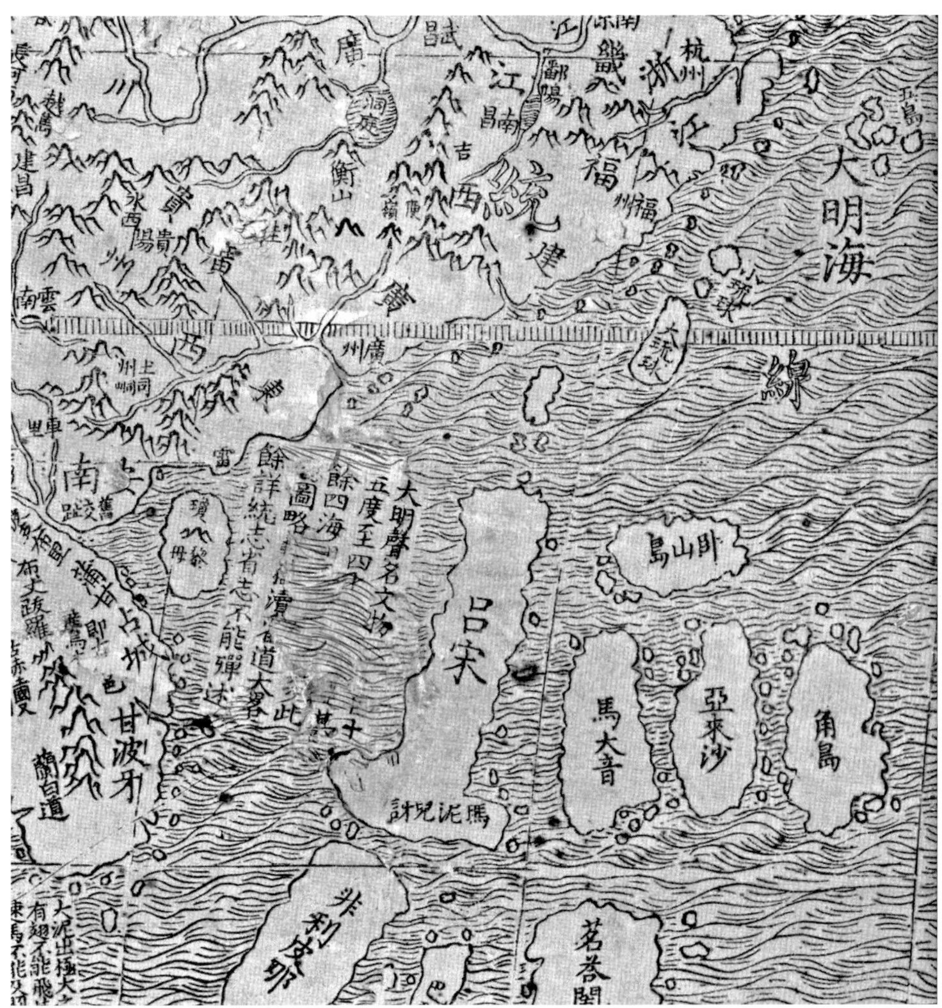

圖51　利瑪竇《坤輿萬國全圖》，明尼蘇達大學原刻版

【228】古地圖集（清），Plate 144。

此外，還要注意各種沒有包括西沙和南沙的地圖。它們同樣（甚至更好地）說明了這個時期的中國疆界。蔡方炳編的《廣輿記》（康熙二十五年，1686）中有十八圖。無論在《皇輿總圖》[229]還是在《廣東圖》[230]中，中國南界都只到瓊州（圖54）。

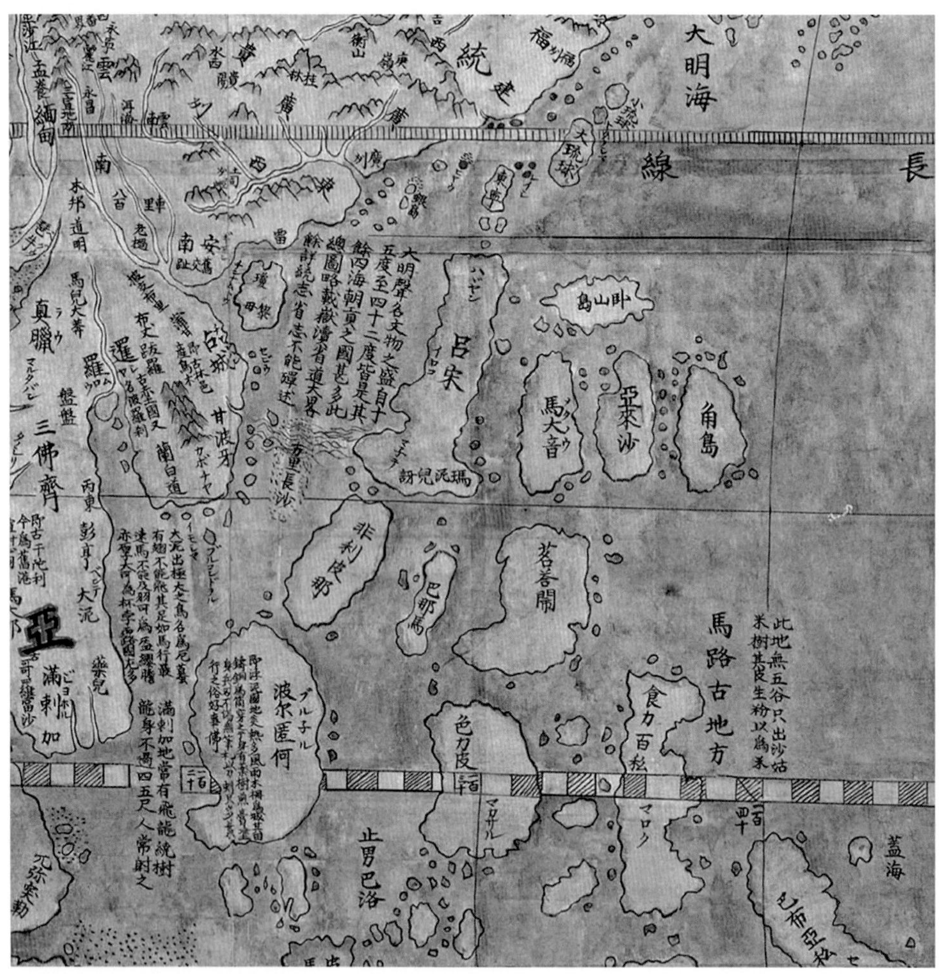

圖52　利瑪竇《坤輿萬國全圖》，日文翻譯版

[229]《廣輿記》，中國輿地叢書之十，臺北，學海出版社1969年影印版，21頁。
[230] 同上，48頁。

圖53　南懷仁《坤輿全圖》

圖54　《廣輿記》之《皇輿總圖》（左）和《廣東圖》（右）

《清代一統地圖》（1760）是一本在乾隆二十五年出版的詳細中國地圖冊，俗稱十三排圖，是供皇帝參閱的地圖。它是當時最權威的地圖，說明了大清鼎盛時期的疆域。按照地圖所示，中國的疆界之南止於海南島，並沒有長沙和石塘（圖55）。

以上列舉的地圖基本說明了三點：

第一，從宋朝起到十九世紀中葉之前的地圖中，中國的全國地圖、廣東省圖、海南府地圖，以及中國的海防圖中都不包括長沙和石塘。

第二，一些世界地圖，外國地圖（東南夷，西南夷，東南洋等）以及冠以「混一」、「天下」名字的地圖中出現了石塘和長沙的字樣。可是這些地圖上都有外國的地方，很多甚至以外國爲主。一般沒有標誌顯示這兩個地方屬中國，相反卻有地圖把這兩個地區用紅線勾出中國境外。換言之，所謂「長沙和石塘都是早就畫在中國地圖中」其實僅僅是畫在中國出版的地圖中，而不是畫在中國境內。因此，地圖「表明了長沙和石塘自古以來就是中國的一部分」這個論點是不成立的。

第三，絕大部分的古中國地圖對於長沙和石塘這兩個地點的地理位置都非常不準確，如果用中國專家對西方地圖的標準衡量中國出版地圖上的長沙和石塘，可以說它們都不是現在的西沙或南沙群島。當然，筆者一向主張對古代出版的地圖的準確性平等地持寬容的態度。

綜上所述，沒有一份中國古地圖能夠證明西沙和南沙是中國領土的一部分，反而大量的地圖能證明它們不屬中國。當然，中國地圖這麼多，不可能一一檢驗。但是從統計意義上說來，這個觀點是可以得到支持的。關於十九世紀中後期的地圖在近代篇中再繼續討論。

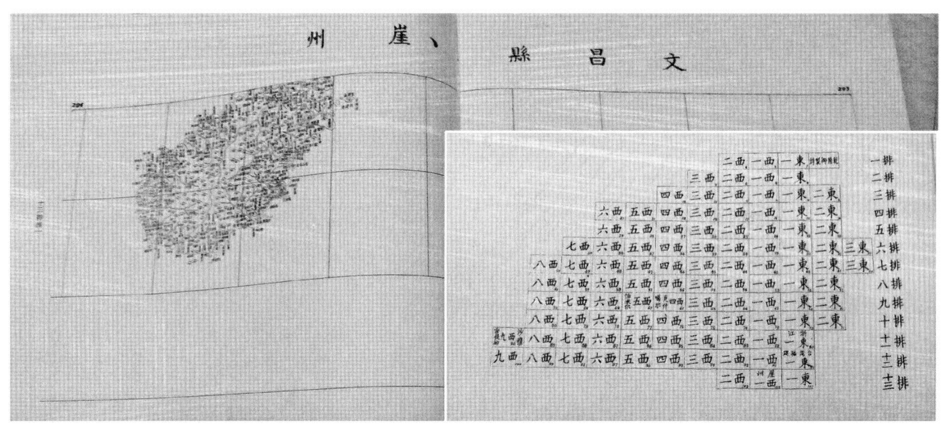

圖55　《清代一統地圖》

3.7　南海諸島有否納入中國政區

中國方面認爲，很多中國古代方志上都記載著「萬州有千里長沙萬里石塘」的話，這證明了西沙群島和南沙群島早在宋朝已經是中國領土和劃入中國政區了。這種說法是否屬實呢？

查原始檔案，在萬州山川條下記載「長沙海石塘海」這個條目的方志數量確實不少，在明以後有幾個版本的《廣東通志》（康熙、雍正、道光）和《瓊州府志》（康熙、乾隆、道光）中都有出現。這似乎是清代管轄西沙和南沙的鐵證。但只要完整地審視其內容，就可以得出相反的結論。試看幾個例子：

康熙《廣東輿圖》（注，在圖中沒有畫出千里長沙和萬里石塘）：

「長沙海石塘海：俱在城東海外洋。古志云：萬州有千里長沙萬里石塘，俱在外海，莫稽其實。」

《康熙廣東通志》（金光祖，1697）：

「長沙海石塘海：俱在城東海外洋。古志云：萬州有千里長沙萬里石塘，然俱在外海，莫稽其實。」[231]

《雍正廣東通志》（郝玉麟著，1731，圖56）：

之北爲後澳
南港　在城東南三十里舊志東一百五十里誤
踢容河　在城西源出南萬嶺東流距城西南三十里
曰都封水至城西南十里分爲二支一支從銅鼓嶺下
經城南七里曰大溪水一名南渡溪又名三曲水東流
會金仙水入周郵港一支流經小南山名小南山河東
流由小海港入海
石龜河　源出南萬嶺即踢容河之上流也水中有石
欽定四庫全書　廣東通志　卷十三
如龜形水流冲激聲響如鳴鼓
龍溪河　在城北八十里源出六連山東北流經樂會
縣地界入樂會博敖港
長沙海石塘海　俱在城東海外洋古志云萬州有千
里長沙萬里石塘然俱在外海莫稽其實
陵水縣
山獨秀山　在城西南半里各舊志三里誤高八丈餘又名文
筆山

圖56　《雍正廣東通志》

「長沙海石塘海，俱在城東海外洋，古志云：萬州有長沙海石塘海，然俱在外海，莫稽其實。」[232]

《乾隆瓊州府志》（蕭應植，1774），《地理篇・萬州・川》：

「長沙海石塘海：俱在城東海外洋。古志云：萬州有千里長沙萬里石塘，俱在外海，海舟觸沙立碎入塘多無出者，人不敢近，莫稽其實。」[233]

【231】轉引史料彙編，35頁。

【232】《雍正廣東通志》，四庫全書，562卷，206頁。

【233】《乾隆瓊州府志》，續修四庫全書，六七六冊，75頁。

《道光廣東通志》（阮元著，1822）

「萬州：長沙海石塘海在城東海外，古志云：萬州有長沙海石塘海，然俱在外洋，莫考其實。」[234]

《道光瓊州府志》（明誼，1841，圖57）

「長沙海石塘海：俱在城東海外洋。古志云：萬州有千里長沙萬里石塘，俱在外海，海舟觸沙立碎入塘多無出者，人不敢近，莫稽其實。」[235]

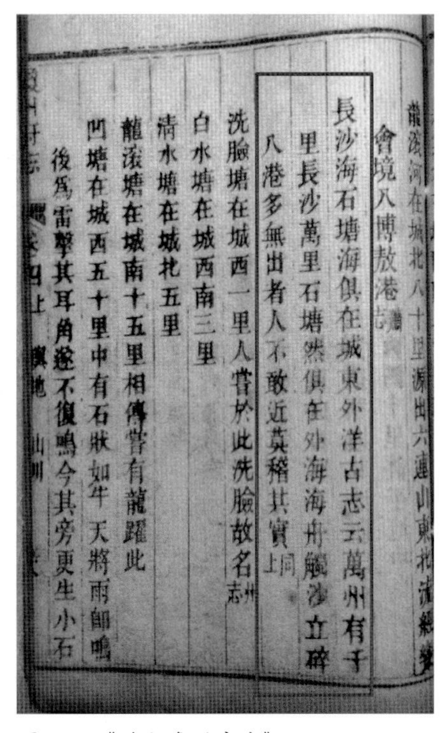
龍滚河在城北八十里源出六連山東北流經
會境入博敖港 志
長沙海石塘海俱在城東外洋古志云萬州有千
里長沙萬里石塘然俱在外海海舟觸沙立碎
入港多無出者人不敢近莫稽其實 上同
洗臉塘在城西一里人嘗於此洗臉故名 州志
白水塘在城西南三里
清水塘在城北五里
龍滚塘在城南十五里相傳嘗有龍躍此
凹塘在城西五十里中有石狀如牛天將雨即鳴
後為雷擊其耳角遂不復鳴今其旁更生小石

圖57　《道光瓊州府志》

《道光萬州志》（胡瑞，1828，圖58）

「長沙海石塘海：俱在城東海外洋。古志云：萬州有千里長沙萬里石塘，俱在外海，海舟觸沙立碎，入塘無出理，人不敢近，莫稽其實。」[236]

類似的方志記錄大概還有不少，它們大同小異，無需一一列舉。從這幾條記錄中已經充分看出，關於這兩個地方的描述重點就在兩

[234] 阮元《廣東通志》，卷一百一十二山川略十三，中華叢書廣東通志，臺北，臺灣書店，1959印行，2157頁。

[235] 明誼《道光瓊州府志》，卷四，1890年刻印版線裝本，無頁碼。

[236] 《道光萬州志》卷三，1958年中山圖書館複製版，無頁碼。

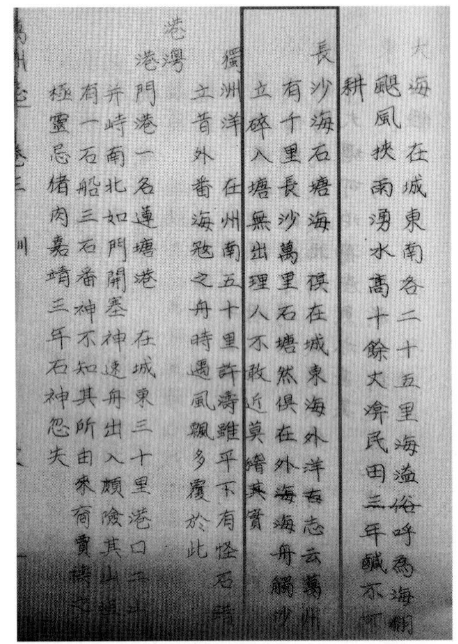
大海　在城東南各二十五里海溢俗呼為海
颶風挾雨湧水高十餘丈淹民田三年鹹不可
耕
長沙海　石塘海　俱在城東海外洋古志云萬州
有千里長沙萬里石塘然俱在外海海舟觸沙
立碎入塘無出理人不敢近莫稽其實
獨洲洋　在州南五十里許濤雖平下有怪石
立昔外番海艘之舟時遇風飄多覆於此
港
港澚
門港　一名蓮塘港　在城東三十里港口二
并峙南北如門開塞神速舟出入頗險其
有一石船三石番神不知其所由來商賈
極靈忌猪肉嘉靖三年石神忽失

圖58　《道光萬州志》

個詞：第一，「古志云」，說明這是因循古說的；第二，「莫稽其實」，就是不知道是不是眞的。

這些方志都不約而同地出現「古志」這兩個字。那麼這個古志到底是什麼呢？一般的意見是宋代十三世紀初期的《瓊管志》[237]。《瓊管志》早已佚失。在以上提過的《輿地紀勝》和《方輿勝覽》都直接引用了《瓊管志》。在宋以後的《廣東通志》和《瓊州府志》都引用了《瓊管志》的內容，而且很可能就是從《輿地紀勝》和《方輿勝覽》中來的。但和《諸蕃志》相比，它們不完整，都有「云云」字樣。它們的文字和《諸蕃志》中的幾乎一樣，所以不肯定到底是《諸蕃志》引用了《瓊管志》還是反之。《諸蕃志》的記錄最完整，如下：

> 至吉陽，乃海之極，亡複陸塗。外有州，曰烏里，曰蘇吉浪，南對占城，西望眞臘，東則千里長沙、萬里石床，渺茫無際，天水一色。[238]

吉陽指的是崖州。這個句子說：崖州之外有兩（三）個地方叫烏里和蘇吉浪[239]。這兩個地方都在越南中部的順化一帶。這兩個地方的南面是占城，西面是眞臘，東面是千里長沙、萬里石床。

有人認爲「南對占城，西望眞臘，東則千里長沙、萬里石床」是對吉陽而言的，而不是對烏里和蘇吉浪而言。這在方位上說不通。因爲崖州西

[237] 史地論證，229頁。

[238] 趙汝適著，楊博文校釋，《諸蕃志較釋》，中華書局，1996，216頁。

[239] 蘇吉浪疑是蘇密、吉浪之脫文。

面是交趾或占城，而不是眞臘。眞臘在這個緯度附近並不靠海，靠海的是越南，越南再往西才是眞臘。只有越南才具備西面是眞臘這個條件。所以這裡的南面、西面和東面都是對位於現在越南中部的烏里和蘇吉浪而言。越南中部的西面是眞臘，南面是占城，東面是西沙，正符合地理位置。所以，實際上，《瓊管志》的意思是先描述了崖州南面的越南中部，再順帶描述了越南中部的地理方位，以全面地描述崖州的位置。從這個描述中完全看不出把千里長沙和萬里石床視爲中國領土的意思，當然也沒有這些領土是越南的意味，它們只是純粹的方位描述而已。

退一步說，即便這裡的「南對占城，西望眞臘，東則千里長沙、萬里石床」是對吉陽而言，也說明不了其主權歸屬的問題。因爲千里長沙和萬里石床都是和占城以及眞臘並列的，後兩者都是外國之地，看不出千里長沙萬里石床在這裡有屬中國的意思。

最後，這裡的石床和長沙也都是指西沙群島，而不是分指西沙和南沙。韓振華和李金明認爲石床指西沙，長沙指南沙只是一種想當然。在宋代，石床和長沙指兩種不同的地貌，石塘爲環礁，石床爲礁盤（石塘和石床也有混用的情況），長沙爲在石床上發育的沙洲和沙島。聯繫〈海南〉篇的文字，這裡的石床和長沙都指西沙群島（或兼指中沙群島）[240]。南沙在越南中部和海南的南面或者東南面，而不是東面。

因此，《瓊管志》儘管有相關描述，但它的記載並不表明中國在宋代已經把西沙和南沙納入行政區域之中，而僅僅說明吉陽軍東方的海面中存在西沙群島這一地理事實（參見3.4.2）。

由此到明朝萬歷朝爲止，在幾百年的時間內，方志系統對《瓊管志》的引用並沒有出現偏差。比如在正德朝的《正德瓊臺志》卷四·疆域中對瓊州的描述爲：

外匝大海遠接諸番【瓊莞古志云外匝大海，接烏里蘇密吉浪之州，南

[240] 曾昭璇〈中國古代南海諸島文獻初步分析〉，《中國歷史地理論叢》，1991年第1期，133-160頁。

則占城，西則眞臘交趾，東則千里長沙萬里石塘，北至雷州徐聞】[241]

《卷六・山川下》中最後有對海南地理的描述：

番夷諸國，多在西南海中，迤邐而至崖南、占蠟、暹剌哇、佛泥諸蕃，而瓊之東則匝大海，千里長沙萬里石塘，是即地所不滿之處。[242]

《卷二十一・海道》（圖59）中則有：

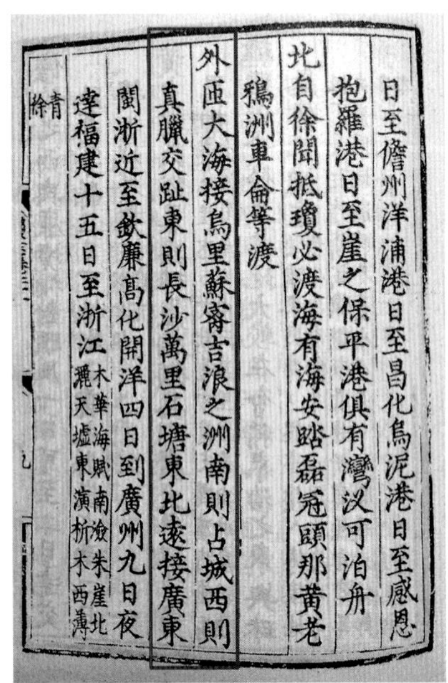
日至儋州洋浦港日至昌化烏泥港日至感恩
抱羅港日至崖之保平港俱有灣汊可泊舟
北自徐聞抵瓊必渡海有海安踏磊冠頭那黃老
鴉洲車侖等渡
外匝大海接烏里蘇密吉浪之洲南則占城西則
真臘交趾東則長沙萬里石塘東北遠接廣東
閩浙近至欽廉高化開洋四日到廣州九日夜
達福建十五日至浙江木華海賦南渝朱崖北灑天墟東演析木西薄

圖59 《正德瓊臺志》

外匝大海，接烏里蘇密吉浪之州，南則占城，西則眞臘交趾，東則千里長沙萬里石塘，東北遠接廣東閩浙，近至欽廉高化，開洋四日到廣州，九日夜達福建，十五日至浙江。[243]

在萬州的地理介紹中也沒有出現「長沙海石塘海」之條目。可見，該書的描述和《瓊管志》的描述還是一致的，並沒有把長沙石塘視爲萬州所屬。而在嘉靖朝黃佐的《廣東通志》（1561）中則根本沒有長沙石塘的描述[244]。在萬曆郭棐的《廣東通志》（1602）中也沒有這些描述[245]。這說明直到嘉靖朝爲止，這種錯誤的說法還沒有產生。

【241】《正德瓊臺志》，天一閣明代方志叢書，上海古籍圖書館影印，1965，卷四，無頁碼。韓振華認爲是轉引元代蔡微《瓊海方輿志》。

【242】同上，卷六，山川下。

【243】同上，卷二十一。

【244】黃佐《廣東通志》卷二圖經下，嘉靖本，香港，大東圖書公司影印版，1977，48-52頁。

【245】郭棐《廣東通志》卷五十七，早稻田大學掃描本，無頁碼。

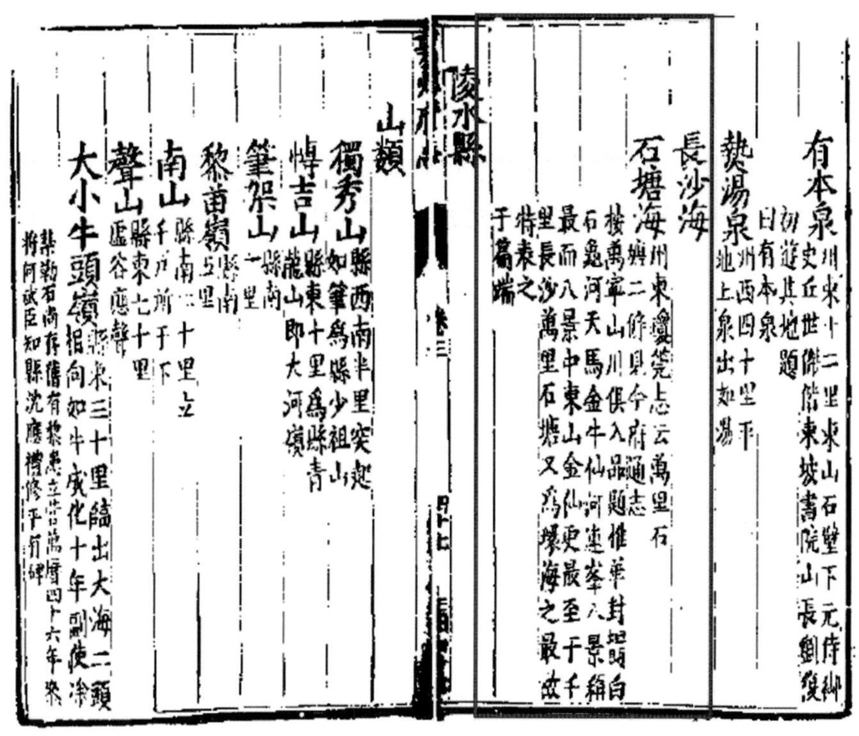
有本泉 州東十二里東山石壁下元侍御史丘世傑偕東坡書院山長劉俊初遊其地題曰有本泉
熱湯泉 州西四十里平地上泉出如湯
長沙海
石塘海 州東瓊莞志云萬里石塘二條見本府通志按萬寧山川俱入品題惟華封坦朗白石龜河天馬金牛仙河連峯八景稱最而八景中東山金仙更最至于千里長沙萬里石塘又爲環海之最故特表之于篇端
陵水縣
山類
獨秀山 縣西南半里突起如筆爲縣少祖山
悖吉山 縣東十里爲縣青龍山即大河嶺
筆架山 縣南一里
黎菌嶺 縣南五里
南山 縣南二十里立千戶所于下
聲山 縣東七十里盧谷應聲
大小牛頭嶺 縣東三十里鎬出大海二頭相向如牛成化十年副使涂棐勒石尚存舊有黎泉亭萬曆四十六年參將何斌臣知縣沈應禮修于有碑

圖60　《萬曆瓊州府志》

從明朝萬歷朝的《萬曆瓊州府志》（戴禧修，陳於宸編，1616）開始，才第一次在〈山川．萬州〉中出現了這個詞條（圖60）：

> 長沙海石塘海：州東，瓊莞志云萬里石塘二條，見本府通志。按萬寧山川俱入品題惟華封、坦朗、白石、龜河、天馬、金牛、仙河、連峰八景稱最。而八景中東山金仙更最。至於千里長沙萬里石塘又爲環海之最，故特表於篇端。[246]

這裡說得很清楚，作者最初是看到《瓊管志》的記錄，即上面所引述的記錄。同時，他看到了萬寧（即萬州）山川有八景的排行，就把千里長

【246】《萬曆瓊州府志》卷三，日本藏中國罕見地方誌叢刊，書目文獻出版社，1990，50頁。

沙萬里石塘想當然地加入了萬州條中，以爲「環海之最」，和陸上的八景並列。

《萬曆瓊州府志》爲最早寫有「長沙海石塘海」之說的方志。從這個詞條的加入看出，所謂把「長沙海石塘海」列入萬州的條目中，既不是因爲當時政區有了重新的劃分，也不是因爲政府採取了什麼特別的措施，也不是有了什麼新的活動記錄，而僅僅是編纂的文人從古書中看到了這個記載，爲了排比之故，把它想當然地列入了萬州之下而已。

在清初屈大均的《廣東新語‧漲海》有了新的說法：

萬州城東外洋，有千里長沙，萬里石塘，蓋天地所設，以堤防炎海之溢者。炎海善溢，故曰漲海。[247]

這是「萬州……有……長沙……石塘」的最早文字。此作也是因襲前人的作品，其萬州外有「千里長沙萬里石塘」的說法大概是沿用《萬曆瓊州府志》。而所謂石塘防溢的說法大概最早見於晉朝的《廣州記》：「（東漢馬援）即石爲堤，以遏海波，自始不復遇海漲。」[248]此後，「石塘」防海漲的傳說一直流傳。馬援在越南即便有建石塘的行爲，也最多只能是在越南中部大陸的海邊（象浦，即林邑國），絕對不可能在現在西沙群島的位置。屈大均把兩者糅雜在一起，認爲千里長沙和萬里石塘是「天地所設」的防止漲海之溢的堤壩。這個說法當然沒有科學上的可能。何況在這個作品中，也僅僅描述了千里長沙和萬里石塘的地理位置，而沒有涉及其主權歸屬。

在後人繼續編寫的方志中，也都參考了前人的作品。經過反覆流傳後，這句話的文字就發生了轉變，變成了「萬州有千里長沙萬里石塘」。從這些文字可以看出，這些清代方志的編撰者在編輯的時候，幾乎是完全抄自古書，所以言語幾乎一致，內容也沒有任何增加。而且，這些編撰者

---

〔247〕屈大均《廣東新語》，萬有書店印行本，卷四，水語，北京，中華書局，1985年翻印，73頁。

〔248〕劉煒毅《漢唐方志輯佚》，北京圖書館出版社，1997，144頁。

自己對此也不甚了了。所以「古志云：萬州有千里長沙萬里石塘，俱在外海，莫稽其實」。「莫稽其實」就是不能考察是不是眞實的意思。這說明他們對萬州外面有沒有這個長沙和石塘也是不清楚的，僅僅是因爲古代說有了，他們就記錄在冊。在這種情況下，如果說當時萬州確有管轄這兩個地方，是說不通的。

「有」這個字可以有多種解釋，它最原始的意思是「存在」，而引申出來的意思是「擁有」。這些最初如此轉述的作者可能想表達的意思是「存在」的本意，而這令後人誤解爲「擁有」的意思。値得讚揚的是，轉引前文的作者還是很專業而誠實地承認，他們事實上對這些地方是一無所知的，僅僅是傳說中的知識。這給後人留下了還原事實眞相的線索。現在，中國學者把這個明顯錯誤的轉引曲解爲萬州擁有千里長沙萬里石塘的行政權，這顯然是錯上加錯。

支持千里石塘萬里長沙並非萬州轄區這個說法的證據是，這些方志中大多帶有廣東省圖、瓊州府圖甚至萬州縣的地圖。在上述所有的方志所帶的地圖上，沒有一幅地圖出現過長沙石塘的位置。這進一步說明了方志編撰者對兩地的不熟悉，也進一步說明所謂萬州管轄長沙石塘的說法並不成立。比如《萬曆瓊州府志》[249]中的瓊州圖（圖61），《道光廣東通志》中的廣東地圖（圖62）、瓊州地圖、萬州地圖[250]，以及《道光萬州志》[251]中的萬州圖（圖63）均沒有長沙石塘。甚至在《道光廣東通志》的海防圖中也沒有長沙石塘[252]，在此圖中還標明「瓊崖地處極南，孤懸海外，東西南三面汪洋無際。」可見，在這些通志中，中國國境的最南端還是在海南瓊崖。

【249】《萬曆瓊州府志》卷三，日本藏中國罕見地方誌叢刊，書目文獻出版社，1990，10頁。

【250】阮元《廣東通志》，中華叢書廣東通志，臺北，臺灣書店，1959印行，1434-1435，，1646-1647，1666-1667頁。

【251】《道光萬州志》卷三，1958年中山圖書館複製版，無頁碼。

【252】阮元《廣東通志》，中華叢書廣東通志，臺北，臺灣書店，1959印行，2426-2429頁。

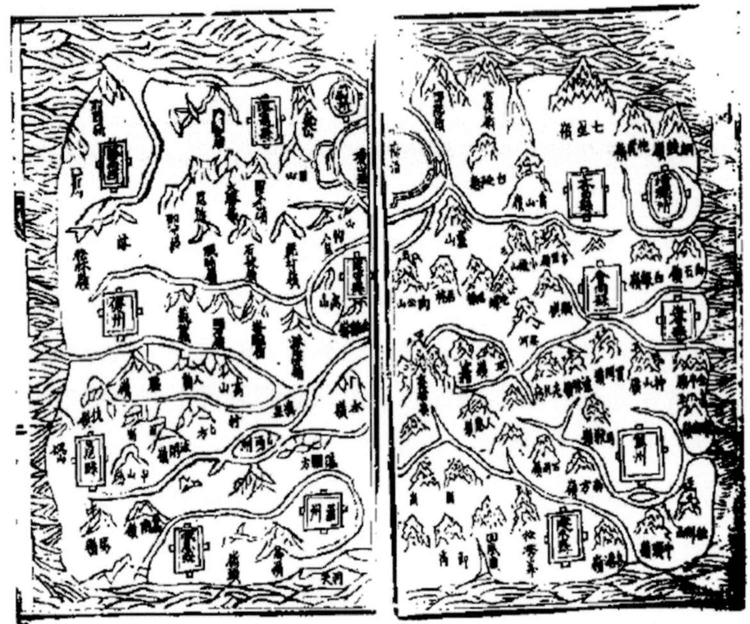

圖61　《萬曆瓊州府志》之瓊州圖

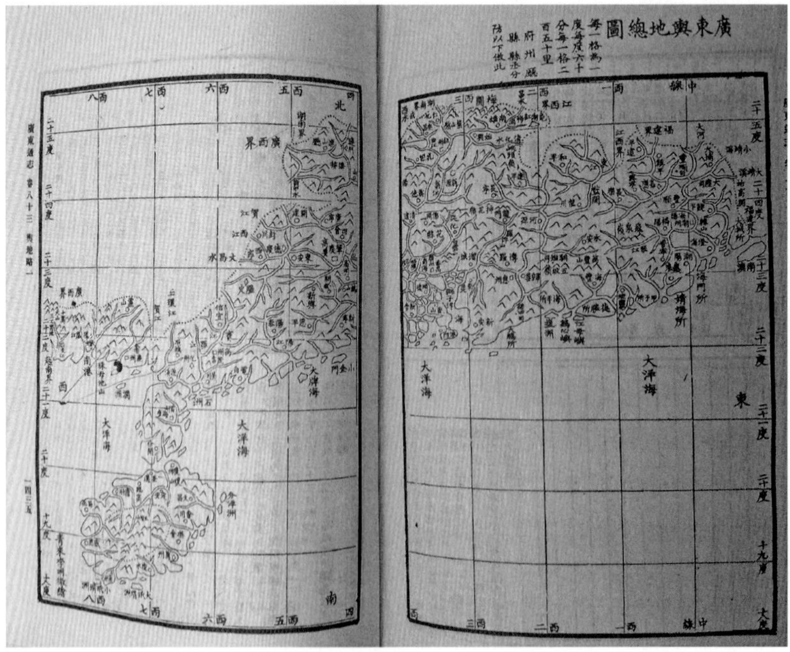

圖62　《道光廣東通志》之廣東圖

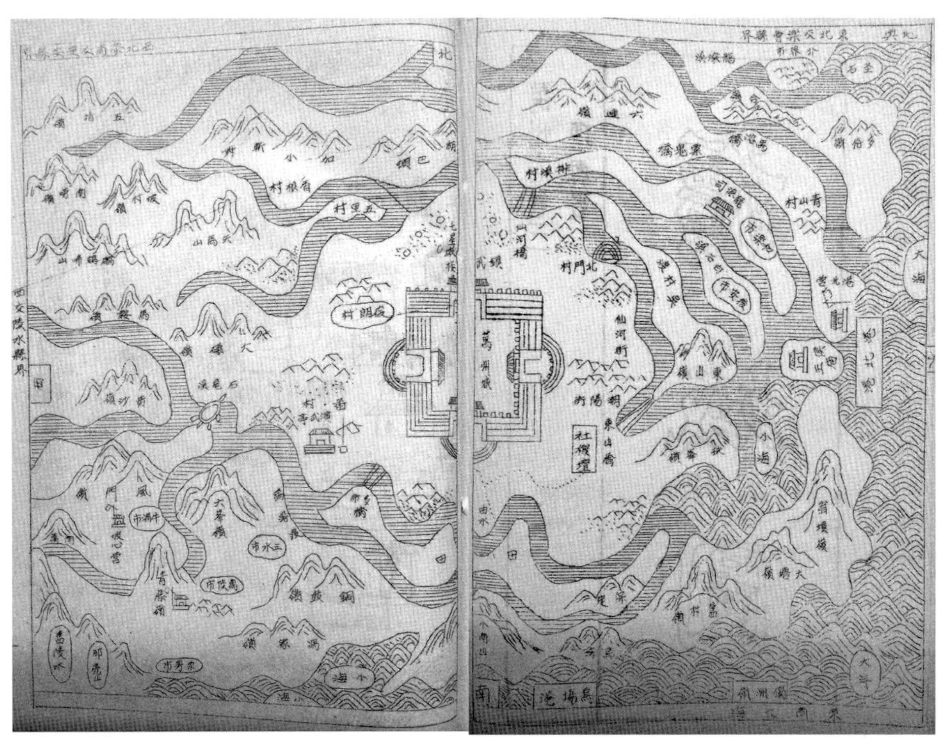

圖63　《道光萬州志》之地圖

此外，還可以再看看國家級別的地理志。從元代開始，中國中央王朝就開始編定一統志。一統志，是指封建皇朝由官方組織編纂、審定認可並發行的地理類志書。它是這一個時期內官方記載的地理文獻，也是後世學者用以研究歷史地理沿革的重要工具書。因此，它們會因應各個朝代的疆界變化而更新，同時，因爲它們是中央認可審定的，因此也是確認中國疆界最權威的著作，反映了各個朝代的眞實疆界。一統志共有7套，分別爲《大元大一統志》、《大明一統志》（天順，弘治、萬曆）、《大清一統志》（康熙、乾隆、嘉慶）。在所有這些一統志的廣東和瓊州篇章下，都沒有長沙海和石塘海的條目。這表明，這個條目並不爲中央認可，也不反映中國的實際行政區劃。

3.8 元朝四海測量中的南海

中國政府如果對南海諸島有實質性的治理事例，那麼它們在國際法上就是更爲有力的證據。從宋朝開始到近代之前的約千年間，中國方面提出的治理證據並不多。它們可分爲三類：第一類是天文測量，即元代郭守敬的天文測量，據中國一些專家說，測量的地點在西沙，另一些專家則說地點在黃岩島；第二類是巡海和救助等民事記錄；第三類是出使或征伐時路過南海諸島的記錄。這些證據是否屬實，其有效性如何都需要仔細分析。

1279年，中國偉大的科學家郭守敬主持了一項稱爲「四海測量」的大工程，在夏至那一天總共二十七個地點測量了天文數據，最終建立了一套新的曆法。其中一個測量點是在「南海」，關於「南海」的位置，並沒有詳細的描述，這也是現在對此眾說紛紜的原因。這次天文測量在「證明」中國歷史上對黃岩島和西沙群島有治理證據的問題上非常重要。對黃岩島尤其如此，因爲這是中國提出的在漫長的「自古」歲月中唯一和黃岩島可能相關的記載。如果沒有了這個事例，那麼中國歷史上對黃岩島的記錄就要到二十世紀之後了。因此，在2012年中菲黃岩島之爭的時候，所有中國媒體和官方都把郭守敬在1279年的南海測量當作第一條證據舉出來[253]。

但這種說法是否屬實呢？本節將詳細分析：第一，關於郭守敬南海測量的地點的研究歷史；第二，南海測量的地點到底在哪裡；第三，南海測量對於主權歸屬有多大的說服力。

1. 郭守敬南海測量地點的研究史

先回顧一下郭守敬南海測量的研究歷史，這段歷史是一個極有典型意義的例子。

與一般公眾理解的不同，郭守敬在1279年南海測量的地點並沒有在

[253] 比如鐘聲《中國對黃岩島的領土主權擁有充分法理依据》，《人民日報》，2012年05月09日，http://paper.people.com.cn/rmrb/html/2012-05/09/nw.D110000renmrb_20120509_1-03.htm。《六大鐵證：黃岩島屬於中國》，《解放軍報》，2012年5月10日，http://news.xinhuanet.com/world/2012-05/10/c_111922007.htm。

歷史書中詳細記載。在《元史・志一・天文》中，僅僅簡單地記錄了「南海」這個地名。中國史書上從來沒有寫過郭守敬在「黃岩島」或者在「長沙石塘」上進行過測量（事實上，中國古代歷史書上從來沒有出現過有關黃岩島的記載）。郭守敬當年的測量地點是現代考據和推算出來的。

可能有人以爲，中國在1935年地圖開疆的時候已經認爲郭守敬的測量地點是黃岩島（當時叫作民主礁）了，所以才把黃岩島劃入中國領土。這一點是完全錯誤的。把郭守敬測量地點定在黃岩島的是廈門大學學者韓振華，他在1979年的文章〈元代《四海測驗》中中國疆宇的南海〉第一次提出郭守敬在黃岩島測量[254]。就筆者所知，民國當時沒有任何研究以確定這個測量地點。因此，在1935年地圖開疆的時候，民國官員把黃岩島劃入中國境內是完全主觀的。

既然在史書中沒有記錄下郭守敬測量的地點，於是就有歷史地理學家希望找出這個地點。關於郭守敬在南海測量的地點，總共有四種說法。最早大概是「廣州說」，因爲廣州在古時候就叫做南海。這個說法大概是英國人李約瑟（Joseph Needham）提出來的。他是研究中國古代科技史的開拓者，研究到中國古代天文學時，就提出了南海即廣州的觀點[255]。在1960年代，標準的說法還是廣州說。比如在1966年的《郭守敬》一書中，還是維持這個觀點。這本書是一本普及性的書，故更帶有普遍和主流的意義。[256]

在1970-80年代，學術界的主流思想是西沙群島說（關於誰最早於何時提出西沙說的理論，筆者暫時找不到出處，中國歷史學的論文喜歡引用歷史文獻的原文，而不喜歡引用前人研究的成果，使得後人很難了解研究的演進過程。但可以肯定西沙說都出現在黃岩島說之前）。西沙群島說在1970-80年代成爲主流多少受到政治的影響。當時中越交惡，正在爲西沙群島的歸屬爭執。中國外交部1980年白皮書《中國對西沙群島和南沙

[254] 史地論證，315-353頁。

[255] Joseph Needham, *Science and Civilisation in China, Vol.3 Mathematics and the Sciences of the Heavens and Earth*, Cambrdige University Press, 1959, P297. 其實原文中僅僅說Nanhai in Kwangtung，並沒有詳細討論是否廣州，但一般認爲他是這樣理解的。這裡不細究。

[256] 李迪編著《郭守敬》，上海人民出版社，1966，40頁。

群島的主權無可爭辯》中是這樣寫的：「南海這個測點『北極出地一十五度』應爲北緯14度47分，加上一度左右的誤差，其位置也正好在今西沙群島。」這說明「西沙群島在元代是在中國的疆界之內」[257]。可見，在1980年，中國政府認定的郭守敬南海測點是在西沙群島，而不是今天所稱的黃岩島。

1979年韓振華提出黃岩島說的時候，屬非主流。在原論文中，並沒有專門提及西沙群島一說。1980年中國政府肯定了西沙群島說之後，韓振華一系的學派，主要是他的弟子李金明，開始在自己的意見和政府的意見之間找一條中庸的道路：他認爲測量地點在黃岩島，但是卻又說測量地點也是西沙群島。比如他在1995年的《南海諸島實地研究札記》寫道：「有了經度和緯度，我們就可以在地圖上找到元代南海測驗的地點，籠統一點說，是在西沙群島一帶；準確一點說，是在今中沙群島的黃岩島。」[258]在1996年，李金明在〈元代《四海測驗》中的南海〉寫道：「當時的南海測點應位於北緯15度12分，東經116度7分，也就是我國的西沙群島一帶……元代把南海作爲『四海測驗』中最南端一個測點進行測驗的史實，可以說明當時的西沙群島就在元朝的疆域之內……」[259]1999年出版的專著《中國南海疆域研究》中，李金明再一次寫道：「我們可在地圖上找到其位置，籠統一點說，是在西沙群島一帶；準確一點說，是在今中沙群島的黃岩島。」[260]

李金明教授這樣做極有可能是出於政治方面的考慮，因爲在1980-90年代，中國在南海地區的爭議還主要是和越南打西沙群島的口水仗。所以在這幾篇文章中，李金明不能和中國政府唱反調。無奈只能一面要論證測量地點在黃岩島，一面還要證明西沙群島自古以來是中國的一部分。於是唯有利用牽強的理由，把黃岩島說成了西沙群島的一部分。這多多少少反映了歷史研究爲政治服務的無奈。

---

[257] 中國外交部《中國對西沙群島和南沙群島的主權無可爭辯》。北京，人民出版社，1980。
[258] 李金明〈南海諸島實地研究札記〉，《中國邊疆史地研究》，1995年第1期21頁。
[259] 李金明〈元代《四海測驗》中的南海〉，《中國邊疆史地研究》1996年第4期35頁。
[260] 疆域研究，65頁。

1997年中菲開始明確黃岩島的主權爭議時，中國在西沙群島的地位也穩固了，黃岩島的爭議的重要性逐漸超越西沙群島的爭議。在2001年，李金明的〈從歷史與國際海洋法看黃岩島的主權歸屬〉中才終於把重點放在了黃岩島上[261]。自此以後，中國官方的說法也把郭守敬的測量地點定於黃岩島，於是「黃岩島說」就成爲了新的政治正確的標準答案。在2012年中菲黃岩島對峙事件中，媒體和學術界千篇一律地重複這個說法。

在三十多年之間，測量地點從西沙群島變成了黃岩島，在這期間出現了任何可以支持這個假說的新發現和新理論嗎？答案是完全沒有，反而還有否定的證據出現（見後）。如果仔細分析從1979年韓振華的理論到二十一世紀李金明的理論，從原理、方法、材料來看，基本上是一模一樣的。在這三十多年中產生過什麼說法可以否定西沙群島說嗎？完全沒有。至少根據持測量地點西沙說的主要支持者——中科院地理研究所的鈕仲勳在1998年發表的論文中的說法，1980年代以來的證據仍然堅實[262]。在1980年代，鈕仲勳的學說有著官方地位。在1998年的這篇文章裡，他還是明確區分自己的西沙說和李金明的僞西沙說（即黃岩島說）。

更具諷刺性的是，2014年，由於中國和越南因爲981鑽井的衝突，西沙群島的主權爭議再次進入公眾視線。而當時，通過2012年的中菲黃岩島對峙事件，中國牢固地控制了黃岩島。於是中國官方又重新提出南海的地點就是西沙群島。比如，外交部發言人秦剛在2014年5月26日就表示：「元代時，著名天文學家郭守敬就在西沙群島設立天文點，證明當時西沙群島已經在中國的疆域內。」[263]中國政府這種多變的態度，無疑給歷史學研究構成了負面的氛圍。

根據著名歷史地理學家葛劍雄的說法，早在1980年代，就有研究元

【261】李金明〈從歷史與國際海洋法看黃岩島的主權歸屬〉，《中國邊疆史地研究》，2001年第4期71頁。

【262】鈕仲勳〈元代四海測驗中南海觀測站地理位置考辨〉，《中國邊疆史地研究》，1998年第2期第8頁。

【263】外交部《中國人是西沙群島无可爭議的主人》，新華網http://news.xinhuanet.com/world/2014-05/26/c_1110866911.htm。

史的著名歷史學家認爲位於越南中部的林邑才是眞正的測量地點，但是在當時的政治壓力之下，卻不敢提出這個意見。[264]根據這個說法，在敏感的歷史學界持這個意見但不願發表論文的歷史學家可能不在少數，比如葛劍雄自己也沒有發表專門的論文，僅僅在一本並非專門討論這個問題的論文中提到自己支持林邑說。[265]大概到了1990年，廣州華南師範大學的歷史地理學家曾昭璇才發表了測量地點的林邑說[266]。李金明和鈕仲勳都對其說法提出了反駁意見。曾昭璇似乎沒有進一步捍衛自己的說法。這種說法也似乎從來沒有在媒體上得到過任何肯定。曾昭璇1991年發表的〈中國古代南海諸島文獻初步分析〉[267]也很値得一提。在幾乎所有其他學者都把中國古代南海地名向有利於中國對南海主權的方向詮釋的時候，他卻在文章中多處地方對這類詮釋進行詳細分析，並提出質疑。他的分析和結論是否有道理當然可以進一步分析和討論，但無論如何，這種拒絕人云亦云、不迎合政治需要和堅持客觀與理性的態度都是値得敬重的。可惜，在1991年之後曾昭璇就再也沒有發表過相關內容的文章了。

値得一提的是，儘管在歷史學界，林邑說並非主流，但是在相對寬鬆的古天文學界，林邑說卻一直是被廣泛接受的。這方面的代表人物是中國科學院自然科學史研究所前所長陳美東。陳美東是中國天文學史專家，寫有專著《中國科學發展史．天文學卷》[268]以及專門研究郭守敬的《郭守敬評傳》[269]。在這兩部書中，他都認爲南海在越南中部沿岸。

---

[264] 葛劍雄《統一與分裂——中國歷史的啓示》增訂版，中華書局，2008，238頁。

[265] 葛劍雄〈分久必合，合久必分〉，原載於《學說中國》，江西教育出版社，1999年5月。轉載於葛劍雄《統一與分裂——中國歷史的啓示》增訂版，中華書局，2008，238頁。

[266] 曾昭璇〈元代南海測驗在林邑考——郭守敬未到中、西沙測量緯度〉，《歷史研究》，1990年第5期137頁。

[267] 曾昭璇〈中國古代南海諸島文獻初步分析〉，《中國歷史地理論叢》，1991年第一期133頁。

[268] 陳美東《中國科學發展史．天文學卷》，科學出版社，2003，537頁。

[269] 陳美東《郭守敬評傳》，南京大學出版社，2003，202頁。

2. 測量的地點到底在哪裡

(1)有關南海測量的史料

關於四海測量中南海的地點，在歷史上有四種說法：廣州說，西沙說，黃岩島說和林邑說。在分析各種說法之前，先審視歷史記載。郭守敬的南海測量，是他主持的「四海測驗」的其中一個點（總共二十七個測量點）。這個大工程的目的是建立一個新的曆法。關於這件事在《元史》上有幾條記錄。無論哪一種觀點，所引用的原始材料都是這幾條史料。

第一條來自卷十本紀十，記載至元十六年（1279）：「三月……。庚戌，敕郭守敬繇上都、大都，歷河南府抵南海，測驗晷景。」[270]

第二條來自卷四十八天文志（圖64），記載了二十七個測量地點及測量數據[271]：

◯四海測驗

南海，北極出地一十五度，夏至景在表南，長一尺一寸六分，晝五十四刻，夜四十六刻。

衡嶽，北極出地二十五度，夏至日在表端，無景，晝五十六刻，夜四十四刻。

嶽台，北極出地三十五度，夏至晷景長一尺四寸八分，晝六十刻，夜四十刻。

和林，北極出地四十五度，夏至晷景長三尺二寸四分，晝六十四刻，夜三十六刻。

鐵勒，北極出地五十五度，夏至晷景長五尺一分，晝七十刻，夜三十刻。

北海，北極出地六十五度，夏至晷景長六尺七寸八分，晝八十二刻，夜一十八刻。

大都，北極出地四十度太強，夏至晷景長一丈二尺三寸六分，晝六十二刻，夜三十八刻。

---

[270] 元史，卷十，本紀十，210頁。

[271] 元史，卷四十八，天文志，1000頁。

上都，北極出地四十三度少。
北京，北極出地四十二度強。
益都，北極出地三十七度少。
登州，北極出地三十八度少。
高麗，北極出地三十八度少。
西京，北極出地四十度少。
太原，北極出地三十八度少。
安西府，北極出地三十四度半強。
興元，北極出地三十三度半強。
成都，北極出地三十一度半強。
西涼州，北極出地四十度強。
東平，北極出地三十五度太。
大名，北極出地三十六度。
南京，北極出地三十四度太強。
河南府陽城，北極出地三十四度太弱。
揚州，北極出地三十三度。
鄂州，北極出地三十一度半。
吉州，北極出地二十六度半。
雷州，北極出地二十度太。
瓊州，北極出地一十九度太。

第三條來自第一百六十四卷，郭守敬傳[272]：

（1279年）守敬因奏：「唐一行開元間令南宮説天下測景，書中見者凡十三處。今疆宇比唐尤大，若不遠方測驗，日月交食分數時刻不同，晝夜長短不同，日月星辰去天高下不同，即目測驗人少，可先南北立表，取直測景。」帝可其奏。遂設監候官一十四員，分道而出，東至高麗，西極滇池，南逾硃崖，北盡鐵勒，四海測驗，凡二十七所。」

【272】元史，卷一六四，郭守敬傳，3848頁。

十六年，改局爲太史院，以恂爲太史令，守敬爲同知太史院事，給印章，立官府。及奏進儀表式，守敬當帝前指陳理致，至於日晏，帝不爲倦。守敬因奏：「唐一行開元間令南宮說天下測景，書中見者凡十三處。今疆宇比唐尤大，若不遠方測驗，日月交食分數時刻不同，晝夜長短不同，日月星辰去天高下不同，卽目測驗人少，可先南北立表，取直測景。」帝可其奏。遂設監候官一十四員，分道而出，東至高麗，西極滇池，南踰朱崖，北盡鐵勒，四海測驗，凡二十七所。

十七年，新曆告成，守敬與諸臣同上奏曰：

臣等竊聞帝王之事，莫重於曆。自黃帝迎日推策，帝堯以閏月定四時成歲，舜在璇璣玉衡以齊七政。爰及三代，曆無定法，周、秦之間，閏餘乖次。西漢造三統曆，百三十年而後是非始定。東漢造四分曆，七十餘年而儀式方備。又百二十一年，劉洪造乾象曆，始悟月行有遲速。又百八十年，姜岌造三紀甲子曆，始悟以月食衝檢日宿度所在。又五十七年，何承天造元嘉曆，始悟以朔望及弦皆定大小餘。又六十五年，祖冲之造大明曆，始悟太陽有歲差之數，極星去不動處一度餘。又五十二年，張子信始悟日月交道有表裏，五星有遲疾留逆。又三十三年，劉焯造皇極曆，始悟日行有盈縮。又三十五年，傅仁均造戊寅元曆，頗采舊儀，始用定（制）〔朔〕。〔八〕又四十六年，李淳風

四海測驗

南海，北極出地一十五度，夏至景在表南，長一尺一寸六分，晝五十四刻，夜四十六刻。

衡嶽，北極出地二十五度，夏至日在表端，無景，晝五十六刻，夜四十四刻。

嶽臺，北極出地三十五度，夏至晷景長一尺四寸八分，晝六十刻，夜四十刻。

和林，北極出地四十五度，夏至晷景長三尺二寸四分，晝六十四刻，夜三十六刻。

鐵勒，北極出地五十五度，夏至晷景長五尺一分，晝七十刻，夜三十刻。

北海，北極出地六十五度，夏至晷景長六尺七寸八分，晝八十二刻，夜一十八刻。

大都，北極出地四十度太强，夏至晷景長一丈二尺三寸六分，晝六十二刻，夜三十八刻。

上都，北極出地四十三度少。

北京，北極出地四十二度强。

益都，北極出地三十七度少。

登州，北極出地三十八度少。

高麗，北極出地三十八度少。

圖64　《元史・天文志》

(2)「南海」緯度的確定

廣州說最早出自何人並不清楚。英國人李約瑟在《中國的科學與文明》中認爲「南海」就是在廣州[273]。李約瑟並沒有說明理由，相信其根據就是廣州古稱南海。廣州古稱南海這點不錯，但是在《元史・郭守敬》中寫了測量地點是「南逾硃崖」。所謂硃崖（珠崖），原指海南島海口瓊山一帶，後來也泛指海南島。無論哪種說法，廣州都不可能「南逾硃崖」。所以廣州說很可能是錯的。

剩下三種說法都把珠崖認爲是整個海南島，而並非僅僅指海口一帶。這主要是因爲在《天文志》中有「南海」的緯度指示，而即便在海南島南端，也比這個「南海」的緯度要北。所以「南海」的地點應該在海南

[273] Joseph Needham, *Science and Civilisation in China, Vol.3 Mathematics and the Sciences of the Heavens and Earth*, 1959, p297. 參見前引註377註釋。

島南端更南的地方。

以上的推測是簡單地從文字上進行分析。如果從天文數據入手分析四海測量的地點，就不是簡單的歷史問題，而是一個科學問題，需要一定的科學基礎。郭守敬當年測量所留下的數據只有三種：極出高度、午時影長和白晝長度。從理論上說，這三者是可以互相推算的，而且這三者都只和測量地點的緯度有關。單憑緯度，並不能確定測量地點。現在先來說一說「南海」的緯度是如何計算的。

只要知道地球是一個圓形，具備古代和現代的天文學知識，結合文獻上的數據，測量地點的緯度是相對容易計算的。北極星永遠在正北方（這也是古人確定方向的方法），如果一個人站在北極，北極星就永遠在頭頂，這時北極星和觀察者的連線和地平線垂直成九十度；如果一個人站在赤道，那麼北極星永遠就在地平線上，這時北極星和觀察者的連線和地平線平行成零度。可見北極星和地平線之間的角度和觀察點的緯度有關，它在中國古時候就叫做「北極出地」。在「四海測驗」中所有觀測點都有這個數據。這個角度其實就是觀察點所處的緯度，但由於古今單位的不同，需要簡單的轉換：在郭守敬的系統中，圓周不是分爲360度，而是365度多（一年中的天數），所以記錄下的角度都比今天用的單位略小。這個問題不大，轉換一下即可。

計算緯度不止測量北極出地這種方法。如果在地上立一條桿（古代專用儀器叫做表），那麼在當地時間的正午時分，這條桿的影子就達到最短。在同一天，在不同緯度的地點的正午，這個影子的最短長度是不一樣的。所以這個影子的長度和桿長的比例，也可以用於計算緯度。與北極出地不同，除了和緯度有關外，這個最短長度（假設插的桿的長度是一樣的）和測量的日期也有關：夏天會短些，冬天會長些。如果觀察者在北回歸線上，那麼夏至的那天，影子長度就應該爲零（因爲太陽直射在北回歸線上）。所以郭守敬需要確定某天在各地同時進行這個測量，他把這天定在了夏至。於是在北回歸線以北的觀察點，影子就在桿的北邊；北回歸線以南的地方，影子就在桿的南邊。所謂南海「夏至景在表南」，就是說明了「南海」這個地點在北回歸線以南。「長一尺一寸六分」就是影子的長度，當時所用的表都是八尺長。這樣知道了影子的長度就可以確定緯度了。

另外，根據白天的長度也是可以確定緯度的。在夏天，越北的地點的日晝越長。比如在夏天，北方的北京的白天就比南方的廣州的長。但是這個白天的長度也和測量的日期相關。如果在冬天，北京的白天就比廣州短了。所以這個測量方法也要固定測量的日期。在夏至日，所有測量點白天的時間都達到一年中的最長。地點越北，白晝越長。在郭守敬的測量系統中，一天分爲100刻。所以就有「南海」「晝五十四刻，夜四十六刻」的說法。

這三個測量的值都和緯度有關，也僅僅和緯度有關。無論在中國還是在美國，只要處於同一緯度，那麼所觀察到的北極星和地平線的角度都一樣。在同一天各自地點的正午測出的影子長度也一樣。在同一天，白天的長度也一樣長。這些都是基礎的幾何和地理常識，這裡就不細說了。

在所有二十七個測量點中，只有六個（包括南海）測量了以上三組數據，其餘的都只有「北極出地」這個數據。

由於以上三種不同的測量方法都只是和緯度有關，所以基本上這三種方法都可以計算出緯度，而理論上它們的結果都是一樣的。針對同一個參數應用三種不同的方法，可以互爲驗證。在實際測量中，由於誤差的存在，三者得出的結果可能不同，但是差別應該都在誤差範圍之內。當然，也可以反過來，知道了某個測量點的「北極出地」和「夏至晷景」都可以推出該地點夏至那一天的白晝長度。在韓振華的1979年論文當中，表二和表三分別有通過「夏至晷景」和「北極出地」計算出來的白天長度，這和其表一所列舉的實測白天長度極爲吻合。

總之，通過計算，就可以算出「南海」的緯度。根據不同的測量方法，它處於北緯15度左右的地方[274]。古代測量自然不能要求和今天一樣準確。在其他一些能夠確認地點的測量點，其緯度和準確值有最大約爲2度半左右的誤差。於是在確定地點的時候，把誤差進一步放寬到1~2度左右是合理的。黃岩島的實際方位在北緯15度8分，最爲靠近計算值。西沙群島在15度47分到17度8分之間，在考慮誤差之後，西沙群島也是在可能範圍之內。林邑，即占城，是一個窄長的國家，北緯15度也在其跨度範圍

【274】史地論證，325頁。

之內。所以這三者都符合緯度的要求。

關於古時緯度計算的誤差，有人以現代儀器的標準對待之，認爲只有黃岩島在緯度測量誤差範圍之內，所以測量地點一定就在黃岩島。這完全是對古代測量能力沒有正確的認識。受種種原因的限制，比如製作工藝、觀察技術、統計方法、觀察人員素質等等，古代測量的誤差並不僅僅由儀器的最小刻度決定。正確的做法是對比測量的數據和已知地點的現代測量數據，緯度1到2度的誤差幾乎是公認的範圍。這一點，就連韓振華和李金明也承認。所以單單依賴緯度，並不能定位「南海」的準確地點。

(3)韓振華和李金明的經度計算爲什麼是錯的

要確定一個地點，除了緯度之外，還要確定經度。從上面的討論可知，郭守敬對南海所用的三種測量方法，都只是和緯度有關。這三種方法互爲冗餘數據，互相之間可以驗證，但是並不能得出新的信息，更得不出經度的信息。

但是黃岩島說的支持者卻認爲根據這三項數據可以計算出經度。韓振華之所以在1979年提出黃岩島說，是因爲他認爲郭守敬已經知道如何測量經度，並且在南海測量中測量了經度；然後他自己又「發明」了如何從這三種只和緯度有關的數據中找到計算經度的方法；最後，他通過自己「確定」了的經度推出測量地點在黃岩島。李金明的論證和韓振華的幾乎完全一致。可以說，通過計算而得到的「南海」的經度就是支持黃岩島說的唯一正面證據。可惜，這個理論在科學上是完全不能成立的。

中國的古自然科學研究專家，特別是古天文學研究者並不支持韓李的觀點。比如中國天文學史專家陳美東（生前爲中國科學院自然科學史研究所所長）的專著《中國科學發展史．天文學卷》[275]以及專門研究郭守敬的《郭守敬評傳》[276]均否認從那三組數據可以計算出經度。

相比起以這些專業天文學家和天文學史研究者，沒有受過專業天文學訓練、專長在歷史考據方面的韓振華和李金明在古天文學方面只能算是外行水平。在是否能夠根據這幾個數據計算經度的問題上，哪一方的觀點更

---

[275] 陳美東《中國科學發展史．天文學卷》，科學出版社，2003，537頁。

[276] 陳美東《郭守敬評傳》，南京大學出版社，2003，202頁。

加有說服力自然不言而喻。

可惜，這些天文學史大家都沒有針對韓振華和李金明的「計算經度」的方法上的錯誤做出具體分析。這一點是可以理解的，正如現代物理學家不可能把精力放在破解永動機上，現代數學家也不可能對聲稱解決三等分角問題的業餘數學家一一打假一樣。韓李犯有低級錯誤的理論大概還不在他們的視線之內。但是爲了從歷史學的角度搞清楚郭守敬測量點這個問題，筆者在這裡有必要具體分析他們爲什麼是錯的。

爲了敘述的方便，先從李金明的說法討論。在李金明1996年的〈元代《四海測驗》中的南海〉一文中，關於經度的推算是這樣的：「至於經度的推算，我們可依據兩地的晝夜時間差，如『四海測驗』還提供了南海與衡嶽兩地的晝夜時刻，南海『晝五十四刻，夜四十六刻』，衡嶽『晝五十六刻，夜四十四刻』。也就是說，南海、衡嶽兩地晝、夜相差二刻，如以日中計算，則相差一刻，而一刻相當於如今地圖上的經度3.6度。已知衡嶽……的經度大約在東經113.1度，因此，與之相差3.6度的南海的經度就是東經116.7度。」[277]李金明的另外兩篇文章，1995年的論文《南海諸島史地研究扎記》[278]和1999年專著《中國南海疆域研究》[279]中所描述的經度計算方法基本和這個一樣。

乍看這段文字，很難明白李金明教授的邏輯是什麼。其實，他的計算方法是這樣的：比如在「南海」的數據是白晝54刻，夜晚46刻（把24小時分爲100刻，每刻對應3.6經度）。如果把白天時間除以二，就可以得出從日出到中午（即他所說的日中）的時間跨度是27刻。在「衡嶽」（另一測量地點），白晝是56刻，黑夜是44刻，這樣從日出到中午的時間是就是28刻。於是他認爲這個日出時刻的差異就可以和經度的差異掛鉤了。但是正如上文所解釋的，無論在中國還是在歐洲，還是在北美，某地的白晝長度僅僅和該地所處的緯度有關（忽略地球公轉和地表高度不同所帶來的微小差別）。李金明的邏輯錯誤到底是如何的呢？

【277】李金明〈元代四海測驗中的南海〉，《中國邊疆史地研究》，1996年第4期35頁。
【278】李金明〈南海諸島實地研究札記〉，《中國邊疆史地研究》，1995年第1期21頁。
【279】疆域研究，59-60頁。

首先要區分本地時間（local time）與絕對時間（global time），以及時刻（time point）與時間間隔（interval）的概念。本地時間系統是指以本地經度爲准的時間，絕對時間是地球上以一個地點爲標準的時間。在某一個絕對時間，在不同經度的地區的本地時間的時刻的讀數都不同。所選取的這個地點的時間系統，被稱爲標準時間，爲分析簡便計，就用北京時間。時刻的讀數與選取哪一個時間系統有關。比如在烏魯木齊測量日出的時刻，如果採用烏魯木齊的本地時間系統是7點日出的話，在北京時間系統里，日出的時刻就要到北京時間9點了。白晝長度是時間間隔，它與採用哪一個時間系統無關。這是因爲白晝長度等於日落時刻減去日出時刻，於是採用不同系統所帶來數字上的差別就互相抵銷了。比如在烏魯木齊，如果以本地時間系統日落的時間是17點，那麼白晝長度就是10小時。以北京時間系統，日落的時刻就是19點，白晝長度還是10小時。

在本地時間系統中，如果忽略地球公轉所帶來的微小差別，從日出時刻到正午的時間間隔正好等於白晝長度的一半，這是因爲本地時間中正午定義在太陽最高的時刻，也就是影子最短的時刻。這樣，以12點減去白晝長度的一半就可以算出在本地時間系統中的日出時刻。可是在標準時間系統中，這個正午時刻已經不是在12點了。比如在烏魯木齊的正午，在北京時間下就推遲到14點。所以如果測量地點和標準時間所選取的地點的經度關係是未知的話，就無法以同樣的方法，通過標準時間系統記錄的時刻算出日出時刻，因爲這時白晝的一半並不等於正午時刻減去日出時刻。

從以上討論中可知，時刻這個概念與選取的時間系統有關，而白晝長度這個概念則與時間系統無關。只有在當地時間系統之下，才能夠通過把白晝長度除以二來算出日出的時刻。所以李金明計算日出時刻的方法只是在本地時間系統中有效。

但是計算出在本地時間系統中日出時刻對於計算經度是沒有用的，因爲在同一天同一緯度的地點，以本地時間系統算，日出時刻都是一樣的，白晝長度都一樣。在北京，日出時間以北京時間測量是7點，在烏魯木齊，以烏魯木齊時間測量日出也是7點，在東京，以東京時間測量也是

7點[280]。根本無法通過這個本地的日出時刻得出經度的信息。或者說，無法僅僅利用本地時間系統的時刻把不同地區的時間互相關聯在一起。

只有在測量中利用標準時間系統而不是當地時間系統，才有可能測量經度。這是因爲，在同一緯度下東邊日出早，西邊日出遲，如果知道了東邊和西邊日出的標準時刻，就可以算出同一緯度下兩地經度的差別。再利用三角學的方法，去校正因爲緯度不同而帶來的差別（這是因爲在夏至這天，同一經度下緯度高的地方日出早，緯度低地方日出時間晚），這就可以計算出在不同緯度下的兩地的經度差別。比如，郭守敬可以這麼做：把六個校對爲一樣的鐘分別放在不同的測量地點，用這個鐘記錄下日出的時刻和日落的時刻（而不僅僅是白晝的長度），這樣才可以利用緯度的校正計算出經度。但是郭守敬並沒有記錄下這樣的數據。事實上，郭守敬時代用的僅僅是當地時間系統，而不是標準時間系統[281]。李金明想要利用白晝長度除以二的方法計算出日出時刻，也僅僅在當地時間系統中才正確。

如果僅僅從李金明的描述來看，似乎有理由認爲李金明的錯誤思路在於沒有很好地區分本地時間系統和標準時間系統，以致在計算日出時刻的時候用了本地時間系統，但是又把本地時間系統中的時刻直接當作標準時間系統的時刻以得出經度的信息。李金明爲什麼會犯這種常識性的錯誤呢？在筆者反覆閱讀韓振華的論文後，才明白李金明實在是有說不出的苦衷。李金明的論文基本追隨了韓振華的論文，但是卻省略了後者幾個重要的論述環節。這些省略應該並非無意，因爲那些環節在整個經度計算過程中起著至關重要的作用（除非他沒有明白韓振華的思路）。很可能李金明也覺得韓振華的論述在歷史學上太過不嚴謹，硬傷太多，所以在自己的論文和專著中都故意不提及那些環節。於是在他的專著中可以看到一個很奇怪的反差：他對易於理解的緯度計算的方法描述詳細，就連三角數學公式也列出來了，但是對難於理解的、在論證黃岩島說中的唯一證據的經度計算含糊了事，只有上文引用的短短幾句話。

韓振華的論文中是這樣處理的：他先做了兩個相當超前的假設，但是

[280] 北京、烏魯木齊和東京的緯度都在北緯40度左右，爲敘述方便認爲它們的緯度是一樣的。

[281] 韓振華的1979年的論文也承認了這點，見其論文注釋46。

每一個假設都沒有根據，接著他再提供一組數據去「證明」自己的理論，但是那組數據屬循環論證。他的第一個假設認爲郭守敬非常清楚經度的概念，並掌握了經度的測量方法。

中國古代，關於經度概念的記述大概從蒙古帝國初年開始。耶律楚材在1220年向成吉思汗進獻的《西征庚午元曆》一書中提出過「里差」的概念。大意是通過東西距離的測量可以校正兩地時間不一的問題。不清楚這個到底是他的原創還是從阿拉伯人處得來。在中國古自然科學界，這個里差概念被認爲是最早的「樸素」的經度概念。理論如此，但是在實際應用中誤差極大，系統誤差達到1.42倍。無論在東方還是在西方的歷史上，準確測量經度都是一個難題。在元朝初期，回人紮馬魯丁製作過地球儀，上面有類似經緯度的方格。但是歷史上沒有證據顯示這對中國天文學界產生什麼影響。在中國古代科學史學界，公認的開始可以比較準確測量經度還要等到晚明徐光啓。[282]

韓振華認爲，郭守敬可能知道了里差這個樸素的經度概念。這個可能是事實，但是知道了這個概念並不意味著可以實際運用這個概念。韓振華又同時辯稱，在元代「可能」可以利用月蝕測量經度。但是他所舉的例子是清朝道光時期的《廣東通志》和《瓊州通志》，並無法證明晚清的技術在元初已能應用。當然，最重要的是，他自己也承認，在郭守敬留下的四海測量數據中，並沒有「月蝕」的資料，因此也無法通過這種方法得到南海的經度數據。因此韓振華只有從白晝長度方面下手。

韓振華提出：「郭守敬卻很注意測驗各地在夏至這一天的日出日末的時間長短，由此就可以比較二地日出至日中的時間遲早，從而推算出二地的『里差』多少刻，可以折換今天經度多少度。」這個思路和以上舉出的李金明的思路是一致的（事實上是李金明沿用了韓振華的思路）。但如上文討論的，光有白晝長度只能計算出當地時間體系中的日出時刻，並無法

【282】有關中國古代經度概念的發展，可參見孫小淳〈從「里差」看地球、地理經度概念之傳入中國〉，《自然科學史研究》，17卷第4期，304頁；厲國青〈我國地理經度概念的提出〉，《科學史文集》，1980年第6輯；李約瑟《中國科學技術史，天文學卷》，陳美東《中國科學技術史，天文學卷》（盧錫嘉主編）等論文和書籍。

把不同地點的日出時刻互相關聯。

韓振華爲了便於利用「日晝長度」找出「南海」的位置，作了第二個更加大膽的假設，認爲郭守敬在選出第一批六個點（南海、衡岳、嶽台、和林、鐵勒和北海。另外大都也測量了所有三組數據，但是沒有被韓振華歸入以上六個點的序列當中）的時候，先在地圖上畫出和赤道相交爲66度33分的直線（更準確的說法是在地球儀上畫出這個大圓），再在地圖上確認地點，然後前往測量。之所以選取在這條線上的六個點，是因爲地球自轉軸和公轉平面（黃道線）有23度27分的交角，所以這六個點可以同時（「標準時間系統」下）看到日出，這樣就有效地關聯了不同本地時間系統中的日出時刻（同時），並可以利用本地的白晝長度計算出本地的日出時刻：即把本地的白晝時間除以二（T），再12-T得到本地的日出時刻。由於緯度可以計算出來，於是可以通過計算確認經緯度。

在夏至這個特殊的日子，這種計算更爲容易。在同一緯度的不同地點，北邊（緯度高）的地方日出早；在同一經度的不同地點，東邊的地方日出早。所以必定存在兩個地方，一個在較北較西，另一個在較南較東，由於經度和緯度帶來的日出時刻差異互相抵銷，它們的日出時刻是一樣的。如果把這些地方都找出來，連成一條線，在夏至這天，正好就是韓振華所說的赤道交角爲66度33分的直線（大圓）。這大概也是爲了在郭守敬留下的數據中計算出經度所作出的唯一在科學上可行的假設了。

韓振華所說的六個點所在的線在天文學上有一個專業的術語叫做晨昏圈或晨昏線（Terminator，twilight zone，或者grey line）。晨昏線是一個地球上假想中的大圓，每天隨著時刻不同而移動，它代表的是每個時刻地球上晝半球和夜半球的分界線。除了極區以外，晨昏線每天會經過地球上每一個地點兩次，一次是日出，另一次是日落。在同一條晨昏線上的地點，其日出的絕對時刻都一樣，而由於各點處於不同的時區，它們的當地時刻則有所不同。在每一天裡，晨昏線和經線的交角都是固定的（爲簡便起見，這個討論省略了因爲公轉而引起的小差異，而認爲每一天都固定）。但這個晨昏線和經線的交角因季節而不同。在每年的春分日和秋分日，晨昏圈與經線圈是重合的。這說明在這兩天，全球的日出時間都一樣長，都是半天，晨昏線上的所有地方時都是上午6點或下午6點。而在夏至和冬至日，晨昏線和經線的夾角達到最大（23.5度）。因此，如果在某一天選取在同一條晨昏線上的六個點，就可以達到「校對」日出時間的條件。如果把這個「某一天」選定在夏至，其測量的準確性和計算的便利性會更高。

能夠事後找出這個方法論證是非常聰明的。可惜的是，儘管這種做法在科學上是成立的，但郭守敬那麼做卻完全出自韓振華自己的空想。原因有三：首先，沒有任何證據證明郭守敬當時選這些點是基於這個原則。韓振華的根據只有〈郭守敬傳〉中「今疆宇比唐尤大，若不遠方測驗，日月交食分數時刻不同，晝夜長短不同，日月星辰去天高下不同，即目測驗人少，可先南北立表，取直測景」的「取直」二字。他把取直解釋爲「在夏至這一天，取天頂與黃道垂直的一條直線，並在這一條垂直線上的南北，共選六個觀測點，各立表觀察」，但是這種解釋毫無道理。取直在古文中意思是取直線，從文中的意思看，應當是測量最短的影子的意思。從前面「日月交食分數時刻不同，晝夜長短不同，日月星辰去天高下不同」看，郭守敬只是強調了緯度的不同，日月交食分數勉強可以和現代經度掛鉤，但是也顯示了郭守敬仍然僅僅有耶律楚材時代的「里差」概念。沒有任何文字能顯示韓振華的解釋。如果當年郭守敬有任何按照這個角度畫一條線的想法的話，他至少應該提一下「黃赤交角」或者「黃赤大距」之類的專業詞彙，因爲這兩個詞語早就通行於中國古天文學界，用現代科學術語來說相當於地球公轉軌道（黃道）和地球自轉平面（赤道）的二面角，也就是66度33分的餘角。

其次，儘管中國很早就知道黃赤交角，但是在明末之前，從來沒有人把黃赤交角和「里差」相聯繫，更加沒有人利用這點去測量「里差」。在元代，正如上文說的，測量里差的方法是利用較爲準確的月蝕現象，誤差尚且達到1.4倍以上，還處於實驗階段。關於郭守敬的記載不少，沒有任何記載顯示郭守敬利用黃赤交角測量過里差。在他編著的《授時曆》中也沒有留下任何的有關信息。

最後，即便退一步假設郭守敬知道這個方法，他也無法事先在地圖或者地球儀上把這些地點確定出來。在中國古代地圖上，海疆和邊疆的地圖變形是非常嚴重的（見第4.5節）。直到晚清魏源時代的南海地圖仍然與眞實情況相差甚遠，更何況黃岩島在中國古代地圖上從來沒有出現過。即便在西方，有關中國南海一帶的地圖在十六世紀之後才勉強與現代地圖類似。沒有人見識過郭守敬時代的地球儀（現存最早的地球儀是1492年製作的[283]），但從當時地圖的粗疏看，難以想像從阿拉伯傳入的地球儀能夠把中國南海海疆畫得多仔細，以致郭守敬能夠在地球儀上把黃岩島定位出來。

郭守敬如果眞的有韓振華教授的這種知識，那麼利用上文所說的帶一個時鐘到各地記錄下日出的時間將會容易、方便和準確得多。最重要的是，如果郭守敬當時已經有這麼完備的地理和天文資料的話，他就不需要費心進行這樣的測量了。

綜上所述，韓振華是利用現代人的知識和資料，自己設計了一種方法，套用到古人身上。這種方法違背了歷史學實事求是的原則。須知有的科學道理在現代人看來非常容易，如果向後看，也會發覺得出某個科學進步的條件已經模糊存在，可能只需一小步就能取得突破。可是古人在科學上往前走每一步都是付出了很大努力的，具備一些樸素的概念並不等於眞實地擁有了這個知識，更不等於能把這個知識實用地應用開來。絕對不能把後人的知識和想像硬套在前人的身上。因爲科學發展有自己的規律，研究科學史也必須以史料而不是想像爲根據。對於明顯超越時代的假說，必須用更多史料去論證，而韓振華在論文中完全沒有這樣做。由於和農業生產密切相關以及古人認爲天象能夠預言未來，天文學是中國古代記錄最詳細的科學之一，幾乎每一步的進展都在史書中留下痕跡。韓振華的假設顯然無中生有，缺乏任何史料支持。在兩個不切實際和沒有根據的假設之後，韓振華開始著手做「驗證」的工作。爲了證明自己的理論是正確的，他列舉出六個地點的方位和他「計算」出來的經度的對比。從這些數字看來，確實非常吻合，頗能誤導看書不仔細的人。但是只要深入看一下，就會發現原來六個地點中的五個地點的位置都存在爭議，有的是前人認爲不能確定，有的是前人認爲是另外的地方但韓振華爲了論證郭守敬所測量的點在他畫出的那條特殊線上而提出新的地點。

---

[283] http://en.wikipedia.org/wiki/Globe#History。

韓振華認爲，由於迂腐的官員（指許衡）作梗，所以郭守敬的測量工程並不完美。比如，只有六個先測點具有所有三組數據，其餘二十一個點只有北極出地高度這組數據，而這影響了經度測量云云。但事實上，通過北極出地高度可以推出其餘兩組數據，許衡（如果眞的和他有關）的做法對於這個問題沒有任何影響。同時，他認爲許衡「食古不化」，堅持用「古代地名」和「既偏且怪又易誤會的地名」來命名測量的地方，但他完全沒有說明自己爲什麼認爲許衡堅持運用古代地名和容易誤會的地名。而事實上，二十七個地名中大部分都有非常明確的習慣稱呼。僅僅基於自己沒有根據的斷言，韓振華就認爲關於這些測量地點，特別是六個先測地點，傳統上認定的位置大都有問題。那麼，如何確認他所認爲是正確的地點呢？在他的論文中，這些六個先測地點之所能被認定爲是準確地點的主要根據，就是它們都在韓振華自己假想中的那條66度33分的直線上（輔以其他一些並不有力的間接證據）。這種先利用直線確認地點，再用這些地點去證明這條直線的可靠性做法，就是在韓振華表格中兩者相吻合的原因。顯然，這在邏輯上屬循環論證，完全沒有任何說服力。

除此之外，韓振華根據《元史・世祖本紀》中「敕郭守敬繇上都、大都，曆河南府抵南海，測驗晷景」這一句，認爲郭守敬爲元朝重新制定了以大都（北京）爲中心的南北向「地中子午線」，而「新的子午線北自大都，南止南海……」。如果他的說法成立，那麼與北京經度較接近的黃岩島也就能確認爲南海了。

可是，這個說法是完全沒有根據的。首先《元史・世祖本紀》中的那句話是有關四海測驗的事，沒有任何證據證明這和所謂制定「由北至南的子午線」有關。其次，當時元朝的南疆可以認爲是南海，但是北方的疆域卻遠比北京更北。所以沒有理由認爲郭守敬在制定子午線的時候只找到南方的終點，而不找北方的終點。況且按照韓振華的說法，「北海」完全不在北京同一經度線上。這也說明了《世祖本紀》上的話和制定南北子午線無關。第三，制定南北子午線是爲了確定全國時間上的一致。沒有理由僅僅選取孤懸海外的一點，而這點還不在地圖上（在中國古代地圖上，從來沒有出現過黃岩島），既無法在地圖上找到這點，而且在測量該點之後，也無法在地圖上畫出這麼一條線，以搞清楚到底大陸上哪些地方在這條線上。這顯然是毫無意義的。最後，郭守敬既然沒有辦法在地圖上定出這個點再去測量，基於水文的複雜性，郭守敬也不可能在大陸沿海出發以正南角度航行一直碰到黃岩島。所以郭守敬即便曾經在黃岩島測量，也不可能在測量之前帶有這個目的。所以韓振華的這種說法完全沒有根據，不過是他先有結論再拼湊證據的又一個例子。

在日後李金明對經度問題的敘述中，他完全沒有提及韓振華關於用白晝長度計算經度問題的「66度33分直線」的假設，有關「地中子午線」的問題更是絕口不提。具體原因不清楚，很可能李金明知道這兩者都不可靠，因此選擇模糊帶過。

總而言之，韓振華和李金明利用經度計算，認爲「南海」就是黃岩島，但是相關經度計算實際上是基於空想的不切實際的假設，完全沒有歷史根據，亦背離了中國天文科學發展軌跡。中國專業天文學史研究者並不認同他們的觀點。

(4)郭守敬的測量地點爲什麼不是黃岩島

上節已經說明了韓振華和李金明的經度計算錯誤。當然僅憑這並不意味著黃岩島說就一定是錯的，畢竟黃岩島在緯度上也符合計算的結果。但是除了被否定的「經度」這個數據有利於黃岩島之外，其他一切證據都否定了郭守敬在黃岩島測量的可能。

首先，沒有任何證據能夠證明中國在元朝之前就已經知道黃岩島。在歷史地理考古方面，韓振華和李金明在各種文章中考據了西沙、南沙、中沙、東沙等等各個群島，除了這個四海測量，沒有考據出任何一個與黃岩島有關的證據。中國各種古地圖中，也沒有一幅畫上了黃岩島。當然並不能因此說中國人在元朝之前一定不知道黃岩島，但這至少顯示了在當時黃岩島是極偏遠的不爲（絕大部分）人知的地方。如果沒有其他證據，很難相信郭守敬能夠知道黃岩島這個地方，並能在地圖上找到這個地方。

其次，從四海測量目的看。越南中部說的支持者陳美東指出，郭守敬沒有必要到黃岩島進行測量。因爲這次四海測驗的目的在於「頒布曆法時指出各地的晝夜時刻、晷影長度以及交食狀況等」，以編定新曆法的時候確保全國各地人民的生產生活需要，而不是韓振華說的確定中國的版圖範圍。所以這次測量是一次以滿足實踐性需求爲指導思想的行動，「選點應當在居民相對多的區域，觀察者不會避實就虛，捨近求遠，捨易就難」[284]。

第三，從地質條件看。林邑說的曾昭璇認爲，郭守敬3月27日從大都出發到4月19日實地測量，僅僅22天的行程，時間緊迫。而，「所謂『黃岩島』是一塊出水的巨大珊瑚礁塊，……根本沒有容人居處的地方，郭氏更無理由來此測景。」[285]

西沙說支持者鈕仲勳提出一個更加有力的觀點：在元朝，「黃岩島」連出水的珊瑚礁塊也算不上，只是浸沒在水面之下的暗礁[286]。鈕仲勳引用了一篇1980年黃金森的論文[287]，研究者對在黃岩島露出水面的礁塊樣本進行研究。通過碳14測定表明，在黃岩島露出水面的礁塊都是在470±95年之前形成的。這表明，在如今露出水面只有1到2公尺的岩石，在700年前的元朝初年還沒有形成。既然當地連露出水面的礁石也沒有，又如何會有人從千里之外跑去那裡做天文測試呢？

鈕仲勳的這個質疑相當有力，該論文發表於1982年。之後20多年間，韓振華和李金明儘管一直堅持黃岩島說，卻從來沒有就這個質疑進行過辯解。可見，這是「黃岩島」說無法辯駁的硬傷。

這裡對碳14測定方法作一說明。有人認爲，「碳14測定的是島上生物活動的年限，只能是島嶼年齡的下限」。這是對地質學和古生物學的無知。黃岩島是一個珊瑚礁，其礁岩主要是珊瑚骨骼形成的。在黃金森的論文中也說明了這一點：「島礁岩以氧化鈣（CaO）爲主（含量可達50.22%），這是因爲島礁岩主要是由珊瑚骨骼（文石）組成的。」「我國南海諸島的島礁岩除西沙群島石島隆起礁是由蟲藻灰岩構成外，其餘普

---

[284] 見陳美東《中國科學技術史，天文學卷》，科學出版社，2003，537頁。

[285] 曾昭璇〈元代南海測驗在林邑考——郭守敬未到中、西沙測量緯度〉，《歷史研究》，1990年第5期137頁。

[286] 厲國清、鈕仲勳〈郭守敬南海測量考〉，《地理研究》，1982年第1卷第1期79-85頁；鈕仲勳〈元代四海測驗中南海觀測站地理位置考辨〉，《中國邊疆史地研究》，1998年第2期第8頁。

[287] 黃金森〈南海黃岩島的一些地質特徵〉，《海洋學報》，1980年第二卷第二期。

遍以造礁石珊瑚及其碎屑爲主體。藻類凝結作用雖然活躍，但充其量只是局部形成包殼，並不象所羅門群島那樣形成一定規模的海藻脊，這正是我國南海諸島珊瑚礁的顯著特徵之一。」[288]

珊瑚不是形成了礁石之後才生長在礁石上面，而是礁石本身就是珊瑚骨架。因此，碳14測定的原理固然只是對生物樣本有效，但是在這個實驗中測定了珊瑚骨骼的年齡就等於測量了礁石形成的年齡。

鈕仲勳的文章中，還有一些細節沒有提及。有網友認爲存在一種可能：在700年前，儘管黃岩島目前露出水面的礁石還沒有生成，但是當時也可能有露出水面的礁石。在地基沉降和海平面上升的共同作用之下，黃岩島地基一直向下沉，同時珊瑚繼續生長。所以現在位於水面下的礁石（也就是在現在露出水面的礁石以下的礁石）實際上是當年在水面之上的。

一般而言，確實存在這種可能性。但具體到黃岩島一帶，這個可能性不大。根據黃金森的文章，黃岩島一類的珊瑚島形成的模式是這樣的：「第三紀後期形成的南海東部南北向海嶺，其頂部形成火山峰，高出海面；由於海底擴張，火山峰隨大洋型地殼作側向移動，後來火山作用停息、火山峰遭受海蝕夷平，並呈略低於海面的平頂山，這一過程經歷了不少於數百萬年的時間，平頂山在隨洋殼繼續作側向推移的同時，並伴隨洋殼以0.02-0.04 公釐／年的速率下沉，待下沉到一定程度後即不再下沉。在下沉過程中，由於處在熱帶海洋的環境下，造礁珊瑚在平頂山頂部固著繁殖，並以接近於洋殼下沉的增長速率不斷向上生長，最後形成環礁。」很明顯，根據海洋學專家的意見，黃岩島的出現是珊瑚在沒入海面的平頂山之上，由下而上生長。當然，在這裡，黃金森沒有把海面的變動計算在內。他們所引用的沉降數據是基地的絕對下沉速度，而不是相對於海面的下沉速度。

在余克服和趙建新2004年的文章〈南沙永暑礁表層珊瑚年代結構及其環境記錄〉中[289]，他們對更新世（約200萬年前）以來永暑礁的基底的

[288] 黃金森〈南海黃岩島的一些地質特徵〉，《海洋學報》，1980年第二卷第二期。

[289] 《海洋地質與第四紀地質》，2004，24卷第4期25頁。

相對沉降速度的估算爲0.1公釐／年。這個相對沉降速度包括了海平面變動和地殼下沉速度之和，因此更好地反映了基地相對於海面的變動。永暑礁的地基沉降數據不能直接等同於黃岩島的地基沉降數據，但不妨礙以此作爲黃岩島地基沉降速度的估算。如果以0.1公釐每年的速度看來，在700年前，地基沉降帶來的變化僅僅是7公分。所以基於現有資料判斷，在這700年間，地基沉降的變動對於黃岩島的是否在水面之上的影響不大。這700年來，黃岩島之所以能夠露出水面，是因爲珊瑚礁不斷地從下而上生長。而目前露出水面的礁石是490年左右形成的，所以在700年前，黃岩島還在水面之下。這和黃金森在30年前的看法是一致的。

這樣糾結於黃岩島到底當時在水底，還是剛剛露出水面，還是像現在露出水面一公尺多，其實並無太大必要。即便證明了黃岩島當時在水底，也不能排除郭守敬沒有登上黃岩島。他可以把船開到黃岩島（或者黃岩暗礁）一帶，然後就在船上測量，這樣可以繞過地質條件的質疑。但是郭守敬費那個勁幹嘛？

第四，從可行性看。曾昭璇指出：「此外黃岩島……相距大陸1800里，又無詳細《更路簿》，很難設想郭氏能來此測景。」[290]中國南海海域並不是一條康莊大道。傳統上，南海諸島這些地方都是危險區域，是航海者必須避免的地方。比如在《宋會要輯稿》的〈番夷四・眞里富國〉條中：「數日至占城，十日過洋，傍東南有石塘，名曰萬里，其洋或深或淺，水急礁多，舟受溺者十七八，絕無山岸，方抵交趾界。」這裡的石塘指西沙一帶。類似的描述幾乎在每一部宋元時期描述南海諸島的著作都有（見4.3節）。

在這種情況下，在南海航行並不是隨心所欲的。元朝1292年史弼從泉州出發進攻爪哇，「過七洲洋、萬里石塘，曆交趾、占城界」[291]，尙且「風急濤湧，舟掀簸，士卒皆數日不能食」，當時航海的艱難可見一斑。

---

[290] 曾昭璇〈元代南海測驗在林邑考——郭守敬未到中、西沙測量緯度〉，《歷史研究》，1990年第5期137頁。

[291] 元史，卷一百六十二，史弼，3802頁。

在遠洋航行，更加需要詳細的水文指引才能成行。中國古代漁民的航海水文指引《更路簿》估計最早在明朝才出現，而且現存的《更路簿》還沒有黃岩島的記錄[292]。郭守敬又如何能到達黃岩島測量呢？

縱上所述，黃岩島只是遠離中國大陸的荒無人煙的珊瑚礁，在元朝很大可能甚至沒有露出水面。在中國的歷史記錄中毫無黃岩島的記載，更無通往黃岩島的水文記錄。郭守敬既無必要，也無條件到一個不知名的島礁上測量。從以上的分析看來，有充分的理由相信，郭守敬四海測量的「南海」不是黃岩島。

(5)西沙還是林邑

在否定了「黃岩島」說之後，到底西沙說和林邑說哪個更加可靠呢？先看西沙說。西沙說的觀點是「南海」位於西沙群島的某個島嶼上，但是沒有具體的地點。西沙說的詳細論證可以參考鈕仲勳1982年和1998年的兩篇論文[293]。西沙說的證據主要有：第一，西沙群島位於北緯15度附近，符合郭守敬的緯度測量數據；第二，西沙群島是位於南海的群島，符合「南海」這個稱謂；第三，在元朝之前，中國已經有西沙群島的記錄，也可以確信中國對西沙群島有一定的了解，有條件航行往西沙群島。第四，在西沙群島之上，找到元朝之前的中國居民遺址。在他1998年的論文中寫道：「1974 年在甘泉島發掘一座唐宋時代居民遺址，次年，再次進行發掘。通過兩次發掘，挖出許多文物。其中大量的陶瓷器、鐵刀、鐵鑿、鐵鍋殘片以及吃剩的一百多塊鳥骨和各種螺蚌殼, 更是我國人民在島上生活、居住的見證。」故西沙群島並不是像黃岩島一樣毫無人煙的島嶼，因而在西沙群島上測量就有了實用性的依據；第五，紐仲勳認爲「南逾硃崖」就是指硃崖的正南方，因此更爲靠近海南島正南方的西沙群島（其實在東南方）比林邑更有可能。

這些論點中，第一點無疑是正確的，但是林邑也符合這個緯度設

【292】地名資料彙編，257頁。

【293】厲國清、鈕仲勳〈郭守敬南海測量考〉，《地理研究》，1982年第1卷第1期79-85頁；鈕仲勳〈元代四海測驗中南海觀測站地理位置考辨〉，《中國邊疆史地研究》，1998年第2期第8頁。

定。所以無法據此把西沙和林邑區分開來。第三點和第四點都屬必要性的證據，而不是充分性的證據。最多只能證明西沙群島有條件成爲測量點。但在這兩個條件上，西沙都不如林邑。

第二點需要討論一下。到底南海這個地名是否暗示了這是一個海島？這個說法說服力不足，正如陳美東指出的。「南海」並不意味著是南海中的一個島嶼。因爲在測量地點中還有一個地點是「北海」[294]。北海這個地點在哪裡還沒有取得共識，有的說在北冰洋邊上，有的說在貝爾加湖，但是沒有人認爲北海在某個島嶼上。這意味著「南海」也並不意味著必須是南海中的一個島嶼，也可能是南海沿岸，也可能是林邑說的地點。

關於第五點，紐仲勳的說法難以成立。首先，「南逾硃崖」是指比珠崖更南，而並非指珠崖的正南方。其次，越南中部在海南島的西南面，從經度上看，並不比西沙群島的東南面距離海南島遠多少。第三，《郭守敬傳》的那句話並不完全準確，比如「北盡鐵勒」這句就明顯不對，因爲「北海」的緯度要比「鐵勒」高。

對西沙說的質疑，基本上和對黃岩島說的質疑是一樣的。故黃岩島說的支持者李金明基本沒有質疑過西沙說，相反，他還認爲自己的觀點和西沙說不矛盾（參見本節第一部分）。西沙說的批評意見基本來自林邑說的支持者[295]，他們認爲：

第一，沒必要。正如上文所述，四海測驗之目的在於實用性，從地形條件來看，西沙是個航行險區，商船避開，荒島無人。所以郭守敬不會選擇在這裡測景。

第二，時間上來不及。郭守敬從3月27日南下到4月19日總共22天的行程中，要從大都到達西沙，到海邊還必須備舟啓航，況且當時還沒有《更路簿》一類的航道記錄。時間如此緊迫，在技術上做不到。

第三，當時元朝正在崖門圍攻南宋皇帝，同時又在西沙測量，可能性不大。關於第三點，李金明在反駁林邑說的時候認爲並不是一個問題，因

[294] 陳美東《郭守敬評傳》，南京大學出版社，2003，204頁。

[295] 綜合曾昭璇〈元代南海測驗在林邑考——郭守敬未到中、西沙測量緯度〉，《歷史研究》，1990年第5期137頁。陳美東《郭守敬評傳》，南京大學出版社，2003，204頁。

爲南宋在二月敗亡，而忽必烈三月才下達測量的命令[296]。這個說法是可以成立的。

第一和第二點都和黃岩島的質疑類似。但是要注意到，元代對西沙肯定已經有一定的了解，同時也肯定有人到達過西沙，儘管不一定是專門前往西沙的。所以這兩點質疑的力度相對於黃岩島要小。

林邑說是最容易爲人接受的說法（並不意味它一定對）。支持者主要有地理學家曾昭璇[297]、天文學家陳美東[298]，以及歷史地理學家葛劍雄[299]。綜合他們的意見，支持的理由爲：第一，林邑在陸地上，是測量人員最容易進行測量的地方；第二，林邑在南海邊上，南海不一定在海上小島，比如北海就不在海邊；第三，林邑的緯度位置符合南逾硃崖的條件和緯度計算；第四，林邑對開海面是中外的分界海洋，於是林邑有理由作爲最南方的測點；第五，在《元史・天文志》其中一段專門介紹仰儀。仰儀是郭守敬設計的天文儀器之一。在這段文章中提到「其《銘》辭雲，……。南北之偏，亦可概也。極淺十五，林邑界也。」這表明，仰儀曾經在林邑被應用於測量極地高度。「極淺十五」正好與「南海」的極地高度相等；第六，在仰儀銘辭中談及「南北之偏，亦可概也」，這表明林邑的「經度」和大都爲中心的南北子午線有偏差。這大概主要針對韓振華以黃岩島和大都經度相等而作出的反駁，在仰儀銘辭中的「偏」大約可能指時間的差別即「里差」。

林邑說的反駁者提出的質疑意見主要包括（綜合西沙說和黃岩島說意見）：第一，在歷史上，中國史籍從來沒有把林邑稱爲「南海」，「再則該地在元代以前曾多次進行過天文測量，精於天文測量的郭守敬不會不知道『林邑』這一地名，他如果在該地測量，斷不會舍『林邑』而用

---

[296] 李金明〈元代四海測驗中的南海〉，《中國邊疆史地研究》，1996年第4期35頁。

[297] 曾昭璇〈元代南海測驗在林邑考——郭守敬未到中、西沙測量緯度〉，《歷史研究》，1990年第5期137頁。

[298] 陳美東《中國科學發展史・天文學卷》，科學出版社，2003，537頁。陳美東《郭守敬評傳》，南京大學出版社，2003年，202頁。

[299] 葛劍雄《統一與分裂——中國歷史的啓示》增訂版，中華書局，2008，238頁。

『南海』。」[300]第二，在《元史・天文志》中的仰儀銘辭中寫到的「極淺十五，林邑界也」是「極淺十七，林邑界也」之誤。因爲在《元文類》中載的仰儀銘辭寫的是「極淺十七」而不是「極淺十五」。在對「林邑」這個地方的多次測量來看，北極出地都是十七，而不是十五。因此，可能是天文志中抄錯了。[301]第三，在至元二十二年，元朝派員「往占城測侯日晷」。這和郭守敬四海測試間隔只有六年。元朝不會如此短時間內再次在同一地方測量[302]。第四，林邑作爲中外的分界是指海上分界而言，並非作爲陸地分界[303]。第五，直到1280年，占城（林邑）才淪爲元朝屬國地位。所以在1279年，郭守敬不會前往林邑測繪。[304]

這裡對這幾條質疑展開討論。關於第一條，在史籍上，林邑確實沒有被稱爲南海。但是，在韓振華解釋自己的地面考證的時候，一再指出，在測定點命名上，郭守敬並不是決定者，而是許衡等人，而他們偏好利用「古代地名」和「既偏且怪又易誤會的地名」作爲描述測量地點（儘管不知道這個出處在哪裡）。這也是爲何諸多地點難以確定的緣故[305]。如果韓振華的這個說法是對的，那麼許衡把南海海邊的林邑以南海命名也並非沒有可能。何況，西沙在古時候也有自己的名稱，南海也從來沒有指西沙群島。

關於第二條。《元史・天文志》和姚燧《牧菴文集》中的〈仰儀銘〉「極淺十五」和「極淺十七」到底哪個是對的？這裡有兩種可能。第一是天文志抄錯了。這又有兩種可能，首先可能是編撰者的失誤抄錯了，其次也可能是編撰者所抄的已經和《牧菴文集》上的不一樣了。第二種可能是，天文志抄的是對的，而《牧菴文集》所抄的是錯的。這並非沒有可能。因爲由姚燧弟子整理的《牧菴文集》在明末已經失傳。現今看到的

【300】李金明〈元代四海測驗中的南海〉，《中國邊疆史地研究》，1996年第4期35頁。
【301】同上。
【302】同上。
【303】同上。
【304】同上。
【305】史地論證，315-353頁。

《牧菴文集》是清朝人從明初的《永樂大典》中輯錄出來的[306]。經過這麼多重轉折，如果出現個別文字的出入實在不以爲奇。熟悉中國古書版本的人都知道，流傳的版本和最初的版本有個別文字的不一致是常見的事。

現在不知道〈天文志〉到底抄自哪裡，如果是直接抄自仰儀上銘刻的文字，那麼《牧菴文集》流傳下來出錯的可能性就更大一些了。最好的確證方法當然就是找出那個仰儀，看看銘上寫的什麼，可惜那個儀器沒有被流傳下來。

即便正確的〈仰儀銘〉的文字是「極淺十七」，也不能證明南海不在林邑，因爲林邑事實上是一個國家，而不是一個城市。從來沒有一個地點叫做林邑。所以理解林邑說，就應該理解爲在林邑這個國家中的某個地方，也就是現在越南中部和南部的一個窄長的地帶。現在越南境內當時分屬兩個國家，北部大越，中南部占城，中國古書上把占城稱爲占婆或林邑。無論北極出地在十五還是十七都可以在林邑。

關於第三條。從〈仰儀銘〉中看，仰儀肯定曾經在林邑用於測量。這是因爲〈仰儀銘〉專門爲了仰儀而寫，所以姚燧也不會像李金明所說的「是個文人，理應遵循舊說」而把古代對林邑的測量結果寫入銘中。仰儀是「一銅制的中空半球，宛如一銅釜，直徑約10尺，釜口向上，平放嵌入磚砌的台座中」[307]。可見，這件直徑三公尺多的大銅器並不可能輕易搬動，尤其是從北京搬到越南。郭守敬當年測量很倉促，從下旨到測量日只有僅僅22天。因此從工程角度看，筆者傾向認爲郭守敬當年在「南海」測量並不是用仰儀。

在至元二十二年（1285年），蒙古再次派人「往占城測侯日晷」。並沒有任何證據說明這次的準備是不是更加充分。但如果這次時間上不這麼倉促的話，把笨重的仰儀帶往越南的可能性更大，這樣的話姚燧文中提到的林邑的測量更有可能是1285年那次。這也可以解釋爲什麼蒙古在相近的時間內兩次測量占城一帶（如果郭守敬在占城測量的話），因爲第一次測量只是用便攜式的儀器，準確度不足，所以有必要利用更加精密的儀

---

[306] 百度百科，牧庵集，http://baike.baidu.com/view/1031167.htm。

[307] 陳美東《中國科學技術史．天文學篇》，科學出版社，2003，537頁。

器再次測量。當然，這僅僅是推斷和猜想而已。

關於第五條，蒙古是否有條件在越南進行測量的問題上，有必要先回顧那一時期的相關歷史。大越（交趾）在1278年之前對蒙古稱臣。在1278年陳仁宗即位之後大越和蒙古關係開始變差，但是直到1281年，雙方才眞正開始交惡，原因是仁宗不肯上京朝見忽必烈，於是忽必烈決定入侵大越。可是直到1284年，因爲大越不肯讓蒙古取道攻擊占城，雙方才開始交戰。所以在1279年，郭守敬路經大越到占城測量是有可能的。

儘管占城在歷史上一直不是中國的傳統屬國，但是在1278年，蒙古已經派員到占城要求歸降。而在1279年蒙古再次派兵部侍郎出使占城要求其歸順。在蒙古軍隊武力之下，國王Indravarman四世在1280年正式承認蒙古是其保護國。但是占城臣民並不願意成爲蒙古屬國，最終導致1284年蒙古對占城的入侵。爲此，蒙古還成立了荊湖占城行省。必須指出的是，儘管蒙古人成立了行省，但那並不一定意味著在當地建立了政權，因爲那是一個負責侵略的軍事機構。與荊湖占城行省類似的還有爲侵略日本而成立的征東行省。

按照現代的觀點，在法理上，1279年占城還不算蒙古的屬國，但是在當時看來卻未必如此。因爲根據《元史・二百一十卷・占城》：「十五年，左丞唆都以宋平遣人至占城，還言其王失里咱牙信合八剌麻哈迭瓦有內附意，詔降虎符，授榮祿大夫，封占城郡王。」[308]也就是說，在1278年，蒙古人已經對占城國王冊封了爵位，把占城視爲自己的屬國，儘管占城方面正式的投降書還沒有獻上。因此不能根據當代人的標準去量度古人的想法。

元代的四海測量並不限於「現代法律意義」上的中國本土，在屬國領土上也有測量，比如高麗是元朝的附屬國，也是二十七個測量點中之一。高麗這個測量點一般認爲在高麗舊都開城。1269年，蒙古第九次入侵高麗之後，把高麗西京（平壤）等北部地區歸入元朝的遼陽行省。但是南部高麗保持了藩屬國的地位，而開城乃高麗舊都，在西京割讓予元朝之後，開城繼續作爲高麗的首都。在1280年5月，元朝爲了入侵日本，在南高麗

【308】元史，卷二百一十，占城，4660頁。

建立征東行省。但是征東行省和一般行省不同，只是出於軍事的需要。高麗王朝繼續以開城爲首都存在。征東行省並沒有改變高麗屬國的地位。退一步說，由於在1280年5月才開始設立征東行省，所以四海測量的時候，高麗的地位是元朝屬國是毫無疑問的。所以，在1279年，郭守敬也有條件和有理由到同樣被蒙古視爲屬國的大越或占城進行測量。

(6)南海測量地點總結

經過上述分析後，在所有三個選項中，黃岩島說首先被否定。西沙說和林邑說各有道理。筆者認爲在林邑的可能性更加大，因爲在陸地上進行測量比較便利，人口也較多，符合四海測量的目的。西沙當時還普遍被視爲險途，也沒有有定居的人口，所以可能性較小。但是也不完全否認這種可能性。

其實，由於現存的資料非常少，不可能對郭守敬的南海測量地點下定論。無論西沙說、林邑說還是黃岩島說，從學術上看，都不過是幾種假說。以學術的標準看，除了黃岩島說基本可以否定之外，其他兩種假說都不能被現有證據所確認（儘管筆者認爲林邑說更有可能）。如果需要確認，必須找到更多的實物證據。在關於哥倫布之前誰到達北美的研究中，存在許多種假說。如果以外行的眼光看的話，基本每一種假說都可以成立，因爲羅列出的證據都能夠達到出版專著的水平。可是，這麼多年過去了，能被學術界確認的，從假說升級到「事實」的就只有一個——維京人。這部分得益於維京人的傳奇（Saga），其詳細的記錄使得大部分人都相信維京人到過北美。即便如此，維京人到達北美在學術界還長期停留在假說的階段。維京人到達美洲最後被確認完全依賴於在加拿大蘭塞奧茲草地（L'anse aux Meadows）找到了維京人的遺址。這個遺址被確認之後，相關的假說才升級成爲事實。

之所以舉這個例子，是要說明在學術上要「證明」一件事物，周密耐心的仔細研究是必須的。與此對比，郭守敬在南海測量地點的問題上，現有的研究顯然沒有達到能夠把假說變成事實的階段。在此之前，要把它作爲證明中國在西沙上行使主權的證據，說服力不夠。

3. 四海測驗對於主權認定有沒有幫助

接著討論另一個層次的問題：假如測量地點在西沙或黃岩島，那麼是否能說明中國對它們的管治呢？在西沙說和黃岩島說的學者眼中，郭守敬的南海測量都對中國在南海諸島的主權認定有幫助。紐仲勳在1982年的文章中寫到「這是中國政府對南海諸島行使主權的又一歷史事實，是南海諸島自古以來就是中國神聖領土的又一明證」[309]。李金明在2001年的論文中寫道：「由此可見，元初在中國疆域內進行的『四海測驗』，其最南的南海測點就在今西沙群島一帶或中沙群島附近的黃岩島，也就是說，當時的西沙群島與黃岩島都是在中國的疆域之內，元朝政府已對之行使了主權和管轄權。」[310]

如同在第一部分所寫到的，中國政府的定調從1980年代的西沙說到2000年代的黃岩島說，再到2014年的西沙說，完全是出於政治需要。這是因爲中國政府也認爲南海測量地點和主權認定有關，於是不惜毫無鋪墊地自相矛盾一把。中國方面經常說越南政府對西沙的態度違反了「禁止反言」的原則，以同樣標準，中國政府在郭守敬南海測量的問題上同樣違反了這個原則。也正因爲中國政府不認爲測量地點在林邑能夠幫助中國爭取到對越南的主權，所以在官方層面，從來沒有提過林邑說。在歷史地理學界，林邑說也是非主流。但是在和現實政治關係疏遠的古天文學界，林邑說（或者越南中部說）佔據著主流。

假定南海測量在西沙或者黃岩島，那麼對於中國的主權認定有沒有幫助呢？如果僅從國際法的角度看，這並不是有力的證據。原因如下：

第一，元朝的歷史定位比較尷尬。

元朝的歷史定位一直是學界爭論的問題。如前文討論過的，筆者認爲種種特徵顯示，中國在元朝只是蒙古的殖民地，地位還比早早征服的其他地區要低。而最重要的是蒙古人並不像滿人一樣現在已經成爲中國的一部分，而是有自己獨立的國家。在蒙古1945年獨立之後，蒙古被視爲

---

[309] 厲國清、鈕仲勳〈郭守敬南海測量考〉，《地理研究》，1982年第1卷第1期79-85頁。

[310] 李金明〈從歷史與國際海洋法看黃岩島的主權歸屬〉，《中國邊疆史地研究》，2001年第4期71頁。

蒙古帝國的正統。元朝作爲蒙古帝國的一部分自然也被視爲蒙古歷史的一部分。在這種情況下，元朝擴張所佔領的土地能不能說成是中國「自古以來」的土地是爭議極大的。因此，即便某個地區屬當時蒙元管轄的地域，也不能直接說當時中國管轄了這個地域。這個道理好比英國在十九世紀佔領了澳大利亞和加拿大，但澳大利亞人顯然不能就此聲稱加拿大「自古以來」就是澳大利亞的一部分。

第二，當時測量的地點並非全部是在現代意義的中國國境之內。在當年中越西沙舌戰的時候，越南方也以這個觀點反駁當時中國利用測量地點論證西沙主權。

應該肯定，當時郭守敬測量的地點在當時意義上說來，都被當時的人視爲元朝帝國的一部分。這樣說是因爲古代東方的系統和現代的系統中，「國」這個概念並不一樣。屬國與附庸國等在當時都屬郭守敬的「四海」範圍之內，儘管在當代意義上，那些國家即使在當時也並不是中國的一部分。最顯然的例子就是上文說過的高麗。

另外一個例子是北海。這個測量地點在哪裡並不確定，陳美東認爲在通古斯卡河[311]。但韓振華和李金明推算在當時屬欽察汗國的烏拉爾山主峰人民峰（在北冰洋邊上）[312]。他們的推算很可能是錯的。但是由於他們認爲南海測量對於主權認定有幫助，所以也不妨對他們的結論進行分析。他們認爲欽察汗國也是元朝的一部分，這顯然是錯。現在一般認爲蒙古四大汗國和元朝並沒有統屬關係，是各自獨立的國家。在1279年，蒙古各個汗國還處於對抗之中，甚至連名義上的從屬關係都沒有。所以如果按照他們對北海的推定，這個地點應該在元朝國境之外。

因此，既然存在像高麗和北海這些例外，越方認爲測量地點有的在國內，有的在國外就並非完全是沒有道理的。

第三，明朝推翻蒙古人在中國的統治之後，中國對蒙元擴張的領土難具繼承性。在近代，眾多殖民地在獨立之後繼承了原宗主國的權利，取得比殖民之前更大的領土。比如印度，在英國殖民之前沒有形成統一的國

【311】陳美東《郭守敬評傳》，南京大學出版社，2003，203頁。

【312】李金明〈元代四海測驗中的南海〉，《中國邊疆史地研究》，1996年第4期，35頁。

家，直到獨立之後，才繼承了英國人整合的國度；再如菲律賓，在西班牙人之前，菲律賓也沒有現在的版圖。在現今菲律賓領土的島嶼上曾分布著多個國家，直到西班牙人來臨之後才整合在一起。所以，國家領土因爲殖民經歷而擴大並不是罕見的事。

但是，在菲律賓和印度的獨立過程中，什麼領土從宗主國繼承都在條文中列明，因此不會有「產權」不明晰的漏洞。但是如果沒有法律程序，又沒有實際控制的事例，那麼能否自動繼承宗主國撤出的所有領土就不那麼明確了。比如在法國撤出越南的時候，在法國交給南越的領土中，就沒有明文包括南沙群島。因此後來南越乃至越南在證明自己對南沙群島有從法國手中繼承的權利的時候就不那麼理直氣壯了。

回到明朝對蒙元的繼承上，自然不能要求當時能夠有條約之類的白紙黑字的文件，從實際上看，明朝並沒有繼承蒙元所有的土地，比如蒙古故地還在北元手中，嶺北也沒有被明朝控制，西藏也是獨立的實體。因此，並不能因爲蒙元曾經佔有過某地，就能宣稱明朝也佔有該地。關鍵在於元前和元後中國的統治證據：如果元朝之前中國也統治過該地，那麼中國從蒙古獨立出來後對當地算是恢復國土。如果在元朝之前中國沒有統治過該地，但是在明朝繼續統治該地，那麼可以引用菲律賓或印度的例子去匡正明朝對該地的權利。

如果測量地點在林邑，那麼這顯然是行不通的，因爲就算元朝也沒有統治該地。如果測量地點在西沙，那麼就有可以爭論的依據了。如果是在黃岩島，因爲宋朝和明朝都沒有任何關於黃岩島的記載，就更無繼承可言了。

第四，該測量能否算治理依據有爭議。在當年中越西沙之爭中，越南提出，測量並不是治理的依據。理由是英國挑戰者號在世界各海域航行70000海里，但卻不表明所航行的海域都屬英國的，「科學觀測活動豈能確立領土主權！」

對此，李金明認爲這個論點不能成立，因爲英國在殖民開拓時期對航線上島嶼的測量，其目的和四海測驗並不一致。挑戰者號從事的是世界航道的勘測，而「四海測驗的目的是在中國全國範圍內統一曆法，選定的測點當然是要在中國的疆域之內」[313]。

關於英國測量和郭守敬測量目的不同而導致對於主權認定的說服力不同這一點，筆者認爲李金明的說法是令人信服的。但是其說法的後半句卻不成立，因爲當時的測量地點並不一定在中國疆界之內（參見第二點）。

第五，假設以上四點都能成立，那麼如果700年前在某個無人島上擁有過主權，但是在隨後幾百年都沒有實質性的治理，那麼能否以此爲由在幾百年後再聲稱對這個島嶼擁有主權呢？抑或這個島嶼已經被視爲廢棄，重新變爲一個無主島呢？一個相近的例子是著名的國際法院關於美國和荷蘭對帕爾馬斯島（Palmas Island）主權要求的仲裁。在菲律賓沿岸的帕爾馬斯島由西班牙人發現，西班牙人以此聲稱對其擁有主權。在美西戰爭之後，西班牙把菲律賓轉讓給美國。美國於是認爲自己擁有帕爾馬斯島的主權。荷蘭人則聲稱儘管這個島是西班牙人發現的，但是西班牙一直沒有治理，反而是荷蘭東印度公司實際管理。這兩方在法庭相見，最後法庭把這個島嶼判給了荷蘭，理由是僅僅發現而沒有實質性的治理並不能確認主權；而且即使在某段時間中行使過主權，但是長時間不行使，就失去了統治連續性，主權也會因此而丟失。因此，即使一個國家在某個時段對某個爭議地區行使過主權，但是如果此後對這個地區不聞不問，就有可能被視爲已經放棄了這個主權。[314]所以，如果中國以後一直沒有繼續管理的話（比如若測量的地方是黃岩島），那麼主權也會丟失。

總之，在郭守敬南海測量能不能確認中國對「南海」的主權這個問題上，可爭論點甚多，拿到國際法庭上並不一定能夠成爲實質性的有力證據（無論對西沙還是對黃岩島）。

---

[313] 李金明〈從歷史與國際海洋法看黃岩島的主權歸屬〉，《中國邊疆史地研究》，2001年第4期，71頁。

[314] Island of Palmas Case (or Miangas) : *United States of America V. the Netherlands, Permanent Court of Arbitration*, 4 April 1928.

3.9 巡海與救助

巡邏是一種有力的治理證據。在近代之前，中國史書中記載了四條疑似在南海諸島附近巡邏的例子。本節一一分析。

1. 宋朝的「巡海記錄」

這類記錄最早的一個是宋代的曾公亮所著的《武經總要》（1045）。《武經總要》是北宋官修的一部軍事著作，主要有關宋代的軍事思想和武器，其中也介紹了部分地理學知識。和南海問題有關的是卷二十一廣南東路（圖65）。其原文如下：

廣州南海郡，古百粵也，皆蠻蜑所居，自漢以後，入爲郡縣。唐爲海軍節度，宋平劉鋹，復建方鎮，爲一都會，提舉十六州兵甲盜賊，控外海諸國，有市舶之利，蕃漢雜處。命王師出戍，置巡海水師，營壘在海東西二口，闊二百八十丈，至屯門山二百里，治舠魚入海戰艦。其地東南至大海四十里，東至惠州四百二十里，西至端州二百四十里，南至恩州七百五十里，北至韶州二百五十里。東南海路四百里至屯門山，二十里皆水淺，日可行五十里，計二百里。從屯門山，用東風西南行，七日至九乳螺州，又三日至不勞山，又南三日至陵山東。其西南至大食、佛、師子、天竺諸國，不可計程。太平興國中，遣三將兵伐交州，由此州水路進師。置廣南東路兵馬鈐轄，以州爲治所。今之廣州府是也。[315]

中方認爲「九乳螺州」就是指西沙群島，「七日至九乳螺州」說明了在宋代中國政府海軍已經在西沙一帶巡邏，行使了國家了主權。

這個說法是不確實的。首先，九乳螺州到底是什麼地方並沒有確定的結論。韓振華所說的根據是按照日程對比，這裡的九乳螺洲和唐代賈耽《四夷海道》中的「象石」非常相似，兩者都是西南三日到占婆島（占不

---

[315] 曾公亮《武經總要》，明萬曆金陵書林唐富春刊本，《中國兵書集成》（3-5冊），瀋陽，遼沈書社影印，1988。卷21，廣南東路，1055頁。

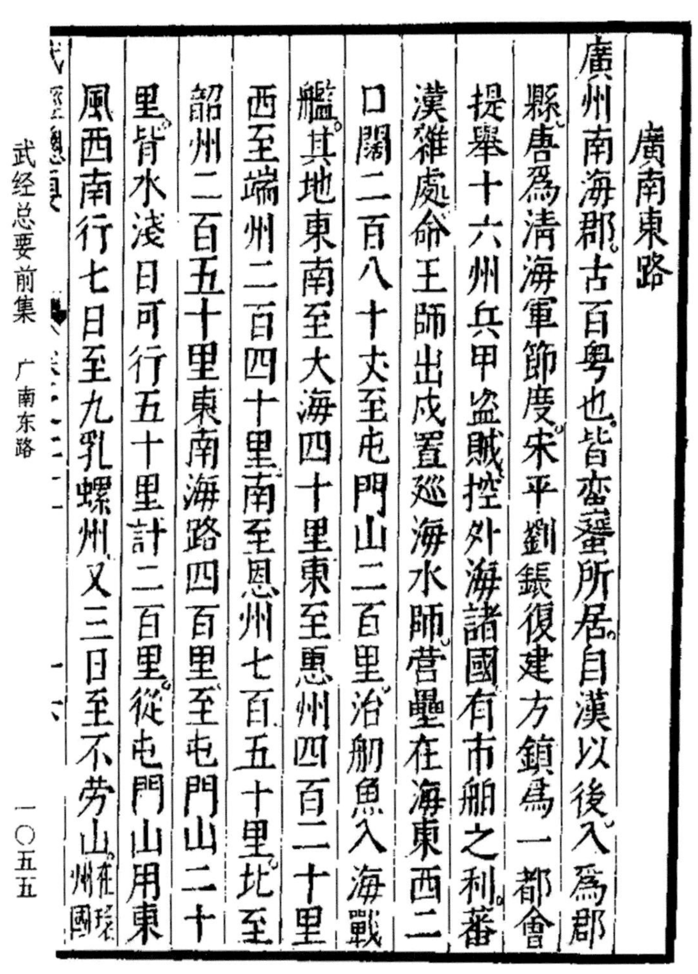
廣南東路

廣州南海郡古百粵也皆蠻蜑所居自漢以後入爲郡縣唐爲清海軍節度宋平劉鋹復建方鎮爲一都會提舉十六州兵甲盜賊控外海諸國有市舶之利蕃漢雜處命王師出戍置巡海水師營壘在海東西二口闊二百八十丈至屯門山二百里治舠魚入海戰艦其地東南至大海四十里東至惠州四百二十里西至端州二百四十里南至恩州七百五十里北至韶州二百五十里東南海路四百里至屯門山二十里皆水淺日可行五十里計二百里從屯門山用東風西南行七日至九乳螺州又三日至不劳山（在環州國

武经总要前集　广南东路　一〇五五

圖65　《武經總要》

勞山）。因此，這裡的九乳螺洲很可能和象石是同一個地方，或者至少在很相近的地方。早清顧炎武在《天下郡國利病書》中稱：

> 廣州船舶往諸蕃，出虎頭門始入大洋，分東西二路……海路二百里至屯門山【水皆淺，日可行五十里】，乃順帆風西行二日，至九州石，又南二日，至象石【一作用東風西南行七日，至九乳螺洲】，又西南行三日，

至不勞山【在占城東二百里海中，占城人投罪於此】[316]。

早清顧祖禹的《讀史方輿紀要》中稱：

廣東省附海道考。廣州海船往諸蕃，出虎頭門，始入大洋，分東西兩路。東洋差近，西洋差遠，宋於中路置巡海水師營壘，今爲東莞縣南頭城東南，海路二百里至屯門山，水皆淺，日可行五十里，乃順帆風，西行一日至九州石，又南行二日至象石，若用東風西南行，七日至九乳螺洲，又西南行三日至占不勞山，西去占城二百里，又南二日至陵山，其山峻而方，有泉，下繞如帶，即占城界也。[317]

這兩段文字大同小異，顯見在顧炎武和顧祖禹看來，此兩處也是同一地方。那麼它們又在哪裡呢？從前文對象石的分析，這個地方不是西沙群島，而是海南的大洲島或其附近的島嶼（見2.3）。地理上的原因是最重要的（圖66），占不勞山在西沙群島的正西方而不是西南方，也正好在海南大洲島的西南方。另外，在宋朝，西沙群島還是一個「險境」，是一個航行中需要避免的地方而不是一個停泊的地點。歷史地理學家曾昭璇也認爲這個地方更應該是大洲頭[318]。

與象石不同，九乳螺洲這個名字在古書中出現不多。除了《武經總要》外，在上千年間就只有在顧炎武和顧祖禹這些考據性質的書籍中提到過，而其來源又顯見是《武經總要》。之後直到十九世紀中的嚴如熤的《洋防輯要》中才再次出現。該書，如同書名所言，乃是一本「輯要」，基本上就是把以前的書的相關章節彙編在一起（它全文引用最多的就是《天下郡國利病書》和《讀史方輿紀要》）。在〈卷八廣東沿海輿地考〉

[316] 顧炎武《天下郡國利病書》，卷120，〈海外諸蕃・入貢互市〉。轉引自《史料匯編》，31頁。

[317] 顧祖禹《讀史方輿紀要》，卷100，廣東，海，海道考。臺北，中華書局，1955，第五冊，4161頁。

[318] 曾昭璇〈中國古代南海諸島文獻初步分析〉，《中國歷史地理論叢》，1991年第1期，133-160頁。

中，他幾乎完全引用了《讀史方輿紀要》的文字，因此也有和前引完全一樣的文字提及象石與九乳螺洲[319]。

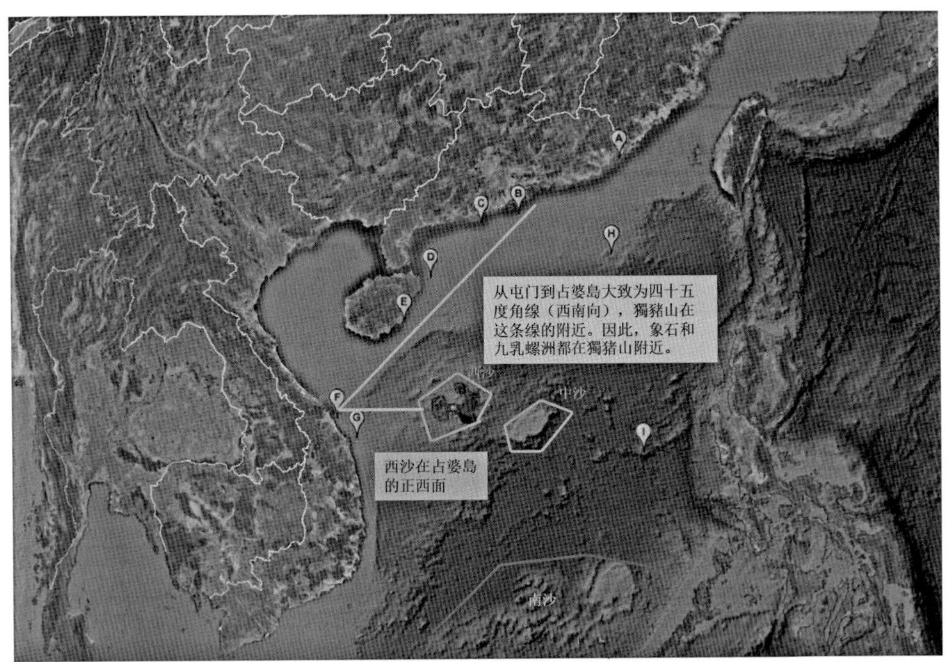

A 南澳；B 老萬山；C 烏豬山；D 七洲列島；E 獨豬山（大洲頭）； F 占婆島；G 外羅（理山群島）；H 南澳氣（東沙島）；I 黃岩島。

圖66　《武經總要》之圖解

《洋防輯要》最特別的地方是在海防圖的《廣東澤圖》（圖67）中也畫出了九乳螺洲和象石，它和犁頭山以及象石緊密地畫在一起，位於海南島的東側，其東附近還有九州石[320]。由於海防圖並不是完全按上北下南的方位而畫成，在圖中也難以肯定其具體的位置。而在《直省海洋總圖》[321]中，海南島的東南側則畫上了萬里長沙（圖67）。有人認爲對比兩圖，萬里長沙即九乳螺石。由於兩圖的比例相差很大，儘管有一定的可

[319] 嚴如熤《洋防輯要》，中國南海諸群島文獻彙編之四，臺灣學生書局印行，1975，第二冊，560頁。

[320] 同上，第二冊，26-27頁。

[321] 同上，第一冊，14-15頁。

能，但亦不能肯定這裡的萬里長沙是否就是九乳螺石和象石。事實上，在《洋防輯要》的圖中並沒有畫出大洲頭或獨豬山的名稱，而這兩個名稱（之一）在各種海南地圖中都會出現，因此九乳螺洲和象石等也可以理解爲就是大洲頭。

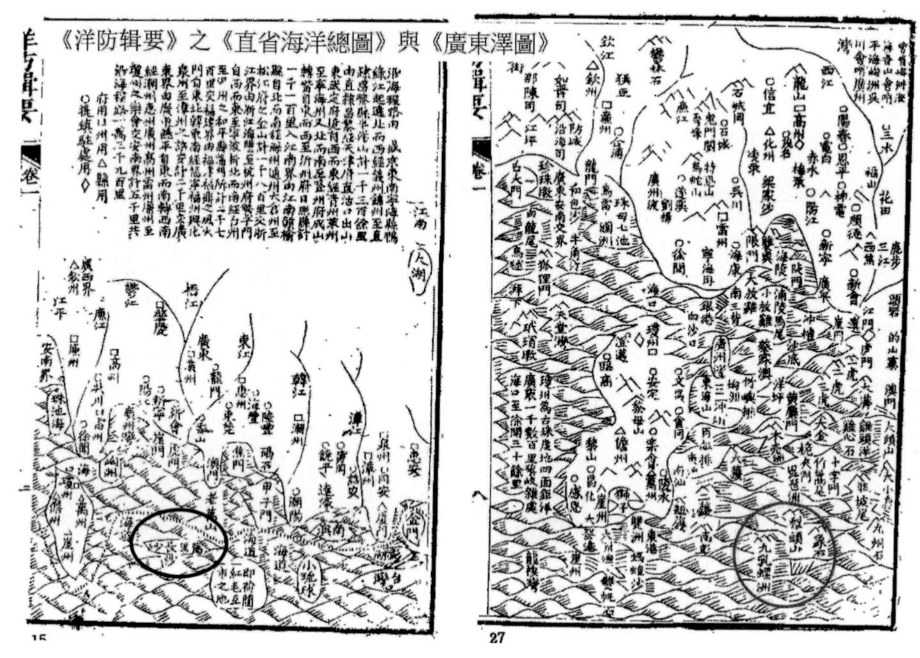

圖67　《洋防輯要》之直省海洋總圖（左）與廣東澤圖（右）

這（兩）幅圖的準確性是值得懷疑的。《直省海洋總圖》中，在萬里長沙的附近就有小琉球和臺灣兩個地方。而且兩者之間分隔頗遠，臺灣在廈門對開，而小琉球在南澳和潮陽對開。小琉球乃臺灣的古稱，何以會同在一副圖上呢？這只能說明繪圖者對此極爲基本的問題也沒有搞明白。從這幅圖也無法得出萬里長沙屬中國的證據，因爲同一幅圖上也有大琉球、日本等完全不屬中國的國家。海防圖本身也重於海防，因此其繪製的區域會比實際的疆域範圍要更大。

《洋防輯要》產生於鴉片戰爭前夕，也是當時洋防方面的巨著，而嚴如熤也是親身經歷廣東海事的士大夫，但其思想依然是「眼光向後」

的[322]。其行文和著眼點不脫《籌海圖編》的抗倭框架，而其地理部分（卷四到卷十五）的文字又完全取自清初的那兩部作品。因此，他對這些地理的認識程度是很可疑的。

嚴如熤很可能只是爲了把以上三本書提到的地名糅合在一起而「創造」出來這幅包括九乳螺洲的地圖。在這幅圖中，無論是九乳螺洲和象石都不見於海道針經。而兩者之間的犁頭山（一做黎頭山），據《東西洋考》和《順風相送》中記載，是在暹羅港東南八更的地方，向達稱「今地無考」[323]。嚴如熤把這三個不常見的地方放在一起，證明他並不了解這幾個地方的具體位置，而只是想在地圖中把這些地方都加上去，僅存一說而已。否則，九乳螺洲怎麼會和在泰國的黎頭山放在一起呢？

在無法對地理上可能的重名或者眞切的位置進行一一考證的情況下，爲了要把史書上的名字都在地圖上表示出來，而勉強地把這些地方都畫在同一地圖上，這種情況在中外地圖史上都不罕見。上面提到的小琉球和臺灣的問題就是一例。而這個做法並非嚴如熤特有，比如有學者認爲鄭若曾《鄭開陽選集》中的《琉球地圖》就是這麼一幅把同一地點的歷史上不同的名稱糅合在一起而沒有能夠理清它們之間關係的地圖[324]。可見這種做法在中國海防圖的繪製中是有先例的，原因當然是這些學者無法實地考察，只能根據不同來源的道聽塗說和書籍考據而畫出這些圖之故。

因此，從《洋防輯要》的圖中無法得出九乳螺洲即萬里長沙，即西沙群島的結論。其眞實的位置，還是應該從原文和其他歷史性的考據文字中探求。而根據以上的討論，它的位置應該在大洲頭而非西沙。其次，即便這個地方眞的是西沙群島。文中也並沒有宋朝海軍巡邏的意思。「其地東南至大海四十里……」一句是在描述巡海水師營壘的位置。而「東南海路四百里至屯門山，二十里皆水淺，日可行五十里，計二百里。從屯門山，用東風西南行，七日至九乳螺州，又三日至不勞山，又南三日至陵山東。

【322】李恭忠、李霞〈倭寇記憶與中國海權觀念的演進──從籌海圖編到洋防輯要的考察〉，《江海學刊》，2007年，第3期。

【323】向達《兩種海道針經》，中華書局，1961年，地名索引，257頁。

【324】鞠德源《日本國竊土源流釣魚列嶼主權辯》，首都師範大學出版社，2001，351-352頁。

其西南至大食、佛、師子、天竺諸國，不可計程」則是說明當時和這個位置相關的地理信息，尤其是交通信息，屬注解，而不是指巡海水師的實際巡邏路線。否則就不能解釋為什麼在九乳螺州之後，又加上去往「不勞山」，「陵山東」乃至大食等國的路程和航向。

最後，文中「太平興國中，遣三將兵伐交州，由此州水路進師」這句是進一步說明上述航道在太平興國時代軍事上的應用。所說的是一次軍事上的行動，發生在北宋太平興國五年（980年），即第一次抗宋戰爭（見3.1）。當時越南國內發生內亂，黎桓正推翻丁朝而建立黎朝。宋太宗興兵，派孫全興從陸路，劉澄從水路，侯仁寶為交州轉運史，攻打越南。文中所提的「三將兵伐交州」即指此事。這個事件屬一次遠征，而不是以行政治理為目的的巡邏。

2. 明朝的「巡海記錄」

明朝並沒有太多疑似治理事蹟的記錄。在中國外交部南海專題中，能夠看到當中引用了一段《柴公墓志銘》[325]，在相當多的文章中也有同樣的引用：

> 明代《海南衛指揮僉事柴公墓志銘》記載：「廣東瀕大海，海外諸國皆內屬」，「公統兵萬餘，巨艦五十艘」，巡邏「海道幾萬里」。

中國方面認為，這表明明代海南衛巡轄了西沙、中沙和南沙群島，並以此論證南沙群島屬明代版圖。

如果仔細看看這段文字，就可以看到，「巡邏」二字並沒有加上引號，這表明這裡並不是原文。其實，此段原文來自焦竑的《國朝獻徵錄》，一本專門收集各種神道碑、墓誌銘、行狀、方志的類書。卷一百一十一《各衛．海南衛指揮僉事柴公英墓志銘》（圖68）中有：

---

[325] 南海專題二，中國對南沙群島擁有主權的歷史依據http://www.mfa.gov.cn/mfa_chn/ziliao_611306/zt_611380/ywzt_611452/wzzt_611670/2305_611918/t10648.shtml。

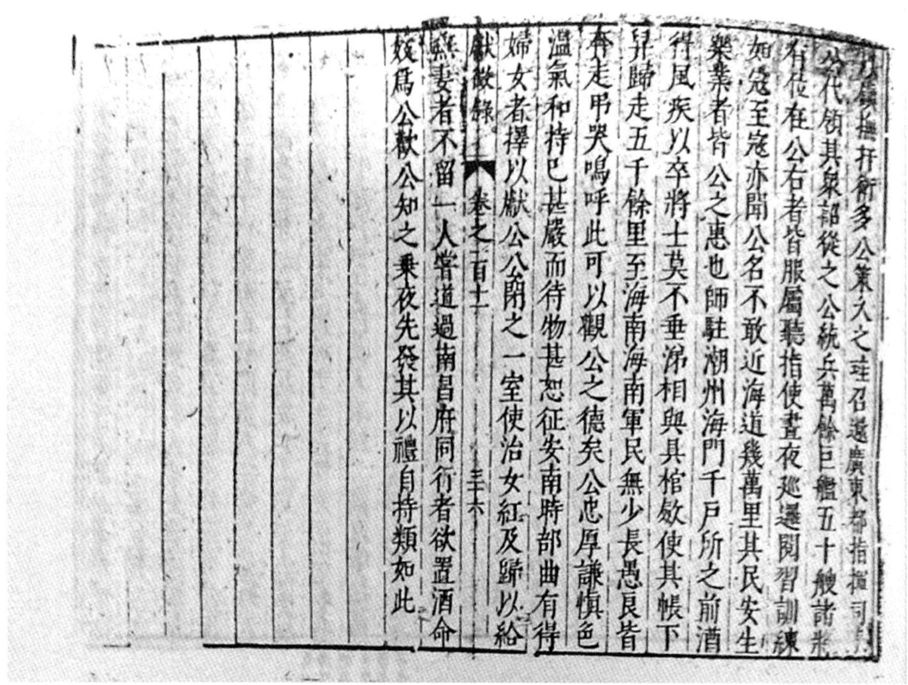

所鎮撫扞衛多公策久之珪召還廣東都指揮司
公代領其衆詔從之公統兵萬餘巨艦五十艘諸將
行位在公右者皆服屬聽指使晝夜巡邏閱習訓練
如寇至寇亦聞公名不敢近海道幾萬里其民安生
樂業者皆公之惠也師駐潮州海門千戶所之前湄
得風疾以卒將士莫不垂涕相與具棺斂使其帳下
舁歸走五千餘里至海南海南軍民無少長愚良皆
奔走弔哭嗚呼此可以觀公之德矣公忠厚謙慎色
溫氣和持己甚嚴而待物甚恕征安南時部曲有得
婦女者擇以獻公公閉之一室使治女紅及歸以給
獻徵錄　卷之一百十一　三十六
無妻者不留一人嘗道過南昌府同行者欲置酒命
妓爲公歡公知之乘夜先發其以禮自持類如此

圖68　海南衛指揮僉事柴公英墓誌銘

廣東瀕大海，海外諸國皆內屬。然即夷雜種時出沒寇海上，己丑春指揮李珪總兵備之。聞公名，徵以自助其所□鎮撫扞衛多公策，久之，珪召還廣東都指揮司□，公代領其眾詔從之。公統兵萬餘，巨艦五十艘，諸將行位在公右者皆服屬聽指使，晝夜巡邏閱習訓練如寇至。寇亦聞公名不敢近，海道幾萬里，其民安生樂業者皆公之惠也。[326]

從原文看來，中國外交部網站對這段文字的解釋頗有斷章取義和誤導之嫌。第一，柴英所謂的「巡邏」不是巡邏海道數萬里，而是巡視軍隊訓練。柴公並沒有「巡邏海道數萬里」，而僅僅是這一帶的海盜攝於柴英的威名，不敢作亂，以致海道數萬里都平安。第二，這裡「數萬里」是虛指，不然就是跨越了半個地球了（地球半周長約爲2萬公里，即4萬里），

[326] 焦竑《國朝獻徵錄》，臺北，臺灣學生書局，1965，卷一百一十一，4927頁。

這是根本不可能的。所以實際上指多少並不清楚，總之只能形容其威懾力大而已。第三，海外諸國皆內屬最多是成爲藩屬，和中國有名義上的朝貢關係，而不是中國領土。第四，最關鍵的是，這裡從來沒有一字提及南海諸島。

中國專家中通過剪裁史料來編造證據的更有甚者是林金枝，其在〈中國最早發現、經營和管轄南海諸島的歷史〉寫道：「明清以來，南海諸島的海域仍然列入水師的巡視範圍。史籍對此記載甚多。如明朝黃佐《廣東通史》記載說：『督發兵船出海防禦，……自東莞之南亭門放洋，至烏豬、獨豬、七洲三洋，星盤坤未針，至外羅。』」[327]

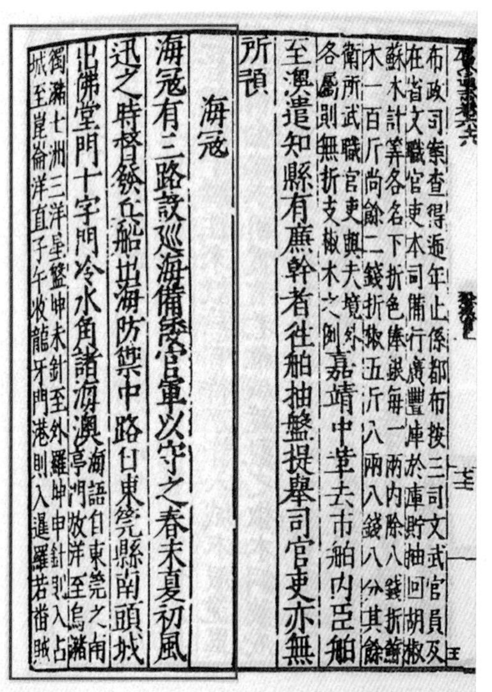
布政司案查得近年止係都布按三司文武官員及
在省文職官吏本司備行廣豐庫於庫貯抽回胡椒
蘇木計筭各名下折色俸鈔每一兩內除八錢折蘇
木一百斤尚餘二錢折鈔五斤八兩八錢八分其餘
衛所武職官吏與夫境外
各屬則無折支椒木之例嘉靖中革去市舶內臣舶
至澳遣知縣有廉幹者往船抽盤提舉司官吏亦無
所領

海寇

海寇有三路設巡海備倭官軍以守之春末夏初風
迅之時督發兵船出海防禦中路自東莞縣南頭城
出佛堂門十字門冷水角諸海澳海語自東莞之南
亭門放洋至烏豬
獨豬七洲三洋星盤坤未針至外羅坤申針則入占
城至崑崙洋直子午收龍牙門港則入暹羅若番賊

圖69　黃佐《廣東通志》

單從林金枝的引文來看，文中有一個「禦」字，表明是防衛，防衛的範圍竟然還到達外羅。沒有比這個更好的證據了。可是查黃佐的《廣東通志》就知道，原來林金枝的這段文字是剪裁出來的，甚至比明朝柴公的例子更爲惡劣。這段文字的原文是這樣的（圖69）：

海寇有三路設巡海備倭，官軍以守之。春末夏初，風迅之時，**督發兵船出海防禦**，中路曰東莞縣南頭城，出佛堂門、十字門、冷水角諸海澳【海語：**自東莞之南亭門放洋，至烏豬**、**獨豬**、**七洲三洋**，**星盤坤未針**，**至外羅**；申針，則入占城，至崑崙洋；直子午收龍牙門港則入暹羅。若番

[327] 地理歷史主權，27-57，文中所引在41頁。

賊海寇則入十字門打劫。故防之。】東路惠潮一帶……。西路高雷廉海面……[328]

【】內的內容是小號字的原注，而不是正文。加粗的部分是林金枝所引的文字。原文其實很清楚，由於要防備倭寇，所以在廣東海面分三路防禦。其中中路防禦的海面在珠江口的佛堂門、十字門、冷水角等入海口。而後面「自東莞之南亭門放洋，至烏豬、獨豬、七洲三洋，星盤坤未針，至外羅」一段是在《海語》中的話（見3.4.5），這段話連同被林金枝故意省略的「申針，則入占城，至崑崙洋；直子午收龍牙門港則入暹羅。若番賊海寇則入十字門打劫。故防之」一段，解釋東莞南亭門的地理位置和重要性。中路防禦的地點是十字門等入海口，因爲如果海寇來進攻，會選擇自十字門的進攻路線。所以兵船的眞正防守地點不是林金枝所稱的外海，而是在珠江口十字門一帶。

林金枝的剪裁，把正文和注釋混爲一談，同時把眞正的防禦地點故意以省略號略去，也不提「海語」和從「申針」到「故防之」一段。正是通過把正文和注釋混合的剪裁，造成了當時兵船的防守範圍一直到達外羅的錯覺，混淆視聽。

3. 清朝的巡海記錄

在早清，中國僅有一條巡海記錄疑似與西沙群島有關，那就是《同安縣志》中的吳陞巡海記錄。吳陞（1652－？）字源澤，福建同安人，本姓黃。他16歲喪父，生母姚氏因「妾」的身份遭家族排擠，於是帶他到同安投奔黃陞姨媽家。姨媽家姓吳，待黃陞如親生兒，於是黃陞改吳姓。吳陞行伍出身，先後從征金門、廈門。康熙二十二年，隨施琅定澎湖、臺灣，因功授廣東副將，被康熙皇帝讚爲「天下第一好提督」。康熙五十五年，御賜「寬惠赳桓」匾，該御匾還懸掛於海滄吳陞舊居廳堂。雍正三年，吳陞加太子少傅，去世前奏請恢復黃姓，朝廷准其所請。

---

[328] 黃佐《廣東通志》，卷六十六外志三，嘉靖本，香港，大東圖書公司影印版，1977，1784頁。

在《同安縣志》中記載了他在廣東水師副將時（康熙四十九至五十一年，1710-1712）的事情（圖70）：

（吳陞）自瓊崖，曆銅鼓，經七洲洋、四更沙，周遭三千里，躬自巡視，地方寧謐。[329]

在幾乎同期的《泉州府志》中有關吳陞的記載中也有一模一樣的記錄。

中國政府和專家一般認爲這裡的七洲洋是指西沙群島，比如中國外交部指出：「這裡所稱七洲洋即今西沙群島一帶海域，當時由廣東省海軍負責巡邏」[330]。這被視爲中國在西沙群島的巡海記錄。在所有的古代記錄中，這條記錄可以說是最接近有效的：和以上列舉的「證據」相比，這條才是眞正的巡邏記錄。但問題是，這裡的七洲洋眞的是西沙群島嗎？

性官兵三十二名率先用命二十一年總督姚啟聖委赴淡水招撫事平議敘授
海澄營軍民悅服
吳陞字源澤爲總旗禦賊於果塘授千總又從征金門廈門澎湖臺灣以功陞陝西
游擊擢廣東副將調瓊州自瓊崖歷銅鼓經七州洋四更沙周遭三千里躬自巡
視地方寧謐陞定海總兵官設法捕盜奸宄屏跡晉浙江提督改福建陸路雍正
三年加太子少保明年卒贈太子太保予祭葬謚恪勤
魏國泰字德良翔風爐前人住劉五店補水師提標把總康熙六十年朱一貴倡亂
國泰奉檄征勦多所追殺臺灣平歷陞洞庭副將潔己奉公兵民不擾嗣陞金門
鎮總兵官未赴任會貴州苗變檄赴鎮遠協勦時苗勢猖獗夜襲鎮遠國泰計兵
丁在外分防城中只有四十人乃預出城伏兵擊之苗望幟卻走鎮遠之人賴以
安平苗後赴金門乾隆元年以軍功賜俸在金門五載罷陋規歲不下千金調碣
石鎮如之後補廣東右翼鎮未赴任卒子文偉廕生補守備任廣東順德協副將
陳倫炯字次安都統昂長子爲諸生博通羣書尤留心外國夷情土俗及洋面針更
港道著海國聞見錄行於世召充宿衛長身玉立鬚眉整然嘗扈從問及外夷情

同安縣志　卷三十　人物錄　武功

961

圖70　《同安縣志》

譚其驤在《七洲洋考》中詳細討論了七洲洋的地點和覆蓋範圍[331]，上文也詳細討論過七洲洋在中國歷史中位置的變遷。得出的結論是：七洲

[329]《同安縣志》，民國十八年版影印，同文出版社，中國方志從書87號，961頁。
[330]《中國對西沙群島和南沙群島的主權無可爭辯》，《人民日報》，1980年1月31日。
[331] 史地考證論集，1頁。

洋在歷史中至少有過兩個含義，第一個是自古以來沿用到現代的，是指海南島東北七洲列島附近的七洲洋，按照譚其驤的說法稱爲狹義七洲洋；第二個是從1730年陳倫炯的《海外聞見錄》出現的廣義七洲洋。廣義七洲洋也不限於一地。它可以是指位於海南島、西沙群島、南沙群島、納土納群島、崑崙島和印度支那半島所包圍的洋面，即南海西南部；也可以是這個洋面的南部；也可以是指西沙群島中沙群島以北的海面。無論是何種意義都並無特指西沙群島之意。

那麼，這裡的七洲洋是指哪個呢？譚其驤認爲是指狹義的七洲洋。他說：

在吳陞巡海的記錄中，「自瓊崖，歷銅鼓，經七洲洋、四更沙，周遭三千里」，「這條巡視路線顯然是從瓊州府治附近出發順時針方向，自北而南，自東而西，又自南而北，自西而東，繞島一周，與三千里之數基本符合。若說是南下巡視到了西沙群島，再折而西北繞經四更沙東返瓊州，那就不止三千里了。何況這條記載的目的是在宣揚吳陞不畏艱險，躬自巡視，若眞到了西沙群島海面，豈有不提遠處的石塘或長沙，只提近處的銅鼓山、四更沙之理？」[332]

但李金明則認爲這是西沙群島。他的理由是：1.區分歷史上兩個七洲洋的方法很簡單，根據航線上的地名順序即可。而這裡的航線是「自瓊崖，歷銅鼓，經七洲洋、四更沙，周遭三千里」，七洲洋在銅鼓之後經過，顯然不是銅鼓前面的七洲洋，而是另一個七洲洋。2.他計算出環繞海南島一周的里程數是1726里，不足三千里之數，算上三亞到永興島往返1320里，總數就是三千里左右了。[333]

圍繞海南島一周的距離是820公里，即1640里，而三亞到永興島是300公里，即600里，往返是1200里，兩者合計是2800里左右[334]，與李金

[332] 同上。

[333] 疆域研究，35頁。

[334] 通過Google Earth工具測量。

明的計算差距不大。譚其驤所說的繞島一周是3000里是不對的。但這裡大概並不能按李金明說的算。在中國「三」是表示多的意思，三千里也是一個形容遠的約數，把三千里說成是準確的數字並不一定對。而且古代對里數的形容誤差不小。比如，在《嘉慶大清一統志》中對海南島的里程數的描述是東西距970里，南北距975里[335]。而實測，海南島最東的銅鼓嶺到最西的四更沙的直線距離是258公里，最北的木蘭和最南的三亞之間的直線距離是253公里[336]。這還不算因爲由於經度和緯度不一致而產生的誤差，這種誤差使這兩個直線距離比嚴格意義上的東西、南北距要更大。可見對海南島而言，其距離在中國古書上的描述約爲實際的兩倍。按照這個標準等比放大，圍繞海南島一周的長度當爲3200里[337]。或者如果按照海南島是一個圓形，直徑爲950里估算，周長也恰好爲三千里。這和《同安縣誌》上的描述是一致的。在古代中國，海上航行缺乏準確的計程方法，用這種方法估算可能是更爲常用的方法。如果以此而論，那麼這裡的七洲洋指的是七洲列島更爲可靠。

關於順序問題，其實亦不矛盾。儘管銅鼓嶺在七洲列島的南面，但這兩地相距並不很遠，僅僅35公里。七洲洋是七洲列島附近的海面。按當時中國的習慣，在海島遠離大陸的洋面爲外洋，海島與大陸之間的洋面爲內洋（海南島可以算作大塊的土地），七洲列島靠近海南一側也是七洲洋。從銅鼓嶺向東北瞭望可以看到七洲列島[338]。可見，銅鼓嶺外的海面也可以稱爲七洲洋。因此，經歷了銅鼓嶺，也同時穿越了七洲洋。在路線上，這兩者並不是前後關係，而是幾乎並列的關係。因此，其順序並沒有顯著的矛盾。

相比之下，譚其驤所指的理由更加有說服力，西沙是遠離海南的地方，從三亞到永興島的往返距離足以繞海南三分之二圈，不可能是僅僅「經過」此地而環繞海南巡邏。即便是到了西沙群島巡邏，也是一條專門

---

[335] 《嘉慶大清一統志》，卷四五三，瓊州一，四部叢刊續編，169冊，1頁。

[336] 通過Google Earth工具測量。

[337] 通過Google Earth測量。

[338] 鳳凰網海南《七洲列島》，http://hainan.ifeng.com/travel/jingdian/detail_2013_10/14/1329210_0.shtml。

從海南出發去巡暹羅的航線。如果眞的到了那裡，就不會只用「經七洲洋四更沙」的形式一筆帶過。

另外，在《海國聞見錄》之前，並沒有廣義七洲洋的記錄。而此事發生在1710-1712之間，按當時的記錄當無廣義七洲洋。而廣東和海南方志同期甚至直到清末的有關七洲洋的記錄，言及的七洲洋都是狹義七洲洋。足可見這裡的七洲洋就是狹義的七洲洋，是指七洲列島及其附近洋面，而非廣義的七洲洋。且如3.5節中指出，中國的廣義七洲洋範圍極大，到了七洲洋也不等於到了西沙群島。

4. 清朝的救助記錄

救助也是一種可靠的民事治理證據。這種證據在論證中國是否在西沙行使主權的問題上也相當有用。中國提出的疑似證據有以下三條：

《粵海關志》記載在1663年，暹羅貢船遇難一事：「康熙二年，暹羅國正貢船，行至七洲洋面，遇風飄失，止有護貢船一隻，來至虎門仍令遣回。」[339]在這條記錄中，中國沒有對船隻進行救護，只是把護貢船遣返回暹羅。無法說明中國對這個洋面有任何的治理。況且，這裡的七洲洋，也大概指海南東北七洲列島的七洲洋，因爲當時七洲洋還僅僅指狹義的七洲洋（見3.5）。

在故宮明清檔案中則有另外兩則記載[340]。第一則是關於1756年「提報沒來由國等國船隻被風飄至萬州九洲洋依例外國船隻被風飄至內地者資遣回國由」[341]。記載「沒來由國」（即馬來由，Malayo）等國的16名船員所乘之船被風刮至「萬洲九洲洋」後遇險，12名生還者被安排遣返。

在伊國駕船裝載毛巾布貨等物，前往咖喇巴生理，被風飄至萬洲九洲洋面擊碎。淹死番人咱砂吵、呢吱二名，又陸續病故咱呢毋、唯咖囉二名，尚存一十二名。經該州查明，周給口糧，遞至香山縣，發交澳門夷目，查覓便船附搭歸國。

---

[339] 梁廷枏《粵海關志》卷二十一，續修四庫全書，835冊，90頁。

[340] 史料彙編，68-70頁。

[341] 史料彙編，68頁。

這裡的「萬洲九洲洋」在史書上未出現過，韓振華說是七洲洋的別稱，又說在1879年《歷代輿地沿岸險要圖》的《無四裔圖》中注明「九洲洋，今七洲洋」[342]。查在1879年，只有楊守敬和饒郭秩撰寫的《歷代輿地沿革險要圖》[343]，而在該圖冊中無法找到他所提及的字句。在提報上寫萬州，但是在文中寫的是萬洲。因此，這裡說的「該州」是否指「萬州」也不得而知。這裡「萬洲九洲洋」，亦有可能是萬山九洲洋之誤。在珠江口珠海澳門中山和萬山群島一帶的洋面稱爲九洲洋，這是進入廣東之門戶。從文中提到的香山縣，澳門等名稱看，此事發生在這一帶的可能性很大。

而從整個事件來看，這僅僅是對漂流到中國內地的外國船員的救助，即使這件事發生在萬州附近的七洲洋，也不能把它形容爲對西沙群島海域進行治理。第一，如3.5節分析，七洲洋並不等於是西沙群島。第二，也是最重要的，中國船隻並沒有到這一帶海域進行救助，而是對飄至內地的船員進行救助，這無法說明中國對西沙群島的主權。其實類似的事件，即越南對在西沙遇險但飄到越南內地的船員實施救助的事情，在越南記錄中有不少（見第四章）。以相同的標準看待，那些也不是有效力的主權證據。

第二則是在1762年，暹羅國的船隻在前往中國途中遇難：

> 貢先據新寧縣呈報，正貢船被風飄至縣屬查灣地方沉溺，副貢船在七洲洋面被風折桅擱淺，先後檄行地方官，將沉失物件及壓倉各貨打撈務獲。[344]

新寧縣，即廣東的新會市臺山的舊稱。這則記錄很好地展示了中國在「七洲洋」上的救助行爲。但這裡的七洲洋在哪裡則不得而知。很可能這只是七洲列島附近的七洲洋。因爲既然正貢船飄入臺山，副貢船斷然不可

[342] 史料彙編，69頁。

[343] 楊守敬、饒郭秩《歷代輿地沿革險要圖》，光緒五年東湖饒氏開雕版，1879。

[344] 史料彙編，70頁。

能在千里之外的西沙群島遇難，而更可能在正南面300里之外的七洲列島遇難。同上一個例子的理由，即便是在廣義的七洲洋遇難，也不能說就是在西沙群島遇難。

說到暹羅進貢船，可以順便討論另外一個證據。在1780年，暹羅國派遣貢使鄭昭出使中國，隨行的丕雅摩訶奴婆（Phraya Mahanuphap）寫下長詩《廣東紀行詩》（*Nirat Muang Kwangtung*）[345]。這是關於當時泰國出使中國的僅有文獻。丕雅摩訶奴婆是當時有名的詩人，寫有詩歌多篇，但成爲專書者，就只有這首長詩[346]。中文的翻譯版中有：

……

二日揖山光，山影連綿長,前進複二日，始達外羅洋,自此通粵道，遠城迷渺茫。濱海皆大郭，處處進例香。橫山迤邐至，地屬越南邦。至此邊界盡，針轉折東方，惡波濤天起，心神徒倉惶。昏眩若醉酒，吐盡珍饈嚐。帆還船欲退，颶風勢猖狂，暴雨驟襲射，矢矢見剛強，波濤激澎湃，衝擊勢難當。合船皆驚走，呼號聲淒愴，或抱舊桅木，或趨舢板旁，知非維祈禱，遇難呼梵王。欲泊渺無際，四顧水茫茫。五人面相覷，葬海情甚傷。慈悲救苦難，菩薩有心腸，風暴緩緩息，半帆差堪航，狂飆雖息影，五内猶惶惶，中霄懸孤月，晝暝日色黃，海中何所見，魚龍騰水藏，成群繞舷泳，駭目氣沮喪。水深色如黛，好奇探索量，報道五百托，惕然嘆汪洋,舉目心驚怖，有鯨右舷旁，身長卅五托，尾顯首隱藏，廣可十五托，展尾若蝦王，出水高逾樹，雲僅現脊梁，張帆欲走避，點燭復焚香，巨鯨悠然去，投雞拜踉蹌，謝神盡虔敬，化紙尤不忘。晨夕祭媽祖，鳴鑼響鏜鏜，入夜懸燈盞，首尾耀輝煌，更殘夜漏盡，遠山吐朝陽，連綿山不盡，

[345] 泰文**นิราศพระยามหานุภาพไปเมืองจีน**，泰文原版可見https://grailert.files.wordpress.com/2011/10/e0b899e0b8b4e0b8a3e0b8b2e0b8a8e0b89ee0b8a3e0b8b0e0b8a2e0b8b2e0b8a1e0b8abe0b8b2e0b899e0b8b8e0b8a0e0b8b2e0b89ee0b984e0b89be0b980e0b8a1.pdf。所引譯文對應第三至四頁，自**แล้วจากนั้นสองวันก็เห็นเขา到จำเพราะทางเข้าหว่างคิรีมี**。在理解該詩原文時，筆者得到一位具博士學歷的泰國友人相助，特此表示感謝。

[346] 〈鄭昭貢使入朝中國紀行詩譯注〉，自姚枬、許鈺編譯，《古代南洋史地叢考》，香港商務印書館，1958年8月第1版，81頁。

極目色蒼蒼，道是中華土，聞之喜洋洋。

有客指山陬，云是老萬洲。入粵此孔道，岸山夾峙浮。……[347]

泰國使團前後經歷33天才到達廣東。上面所節錄的部分描述的是他們從越南到廣東境內的這一段的行程。他們經過外羅洋後就進入通往廣東的航道。他們看到屬於越南的「橫山」，越南的邊界到此爲止。之後，他們遇到風暴，眾人萬分驚懼，幸虧最後能平安渡過。風暴平靜之後的某天，他們量了水深，描述當時所處的環境是一片汪洋，水深750米（五百托）。接著又遇見巨鯨，急忙躲避，並燒香拜佛。之後爲保平安，早晚拜祭媽祖，敲鑼打鼓，通宵點燈。某天（也可能就是一天之後）的早上，他們終於望見屬於「中華土」的遠山。船繼續前行，有人指出前方的山就是老萬洲（指廣東珠江口的萬山群島），乃入粵之通道。

一些中國專家稱此詩說明了西沙群島屬中國[348]。這首長詩是泰文詩，本身就是文學性質，無法進行精確的解讀。而原詩翻譯爲中文之後，儘管意思基本無誤，但爲求字數和押韻，一些細微的含義亦不能完全表達出來。原則上筆者不主張根據翻譯的版本作過度解讀。

其實，這裡雖然沒有直接提到西沙群島，但確實可能暗示了其歸屬。根據詩中所述，船隻到了外羅洋之後，就向廣東駛去（自此通粵道）。但這時，水域還屬越南，「通粵道」並非已經位於廣東境內。在離開岸邊一段距離之後，此時他們看到「橫山迤邐至」中的橫山是指什麼呢？這首先要考量他們離開岸邊多遠，在翻譯中用「遠城迷渺茫」來形容，但在原文中其實是說由於這時很多黑霧，眾人都看不到遠方[349]。因此，根據原詩所言，看到「橫山」的地方，未必距離大陸海岸多遠。

---

[347] 〈鄭昭貢使入朝中國紀行詩譯注〉，自姚枏、許鈺編譯，《古代南洋史地叢考》，香港商務印書館，1958 年8 月第1 版，第83、89、90 頁。當中的標點和分段按照原譯詩。但在泰文原詩中，並無這些標點和分段。泰文原詩中，每四句爲一單位，此中文翻譯版並沒有按照這種規律進行標點，應用逗號的一些地方用了句號，應用句號的一些地方用了逗號。

[348] 黃盛璋〈南海諸島歷來是中國領土的歷史證據〉，《東南文化》，1996 年第 4 期總第 114 期，81-91頁。

[349] 原句爲เห็นสุดมุงหมอกมืดไมเห็นหน 。มืด指黑色，หมอก指霧。

暹羅人把西沙群島稱爲山早有先例，比如明朝的暹羅通事握文源就說：「遇西風飄入東海中，有山名曰萬里石塘。」[350]（見3.4.8）但距離岸邊不遠的理山群島（即外羅）也同樣可能是這裡的「橫山」[351]。隨後「至此邊界盡，針轉折東方」更支持後一種說法，因爲如果船隻經過西沙群島駛向廣東，那麼船隻當時本來就正往東方航行，並不需要「轉向」東方[352]；而雖然從越南海岸開往理山群島也是向東方航行，但這段距離不太遠，可能會被作者忽略。如此一來，這裡對邊界的記載便和《四夷廣記》中記載的吳惠出使暹羅的記錄中對邊界的描述不一，該書認爲西沙群島屬於交趾界（見3.4.6），但暹羅人對邊界的看法和中國人不同也並非不可理解。

故中國一些專家進一步認爲，後面遇到風暴的地方才是西沙群島[353]。此說確有一定可能。吳惠出使暹羅的記錄中，在西沙附近確實遇到如此的險境。但文中關於遭遇風暴的地點的描述中並無提及有海島或山等能夠聯想到西沙群島的地貌，而是「欲泊渺無際，四顧水茫茫」，這和吳惠的描述「有巨洲橫截海中，怪石廉利」有很大差異，因此風暴地點不應該是西沙群島一帶的島礁暗沙。之後的某天早上，船隻看到「連綿不盡」的山，這才是「中華土」。之後有船客指出廣東萬山群島，船隻終於進入粵境[354]。因此，如果「橫山」不是指西沙群島，那麼很可能在航程中根本沒有經過西沙群島。

無論如何，若暹羅船隻認爲理山群島已經是越南界，那麼在更靠近中國的西沙群島就應該不屬越南界。但不屬越南也不等於屬於中國。因爲在後文中也談到，在過了遇上風暴地點後，看到萬山群島，才是「中華

---

[350] 梁廷枏《粵海關志》卷二十一，續修四庫全書，卷835，86頁。

[351] 黃盛璋〈南海諸島歷來是中國領土的歷史證據〉，《東南文化》，1996 年第 4 期總第 114 期，81-91頁。

[352] 原句爲ก็บ่ายข้ามตามบูรพาภาค，บ่าย有轉向的意思。

[353] 黃盛璋〈南海諸島歷來是中國領土的歷史證據〉，《東南文化》，1996 年第 4 期總第 114 期，81-91頁。

[354] 譯詩中把「有客指山陬，云是老萬洲。」另起一段，可能會被認爲是不相關的描述。但在泰文詩中，並沒有這樣的分段。筆者認爲，這裡的「山陬」，就是緊接上文的「連綿」「不盡」的山。

土」。在翻譯的版本中言及的「中華土」，可能會令人理解爲中國的陸地，而非中國的邊界。這也是翻譯所造成的問題，在泰文原版中這裡用的是「ขอบเขต」，這與前文言及「越南界」時的用詞「เขต」一樣，都是邊界的意思。所以按照詩中所記敘，西沙群島位於越南界和中國界之間的公海處，不屬於任何一國。暹羅使者的認識可能和中越兩國對邊界的認識不一致（比如邊界在哪裡？兩國之間海疆是否連續？），若有矛盾之處，仍當以中越兩國的記載優先。

在晚期還有一些疑似的記錄，這將在第五章再討論。從以上討論來看，從宋朝（961年）開始到晚清之前（1840）的將近900年的歷史中，中國方面疑似對南海諸島，主要是西沙群島的治理證據只有區區幾條。四條所謂「巡海」記錄中只有吳陞的一條是眞正的巡海記錄，但其巡邏的地方並不是西沙群島；元朝在南海的天文測量，其地點並不能確定，更大的可能是在越南中部海岸，而不是西沙群島；中國僅僅在「七洲洋」進行過一次救助，但這次的救助很可能發生在七洲列島附近的七洲洋，而不是西沙群島。歷史上更從來沒有中國對南沙群島的治理記錄。如果以漫長的歷史和少得可憐的證據來看，中國對南海諸島中的西沙群島的治理可以用零星、分散和不可靠來形容，而對於南沙群島，則是完全沒有任何治理證據。

3.10 征伐與出使

在宋代至清代，中國有三次從海路出征和出使的記錄裡面曾經提及過南海諸島。

1. 宋朝出征交趾（980年）

最早一次就是上一節中提過的《武經總要》中記載宋朝太平興國五年（980年）出征交趾的記錄。由於部分中國材料認爲是巡海記錄，所以把它放在管理記錄中加以分析（見3.9.1）。事實上，這是一次出征的記錄。這裡的九乳螺洲是否就是西沙群島有很大疑問，很可能只是象石，即大洲島附近。即便這裡是西沙群島，出征過程中路過某個地點，並不能成爲治理某個地點的證據。

在宋末，蒙古進攻逃到廣東外海的宋朝殘兵。宋帝趙昰君臣走投無路，欲從海路逃亡占城。大將陳宜中先逃往占城，一去不返。宋帝其後從井澳逃到謝女峽，「复入海」，先逃到「七州洋」，但「欲往居占城不果」，「遂駐硇洲」[355]。韓振華認爲，這裡的七洲洋是西沙群島[356]。但這種看法根本站不住腳（見3.5.10）。如筆者在3.5節中經詳細討論過的，清朝之前的七洲洋都是指海南島東北角的七洲列島。故這裡的七洲洋也最可能是七洲列島，亦有可能是廣州附近珠江口澳門的九洲洋[357]。退一步說，即便宋帝趙昰逃亡中途到達過西沙群島，也難以因此說明西沙群島就是宋朝的轄地。

2. 蒙古出征爪哇（1292年）

蒙古人在滅亡中國宋朝之後還進一步向外擴張，經歷過對大越和占城的失敗之後，皇帝把目標放在了更加遙遠的爪哇。於是在至元二十九年(1292年)冬發動遠征爪哇之役。《元史・爪哇傳》稱「世祖撫有四夷，其出師海外諸蕃者，惟爪哇之役爲大」[358]。

同年二月，忽必烈任命泉府太卿亦黑迷失、鄧州舊軍萬戶史弼、福建行省右丞高興等並爲福建行中書省平章政事，計劃進攻爪哇。準備大小海船五百艘、軍士二萬人。十一月，福建、江西、湖廣三省軍會師泉州。軍隊在亦黑迷失和史弼的帶領下，十二月自泉州的後渚港啓行。但此行損

【355】《宋史・二王本紀》：「十二月丙子，昰至井澳，颶風壞舟，幾溺死，遂成疾。旬余，諸兵士始稍稍來集，死者十四。丁丑，劉深追昰至七州洋，執俞如珪以歸。」「三月，文天祥取惠州，廣州都統淩震、轉運判官王道夫取廣州。昰欲往居占城不果，遂駐硐洲，遣兵取雷州。」《宋史紀事本末》卷一零八《二王之立》：「十二月丙子，帝至井澳，颶風大作，舟敗幾溺，帝驚悸成疾。旬余，諸兵士稍集，死者過半。元劉深襲井澳，帝奔謝女峽，复入海，至七里洋，欲往占城不果。三年二月，帝舟還廣州。」這裡的七里洋當和七州洋是同一處。

【356】史地論證，143頁。

【357】見譚其驤《宋端宗到過的七州洋考》，史地考證，9-20頁。在《元經世大典》中提及駐地爲「廣州七州洋」，在廣東方志中也有認爲宋端宗到過的地方本是九洲洋。故譚認爲，是在傳抄中把九誤寫爲七之故。

【358】元史，卷二一十，爪哇傳，4664頁。

兵折將，在次年四月即不得不收兵作罷。之後忽必烈曾計劃再次進攻侵犯對爪哇，但終告放棄。於是爪哇之戰，成爲蒙古長達百年的擴張戰爭的終結。

這次出征的路線在《元史・史弼傳》中提到：

> 弼以五千人合諸軍，發泉州。風急濤湧，舟掀簸，士卒皆數日不能食。過七洲洋、萬里石塘，曆交趾、占城界，明年正月，至東董西董山、牛崎嶼，入混沌大洋橄欖嶼，假里馬答、勾闌等山，駐兵伐木，造小舟以入。[359]

這裡的七洲洋指海南東北七洲列島一帶洋面，萬里石塘指的當屬西沙群島一帶。有的中國方面的材料指七洲洋是西沙群島，萬里石塘是南沙群島[360]，這是錯誤的。就七洲洋而言，直到十八世紀中葉才出現廣義七洲洋，這裡的七洲洋只能是狹義的七洲洋，也就是七洲列島一帶的七洲洋（見3.5）。就萬里石塘而言，元朝的唯一記錄《島夷志略》中用其泛指南海諸島（見3.4.3），而在明朝（元史書寫的年代），萬里石塘如果是特指某個群島，那麼都是指西沙群島（見3.4.4及3.4.5）。而且，當時通往爪哇的航道並不需要經過南沙群島（現在也不需要）。而從出征的路線的順序看，也不可能經過南沙群島，因爲南沙群島在交趾和占城界之南，怎麼會先向南到了南沙群島，再向西北折回交趾？因此，這裡的萬里石塘只能是西沙群島。

和上一條證據一樣，出征過程中路過某個地點，不能成爲治理某個地點的證據。因此，史弼在對外侵略中路過西沙群島，並不能代表中國對西沙群島行使了主權。

在這條記錄中，根據描述的順序，蒙古軍隊先經過西沙群島，再到達交趾界，這說明西沙群島不在交趾界內。但這是否說明當時西沙群島屬於中國呢？這首先視乎當時中國和交趾之間是否存在連續不斷的水域，即兩

---

[359] 元史，卷一六二，史弼傳，3802頁。

[360] 史料彙編，45頁。

國之間是否存在無主地和公海。這與在釣魚臺問題上關於明朝時中國和琉球間是否存在無主地的討論相似。在釣魚臺問題上，由於當時臺灣是明確的無主地，中琉之間存在無主地理由充分[361]。但在這裡，卻沒有明確的答案。元史是明初（1369）根據元朝的史料寫成。就筆者所見，在元朝時，中越之間並無關於兩國海域是連續不斷的描述。 從東海和釣魚臺的例子看，似乎直到清朝才確立海上鄰國之間連續不斷的海疆概念[362]。其次，1441年吳惠出使的記錄卻是先進入交趾界，才到達西沙群島，也就是說西沙群島位於交趾界內（見3.4.6）。最後，元朝時候的中國疆域，是屬於蒙古還是中國亦存在爭議（見3.1，3.8.3）。

3. 明初鄭和下西洋

1405年到1433年之間，以鄭和爲首的船隊七下西洋，出訪南海諸國和印度洋沿岸三十多個國家。其船隊規模之大史無前例，代表了當時世界航海業的最高水平。鄭和下西洋的目的至今還在爭論。各種論點不出政治及外交、軍事、以及經濟三大領域，其中以宣揚大明威德、令外國朝貢尋求正統地位、和平外交、以及發展海外貿易等論點最爲學界接受。可能各種目的也兼而有之，但政治及外交爲主導，經濟也主要爲政治外交服務，至于軍事目的，可能是最次要的。[363]但諸種理論中，較少提及中國要軍事控制南海的理論。有人提出鄭和下西洋是希望殖民東南亞，但這種理論沒有得到認同，反而有稱鄭和維護東南亞的海道安全[364]。

很可惜的是鄭和下西洋並沒有留下原始的航海記錄（或者說已經遺失）。在《明史．鄭和傳》中對鄭和出使僅有簡單的描述。當時隨鄭和出訪的三名官員：費信、馬歡和鞏珍三人分別寫下了《星槎勝覽》、《瀛涯勝覽》和《西洋番國志》三部遊記。記錄了出使訪問的國家的一些情況，爲後人研究這些國家以及和中國的關係留下了寶貴的資料。這三部著作都

【361】釣魚臺是誰的，9-24頁。

【362】同上，9-24頁，44-56頁。

【363】徐泓〈鄭和下西洋目的與性質研究的回顧〉，《東吳歷史學報》，16期(2006 / 12 / 01)，25－51頁。

【364】同上。

只是分別描述了曾經到達的國家，並沒有留下鄭和出訪的路線圖。在這三部書中，也沒有出現石塘長沙之類的名字。後來明末茅元儀的《武備志》中收錄了一張《自寶船廠開船從龍江關出水直抵外國諸番圖》，後人一般簡稱爲《鄭和航海圖》。《武備志》成書於1628年，與鄭和下西洋相距200餘年。但據估計，《鄭和航海圖》繪製於1425年到1430年之間，所以應該能夠較爲準確地反映了鄭和的航海路線[365]。

在《鄭和航海圖》的其中一頁中，出現了「石塘」、「萬生石塘嶼」和「石星石塘」等三個地名（圖71）。與幾乎所有的中國古代海疆地圖一樣，《鄭和航海圖》的比例和方位都非常不準確。與大部分其他古地圖相比，《鄭和航海圖》的變形尤爲嚴重，這大概與它僅僅是一份路線示意圖有關。這嚴重影響對這三個地名的方位的判斷。加上這幾個名字和千里石塘、萬里石塘等名字也不吻合，所以這幾個地方到底在哪裡，中外專家都爭論不休。

有學者認爲，石星石塘是東沙，石塘和萬生石塘嶼都是西沙[366]。有的學者認爲：據圖上方位及符號判斷，「石星石塘」繪在東面，用點和圈交錯表示，是水下礁沙的意思，指中沙群島；「石塘」繪在西面，應指西沙群島：「萬生石塘嶼」標在「石塘」之東偏南，且範圍畫得比「石塘」大，應指南沙群島。而有的學者卻認爲：圖中的航線方向是自右至左前進，「石塘」的前方「交趾洋」。如果「石星石塘」是中沙群島，「萬生石塘嶼」是南沙群島的話，那麼位於「萬生石塘嶼」前方的「石塘」，似不應是西沙群島。[367]

關於這幾個地名的方位，筆者認爲李金明的解釋比較合理，即以山峰標注的石塘是西沙西部的永樂群島，以山峰標注的萬生石塘嶼是西沙東部的宣德群島，而在地圖上用圓圈和黑點標注的石星石塘應爲中沙群

【365】向達〈整理鄭和航海圖序言〉，3-16頁。自《西洋番國志，鄭和航海圖，兩種海道針經》，中華書局，2000。

【366】吳鳳斌〈古地圖記載南海諸島主權問題研究〉，地理歷史主權，62頁。

【367】李金明〈《鄭和航海圖》中的南海諸島〉，自《「鄭和與海洋」學術研討會論文集》。又見海疆在線網站http://www.haijiangzx.com/html/2012-03-01/page_41829_p1.html。

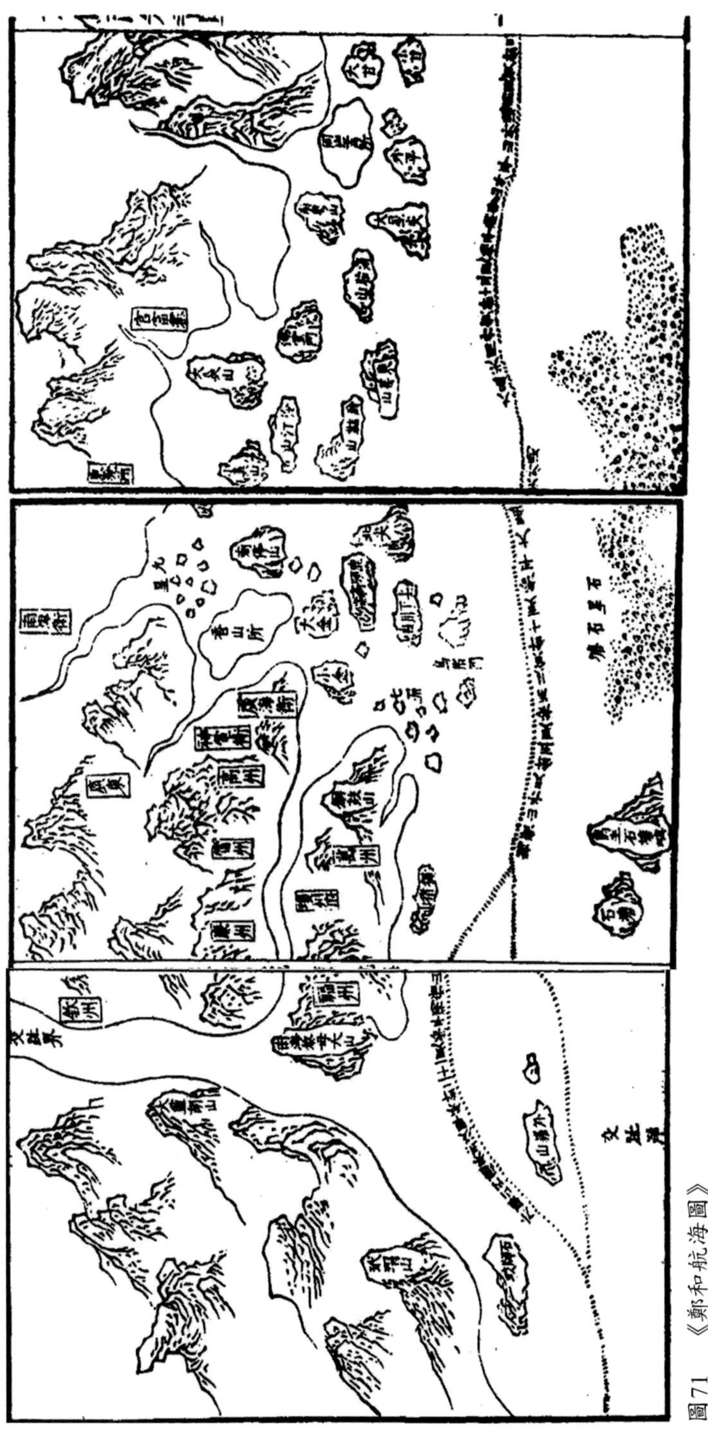

圖71　《鄭和航海圖》

島[368]。鄭和下西洋時路過西沙和中沙群島，應該是沒有爭議的。唯具體島嶼的定位，由於航海圖誤差變形實在太大，很難準確地認定。

鄭和下西洋經過的地方能不能算作中國對該地的統治呢？顯然不算。否則阿拉伯、東非等地方都是中國的領土了。有中國專家把鄭和路經西沙群島說成是「巡視」，那是完全沒有根據的。《明史》和三本遊記的相關記錄中都沒有「巡視」的字樣，也根本沒提西沙群島。把出使路經某地說成是巡視某地完全是想當然。鄭和出使的目的，是以政治和外交爲主的，不存在軍事擴張成分，這本身就更支持經過某地不等於把某地納入統治的理論。

值得指出的是，一些學者以現在西沙和南沙群島中一些島嶼的名字和鄭和時代有關（如宣德群島、永樂群島、趙述島、晉卿島等），就認爲那些名字是鄭和下西洋時命名的[369]。這是完全錯誤的。那些名字都是在1935年和1947年國民政府兩次命名中才出現的，絕不可混淆。

綜上所述，有證據表明中國曾經在出征和出使的過程中三次路過西沙群島。但是並不能將其解釋爲中國對西沙群島行使了主權。

3.11　民間在南海的活動

幾乎可以肯定，在近代之前，西沙和南沙都沒有永久定居的居民。那是因爲這些海島都遠離大陸，本身又無法提供足夠生活物質。在漫長的歲月中，大概只有三種人到達過這些群島：失事的海員，短期作業的漁民，以及打撈失物的人員。

1.失事的船員

中外文獻中關於路過並在西沙附近失事的記錄不少。但這些記錄並不能說明任何與主權相關的問題。因爲南海本來就是繁忙的航道，最晚在宋

【368】同上。

【369】陳仲玉〈論中國人向南海海域發展的四個階段〉，《國立中央圖書館臺灣分館館刊》，第四卷，第四期，第85-98頁。

朝（十世紀）之後，西沙群島就爲包括中國在內的各國航海家所知。作爲一個位於航道附近的臭名昭著的航海危險點，航海人員在航行的過程中意外地經過西沙群島甚至在西沙群島遇到海難都是不足爲奇的。在明朝，中國和菲律賓和汶萊的商道開通，那也可能是中國人路過南沙的開始。

既然西沙是一個如此險惡航海黑點，在西沙附近留下沉船遺跡不足爲奇。比如在1974年西沙發現了一艘明代的中國沉船[370]。1996年，中國漁民在西沙華光礁發現一艘南宋的中國商船「華光礁一號」。[371]之後，又陸續在北礁、珊瑚島和金銀島發現沉船。[372]

除了直接發現沉船之外，在西沙和南沙的礁盤上還發現了各種銅錢和陶器等遺存，這些物品也是沉船所留下的。比如，1992年王恒傑教授在南沙考古時，在南沙一帶的礁石上發現最早出自秦漢的陶瓷、古幣和鐵錨等。這些物品都在礁石附近發現，王桓傑也認爲這些更可能是沉船的飄散物[373]。1994年，中國學者在西沙群島石島附近找到從秦漢到明清的陶瓷遺物，在北島附近找到從漢朝到明朝的瓷器製品[374]。1996-97年，中國漁民又在北礁的礁盤上分別找到約36000枚錢幣（從新朝到明朝，以明代錢幣爲大多數），以及大批瓷器。[375]到2013年，西沙群島水下遺存已經登記約90處。[376]

這些證據印證了古代中國曾經在這個區域的航行，比如在西沙發現沉船能證明運載中國貨物的商船路過西沙，考古也證實，北礁是最多發的沉船地點。[377]它們都是文字資料的極好補充。但是卻無法成爲聲索主權

---

[370] 疆域研究，89頁。

[371] 包春磊〈「華光礁Ｉ號」南宋沉船的發現與保護〉，《大眾考古》，2014年01期。

[372] 人民網，西沙群島2015年水下考古啓動，2015/04/13，http://culture.people.com.cn/BIG5/n/2015/0413/c172318-26837040.html。

[373] 王桓傑〈南沙群島考古調查〉，《考古》，1997年第9期。

[374] 疆域研究，90頁。

[375] 許永傑、範伊然〈中國南海諸島考古述要〉，《江漢考古》，2012年1月，總第 122 期，40-47頁。

[376] 中國考古網，西沙群島新發現5處水下文物遺存，2013/08/13 ，http://www.kaogu.net.cn/html/cn/kaoguyuandi/kaogusuibi/2013/1025/35511.html。

[377] 許永傑， 範伊然〈中國南海諸島考古述要〉，《江漢考古》，2012年1月，總第 122 期，40-47頁。

的依據。由於南海一直是繁忙的航道，無論哪個國家的人都可能到過西沙群島，儘管多數是在被動的情況下到達的。中國也從來沒有壟斷南海的航道，甚至在大部分時間裡還是處於弱勢，而且印度人和阿拉伯人以及後來的西方人都路過那一帶。各國的文字資料同樣留下包括東南亞人，阿拉伯人和西洋人在經過西沙一帶遇上海難的記錄。所以商船路過這些地方和失事並不能說明這些島嶼的歸屬性。

2.短期登島的作業漁民

更令人感興趣的是中國漁民在這一帶的活動。因爲相比單純的路過或者失事，漁業活動可以被認爲是一種初始權利。中國漁民可能早就在西沙開始捕魚活動，但是並不能確定準確的時間。在中國自己的文獻中，直到近代爲止，除了船隻經過南海諸島的記錄之外，並沒有太多關於漁民在這一帶作業的記錄。疑似的記錄有兩個：第一個是在2.3節中提到的晉人裴淵的《廣州記》的記錄：「珊瑚洲，在縣南五百里，昔有人於海中捕魚，得珊瑚。」儘管大部分中國專家認爲這裡的珊瑚洲是東沙群島，但從方位看，這個在東莞以南500里的「珊瑚洲」更可能是被中國歸在中沙群島的一統暗沙（Helen Shoal）（見2.2節）。

第二個記錄在失傳的明代《瓊台外記》中。在清代道光《萬州志》中有如此引用：「（萬）州東長沙石塘，環海之地，每遇鐵颶挾潮，漫屋渰田，則利害中於民矣。」但《萬州志》作者隨之又加注：「按長沙石塘相沿流傳，然大海茫茫，究未知其處。」[378]（圖72）

這條記錄一直被中國引用爲中國人早在西沙和南沙定居的記錄，因爲又有屋，又有田。但是這裡的長沙和石塘，根據3.6節的分析，其實只是西沙群島。而根據其他記錄，有人在上面建屋開田，似乎非常不可能。甚至連《萬州志》的引用者也覺得這條記錄是非常不可靠的。因此，這個記錄存在相當大的疑問。

---

[378]《道光萬州志》卷三潮汐附，1958年中山圖書館複製版，無頁碼。

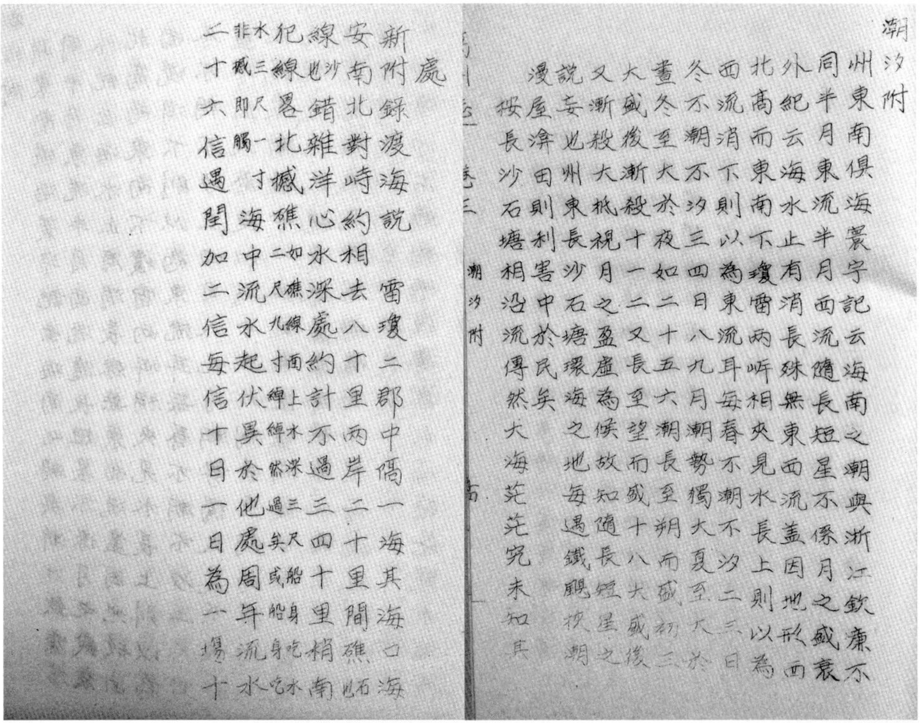

圖72　《萬州志》

除此之外，難以在古代中國史料中找到有關中國人在西沙和南沙一帶的記錄。能找到較早的記錄還是二十世紀的漁民對祖輩活動的回憶。這些回憶的可靠性，由於年代久遠，在時間上未必準確。況且，他們能夠追憶到的時間也大致在道光早年而已。

中國漁民在長期的捕魚活動中，寫成了各種手抄的《更路簿》，這成爲中國漁民在西沙和南沙活動的證據。可惜，這些更路簿的成書年代無法考證，只能憑推測和根據一些漁民的回憶而估計，所以也無法準確地知道他們從什麼時候開始往西沙和南沙捕魚。據推測，中國漁民前往西沙捕魚，大約始於明朝（這大概只是靠猜想，沒有看到誰能證明這點），而到南沙捕魚，可能是從清朝甚至晚清才開始出現。從現有的材料來看，這些《更路簿》可以確證的年代只能追溯到近代之後（1840年後），因此將在第五章才詳細討論相關問題。

在南海諸島上都發現了不少疑似是中國人的遺跡。這些遺跡包括兩類，一類是生活遺跡，第二類是古廟等簡陋的建築物。

生活遺跡主要來自兩次的發現：第一次是1975年中國考古人員在西沙群島甘泉島發現了一處唐宋時期的居民遺址，出土了107件唐宋時期的陶瓷器具：「1974年在甘泉島發掘一座唐宋時代居民遺址，次年，再次進行發掘。通過兩次發掘，挖出許多文物。其中大量的陶瓷器、鐵刀、鐵鑿、鐵鍋殘片以及吃剩的一百多塊鳥骨和各種螺蚌殼，更是我國人民在島上生活、居住的見證。」[379]第二次是1993年中國王恒傑教授在西沙群島北島上發現的「明清以來的一系列居住遺址」，這些居住遺址皆爲風雨棚結構，門大多向南開，以保持南風的暢通和防止東北風的襲擊。[380]於是，李金明總結道，它們「充分說明了我國人民至少自唐代以來，就一直居住在西沙、南沙群島從事生產活動」。[381]有人甚至認爲，早在漢朝已經有中國人到島上活動了。中國人在明朝時期已經在西沙群島活動是可信的，但在把這些活動的年份提前到漢朝或者唐朝則根據不足。

第一，就考古的記錄來看，王莽錢、開元錢、洪武錢等物品都是在珊瑚礁上發現的[382]。這些錢幣顯然是沉船所帶來的，並不能作爲中國人在島上生活的證據。王莽錢等更已經證實是1974年發現的明朝沉船上的遺物[383]。這說明，島上和島礁上發現的一些年代久遠的錢幣等文物其實並不是在生產的年代來到島上，而很可能是在以古董等商品的形式在運輸途中流落到島上的。

第二，所謂唐宋遺址，年份跨度太大，到底是唐還是宋，差別很大。這個提法有將近六百多年的時間跨度（622-1276），這段時間裡中國對西沙的認識從「無法確定是否知道」變爲「清楚得知」，各種的差別不可忽略。而另外重要的一點就是，越南直到唐代末期還是中國的一部分。如果當時中國有人到達西沙群島，那麼到底是漢人還是越南人的先民呢？即便是宋朝時期的遺跡，也很難根據器物分辨是越南人留下的，還是中國

[379] 疆域研究，88-89頁。
[380] 同上。
[381] 同上。
[382] 同上。
[383] 同上。

人留下的。因爲兩者的文化淵源和生活習俗極爲相似。他們長期習中國文化，用漢字，屬同一個文化體系。中國駐越南大使館的介紹也說：「由於受中國傳統和文化的影響，越南的文化習俗與我國相似。[384]」中國古代的銅錢和器具在東南亞一帶廣泛流通，所以即便是宋之後的文物，帶上島上的並不一定是中國子民。

第三，唐宋以及明清的遺址，就王恒傑教授的描述來說，從建造規模衡量，充其量也只是臨時避難所的規模。難以確定就是實際在島上定居的人的遺址，更大的可能是漁民短期生活的住所，甚至是在海上遇船難的人在荒島上暫居的遺址，因此也難以成爲中國人在此定居生產生活的證據。

另一類是在島嶼上的廟宇。這些例子包括三類：(1)娘娘廟。在西沙群島琛航島上有一座製造於明代的觀音像。在西沙永興島有一座「貓注娘娘」，即媽祖廟。[385](2)土地廟。在南沙太平島、中業島和其他一些島嶼上都發現簡陋的土地神廟。太平島的土地神廟上還有「有求必應」四個中國字。[386](3)孤魂廟（或叫兄弟公）。在西沙永興島上，廟門上橫懸「海不揚波」木匾一塊。在西沙其他島嶼上也有不少神主牌，其中在北島上的一塊寫有「明應英烈一百有餘兄弟忠魂靈位神位」。[387]

李金明稱，據考古，這些古廟有的建於明代，大多數建於清代。但是從行文來看，在西沙群島上的古廟，當最早有明代建造的，而南沙群島的廟宇當是清代（可能是晚清）的產物。[388]這和史料的記載基本相吻合。比如在1867年，英國船隻就記敘在南沙有中國漁民出沒（見5.3）。

越南方聲稱一些古廟事實上是越南人建造的。李金明就列了一個例子：越南提出了在珊瑚島上的娘娘廟屬越南人的，原因是娘娘像和越南的石雕很相似[389]。他駁斥了這個說法，指出在1945年之前，珊瑚島上只有娘娘像，沒有廟。廟是1947年才蓋起的。而神像的來歷，「據說」是100

---

[384] http://vn.mofcom.gov.cn/article/ddgk/zwfengsu/200902/20090206061531.shtml。

[385] 疆域研究，92-94頁。

[386] 同上。

[387] 同上。

[388] 同上。

[389] 同上。

多年前一艘中國商船留下的遺物。他也承認石像很相像，但是又認爲石雕相像是一件常有的事，尤其是媽祖信仰廣泛流傳於東南亞，因此石像相像不足爲奇。但是他沒有具體解釋既然媽祖是中國南方和東南亞一帶的信仰，爲什麼永興島上的媽祖廟就一定是中國建造的廟宇。

關於這些考古的資料，越南方還有一種質疑，認爲是中方僞造證據，因爲這些考古成果絕大部分都在1975年中國實際控制了西沙之後得到的。在西沙和南沙上的遺跡和建築確實存在這類的問題，由於這近百年來，西沙和南沙數次易手，而每次易手後，新的統治國都忙於清拆前人留下的「標誌物」，因此西沙和南沙的歷史很難得到準確的考古資料。中方未必如同越南所指的僞造證據，但是未必會刻意尋找屬別國人留下的遺跡，即便有發現，也不一定會報導出來，而是選擇性地只報導有利自己的考古成果，這是完全可以理解也是完全可能的。鑒於西沙和南沙的複雜形勢，全面地公正地對西沙和南沙進行考古似乎是一個不可能的任務。

綜上所述，在西沙（明代之後）和南沙（近代之後）有中國漁民活動，但缺乏永久居民，這是個不爭的事實。但是這並不能表明中國對它們的主權，因爲這些都是私人性的行爲，並不能代表政府的主權意圖和實際的管治。而且，在中國官方的文獻中，也沒有對此的記錄，無法讓這些行爲帶有任何可能的官方色彩。

3.從事沉船打撈工作的人員

這個是有利於越南方面的證據，因爲越南的史料顯示，從十八世紀開始，黃沙隊就在西沙群島打撈失物（見第四章）。但是在現代的研究中，並沒有報導尋找到相關的遺跡。正如上面說的，這可能是因爲根本沒有留下遺跡，也可能是曾經有遺跡但是被遺棄了，也可能是有但沒有被發掘過，也可能是發掘過但沒有報導。

3.12　被誇大的「中國湖」

在唐末和五代動亂中，開始有中國移民移居海外；而且宋朝通往西方的陸路被契丹和西夏隔絕，中國才開始大力鼓勵南海貿易，在南海中的勢力才開始增長。巧合的是，宋朝開始，越南從中國獨立，中國也接受了平等外交，孕育了民族意識。獨立的大越，看起來對海洋興趣不大，長期在史料中對南海沒有太多的記錄。這和中國成爲鮮明的對比。蒙古入侵建立了元帝國。這時東西方處於一個一體性的蒙古大帝國之下（儘管各個汗國不相統屬）。蒙古人在南海接連侵略了越南、占城和爪哇。這是有史以來「中國」在南海發動的最大的戰役。儘管那些戰役通告失敗，但這也是「中國」進一步控制南海的開始。但元朝是蒙古人的國家，是否能算成中國亦有爭議。到了明朝，由於朱元璋需要各國承認其正統性，派出了大批使節到海外，要求外國接受其「冊封」。南海諸國也紛紛被列爲明朝的藩屬，這奠定了明清「宗藩體制」的框架，一時營造了南海是中國勢力範圍的表象。

在一些西方的著作中，把宋元明（十世紀中到十五世紀中）時代的南海稱爲「中國湖」[390]。筆者認爲這是誇大其詞。綜合以上的討論，中國在宋朝之后到明朝鄭和下西洋的期間，確實在南海交通上取得了相當大的進步。但是絕不到能夠以「中國湖」來形容的程度。

首先，在這段時間內，在交通上，即便在宋元的鼎盛時，中國也沒有顯示出壟斷的地位，阿拉伯人和占城人等仍然是重要角色。明朝建立後，規定了朝貢貿易是唯一的通商形式，中國商船很難合法地出海。而朝貢貿易，都是外國商船來中國，再運中國貨物回本國。於是商業交通幾乎被外國重新壟斷。

其次，在這幾百年之間，中國在南海的戰役僅有四次，即宋朝在海上攻擊越南（兩次抗宋之戰），蒙古攻擊越南和占城，以及蒙古攻擊爪哇。可是，這四次戰爭，中國（包括蒙古）都是失敗的一方。（此外，蒙古攻擊宋的時候，也在南海進行了海戰，但限於南海北部沿岸）中國並沒有顯示出能夠超越其他國家的統治力。

第三，中國沒有在南海遠洋巡邏的記錄。其眞實勢力範圍，也僅限於北部沿岸一帶。

---

[390] CFSCS，p9-30.

第四，在宋朝，中國建立了平等外交的思維[391]，對南海各國無宗主的心態。蒙古並非中國，其在南海的勢力無論如何強大，也不能簡單地視爲中國湖，何況蒙古對南海也沒有太大的控制力，這從蒙古對南海國家兩次征服都告失敗就可見一斑。沿岸各國在明朝初期紛紛變成明朝的「藩屬國」。但絕大部分藩屬國都僅是名義上的，是被朝貢貿易所帶來的回報所驅使（因爲只有成爲藩屬國後才能進行朝貢貿易），而非明朝對這些國家有多大的控制。

最後，明朝鄭和下西洋是中國海洋實力的巔峰。或許在那幾十年間，中國在南海確實有實力佔支配地位，但那在歷史長河中僅僅是很短的一瞬間。在鄭和去世之後，所謂的中國湖時代也就結束了。僅僅以一小段時間，來描述一個國家在幾百年中的控制，肯定是不合適的。

在鄭和之後到十九世紀中葉前，該時期的南海被外國學者形容爲「The Open Sea」（開放的海洋）[392]。這對於中國的情況是正確的。中國在南海的政策雖然有反覆，但總體而言是「禁海」，杜絕民間的商船出海交易。在軍事上，則是緊守海防，以絕倭患。在南海海域，中國尤爲保守，史上未有記載任何一次值得一提的出海戰爭，甚至連主動出海追擊海盜都極罕見。如抗擊主要的海盜林鳳，都是以陸上或口岸上作戰爲主[393]。其對南海眞實的控制程度可想而知。事實上，明朝對這些藩屬國也沒有什麼義務。比如在葡萄牙人征服馬六甲（1511）後，馬六甲向中國求救，而中國並無實際出兵救助馬六甲的行動，僅僅對葡萄牙表示了外交上的敵意，但之後就言歸於好，並租借出澳門[394]。明禁海時期，中國一度有很多海盜橫行在南海，組成了以中國人爲主的「倭寇」。其中以林鳳爲首的海盜甚至入侵菲律賓。但這些海盜都是中國政府要剿滅的罪犯，他們的活動自然不能視爲中國政府的意志。清朝在南海同樣堅持了禁海爲主的政策。二十世紀之前最值得一提的「軍事」行動，就是十九世紀初和越

[391] 葛兆光《何爲中國》，香港，牛津大學出版社，2014年，5-10頁。

[392] CFSCS，p31-50.

[393] 明史，卷二二二，殷正茂，凌云翼。

[394] Nigel Cliff, *Holy War: How Vasco da Gama's Epic Voyages Turned the Tide in a Centuries*, Harper, 2011, p367-370.

南在南海的緝私，但其範圍卻僅限於海南島南端（見5.3）。如果說在鄭和時期，南海眞的成爲一個中國湖的話，那麼鄭和之後，中國就喪失了在南海的支配地位。在十六世紀西方人進入南海之後，情況就更爲如此。

中國湖是一種誇大，南海諸島又如何？中國對南海諸島有眞實的主權嗎？西沙和南沙在歷史上有多種不同的稱呼，因而加深了研究的難度。但通過上文的分析，可以總結出中國對南海諸島的認識歷史並得出以下結論：

第一，在宋朝之前沒有可以確認的關於西沙和南沙的記載。隨著海道的開發，發現西沙和南沙群島水到渠成。但從記錄看，兩者均非中國人所發現。西沙最早的可靠記載是北宋中期記錄占城使者告知中國人的話。南沙最早的記載是南宋時期記錄眞富里國使者告知中國人的話，而該使者明言南沙位於占城的界內。因此，以歷史記載爲根據，最早發現西沙和南沙的人應當是占城人。

第二，在中國，西沙最開始只是用石塘這個通用名稱來指代，到了十三世紀初，才開始用千里長沙、萬里石塘（床）等字眼描述。但在此時，這兩個名稱都是指同一區域的兩種不同地貌，而不是分指西沙和南沙。眞富里國使者開始用萬里石塘稱呼南沙。但在那時，到底這些帶有「千里」「萬里」的修飾語的名詞是成爲了專用名詞呢，還是僅僅形容這兩個地方的寬廣呢，還難以下定論。因爲直到清朝之前的中國地圖上，都沒有出現千里、萬里之類的形容詞。

第三，直到元朝，才有明確的證據顯示中國人眞正知道了南沙群島。但在元人的筆下，萬里石塘似乎成爲了一個對包括南海諸島在內的南海島嶼的通用名稱。儘管汪大淵說明了幾個分支，看上去分別指不同的群島，但並沒有爲各個分支給予特定的名稱。

第四，明代的大部分相關記載中都以萬里石塘這個名稱特指西沙群島，以萬里長沙這個名稱指代南沙群島（《順風相送》及《海語》），在《海槎餘錄》中，千里石塘指西沙，而萬里長堤（沙）指南沙。除了字眼上的區別，與前幾部作品很相近。《東西洋考》中萬里石塘出現了兩種含義，有時指西沙，有時指南沙，這是比較少見的用法。《鄭和航海圖》中的幾個名稱不見於其他書籍，更爲另類。

第五，到了早清，從《指南正法》開始，長沙和石塘的指代出現了對調：萬里長沙指西沙，萬里石塘指南沙。這種指代方式和明朝的主流恰好相反。爲何出現這種狀況原因不明。這時也出現了稱東沙爲「南澳氣」的稱呼。《海國聞見錄》中用萬里長沙指西沙，但是南沙卻用千里石塘（而非萬里）這個名稱。《海錄》中則以萬里長沙指西沙，千里石塘指中沙。可見直到十九世紀初，長沙和石塘，千里和萬里這些用法都沒有完全固定下來。這顯示了中國對這些群島的認識還是很模糊的。

第六，在中國專家的理論中，還有其他一些名稱被認爲是指西沙群島或南沙群島，但大多缺乏根據。例如，九乳螺州和象石都更似是萬州附近的大洲頭。而更早一些的焦石山其眞實位置更難確認。

第七，一般地理書上的記載僅僅說明中國對這些地方的認識，如同對南洋其他地方的認識也被寫入了這些地理書一樣。這無法說明中國對這些地方擁有主權。而且，需要指出的是，這些認識大部分都不是源自中國人，而是通過外國人而得知的。

第八，在宋朝和元朝，中國航海業發達，但也沒有壓倒阿拉伯人成爲南海交通的首要力量。到了阿拉伯人衰退的年代，中國在明朝和清朝都長期實行海禁政策，更難言對南海交通有足夠影響。鄭和的出使無疑聲勢浩大，但難以爲繼，也無法說明中國對南海以及南海諸島的主權。中國對南海的態度，長期持「海防」心態，注重大陸和海南島沿岸的反海盜和走私，而缺乏對南海諸島的注意。

第九，從清朝開始，中國航海業長期處於落後的狀態，此時南海的貿易已經被西方人和汶萊蘇祿等新興國家把持。當時中國的船隻礙於技術，既不能走經過西沙和中沙之間的外溝航線，也不能直接從廣東經過中沙直航到達呂宋、汶萊和蘇祿，也就無法穿過南沙群島。

第十，中國缺乏對南海諸島的官方管治記錄。在將近一千年的歲月中，能被中國專家舉出的巡海和救助的例子寥寥可數且分散，最重要的是這些例子幾乎都無法被確認爲眞實的管治記錄。而一些出征和出使途中路過南海諸島的記錄，亦難以被視爲是一種管治行爲。

第十一，儘管有地方方志把「長沙海」、「石塘海」說成是海南萬州的山川，但這些都是在明朝萬曆之後對宋人記載以訛傳訛的結果，所有的方志上都說這些記錄「莫稽其實」。因此它們難以作爲中國把這些地區納入政區的依據。相反，所有的中央級別的權威的地理志都沒有這些「莫稽其實」的記載。

第十二，中國古地圖中有出現長沙、石塘、千里長沙、萬里石塘等等名詞。但大部分地圖中的地點都難以確認爲現在的西沙或南沙。最重要的是，這些地圖如果不是相當於世界地圖的「混一疆域圖」，就是專門描述外國的「東南夷海圖」或「西南夷海圖」。前者難以說明這些地方是否屬中國（從畫法來說更似否定），後者更是容易被認爲是外國地方。而中央出版的權威的地圖冊中，中國的南方界限都是海南島，沒有西沙和南沙。甚至連相當於軍事地圖的海防圖，也不包括西沙和南沙。

第十三，從考古發現看，中國民間人士出現在西沙的記錄大概可以追溯到宋朝。但那些遺跡更似是失事船隻上落難人士的庇護地。明朝開始出現的航海手冊中關於西沙和南沙的記錄，也僅僅是航海家刻意躲避這些地方的指示。漁民專用的《更路薄》記載有西沙和南沙，但其最早出現的時間不明，有確鑿證據的僅能追溯到十九世紀中。綜合考古和文字記錄來看，中國漁民在明朝到達西沙，在晚清到達南沙是可信的。但這種漁民的活動僅僅是一種初始權利，難以被認爲是建立了主權。

綜上所述，從宋到早清，中國官方對南海的興趣呈現「興起到頂點再衰落」的過程。經過宋朝的商業開拓、元朝（蒙古）的軍事開拓，以及明初的政治開拓，中國在南海的影響力在十五世紀初鄭和下西洋時達到頂點。之後，隨著明清的海禁，中國對南海的影響又急速下降。但即使在頂點的時候，南海也遠談不上是「中國湖」。南海仍然是各國可以自由航行的地方。在此千年間，中國未曾對西沙和南沙進行過統治，未曾把南海諸島划入政區，沒有以官方的形式在南海諸島活動的證據。中國人可能最早開發西沙群島，並在晚清到達南沙，但是都僅限於漁民的民間活動，而這種活動難以在國際法上被視爲國家意志的表現。

第四章

近古南海（II）——越南及其他國家

本章主要分析越南方面的證據。由於很多西方史料都支持越南對西沙的主權，因此有必要先從西方對南海的認識說起。汶萊和菲律賓的相關材料不多，故不再另立一章，僅在本章最後作一分析。

4.1 帕拉塞爾在哪裡

從十五世紀開始，西方人就來到南海，他們既在南海建立了殖民地，也記錄下不少關於南海的資料，特別是與越南相關的資料。在討論越南對西沙群島主權的歷史證據之前，先研究西方對西沙和南沙的認識演變對釐清越南方面相關資料的地理問題是有裨益的。

1. 西方人的來臨

歐洲人最早在十五世紀末出現在南海。葡萄牙人達伽馬繞過好望角開發了從歐洲到南亞的航線。葡萄牙人很快就在印度的果亞（Goa）建立了殖民地。1511年，葡萄牙人佔領了馬六甲，接著又佔領了摩鹿加群島（Maluku Islands，又稱香料群島，是重要的香料原產地，現屬印尼。），爲進入南海建立了基地。1567年，葡萄牙人向明朝租借澳門，在中國建立了橋頭堡。十七世紀之後，在荷蘭人的攻擊下，香料群島和馬六甲陸續失守，葡萄牙人在東南亞的勢力大爲減弱。到十九世紀末，葡萄牙在東南亞的殖民地只剩下東帝汶。

西班牙人麥哲倫在1519-1523年的環球航行中繞過南美洲，於1521年「發現」了菲律賓（麥哲倫爲當地菲律賓人所殺），開發了從墨西哥到東南亞的航線。西班牙人在和葡萄牙人對香料群島的競爭中不敵，於是轉而經營菲律賓。在1565年到1571年的殖民戰爭中，西班牙人戰勝當地部族，在馬尼拉建立了統治菲律賓北部和中部的殖民地政府。西班牙在統治地區推行天主教，菲律賓成爲區內唯一一個天主教佔優勢的國家。西班牙人還在十七世紀初短暫建立了在臺灣的政權，後被荷蘭人驅逐。

儘管當時佔有現在菲律賓的中北部，西班牙對菲律賓南部的征服卻遭受頑強的抵抗。菲律賓南部從十五世紀開始就進入了伊斯蘭化時代，在蘇祿群島和民答那峨島分別建有蘇祿蘇丹（Sulu）和棉蘭老蘇丹（Maguindanao）。1578年，西班牙對蘇祿發動攻擊遭受失敗，於是轉而進攻婆羅洲的汶萊。西班牙重挫了汶萊蘇丹，卻令蘇祿從此在區域中坐大。蘇祿取代汶萊把持了中國到摩鹿加群島的貿易。1596年，西班牙發動對棉蘭老蘇丹的戰爭，同樣以失敗告終。

在十八世紀初，西班牙再次進攻蘇祿，戰爭一直持續了三十多年，西班牙屢攻不下，最後由於英國趁西班牙在南部打仗之時攻陷了西班牙的大本營馬尼拉而結束這輪征戰。西班牙對菲律賓南部穆斯林的戰爭到十九世紀後期之前仍未成功。

荷蘭人在1588年才從西班牙人的統治下獨立，但其海外軍事貿易發展得非常迅速。1602年成立的東印度公司成爲荷蘭人在東南亞擴張的先鋒。1611年，荷蘭人佔領了雅加達，並隨後在雅加達建立了巴達維亞（Batavia）殖民地。幾乎同時，荷蘭人還在摩鹿加群島驅逐了葡萄牙人的勢力。1641年，又從葡萄牙人手中奪得馬六甲。十七世紀，荷蘭人驅逐了西班牙人在臺灣的勢力，建立了荷蘭人的政權，二十多年後才被鄭成功所驅逐。在短短50年左右的時間內，荷蘭人在東南亞的擴張取得了驚人的成果。十九世紀後，在英國人的壓力下，荷蘭人用馬六甲換取了英國對荷蘭在現印尼一帶群島的勢力的承認。在十九世紀末期，荷蘭東印度殖民地擴張到現在印尼的規模。

英國在1600年開始就到達了東南亞。但在十八世紀之前，英國東印度公司的重點在於經營印度的殖民地，在東南亞的爭奪中落後於荷蘭。十九世紀初開始，英國銳意在馬來半島和婆羅洲擴張自己的勢力。英國在1819年從柔佛蘇丹手中取得新加坡，在1824年又從荷蘭人手中取得馬六甲，從而扼住了南海的咽喉。

法國在十七世紀初也進入了東南亞。和其他國家不同，法國在東南亞的主要目標是大陸國家，尤其是越南。十八世紀後期阮主政權被西山阮氏兄弟攻滅之後，阮主繼位人阮安以少年之齡流亡法國，最後在法國人的支持下，擊敗西山阮氏，重新建立（前）阮氏政權，成爲嘉隆帝。這是越南歷史上最後一個皇朝——阮朝（Nguyen Dynasty，1802-1945）。法國因此在東南亞的力量大增。可是好景不長，明命帝在1830年代與法國人反目，把法國人驅逐出越南。法國人失去了在東南亞的支點，直到1850年代後期才通過對越南的戰爭重返東南亞。

2. 帕拉塞爾概念之變遷

早在西方人進入東南亞之前，西方對東方的地理就有了初步的認識。中世紀時，西方就已經出現了東亞的地圖。但那時的地圖都是從阿拉伯傳入，東南亞部分極不準確。西方人自十五世紀末來到亞洲後，西方航海家和繪圖家進一步對東南亞進行考察和繪圖，這才開始出版現代意義上的亞洲地圖。早期西方國家的東南亞地圖以葡萄牙、西班牙和義大利人的最好：葡萄牙人是最早航行到東南亞的人，所以出版的東南亞地圖也是最早的；西班牙是另一個早期到達東南亞的國家；而義大利人繪製地圖的技術在當時是最好的，並且也經常在葡萄牙人和西班牙人的船上負責繪製地圖。因此，他們的地圖在十六世紀佔有絕對的地位。從十七世紀開始，荷蘭、法國和英國的勢力也到達了這帶，於是出現這三國出版的地圖 。

在西方的地圖中，南海諸島很早就以比中國和越南地圖準確得多的形式出現了。這裡著重討論西沙群島的情況。葡萄牙人和西班牙人是最早進入中國南海的歐洲勢力。他們的航海家在當時都已經知道在南海地區有一個叫帕拉塞爾（Paracel）的航海危險區域，這從他們畫的世界地圖中可以得知。在西方人的很多文字資料中也提及帕拉塞爾，這些資料對了解十七至十九世紀西沙群島的主權狀態和歷史很有幫助。但在西方系統的地圖中，帕拉塞爾的位置和形狀都有變遷，早期的帕拉塞爾與西沙的準確位置和分布有差別。一些中國專家因此否認帕拉塞爾就是現在的西沙群島。為了釐清這點，需要先仔細研究帕拉塞爾範圍的變遷。通過地圖對比和結合西方的航海資料，大致可以建構出西方對帕拉塞爾的認識過程。另一方面，也可以將它們與中國、日本和越南的記錄相印證，以確定帕拉塞爾的真實位置。

(1)葡萄牙人繪製的帕拉塞爾

十五世紀末，葡萄牙人開發了從歐洲繞過好望角到達東方的航行。

從十六世紀起，葡萄牙的地圖上就出現了帕拉塞爾[1]。最初的叫法是Pracel，後來也有稱爲Parcel，顯然都是現代的稱呼Paracel的變體。那麼它爲什麼叫帕拉塞爾呢？Paracel最早的形式可能是Parcel，在古葡萄牙文中是暗礁的意思[2]。但也有人認爲這源於以十六世紀在此沉沒的一艘叫「Paracelsse」的荷蘭船。[3]還有人認爲，Parcel這個詞在古葡萄牙語中是「石欄」的意思，是葡萄牙人從中國的「石塘」中意譯而來的[4]。這種猜測沒有根據，即便「石欄」的意思是正確的，以此指代礁石也是很自然的做法，並不需要從中國漁民那裡轉譯。

在最初的地圖上，帕拉塞爾被畫成從南到北分布的，基本與越南中南部海岸平行的，遠離越南海岸的靴子形的區域[5]（見1514年Lopo Homem的地圖，圖73）。

這個區域以網格、交叉、十字或小點顯示。這在當時的航海圖中示意航海的危險區域。這種表示方法在古代西方航海地圖中非常普遍，通常代表未經勘探的卻可能存在暗礁、洋流等對航海有危險的區域。這個區域的北部有島嶼示意（黑圓點），通常在北部區域注明帕拉塞爾（Pracel或Parcel或Paracel）。區域的南部向西延伸到越南南部沿岸島嶼，從地理位置看相當於越南富貴島（Phu Quy Island）。這些最南部的島嶼都注有自己的名稱（不同地圖名稱不一樣，以Pulo Cecir Mir最爲普遍），顯示它們獨立於帕拉塞爾。

考察從十六世紀早期的葡萄牙人的地圖時有幾點是需要注意的：

第一，地圖上的帕拉塞爾區域儘管基本上是沿著越南中部海岸，但是在地理位置上是遠離大陸的。並不是李金明所說的靠近越南海岸的沙洲。只有在最南部，即靴子的尖端才比較靠近越南海岸。這個尖端所到達的

---

[1] 所引用的葡萄牙地圖均來自PMC。

[2] 轉引自《特考》，217頁。

[3] 同上。

[4] 林金枝〈中國最早發現、經營和管轄南海諸島的歷史〉，地理歷史主權，33頁。

[5] 亦有稱爲牛角形，見許盤清、曹樹基〈西沙群島主權：圍繞帕拉塞爾(Paracel)的爭論〉，王濤〈從「牛角Paracel」轉爲「西沙群島Paracel」〉，均發表於南京大學學報《哲學人文科學社會科學》，2014年第5期。

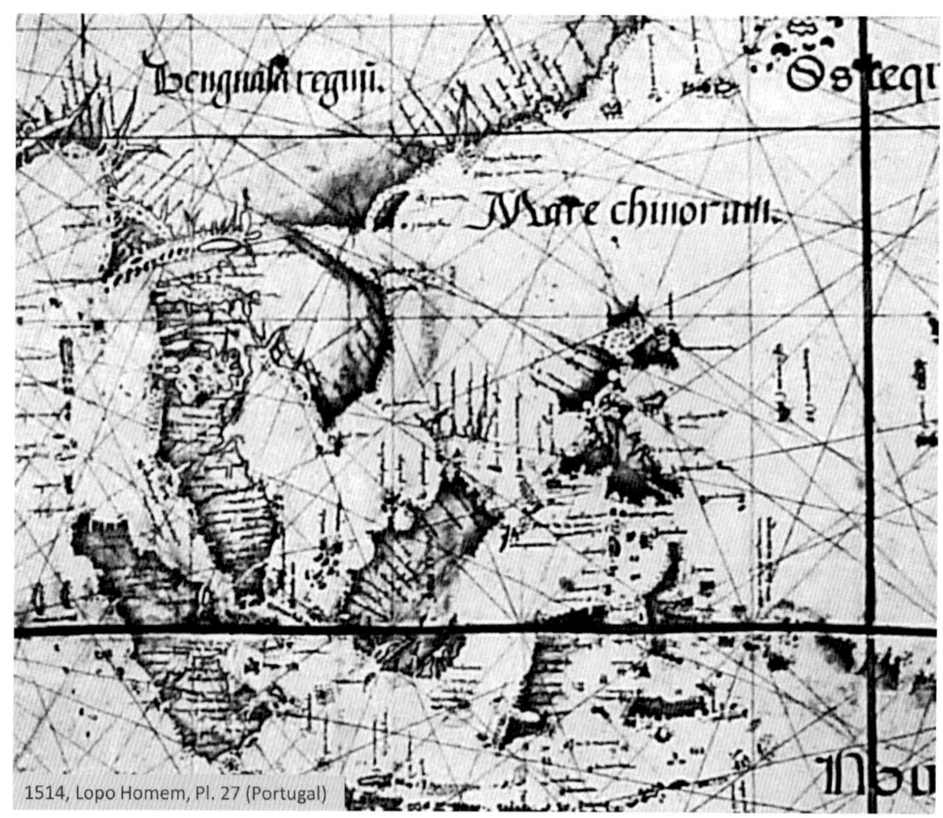

圖73 Lopo Homem所畫地圖中的東南亞部分（1514），自PMC，PI 27

地方當時稱爲Pulo Cecir domer，即現在越南的富貴島（Phu Quy Island）（又名西格爾·海島或Pullo Secca de Mer）。

第二，在整個帕拉塞爾的中部只有網格或十字標誌，而沒有島嶼的標誌。十字標誌是海圖中常見的標誌，英文稱爲Breaker[6]，表示可能危險但未充分瞭解的地點。

第三，當時所有的地圖都畫出海南島（j do Ainao）和七洲列島（j hinhojo）。從地圖上看，帕拉塞爾北部畫上島嶼狀的黑圓點都比海南島靠東，表示其位置在海南島東南。

[6] Breaker: An ocean wave which piles up high enough for the top to fall down the leading face. 見Seatalk nautical dictionary. http://www.seatalk.info/ .

到了十六世紀中期，葡萄牙人的有關帕拉塞爾的地圖出現了一些變體。一種是上半區專門畫成了獨立的區塊，更加明顯地和下面的小黑點網格區分開來（見1568年Diogo Homem的地圖，圖74）。這表明葡萄牙人認識到在帕拉塞爾危險區的北部的島嶼和其南部的危險區有明顯的區別。

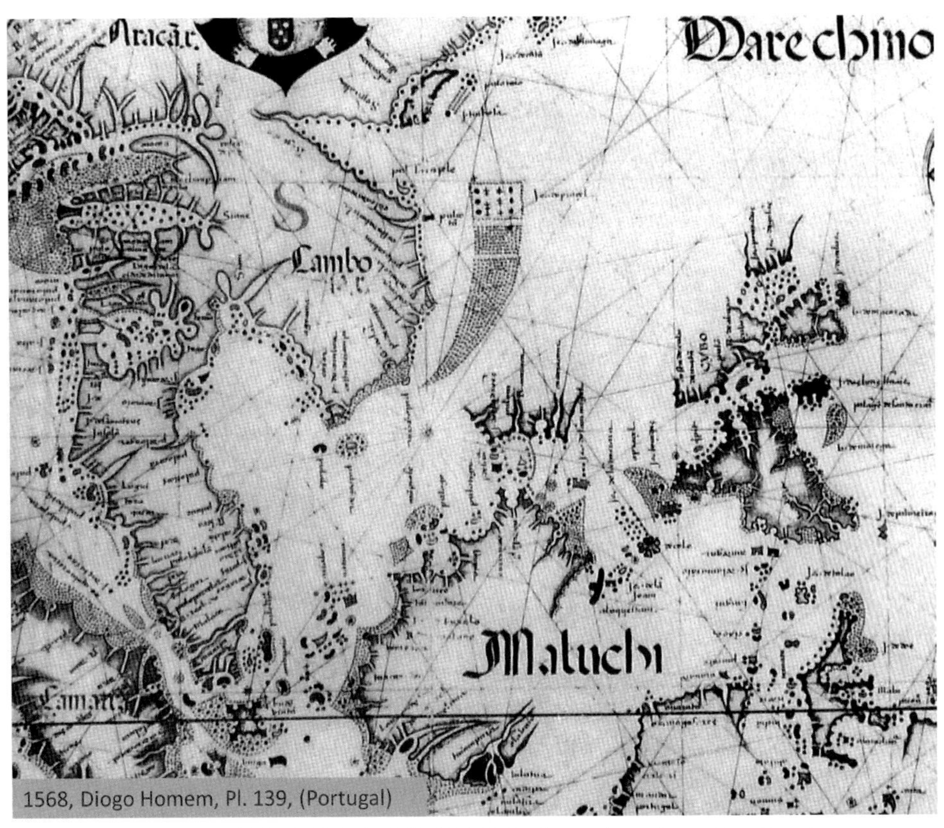

圖74　Diogo Homem所畫地圖中的帕拉塞爾部分（1568），自PMC，PI 139

另外一種趨勢就是在帕拉塞爾的北部頂端更爲明顯地畫出了島嶼，並注明帕拉塞爾，中部畫成南北向的扁梯形，而在南端則畫成由島嶼連成的一串細線。細線的末端連到了富貴島（見1570年Fernao Vaz Dourado的地圖，圖75）。這樣，從1570年開始，帕拉塞爾的「長靴」開始變短，危險區本身不再延伸到富貴島，而僅僅以一條細線與之相連。

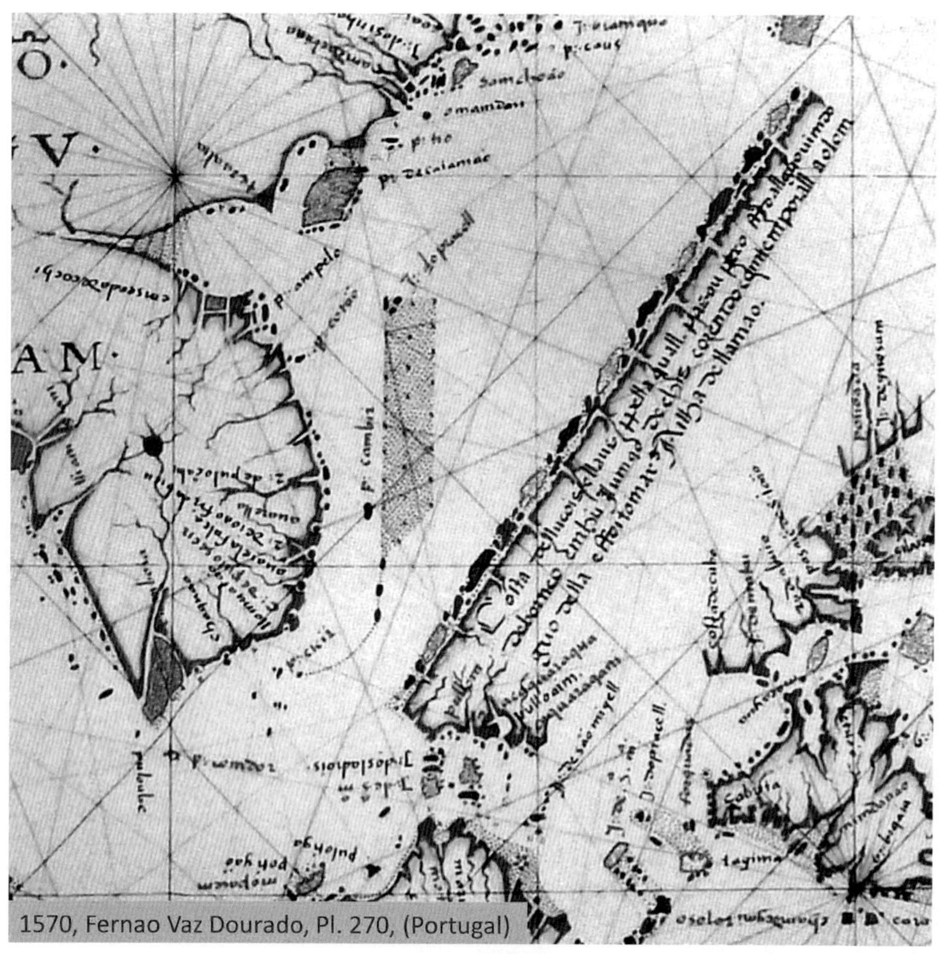

圖75 Fernao Vaz Dourado所畫地圖中的帕拉塞爾部分（1570），自PMC，PI 270

在葡萄牙人Joao Teixeira I於1649年所繪製的地圖（葡萄牙地圖輝煌年代的尾巴）上（圖76），這幾個名稱看得非常清楚。北部的島嶼叫帕拉塞爾島（j do Parcel），中部和南部的島嶼分別叫pulo Combir和pulo cecir domer。可見，在從十六世紀到十七世紀的葡萄牙人的地圖中，帕拉塞爾群島指的正是帕拉塞爾區域最北端的島嶼。

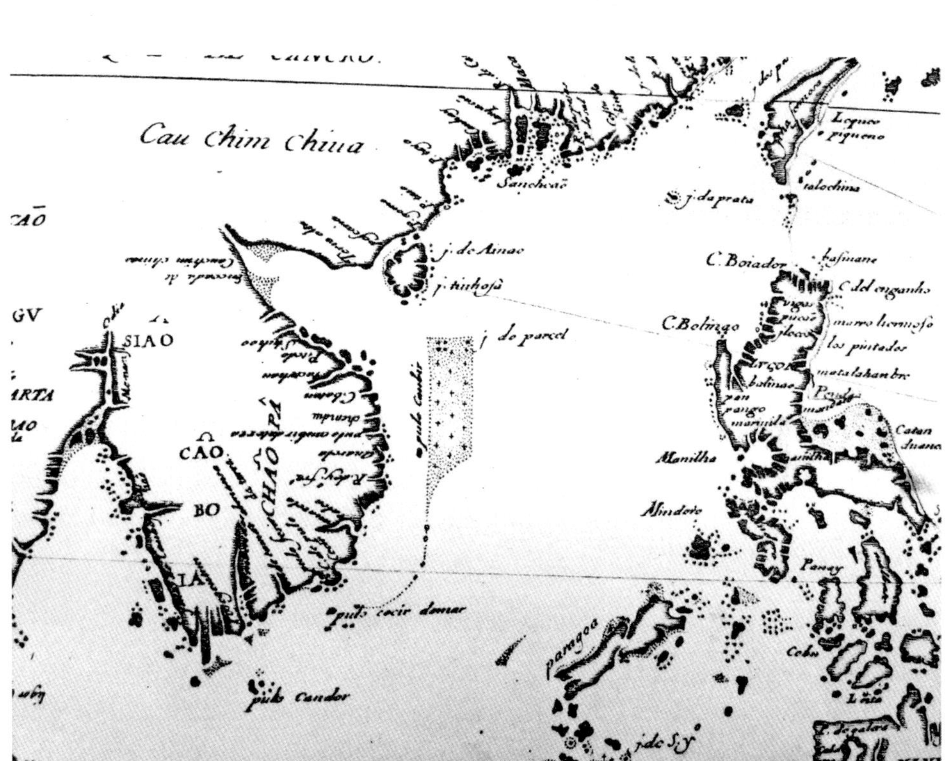

圖76　Joao Teixeira I所畫地圖中的帕拉塞爾部分（1649），自PMC，PI 516

從所有葡萄牙地圖看來，帕拉塞爾危險區大致從越南中部延伸到越南南部，而帕拉塞爾群島的位置大約與順化同一水平，在海南島的東南方。這裡筆者避免利用經緯度描述這個位置，因爲這些圖畫得都不如現代的地圖準確。但是從這些相對位置看來，特別是對比同一時期中國有關南海諸島的變形極大和地理位置極爲不準確的地圖，相信沒有人能夠否認這個群島是今天的西沙群島。

那麼葡萄牙人爲什麼把西沙群島畫成這種樣式呢？目前還沒有確定的答案。據筆者估計，這種南北走向的危險區是從阿拉伯人那裡沿用過來的。筆者尚未找到早期的阿拉伯人所畫的地圖，但從九世紀時阿拉伯人對南海航道的描述看，確實有一個需要7天才能通過的危險區域（那可能已經包括了西沙群島），而且很可能是南北向的（因爲船隻從南到北航行），正好與葡萄牙人的地圖相似（見3.3）。在英國人保存下來的中國十七世紀中期的中國航海圖（The Selden Map of China）中，西沙群島（萬里長沙和萬里石塘）也是類似的南北走向的畫法（3.4.10）。它們之間可能也有淵源。而對比這幅地圖和葡萄牙人的地圖，可以進一步確信帕拉塞爾危險區就是中國的萬里長沙和萬里石塘，也就是西沙群島。

(2)十七世紀末期開始出現的眼鏡灘

從十七世紀起，荷蘭人開始對東南亞繪圖。早期的荷蘭地圖均與葡萄牙地圖相仿。比如在1613年英國沙利斯船長（John Saris）的航海日誌[7]中所附帶的由荷蘭人Linschoten[8]繪製的地圖裡，有關帕拉塞爾的式樣就和上面所說的1649年的葡萄牙地圖十分相似（圖77）。

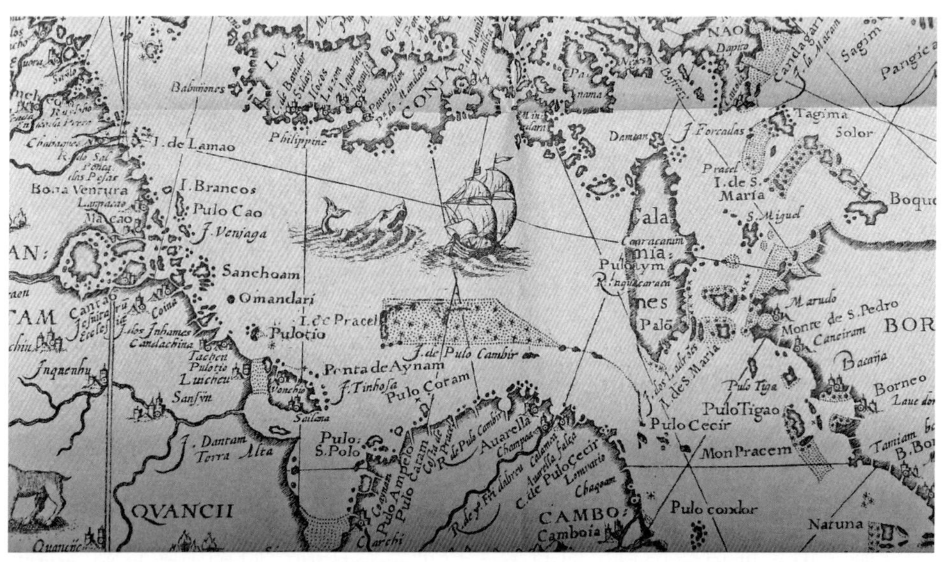

圖77 John Saris日誌所附地圖，自*The Voyage of Captain John Saris to Japan*, 1613

十七世紀中後期在一些荷蘭人的圖中，開始出現了一個新的區域[9]。具體說來，就是在帕拉塞爾群島的東方有一組連成三角形的六個圓圈的區

---

[7] *The Voyage of Captain John Saris to Japan*, 1613. Hakluyt Society, London, 1900.

[8] Jan Huyghen van Linschoten（1563-1611），荷蘭歷史學家、商人、旅行家，是荷蘭等國打破葡萄牙東亞水路壟斷之第一人。

[9] 這裡涉及的荷蘭古地圖可以在AMH（http://www.atlasofmutualheritage.nl）網站上查看。

域。最開始，這個區域沒有命名（見1665年Johannes Vingboons的地圖，圖78），後來荷蘭人的地圖上稱之爲De Bril，即眼鏡之意（見1695年Isaac de Graaf的地圖，圖79）。隨後，英國人和法國人的地圖上也出現這一區域[10]。英國人的地圖上稱爲Condon se saint Antonio（聖安東尼奧的繩子），法國人的地圖稱之爲les Lunetes（眼鏡）。這裡姑且稱之爲眼鏡灘。眼鏡灘和帕拉塞爾北端的群島基本在同一緯度。這種地圖在十七世紀末出現，但是到了十八世紀初期才開始流行。

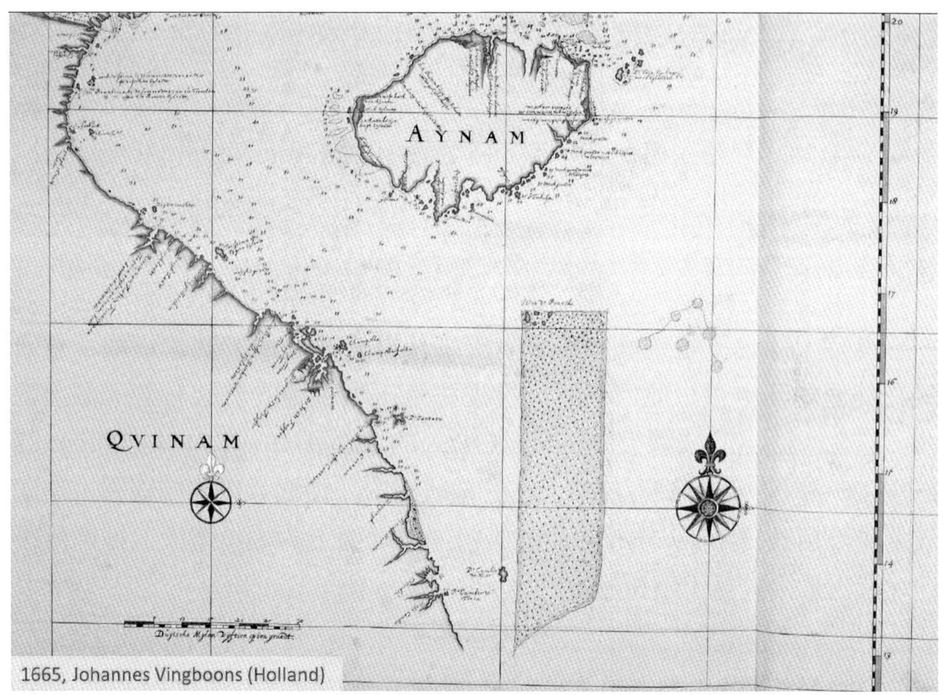

圖78　Johannes Vingboons所畫地圖中的帕拉塞爾部分（1665），自AMH

[10] 這裡涉及的英國和法國的古地圖可以在David Rumsey Heritage（www.davidrumsey.com）網站上查看。

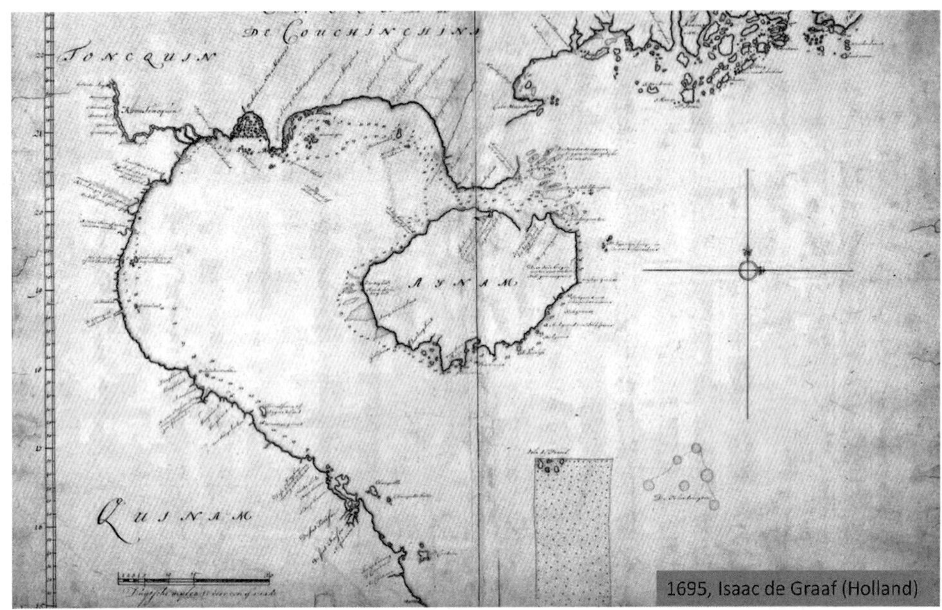

圖79　Isaac de Graaf所畫地圖中的帕拉塞爾部分（1695），自AMH

沒有人能說清楚到底這個眼睛灘爲什麼畫成這個形狀。這種示意方式在其他地圖中很少能看見。一種說法是，眼鏡灘的形狀有如一個大三角。這個說法見於法國人Francois Froger的*A Journal of the First French Embassy to China, 1698-1700*。在這個航程中（從馬六甲到中國），法國人駕駛海后號（*Amphitrite*）從東側繞過了地圖上的帕拉塞爾危險區然後向北行，最後望見了眼鏡灘：

The 25th, towards two P.M., we steered north-east, as our pilots were uneasy at going too near the tail of the Pracel. The Pracel is a rocky shore, stretching north and south one hundred leagues. At daybreak we began to steer north north-east, to clear this shoal. The latitude was 12 deg. 4 min. at noon. The current ran east-north-east, and this day we left several dangerous places at starboard.

The 27th, our fair wind from the south-west fell off, and it was a calm almost all day. We steered on north 1/4 north east. The latitude was 14 deg.

56 min. The next night the wind chopped to northwest, with fog, and we much apprehended the typhoon. By way of precaution, we had for several days put our guns from off the deck into the bottom of the hold, as this wind is a sort of a hurricane, and exceedingly violent it may last three days.

The 28th, at ten A.M., we saw the *Lunettes*, covered with breakers, three leagues ahead of us to the north-east. They are a group of rocks in a triangular shape, *eight to ten leagues* east of the head of Pracel on the charts. We were in lat. 15 deg. 25 min. by reckoning. The wind shifted from north-west to north quarter north east, and was very light. We tacked all day. The currents drifted us to north-north west, and at the Lunettes bore east-south-east. We tacked all the next night to make northing.〔11〕

把荷蘭人的兩幅圖（圖78和圖79）和現有的地圖在一起對比。帕拉塞爾北端的群島和眼鏡群島都和西沙群島緯度接近。在經度而言，眼鏡群島更加接近西沙群島，尤其是西沙群島中東部的宣德群島（Amphitrite Group）。而帕拉塞爾北端的群島和西沙群島西部的永樂群島（Crescent Group）位置相近。

根據海后號的記錄，眼睛灘距離帕拉塞爾的頭部是8-10里格。里格這個單位在不同國家和歷史上有變化，當時法國的一里格是4海里〔12〕。因此，此兩者的距離是32海里到40海里左右。查西沙群島東部的宣德群島和西部的永樂群島之間的距離正是30海里左右。這進一步支持了帕拉塞爾頭部是永樂群島，而眼睛灘是宣德群島的理論。

對這種說法的說明，以經過眼睛灘的法國人的地圖爲最佳。在1700年法國地圖家Guillaume de Lisle的地圖上，尚沒有出現眼睛灘（Lisle, Guillaume de, 1700, 圖80）。在海后號航行之後，1705版的地圖中帕拉塞爾危險區北端的島嶼和帕拉塞爾危險區僅僅以一段類似窄小的頭部的區域

〔11〕 Francois Froger, *A Journal of the First French Embassy to China, 1698-1700*, translated by Saxe Bannister, Thomas Cautley Newby, 1859, p80-81.

〔12〕 http://fr.wikipedia.org/wiki/Lieue。

相連接，頭部向眼睛灘靠近。這表明帕拉塞爾頭部和眼鏡灘地理上很接近（Lisle, Guillaume de, 1705, 圖81）。此系列的地圖在十八世紀中期仍然如此標識（Lisle, Guillaume de, 1742）。但毋庸置疑，當時對眼睛灘的知識是極爲有限的，眼睛灘在地圖上的形狀說明，與其說那是反映眞實情況的地圖，還不如說是一個標記而已。

圖80 Guillaume de Lisle所畫地圖中的帕拉塞爾部分（1700），自DRH

圖81　Guillaume de Lisle所畫地圖中的帕拉塞爾部分（1705），自DRH

十八世紀，英國也加入對南海的考察中。1701年英國發現中沙環礁（Macclesfield Shoal），1755年發現神狐暗沙（St. Esprit）。林肯號（*E. of Lincoln*）在1764年似乎到達眼睛灘（Triangles）。但其得到的信息卻非常混亂，以致後來的首任英國水文測量局專員達令普（Alexander Dalrymple）在1771年的記敘中提到，因爲各種Triangles（即眼睛灘[13]）的資料互相矛盾，無法準確地將它標示地在地圖上[14]，最後在製圖時他只能繼續以海后號的記載爲準。而至於帕拉塞爾，達令普參考了一個越南人的草圖（這種東方式的海圖是極不準確的，見4.4），其南端在可容忍的範圍內相當於草鞋石（Pulo Sapata）[15]。在達令普看來，眼睛灘（Triangles）和海后群島（Amphitrite）是指一地[16]。

在英國船長懷特（Gabriel Wright）的記敘中，最直接地描述了眼睛灘：

> The Spectacles, or St. Anthony's Girdle, are several rocky pyramids, between which it is exceeding dangerous to pass; some rise to the surface of the water, and many others have 60 or 80 fathoms quite close on board of them.[17]
>
> 眼睛灘，或聖安東尼的項鏈，是幾塊金字塔型的岩石，從它們之間穿過極爲危險……

在西沙群島，具有金字塔形狀的岩石只可能是唯一的火山島高尖石（它的英文名字就是Pyramid Rock），它在東部的宣德群島內。這個證據也支持眼睛灘是宣德群島的假設。

十八世紀中期後的地圖中，對於帕拉塞爾危險區和眼鏡灘存在幾種

---

[13] Alexander Dalrymple, *A Collection of Charts and Memoirs*, *List of Charts of the East-Indies*, N10 Palawan and Karang-Bander, xxxvi.

[14] Alexander Dalrymple, *A Collection of Charts and Memoirs*, *Memoir of a Chart of the China SEA (1771)*, P7.

[15] Alexander Dalrymple, *A Collection of Charts and Memoirs*, *Memoir of a Chart of the China SEA (1771)*, P7-8.

[16] Nathaniel Bowditch, *The Improved Practical Navigator: Containing All Necessary Instruction for Determining the Latitude by Various Methods, and for Ascertaining the Longitude by Lunar Observations, in a Complete Epitome of Navigation*, London, James and John Hardy, 1809．Table XXVIII, latitudes and longitudes.

[17] Gabriel Wright & William Herbert, *A New Nautical Directory for the East-India and China Navigation*, London, Gilbert, 1804, p477.

畫法。第一種完全忽略之，而只畫出帕拉塞爾危險區（見Edward Patteson亞洲地圖，1804，圖82）。第二種同時畫出帕拉塞爾危險區和眼睛灘，但是把帕拉塞爾危險區的頭部位置往南收縮，其整體位置也向西移動，從海南島的東南方變成了海南島的正南方。帕拉塞爾主要畫成一個南北向的扁梯形，南方也不再以一條細線的形式與富貴島相連（見Gilles Robert de Vaugondy的地圖，1750，圖83）

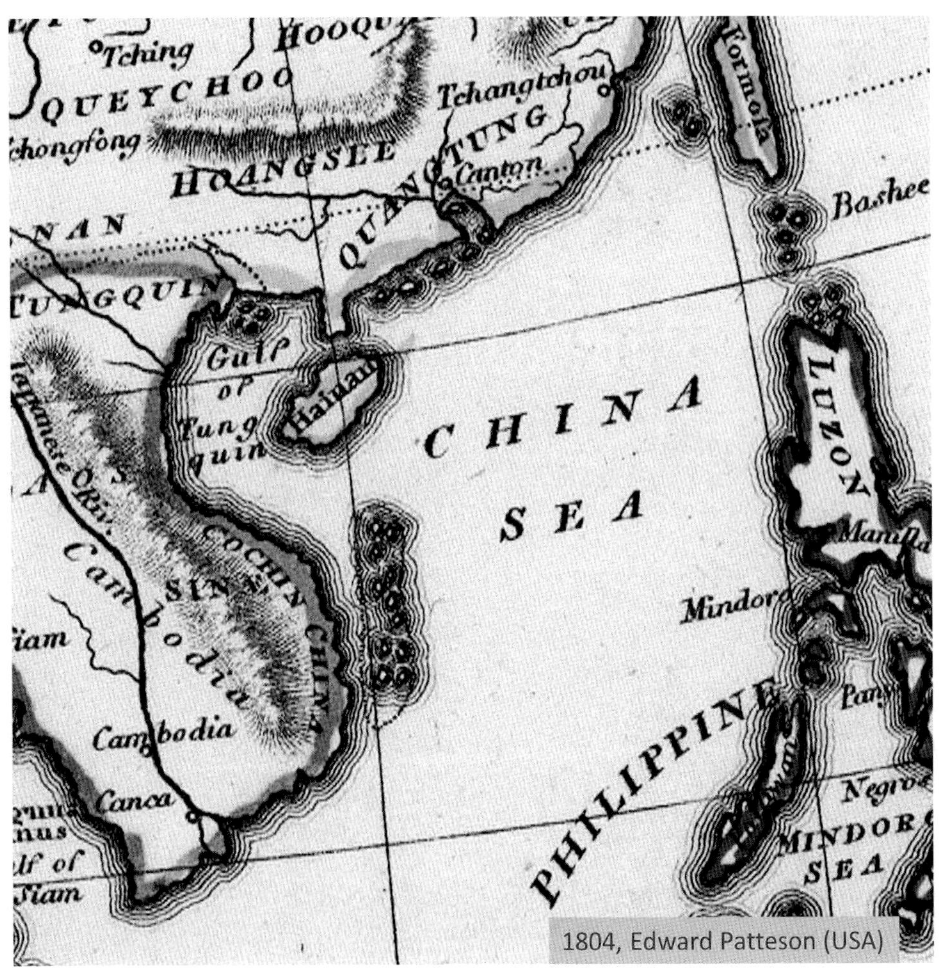

圖82　Edward Patteson所畫的亞洲地圖中的帕拉塞爾部分（1804），自DRH

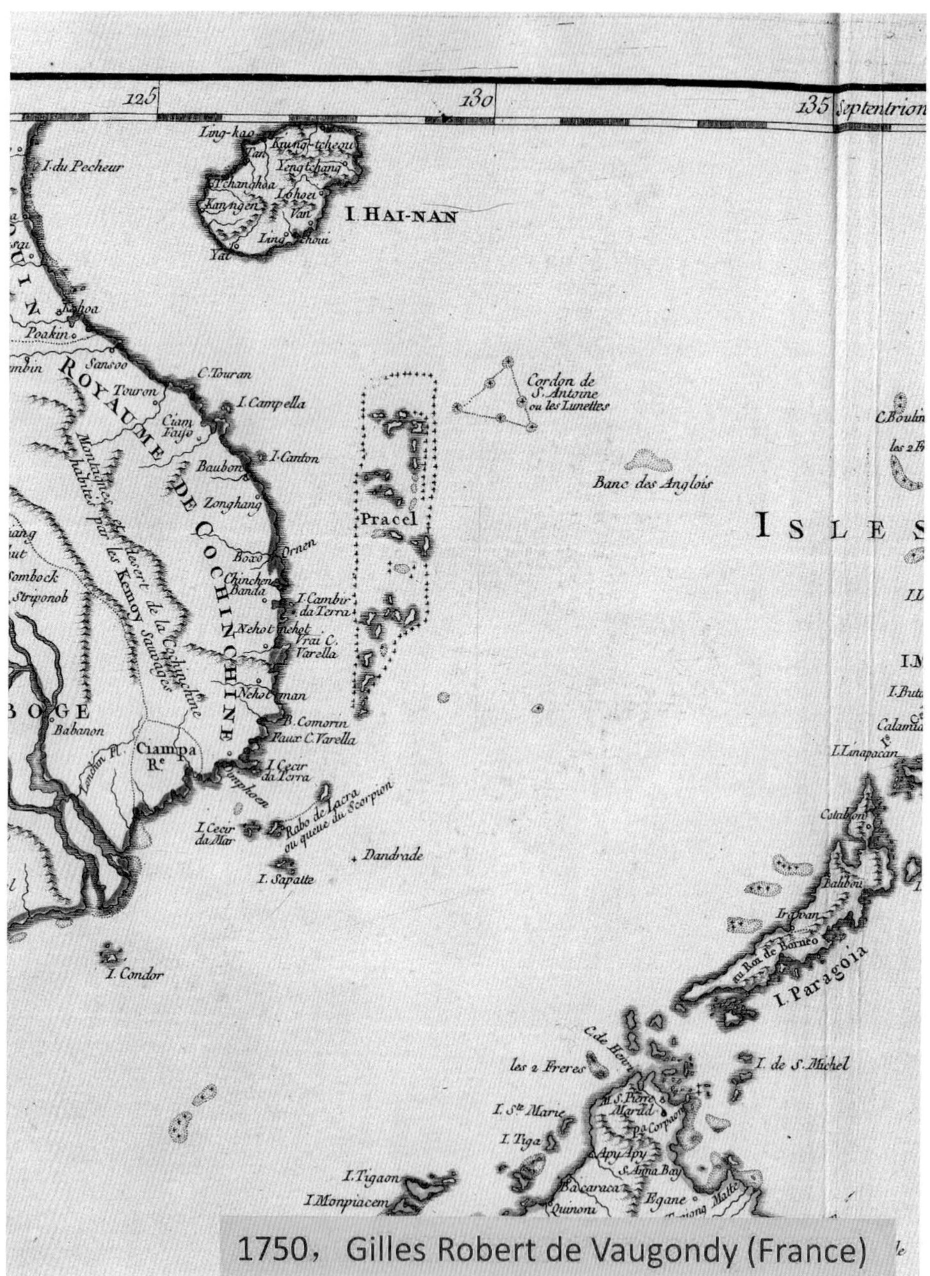

圖83　Gilles Robert de Vaugondy所畫的東南亞地圖（1750），自DRH

第三種，特別是十八世紀八〇年代之後的英法地圖上，帕拉塞爾畫成不規則的塊狀區域，裡面有小島狀的標誌，而眼睛灘的名字則不再出現，取而代之的是林肯島（Lincoln Island），或者是林肯島與海后島（Amphitrite），或其他一些島嶼的名稱。比如1799年Cook & Vancouver所畫的地圖上（圖84），原先眼睛灘的位置出現了Amphitrite和Lincoln。而現在Amphitrite正是西沙群島東部宣德群島的英文名稱，這進一步證明了眼睛灘指的是宣德群島的論斷。當然，此時也有與之相反的證據，比如在John Cary 1801年所製的地圖中，Amphitrite就被用於西沙群島西部的島嶼（圖85），而除了Lincoln之外的東部島嶼則標記爲Dry或者不命名。他爲什麼這麼畫的原因並不清楚，可能是當時對西沙群島、眼睛灘和海后島之間關係仍然未清晰之故。但無論哪種畫法，帕拉塞爾危險區都不再延長到平順海島。

以上地圖反映了幾個事實：第一，儘管在當時眼鏡灘已經久爲人知，但是在相當多的地圖繪製者眼中，帕拉塞爾仍然是對當時的航海危險區的通稱，而不把帕拉塞爾和眼睛灘加以區別。第二，帕拉塞爾危險區的位置一直在變化，從十六世紀的長靴形變爲十七世紀的短靴形，再變成十八世紀的梯形。從面積來看，帕拉塞爾越變越小，無論是北端和南端都在收縮，位置在眼睛灘的擠壓之下也向西偏移。這顯示西方總體上對於危險區域的認識是加深了，帕拉塞爾範圍的縮小說明了以往被認爲是危險區域的地方其實不再危險。但爲何十八世紀後期地圖製作者還會在區域中畫上島嶼，而事實上在這一個區域根本不存在任何的島嶼（這點需要尤爲強調）？可能是由於當時並沒有對這個區域進行測量，而航海者都根據以往的傳說刻意避免這個區域，所以對這個區域內的認識充滿以訛傳訛。

圖84　Cook & Vancouver所畫的東南亞地圖（1799），自DRH

圖85　John Cary所畫的東南亞地圖（1801），自DRH

(3)準確的西沙群島地圖的出現

韓振華說西方對西沙群島的了解是1817年之後的事[18]。其實不然。西方人最遲在十八世紀末已經對西沙群島有初步的了解了。在十九世紀頭10～20年的地圖中，幾乎所有的英法地圖都廢棄了眼鏡灘這個名詞（其

---

[18] 史地論證，393頁。

他國家，比如美國的地圖有點滯後，這個可以理解，因爲英國和法國在東南亞開拓方面是主力）。

在十八世紀末，在法國人讓達約（Jean Dayot）的主持下，法國對交趾支那南部的水文已經比較清楚，但是對南海北部的水文還是比較模糊。但是歷次的航行已經清楚地表明帕拉塞爾的舊地圖是不準確的。1805年，豪斯堡（James Horsburgh）出版了根據自己航海經歷和其他船隻記載而寫成的*Memoirs: Comprising the Navigation to and from China*。他認爲儘管地圖上傳統的帕拉塞爾的南北範圍達到南海的一半，但其實人們對現實中相關這區域的各種命名的起源和地理界限都是一無所知：

The limits of the group of shoals, delineated on most charts by the name of Paracels, and comprehending a space in latitude from about eleven and a half to seventeen degrees north, are absolutely unkown, although projected to an extent of nearly half the length of the China Sea. By whom their name was given, when and on what account, like the knowledge of their limits, appears equally uncertain.[19]

接下來，他討論到大多數海圖中帕拉塞爾南界（southern limit）以南的島嶼（from this limit southward），很多島嶼，如蠍子尾（Scorpion's Tail，指的是「靴子」的尖端）等都不存在，只有平順海島（Pulo Ceicer de Mer）是例外。[20]在分析了各個最近的資料之後，他總結帕拉塞爾的地理位置如下：

These shoals, commonly called Paracels, are the same group as those distinguished by the different names of Triangles, Amphitrite, Spectacles,

〔19〕 James Horsburgh, *Memoirs: Comprising the Navigation to and from China, by the China Sea, and through the Various Straits and Channels in the Indian Archipelago; also the Navigation of Bombay Harbor*, London, 1805, p1.

〔20〕 *Ibid*, p2.

St. Anthony's Girdle, Lincoln, &c. The Easternmost danger of this group (or chain of groups) is probably that seen by the *Bombay Merchant*, 19th May 1800; and extensive reef of breakers, in the form of the letter A, with the angular point to the eastward, and small rocks appearing above water, when within three quarters of a mile of it. Each of the legs appeared six or eight miles in length, forming a smooth harbor apparently between them, whith an entrance to the westward. The latitude of this shoal, by noon observation, was 16° 06' N; longitude by sun and moon, at 4 P.M. 112° 48' E. and by chronometer made it in 112° 54 1/2' E. [21]

在此，他明確了帕拉塞爾和Triangles、Amphitrite、Spectacles、St. Anthony's Girdle和 Lincoln等名稱所指都是同一個群島，其位置在北緯16°06'，東經112°48'或112°54 1/2'。這已經是西沙群島的正確位置了。

在1806年，豪斯堡繪製的中國海（*China Sea*）[22]圖上已經沒有了靴子形的帕拉塞爾，轉而用由外而內的標記有A、B和C的三個圈來顯示其範圍（圖86）。C圈是最小範圍，裡面有眾多已經確認的西沙群島中的島嶼（主要是東部的宣德群島），B圈略大，把西部的島嶼也包括在內，而A圈最大，包括了B圈及原先被舊地圖中標記爲帕拉塞爾危險區的區域。在圖下角，他說明：「標有AAA的線條，爲潛在危險區域的邊界，它在名爲Paracels的一群淺灘之中，也稱作Triangles、Spectacles、Amphitrite、St. Anthony's Girdle、Lincoln。」

[21] *Ibid*, p33.

[22] From Library of Congress, hdl.loc.gov.

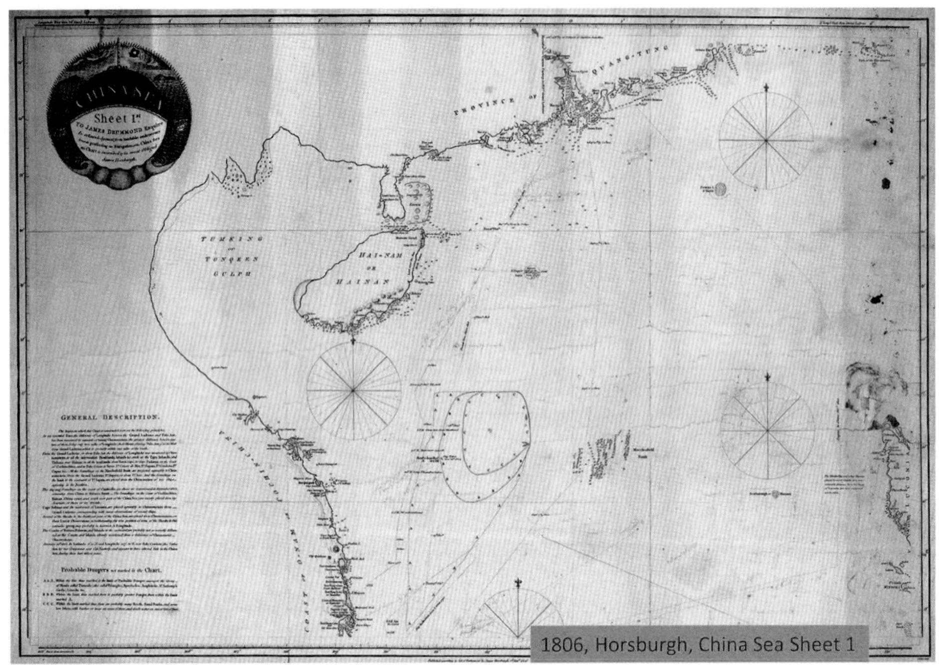

圖86　Horsburgh, China Sea Sheet 1 (1806 version)

1808年開始，英國水文測量局派出羅斯船長（Danial Ross）和莫漢船長（Philip Maughan）分別駕駛發現號（*Discovery*）和調查號（*Invesitigator*）對帕拉塞爾危險區和帕拉塞爾群島進行了測量。這次測量確認，原先地圖上畫出的帕拉塞爾危險區其實只是一個傳說中的危險區域，裡面既沒有島嶼也沒有暗沙，也不危險。從此，帕拉塞爾危險區就在地圖上徹底消失了。這一事件在豪斯堡（James Horsburgh）撰寫的《印度指南》的1815年的第二版（*The India Directory*，2nd version, 1815）中有詳細的解釋[23]：

PARACELS, and the BANKS or DANGERS in the NORTHERN PART of the CHINA SEA.

PARACELS, delineated **formerly** as a continued large bank, inter-

〔23〕 *The India Directory*,Volume Second, 2nd version (1815), p252. Or 3rd version (1827), p291.

spersed with groups of large and small islands, extending North and South from lat. 12° to about 16.5 or 17° N.,with the nearest part of it, within 15 to 20 leagues of the coast of Cochin-china. Other shoals and islands, called Amphitrite, Lincoln, &c. were placed nearly 3° farther to the eastward, with a wide space between them and the former bank ; but it is now certain, that all these dangers form only one archipelago, consisting of shoals and low isles, not far separated. This will be seen by the following description of them, taken from the survey made by Lieuts. Ross and Maughan, of the Bombay Marine.

NORTH SHOAL, extending E. by N. and W. by S. about 2 leagues, is narrow and steep to, having soundings only on the North side, 14 fathoms within 1/2 a cable's length of the rocks: the Tast end of this shoal or reef, is in lat. 17° 6' N., lon. 111° 32.5' E., and it appears to be the N. Westemmost danger of the Paracels.

AMPHITRITE, is formed of 5 low, narrow, islands, connected by a reef of rocks that projects 2 or 3 miles beyond their extremes; and upon the westernmost island there is a cocoa-nut tree. The western extremity of this danger is in lat. 16° 59' N., lon. 112° 12' E., and it extends about 4 leagues E. S. E., the eastern extremity being in lat. 16° 54" N., lon. 112° 23' E. ; it forms the northern limit of danger, in this part of the Archipelago.

There are no soundings on the North side, but good anchorage in 10 fathoms sand, is got under the S. E. side of the chain, about 0.5 a mile from the rocks: no fresh water is procurable.

帕拉塞爾，以前被畫成一個連續的廣大灘塗，散布著一組組或大或小的島嶼，從北緯12度擴展到北緯16.5到17度之間，最近處距離交趾支那海岸線15到20里格。其他沙灘和島礁，稱爲海后及林肯等等，被放在它以東的3度之處，它們之間有大片的空間。但是現在已經肯定，所有這些危險之地僅僅構成一個群島，由淺灘和矮小的島嶼所組成，並非分開……

……

海后，由五個矮小狹窄的島嶼以及連接它們的一個長達二至三海里的礁石帶所組成，其最西部島嶼上有一棵椰子樹……它構成此危險的群島的最北端。

注意，這裡再次提到的海后群島（Amphitrite）是指帕拉塞爾東北部的五個小島，即現在宣德群島的七連珠。這再一次支持了以前的眼睛灘就是後來的海后群島，即西沙群島東部的宣德群島的理論。

(252)

PARACELS, *and the* BANKS *or* DANGERS *in the* NORTHERN PART *of the* CHINA SEA.

General description of the Paracels. PARACELS, delineated formerly as a *continued large bank*, interspersed with groups of large and small islands, extending North and South from lat. 12° to about 16½° or 17° N., with the nearest part of it, within 15 to 20 leagues of the coast of Cochin-china. Other shoals and islands, called Amphitrite, Lincoln, &c. were placed nearly 3° farther to the eastward, with a wide space between them and the former bank; but it is now certain, that all these dangers form only *one* archipelago, consisting of shoals and low isles, not far separated. This will be seen by the following description of them, taken from the survey made by Lieuts. Ross and Maughan, of the Bombay Marine.

North Shoal. NORTH SHOAL, extending E. by N. and W. by S. about 2 leagues, is narrow and steep to, having soundings only on the North side, 14 fathoms within ½ a cable's length of the rocks: the East end of this shoal or reef, is in lat. 17° 6′ N., lon. 111° 32½′ E., and it appears to be the N. Westernmost danger of the Paracels. (Geo. site.)

Amphitrite. AMPHITRITE, is formed of 5 low, narrow, islands, connected by a reef of rocks that projects 2 or 3 miles beyond their extremes; and upon the westernmost island there is a cocoa-nut tree. The western extremity of this danger is in lat. 16° 59′ N., lon. 112° 12′ E., and it extends about 4 leagues E. S. E., the eastern extremity being in lat. 16° 54′ N., lon. 112° 23′ E.; it forms the northern limit of danger, in this part of the Archipelago. (Geo. site.)

There are no soundings on the North side, but good anchorage in 10 fathoms sand, is got under the S. E. side of the chain, about ½ a mile from the rocks: no fresh water is procurable.

Geo. site of Woody. WOODY ISLAND, in lat. 16° 50′ N., lon. 112° 18′ E., is about 3 miles in circumference, covered with small trees, and has a spring of very good water on its western side, near some cocoa-nut trees. A reef projects around this island to the distance of ¾ of a mile, connected with Rocky Island.

The India Directory, 2nd version, 1815

圖87 *The India Directory*, Paracel

自此之後，帕拉塞爾群島已經用於指代現在的正確位置。這個變化最早在什麼時候出現並不肯定。但最遲不會在1810年之後，因爲1808年已經有霍斯堡根據最新的測量成果製作的西沙群島的航海圖出版（見圖

88）[24]，上面寫有帕拉塞爾字樣和顯示正確的位置。當時各國出版的航海地圖傳播得非常快，可以肯定，在隨後幾年之中，這個地圖已經爲各國航海人員熟知。在1812年英國人Arrowsmith繪製的東南亞地圖中，已經正確地標識了西沙群島（A.Arrosmith, 1812, 圖89）。在1820年1月出版的由法國人Brue繪製的世界地圖集的東南亞地圖上（Adrien Brue，1820，圖90），帕拉塞爾已經出現在現在的位置，所有的群島都以現代的名稱標注（Brue的地圖是世界地圖冊上的一幅東亞地圖，更新時間比Arrowsmith的東南亞地圖晚是可以理解的）。在1820年代之後，幾乎所有的英國和法國地圖都以現代的方式標注了帕拉塞爾。比如，在地圖出版史上有重要意義的1827年比利時地理學家Philippe Vandermaele所編制的六卷本世界地圖冊*Atlas universel de géographie physique, politique, statistique et minéralogique*中（圖91）[25]，亞洲地圖第106幅就劃出了正確位置的帕拉塞爾群島[26]。

綜上所述，從十六世紀開始，帕拉塞爾區域就是一個傳說中的危險區。在地圖中，最早期的帕拉塞爾是頭部和尾部標注了島嶼的靴子狀的區域。其頭部相當於現在的西沙群島，而尾部到達現在的富貴島。帕拉塞爾，尤其是頭部，遠離越南海岸線。十七世紀，帕拉塞爾的尾部演變成一條細線，勉強連到富貴島。到了十八世紀，帕拉塞爾的南部已經遠離了富貴島。十七世紀末開始，帕拉塞爾北部的東側在荷蘭人的航海圖中出現了眼鏡灘。這個眼鏡灘很可能是現在的西沙群島中的宣德群島。在以後的演變中，帕拉塞爾的頭部逐漸和眼鏡灘融合，而帕拉塞爾危險區則與其頭部分離，位置向南收縮，同時也向西偏移。到了十八世紀末，眼鏡灘變成了Amphitrite群島。在1808年英國人的探測中，帕拉塞爾危險區被證明是子虛烏有。於是最晚從1810年開始，帕拉塞爾危險區在地圖上消失，帕拉

[24] Thomas Suarez, *Early Mapping of Southeast Asia*, Periplus, 1999, p244.

[25] 它是世界第一部以彩色平版技術印刷的大型世界地圖冊，也是第一部採用統一的大比例（1英寸對應26英里）顯示整個世界的地圖冊。說明與地圖均參見http://libweb5.princeton.edu/visual_materials/maps/websites/vandermaelen/home.htm。

[26] 惟越南方面聲稱此地圖說明瞭西方承認帕拉塞爾屬於越南卻不能成立，因爲該圖上帕拉塞爾並沒有用上顏色指示，而且旁邊對越南的地理描述中也沒有提到帕拉塞爾。

塞爾轉而成為西沙群島的名稱，其西部為Crescent Group（新月群島），東部為Amphitrite Group（海后群島）。

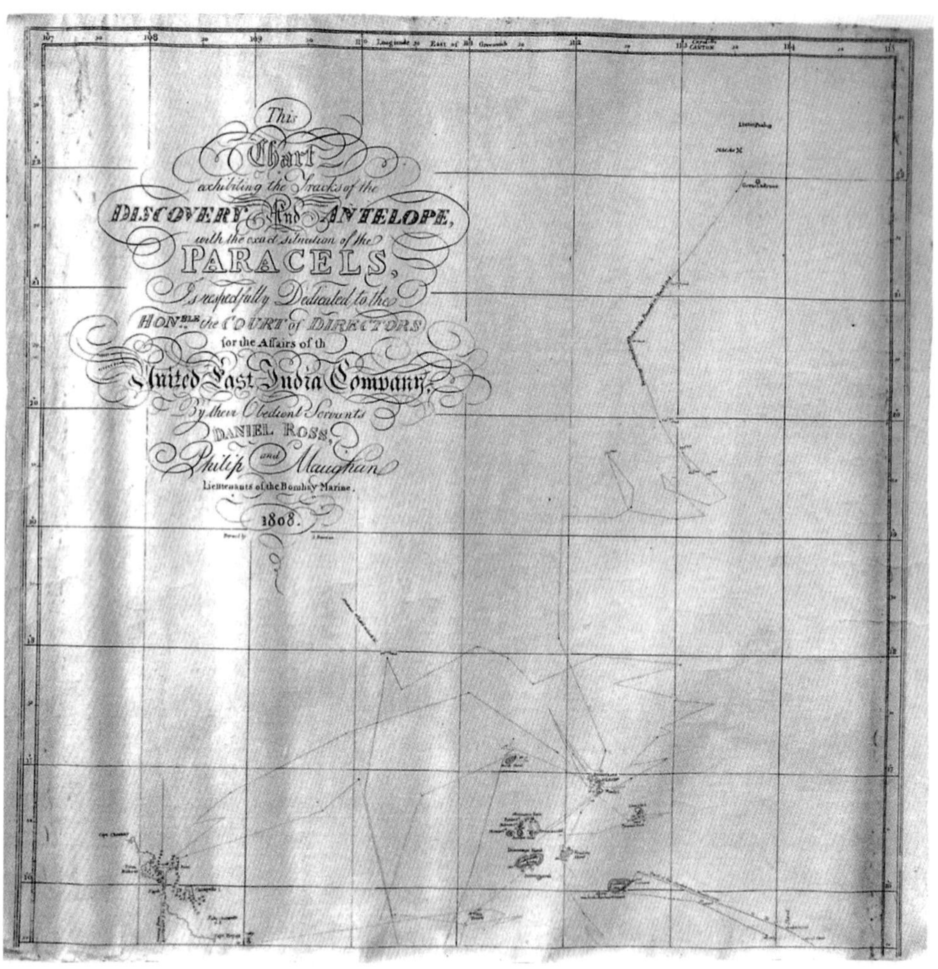

圖88　Horsburgh所畫的Paracel群島地圖（1808），引自*Early Mapping of Southeast Asia*

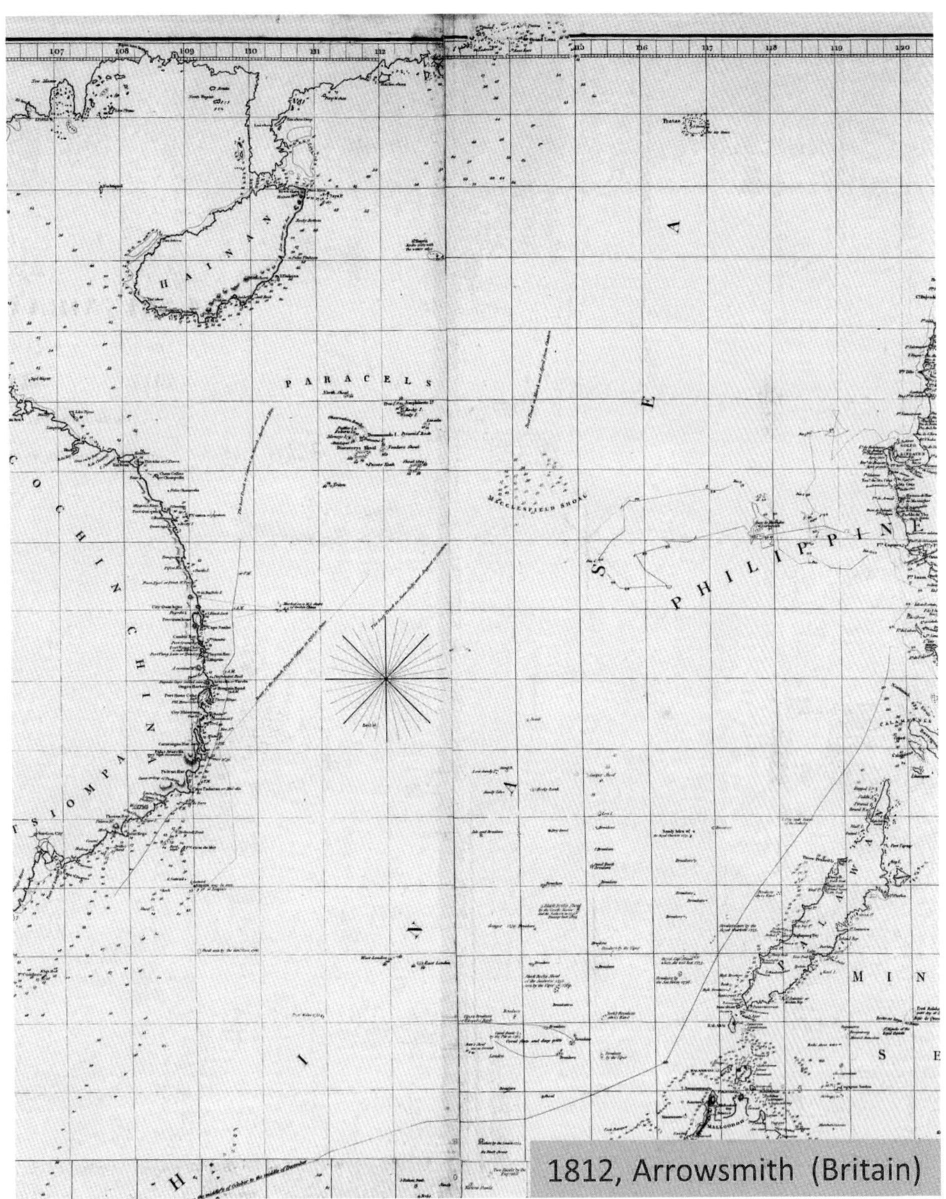

圖89　Arrowsmith所畫的東南亞海圖（*Chart of the East Indian Islands*, 1812），自DRH

圖90 Brue所畫的東南亞地圖（1820），自DRH

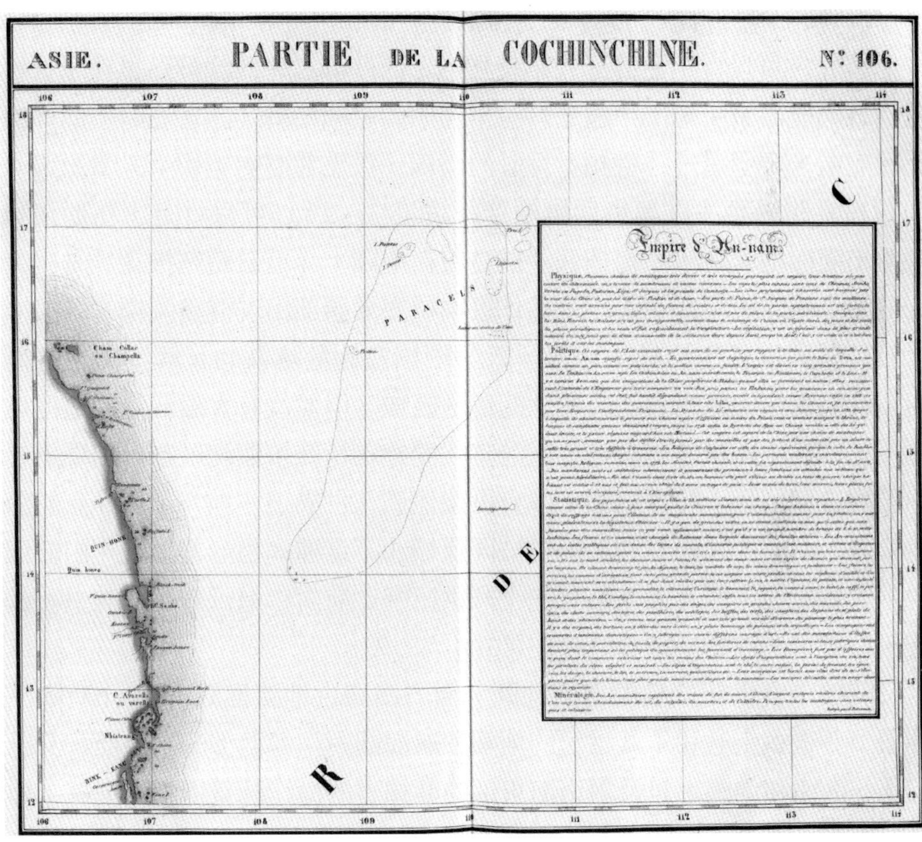

圖91　Vandermaele所畫的世界地圖（1827），自DRH

最近，兩篇中國學者的論文得出和筆者基本類似的研究結論，也指出了韓振華和李金明論證中所犯的幾個錯誤，包括韓振華把正確的Paracel地圖出現的時間定爲1817年[27]（韓之所以這樣做是要爲論證嘉隆帝在1816年升旗的地方不是現在的西沙群島，見後）。

(4)帕拉塞爾概念演變的原因

首先，可以肯定葡萄牙人早就知道了西沙群島。西沙群島早在十世紀就爲各國航海家所知，中國史料也早在明朝就開始有「諸番之路」的外溝航線記載，表明這是「番舶」行駛的路線。這點在歷史上留下大量記錄。葡萄牙人路過西沙群島也爲韓振華所論證[28]。所以可以肯定，在葡萄牙人畫出南海地圖時，一定把西沙群島畫在地圖上。但當時它被認爲是一大片危險區域的最北部，這也是爲什麼帕拉塞爾頭部出現群島圖標的緣故。

可以同樣肯定的是，葡萄牙人對帕拉塞爾危險區的了解不深。他們從亞洲航海家中聽來這個長靴狀的危險區域，但並沒有實際測量過這個地區。這種危險區域的傳說在大航海時代開始之初在多個地區都曾出現過。只要翻查葡萄牙人的古地圖，就會發現他們在世界很多地方都標注有航海危險區，例如中國的整個渤海也被同樣標注了這種網格形的區域。由於傳說中的危險性，西方人並沒有在十八世紀末之前對它進行詳細的測量和調查，以致這個神秘區域一直存在了300年之久。

關於十九世紀之前的南海地圖，西方南海古地圖權威Prescott有如下評價：「很多十七和十八世紀的地圖和航海圖對南海西部的馬來亞、交趾支那、海南和中國，以及對南海東部的菲律賓的海岸線畫得相對準確，但是這些地圖和航海圖在大海中央的部分的準確性就差很多。」[29]當然，

---

[27] 許盤清曹樹基〈西沙群島主權：圍繞帕拉塞爾（Paracel）的爭論〉，王濤〈從「牛角Paracel」轉爲「西沙群島Paracel」〉，均發表於南京大學學報《哲學人文科學社會科學》，2014年第5期。

[28] 史地論證，354-368頁。

[29] David Hancox & Victor Prescott, *A Geographical Description of the Spratly Islands and an Account of Hydrographic Surveys Amongst Those Islands*, Maritime Briefing Vol.1 No.6, International Boundaries Research Unit, 1995, p31. “Silimarly many 17th and 18th century maps and charts delineated with comparative accuracy the coasts of Malaya, Cochin China, Hainan and China to the

是否準確的標準是相對的。用現在的眼光看，這些地圖極不準確，但是與中國人以及越南人所畫的基本上沒有實用意義的地圖相比，這些地圖準確得多了。

這有幾個方面的原因。首先，在十九世紀之前，西方航海家並沒有專門針對這個地區的島嶼和海岸線進行測量。當時地圖繪製者主要是跟隨著商船和軍艦的測量師，而這些船隻的最主要任務不是測量整個海域，而是順利地抵達目的地。因此，他們傾向於走最安全的路線。由此帶來的後果就是他們都努力避開前人所描繪或者形容的危險地帶，而船上的地圖師也因而缺乏詳細考察的機會。以上列舉的幾種航海日誌中，對帕拉塞爾這個危險區都是避而遠之的，自然也無法得知這個區域的眞實情況。

其次，也是更爲重要的原因在於他們缺乏準確測量經度的方法。在航海史上，緯度的確定遠比經度的確定容易。原因有二。第一，緯度可以從太陽的位置準確地直接測出，而在十七和十八世紀，經度只能通過兩種的方法測量：一是根據幾個不同星球的相對位置計算；二是根據已經確定經度的地標再推算。絕大部分情況下，這兩種方法都非常不準確。爲了發明準確測量經度的方法，英國國會還在1716年專門通過了法案，重獎發明在船上測量經度的實用方法（Longitude Prize）。

由於無法在船上準確測量經度，所以當時的航海記錄都只有緯度而沒有經度記錄。比如上面列舉的沙利斯船長的航海記錄和海后號的航海記錄都只記載緯度而沒有經度。韓振華所收集的材料中也全部缺乏經度的數據。對島嶼東西方向的位置只能以船的航行距離而大致推算，這樣的做法自然極爲不準。因此，船員和船上的地圖繪製家都無法準確地測量自己路過的島嶼的方位，自然也不能爲地圖提供準確的海島位置的數據。

正是由於這個原因，船隻在經過紙面上的危險區時更加需要遠離甚至繞道而行，以盡最大可能避免觸礁。這就放大了第一個因素的影響。

第三，如Prescott指出，十七和十八世紀的繪圖師都不能很勝任準確

west and the Philippines east of the South China Sea. However these maps and charts tended to falter as they progressed into the central regions of the South China Sea."

繪圖和收集航海信息的任務[30]。這種情況要到1720年法國首先設立水文測量部門才開始改觀。但直到1773年，英國人哈里森（John Harrison）才發明出航海天文鐘（marine chronometer）用以準確測量經度。然而這個設備價格昂貴，只能用於專門的測量船上，直到在二十世紀之前都沒有普遍應用在普通船隻上。1795年，英國設立水文測量專員（Hydrographer of the Navy）和水文測量局（Hydrographic Department），這才眞正改寫了南海測量的歷史[31]。

此外，緯度有天然的起始點（赤道），所以在記錄方面比較清晰。而經度卻沒有天然的起始點。直到1884年格林威治被確立爲經度起始點之前，世界並行著多種的經度系統，導致經度記錄較爲混亂。

基於這幾個原因，儘管在西方古地圖上緯度的記錄相當可靠，經度的記錄卻並不準確。所以葡萄牙人的地圖雖然較之中國地圖遠爲準確，但是卻達不到航海者的要求。於是後來的航海者利用前人所畫的地圖，找到「新」的島嶼，比如「眼鏡灘」也就不足爲奇了。事實大概是這樣的，葡萄牙人在地圖上畫上了西沙群島，它被包括在「帕拉塞爾危險區」之中。但是由於畫得不准，後人再次碰到的時候，可能其測量方法有了進步，或者當時測量更爲準確一些，於是就認爲是地圖上沒有出現的新的島嶼。在荷蘭人的地圖上，眼鏡灘和一百多年前畫的帕拉塞爾相隔僅僅二十多海里，完全在可以接受的範圍之內。

在十八世紀，帕拉塞爾的區域已經比葡萄牙人的年代有所縮小。但是由於一直缺乏準確而系統的測量，在帕拉塞爾區內繼續以訛傳訛地畫上了島嶼的符號，而這些島嶼在事實上是不存在的。這就好比過去幾十年一直流傳著一個百慕大三角區一樣，事實上根本不存在這個危險區域。從韓振華提供的24條提及帕拉塞爾的記錄來看，絕大部分當事人都沒有眞正地到過這個區域，而僅僅是聽說那裡有一個這樣的危險區域，這顯然是道聽塗

[30] 同上。

[31] Susanna Fisher, *The Organisation of Hydrographic Information for English Navigators – Five Hundred Years of Sailing Directions and Charts*. The Journal of Navigation (2011), Vol.54, No.2, 157-166.

說的結果。

在十九世紀開始的航海記錄中，航海者都對畫在地圖上的帕拉塞爾區域提出過質疑，比如1805年英國就有記錄說往帕拉塞爾方向行駛，卻什麼也沒有看見。這種質疑直到1808年英國人對帕拉塞爾區域進行認眞調查之後才清楚。從那之後帕拉塞爾危險區域就消失了。

由此可見，帕拉塞爾在歷史上指代的變遷，並不是韓振華所說的帝國主義故意張冠李戴的結果，而是一個對地理認識從模糊到深入，測量從不精確到精確，以及地圖製作從粗疏到精細的結果。

最後要強調一點，無論西方古地圖以現代的標準來看是多麼不準確，比起同時代甚至是十九世紀的中國人繪製的地圖還是要準確得多。在韓振華和李金明的論著中，對於古代地圖上南海島嶼的經度誤差通常採取不一致的標準。他們對於帕拉塞爾群島在地圖上和西沙群島的經度偏差要求非常嚴格，比如據李金明給出的一份據他說是複製自約翰·沙利《航海志》（1613）的地圖[32]，儘管上面所畫的幾個島嶼都遠離海岸線（其距離甚至比它們離西沙群島距離更遠），但他認爲它們是極爲靠近越南海岸線的一些小島。但是反觀當時的中國地圖，如3.5節指出，長沙石塘僅僅用一個圓圈表示，其位置甚至在福建對開的海面，或者菲律賓的外海。要以同一標準衡量，中國的所謂地圖證據根本無法被認爲是西沙和南沙，而只能說是「福建岸邊的小島」或者「菲律賓外側的小島」。但中國專家卻沒有因此而質疑長沙石塘是否是南海諸島，反而言之鑿鑿地認定這個是東沙，那個是南沙。這樣的雙重標準實在令人難堪。

而事實上，李金明所複製的關於沙利斯船長（John Saris）的航海日誌[33]的地圖和敘述也是錯誤的。他說帕拉塞爾的長條地帶，上端標尖筆羅島、中部標廣東群島，下端標羊嶼[34]，在複製的地圖中也給人以這種感覺。但是只要看原圖（見圖77）就可知，實際上，尖筆羅島（Pulou Cham）、廣東群島（Pulou Canton）和羊嶼（Pulou Gambir），都是指海

---

[32] 疆域研究，79頁。

[33] *The Voyage of Captain John Saris to Japan*, 1613. Hakluyt Society, London, 1900.

[34] 疆域研究，79頁。

岸附近的島嶼，帕拉塞爾並不包括這幾個島嶼。

3. 西方對南沙群島的認識與測量

西方國家對南沙群島的認識要比西沙群島晚得多。那是因爲在早期的南海航行中，從馬六甲到中國和從馬尼拉到中國這兩條路線都不必經過南沙群島。從呂宋到印尼的航線，航海家都選擇安全的近岸航線，而沒有向海洋深處探索。地圖上應該出現南沙群島的地方，通常都是一片空白。

據說，西方最早發現南沙群島在1606年，西班牙人Andreas de Pessora登上了南沙西部的某國島嶼，並命名爲Isla Santa Esmeralda Pequena[35]。但筆者無法找到原始的記錄。

就筆者所知，西方地圖中最早標識有南沙群島的是1623年荷蘭人Willem Janszoon Blaeu（1571-1638）繪製的《印度與東方以及鄰近島嶼地圖》[36]，但在圖中並沒有島嶼的名字（圖92）。十七世紀後期的日本人的航海圖（可能是仿製歐洲人的海圖）已經在這個區域畫上了航海危險區域的標誌（圖93）。

十八世紀之後，在西方的勢力開始向婆羅洲和菲律賓南部滲透之後，對南沙群島的探測才進入西方人的視線。如上所述，當時西方並沒有專門對南海的測量，但是從各種船隻得到的信息會以不同的途徑彙集起來，爲最初的航海圖提供素材。這些航海圖中固然有很多的錯誤，但亦不乏有用的信息。

從1812年Arrowsmith的地圖中，可以看到至1812年爲止，英國和西方國家已經對南沙群島區域有了初步的認識（圖94）。其中的數據大部分來自1752、1769、1773和1776年的航行。相關島嶼的名稱和現在的都不一樣。根據位置，有的島嶼能辨認出到底指哪裡，比如Low Sandy Island當是雙子環礁。這份地圖已經基本繪出現在南沙群島的輪廓。

---

〔35〕 見http://www.spratlys.org/history/spratly-islands-history-timeline.htm。陳鴻瑜〈南海早期航道與島嶼之發現〉採信了這個觀點，《國立政治大學歷史學報》，第39期，2013年5月，80頁。

〔36〕 http://pandora.nla.gov.au/pan/60542/20060914-0000/www.nla.gov.au/exhibitions/southland/maps-1623_blaeu.html。

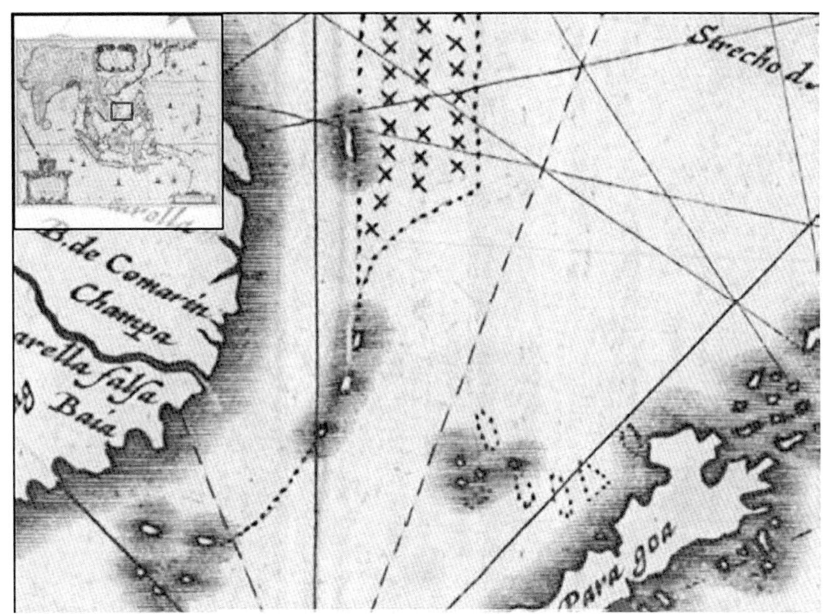

圖92　Willem Janszoon Blaeu所畫的印度與東方以及鄰近島嶼地圖（1623）

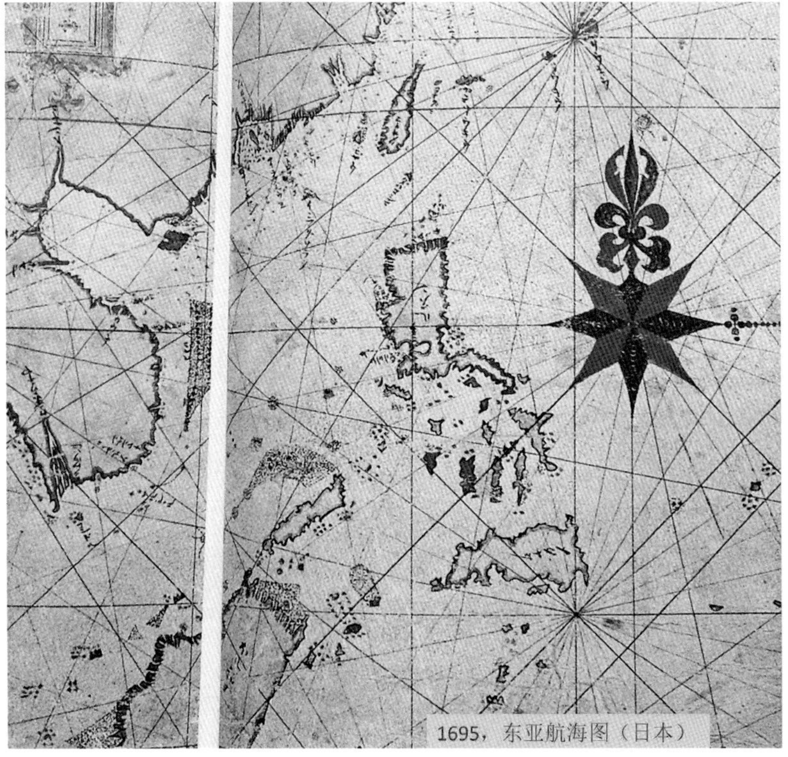

圖93　日本出版的東亞航海圖（1695）

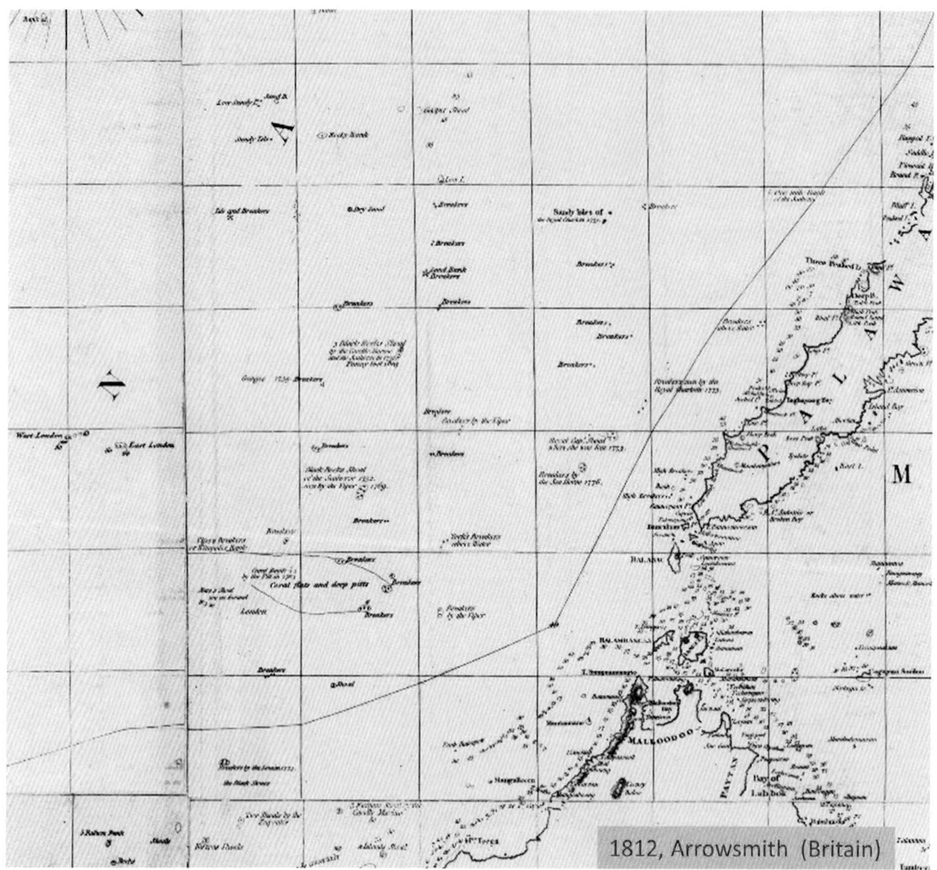

圖94　Arrowsmith所畫的東南亞海圖（Chart of the East Indian Islands, 1812），南沙群島附近，自DRH

1795年，英國設立水文測量專員（Hydrographer of the Navy）。達令普成爲第一位專員，在1795-1808年之間擔任這個職務。他是一位經驗豐富的航海測量家，早年曾測量巴拉望水道和蘇祿海水道等。任職水文專員之前，他是東印度公司（EIC）的水文專員。在他上任之初，南沙的地圖以現代標準來看幾乎是一片空白。霍斯堡接任了達令普的東印度公司水文專員的職務。這兩個人通力合作，促成了羅斯船長（Captain Daniel Ross）和莫漢上校（Lieutenant P. Maugham）的歷史性測量航行。他們在1807年測量了中國海岸，1808年測量了西沙群島（西沙群島的準確位置就是當時被確認的），1809年測量了交趾支那海岸，1810年測量了巴拉望海岸，在以後的幾年他們集中測量了南沙群島區域。相關的測量數據，彙集在1811年由霍斯堡出版的*The India Directory*中。1815年該書推出第二版，全面整合了最新的數據。以後陸續推出新版，不斷加入最新的數據。現在，第一版已經很難找到了。第二版中還留有多種當時的南沙群島的信息。在1821年，霍斯堡出版了South China Sea（南中國海）航海圖。標誌著第一份初步完整的南沙地圖的形成。以後，英國和其他西方國家又不斷探測南沙，繼續在以上的框架中添磚加瓦。到了1832年，在Arrowsmith的東亞地圖中，南沙群島已經極爲細致了（見圖95）。

值得指出的是，在十九世紀二〇年代，對南沙群島並沒有統一的稱呼，比如*The India Directory*第二版中就以越南和巴拉望之間的群島來稱呼這些島嶼。英國人對南沙群島的各個島嶼的系統命名是最早的。儘管中國漁民留有《更路簿》，但是沒有證據顯示相關命名比英國在1810年代的命名要更早。英國人的命名在以後也發生了很多的變化，要逐個追蹤那些變化並不容易。這裡僅僅舉南威島的例子。南威島，最早被霍斯堡命名爲風暴島（Storm Island），但後來在1843年，Richard Spratly船長「再發現」了這個島，該島被命名爲Spratly Island。再後來，Spratly Islands竟變成了整個群島的通稱。

西方人中最早發現中沙群島的是英國人。1701年，英國船*Macclesfield*發現了此環礁，並以這艘船的名字命名之[37]。後來，另一艘英國船發現其範圍遠比原先設想的要大，這才開始準確地定位。現在劃歸中沙群島的神狐暗沙（St. Esprit Shoal）是在西班牙船*Asseviedo*在1755年發現的[38]。

【37】 *The India Directory*, Volume Second, 2nd version (1815), p254.

【38】 同上。

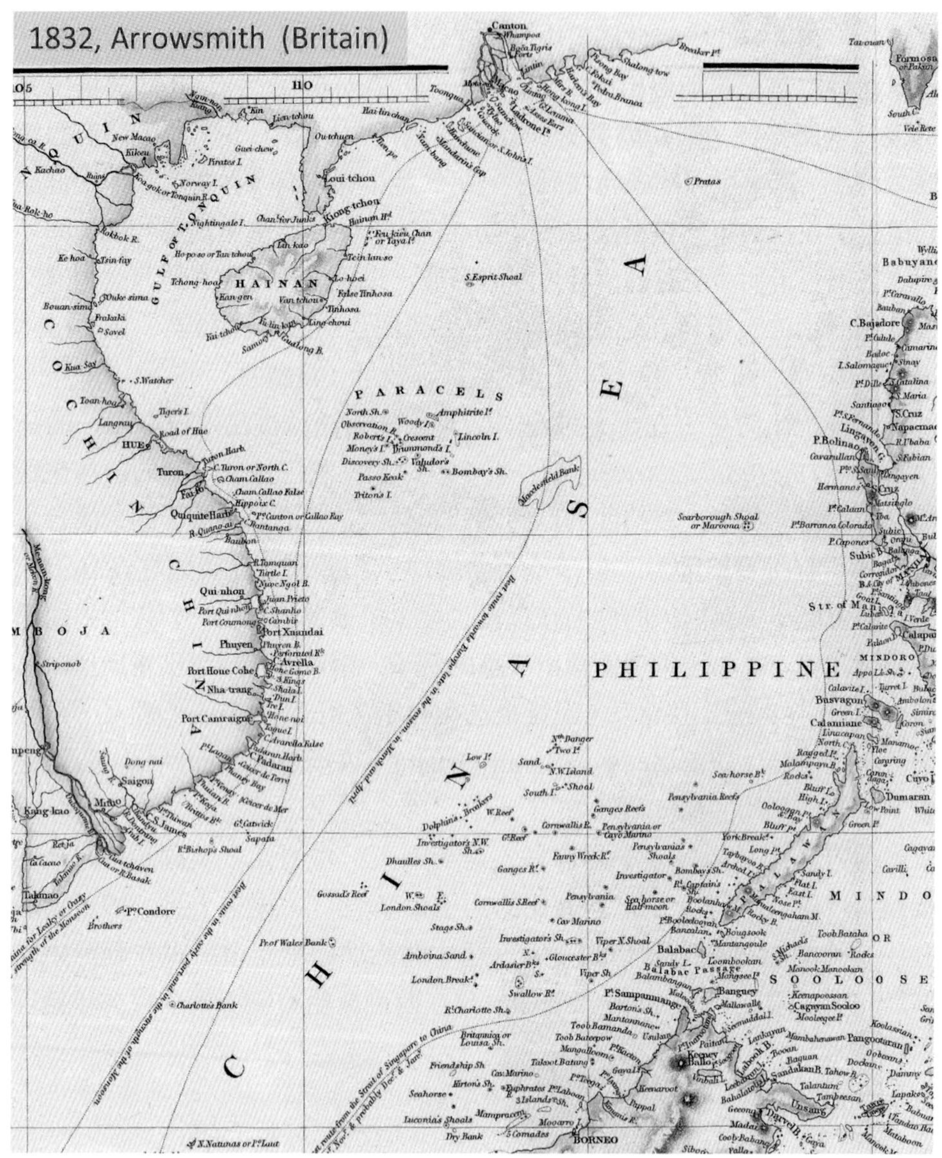

圖95　Arrowsmith所畫的東南亞地圖（1832），自DRH

4.2　阮主時代的黃沙隊

越南政府對西沙和南沙群島的正式態度和理據主要體現在三本白皮書

中，即1975年5月由南越共和國發布的《關於黃沙群島和長沙群島的白皮書》（1975白皮書）、1979年9月28日發布的《越南對於黃沙和長沙兩群島的主權》（1979白皮書），以及1982年1月28日發布的《黃沙群島和長沙群島——越南領土》（1982白皮書）中。[39]此外，眾多的越南專家和外交部的材料也不斷有證據補充。惟越南方面對史料的分析都不充分，特別是對中國指黃沙和長沙不是西沙和南沙的理論，都沒有深入的分析和回應。在此，筆者從史料出發，對雙方論點作詳細的分析。

1. 十七世紀之前越南對西沙缺乏記載

越南自十世紀從中國獨立之後，長時間內都沒有獨立的關於西沙群島的記錄。越南人認爲，在越南古籍上「應該會有」有關南海諸島的記載，但是這些古籍在被中國侵略的戰火中散佚了，所以並沒有能夠流傳下來[40]。首先，既然沒有流傳下來，也就無法成爲證據了。其次，越南古書中是否存在相關記錄很成疑。事實上，越南人從中國繼承了優秀的歷史學傳統，儘管有不少書籍被毀，但是現存的書籍中有不少是參考古籍而作的。比如現存最早的《安南志略》（黎崱，約十四世紀三〇年代）就參考了不少現在已經失傳的地理和歷史書[41]，但書中並沒有關於西沙群島的記載[42]。陳朝（1225-1400）的《大越史記》（記敘史前-1225）和後黎朝（1531-1789）的《大越史記全書》（史前-1675）也都是有重要史學價值的著作。前書現在雖然已經遺失，但後書是在前書的基礎上增編的，理應保留很多前書的內容。《大越史記全書》中亦沒有任何南海諸島的記載。

但如果從中國古籍中考究，就會發覺現在越南的一部分，當時稱爲占城的地方，其實與西沙不乏關係。古代占城人善於航海，很早之前就在南海航線中發揮積極的作用。在4.2曾提到《宋會要》中記載占城使者講述其國人在航行中飄到西沙群島的事情，以及眞里富國使者有關南沙群島的

【39】這三本白皮書都有中文翻譯。見越南匯編，1-97頁。

【40】特考，47頁。

【41】《安南志略．海外記事》，中華書局，2000，11頁。

【42】同上，見安南志略卷一。

記錄。前者為西沙群島當無疑問，後者則很可能是南沙群島。那也是有史以來能夠確認為西沙群島和南沙群島的最早記錄。所以，單純從記錄看，西沙群島乃是占城人最早發現的（當然實際可能不是那樣）。

在十五世紀末之前，占城還是一個較為強大的國家，它和大越（越南）之間互有攻伐。李朝和陳朝時期，兩國邊境大約在越南中部廣平省（Quảng Bình）一線。在1306年之後，廣平、廣治、承天各省被占城讓給大越，越南的南界推進到順化。越南中部廣南省對開的占婆島，和其南方的理山島（外羅）都是中國——東南亞航線上的航標，亦都屬占城。從占城人「發現」西沙群島來看，他們和西沙的關係是比較密切的。只是占城人的文字流傳下來的不多，因此在占城自身的檔案中無法找到記載，但是這些痕跡卻通過中國的文字保留下來。

在短暫的第四次北屬之後，黎朝重新建立對大越的統治（1428）。1471年，黎聖宗攻打占城，奪得了占城大部分的領土，這才取得了廣南和廣義等和西沙群島關係密切的省份，而占城只在南部小範圍保持統治。沒有證據顯示那時的大越和西沙群島有什麼聯繫，這可能是因為不久之後越南就開始分裂。越南在十六世紀之後就進入南北朝，形成北方的莫朝（1592年為鄭主所滅，僅保留中越邊境的高平這小塊領土）、鄭主（名義上擁護黎朝）與南方的阮主（廣南國，名義上也擁護黎朝）等地方政權。順化、廣南等前占城地方為阮主所佔據。而當時的大越的文化中心還是在鄭主控制的北方，即傳統的越南政治中心，《大越史記全書》也是由北方的鄭主政權所撰寫，對阮主控制的地方記敘相當有限。而廣南國對歷史學的態度不如北方的鄭主重視。有關這時期的歷史書《大南寔錄前編》其實是在十九世紀才由阮朝重新尋找史料編輯而成，並不是當時官方的實錄記載。

直到十七世紀後期，有關廣南國的史料中開始再次出現西沙群島（黃沙）的記錄。有趣的是，這些史料都是北方人所記敘的。因此，越南長期以來沒有關於西沙群島的記錄恰恰表明了越南（陳朝及南北朝之前的黎朝）以及越南北方（南北朝之後的黎朝）在這個時期與西沙群島關係不密切。如果這個分析是對的，那麼越南之所以在長時間缺乏西沙的記錄，可能並非因為越南整體和西沙沒有關係，而是因為越南史學發達的北方和西沙沒有關係，而南方（占城和廣南國）的史學又不發達，屬記錄上的原因。惟占城後來被越南吞併，所以占城對西沙群島的發現在國際法上也應爲越南所繼承。而阮主的歷史也當然屬越南的一部分。

另一種可能就是由於宋朝和元朝時中國海上力量強大，排擠了越南和占城在西沙的活動。而中國明清交界之際的禁海政策導致南海地區又出現眞空，越南因此又恢復了在西沙的活動。但這種可能性尙沒有太多的歷史證據支持。

值得注意的是，儘管越南人對（疑似）西沙群島的記錄比中國晚，但是越南的主權證據卻比中國的更加詳細和充分。在以下的討論中可以看到，在歷史上，越南對「黃沙」和「長沙」這兩個地方，尤其是「黃沙」這個地方有詳細的主權治理記錄，這一點爲越南檔案、中國檔案以及西方的檔案所證實，當沒有異議。越南人認爲，黃沙就是西沙群島，而長沙就是南沙群島，也有兩個群島並稱的例子。越南人現在正是這麼稱呼這兩個群島。同時，在西方人的記錄中也有很多越南人對帕拉塞爾群島（Paracel Islands）的主權和治理的證據。帕拉塞爾群島也是國際上現在對西沙群島的稱呼。越南方面認爲帕拉塞爾群島就是越南檔案中的黃沙和長沙，也就是現在所指的西沙和南沙。與中國的含糊的史料相比，越南對於黃沙或帕拉塞爾的治理證據非常細緻而明確。

但中國專家提出了一個具爭議性的論點：儘管那些群島現在被如此稱呼，但不一定表明在歷史記錄上，那些名稱就一定是指現在的西沙和南沙群島。他們認爲「黃沙」和「長沙」都是越南沿岸的島嶼，或者就是越南理山島（又稱爲外羅島）附近的小島和沙灘而已，越南這麼做是張冠李戴。他們也認爲，在十九世紀二〇年代以前的帕拉塞爾群島確實是越南史料中的黃沙，但它們不是現在所指的西沙群島，而同樣是越南沿岸的小島和沙灘。這個地理方位的爭議非常重要，因此需要嚴謹地、不偏不倚地對越南方面的每一項材料進行詳細討論再做結論。

2. 杜伯《纂集天南四至路圖書》（約1686）及三張廣南國地圖

越南文獻中最早出現黃沙的記錄是十七世紀中期越南儒生杜伯（Đỗ Bá）的《纂集天南四至路圖書》（*Toản tập Thiên Nam tứ chí lộ đồ thư*）[43]。這是一本地理書，後被收入《洪德版圖》[44]。杜伯是越南北方鄭主治下的地理學家，他辭官在越南南方和占城、眞臘旅行，秘密勘探這些地區的地理，畫成地圖，獻給鄭主。這就是《纂集天南四至路圖書》的來歷。其成書的年代不確定，大致是十七世紀。舊的越南資料認爲是1630-1653年[45]，而新的資料認爲是政和七年（1686），根據是後來發現的一本記載有杜伯生平的《清章縣誌》[46]。裡面說道：杜公論（名字爲公道）是清章縣碧朝社錦囊村的人（今天是義安省清章縣青梅社錦囊村）。而後來又找到該村的杜氏家譜，當中寫有：「本姓氏以前有杜伯，字爲公論或者公道，年輕時候考試獲得鄉解，朝廷加恩作爲監生，但是他不喜歡。他也不想當官。政和中期（1680-1705）他辭官，假裝商人，沿著嵐河，走過順廣，去過占城和眞臘的各個地區，勘察山水，近遠海路，繪製地圖帶到北方，獻計向南擴大邊疆。鄭主非常高興，把地圖保管在書庫裡，要求他畫出四至路圖書。」[47]

《纂集天南四至路圖書》是四幅長圖，每幅代表一個方向（至）。在每幅圖的頂部有文字介紹，解釋這幅圖的內容。《黃沙和長沙特考》中選取了1960年代在西貢出版的《洪德版圖》中的版本[48]。《洪德版圖》是古時一本收集越南古地圖的圖集，西貢的這個版本又是複製和翻譯了日本保存的版本。在這個版本的這幅圖中，黃沙灘並沒有顯示在圖上，這可能是日本的版本中沒有收錄完全之故，因爲每張圖中還都有可以繼續延伸的邊。在其他一些越南著作中，有另外一個版本的圖[49]，那張圖中完全顯示了黃沙灘。從樣式看，它似乎是《洪德版圖》的一個擴充。在這個地圖上，黃沙灘的西南方還標有「油長山」。（圖96）

【43】 EOVS，84頁。HSTSA，42頁。

【44】 《洪德版圖》最初大概是黎聖宗攻打占城之後，在1490年命人繪製的全國地圖。但現存版本也收錄了十五至十八世紀的多種地圖。

【45】 《證明許多世紀以來越南在黃沙和長沙群島享有主權的一些漢文史料》，特考，23-24頁。

【46】 《杜伯的黃沙灘地圖以及記錄黃沙隊的先早資料》，http://southchinaseastudies.org/cn/basic-knowledge-about-south-china-sea/location-and-geography/721-2012-02-11-19-43-24。

【47】 義安省清章縣青梅社錦囊村的杜氏家譜，非原文，轉引自上文。

【48】 特考，50頁。

【49】 黃沙長沙問答，60-61頁。另見，越南漢喃研究所的網站。

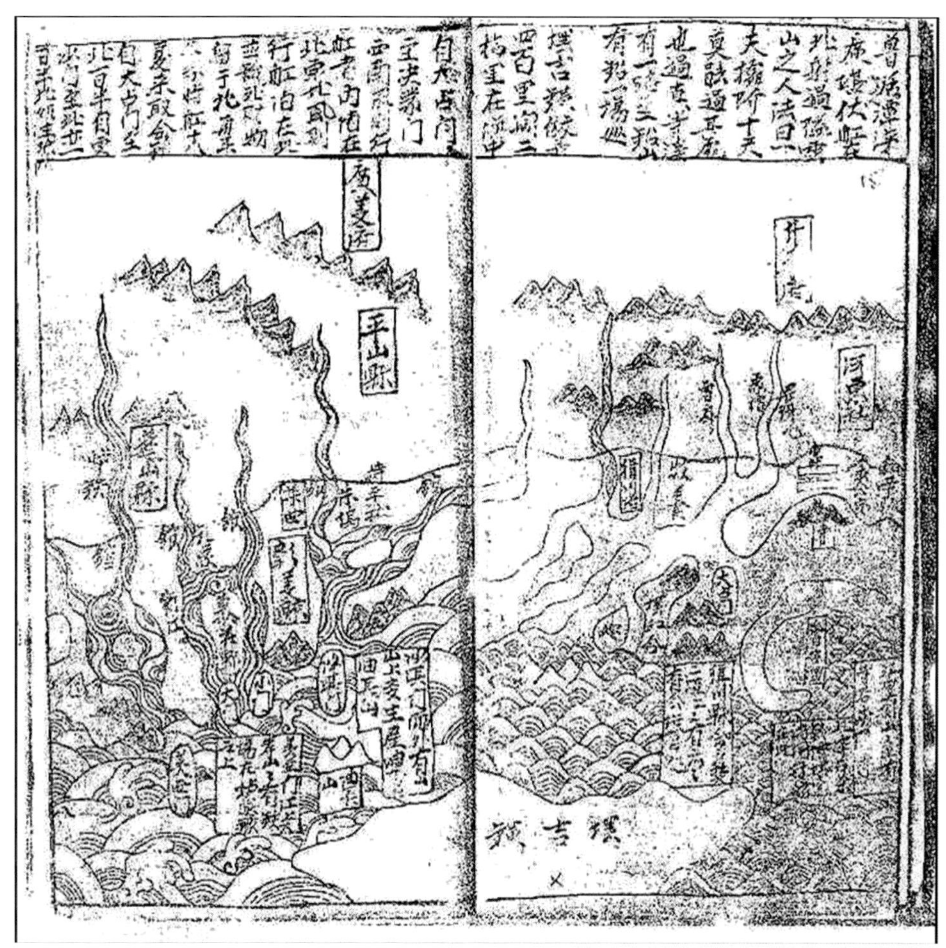

圖96　《纂集天南四至路圖書》

在第一幅圖中，關於昇華府到廣義府的地段的注解中有：

海中有一長沙，名壩葛鑚，約長四百里，闊二十里，卓立海中。自大占海門至沙榮。每西南風，則諸國商舶內行漂跋在此；東北風，外行亦漂跋在此，並皆饑死。貨物各置其處。阮氏每年冬季月持船十八隻，來此取貨，多得金銀、錢幣、銃彈等物。自大占門越海至此一日半，自沙淇門至此半日。其長沙處亦有玳瑁。沙淇海門外有一山，山上多產油木，名油場。有巡。[50]

這裡的壩葛鐄[51]是古時越南的字喃，一種類似日文片假名的文字，以漢字表示越南口語的讀音。如果把它翻譯爲中文，即爲「黃沙灘」。文中說黃沙灘是越南海岸外的一個危險地帶，時常有船沉沒，阮氏政權每年冬季派人到黃沙灘撿取失事船隻的財物。

根據圖上和文中的記載，黃沙灘的位置大約在大占門至沙榮之間。大占門在現今越南廣南省的大海門（Cua Dai），其對開即占婆島。而沙榮是平定省的沙兄海門（Sa Hyunh）。從大占門到黃沙灘爲一日半，從沙琪門（廣義省平山縣東南）到黃沙灘爲半日[52]。廣南、廣義和平定省是越南中南部從南到北順序分布的沿岸三省。

儘管越南專家阮國勝認爲這是越南對黃沙和長沙最準確和有力的證據之一[53]，但其可靠性不無疑問。西沙群島的緯度大約和廣南一樣，但無論如何到不了平定省。不過考慮到越南海岸線是西北到東南走向，以這個方位來看西沙群島，說西沙從廣南伸展到平定也勉強說得通。最說不通是從大占門到黃沙灘爲一日半，從沙琪門到黃沙灘爲半日這個路程統計。姑且不說船隻航速的問題（這和哪一種船以及哪一個季節有關），大占門和沙琪門在地理位置上與西沙群島距離相差不大，但是航行時間相差三倍。這不大可信。

越南方面也承認杜伯有關里程的記錄有誤，但是又認爲：「值得一提的是，杜伯畫地圖的時候是在秘密調查，間接的，沒有直接或者正式考察，那麼杜伯對於沙灘離岸距離、長度、寬度等的推測是可以理解的。」[54]這或許是事實，但這個缺陷無疑降低了杜伯這個史料的可信性。

---

[50] 《洪德版圖》，Publication of the Institute of Historical Research, Saigon, 1962, p94-97.

[51] 在中國漢字中沒有（土罷）這個字，左邊爲「土」，右邊爲「罷」。

[52] 疆域研究，69頁。

[53] HSTAS，51頁。

[54] 杜伯的黃沙灘地圖以及記錄黃沙隊的先早資料，見http://cn.vietnam.vn/index.php?option=com_content&view=article&id=387:2011-12-26-102255&catid=27&Itemid=215。

除了《纂集天南四至路圖書》中的地圖外，越南方面還另有三幅地圖與之相關。據越南材料，這四張圖是同源的，來自不同時期的抄本。第一張是《交州志．廣南處圖》（明命朝重繪本），這是由東方學家馬伯樂（Henri Maspero）留下的版本。第二張是馬伯樂留下的《黎朝過廣南路圖》（據1741年重繪天南路圖）。第三張是地理學家迪穆蒂埃（Gustave Dumoutier）在1896年發表的論文《十五世紀安南一種水道志研究》（*Etude sur un portulan annamite du XVe siècle*）中的地圖《黎朝過廣南路圖》（根據迪穆蒂埃重繪本）。[55]它們上面都有（土罷）葛鐄，即「黃沙灘」的字樣，後兩張中還有「油場山」或「油長山」。這四張圖都是廣南地區的地圖，當中只有越南的地名而沒有一個外國的地名。所以從主權認定的原則看來，這個「黃沙灘」屬越南的領土並無疑義（圖97）。

那麼這裡的黃沙灘是不是西沙群島？在這些圖中，黃沙灘都畫成在越南對開海面的南北向的長形的區域。在《纂集天南四至路圖書》中，基本是北到大占門，南到沙琪門。在《交州志．廣南處圖》中，北起合和門，南至州眉門，其長度在四幅圖中最小。在《黎朝過廣南路圖》（根據迪穆蒂埃重繪本）中，北起大占門，南逾痲惡門，長度在所有圖中最大。在《黎朝過廣南路圖》（據1741年重繪天南路圖）中，南到大門，北部越過沙琪門一直延伸到圖外（以上幾個地點，從北到南依次爲大占門、合和門、州眉門、沙琪門、大門和痲惡門）。以上幾幅圖都是通過手抄本流傳，在地圖傳抄的過程中出現這樣那樣的誤差在所難免。除了《纂集天南四至路圖書》之外，其他圖上都沒有注釋。

古代越南繪製地圖的方法是因循中國的傳統。在有關陸地甚至大陸海岸線的地圖畫得相對準確，但是在遠海的島嶼卻變形甚大。如果光是看圖，再按照中國專家對中國地圖的標準的話，並不能完全否認這個島嶼是西沙群島，因爲至少它面對的海岸是正確的。中國專家認爲這些圖上黃沙灘離岸太近。這確是事實，但是中國式的地圖，特別是海圖，重寫意而輕眞實。如果對比中國的一些同時代的地圖，比如《明東南海夷總圖》，它把長沙和石塘畫到了福建對開的海面，在澎湖的南面（見4.5.2，圖

[55] 特考，20-22頁。

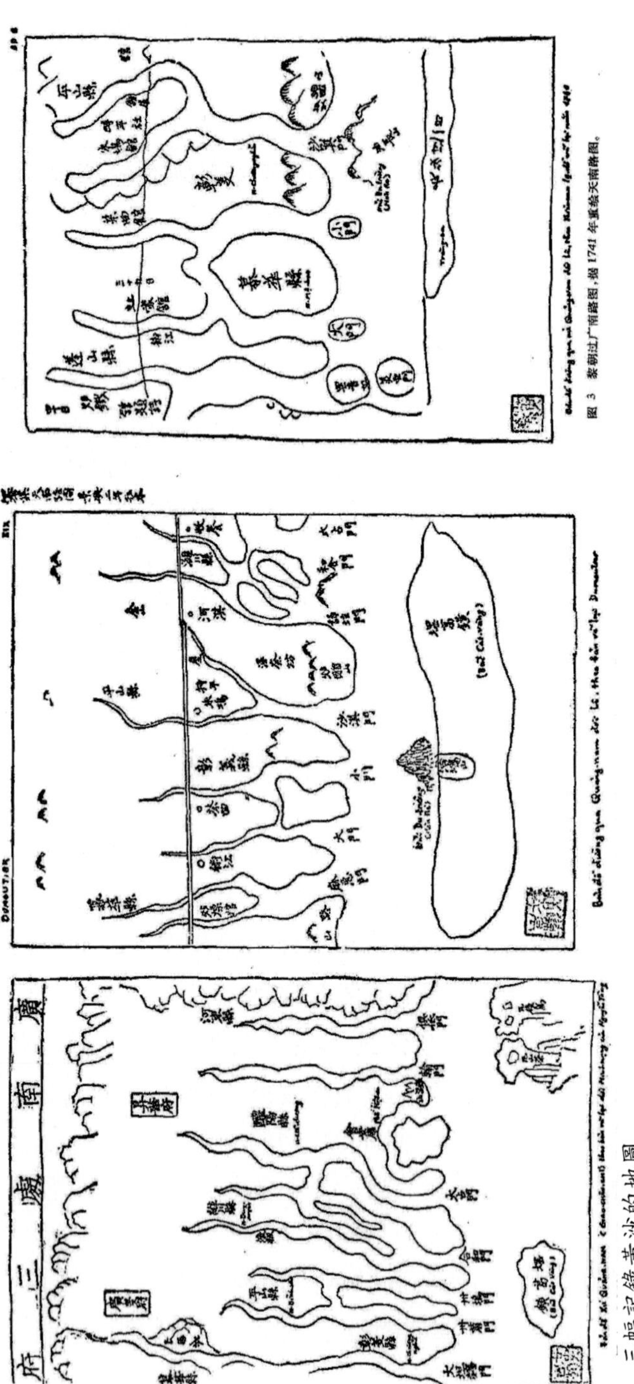

圖97　三幅記錄黃沙的地圖

46）。不但距離不對，連方位也不對，中國專家尚且認爲這就是西沙和南沙。那麼越南根據上述越南古地圖認爲黃沙灘是西沙，確實也不是沒有道理。

韓振華認爲油場山是巴郎安角（Cape Batangan，他稱爲木岬），而黃砂灘是理山島北部的北島（Culao Bo Bai，他稱之爲圃拜島沙灘）[56]。可是根據《纂集天南四至路圖書》的注釋，黃沙灘長400里。而北島只是一個面積甚小的島嶼，其最大直徑只有1.2公里，算上近岸的沙灘也不過4公里左右，這與400里長，20里寬相差太大。韓振華認爲「油場」乃是「油堨」之誤，而後者倒轉過來就是「堨油」，即占婆語「木」的Kayu的對音，而巴郎安角的Batangan中的batang，在占婆語中也是「木」的意思（這是爲什麼他稱之爲「木岬」），故油場山就是巴郎安角。這種說法也缺乏道理，首先，從漢字來看，「堨」的國語發音是「ye」或「e」，廣東話發音爲「ngaat」[57]，都與「ka」相差甚遠；同時，難以解釋爲什麼一定要倒轉過來發音，因爲在地圖上都是從上到下書寫，並不存在順序誤解的問題；在《洪德版圖》中那個字確實是「場」而不是「堨」，即便在《洪德版圖》中因行書之故可能被誤讀，但是在兩幅《黎朝過廣南路圖》中一個是油場山，一個是油長山，「場」和「長」同音，顯然這三者是相融的[58]。韓振華捨棄其他兩個證據，硬說那個字是「堨」，實在不知道理何在。第二，原文是「沙淇海門外有一山」，這裡的山顯然是海外的一個島，而非一座大陸上的山。第三，Batangan不是從「batang」發展而來的，在馬來語中，batang不是「木」，而是「柄」或「棍」之意。Batangan原先來自越南「Ba Làng An」，即「三安村」之意，指「Vân An, An Chuẩn, An Hải」三個帶有「安」字的村子[59]。在越南戰爭中被誤讀爲Batangan，這樣才有這個英文的譯名[60]。對比各種地圖看，油場山當

---

[56] 史地論證，266-276頁。

[57] 在線字典，漢典，http://www.zdic.net/z/17/js/5828.htm。廣東話和越南話很多字發音相近，可以作爲參考。

[58] 越南文中讀「Du Truong」，見HSTSA，49頁。

[59] 維基百科，http://vi.wikipedia.org/wiki/M%C5%A9i_Ba_L%C3%A0ng_An。

[60] 維基百科，http://en.wikipedia.org/wiki/Batangan_Peninsula。

是理山島，[61]黃沙灘應該是理山島再開外的島嶼（或沙灘），確有可能是西沙群島。

李金明認爲這個黃沙灘是沿著與越南中部海岸平行的方向分布的一些小島和沙洲[62]。這一說法有難以解釋的疑問，因爲在越南中部外海，並沒有這麼一條沙洲帶，且僅在占婆群島一帶有島嶼，分布也不如書中描述的廣。比如，根據中國海南漁民的描述，在越南外羅山，未見有30里的沙灘。羊角嶼的沙灘不長，只有在西貢外有一長幾十里的沙灘「侖到外鴨屎」[63]。這個唯一的長沙灘的位置和此處所記載的顯然不符。在古代，對於航海的危險地帶的描述並不像今天那麼清楚。傳說中危險的地帶，通常人們都避免前往，對其具體地理形態和位置也就不甚了了。

《纂集天南四至路圖書》最大的問題並不在於地圖畫得不準確（因爲這是古地圖的通病），而是因爲其文字說明並未清晰地說明這裡是西沙群島。儘管和以下的各種文獻綜合來看，這條證據是可信的，但是由於以上列舉的原因，筆者不把這條證據列入可靠的證據之中，而僅僅認爲這裡的黃沙灘是一個難以確定方位的地方。

3. 中國大汕廠翁《海外紀事》（1699）

中國僧人大汕廠翁（原名石濂）受越南南方阮氏政權的邀請在1695年到1696年間在越南講學和遊歷。回國後寫成了《海外紀事》，記錄自己在越南的經歷（圖 98）。裡面寫道：

> 客有言：歸帆風信，須及立秋前後半月，西南風猛，一帆風順，四五日夜，便抵虎門。處暑後北風漸起，水向東流，南風微弱，不敵東歸流急，難保爲穩便矣。蓋洋海中，橫亙沙磧，起東北直抵西南，高者壁立海上，低或水平，沙面粗硬如鐵，船一觸即成齏粉。闊百許里，長無算，名萬里長沙，渺無草木人煙，一失風水漂至，縱不破壞，人無水米，亦成餒

[61] HSTSA，49頁。越南匯編，254頁。

[62] 疆域研究，72頁。

[63] 史料匯編，415頁。

鬼矣。去大越七更路，七更約七百里也。先國王時，歲差潎舍往拾壞船金銀器物雲。秋風潮洄，水盡東回，一浪所湧，即成百里，風力不勁，便有長沙之憂。[64]

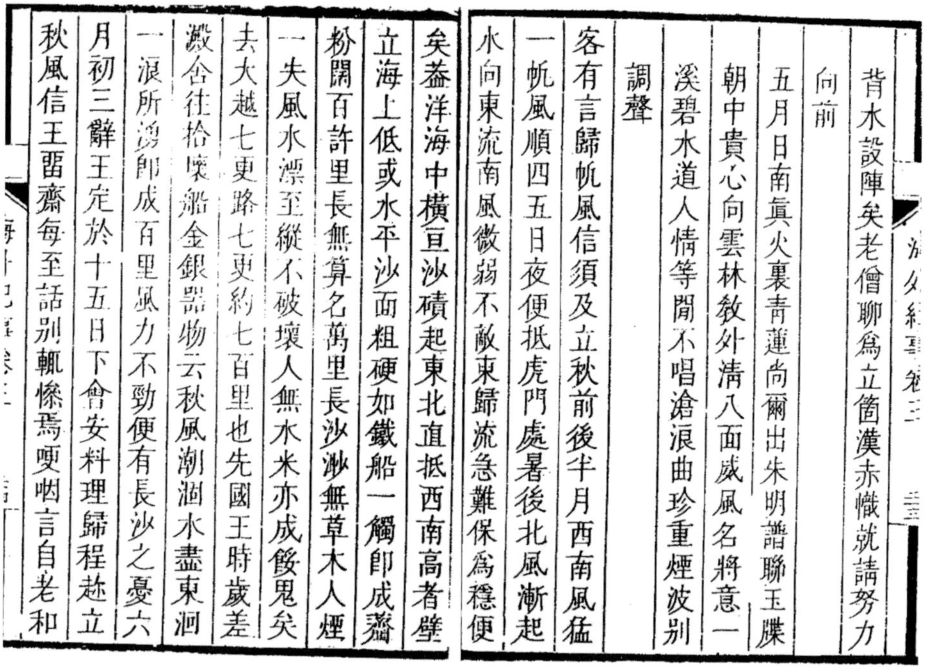

背水設陣矣老僧聊爲立箇漢赤幟就請努力
向前
五月日南眞火裏青蓮尚爾出朱明譜聯玉牒
朝中貴心向雲林教外淸八面威風名將意一
溪碧水道人情等閒不唱滄浪曲珍重煙波別
調聲
客有言歸帆風信須及立秋前後半月西南風猛
一帆風順四五日夜便抵虎門處暑後北風漸起
水向東流南風微弱不敵東歸流急難保爲穩便
矣蓋洋海中橫亘沙磧起東北直抵西南高者壁
立海上低或水平沙面粗硬如鐵船一觸即成齏
粉闊百許里長無算名萬里長沙渺無草木人煙
一失風水漂至縱不破壞人無水米亦成餒鬼矣
去大越七更路七更約七百里也先國王時歲差
潎舍往拾壞船金銀器物云秋風潮洄水盡東洄
一浪所湧即成百里風力不勁便有長沙之憂六
月初三辭王定於十五日下會安料理歸程趂立
秋風信王留齋每至話別輒傸焉哽咽言自老和

圖98　《海外紀事》

在文中，大汕廠翁準備回國，於是向人打聽回國的路途。當中提到了從越南到廣東的海路上有萬里長沙這個危險地帶。這個萬里長沙顯然就是西沙群島。理由如下：首先，記錄者大汕廠翁是中國人，其所說的地名理所當然是中國所用的地名；其次，大汕廠翁所詢問的人，文章中稱爲「客」，又說「歸帆」，顯然是一個在越南的中國旅客。他提及的「萬里長沙」也理所當然是沿用中國的稱呼；第三，萬里長沙的方向是從東北到西南，與西沙群島的方向相同，而越南沿岸的走向是西北到東南，故不會是越南沿岸的小島；第四，也是最爲有力的證據，文中明確說出了萬里長

[64] 大汕廠翁《海外紀事》，續修四庫全書，744卷，665-666頁。

沙的具體位置，距離越南約七百里，這個距離顯然不可能是越南中部海岸線「附近」的小島，只可能是西沙群島。所以萬里長沙斷然不是李金明針對上一條史料所言的在越南沿岸的平行分布的島嶼和沙丘。

大汕廠翁的文中又提到，先國王（當指以前的阮主）每年派人往該地收拾壞船金銀器物。這與前面提到的杜伯以及下面提到的黎貴惇的說法相同。阮主每年都派人往西沙群島打撈失物，以國際法視之，此舉構成越南方對西沙群島的主權意圖。

4. 黎貴惇《撫邊雜錄》（1776）

黎貴惇（Lê Quý Đôn）是越南古代最傑出的學者之一，在後黎朝（鄭氏政權）官高至副宰相，在寫書的時候被降職爲順化協鎮，鎮守順化和廣南。《撫邊雜錄》（*Phủ Biên Tạp Lục*）就是這時寫成的，記錄了十八世紀初以來關於越南東部沿海的事蹟。其中多次提及了阮氏在黃沙的治理證據（圖99，圖100，圖101，圖102）。

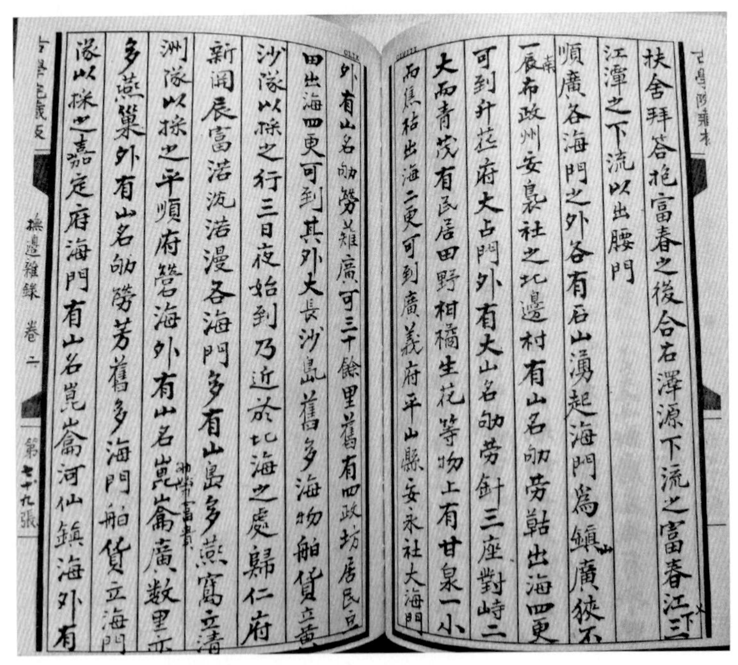

扶舍拜荅抱富春之後合右澤源下流之富春江三
江潭之下流以出腰門
順廣各海門之外各有石山湧起海門爲鎮廣狹不
一辰布政州安泉社之北邊村有山名劬勞鞊出海四更
可到升華府大占門外有大山名劬勞針三座對峙二
大而青茂有民居田野柑橘生花等物上有甘泉一小
而焦枯出海二更可到廣義府平山縣安永社大海門

外有山名劬勞雜廣可三十餘里舊有四政坊居民立
田出海四更可到其外大長沙島舊多海物舶貨立黃
沙隊以採之行三日夜始到乃近於北海之處歸仁府
新開辰富浩沉浩漫各海門多有山島多燕窩立清
洲隊以採之平順府營海外有山名崑崙廣數里立
多燕巢外有山名劬勞芳舊多海門舶貨立海門
隊以採之嘉定府海門有山名崑崙河仙鎮海外有

撫邊雜錄　卷二　第七十九張

圖99　《撫邊雜錄》之一

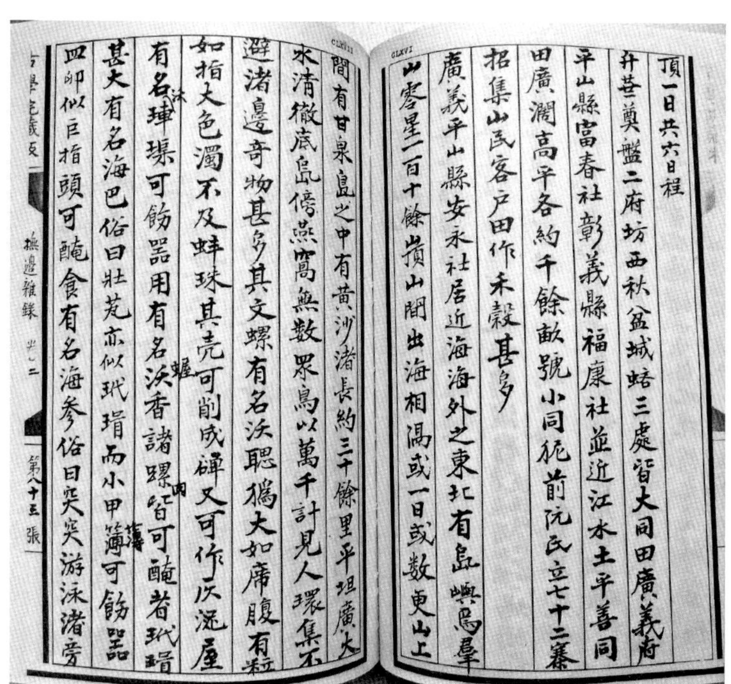
頂一日共六日程
弁荳奠盤二府坊西秋盆城蛤三處皆大同田廣義府
平山縣富春社彰義縣福康社並近江水土平善同
田廣潤高平各約千餘畝號小同羅前阮氏立七十二寨
招集山民客戶田作禾穀甚多
廣義平山縣安永社居近海海外之東北有島嶼䖝羣
山零星一百十餘嶺山間出海相隔或一日或數更山上
間有甘泉島之中有黃沙渚長約三十餘里平坦廣大
水清徹底島傍燕窩無數衆鳥以萬千計見人環集不
避渚邊奇物甚多其文螺有名沃聰獨大如席腹有粒
如指大色濁不及蚌珠其殼可削成碑又可作灰泥屋
有名瑋璖可飾器用有名沃香諸螺皆可醃者玳瑁
甚大有名海巴俗曰壯芃亦似玳瑁而小甲薄可飾器
四卵似巨指頭可醃食有名海參俗曰突突游泳渚旁

圖100　《撫邊雜錄》之二

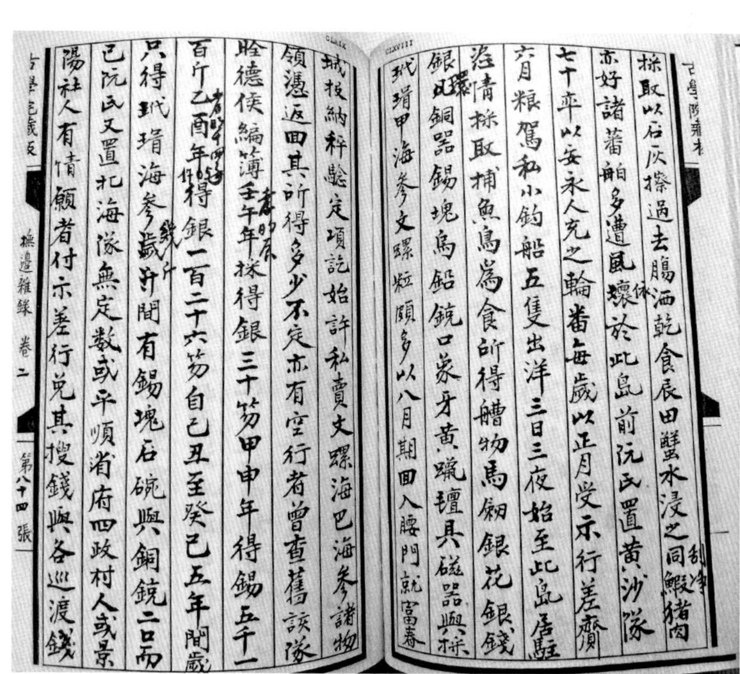
採取以石灰擦過去腸晒乾食辰田蟹水浸之同鰕豬肉
亦好諸蕃舶多遭風壞於此島前阮氏置黃沙隊
七十卒以安永人充之輪番每歲以正月受示行差齎
六月糧駕私小釣船五隻出洋三日三夜始至此島居駐
恣情採取捕魚鳥爲食所得艚物馬銅銀花銀錢
銀丸銅器錫塊烏鉛銃口象牙黃蠟氊具磁器與採
玳瑁甲海參文螺粒頗多以八月期回入腰門就富春
城投納秤驗定項訖始許私賣文螺海巴海參諸物
領憑返回其所得多少不定亦有空行者曾查舊該隊
雎德侯編簿壬午年採得銀三十笏甲申年得錫五千一
百斤乙酉年得銀一百二十六笏自己丑至癸巳五年間歲
只得玳瑁海參幾斛間有錫塊石碗與銅銃二口而
已阮氏又置北海隊無定數或平順省府四政村人或景
陽社人有情願者付示差行免其搜錢與各巡渡錢

圖101　《撫邊雜錄》之三

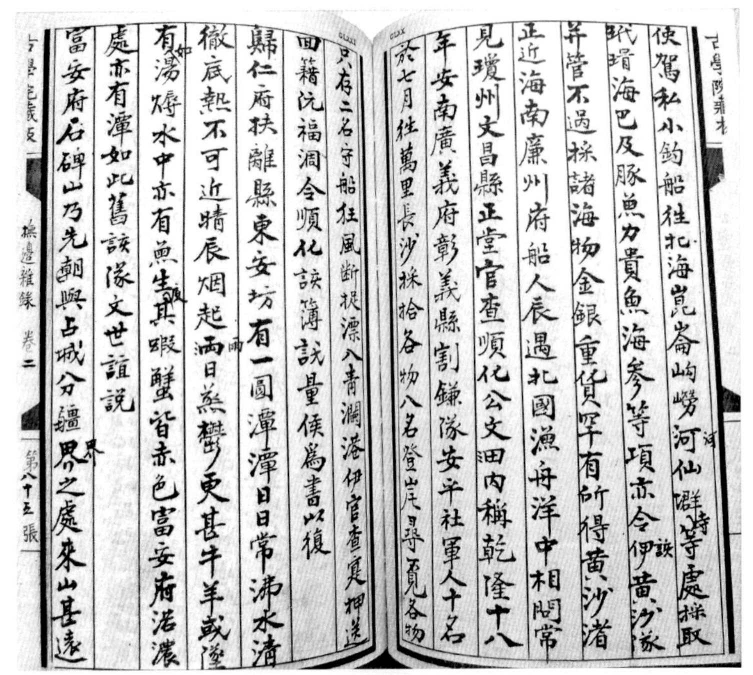
使駕私小鈎船往北海崑崙岣嶗河仙群嶼等處採取
玳瑁海巴及豚魚力貴魚海參等項亦令伊黃沙隊
并管不過採諸海物金銀重貨罕有所得黃沙渚
正近海南廉州府船人辰遇北國漁舟洋中相問常
見瓊州文昌縣正堂官查順化公文內稱乾隆十八
年安南廣義府彰義縣割鐮隊安平社軍人十名
於七月往萬里長沙採拾各物八名登岸尋覓各物
只存二名守船狂風斷捉漂入青瀾港伊官查寔押送
回籍阮福凋令順化該簿訧量侯爲書以復
歸仁府扶離縣東安坊有一圓潭潭日日常沸水清
澈底船不可近晴辰烟起而日蒸鬱更甚牛羊或墜
有湯焞水中亦有魚生其蝦蟹皆赤色富安府浩濃
處亦有潭如此舊該隊文世誼說
富安府石碑山乃先朝與占城分疆界之處來山甚遠

撫邊雜錄 卷二 第八十五張

圖102 《撫邊雜錄》之四

第二卷中有兩段相關文字：

順廣各海門之外各有石山湧起，海門爲鎮，廣狹不一……廣義平山縣安永社大海門外有山名岣勞哩，廣可三十餘里，舊有四政坊居民豆田，出海四更可到。其外大長沙島，舊多海物舶貨。立黃沙隊以採之。行三日夜始到，乃近於北海之處……[65]

廣義平山縣安永社居近海，海外之東北有島嶼焉，群山零星一百十餘嶺，山間出海，相隔或一日或數更，山上間有甘泉，島之中有黃沙渚，長約三十餘里，平坦廣大，水清徹底。島傍燕窩無數，眾鳥以萬千計，見人環集不避，渚邊奇物甚多，其文螺名曰沃 獝、大如席、腹有粒如指大、色濁不及蚌珠、其殼可削成碑、又可作灰屋。有名沃琿璪、可飭器用。有

[65] 黎貴惇《撫邊雜錄》，Phu Biên Tap Luc, [Saigon] : Phu Quôc vu khanh ac trách Van hóa, 1972-73, p78b-79a。

名沃香。諸螺肉皆可醃煮。玳瑁甚大。有名海巴、俗曰壯艽、亦似玳瑁而小、甲薄可飭器皿、卵似巨指頭、可醃食。有名海參、俗曰突突、遊泳渚旁、採取以石灰擦過、去腸灑乾、食時田蟹水浸之、刮淨同鰕豬肉亦好。諸蕃舶多遭風懷於此島。前阮氏置黃沙隊七十卒，以安永人充之，輪番每歲以正月受示行差，齊六月糧，駕私小釣船五隻出洋三日三夜始至此島。居駐，恣情採取捕魚、鳥爲食，所得艚物馬劍、銀花、銀錢、銀環、銅器、錫塊、烏鉛、銃口、象牙、黃蠟、氈具、磁器，與採玳瑁甲、海參、文螺粒頗多，以八月期回入腰門就福春城投納，秤驗定項訖，始許私賣文螺海巴海參諸物。領憑返回其所得多少不定，亦有空行者。曾查舊該隊晗德侯編簿壬午年，採得銀三十笏，甲申年得錫五千一百斤，乙酉年得銀一百二十六笏。自己丑至癸巳五年間，歲只得玳瑁海參幾斤，間有錫塊石碗與銅鏡二口而已。阮氏又置北海隊，無定數，或平順府四政村人或景陽社人有情願者付示差行，免其搜錢與各巡渡錢，使駕私小釣船往北海、昆崙、岣勞、河仙群峙等處，採取玳瑁海巴及豚魚力貴魚海參等項。亦令伊黃沙隊并管，不過採諸海物金銀重貨罕有所得。黃沙渚正近海南廉州府。船人辰遇北國漁舟，洋中相問。常見瓊州文昌縣正堂官。查順化公文沺內稱：「乾隆十八年安南廣義府彰義縣割鐮隊安平社軍人十名於七月往萬里長沙探捨各物，八名登岸尋覓各物，只存二名守船。狂風斷捉，漂入青瀾港，伊官查實，押送回籍。」阮福凋令順化該薄計量侯爲書以複。[66]

不同版本中可能文字略有差別，筆者所依據的是越南1972年出版的漢越對照版，而其中的漢字是影印版（有個別地方對意思影響頗大，見後）。

第一段文字中的大長沙顯然和第二段文字中的「海中東北有島嶼」是指同一個地方，都是安永社海外的島嶼，都是三日夜的路程。這點，無論中方和越方的意見都是一樣的。文中說到了1702年到1713年之間發生在黃沙一帶的幾件事：

---

[66] 同上，p82b-85a。

第一，在廣義省平山縣外海東北有一個島嶼叫大長沙島，其中一個區域叫黃沙渚。

第二，大長沙是一個外國船隻容易沉沒的地方，於是阮主派人組成黃沙隊，專門前往該處打撈失物。這個地方顯然不是離岸很近的地方，因爲行程需三日三夜。而隊員需要在島上逗留六個月，正月出發，八月才返回。

第三，阮主還派出另外一個打撈隊——北海隊，對北海、昆崙、岣勞、河仙等島嶼進行打撈，但是收穫遠遠不如黃沙隊。北海隊由黃沙隊監管。

第四，黃沙渚的位置靠近廉州府，曾經有隊員漂到海南島而被中國官員遣返回越南。

這裡說明阮主曾經派出人員往大長沙進行打撈。阮主是當時越南兩個事實上的割據政權之一，類似於中國南北朝時期。由於這個歷史證據中有越南割據政權的命令，Chemilier-Gendreau認爲這是越南有國際法認可的最早的聲稱主權的證據[67]。

《撫邊雜錄》是越南方面關於黃沙的一篇最有力的文獻，它提到的信息極爲豐富。以後多篇越南文獻都引用當中的文字，有必要在這裡進行重點分析。

首先，大長沙島到底在哪裡？越南方面認爲大長沙島是包括西沙和南沙在內的南海諸島。中國方面認爲大長沙島僅僅是理山島北部的小島。筆者認爲這兩種說法都是錯的。大長沙島指的應該是西沙群島，並不包括南沙群島。

從地理位置看，大長沙島正與西沙群島吻合。首先，從越南平山縣安永社出發到大長沙島需要三日三夜，也就是36更。而從安永社到岣勞哩需要四更。假定船速一致，即到大長沙的距離爲到岣勞哩距離的9倍。岣勞哩是理山群島，從安永社到理山島的距離約30公里，從安永社到西沙群島的距離約爲300公里，爲到理山島的10倍。可見大長沙島到安永社的距離大致和西沙群島到安永社相等。由此也說明大長沙不可能是理山島北部的

[67] SOPSI, pp64.

小島。

其次，從航程看，黃沙隊每年到大長沙一次，正月出發，八月才返回，要備六個月的糧食。這種行程顯然是長途旅行的準備，而不可能是短途旅行。

第三，黃沙渚是大長沙的其中一部分的名稱。「黃沙渚正近海南廉州府」，這表明大長沙不可能是在理山島附近的小島。否則何來正近海南廉州府？

第四，乾隆十八年，當黃沙隊成員在大長沙作業時遇上風暴，被吹入海南青瀾港。海南官員在把船員送回越南的公文上寫道：「乾隆十八年安南廣義府彰義縣割鐮隊安平社軍人十名於七月往萬里長沙探捨各物。」這段文字用了乾隆十八年的年代表示方法，顯然是對海南方面的公文的直接引用。《撫邊雜錄》中對年份一般用天干地支表示，不用大清年號。而中國公文中的地點，無疑是中國方面對此地的稱呼。顯然，這表明這個大長沙和黃沙渚正是中國人所指的萬里長沙，也就是西沙群島。

以韓振華和李金明爲代表的中國專家中認爲《撫邊雜錄》提到的大長沙和黃沙灘是理山島北部的小島，其論點主要有以下三個：

第一個質疑是《撫邊雜錄》對「黃沙渚」一地的記載和一本中國晚清的《越南地輿圖說》中的描寫非常相似，但是在那本著作的注中寫明那些島嶼只是外羅山（理山島）[68]。《越南地輿圖說》1888版（第二版）中確實這樣描述：

平山縣安永社村居近海，東北有島嶼，群山重疊一百三十餘嶺【案即外羅山】，山間又有海，相隔一日許或數更，山下間有甘泉，中有黃沙渚【案即椰子塘】，長約三十里，平坦廣大，水清澈底，諸商船多依與此。[69]（以下是當地的一些物產，與《撫邊雜錄》記載基本一致）

另外在書的開頭，還有越南地圖，其中黃沙渚畫在了現在越南中部的

[68] 疆域研究，74頁。

[69] 盛慶紱著，呂調陽注，《越南地輿圖說》，卷一，求忠堂藏板，1883。此版中沒有兩個注釋，按韓振華史料彙編中補上。

海岸線附近，此處確實是接近理山島所在的地方[70]（圖103）。

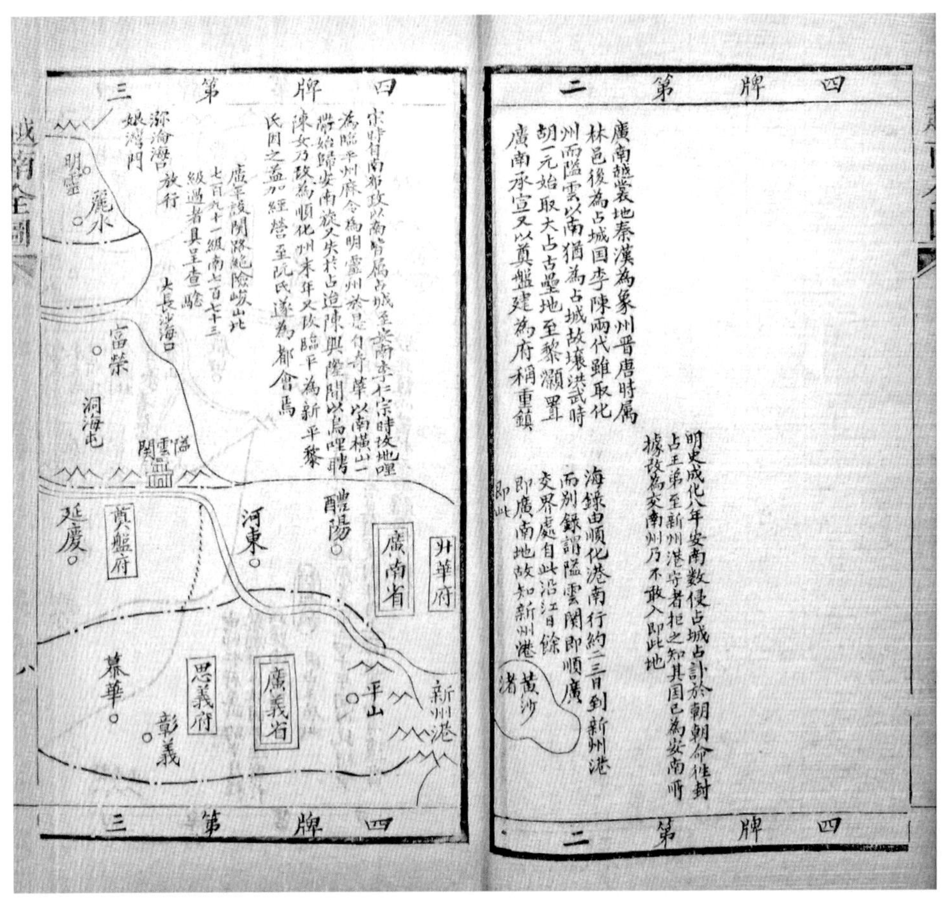

圖103　《越南地輿圖說》之地圖

從作者盛慶紱和注者呂調陽對此處地理和物產的描述來看，他們參考的資料顯然是《撫邊雜錄》。可是他們把黃沙渚當成外羅島（岣勞哩，理山島）卻是錯的。其實在《撫邊雜錄》中，理山島和黃沙渚是嚴格區分的。在《撫邊雜錄》引文的第一段寫得很清楚：岣勞哩（理山島）其外才是大長沙島，兩者有三天的距離。可見，這兩個地方是區分極爲清楚的。因此《撫邊雜錄》中的大長沙島和黃沙渚，絕對不可能是外羅山和外羅山

【70】同上，卷首地圖。

北面的椰子塘。

那麼，爲什麼會發生這個錯誤呢？筆者在此嘗試做一分析。《越南地輿圖說》是中國晚清時期的一本越南地理書。李金明說清人，而不說其年代，似有誤導讀者這是一本古書之嫌。其實，這本書在1883年才出版，它的作者是盛慶紱，整理和加注是呂調陽。對比盛慶紱的第一版（1883）[71]和呂調陽的第二版（1888）可知，【案即外羅山】和【案即椰子塘】這兩句都是在第二版中才由呂調陽加上的，第一版並沒有這些注釋（圖104）。

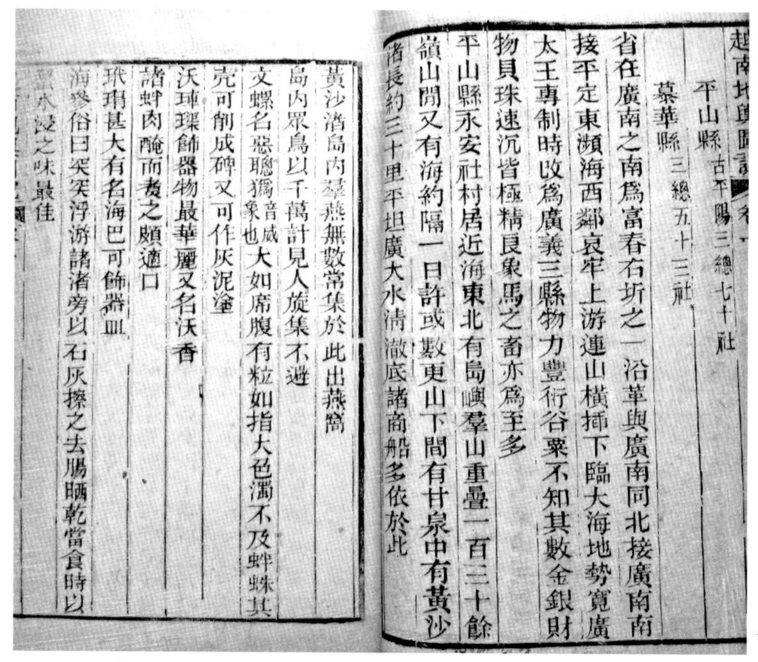
越南地輿圖說 卷一
平山縣 古平陽 三總七十社
慕華縣 三總五十三社
省在廣南之南爲富春右圻之一沿革與廣南同北接廣南南
接平定東瀕海西鄰哀牢上游連山橫插下臨大海地勢寬廣
太王專制時改爲廣義三縣物力豐衍谷粟不知其數金銀財
物貝珠速沉皆極精良象馬之畜亦爲至多
平山縣永安社村居近海東北有島嶼羣山重疊一百三十餘
嶺山間又有海約隔一日許或數更山下間有甘泉中有黃沙
渚長約三十里平坦廣大水清澈底諸商船多依於此
黃沙渚島內䳺燕無數常集於此出燕窩
島內眾鳥以千萬計見人旋集不避
文螺名惡聰獨音威象也大如席腹有粒如指大色濁不及蚌蛛其
殼可削成碑又可作灰泥塗
沃琗璖飾器物最華麗又名沃香
諸蚌肉醃而煮之頗適口
玳瑁甚大有名海巴可飾器皿
海參俗曰哭哭浮游諸渚旁以石灰擦之去腸晒乾當食時以
[illegible]水浸之味最佳

圖104　《越南地輿圖說》第一版

無論是作者盛慶紱還是注者呂調陽，自己本身沒有到過越南，他們都是參考舊的地理著作。按照盛慶紱自己的說法，他是在書肆中找到一本「斷爛」的越南郡國州縣山川物產的冊子，但是這個冊子重北圻而略南圻，於是他就一時興起，找尋越南的書籍把它補齊而寫成這本書。

北圻是指鄭主之地，而廣義省屬阮主所管轄的南圻。因此，按照這

【71】同上，自序。

個說法，這本「斷爛」的本子乃是鄭主時期北方的書籍。而且既然是「斷爛」，它本身就可能不全。而關於廣義省的事，因不屬北圻之故，在冊子中也當甚略。越南地理書籍中重北圻而略南圻者，只可能成書於阮朝之前。

這本書的地圖中錯漏不少，比如，在越南中部海岸附近，有兩組主要的群島——較為北面的占婆群島和較為南面的理山群島。但是在《越南地輿圖說》的圖中只畫有一個黃沙渚，這顯然是遺漏了至少一個主要的群島。而且在越南南部海岸附近的好幾個主要島嶼也只畫出了一個。從這種樣式的地圖來看，這也是最晚不過十八世紀中期的越南地圖（見4.4）。在阮朝建立後（十九世紀之後）才寫成的越南地理書上都把理山島和占婆島分得很清楚。比如1839年的《大南全圖》（見4.4）和《大南一統志》的圖。這都證明盛慶紱所得到的冊子是北鄭時期或者西山時期的冊子。

至於該書圖上的黃沙渚是盛慶紱所參考的原圖中就有標注的呢？還是原圖中並沒有這個地方，是盛慶紱根據史籍畫下的呢？抑或是原圖中有此地方，但是沒有加上名字，但盛慶紱根據史籍再加上的呢？這就很難下判斷了，因為此三種樣式的地圖都在十七至十八世紀的地圖中都出現過。

所以，基本可以肯定，盛慶紱所作為藍本的「斷爛」的冊子，是一本最晚不過十九世紀之前的的本子。《越南地輿圖說》就是以這本冊子為基礎，再參考關於南圻的著作補充而成的。而《撫邊雜錄》自然最可能是他參考的來源。

這本書沒有利用當時的西方的地理知識，卻沿用了傳統中國地理的訓詁學的資料和方法，畫圖的樣式也是傳統越南和中國地圖的樣式。在十九世紀末的一本關於外國的地理書還採用這種過時的資料和方法，可謂是一種落後於時代的著作。因此這樣晚近落後且有嚴重錯漏的材料儘管具參考性，但不能高估其準確性，更不能將其作為對十八世紀著作起到史料旁證作用的主要證據。正好比如果現在越南出版一本地理著作，把西沙群島說成海南東北的七洲列島，那麼一百年後，也不能以此作為西沙群島就在海南島東北面一樣的道理。

該書上關於黃沙渚的描述，在中國以往古書上都沒有，這顯而易見是因為越南方面在1776年才出現相關記載之故。就筆者所知，《越南地輿圖說》是第一本加上這句話的中國出版的書籍。而對這些地點的注解，顯然也是呂調陽的原注。這樣就必須考慮作者的注解是否準確的問題。在考據學盛行的清朝，中國學者對注解是非常重視的，有根據的注解多會說明其出處，或者加上自己的邏輯推理。呂調陽在這裡既沒有引用前人的作品，也沒有提出有理由的根據，僅僅簡單地寫上「案即椰子塘」。據《康熙字典》，「案，又作按，考也。」他提出考證過後認爲那是椰子塘，但是又沒有說明其考證的過程，這大概說明他並沒有什麼太有力的根據。

呂調陽之所以說黃沙渚就是椰子塘，很可能是受盛慶紱所採用地圖的錯誤（或者是過時）樣式的影響之故。如果盛慶紱採用的是一種十九世紀之後把理山島和占婆島分得很清楚地圖，呂調陽當不會如此主觀地下判斷。

對於盛慶紱或者原地圖作者來說，這種做法是可以理解的，因爲在中國地圖學傳統中，對周邊的島嶼的標識是比較混亂的，繪圖者似乎並不著意畫出島嶼和海岸之間的眞實距離，而把很多島嶼都畫在幾乎是同一直線上。對繪圖者來說，大概知道了這個地方在此海岸線開外就已經足夠了。無論是中國自己的傳統海圖還是越南製作的圖都有這個特點。從盛慶紱的自序來看，他本身原先對越南的地理並不熟悉。中國傳統的越南地圖只包括交趾，即越南北部，鄭主統治的地方，並沒有關於原占城的地方的細緻地圖（筆者甚至沒有見過即便是粗略的地圖）。對於盛慶紱這種嚴重依賴中國文獻的學者，在沒有十九世紀的越南地圖作爲參考的情況下，對於越南南方的地名，特別是黃沙渚這樣「新記錄」的地方，也只能跟著感覺走了。而生活在內陸的他對海道上標準定位目標外羅（理山島）和占婆島亦難言熟悉，否則斷然不會沒有留意到理山島和外羅島居然在他製作的地圖上都不存在的錯漏。

由於《撫邊雜錄》的有關文字是分散在兩段，中間分隔四頁，可能盛慶紱在參考的時候沒有意識到這兩個地方其實是指同一地，於是僅僅用了第二段的「廣義平山縣安永社居近海，海外之東北有島嶼焉」的文字，而沒有用第一段的相關文字。可能也正因如此，他認爲黃沙渚在廣義東北，而沒有意識它到距離大陸還有三日三夜的水程。

呂調陽本身也並非越南專家，但他應該知道理山島（外羅島）。很可能他在發覺盛慶紱畫黃沙渚的地方就是外羅，於是就把這個名稱加在注中。他之所以不直接修改而用加注的方式，是因爲這是傳統上國學的標準做法。

椰子塘這個地方最早在《鄭和航海圖》中出現過，根據地圖上的顯示，它在蘇門答臘附近。向達也認爲這是蘇門答臘附近的一個島[72]。因此，這個島嶼自然不可能出現在越南中部，也不可能在外羅山中。但在《順風相送》中，又出現了另一個椰子塘，這個椰子塘在外羅山的附近：

外羅山，遠看成三個門，近看東高西低，北有椰子塘，西有老古石。行船近西過，四十五托水。往回可近西，東恐犯石欄。[73]

而且在《指南正法》中也有類似的記載[74]。很可能正是爲了要解釋這個島嶼和黃沙渚，呂調陽就只能把外羅和椰子塘套用在上面了。

另一個很可能的原因是盛慶紱從《撫邊雜錄》抄錄時存在失誤。原書中對此地記載爲「諸蕃舶多遭風懷於此島」，是一個遇險後才到達的地方。但是在盛慶紱抄錄後，卻成爲「諸商船多依於此」，似是一個專門停泊的地方。這樣一來意思就完全相反了。呂調陽大概也是因爲需要找一個航海停泊點來解釋這個地方，所以才有黃沙渚即椰子塘一說。

總之，中國專家一直強調大長沙島和黃沙渚就是外羅山和椰子糖的唯一根據就是這本《越南地輿圖說》，而此書的這個論斷是錯誤的。在《撫邊雜錄》中，這兩個地點是明確區分的，不可能是同一個地點。

關於岣勞哩，李金明認爲「有關外羅島與分布在外羅海的黃沙島，在越南的史書記載中經常搞混」[75]。他例舉了《大南一統志》中的那段話：「黃沙島在哩島之東，自沙圻海岸放洋，順風三、四日夜可至。島上群山羅列，凡一百三十餘峰，相隔或一日程，或數更許。島之中有黃沙

【72】向達〈鄭和航海圖地名索引〉，38頁。自《西洋番國志，鄭和航海圖，兩種海道針經》，中華書局，2000。

【73】向達《兩種海道針經》，中華書局，1961，33頁。

【74】同上117頁。

【75】疆域研究，76頁。

洲，延袤不知幾千里，俗名萬里長沙。洲上有井，甘泉出焉。海鳥群集，不知紀極，多產海參、玳瑁、文螺黿鱉等物，諸風難船貨物彙集於此。」他認爲這段話前面說的實際是指黃沙島，但是後面描述的島嶼（島上群山羅列以後）是指外羅。

事實上，在越南所有關於這個黃沙的記載，包括古代的《撫邊雜錄》、《歷朝憲章類誌》、《皇越地輿誌》、《大南寔錄》，以及近代的《越史綱鑒考略》和《大南一統志》中，岣勞哩和黃沙的概念一直沒有變化（見後），對黃沙島上的描述，都與《撫邊雜錄》中的類似，從來沒有把對黃沙島描述用於外羅的例子。這說明直到1910年，越南人所指的黃沙都一直沒有變，從來也沒有搞混。李金明所謂的搞混，其唯一的論據就是那本中國人寫的已經被證明是錯漏甚多的《越南地輿圖說》。因此，更合理的解釋是，搞混的不是越南的多部歷史地理著作，而是中國的這本關於越南的舊式地理書。

李金明等還在其他方面質疑了《撫邊雜錄》的這個記載。首先，在地理上，他質疑：在《撫邊雜錄》中記錄的岣勞哩和《大南一統志》中的岣勞哩「明顯」不一樣。這是因爲《撫邊雜錄》中的岣勞哩「廣僅三十餘里」，而《大南一統志》中的岣勞哩「僅中凹平地就有數十畝」[76]。對於這一點，稍作運算可知。一畝等於677平方公尺，數十畝就算50畝吧，這樣就是33850平方公尺，如果算是近似方形，那麼邊長就是184公尺，遠遠小於30里的寬度。李金明爲什麼會認爲「廣僅三十里」的岣勞哩會放不下「數十畝」的田地？實在令人費解。

其次，在地理位置上，《撫邊雜錄》寫到大長沙島要三日夜。李金明認爲當時越南的船速甚慢，質疑「三日夜大不了走幾十公里」。所以，大長沙仍然是越南近岸的小島。[77]這種質疑實在莫名其妙。越南北方的越人和南方的占城人都以航海聞名，在海上絲綢之路中一直扮演了重要的角色，這第二章中關於南海古代航海的部分已經討論過了。實在難以置信在十八世紀的越南人只擁有72小時行駛幾十公里的船隻。如果把李金明口中

[76] 同上，74頁。
[77] 同上，75頁。

的幾十公里按50公里算，那麼按照李金明的算法，當時越南船平均一小時才能行走694公尺？僅僅爲走路速度的八分之一？！在英國人克勞福德的《暹羅與交趾支那出使記》中寫道，交趾支那的船隻經常來往越南崑崙島和新加坡之間做貿易[78]。既然如此長的距離可以航行，何以到更加近的西沙就不行呢？

其實在《撫邊雜錄》文中就有可以計算距離的標尺，就是上文提到過的四更到理山島而三十六更到大長沙島的文字，通過這種方法計算出來的大長沙島離岸大約300公里，與西沙群島到越南海岸的距離極爲接近，因此絕不可能是占婆島附近的小島。

第三種質疑是關於物產。中國專家稱「西沙不產燕窩」，所以這裡形容的地方不是西沙。這種質疑同樣是莫名其妙。《中國國家地理》雜誌主編對西沙的遊記寫道：「在中國漁民與南海諸島相遇後，會發生什麼？大家想想，中國人的頂級名菜是什麼？海參、鮑魚、魚翅、燕窩。再想想南沙、西沙、中沙、東沙這些珊瑚島出產什麼？不就是這些東西嗎？」[79]

最後一個是關於地形的質疑，認爲對大長沙的地理描述並不像西沙。在韓振華的《駁越南當局所謂黃沙、長沙即我國西沙、南沙群島的謬論》[80]中有對黃沙渚的質疑：

黎貴惇所記載的「島嶼」有「群山零星一百十餘嶺」，而我國西沙群島地勢低平，各島嶼海拔一般只有五六米，最高的石島也不過十五點九米，根本不存在所謂「群山」，更沒有所謂「一百十餘嶺」。越南《白皮書》把「一百十餘嶺」改成「一百三十餘嶺」，並把它曲解爲「一百三十多個島嶼」。但我國西沙群島所屬島嶼只有十五個，把低潮時露出水面的計算在內也只有二十五個，即使把水下暗礁、暗灘都加起來也不過三十五個，既不足一百一十多個，更沒有一百三十多個。可見，黎貴敦所說的

[78] *Journal of an embassy from the Governor-General of India to the courts of Siam and Cochin China*, Vol.I, p307.

[79] 單之薔〈有一種領土叫「環礁」〉，《中國國家地理》，2012年第05期，http://www.dili360.com/cng/article/p5350c3da1b90f13.htm。

[80] 《人民日報》1980年8月1日，第7版。

「島嶼」根本不是指我國西沙群島。

韓振華同時又質疑「黃沙渚」長約30里，且又「平坦寬大」，而在西沙南沙群島中卻找不到這麼大的島嶼。比如最大的永興島只有1.95公里長，1.35公里寬。

這些質疑乍看似乎很有道理，但其實不然。《撫邊雜錄》的記錄基本上是正確的，只是中國專家理解錯了或者是故意歪曲了。《撫邊雜錄》裡面的大長沙並不是現代地理學定義中的一個島嶼，而是一個環礁和瀉湖。把一個現代地理意義上的環礁稱爲島，這在現在中國地理名詞中很常見。比如黃岩島，中國稱爲一個島，事實上就是一大片環礁，各個露出水面的礁石由海水分隔，並無連續露出水面的陸地。

所謂嶺，就是環礁中露出水面的島嶼和礁石，而山間出海，指的就是環礁各個島礁之間有海水間隔。在中文中，島嶼和礁石確有稱爲山或嶺的習慣。在宋朝之後，部分地圖繪製者就習慣把島嶼畫成山峰的形狀，而不是像現代地圖一樣畫成圓圈等幾何圖形。在韓振華自己的一篇論文〈南沙群島史地研究扎記〉中，就有把島嶼稱爲「嶺」的例子。他認爲在道光《瓊州府志》中出現的幾個地名：前後嶺、南觀嶺、雙蓬嶺和雞冠嶺等都是南沙群島上的島嶼。南沙群島和西沙群島一樣都是珊瑚島，面積和高度比西沙群島還要小。既然他認爲中國文獻中這些「嶺」可以代表南沙群島的島嶼，那麼又有什麼理由質疑越南人把西沙群島的島嶼和礁石稱爲「嶺」呢？

《撫邊雜錄》中還描述山上間有甘泉，可能就是指有天然水源的島嶼，特別是永樂群島中的甘泉島（Robert Island）。書中的黃沙渚並不在現代意義上的一個島上，而是在整個環礁中間的瀉湖。關於黃沙渚的形容爲「平坦廣大，水清徹底」，這恰是瀉湖的特徵。在西沙群島西部的永樂群島中有兩個明顯的瀉湖。琛航島（Duncun Island）、珊瑚島（Pattle Island）、甘泉島等島礁隸屬的永樂環礁所環繞的瀉湖的最大直徑約17公里，這與黃沙渚長約30里基本吻合。

至於一百十餘嶺這個數字，韓振華認爲，「我國西沙群島所屬島嶼只有十五個，把低潮時露出水面的計算在內也只有二十五個，即使把水下暗礁、暗灘都加起來也不過三十五個，既不足一百一十個，更沒有一百三十個。」[81]越南方面解釋是這些嶺包括西沙和南沙群島[82]。這個解釋基本不可信。西沙和南沙相距甚遠，而且南沙遠在廣義的東南而不是東北，很難相信會放在一起描述。何況，根據韓振華的說法，南沙群島和西沙群島的群島和暗礁加在一起，就遠超一百三十個了。

其實，這一百十餘個嶺描述的正是西沙群島的島礁數目。韓振華給出的西沙群島的數據並不是權威的被廣泛認可的說法。在《大英百科全書》（*Encyclopædia Britannica*）中西沙群島詞條就說西沙群島由約一百三十個小島（islets）和礁石（reefs）所組成[83]。德國的《布羅克豪斯百科全書》（*Brockhaus Enzyklopädie*）的西沙群島詞條，也說西沙群島由大約一百三十個島礁所組成[84]（圖105）。可見，這與《撫邊雜錄》的數據極爲接近，也與越南以後的一些記載稱黃沙由一百三十餘嶺組成的說法相吻合。

爲什麼會有這些統計差異呢？大概是由於標準不一的緣故。西沙群島是由瀉湖和環礁組成的，因此不能按照韓振華機械地用中國定義的統計數字去衡量。比如說，現在通常認爲一塊連續露出水面的陸地稱爲一個島，但是如果這個島上有幾個突起的地貌，那麼是否可能被統計爲幾個「嶺」呢？露出水面的如此，那麼水底的暗沙呢？比如是否現代統計爲一個的暗沙就是當時他們認爲的一個「嶺」，那麼在某個暗沙中如果有幾個峰，是否會認爲是幾個嶺呢？諸如此類。韓振華的說法與權威百科全書說法的不一致大概也是因爲統計標準有所不同而導致的。最後，西沙群島的島礁是不斷生長的，沒法確切地知道在250年前到底水上和水底的地貌是如何的。

一般而言，在古代地理資料中，通常很難百分百確認每一條描述的細節，所以需要從總體上去分析。中國方面（比如韓振華和李金明）通常僅僅根據一個名字就不著邊際地斷言某個島嶼就是西沙或者南沙。《撫邊雜

---

[81] 史地論證，21頁。

[82] 越南彙編，120頁。

[83] *Encyclopædia Britannica*,15th Edition, 1998, Vol 9, p134.

[84] *Brockhaus Enzykopadie*, 1986, Vol.16, Paracel, p515.

錄》的記錄無論從地理位置上、地形上以及對越南方面的地理材料的繼承性上，以及對中國材料的引證上都清楚表明這是西沙群島。

TELLO: P., 2 Bde. (Neuausg. New York 1959–79).
Paracel|inseln [-'sɛl-], chin. **Xisha Qundao** [çiʃa tʃ-], Gruppe von etwa 130 Koralleninseln und -riffen im Südchin. Meer, südöstlich von Hainan; wegen der fischreichen Gewässer, Guanovorkommen und vermuteter Erdöllagerstätten von China, Vietnam und den Philippinen beansprucht. – Die P. wurden im Jan. 1974 nach Kämpfen gegen südvietnames. Truppen von der VR China besetzt.
Paracelsus, Philippus Theophrastus, eigtl. **Phil-**

Brockhaus

later Nazca culture. ... in artificial deformation of the skull by binding the skull in infancy.
Paracel Islands, Wade-Giles romanization HSI-SHA CH'ÜN-TAO, Pinyin XISHA QUNDAO, Vietnamese QUAN DAO HOANG SA, group of about 130 small coral islands and reefs in the South China Sea. They lie about 250 miles (400 km) east of central Vietnam and about 220 miles (350 km) southeast of Hainan Island, China. Apart from a few isolated, outlying islands (Triton in the south, Lincoln in the east), they are divided into the Amphitrite group in the northeast and the Crescent group in the west. The low, barren islands, none of which exceeds 1 square mile (2.5 square km), lack fresh water. Turtles live on the islands, and seabirds have left nests and guano deposits, but there are no permanent human residents.
China, Taiwan, and Vietnam all claim the archipelago. In 1932 French Indochina an-

Britannica

圖105　《布羅克豪斯百科全書》（上）和《大英百科全書》（下）中關於Paracel Island的解釋

在認爲大長沙是西沙群島的同時，筆者不同意越南方面所聲稱的大長沙是對西沙群島和南沙群島的統稱的論點。因爲黎貴惇對大長沙的地理位置描述得非常清楚，而西沙和南沙相距甚遠，南沙既不在廣義的東北（在東南），又不正近海南島，距離廣義省也遠不止700里。沒有任何理由相信黎貴惇這裡描述的大長沙會包括南沙群島。

綜上所述，《撫邊雜錄》中所提及的大長沙和黃沙渚都是指現在的西沙群島。

接下來討論在《撫邊雜錄》中體現出的主權。阮主是當時越南兩個事實上的割據政權之一，類似於中國南北朝時期。阮主命令人員往西沙群島進行常規性的打撈，根據國際法，此舉至少在客觀上體現了阮主對西沙群島的主權意識。文中有關清朝遣送越南人的一段尤其值得注意。首先，海南廉州府這個說法有誤。廉州府在廣東（現在屬廣西），是東京灣一帶，不屬海南。此處當是作者有誤。從前後的描述來看，此地在海南附近是可信的，否則不會見到文昌縣的官員。

其次，北國漁舟指的是中國的漁船。這表明中國的漁民當時已經在西沙一帶打漁了。在古代東方，海權思維淡薄，雙方人員還「洋中相問」，顯示了一派和諧。雙方並無任何衝突。

再次，關於「常見瓊州文昌縣正堂官」一句。在分句中有歧義。有越南方材料認爲分句應該是「船人辰遇北國漁舟，洋中相問常見。瓊州文昌縣正堂官查順化公文洄內稱……」。這種分句不如筆者在上文中的分句順暢。

越南方面的斷句可能要避免「常見」一詞。爲什麼越南船人會「常見」文昌縣正堂官呢？文昌縣正堂官即文昌縣的縣官。中國的分句多爲「船人辰遇北國漁舟，洋中相問，常見瓊州文昌縣正堂官」，更進一步認爲這個「常見」所發生的地點是和「洋中相問」一樣在西沙群島海域。而既然文昌縣縣官也在西沙群島一帶活動，那豈非證明中國對西沙群島有實際管轄嗎？

然而，文昌縣縣官到西沙「經常」巡邏是非常不可信的。海南省東北的文昌縣距離西沙群島350公里，文昌縣的轄區也肯定不達西沙群島，縣官也不負責海上巡邏。所以文昌縣官在700里之外的西沙海面出巡並不可能。可能黃沙隊當時在海面見到的不是文昌縣縣官，而是其他一些官員？但這樣就沒有必要專門寫明文昌縣正堂官的名號了。

因此更可能的解釋是，他們見到文昌縣正堂官的地方不是在海上。與北國漁船洋中相問是一件事，「常見」瓊州文昌縣正堂官是另外一件事。由於青瀾港在文昌，黃沙隊員在作業的時候可能不止一次漂到清瀾港，所以能夠見到文昌縣正堂官。黎貴惇爲了說明這一點，專門舉了一封文昌縣縣官給順化政府的信作爲例子解釋。

其實，這裡的「常」字應爲「嘗」的別字。此兩字同音，在抄寫過程中很容易搞混。目前《撫邊雜錄》有幾個版本，在越南的版本中爲「常」，而在法國CNRS中央檔案庫中的版本爲「嘗」[85]。這裡做「嘗」，「曾經」之意解釋則整句話合理很多。這段話說的是黃沙隊員曾經見過文昌縣正堂官，下面就是其見過此官的情況。

從公文中看到，中方儘管知道了黃沙隊在西沙群島上作業，但是沒有對此提出抗議或者表示不滿，也沒有不允許他們繼續這麼做的意思。這表明至少當時文昌縣政府對這個行爲沒有異議。同理，既然海南漁民也經常在西沙作業，與黃沙隊員常相見，阮主亦沒有對此有異議，表明阮主很可能主觀上並沒有對西沙的主權意識，他派遣黃沙隊純粹出於經濟或收集珍稀的考慮。但以現代國際法的原則視之，黃沙隊乃官方派遣，乃屬帶有主權意味的行爲；而海南漁民的行爲屬私人作業，不帶官方性質，故行爲不帶有任何主權意味。

李金明分析的時候注重的是押送出境，它認爲這個押送出境的行爲代表了中國行使了南海海域的主權。可是事實上，中國官員遣送回境的是漂流到青瀾港的黃沙隊員，而不是在大長沙作業的隊員。這只能證明中國對青瀾港實施了主權，而不是對大長沙實施了主權。

5.《大南寔錄前篇》

《大南寔錄》（*Đại Nam thực lục*）相當於中國的《清實錄》，是阮朝國使館所記錄的編年史，相當於越南的正史。它從1821年開始編撰，1844年完成前篇，1848年完成正篇。前篇記錄的是阮主時期的事件，正篇記錄的是阮朝成立之後到1847年的事件。之後每代史官再補充增加當代的事件。《前篇》第十卷：（1754年，圖106）

秋七月，廣義黃沙隊民乘船往黃沙島遭風。泊入清瓊州洋分，清總督厚給送回。【廣義平山縣安承社海外有沙灘一百三十餘所，相去或一日程或數更許不知其幾千里，俗稱萬里黃沙。洲上有井甘泉出焉，所產有海冬瓜玳瑁文螺龜鱉等物。國初黃沙隊七十人以安永社民充之，歲以三月乘

[85] http://user.keio.ac.jp/~shimao/SCS%20shimao%20ver1.pdf。

船往，三日夜抵其處，採取貨物，以八月回納。又有北海隊，募平順故四政村或景陽社人充之。令駕小船往北海崑崙等處採取貨物，亦由黃沙隊並管】[86]

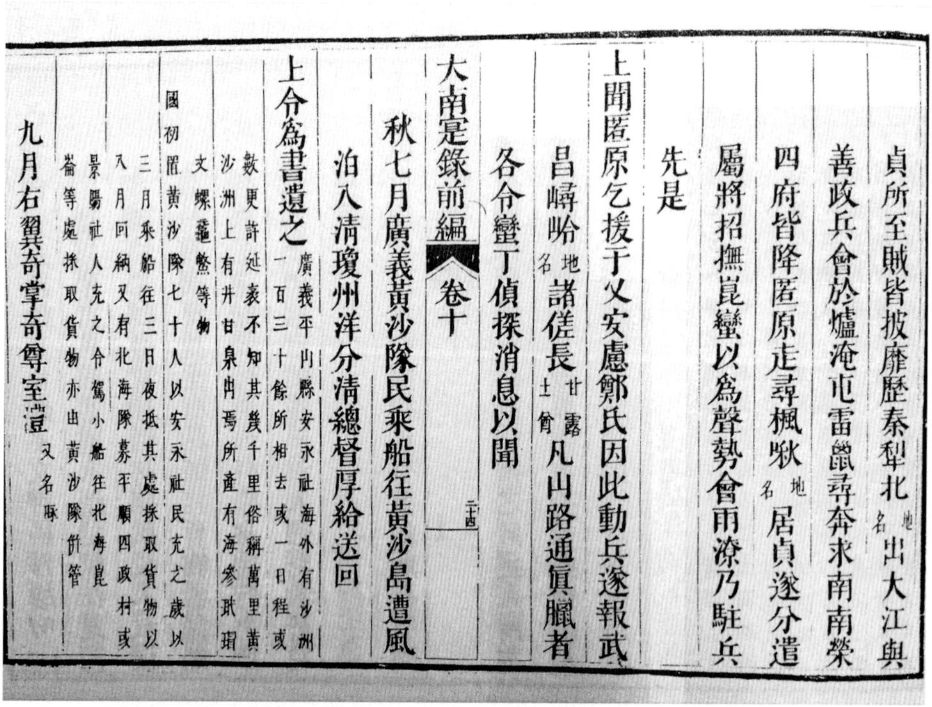

貞所至賊皆披靡歷泰犁北【地名】出大江與
善政兵會於爐淹屯雷鼠尋奔求南南榮
四府皆降匿原走尋楓湫【地名】居貞遂分遣
屬將招撫昆蠻以爲聲勢會雨潦乃駐兵
先是
上聞匿原乞援于乂安處鄭氏因此動兵遂報武
昌嶠哈【地名】諸佬長【廿露土酋】凡出路通眞臘者
各令蠻丁偵探消息以聞
大南寔錄前編　卷十
秋七月廣義黃沙隊民乘船往黃沙島遭風
泊入清瓊州洋分清總督厚給送回
上令爲書遣之【廣義平山縣安永社海外有沙洲一百三十餘所相去或一日程或數更許延袤不知其幾千里俗稱萬里黃沙洲上有井甘泉出焉所產有海參玳瑁文螺黿鱉等物
國初置黃沙隊七十人以安永社民充之歲以三月乘船往三日夜抵其處採取貨物以八月回納又有北海隊募平順四政村或景陽社人充之令駕小船往北海崑崙等處採取貨物亦由黃沙隊併管】
九月右翼奇掌奇尊室澧【又名琢】

圖106　《大南寔錄前篇》第十卷

其中【】內是小字注釋（下同）。從文字上看，關於黃沙島的描述當是從《撫邊雜錄》中摘錄或者有同一出處。而1754年的記載與《撫邊雜錄》中記載的事應該是同一件事。這個紀錄再一次證明了當時黃沙隊已經在黃沙活動。從事件和注釋看，這裡的黃沙島就是黎貴惇筆下的大長沙。

6. 潘輝注《歷朝憲章類誌》（1821）和《皇越地輿誌》（1833）

《歷朝憲章類誌》（*Lịch triều hiến chương loại chí*）第一卷《輿地

[86] 《大南寔錄前編》，第一冊，東京慶應義塾大學語學研究所，1961，145頁。

誌》和《皇越地輿誌》都是越南的地理學著作。其中都有黃沙的記載。《皇越地輿誌》從《輿地誌》中抽取部分出來，因此相關的文字幾乎一樣。

在《輿地誌》中有：

> 思義府三縣，義江縣九十三社，平陽縣七十社，幕花縣五十三社。……
>
> 平陽縣，安永社居近海，海外之東北有島嶼焉，群山零星一百三十餘嶺，山間出海，相隔或一日或數更，山上間有甘泉，島之中有黃沙渚長約三十餘里，平坦廣大，水清徹底，島傍燕窩無數，眾鳥以萬千計,見人環集不避，渚邊異物甚多……泊商船多遭風依於此島。
>
> 前王歷朝置黃沙隊七十卒，以安永人輪番每歲以正月受示行差，齊六月糧，駕私小釣船五隻出洋三日三夜始至此島。居駐，恣情採取捕魚、鳥爲食，所得艚物器寶甚眾與採玳海物頗多，以八月期回入腰門就福春城。[87]

從內容來看，這段文字來自《撫邊雜錄》中有關記載的第二段，互相之間只有微小的出入。比如《撫邊雜錄》中提到黃沙有一百十餘嶺，但是在這兩篇中都提到一百三十餘嶺。這些微小的差別並不影響它們之間的傳承關係。

7. 皮埃爾·帕和關於交趾支那的描述（1749-1750）

法國人皮埃爾·帕和（Pierre Poivre，1719-1786）是里昂的一位絲綢商。1742年開始，他往越南傳教，又到中國做生意。期間寫下不少有關越南見聞的文章。在1749年，他發表《交趾支那描述》（*Description of Cochinchina*），其中提到他聽說阮主命人到帕拉塞爾打撈的事。

I have heard that the king sent several vessles every year to the Paracel [Islands] to look for natural curios for his collection.I doubt that this term

---

【87】越南匯編，272頁。HSTSA，80頁

should be applied to the few branches of black coral, the very ordinary shells, and the few pieces of mother-of-pearl which I was shown.[88]

我聽說過國王每年都派遣幾艘船隻到帕拉塞爾群島爲他的收集找尋奇物。我懷疑奇物一詞是否應當用於他們出示給我看到的幾支黑珊瑚、極爲普通的貝殼以及幾件珍珠母之上。

帕和在越南聽說過越南國王派遣船隻前往帕拉塞爾群島打撈奇珍。這和《撫邊雜錄》以及《海外遊記》的記載互相呼應。儘管他認爲這些奇珍太過不起眼而嗤之以鼻，但這並不影響他聽說過這件事的眞實性。帕和是一個對東南亞看法比較負面的人[89]，在整篇文章以及其他的有關東南亞的文章中能夠充分看到這一點。

8. 1634年沉船案，《巴達維亞日誌》（1634-1636）

在阮主時期，除了對黃沙有派遣黃沙隊拾荒的記錄外，還有一些外國人留下的和越南有關的船隻失事記載。值得注意的是，有相當一部分的紀錄無法肯定失事的地點是現在的西沙群島還是以訛傳訛的帕拉塞爾危險區（見4.1）。但是如果紀錄中記載了緯度的話，仍然有把握認爲事發地點是在西沙群島（見4.6）。《巴達維亞日誌》就是一例。

巴達維亞是荷蘭東印度公司在印尼統治的總部所在地，即今天的雅加達。《巴達維亞日誌》（*Journal de Batavia*）中記了一艘荷蘭東印度公司的船在帕拉塞爾群島擱淺的遭遇。事情的始末是這樣的：

1634年7月20日，三艘荷蘭船*Vennhuizen*、*Schagen*和*Grootebroek*從巴達維亞出發到臺灣。21日，這三艘船在海上遇上颱風，互相失去聯繫。其中*Vennhuizen*和*Schagen*最終都到達目的地，只有*Grootebroek*號在中途沉

[88] 選自Li Tana, Anthony Reid: *Southern Vietnam under the Nguyen, Documents on the Economic History of Cochinchina (Dang Trong), 1602-1777*. ASEAN Economic Research Unit, Singapore, 1993, p73.

[89] 同上，p61.

沒，沉沒的地點在帕拉塞爾群島（記載爲北緯17度附近）。船員奮力游上島，搶救出部分貨物，但是有9名船員失蹤。剩下的部分船員帶上一些財物在船長的率領下搭乘一條小船離開島嶼尋找救兵。他們駛往越南南部地區，可是不但得不到救助，自己的財物還被海關官員沒收。幸虧他們之前已經買下一艘船，於是在其他一些荷蘭船隻的幫助下把滯留島上的人全部救出。兩年後，船長再次前往越南，直接面見阮主阮福瀾，請求通商和索取被沒收的財物。當時，當年沒收其財物的官員已經因爲其他原因被斬首，所以阮主認爲這件事已經得到處理。他以同意通商和免徵收靠岸稅爲條件，換取船長同意不再追究被沒收的財物。[90]

越南認爲這事件表明了荷蘭人認爲帕拉塞爾是越南的領土，因爲「對於我們，有意義的事實是：當『格魯特布魯克號』船沉沒時，水手想去越南求援，而不是去中國，雖然中國比較近。這無疑是因爲他們認爲對失事地點進行管轄權的國家自然會提供救助並對他們的要求更會有反應。」[91]

姑且不論地點是不是西沙群島，從檔案看來，這個論點是完全站不住腳的。首先，荷蘭人並沒有說因爲覺得失事地點屬越南就前往越南求救，很可能只是到越南更加方便而已，在航海中方便與否並不一定與遠近等同。其次，越南方面的做法，也完全看不出對帕拉塞爾的管轄，他們不但沒有救援失事的船員，反而沒收了前來求救的人的財物。他們關心的並不是島上的事，而是在大陸上的事。

9. 1714年沉船案，《巴黎異域傳教會檔案》

法國在十八世紀進入東南亞，傳教士是其主力。在這些早期在越南的傳教活動中，他們也通過信件留下了關於帕拉塞爾的記錄。越南史學家鄧方誼從巴黎異域傳教會檔案處（Archives des Missions Etrangeres de Paris）抄出有關1714年荷蘭一艘商船發生事故的五封信函。史學家阮雅進行

---

〔90〕轉引自HSTSA，127-129頁。

〔91〕1975年白皮書，越南匯編，8頁。

了分析[92]。這五封信中，有四封是在1715年寫成的，第五封是在1718年寫成。

簡單地說，在1714年10月，三艘荷蘭船隻從日本出發回巴達維亞，在南海「帕拉塞爾」遇到強臺風。其中一艘船的桅桿被吹斷，船被刮上沙灘撞得粉碎。17人死亡，其他87人游上沙灘。靠著島上的鳥肉，他們維持了一個月左右，期間他們製作了小木排，最後乘坐木排駛往芽莊。在那裡，法國傳教士照顧了他們，並帶他們見阮主，阮主後來安排他們回到巴達維亞。

這裡的遇難地點，在越南論文[93]和越南人寫的英文著作[94]中都直接被寫成黃沙（Hoang Sa），但查法文原文，卻只是寫Paracels而已[95]。因此，這裡的Paracels是不是黃沙（即西沙群島）還有疑問。關於他們遇難的地點在第五封信（1718）中描述得比較詳細[96]：第一，沉船的位置距離交趾支那海岸15到20里格。在當時，法文裡的Lieue大約是4公里左右[97]。所以，根據這個說法，地點距離交趾支那海岸約60-80公里。但是在芽莊一帶，距離海岸線60-80公里的地方並無島嶼。第二，他們回到海岸的方式，是打造了一艘裝載84人的船隻，跟隨早上離港出發打漁的漁民回到海岸。這說明，他們沉船的地方不可能距離岸邊太遠。如果眞的是在西沙群島，那麼乘坐帆船也需要三天三夜才能到達，斷不可能有漁民從早上出發打魚，晚上就返回。第三，如果距離沉船地點最近的海岸是芽莊的話，那麼也不太可能在西沙群島，因爲西沙群島距離芽莊最近也有440公

[92] 〈巴黎異域傳教會檔案中有關黃沙群島的若干資料〉，特考，250-271頁。

[93] 同上。

[94] HSTSA，131頁。

[95] 特考，263頁。

[96] 原文：Un vaisseau Hollandais retournant du Japon à Batavia richement chargé, fit naufrage sur Ia fin de novembre 1714 sur les bancs du Paracel qui n'est éloigné des côtes de Cochinchine que de 15 ou 20 lieues. Tout l'équipage sauf 17 prisonniers qui furent noyés se sauva à la nage sur les endroits les plus élevés de ces bancs de sable et fit en ce lieu là du débris de leurs vaisseaux une grande chaloupe sur laquelle 84 hommes passèrent en Cochinchine en suivant de loin des pecheurs Cochinchinais qui rentraient après leur peche dans le port d'où ils etaient sortis le matin. 特考，268頁。

[97] http://fr.wikipedia.org/wiki/Lieue。

里[98]。因此，在這點上，筆者同意韓振華的說法，沉船地點不在西沙群島。[99]

韓振華歸納了1805年前的15條西方關於帕拉塞爾的記錄[100]，認爲這些記錄都不是西沙群島。這種判斷是武斷的。根據第一節的分析，當時帕拉塞爾的概念是一個「靴子型」的區域，其最北部是西沙群島，南部則延伸到越南海岸附近。判斷這些記錄中的帕拉塞爾是否西沙群島有一個簡便的方法，如果是有注明和海岸距離近的（比如這個例子），就可以否定；如果注明緯度在17度左右的（比如上一個例子），就可以肯定是西沙群島。

4.3　阮朝對黃沙的統治

1. 西山阮氏政權時期的黃沙隊

阮主政權被西山阮氏攻滅之後，正史中關於黃沙隊的記錄消失了。但是最近從檔案中發掘出的一個文件可以顯示在西山阮氏時期，黃沙隊仍然在活動。

示止

太傅總理步兵民諸務上將公

計：

一差黃沙隊該會德侯通繼率內隊牌始鉤船四隻。越海直到黃沙並岣嶗海外等處，尋取銀金銅器及大炮小炮玳瑁海巴申貴魚各項，懷載調回貴京會納如例。若望不計更奸除各貴物及生事焰民有罪。茲差。

泰德九年二月十四日[101]

【98】根據Google Earth實測。

【99】史地論證，370-371頁。385-388頁。

【100】史地論證，375-391頁。

【101】Ủy ban Nhân dân huyện Hoáng Sa, Ký yếu Hoàng Sa,Đà Nẵng: Nhà Xuất bản Thông tin và Truyền thong, 2012, p188.

泰德九年是1786年。這份文件顯示，儘管西山政權是一個不穩定的政權，但是黃沙隊的工作仍然沒有停頓[102]。

2. 嘉隆帝時期的《大南寔錄》

在阮朝建立後，黃沙隊的記載繼續出現。在阮朝，黃沙隊的記載集中在兩個時段。一個是1815-1816年，這時是嘉隆皇帝時期。此時的黃沙隊記錄在越南史料中記載不多，但是在西方史料中卻有多個獨立的記錄。這可以視爲越南對黃沙主權的確立。第二個是1835-1836年的明命帝時期，此時的記錄在越南史料中記載非常豐富，但在西方史料中記載反而不多。這大概是因爲明命帝當時已經驅趕了法國人之故。這可以視爲越南對黃沙主權的深化。此後，在紹治帝時期還有陸續的零散記錄，直到1860年代爲止。

一份1804年由黃沙隊隊員上呈的奏章寫道，在該年前後已經重新恢復了黃沙隊，黃沙隊員希望朝廷方面能酌情減免稅負：

一望思由前年間祖父本坊愚等七族，亦是安永社人，而祖父愚等七族有佔得海外岣嶗里等處，東近安海社地分，西近海南近海，北近小岣嶗，並上海微利栗香油、桂香、鮁魚、幹鹹魚各項稅鈔，及下海尋取玳瑁、海巴甲諸貴物奉納，情免艘，另譚。詠只錢諸務與遊探海外，或有惡艚海馳報，庶爲海外分守。

自癸巳年以來愚等別修執憑單憑稅搜，後並寺亭廟不與安永社事祀已終戴。至辛酉年，逢千兵伐後，日月重光，愚等本坊與前該隊阮皆局水兵奮翼營，少有做，致前該隊阮受回，依前例歸立桂香鮁鳳油二隊管稅諸務。

致茲該奇守欒富潤後，仰蒙恩賜，許依前朝例准立黃沙玳瑁隊，常年致受欽差，率附壘安永社與愚坊乘船出海外各處，尋取諸貴物，調回京奉納。今愚等竊憂，始居岣嶗海外與安永社，其他縣懸隔海程，恐有公務難於坦與伊然。

---

[102] EOVS, p95.

伏乞：

尊以海量恤及貧民，審察照付，許愚等依前例執憑單憑選隊，別壘安永社地分，得瓊一端並免伊社堤索諸務，愚坊人民逃散，愚等施嘗官稅搜而甚多於物。萬望。[103]

大概在十年之後，越南檔案中再一次出現關於黃沙的記錄。《大南寔錄》《第一紀》第五十卷（1815，圖107）寫道：「遣黃沙隊範光影等往黃沙探度水程。」[104]在《第一紀》第五十二卷（1816，圖108）中寫道：「命水軍及黃沙隊乘船往黃沙探度水程。」[105]《大南寔錄》中沒有更多關於黃沙的記載。但顯然，從1815年，越南皇帝嘉隆帝已經恢復了黃沙

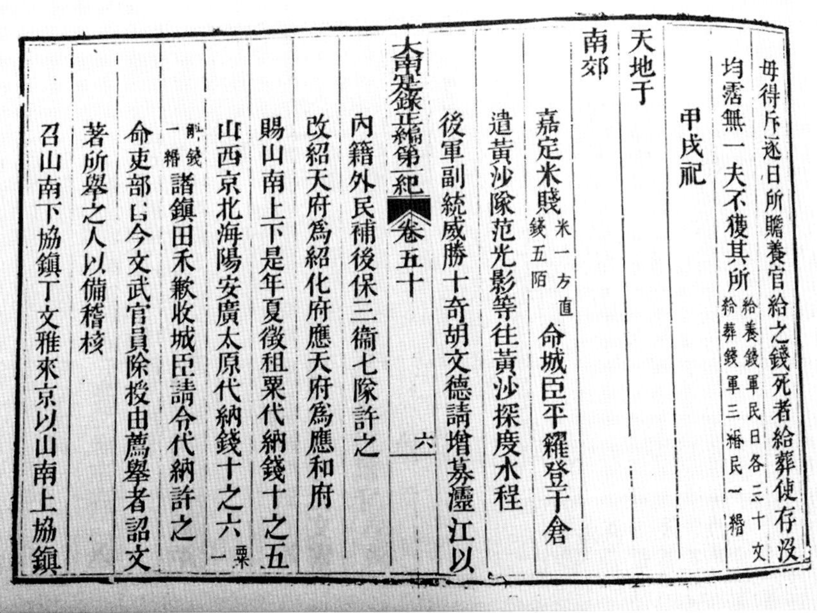
毋得斥逐日所贍養官給之錢死者給葬使存沒
均霑無一夫不獲其所 給養錢軍民日各三十文 給葬錢軍三緡民一緡
甲戌祀
天地于
南郊
嘉定米賤 米一方直錢五陌 命城臣平糴登于倉
遣黃沙隊范光影等往黃沙探度水程
後軍副統威勝十奇胡文德請增募瀘江以
大南寔錄正編第一紀　卷五十　六
內籍外民補後保三衞七隊許之
改紹天府為紹化府應天府為應和府
賜山南上下是年夏徵租粟代納錢十之五
山西京北海陽安廣太原代納錢十之六 粟一斛錢一緡
諸鎮田禾歉收城臣請令代納許之
命吏部曰今文武官員除授由薦舉者詔文
著所舉之人以備稽核
召山南下協鎮丁文雅來京以山南上協鎮

圖107　《大南寔錄》第一紀第五十卷

[103] Ủy ban Nhân dân huyện Hoáng Sa, Ký yếu Hoàng Sa,Đà Nẵng: Nhà Xuất bản Thông tin và Truyền thong, 2012, p189.

[104] 《大南寔錄》第一紀，卷五十，東京慶應義塾大學語學研究所，1961，917（277）。

[105] 同上，939（299）。

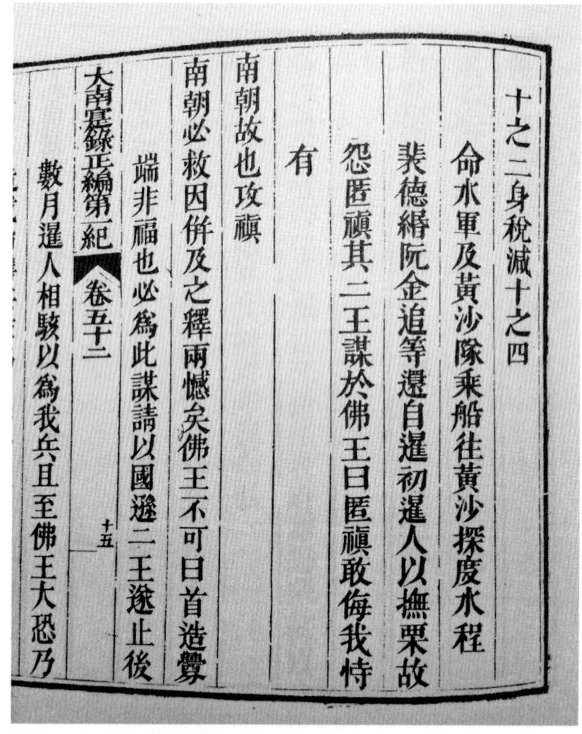
十之二身稅減十之四
命水軍及黃沙隊乘船往黃沙探度水程
裴德縉阮金追等還自暹初暹人以撫栗故
怨匿禛其二王謀於佛王曰匿禛敢侮我恃
有
南朝故也攻禛
南朝必救因倂及之釋兩憾矣佛王不可曰首造釁
端非福也必爲此謀請以國遜二王遂止後
大南寔錄正編第一紀　卷五十二　十五
數月暹人相駭以爲我兵且至佛王大恐乃

圖108　《大南寔錄》第一紀第五十二卷

隊的活動，更加派了水軍。爲了對黃沙有更多的了解，他連續兩年下令對黃沙進行測量。這些活動，特別是1816年那次，在西方文獻中有諸多記載（見4.5）。以國際法視之，此舉等同宣示了對黃沙的主權。

3. 明命帝時期的《大南寔錄》和《阮朝硃本》

嘉隆帝去世之後，明命帝登基。明命帝時期關於黃沙的記錄主要集中在1833-1836年。這些事蹟在《大南寔錄》中都有記載。《正篇》第一零四卷（1833，圖109）：

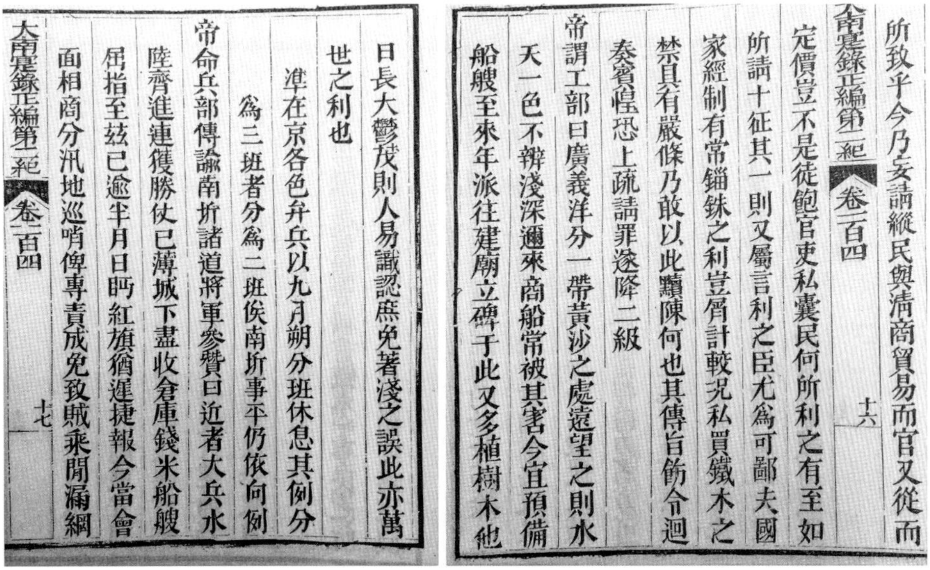

所致乎今乃妄請縱民與淸商貿易而官又從而
大南寔錄正編第二紀　卷一百四　十六
定價豈不是徒飽官吏私囊民何所利之有至如
所請十征其一則又屬言利之臣尤爲可鄙夫國
家經制有常錙銖之利豈胥計較況私買鐵木之
禁具有嚴條乃敢以此黷陳何也其傳旨飭令迴
奏奮惶恐上疏請罪遂降二級
帝謂工部曰廣義洋分一帶黃沙之處遠望之則水
天一色不辨淺深邇來商船常被其害今宜預備
船艘至來年派往建廟立碑于此又多植樹木他
日長大鬱茂則人易識認庶免著淺之誤此亦萬
世之利也
準在京各色弁兵以九月朔分班休息其例分
爲三班者分爲二班俟南圻事平仍依向例
帝命兵部傳諭南圻諸道將軍參贊曰近者大兵水
陸齊進連獲勝仗已薄城下盡收倉庫錢米船艘
屈指至茲已逾半月日眄紅旗猶遲捷報今當會
面相商分汛地巡哨俾專責成免致賊乘閒漏網
大南寔錄正編第二紀　卷一百四　七

圖109　《大南寔錄》第二紀，第一〇四卷

帝謂工部曰：廣義洋分一帶黃沙之處，遠望之則天水一色，不辨深淺。邇來商船常被其害。今宜預備船艘，至來年派往建廟立碑於此。又多植樹木。他日長大鬱茂，則人易識認，庶免著淺之誤。此亦萬世之利也。[106]

《正篇》第一二二卷（1834，圖110）

遣監城該隊張福士率水軍二十餘人乘船往廣義省之黃沙島描此圖本。歸。帝問該處物產。福士奏曰：「此處乃海中沙灘，渺茫無際；僅有清人往返捕魚捉鳥耳。」因以在此捕獲之魚、鳥、鱉、螺、蚶蛤等獻於帝，皆罕見之物。帝召侍臣往看，並賞賜歸來之人銀錢有差。[107]

---

[106]《大南寔錄》第二紀，卷五十，東京慶應義塾大學語學研究所，1961，2905（245）。
[107] 同上，3198（118）。

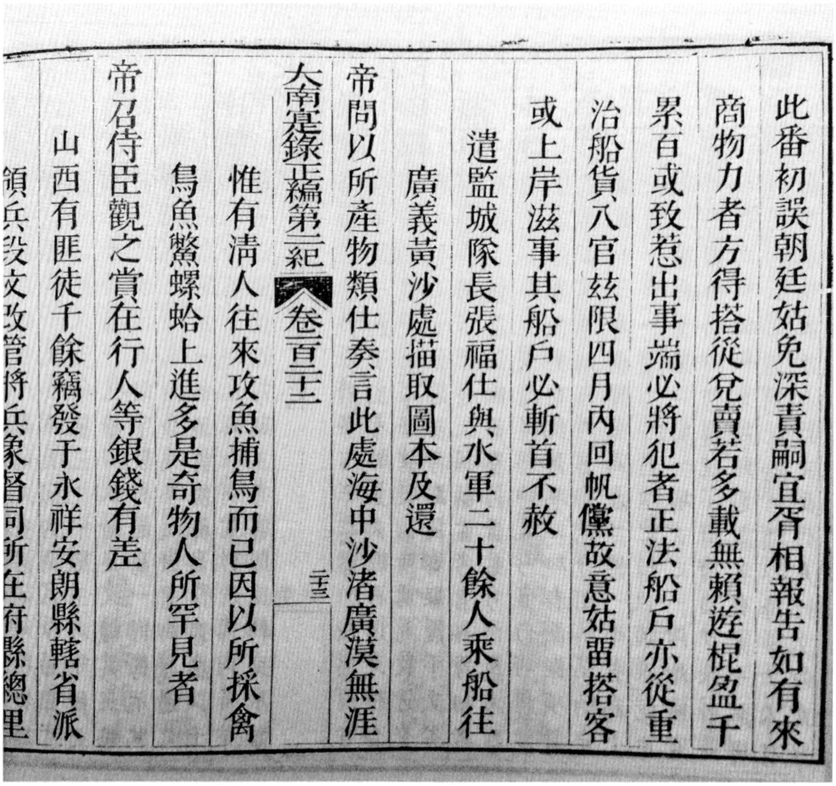

此番初誤朝廷姑免深責嗣宜胥相報告如有來
商物力者方得搭從兌賣若多載無賴遊棍盈千
累百或致惹出事端必將犯者正法船戶亦從重
治船貨入官玆限四月內回帆儻故意姑留搭客
或上岸滋事其船戶必斬首不赦
遣監城隊長張福仕與水軍二十餘人乘船往
廣義黃沙處描取圖本及還
帝問以所產物類仕奏言此處海中沙渚廣漠無涯
大南寔錄正編第二紀 卷百二十二 二三
惟有清人往來攻魚捕鳥而已因以所採禽
鳥魚鱉螺蛤上進多是奇物人所罕見者
帝召侍臣觀之賞在行人等銀錢有差
山西有匪徒千餘竊發于永祥安朗縣轄省派
領兵沒文攻管將兵象督司所在府縣總里

圖110　《大南寔錄》第二紀，第一二二卷

《正篇》第一五四卷（1835，圖111）

建廣義黃沙神祠。黃沙在廣義海分，有一處白沙堆，樹木森茂。堆之中有井，西南有古廟，牌刻萬里波平四字。去年帝將於此建廟立碑，適因風濤弗果。至是乃遣水軍該隊範文原率監城兵匠，與廣義平定二省夫船，運往材料，建立廟宇【隔古廟七丈】。廟之左豎石碑，前設屏障。旬日工竣而還。[108]

[108] 同上，3364（164）。

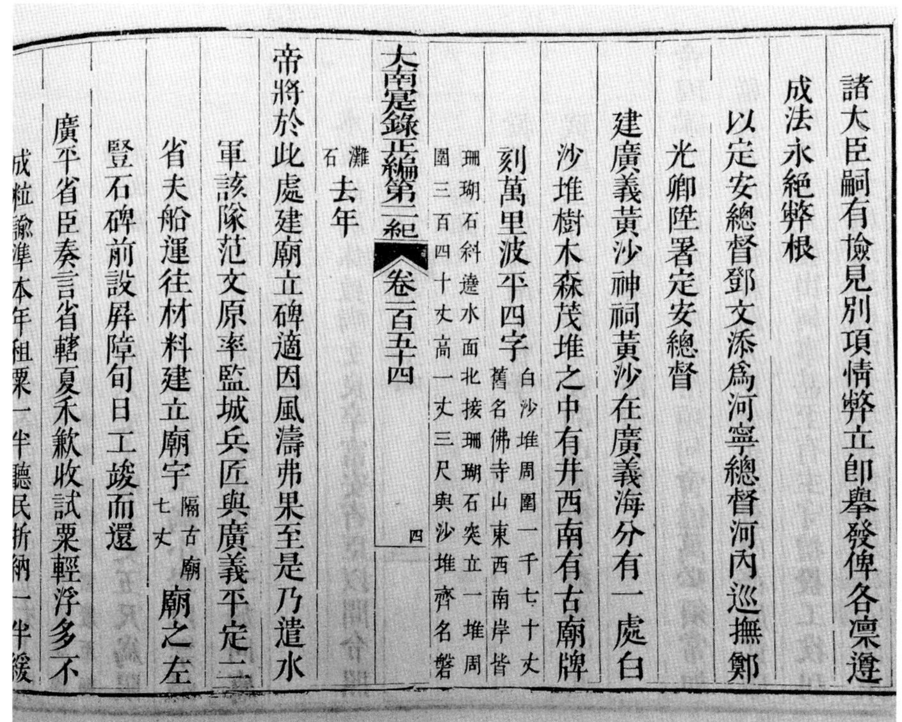
諸大臣嗣有撿見別項情弊立卽舉發俾各凜遵
成法永絕弊根
以定安總督鄧文添爲河寧總督河內巡撫鄭
光卿陞署定安總督
建廣義黃沙神祠黃沙在廣義海分有一處白
沙堆樹木森茂堆之中有井西南有古廟牌
刻萬里波平四字白沙堆周圍一千七十丈舊名佛寺山東西南岸皆珊瑚石斜遶水面北接珊瑚石突立一堆周圍三百四十丈高一丈三尺與沙堆齊名磐
石灘去年

大南寔錄正編第二紀　卷百五十四　四

帝將於此處建廟立碑適因風濤弗果至是乃遣水
軍該隊范文原率監城兵匠與廣義平定二
省夫船運往材料建立廟宇隔古廟七丈廟之左
豎石碑前設屏障旬日工竣而還
廣平省臣奏言省轄夏禾歉收試粟輕浮多不
成粒請準本年租粟一半聽民折納一半緩

圖111　《大南寔錄》第二紀，第一五四卷

《正篇》第一六五卷（1836，圖112）

工部奏言：本國海疆黃沙處最是險要。前者曾派描繪圖本，而形式廣邈，僅得一處，亦未明晰。所應年常派往遍探，以熟海程。請自本年以後，每届正月下旬，遴派水軍弁兵及監城，乘烏船一艘，以二月上旬抵廣義。據廣義、平定二省雇撥民船四艘向引，駛往黃沙的處。不拘何島嶼沙洲，凡駛到者，即照此處長橫高廣周圍及四近海水深淺，有無暗沙石磯，險易形式如何，詳加相度，描取圖本。再照起行日由何海口出洋，望何方向駛到此處，據所曆水程計算約得幾里，又於其處望入海，岸正對是何省轄何方向，斜對是何省轄何方向，約略隔岸幾里，一一貼說明白，遞回呈進。

帝允其奏，遣水軍率隊範有日率兵船往，准帶隨木牌十，到處豎立爲志。【牌長五尺，闊五寸，厚一寸，面刻「明命十七年丙申水軍正隊長率

隊范有日奉命往黃沙相度至此留志」等字】[109]

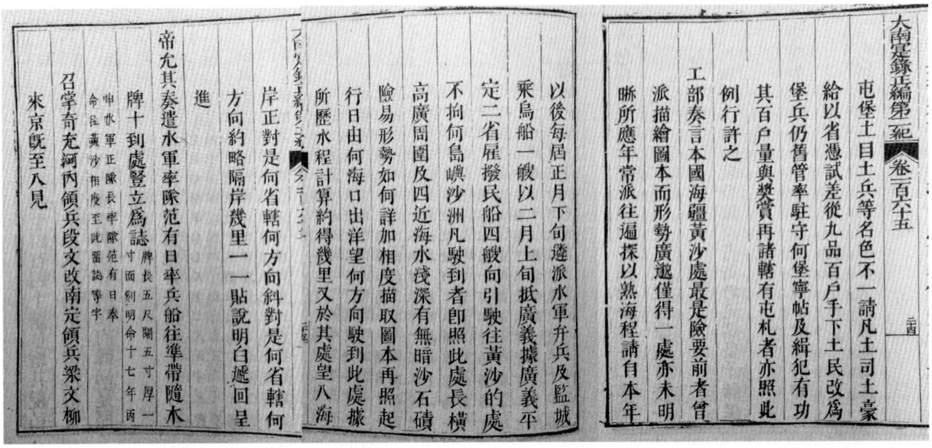

大南寔錄正編第二紀 卷一百六十五 三四

屯堡土目土兵等名色不一請凡土司土豪給以省憑試差從九品百戶手下土民改為堡兵仍舊管率駐守何堡寧帖及緝犯有功其百戶量與獎賞再請轄有屯札者亦照此例行許之

工部奏言本國海疆黃沙處最是險要前者曾派描繪圖本而形勢廣邈僅得一處亦未明晰所應年常派往遍探以熟海程請自本年以後每居正月下旬遴派水軍弁兵及監城乘烏船一艘以二月上旬抵廣義據廣義平定二省雇撥民船四艘向引駛往黃沙的處不拘何島嶼沙洲凡駛到者即照此處長橫高廣周圍及四近海水淺深有無暗沙石磧險易形勢如何詳加相度描取圖本再照起行日由何海口出洋望何方向駛到此處據所歷水程計算約得幾里又於其處望入海岸正對是何省轄何方向斜對是何省轄何方向約略隔岸幾里一一貼說明白遞回呈進

帝允其奏遣水軍率隊范有日率兵船往準帶隨木牌十到處豎立為誌牌長五尺闊五寸厚一寸面刻明命十七年丙申水軍正隊長率隊范有日奉命往黃沙相度至此留誌等字

召掌奇充河內領兵段文改南定領兵梁文柳來京既至入見

圖112 《大南寔錄》第二紀，第一六五卷

這個時期，明命帝對黃沙有更多的行政措施。1833年他命令在黃沙某島上建一座廟和植樹，建廟和植樹的原因是爲了讓航海的人容易定位（相當於燈塔），以便利船隻的航行。1834年，他派人前往黃沙勘探並繪製黃沙地圖。同時，越南還在黃沙上建立古廟，1835年建成。1836年，明命帝不滿足於上一次繪製的地圖，命令在以前的基礎上進一步勘探測量更加詳細的水文資料。同年，他命令水軍在島上設立木樁。木樁上寫著「明命十七年丙申水軍正隊長率隊范有日奉命往黃沙相度至此留志」，再一次宣示了對西沙的主權。同時，也確認了黃沙屬「本國海疆」。這一系列的歷史事件說明，十九世紀早期以來，越南對「黃沙」這個地方一直存在有效的治理。越南對於「黃沙」也就是西沙群島這個地方的主權體現是非常充足的。

《大南寔錄》中的記載並不是孤證。在越南歷史檔案中保留了很多明命朝的奏章與批示，被彙編爲《阮朝硃本》（*Châu bản triều Nguyễn*）。這些第一手的原始史料證明了《大南寔錄》中對黃沙隊記載的眞確性，並

【109】同上，3827（327）。

可補《大南寔錄》的不足[110]。這裡節錄幾則加以說明。

1830年一艘法國船在西沙擱淺，而求助於越南水師。此事在《大南寔錄》中沒有記載，但在《硃本》中有四則記錄，內容大同小異。這裡僅僅記錄一則。

明命十一年六月二十七日（1830年，圖113）：

本年月二十日寅望，富浪沙商船船主嘟嗚吱並派員黎光瓊等駕海駛往呂宋商貿。事經申報在案。二十七日寅刻忽見財副之依哰蘭水手十一名乘杉板一艘入本汛。稱謂本月二十一日夜二鼓，船經黃沙西面偶爾著淺，水入船心深八尺餘。商同拱取官銀二廂並些少伙食，分乘杉板二艘，乘順越回第，船主嘟嗚吱離蘭並泳員所乘之杉板一隻後行。未至。臣即訪撥本汛巡船，裝載清水出洋尋覓。業已疏報，午刻遇昔嘟嗚吱離蘭派員。水手該十五員名現已護送回汛，人銀均尋全完。再泳員之黎光瓊等均稱現方勞渴患病，懇數日後平復迅即上。[111]

該四則奏本的意思是：峴港海口守禦官報告，在當月二十日，法國的一條商船承載越南的一名官員黎光瓊一起出發到菲律賓馬尼拉。在二十一日路過黃沙西面的時候擱淺。他們乘坐兩艘小舢板，從黃沙往越南海岸返回，其中一艘在二十七日成功返回港口，但船主所乘坐的一艘則迷失了。接到報告後，越南水師立即加派人手搜索，並帶上清水。終於在午後找到這艘船。船上的人全部得救。

這個事件中的黃沙可以肯定為西沙群島。第一，峴港在越南中部，只要向西直行就能到達馬尼拉，而路線上就會經過西沙。第二，法國船隻航海能力強，亦需要22小時才能從港口到達西沙群島西側。而擱淺之後，他們從二十一日擱淺到二十七日，用小船才回到越南海岸附近，這顯然不是一個短距離（雖然沒有材料說明他們什麼時候往回開，但不會太晚）。根據這些時間推算，這裡的黃沙肯定不可能是中國專家所說的越南海岸附近

[110] 硃本選集，另見http://cn.vietnam.vn/content/733cf15ad9224f8787d16c3b635260b6.html。

[111] 硃本選集。55-81頁。因紙張破碎，有的字跡並不能完全辨認。

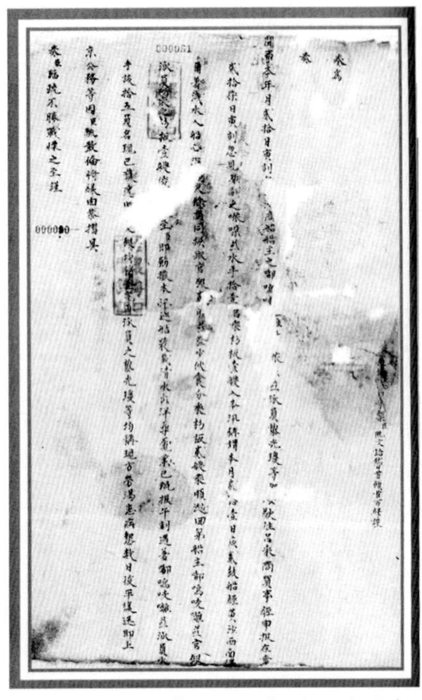

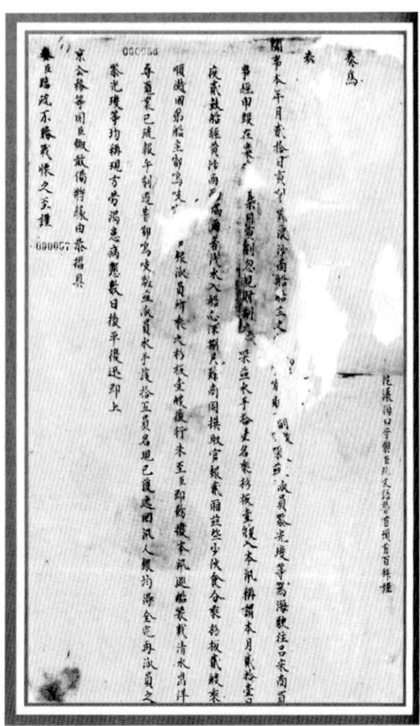

圖113　硃本選集，1830年關於法國商船

的小島。第三，1832年，越南外交官李文馥出使菲律賓時路過西沙，同樣也遇上險境（見後）[112]，可資助證。但是，這個事例對證明越南在西沙的主權沒有什麼幫助，因爲實際的救助發生在越南沿岸附近，因爲他們午後就找到了迷失的第二艘小船，顯然離岸不太遠。

剩下的《硃本》中的內容還有十二則是在明命十四到十九年間（1833-38）每年派遣黃沙隊到黃沙執行任務的記錄，這可視爲越南對黃沙連續地行使了主權的證據。這些事例在《大南寔錄》中均有記載，可以互爲印證和補充細節，這裡只摘取兩則。明命十六年七月十三日（1835年，圖114）：

【112】《東行詩說草》之〈望萬里長沙作〉，轉引自特考，19頁。

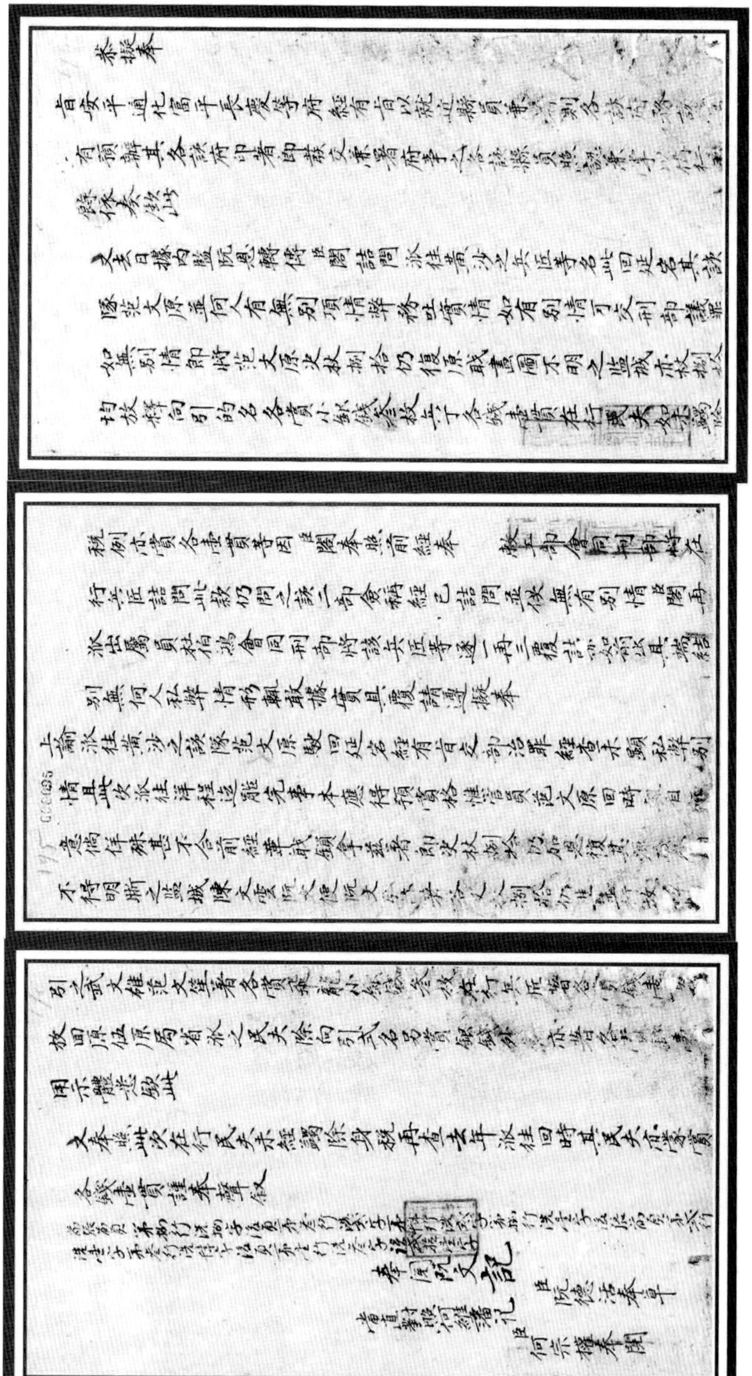

圖114　硃本選集，明命十六年七月十三日

旨著交三法司會審具奏欽此

又去日，據內監視阮恩轉傳臣閣詰問，派往黃沙之兵匠等名，此回延宕，其該隊範文原並何人有無別項情，弊務吐實情。如有別情，可交刑部議罪，如無別情，即將範文原決杖八十仍複 原職。畫圖不明之監城亦杖八十，均放釋。向引的名各賞小銀錢三枚，兵丁各錢一貫，在行民夫如未蠲除稅例，亦賞各一貫。

上諭派往黃沙之該隊範文原，駛回延宕，經有旨交部治罪經查未顯私弊別情，且此次派往洋程亦能完事，本應得預賞格，惟管員範文原回時輒自恣意倘佯殊甚不合前。經革職鎖拿茲，著即決杖八十，仍加恩複其原職，畫圖不得明晰之監城。陳文雲、阮文便、阮文宏亦杖八十，仍加恩向引之。武文雄、範文笙著各賞飛龍小銀錢三枚，在行兵丁著各賞銀錢一貫，放回原伍。原省派之民夫，除向引二名另賞銀錢外，亦著賞銀錢各一貫，用示體悉。欽此 。[113]

硃本內容顯示，阮朝對派往黃沙的人員有賞有罰，可見這種在黃沙的行動完全是出於國家意志，並且受到正式的行政規管。

明命十九年六月二十一日（1838年，圖115）：

工部奏、茲接派往黃沙□□部司杜懋賞侍衛黎仲伯等現回抵部臣等略問、據稱、此次經到三所該二十五嶼【內這年節次經到十二嶼。內這年未曾經到十三嶼】。仍據向引武文雄等稱謂、這黃沙全處該四所、此次現到已得三所、惟一所係這各處之南、相隔稍遠。因日下南風盛發、節候就晚、未便駛往、懇容到次年再往一次等語。再據見遞回圖本四幅【別畫三幅、合畫一幅】、經照所畫未甚明白。又日記一本現未精繕。懇容臣部評問。並飭令改繪精繕續進。又據該等詳稱、此行間有撿獲紅衣銅砲一位並赤珊瑚石、海巴甲、生烏各項、茲現遞回。輒敢先將大略聲敘具奏。[114]

【113】硃本選集，106-115頁。

【114】硃本選集，172-177頁，另見Ủy ban Nhân dân huyện Hoáng Sa, Ký yếu Hoàng Sa,Đà Nẵng: Nhà Xuất bản Thông tin và Truyền thong, 2012, p29。

這則記錄說明，越南在黃沙已經測繪了二十五個島嶼，並畫有四幅地圖。這種測繪是比較細緻的。

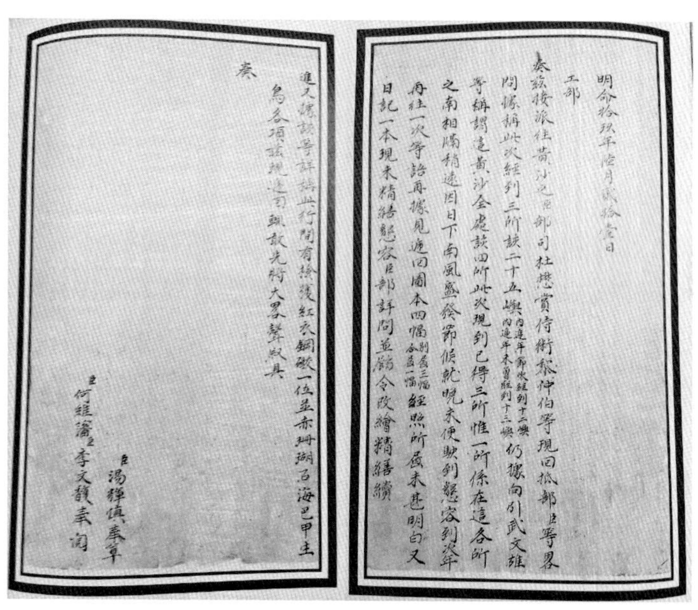

明命拾玖年陸月貳拾壹日
工部
奏茲接派往黃沙之臣部司杜懋賞侍衛黎仲伯等現回抵部臣等畧
問據稱此次經到三所該二十五嶼（內遞年節次經到十二嶼內遞年未曾經到十三嶼）仍據向引武文雄
等稱謂這黃沙全處該四所此次現到已得三所惟一所係在這各所
之南相隔稍遠因日下南風盛發節候既晚未便駛到懇容到次年
再往一次等語再據見遞回圖本四幅（別為三幅合為一幅）經照所爲未甚明白又
日記一本現未精繕懇容臣部詳問並飭令改繪精繕續
進又據該弁等詳稱此行間有撿獲紅衣銅礮一位並赤珊瑚石海巴甲生
烏各項該現遞司飆敢先將大畧聲敘具
奏
臣湯轉鎮奉草
臣何維藩臣李文馥奉閱

圖115　硃本選集，明命十九年六月二十一日

4. 明命帝之後的記錄

紹治年間，儘管正史對黃沙的記錄已經減少，但從硃本中仍然可以看到水軍和黃沙隊的活動。在紹治七年一月二十六日，工部上書：

奏紹治五年六月日奉敕，著部存記紹治六年停派往探黃沙，矣至次年覆奏候旨等因欽此。[115]

在紹治七年（1847）十二月二十八日，工部尚書報告皇帝需要推遲一次航行，皇帝批准。

工部奏奉照本國海疆之黃沙處。遁年例有派出兵船往探以熟海程。紹

【115】硃本選集，188-189頁。

治五年六月日欽奉聖訓、紹治六年停其派往。至次年覆辦、欽此。本年正月日臣部經奉具由聲覆、欽奉聖筆硃批停欽此。頗開春已屆往探之期、所應預先整備。第照之日下公務稍屬殷繁。其開年往探黃沙、請應停派、俟至下年再行。覆奏候旨遵辦。輒敢聲敘具奏。[116]

此兩硃本互相呼應。紹治年間，在黃沙的活動雖然繼續，但是已經開始出現拖延的狀況了。到了嗣德朝，對黃沙並沒有太多記載。在1867年，一批黃沙隊員在黃沙失事，皇上給予英雄的稱號。[117]在1869年12月22日，有奏報稱540名來自福建的商船在黃沙遇難，被官員解救。[118]但是筆者沒法找到原文，故不能肯定其眞實的語境究竟如何。之後，再無關於黃沙的官方記載。

5. 其他的史地記載

除了正史和奏章的記錄，在越南的一些其他官方史籍裡也能找到黃沙的記錄[119]。它們大部分和以上記載重複，但也有一些攜帶新的信息。這裡取兩例：

《越史綱鑒考略》（*Việt sử cương giám khảo lược*）。嗣德朝開始編撰《欽定越史綱鑒綱目》，該書在1859年完成，其後於1871、1872、1878等年續修，至建福元年（1884）始行刊布。阮通是其中的主修之一。在編訂此書之餘，他又另行編著《越史綱鑒考略》（1877），其中有對萬里長沙的記載：

萬里長沙

萬里長沙在廣義省哩山島【俗呼外嶗，唐人曰外羅】望東開舟三晝夜可至。我大越國常揀安海、安永二户丁壯置黃沙隊，採取海物。每歲二月

[116] 硃本選集，196-198頁。

[117] SOPSI，pp69.

[118] 硃本選集，18頁。

[119] 除了以下兩種之外，還有《欽定大南會典事例》和《國朝正編撮要》等。

往，八月歸。

沙洲自東而南，一起一伏，不知幾千幾百里。中有深澳，舟可灣泊。洲上出甜水。海島多不知名。有古廟，瓦蓋，區額刻「萬里波平」四字，不知何代所建。軍人往辰常攜南方菜核散播廟内外，冀成以爲認識。自黄沙隊罷，近來無複向若者。昔人傳記，多稱海外「十洲三島」之勝，由今觀之，不可謂無其地，但以爲神仙密宅，則妄耳。[120]

這部著作把黃沙隊的活動範圍稱爲「萬里長沙」，但從記敘來看，這個地點顯然就是正史中一直提及的黃沙。這裡說到「自黃沙隊罷，近來無複向若者」。說明在1877年，黃沙隊的活動已經停止一段時間了。因此，十九世紀六〇年代可能就是黃沙隊結束活動的時間。

《大南一統志》（*Đại Nam nhất thống chí*）是另一部嗣德朝開始編撰的書。該書從1865年開始編撰，到1882年完成。但當年嗣德帝駕崩，隨後法國入侵，於是一直沒有頒布。直到1910年才正式刊行。作爲正式的官方地理志，當中也有提到黃沙（圖116）。

形勢。東横沙島【黄沙島】連滄海以爲池，西控山蠻，砌長壘一爲固，南鄰平定，石津崗當其沖，北接廣南，沙土攤爲之限。[121]

理山島。在平山縣東海中，俗名岣嶗哩島，四面高中凹，可數十畝……[122]

黄沙島。在哩島之東，自沙圻海岸放洋順風三四日夜可至。島上群山羅列，幾一百三十餘峰相隔，或一日程，或數更許。島之中有黄沙洲，延袤不知幾千里。俗名萬里長沙洲。上有井，甘泉出焉。海鳥群集，不知紀極。多產海參玳瑁文螺鼋鱉等物，諸風難船貨物彙集於此。國初置黄沙隊七十人，以永安社民充之。歲以三月出洋采海物，八月由思賢海口回納。又置北海隊令黄沙隊監管，往北海崑崙諸島覓采海物。島之東近傾國海南

[120] 越南彙編，289頁。

[121] 《大南一統志》，東洋文庫版，第六卷廣義省，754頁。

[122] 同上，780頁。

瓊州府。嘉隆初仿舊制置黃沙隊尋罷之。明命初常遣官船至其處採訪海程[123]

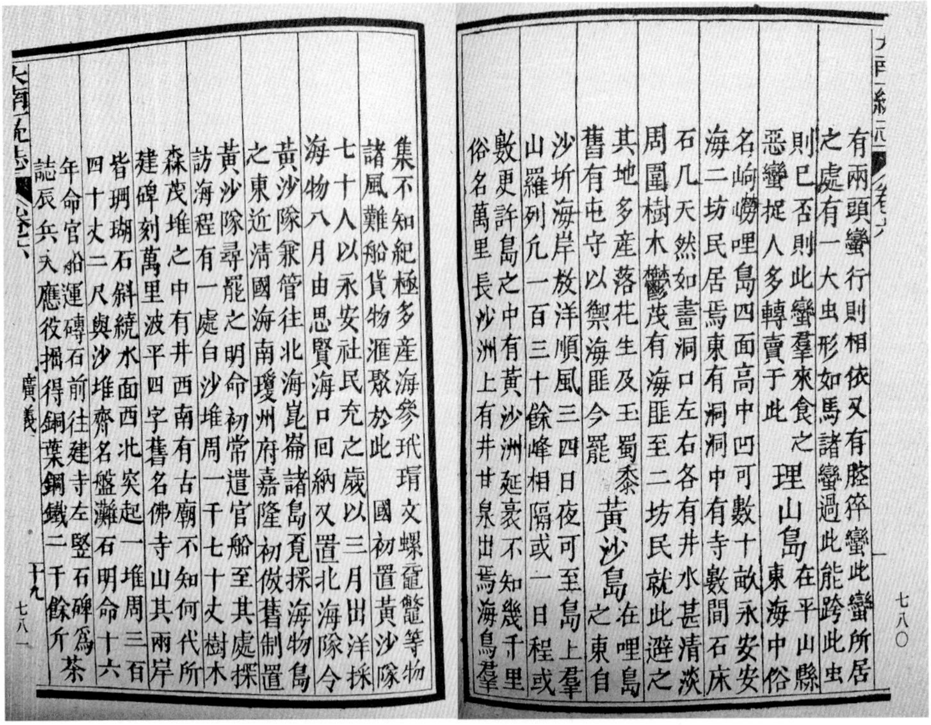

圖116　《大南一統志》

《大南一統志》是越南正式的官方地理著作，其性質等同《大清一統志》，權威性不容置疑。中國專家在解釋上面的第一句話的時候，通常說「東横沙島」的横是黃的別字[124]。其實這裡的「横」是一個動詞，東横與緊接著的西控、南鄰、北接等的動詞相對應。而黃沙島是對「沙島」二字的解釋。因此，「東横沙島連滄海以爲池」是形容黃沙島和廣南省陸地把之間的廣闊海域圍而成池。這個海域必然是廣闊的，否則不能稱爲滄

[123] 同上，780-781頁。

[124] 李金明，〈越南黃沙、長沙非中國西沙南沙考〉，《中國邊疆史地研究》，1997，第二期。

海。這樣黃沙島必然是離岸相當遠的地方，而本身也延綿廣袤，根本不可能是離岸甚近的小沙州。而第二段話和第三段話顯示，越南官方把理山群島和黃沙分得很清楚，根本不存在中國專家所謂的「混爲一談」之事。在第三段話中，黃沙、萬里長沙和嘉隆及明命時期的黃沙隊也再次聯繫在一起，證明當時黃沙隊所前往的正是《撫邊雜錄》中的黃沙渚。

此外，1832年越南外交官李文馥出使菲律賓。他在《東行詩說草》的〈望萬里長沙作〉的序文中描述了西沙群島的地理，還描述了船隻在這一帶的的險狀：

> 萬里長沙爲一條自海中浮起之白沙堆，西連廣義洋分，東夾呂宋國洋分，北接廣東、福建諸省洋分。迤邐橫延、無法測度。此乃古往今來之第一危險處所也……
>
> 壬辰（1832年）五月十四日，船（定祥）出廣義界，已入平定海分。計算無誤，一條直路，朝針指卯乙方向而進。不料風逆、水急，船不能進。次日正午，翹首遙望，猛見沙灘，沙色朦朧，天涯皆白……[125]

這裡的呂宋是指呂宋島，它幾乎在越南廣義省的正東面，兩者之間正是西沙和中沙。「北接廣東、福建諸省份」的描述也進一步證明他所指的萬里長沙是西沙，因爲只有西沙才能「北接廣東」。

從他行船的旅程看，他先稍稍向南開往平定省的洋面，再沿著東面（卯則正東，乙則是正東稍稍偏南）行駛。從地圖上可知，越南平定省和菲律賓馬尼拉基本在同一緯度，所以向東行走就是一條直路了。這條直線位於西沙和中沙的南面不遠，距南沙的北面有一定距離。因此，這裡的萬里長沙當是指西沙群島。

4.4　越南地圖中的黃沙灘

越南自己繪製的古地圖中有關越南中南部的畫法以阮朝建立

[125] 特考，19頁。

（1802）爲界分爲截然不同的樣式。阮朝之前地圖多由北方政權所繪製，他們對南方的地理知之甚略。因此，在這些地圖上，如果包括越南中南部的範圍的話，多半對其海外的島嶼畫得不準確。這當然也和東方式的地圖對海外島嶼的畫法有關。在東方傳統中，海外島嶼重意不重實，島嶼無論是什麼形狀的，多以圓圈代表，而其位置的準確度也僅僅以和大陸海岸相對的位置爲準，至於和海岸線相隔多遠，並沒有準確要求。於是在這些地圖上，陸地甚至大陸海岸線的地圖畫得相對準確，但是在遠海的島嶼卻變形甚大（參見3.6）。

越南阮朝之前的地圖可以用4.2.2中分析過的《纂集天南四至路圖書》的地圖以及《交州志．廣南處圖》（明命朝重繪本）、《黎朝過廣南路圖》（據1741年重繪天南路圖）以及迪穆蒂埃（Gustave Dumoutier）留下的《黎朝過廣南路圖》（迪穆蒂埃重繪本）爲代表。如前所述，這些地圖上，黃沙灘都畫成在越南對開海面的南北向的長形的區域。中國專家認爲這些圖上黃沙灘畫得離岸太近而否認它們爲西沙群島，也有一定道理。但是按照對古代東方地圖的標準衡量，特別是中國古地圖上長沙與石塘的畫法，也並不能完全否認這個島嶼是西沙群島。

十九世紀的《大南一統全圖》[126]是另外一張重要的地圖。法國人拉皮克（P.A. Lapicque）在1929年的《論帕拉塞爾群島》（*A propos de Iles Paracels*）中最早公布這幅地圖[127]（圖117）。按照這本書的說法，該圖是1834年《皇越地輿誌》中的地圖。這張地圖具體是什麼時候畫的尚無定論。據越南專家武龍犀的說法，這幅地圖是越南副總理助理兼國會聯絡員朱玉崔先生所蒐集的一個手抄本，同時因爲越南在1838年才頒發「大南」的國號，所以該圖肯定在1838年之後，因此「這幅地圖可能是法屬時期以前專門負責編纂阮朝正式史地典籍的國史館的個人或集體的作品」。[128]

---

[126] HSTSA，51頁。越南匯編，255頁。

[127] Lapicque, P. A. , *A propos des iles Paracels, Les Editions D'extreme-Asie*, Saigon, 1929, p5.

[128] 武龍犀〈黃沙和長沙兩群島的地名學問題〉，特考，276頁。所謂此圖是朱玉崔蒐集的說法，當不是事實，大概是指朱玉崔也蒐集了和Lapicque一樣的圖的意思。

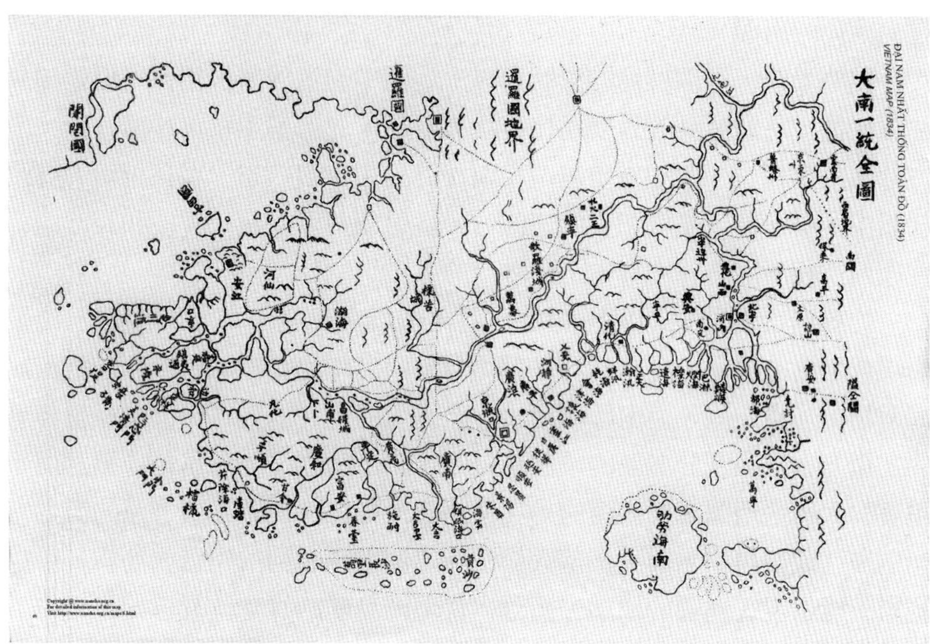

圖117　《大南一統全圖》

中國學者如李金明等質疑這是「屬製作時間不詳，製作者不明的私人流傳的非正式抄本，類似這種私人繪製的輿圖，可以用來評論製圖人的學養好壞，在法律上卻不一定是充足證據」[129]。地圖的眞確性不在本書討論範圍之內，除非有確鑿的證據，本書中總是默認這些材料是眞的。筆者向來不認爲僅憑一幅地圖就能作爲判斷某國擁有某個島嶼的依據。但是私人繪製的地圖是有史料價值的，而不是僅僅「可以用來評論製圖人的學養好壞」這麼簡單。中國方面列出的大部分地理學著作都是私人著作，但並不妨礙中國專家用來證明中國對西沙和南沙的主權。可見李金明在這裡又採用了雙重標準。

這幅地圖繪製越南陸地的準確程度十分高。在越南中南部海岸線之外，有一個南北向分布的群島，群島外圍畫著一條虛線（其意義不明），除了南部的幾個島嶼之外，幾乎把群島的所有島嶼都包括在內。北部的群島注明了「黃沙」二字，南部的群島注明了「萬里長沙」四字。整個群島

【129】疆域研究，78頁。

在海南島的南面。

粗略看來，這個群島的形狀和以上地圖中的黃沙灘很相似，但是如果注意比例，這個群島的長度遠比黃沙灘要長，北方基本和黃沙灘一致，南方伸展到慶和省。慶和省是越南和南沙群島相對的一省，現在越南的行政規劃中，南沙群島屬慶和省的一部分。從這個角度來看，黃沙和長沙的緯度與西沙和南沙的緯度基本上是吻合的。

比較有疑問的是經度，也就是這兩個群島到越南海岸的距離。如果用現代地圖的標準，這兩個群島都距離越南海岸比實際的近。西沙應該比海南島更加東一些，而南沙更應該遠離越南海岸。但是正如上文反覆強調的，東方古地圖關於海島的位置都是不準的，所以這些海島是「重意而不重實」。這些地圖想要表達的是在某個海岸線之外或者某個遙遠的海外有一個島（或群島），而不指望人們依靠這個地圖能夠找到這些島嶼，所以絕對不能用現在地圖的標準去衡量古代地圖島嶼的眞實位置。如果看一下同期的《海國圖志》和《瀛寰考略》（見5.3），就會認同《大南一統全圖》中這兩個群島的準確性都在中國同期的地圖之上。由此，這兩個島嶼分別指西沙和南沙群島是可以接受的。

李金明還認爲這兩個島嶼的畫法很像1820年之前的西方地圖上帕拉塞爾群島的畫法，而在這個時期，這個區域的帕拉塞爾群島並不是現在的西沙群島[130]。如4.1.2中的分析，在1810-20年之前的西方地圖上，確實在越南海岸東部都畫了一群從南向北的群島，但是這些群島其實都是不存在的，在越南東部海岸並沒有分布著這一系列的島嶼。這是由於西方繪圖從不精確（以現代的標準）到精確的過程中所產生的混亂以及以訛傳訛的結果。雖然無法完全排除《大南一統全圖》參考了一些西方的地圖的可能，但從整幅圖來看，它還是一份東方式的地圖。4.2和4.3節所列舉的多種材料都可以證明越南當時是知道了西沙群島，越南海岸線之外也沒有其他可以稱爲長沙和黃沙的大範圍島嶼。所以沒有理由認爲越南人會把一群不存在的島嶼畫在自己的地圖上。僅僅憑相似（而不是相同），就認爲這兩個群島是指一群不存在的群島是武斷的。很可能，作者知道了南沙群島，也

【130】疆域研究，75-80頁。

清楚它在慶和省的海外，但是具體位置不明，於是把南沙群島畫在這個位置（或者還參考西方的帕拉塞爾危險區的畫法）。

那麼這幅地圖有沒有表示黃沙和萬里長沙是越南的一部分呢？和中國的地圖相比，這幅圖中對黃沙和萬里長沙屬越南一部分的這個概念表達比較明顯。這幅圖中，黃沙和萬里長沙沒有含混於一堆外國地名當中。僅有暹羅國和闍閦國這兩個外國，都是在西面，而且和越南本土區別非常明顯。唯一存在疑問的是在這幅圖上有岣勞海南（海南島）的字樣。這幅圖並沒有把海南島和越南國土作出明顯的區分，甚至有認爲海南屬於越南之嫌。

海南島在當時無疑是中國的領土，這幅圖這樣處理海南島顯然是錯誤的。這個「錯誤」的根源可能是越南人一直認爲海南島是越南的故土。比如武海鷗的〈越南對黃沙和長沙兩群島的主權非常明確，不容爭辯〉就說「海南過去是越南國的一個島嶼，漢武帝時搶奪該島，並劃爲中國的兩個州」[131]。歷史上，越南人一直懷有收復海南的心思。在中法戰爭期間，海南黎族起義，還有越南人認爲法國當時不替越南一舉「收復」海南，乃是錯失了好時機[132]。因此，《大南一統全圖》把海南畫在地圖上，而且用越南的名稱（岣勞海南），可能是反映了作者的意圖。無可否認，這種表達方式和現實不相符，但這無損於作者對「黃沙」和「萬里長沙」屬越南的意圖，也無損於這幅地圖所表達的主權意識。

筆者一向認爲對於地圖證據需要總體地把握，除了看「擁有」某個地區的地圖，也要看同時代「不擁有」某個地區的地圖，這樣才能準確地反映當時眞實的認知。

在越南十九世紀中後期的地圖中，筆者找到了三幅不包含黃沙和萬里長沙的地圖。第一張是1839年的《大南全圖》（圖118），可能是一份私人作品；一張是1860年代的《大南一統地圖》（圖119），是嗣德皇帝時期的官方作品（這兩張圖都引自John Whitmore的論文Cartography in

---

【131】〈越南關於西南沙群島主權歸屬問題〉，越南彙編，118頁。

【132】特考，132，137 頁。

Vietnam[133]）；第三張是越南最權威的《大南一統志》中的越南全圖（圖120）[134]。在這三幅圖上，都沒有畫出黃沙和萬里長沙。這證明，大部分的越南地圖中都沒有畫出西沙和長沙，事實上，就筆者所知，在越南舊式全國性地圖中畫出了西沙和南沙的只有《大南一統全圖》。這就大大降低了該地圖在證明西沙和南沙屬越南這個命題上的可靠性。

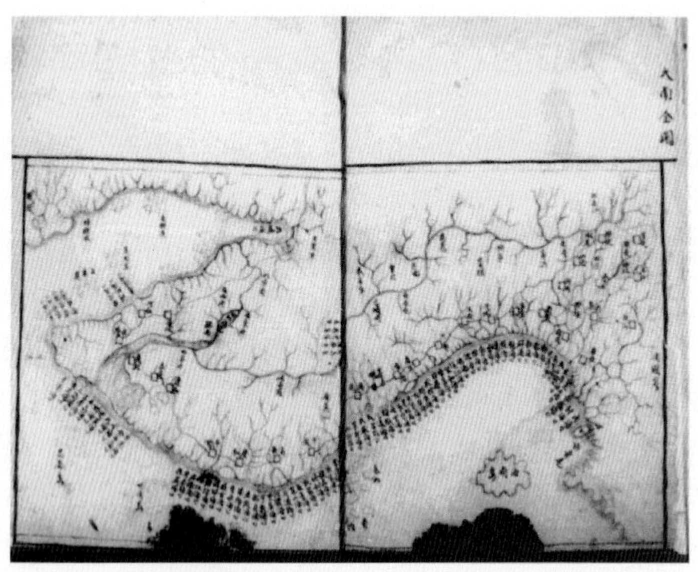

FIG. 12.19. MAP OF THE COUNTRY IN THE *ĐẠI-NAM TOÀN-ĐỒ*. The 1839 (Nguyễn) map of the entire country of Đại Nam portrays a better sense of the Mekong River system and the great lake in Cambodia (west is at the top). It is drawn in a European style.

Photograph courtesy of Hamilton Library, University of Hawaii at Manoa, Honolulu (microfilm collection, A.2559).

圖118 《大南全圖》（1839）

---

[133] *The History of Cartography, Volume 2, Book 2*, Edited by J. B. Harley and David Woodward. The University of Chicago Press, 1995. Chapter 12.

[134] 但《大南一統志》中記載了黃沙，見4.3.5。

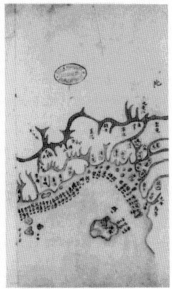

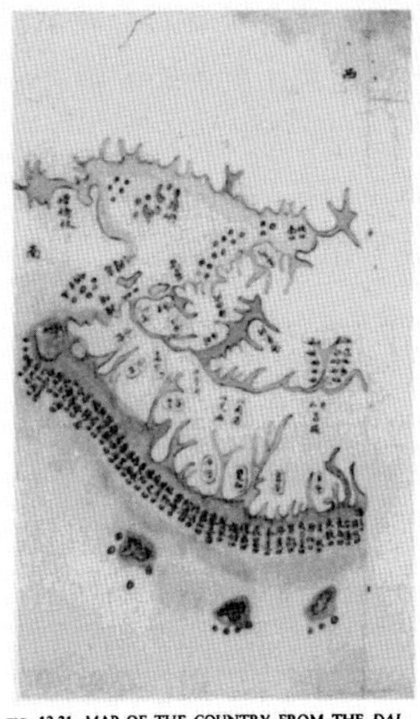

FIG. 12.21. MAP OF THE COUNTRY FROM THE *ĐẠI-NAM NHẤT-THỐNG DƯ-ĐỒ*. From the same manuscript as figure 12.20, this map shows all of Đại Nam as well as bordering countries.

Photograph courtesy of Hamilton Library, University of Hawaii at Manoa, Honolulu (microfilm collection, A.68).

圖119　《大南一統地圖》（1860s）

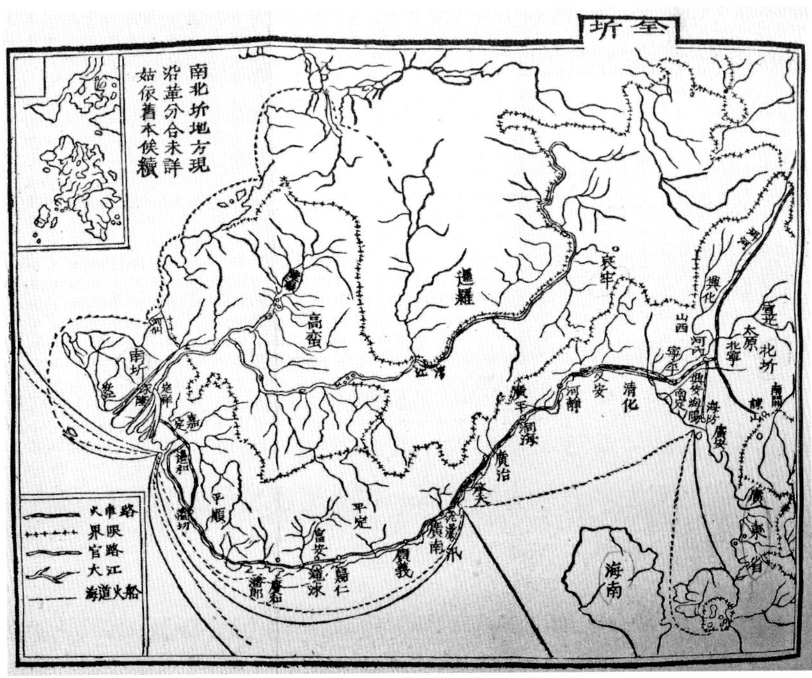

圖120　《大南一統志》中附帶地圖

在越南最新出版的《關於越南對黃沙、長沙兩個群島及越南在東海海域擁有主權的若干漢喃資料》[135]中，還蒐集了更多的阮朝之前的越南地圖。一些越南政府網站中已經把其中一些圖登出來了[136]。但是僅從這些圖還看不出它們對越南對西沙的主權證明有多大的幫助。不管怎樣，在沒有看到全面的相關信息之前，筆者無法作出可靠的評論。

4.5 西方文獻中對越南有關西沙主權的記載

西沙群島的西方名稱是帕拉塞爾群島（Paracel Islands）。西方國家（以法國爲主）對帕拉塞爾群島有大量的記錄。越南列舉出其中一些能夠證明歷史上其他國家認爲西沙群島是其領土的文獻。中國則否認歷史上的帕拉塞爾群島是現在的西沙群島。根據4.1節的研究，帕拉塞爾在歷史上確實有範圍上的變遷。在1808年之前，西方地圖上的帕拉塞爾被畫成一個相距越南海岸線大約100公里，從北到南分布的靴子狀區域。其北部（頭部）是現在西沙群島的西部，而其南部（尾部），則中止在越南中南部，另尾部有一條細線連接平順海島。在頭部東面，還有一個先稱眼鏡灘後稱海后群島的地方，地理位置大約在位於現在的西沙群島東部。在1808年探明帕拉塞爾的具體位置後，原先的頭部變成了Crescence Group，而眼鏡灘變成了Amphitrite Group，兩者並稱Paracel。

在對1810年之前有關帕拉塞爾位置進行分析的時候要注意幾點：第一，由於帕拉塞爾危險區的南北跨度很大，需要借助其他信息去確定其具體位置：其一是緯度，如果事件的發生地點注明了緯度，比如說是北緯17度附近，那必是頭部的西沙群島無疑；其二是與海岸的距離，如果在近岸，比如100公里以內，那多半可以確定爲尾部。第二，要分辨所提到的事件是僅僅經過帕拉塞爾，還是遇上海難之類。如果是遇上海難，那多半發生在西沙群島，因爲只有西沙群島一帶才是容易發生海難的地區。

[135] Một số tư' liệu Hán Nôm về chủ quyền của Việt Nam đối với hai quần đảo Hoàng Sa, Trường Sa và các vùng biển của Việt Nam ở Biển Đông, 2014.

[136] http://cn.nhandan.org.vn/mobile/special_news/item/2111901.html。

1. 沙伊諾之《交趾支那回憶錄》（1820）

沙伊諾（Jean Baptiste Chaigneau），越南名字爲阮文勝，是十九世紀時期法國海軍士兵、冒險家，也是越南阮朝將領。他自1794年開始爲阮福映（後來的嘉隆皇帝）效力，幫助嘉隆推翻西山阮氏政權建立阮朝。之後，沙伊諾成爲阮朝大將軍和參贊，被賜名阮文勝。1819年他短暫回到法國，並在1821年至1824年作爲法國駐越南領事回到越南。

1820年，沙伊諾寫下《交趾支那回憶錄》（*Le Mémoire sur la Cochinchine de Jean Baptiste Chaigneau*）[137]。作爲長期在越南生活的法國人，他對越南的一切非常熟悉，因此他的著作成爲了解當時越南的重要史料。在這本書中提到了帕拉塞爾群島。李金明的引用是這樣的：

> 交趾支那，其國王現稱皇帝，包括交趾支那本部，東京和柬埔寨的一部分，幾個距海岸不遠的有人居住的島嶼和無人居住的許多小島淺灘岩石組成的帕拉塞爾群島。只是到了1816年，當今皇帝才佔有了這一群島。[138]

根據李金明對引用的說明，這段文字其實是越南方面從法文翻譯爲越語，再被中國人從越語翻譯成中文的譯本。李金明等中國學者從這種譯本中認爲帕拉塞爾只是沿海岸不遠處的小島：「這裡著重說明了帕拉塞爾的情況，是由距離越南海岸不遠的一些小島、淺灘和岩石組成，而嘉隆皇帝當時佔領的正是這些距離越南海岸不遠，包括平順島在內的一些小島、淺灘和岩石。」[139]

然而事實上，以上這段文字的翻譯是錯誤的。這段原文是（圖121）：

[137] Publié et annoté par A. Salles, Inspecteur des Colonies en retraite, in Bulletin des Amis du Vieux Hue, No 2, Avrit-Juin 1923.

[138] 疆域研究，82頁。

[139] 同上。

Topographie: Division physique- La Cochinchine dont le souverain porte aujourd'hui le titre d'Empereur, comprend la Cochinchine proprement dite, le Tonquin, une portion du Royaume de Camboge, peu éloignées de la côte et l'archipel de Paracels, composé d'ilôts, d'écueils et de rochers inhabités. C'est seulement en 1816, que l'Empereur actuel a pris possession de cet archipel.[140]

NOTICE SUR LA COCHINCHINE FOURNIE PAR M. CHAIGNEAU (2)

Topographie : *Division phisique.* — La Cochinchine dont le souverain porte aujourd'hui le titre d'Empereur, comprend la Cochinchine proprement dite, le Tonquin, une portion du Royaume de Camboge (3), quelques isles habitées peu éloignées de la côte et l'archipel de Paracel, composé d'ilots, d'écueils et de rochers inhabités. C'est seulement en 1816, que l'Empereur actuel a pris possession de cet archipel.

La Cochinchine a pour limites au Nord, la Chine ; à l'Est, la mer de Chine ; au Sud, les états du Roi de Camboge ; à l'Ouest, le Lao. Sa plus grande dimension du Sud au Nord, s'étend du 8e au 20e degré latitude Nord : sa largeur de l'Est à l'Ouest est terme moyen de 20 à 25 lieues.

圖121 *Le Mémoire sur la Cochinchine de Jean Baptiste Chaigneau*

這裡peu éloignées de la côte（距離海岸不遠）是形容quelques iles habitées（幾個有人居住的島嶼），和後面說的l'archipel de Paracels一點關係都沒有。也就是說，距離海岸不遠是對幾個有人居住的島嶼而言的，而不是對帕拉塞爾群島而言。因此，正確的翻譯應該爲：

交趾支那，其國王現稱皇帝，包括交趾支那本部、東京和柬埔寨的一部分、幾個距海岸不遠的有人居住的島嶼，以及無人居住的許多小島淺灘岩石組成的帕拉塞爾群島。只是到了1816年，當今皇帝才佔有了這一群島。

[140] Jean-Baptiste Chaigneau, *le Memoire sur la Cochinchine, Extrait du Bulletin des Amis du Vieux Hue,* 1923, p5.

這段文字印證了《大南寔錄》中嘉隆皇帝在1816年對黃沙進行測量的事。顯然，這段文字明確說明了當時越南對「帕拉塞爾群島」的主權。

2. 克勞福德之《暹羅與交趾支那出使記》（1830）

克勞福德（John Crawfurd）是十九世紀初英國的科學家、歷史學家、東方學家和東南亞政治外交家。他本人曾經任新加坡總督（1823-1826），在1821-1822年他代表英印政府出使暹羅和交趾支那（越南），並把蒐集的資料寫成《暹羅與交趾支那出使記》（*Journal of an embassy from the Governor-General of India to the courts of Siam and Cochin China*）。他在1826年出使緬甸，也寫下了詳細的出使記。這些也是研究當時東南亞大陸歷史的第一手資料。當中對東南亞的地理和歷史的記錄很有說服力。

在《暹羅與交趾支那出使記》中他記錄了越南的地理，也提到了越南的沿海領土（圖122）。他寫道：

In the China Seas, the only considerable islands belonging to Cochin China, are Pulo Con-dore, Pulo Can-ton, correctly Col-lao Ray, and Cham-col-lao properly Col-lao Cham. All that I know of these has been already given in the Journal. Besides these, the King of Cochin China, in 1816, took possession of the uninhibabited and dangerous archipelago of rocks, islets, and sand-banks, called the Paracels, which he claims as part of his dominions, and over which his authority is not likely to be disputed.[141]

在中國海，交趾支那所屬的值得一提的島嶼只有崑崙島、理山島和占婆島。我所知道的關於它們的一切已經在我的日誌中寫下了。除此之外，交趾支那的國王在1816年佔領了無人居住且危險的由岩石、小島和沙灘組成的群島，稱爲帕拉塞爾。他聲稱這是他領地的一部分，他對它的主權似乎毋庸置疑。

---

[141] John Crawfurd, *Journal of an embassy from the Governor-General of India to the courts of Siam and Cochin China, Vol. II*, London, Henry Colburn and Richard Bentley, 1930, p244.

克勞福德有關越南對帕拉塞爾的佔領的記錄與《大南寔錄》和《交趾支那回憶錄》的記載吻合。

244 EMBASSY TO SIAM

belonging to Cochin China, are Pulo Con-dore, Pulo Can-ton, correctly Col-lao Ray, and Cham-col-lao, properly Col-lao Cham. All that I know of these has been already given in the JOURNAL. Besides these, the King of Cochin China, in 1816, took possession of the uninhabited and dangerous archipelago of rocks, islets, and sand-banks, called the Paracels, which he claims as part of his dominions, and over which his authority is not likely to be disputed.

圖122 *Journal of an embassy from the Governor-General of India to the courts of Siam and Cochin China*

3. 塔伯爾之《寰宇志，一切民族的歷史以及他們的宗教和習俗、習慣的概況》（1833）

塔伯爾主教（Jean-Louis Taberd）是從1820年起在越南進行傳教的天主教傳教士，在越南活動長達13年。直到1833年明命帝開始禁止天主教，塔伯爾才返回法國。他是一名學識豐富的學者，編著的《拉丁——越南字典》和《越南——拉丁字典》是當時最權威的越南文字典。他還編著了好幾本關於越南歷史和地理的書籍，它們都成爲了解當時越南社會的史料。

根據越南方面的說法，他在1833年的著作《寰宇志，一切民族的歷史以及他們的宗教和習俗、習慣的概況》（*Univers, histoire et description de tous les peuples, de leurs religions, moeurs et coutumes*）[142]中寫道：

【142】筆者無法找到這本書的原本，其文字引自中國翻譯的特考，215頁。另有一說是這本書的作者是Jean-Baptiste Dubois Jancigny（見Courier,p19）。可能這是一本由多個作者寫成的類似百科全書的綜合性書籍，因此對作者的說法不一。

Nous n'entrerons pas dans l'énumération des principales iles dépendantes de la Cochinchine; nous ferons seulement observer que depuis plus de 34 ans l'archipel des Paracels nommé par les Annamites Cát Vàng ou Hoàng Sa (sable jaune) véritable labryrinthe de petits ilôts de rocs et de bancs de sable justement redoutés des navigateurs a été occupé pas les Cochinchinois.

Nous ignorons s'ils y ont fondé un établissement, mais il est certain que l'empereur Gia Long a tenu à ajouter ce singulier fleuron à sa couronne, car il jugea à propos d'en aller prendre possession en personne, et ce fut en l'année 1816 qu'il y arbore solennellement le drapeau cochinchinois.

我們不去列舉屬交趾支那地區的那些主要島嶼。我們只請注意的是，早在三十四年前，被越南人稱之爲黃沙的帕拉塞爾群島——包括會使航海者非常害怕的衆多縱橫交錯的礁石島嶼和沙灘——已經被交趾支那的人所佔據。

我們不知道他們是否曾在那裡設置了一個什麼機構，但有一點可以肯定的是，嘉隆皇帝很重視在他的王冠上增添那支奇異的花朵，因爲他覺得必須由專人出海去佔有這些島嶼，於是1816年，他在那裡隆重地豎立了交趾支那的旗幟。[143]

這裡說早在1800年左右，越南已經佔領了帕拉塞爾群島，而且他還再次印證了嘉隆皇帝在1816年在黃沙的行動。最爲重要的是，他在這裡明確指出了帕拉塞爾群島就是越南人的黃沙。

4. 塔伯爾之〈交趾支那地理筆記〉（1837）與《安南大國畫圖》（1838）

在1837年，塔伯爾寫了一篇關於越南的論文〈交趾支那地理筆記〉

[143] 在中國專家的翻譯中，en personne 被翻譯爲「親自」。（見特考，216頁）。其實，en personne只是專人前往的意思，可以是親自去的，也可以是專門指定人去。這裡，當翻譯成「專人」爲宜。同時，在最後，「他在那裡隆重地豎立了交趾支那的旗幟。」也不應該理解爲嘉隆帝自己升起旗幟，而是理解爲他命令人這麼做。

（*Notes on the Geography of Cochin China*），刊登在《亞洲學會會刊》上（圖123）。文中寫道：

1837.] *Description of the Gauri Gau.* 745

The *Pracel* or *Parocels*, is a labyrinth of small islands, rocks and sand-banks, which appears to extend up to the 11th degree of north latitude, in the 107th parallel of longitude from Paris. Some navigators have traversed part of these shoals with a boldness more fortunate than prudent, but others have suffered in the attempt The Cochin Chinese called them *Cón uáng*. Although this kind of archipelago presents nothing but rocks and great depths which promises more inconveniences than advantages, the king GIA LONG thought he had increased his dominions by this sorry addition. In 1816, he went with solemnity to plant his flag and take formal possession of these rocks, which it is not likely any body will dispute with him.

圖123 *Notes on the Geography of Cochin China*

The Pracel or Parocels, is a labyrinth of small islands, rocks and sand-banks, which appears to extend up to the 11th degree of north latitude, in the 107th parallel of longitude from Paris. Some navigators have traversed part of these shoals with a boldness more fortunate than prudent, but others have suffered in the attempt. The Cochin Chinese called them Con uang. Although this kind of archipelago presents nothing but rocks and great depths which promises more inconveniences than advantages, the king Gia Long thought he had increased his dominions by this sorry addition. In 1816, he went with solemnity to plan his flag and take formal possession of these rocks, which it is not likely any body will dispute with him. [144]

普拉塞爾或帕拉塞爾是由小島岩石和沙灘組成的迷宮，它看上去一直延伸到北緯11度和從巴黎算起的經度107度。一些航海者勇敢地通過了這

[144] Jean-Louis Taberd, Notes on the Geography of Cochin China, *The Journal of the Asiatic Society of Bengal*, Vol.6, 1837, p.737-745.

一區域，憑藉運氣大於謹慎；但是另外一些嘗試則失敗了。交趾支那人把它們稱爲黃沙。雖然這種群島除了岩石和大沙灘以外別無他物，它所造成的不便多於便利，然而嘉隆皇帝認爲，佔有這塊可憐的土地也增添了他的領土。1816年，他莊嚴地在那裡插上了他的旗幟，並正式佔有這些岩石的主權，不會有什麼人會爲此和他爭議。

在這裡，塔伯爾再一次明確提到了帕拉塞爾就是黃沙，也再一次確認了它是越南的領土以及嘉隆皇帝在1816年的行動。

韓振華認爲，這裡的帕拉塞爾不是西沙群島，因爲根據同一作者1838年的一幅地圖可知，這裡的帕拉塞爾是指「自北緯17度至北緯11度……東經109度餘至110度餘止」，其位置和西沙群島毫無相似之處[145]。韓振華他並沒有在論著中出示該圖，而僅僅在注釋中宣稱該圖中所畫的帕拉塞爾「約於北緯17度至11度和東經109度至110度餘的南海海中」，即那個從南到北延伸在越南海面的「舊帕拉塞爾危險區」。韓振華在註釋中稱這是根據《特考》中的資料 ，但查《特考》，原話是「約在北緯17度和東經109多度的地方即東海地區」 ，韓振華的引用顯然大相徑庭。特別是有關經緯度的信息被韓振華完全篡改了。

其實，這幅圖是指1838年塔伯爾主教出版《拉丁——安南詞典》中所帶的附圖。此圖如此重要，爲慎重起見，筆者專門找到了原圖一查究竟（圖124）。

此圖圖幅頗大，有約70×30公分，稱爲《安南大國畫圖》（*An Nam Dai Quo Hua Do*）[146]。在圖中，帕拉塞爾標注在約北緯16.5度，東經111度的地方，完全和現在的西沙群島位置吻合。在旁邊的文字中有「Paracel seu Catvang」的字樣，意思是「帕拉塞爾就是黃沙」。這幅圖充分說明了塔伯爾主教對於帕拉塞爾和黃沙的認識，與現在的西沙群島完全一致，也再一次證實了，從沙伊諾到克勞福德到塔伯爾主教，他們筆下嘉隆皇帝插

【145】史地論證，400頁。

【146】除了網絡上有掃描件之外，在多個圖書館能找到原圖，比如美國康奈爾大學圖書館，編號G8005 1838 .T3。

旗的地方是帕拉塞爾，即黃沙，也就是今天的西沙群島。由於這幅圖和剛剛討論過的論文都是1837年左右由同一個人寫成的，當屬最清晰的表明嘉隆皇帝宣布主權的黃沙即西沙群島即帕拉塞爾的證據。

圖124　《安南大國畫圖》（見彩頁P530）

因此，韓振華的說法實屬弄虛作假。中國學者許盤清及曹樹基最近的論文也正確地指出了他的錯誤[147]。但即便如此，許盤清等對塔伯爾所指的帕拉塞爾是否是西沙群島還有質疑[148]。他們認爲，在1837年的論文中，塔伯爾是參考了法國地理學家馬特爾·布倫（Conrad Malte·Brun）的《世界地理簡志》中的論述，而在布倫的論述中，帕拉塞爾還是「牛角形」的區域，故塔伯爾所指的帕拉塞爾還是那個「牛角形」的區域。

他們之所以有此質疑其實是因爲他們誤以爲布倫的著作出版於1827

[147] 許盤清、曹樹基〈西沙群島主權：圍繞帕拉塞爾（Paracel）的爭論〉，南京大學學報《哲學人文科學社會科學》，2014年第5期。

[148] 同上。

年。其實，布倫的那本著名的《世界地理簡志》（*Précis de la Géographie Universelle*）是法國第一本篇幅巨大的地理百科全書，出版於1810年到1829年之間（多卷本，故不是同一年出版）[149]。許盤清等查看的1827年英文版只是後來的翻譯版。在這麼浩大的創新式作品中，布倫根據舊有的說法是不足爲奇的。値得一提的是，在這本書中，帕拉塞爾也被視爲越南的一部分而加以介紹。[150]

而塔伯爾雖然在論文的一開頭就提及了布倫的著作，並認爲有關交趾支那的地理以本書最有價値，但並不表示他完全採用了布倫的描述。其實布倫的著作中，對帕拉塞爾的位置也提出質疑。該書的英文翻譯版中的相關論述是：

The Pracel or Paracels, is a labyrinth of islets rocks, and shallows, which, according to the most approved charts, extend in a line parallel to the coast of Cochin-China, between north latitude 10°45' and 16°30', the mean longitude being about 109° east. But some French navigators have crossed a part of this space without encountering any rocks or shallows, whence we must conclude that this archipelago is in reality less extensive than it appears in our maps.[151]

可見，儘管布倫還是描述，在最可靠的海圖上，這個島嶼仍然被畫成平行於交趾支那海岸的區域（即所謂的牛角形區域），但已經提出了質疑，認爲「我們必須得出結論，這個群島實際上並不如在地圖上顯示出來的那麼大」。在塔伯爾的論文中，儘管也用上了「a labyrinth of small islands, rocks and sand-banks」，可能是參考布倫作品的描述，但是他用上了「appears to extend up to the 11th degree of north latitude」，而沒有

---

〔149〕 http://www.britannica.com/EBchecked/topic/229630/Geographie-Universelle#ref744978。

〔150〕 Conrad Malte-brun, *Universal Geography or a Description of all the Parts of the World*, Philadelphia: Anhony Finley, 1827, Vol.3 p.286.

〔151〕 *Ibid.*

照搬布倫的描述[152]。這說明在塔伯爾的認識裡，帕拉塞爾僅僅是「看起來」（appears）會延伸到北緯11度，而實際上並不確定。比如在布倫的描述中，就有在地圖上看上很大，但實際上（in reality）卻小一些。

而對於《安南大國畫圖》，許盤清等儘管知道韓振華是錯的，卻認爲塔伯爾儘管畫對了地圖，但是此地圖取自「1810-1817版《豪斯伯格航海指南》」（即*The India Directory*, 2nd Edition），不是他自己畫的，所以沒有注意到帕拉塞爾的位置已經不同了[153]。

《安南大國畫圖》中用文字遮住了海南島，在中國和越南的邊境用不同的顏色勾勒，和《大南一統全圖》相比，它更好地表示了越南對西沙的主權關係。但許盤清等卻以此論證塔伯爾的地圖取自《豪斯伯格航海指南》的地圖，因爲「海南島確確實實被本圖的作者遺忘了」，「在繪製本圖時，海南島因沒有進行測繪而被有意地遺漏」。[154]大概許盤清等不知道，第二版的《豪斯伯格航海指南》並沒有帶任何地圖，而且在該版指南中，詳細記敘了北部灣——海南島——七洲列島一帶的水文。而且，在1815年發行的《中國海地圖》中，也畫有海南島[155]。其實就筆者看過的所有地圖中，從來沒有一幅地圖會因爲「沒有測繪過」海南島就把不把它畫上。許盤清等的猜測並無依據。

事實上，塔伯爾自己在另一篇論文中寫明了，他的繪圖是經過仔細對比各種不同的地圖選出最佳的版本，並依據自己對交趾支那的認識而加以仔細校對和改動了的。[156]事實上，筆者確實也從未見過任何其他地圖與該圖在西沙群島的畫法上是相似的。可見，這幅圖是塔伯爾仔細繪製和校對的成果，完全反映了他的見解。

---

[152] 韓振華認爲塔伯爾抄漏了方位，還故意自行補上，殊不知正誤解了塔伯爾的眞正用意。見《史地論證》399頁。

[153] 許盤清曹樹基〈西沙群島主權：圍繞帕拉塞爾(Paracel)的爭論〉，南京大學學報《哲學人文科學社會科學》，2014年第5期。

[154] 同上。

[155] Horsburgh, James, China Sea Sheet 1st. 1815. MAP RM 2843. http://catalogue.nla.gov.au/Record/2663618.

[156] Jean-Louis Taberd, Additional Notice on the Geography of Cochinchina, *The Journal of The Asiatic Society of Bengal*, 1838, pp.317-324.

5. 古茲拉夫之〈交趾支那帝國地理〉（1849）

古茲拉夫（Gutzlaff）於1849年在倫敦皇家地理協會雜誌（*Journal of the Royal Geographical Society of London*）發表了一篇名爲〈交趾支那帝國地理〉（*Geography of Cochin-China Empire*）的論文，裡面詳細描述了越南在十九世紀初的地理（圖125）。當中有：

We should not mention here the Paracels (Katvang) which approach 15-20 leagues to the coast of Vietnam, and extend between 15-17 N. lat. and 111-113 E. longitude, if the King of Cochin-China did not claim these as his property, and many isles and reefs, so dangerous to navigators. Whether the coral animals or other causes contribute to the growth of these rocks we shall not determine; but merely state that the islets rise every year higher and higher, and some of them are now permanently inhabited, through which the waves, only a few years ago, broke with force. They would be of no value if the fisheries were not very productive, and did not remunerate all the perils of the adventurer. From time immemorial, junks in large number from Hae-nan, have annually visited all these shoals, and proceeded in their excursions as far as the coast of Borneo. Though more than ten percent are annually wrecked, the quantity of fish taken is so great as to ensure all loss, and still leave a very good profit. The Annam government, perceiving the advantages which it might derived if a toll were raised, keeps revenue cutters and a small garrison on the spot to collect the duty on all visitors, and to ensure protection to its own fishermen. A considerable intercourse has thus gradually been established, and promises to grow in importantce on account of the abundance of fish which come to these banks to spawn. Some isles bear a stunted vegetation, but fresh water is wanting; and those sailors who neglect to take with them a good supply are often put to great straits. [157]

---

[157] Gutzlaff, *Geography of Cochin-China Empire*, Journal of the Royal Geographical Society of London, Vol.19, 1849, p.93.

range.

We should not mention here the *Paracels* (Katvang) which approach 15-20 leagues to the coast of Annam, and extend between 15°—17° N. lat. and 111° -113° E. longitude, if the King of Cochin-China did not claim these as his property, and many isles and reefs, so dangerous to navigators. Whether the coral animals or other causes contribute to the growth of these rocks we shall not determine; but merely state that the islets rise every year higher and higher, and some of them are now permanently inhabited, through which the waves, only a few years ago, broke with force. They would be of no value if the fisheries were not very productive, and did not remunerate all the perils of the adventurer. From time immemorial, junks in large number from Haenan, have annually visited all these shoals, and proceeded in their excursions as far as the coast of Borneo. Though more than ten per cent. are annually wrecked, the quantity of fish taken is so great as to ensure all loss, and still leave a very good profit. The Annam government, perceiving the advantages which it might derive if a toll were raised, keeps revenue cutters and a small garrison on the spot to collect the duty on all visitors, and to ensure protection to its own fishermen. A considerable intercourse has thus gradually been established, and promises to grow in importance on account of the abundance of fish which come to these banks to spawn. Some isles bear a stunted vegetation, but fresh water is wanting; and those sailors who neglect to take with them a good supply are often put to great straits.

Returning to the E. coast of *Kambodia*. Of the many em-

圖125 *Geography of Cochin-China Empire*

如果交趾支那國王不聲稱其爲自己所有，我們不會在這裡提及距離越南15-20里格，伸展在北緯15-17度，東經111-113度之間的帕拉塞爾（黃沙），還有諸多的小島和暗礁，它們對航海者有莫大的威脅。我們不能確定是珊瑚蟲還是其他一些原因促使這些岩石生長，我們只是說明這些島嶼每年都在上升，現在其中的一些已經開始有人永久定居，而僅僅在幾年前，巨大的風浪還曾席捲於此。如果沒有豐富的漁業資源去回報冒險者的風險，那麼它們將毫無價值。從很久以前開始，大量的從海南來的帆船每年都訪問這些淺灘，並一直航行到接近婆羅洲的岸邊。儘管超過百分之十的帆船會在這裡遇難，這裡豐富的漁產可以保證在扣除損失之後仍有良好的利潤。安南政府看到了如果在當地收取費用可能得到的好處，在島上派遣了關稅人員和武裝人員在當地收取關稅，並保護本國的漁民。可觀的交易規模已經逐步建立起來，由於大量魚群到這些淺灘產卵，這些貿易會有更加舉足輕重的前景。有幾個島上長著發育不良的矮小植物，但缺少淡水。那些忘記儲備足夠數量淡水的水手們，常常陷於極大的困境。

文中正確地記錄了帕拉塞爾的經緯度（與西沙群島完全一致）。它詳細記載越南政府在此一帶收取關稅的事情，也指出長期以來大量的中國海南漁船在這一帶活動（甚至遠達婆羅洲），同時，也有越南漁民在此活動。這表明，帕拉塞爾是越南和中國漁民的共同捕魚的海域，但越南在此實施了主權。該文獻再一次確認了帕拉塞爾就是黃沙。同時也能看到，海南漁民前往婆羅洲的航行中經過帕拉塞爾，這表明帕拉塞爾在海南和婆羅洲之間，這也是西沙群島的位置。

當然這個記錄還是存在可疑之處。最主要的問題是文中提及帕拉塞爾距離越南15-20里格，相當於45-60海里（英制，一里格等於3海里）。這可能是因爲作者沿用了舊有的關於帕拉塞爾的描述的緣故（15-20里格的描述和舊的帕拉塞爾危險區的描述一致，見4.1.2）。這個距離太短，故韓振華認爲文中所指的地方是富貴島（Phú Quý，Poulo Cécir de Mer）[158]。但是撇除離岸距離這點，從文中描述的其他地理特徵來看，所指顯然應該是西沙群島而不是富貴島：首先，這裡明確說明了經緯度；其次該地在海南島到婆羅洲的中途，若是富貴島的話，除了經緯度不符合之外，富貴島也不在海南島到婆羅洲的中間。根據中國漁民蒙全州的口述，在十九世紀末，海南漁民在南海打漁的範圍，先到西沙，再到南沙，最西到南威島和日積礁，最南到婆羅洲；打漁之後到新加坡販賣，只有返程才經過越南沿岸島嶼[159]。這條路線的描述支持古茲拉夫筆下的帕拉塞爾是西沙群島的說法，而不支持是富貴島的說法（富貴島比南威島等更西）。其次，富貴島是一個大陸島，而不是一個珊瑚島，並不會每年都上升。最

[158] 史地論證，401-402頁。
[159] 史料匯編，406-408頁。

後，富貴島一直有人居住，並不是一個無人的荒島。

關於文章所說越南人在島上派駐人員收稅一事，在越南的其他材料中都沒有提及，其眞確性可疑。所以，亦不排除古茲拉夫很可能是把幾個地方混爲一談的可能。

6. 德讓西尼之《日本，印度支那，錫蘭》（1850）

德讓西尼（M. Dubois de Jancigny）在1850年出版的東亞地理書《日本印度支那錫蘭》中也提及了越南對西沙的統治。

Nous reviendrons bientôt sur l'hydrographie de l'empire Annamite. Nous avons cru devoir, avant tout, nous efforcer d'éclaircir la géographie politique de ces pays, en nous appuyant, de préférence, sur les connaissances locales, la longue expérience et les études spéciales de l'évêque Taberd. Nous n'entrerons pas dans l'énumération des principales îles dépendantes de la Cochinchine; nous ferons seulement observer que depuis trente-quatre ans l'archipel des Paracels (nommé par les Annamites Cát-vàng), véritable labyrinthe de petits îlots, de rocs et de bancs de sable justement redoutés des navigateurs, et qui ne peut être compté que parmi les points du globe les plus déserts et les plus stériles, a été occupé par les Cochinchinois. Nous ignorons s'ils y ont formé un établisement(dans le but, peut-être, de protéger la pêche): mais il est certain que le roi Gia-Long tenait à ajouter ce singulier fleuron à sa couronne, car il jugea à propos d'en aller prendre possession en personne, et ce fut en l'année 1816 qu'il y arbora solennellement la pavillon cochinchinois.[160]

我們將很快回到有關安南帝國的水文介紹中。我們認爲我們必須首先釐清這些國家的政治地理，尤其基於塔伯爾主教對越南本土的認識，長期的經歷以及專門的研究。我們不會詳細地列出交趾支那所附屬的島嶼，只

[160] M. Dubois de Jancigny.「Annam, ou Empire Cochinchinois.」Japon, Indo-Chine, Ceylan. Paris:Firmin Didot Frères.1850, p555.

是觀察到在過去34年裡，帕拉塞爾（越南語爲黃沙）一直由交趾所佔領，它由一堆迷宮一般的小島嶼、暗礁和沙洲所組成，讓旅遊者生畏，地球上沒有比它更貧瘠的地方。我們不知道他們是否在上面建立了基地（比如保護漁業），但有一點可以肯定，嘉隆皇帝希望在他的皇冠上加上這顆珍珠，他希望擁有它，於是在1816年，交趾的旗幟被莊嚴地插上了這堆島嶼之上。

德讓西尼的這段文章當基於塔伯爾主教著作中的描述。這表明，越南佔有帕拉塞爾群島之事通過塔伯爾主教成爲被歐洲普遍接受的共識。除了德讓西尼的書籍之外，在一些十九世紀中期的外文地理百科全書中，在介紹越南地理時都提到帕拉塞爾是越南的一部分，比如：1840年出版的意大利地理學家巴爾比（Adriano Balbi）所著的*Compendio di Geografia*[161]，此書在安南國的條目下列出帕拉塞爾（l'Arcipalego di Paracels）屬於交趾支那區域，所附帶的世界地圖中就有標出西沙群島的正確位置。由於這些著作都不是第一手的資料，這裡就不詳細引用了。總而言之，十九世紀中後期，西方國家一直認爲帕拉塞爾群島是越南的領土。

4.6　越南對西沙群島的歷史性主權

1. 帕拉塞爾、黃沙、萬里長沙均爲西沙群島

如前所述，越南的記錄清楚地顯示了越南對黃沙有確鑿的主權證據，而西方的記錄顯示，越南對Paracel Islands有確實的主權證據。中國對此的反駁是，越南記錄中的黃沙和西方記錄中的Paracel Islands都只是越南近海的小島嶼。在此，筆者綜合各種史料再論證一下，爲什麼越南的說法是站得住腳的。

從越南的史料來看，黃沙的記錄是連續而且成系統的。《纂集天南四至路圖書》中就有黃沙灘這個名詞。書中黃沙的里程數有相當大的誤差是

[161] Adriano Balbi, *Compendio di Geografia*, Torino,Giuseppe Pomba e Comp., Stamperia Baglione e Comp. 1840, Vol.2, p187.

事實，但考慮到杜伯是北方人，暗中到南方刺探情報，這種誤差並非不可理解。

大汕廠翁的《海外紀事》中再次提及了阮主派人往「萬里長沙」的事。這裡所說的「萬里長沙」已經非常確信就是西沙了。一來，萬里長沙正是中國對西沙群島的稱呼；二來，它距離越南海岸七百里，正好和西沙位置相符；三來，萬里長沙的方向是從東北到西南，與西沙群島的方向相同；四來，文中描述的地貌，也與西沙群島吻合。

黎貴惇的《撫邊雜錄》首次提到了黃沙隊這一名稱，是以後各次提及黃沙的一條線索。在《撫邊雜錄》中，黃沙有兩種稱呼：一是大長沙島，二是黃沙渚。根據描述，大長沙島是對整個群島的稱呼，而黃沙渚是對其中一個環礁的稱呼。大長沙距離大陸海岸要三日三夜，和理山島與大陸距離四更相比較，大長沙距離海岸是300公里左右，因此絕非近岸的小島，而是遠離海岸的西沙群島。《撫邊雜錄》中對黃沙的地形和物產有仔細的描述，其中對黃沙渚的描述和眞實的地貌高度吻合。這些描述，都可以用來作爲地理名稱之外的特徵，幫助確認之後相關記錄中所提及的地點的眞實位置。此外，黃沙隊的成員來自安永社，這也是一個重要的特徵。

《大南寔錄前篇》中記載了黃沙島，當時已經把黃沙島稱爲萬里長沙。根據其地理位置和物產的描述，以及黃沙隊的名稱，可以確認爲與《撫邊雜錄》一致的地點。

在西山朝的文件中，提到了黃沙隊和黃沙，雖沒有提及具體的地點，但是從黃沙隊和物產描述來看，也可以確定文中的的黃沙是西沙群島。

嘉隆和明命朝的《寔錄》中大都沒有詳細提及黃沙的具體方位，而僅僅說是「廣義洋分」或「廣義省」。理由可能是顯然的，因爲當時對於黃沙的認識已經相當充分了，國史也就沒有必要每次都詳細說明其地點。但是從相應的記錄中，仍然可以找到一脈相承的線索。言及黃沙，必稱黃沙隊；而在硃本中，多次提及黃沙隊是由安永社人組成的；而帶回的海產中，也和撫邊雜錄中記敘的相同；且記錄多次提及依前舊例之類的語言。所以有理由相信，這些記載中所指的都是西沙群島。

在《越史綱鑒考略》和《大南一統志》這兩本詳細的總結性的歷史地

理書中，則不約而同地把帶有地理位置信息和地貌物產的黃沙與萬里長沙分別與嘉隆和明命朝的活動聯繫在一起。這再一次說明了嘉隆和明命朝國史中所提及的黃沙和萬里長沙都是西沙群島。在李文馥的《東行詩說草》中則再次提及了萬里長沙，從地理位置看，也正是西沙群島。

因此，上述記錄都說明在越南史籍上的黃沙和萬里長沙都是指西沙群島。

中國反駁越南的最主要根據是一本在十九世紀末在中國出版的註釋越南地理的書——《越南地輿圖說》。書中基本引用了《撫邊雜錄》的文字，並在注解提到大長沙即外羅山，黃沙渚即椰子塘。此外，在地圖中，黃沙渚也畫在了越南海岸線的附近。但如筆者在4.2.4中詳細分析的，以此作爲反駁證據是不可靠的。此書所根據的底本是「斷爛」的「詳北圻而略於南圻」的冊子，對南圻地理描述的準確度是很值得懷疑的。而且相關的註解並非原註而是後來才錯誤加註的。總之，《越南地輿圖說》這一本中國書籍上的說法和越南史冊上十數本記錄相矛盾，通過仔細分析，筆者基本能夠確信，錯的是《越南地輿圖說》，而不是越南史籍。

中國方面其他的反駁就更加缺乏理據了。比如，韓振華認爲，黃沙就是理山群島，即西方人所說的廣東群島（Culao Canton）[162]。這顯然是錯的。無論《撫邊雜錄》還是《大南一統志》都把兩地作嚴格的區分，路程一個是四更，一個是三日三夜，怎可能混爲一談？韓振華又認爲黃沙灘是指Volta Bank[163]。但事實上，Volta Bank距離越南海岸僅僅20公里，怎麼可能需要走三日三夜呢？Volta Bank最淺處也有35公尺[164]，又怎麼可能是一個危險的易擱淺的沉船地點呢？Volta Bank僅爲一個極小的暗灘，與黃沙灘的地貌描述哪裡吻合呢？韓振華還拿著尺子量阮主時代的四張地圖，以證明大長沙的經緯度和西沙群島不符[165]。他這是無視傳統東方地圖中海島位置和大小都極不準確的事實才會做這種沒有價值的分析。

【162】史地論證，266-292頁。

【163】同上。

【164】Google Earth 測量。

【165】史地論證，266-292頁。

李金明認爲越南人史料中對於長沙和黃沙記載混亂，經常互相混用，乃至「越南人自己也搞不清楚自己口中的黃沙和長沙究竟是哪個」[166]。這不過是他過分信賴《越南地輿圖說》的權威性而做的錯誤分析。其實中國史料中地名混亂的情況並不亞於越南史料。正如本書在第三章中討論過的，中國歷史上對長沙石塘等名稱的指代也十分混亂，共有二十多種叫法，有一名多用的，有一地多名的，甚至同一個名字在同一本書中也指兩個不同的地方[167]。這也證明了古代中國對這些群島認識的模糊和混亂。同時也說明，海島的地理名稱混亂本來就是歷史演變過程中的必然現象。因此無論是對中國的史料，還是對越南的史料，亦或是對西方的史料，都應該堅持同一的標準去審視，才符合公正而客觀的史學和科學態度。

多種西方資料（特別是法國和英國的材料）都證明了越南在十九世紀初期到中期擁有帕拉塞爾的主權。準確地說來，越南是1816年開始對帕拉塞爾或黃沙行使了主權。中國學者爲了否定這一點，提出古代帕拉塞爾群島不是現在的西沙群島這個論點。根據韓振華和李金明的說法，當初西方人考察當地的時候，最早把越南沿岸的群島和沙洲稱爲Paracel，後來才把西沙也稱爲Paracel。到了再後來才把Paracel固定稱呼西沙，這些論證基本集中在〈古「帕拉塞爾」考〉（一，二）[168]這兩篇論文中。前者通過對24條史料分析，後者通過對數十本舊地圖的分析來證明在十九世紀二〇年代之前，帕拉塞爾群島並不是指現在的西沙群島。

韓振華的論文中並沒有附圖，由於許多地圖都是古地圖，屬珍本，一般人並不容易看到，因此也難以分辨韓振華的證據和論點的眞僞。如筆者在4.1中對的大量地圖和史料的分析，帕拉塞爾的概念在地圖上的位置和大小確實經歷一個變遷的過程。但是這種變化與其說是帝國主義故意「冒名頂替」，還不如說是隨著地圖繪製技術的進步和實地測量的開展，西方

【166】南海疆域，76頁。

【167】林金枝〈石塘長沙資料輯錄考釋〉，韓振華主編《南海諸島史地考證論集》，中華書局，1981，118-148頁。

【168】史地論證，375-438頁。

國家在東南亞地圖繪製上越來越準確的結果。

可以肯定，在1810-20年之前，一些西方著作中所提到的帕拉塞爾，確實不是西沙群島。但在涉及越南對西沙主權時所提到的帕拉塞爾，卻無疑是西沙群島。尤其是1816年，越南正式宣告對帕拉塞爾主權時的帕拉塞爾就是西沙群島。原因有以下幾個：

第一，最早的一份外國材料是沙伊諾在1820年發表的《交趾支那回憶錄》。在1808年，英國已經完成了對帕拉塞爾的測量，確定了帕拉塞爾是一個空想出來的危險區域。最早一份準確畫出西沙群島地理的地圖也是在1808年豪斯堡所製作的西沙群島的航海圖，上面寫有帕拉塞爾字樣並顯示西沙群島諸島[169]。1812年Arrowsmith繪製的包括整個東南亞的海圖中，不但畫出了西沙群島的準確位置，還把舊的帕拉塞爾危險區從地圖上抹去。可見，最遲在1812年，在東亞地區的西方航海家已經知道了帕拉塞爾的準確位置。在1820年1月巴黎發行的Brue繪製的世界地圖集中，已經包含了現代樣式的帕拉塞爾的東南亞地圖（世界地圖集比當地的海圖稍微滯後是可以理解的）。沙伊諾長久在越南生活，是法國國內關於東南亞問題的權威，很難想像他會不知道10年前關於這一領域發展的動向。

同理，也沒有理由認爲克勞福德，這位資深的英國東南亞政治家、外交家和東方學家，會對帕拉塞爾問題無知，尤其是他在1824年發表《暹羅與交趾支那出使記》的時候更是如此，因爲當時離英國人知道帕拉塞爾的眞實情況已經過去大概16年了。

塔伯爾發表他的專著和論文的時候分別是在1833年和1837年。他是當時頂尖的越南學家，也曾親自繪製準確畫有西沙群島的地圖，因此更加沒有理由懷疑他到了1830年代還不知道帕拉塞爾的眞實位置。

古茲拉夫的生平不詳，也不知道其權威性如何，但他發表論文時爲1849年，而且他還正確地列出了帕拉塞爾的經緯度範圍。因此他所知道的帕拉塞爾就是西沙的可能性也是很高的。

第二，韓振華認爲嘉隆皇帝在帕拉塞爾插旗的時間是1816年，但那是在西方正確認識帕拉塞爾位置之前（這本身就是錯的，但也是爲什麼他

---

[169] Thomas Suarez, *Early Mapping of Southeast Asia*, Periplus, 1999, p244.

要堅持西方直到1817年才搞清楚帕拉塞爾的眞實位置[170]的原因），所以當時他插旗的地方不是西沙群島。這個說法也是不對的。嘉隆皇帝命令插旗的地點是黃沙。而黃沙被西方人認爲是帕拉塞爾，因而其準確位置自然應該根據西方人的標準。所以應該分析的是，在西方人的相關著作出版之時，西方人對帕拉塞爾的地點認知情況，而不是嘉隆帝插旗時的西方人的認知情況。更何況，早在1810年左右，已經有和現代一樣的帕拉塞爾地圖出現了。

第三，即便再退一步，姑且按照韓振華的說法，認爲西方人在1817年才知道帕拉塞爾的眞實位置，也無法否認嘉隆帝插旗的地方在現在的西沙群島。因爲越南人必定在某個靠近帕拉塞爾的地方插上了旗。在舊的帕拉塞爾危險區的中間部分根本沒有任何一個島嶼，這個區域的頭部（最北方）是西沙群島（或者說其西部），此外可能存在小島的地方只能在其尾部（最南方）。所以如果韓振華認爲越南人插旗的地方不是現在的西沙群島，那麼就必須解釋這個地方在哪裡。

韓振華認爲1816年嘉隆皇帝插旗的是西格爾．地島（Pullo Secca de Terra），即他所說的平順地島，也就是後來地圖上的 Pulo Cecir de Terra。這種說法是錯誤的。Pulo Cecir de Terra是現在越南的Hon Cau，是一個非常靠近越南海岸的小島（11.23 N,108.83 E），距離岸邊不過8公里。這個島嶼從來沒有出現在帕拉塞爾區域之中。從這個小島的地貌來看，這是一個孤立的小島，不可能用迷宮之類的形容詞來形容它。

歐洲古地圖中在帕拉塞爾區域延長線的最末端有時會出現一個叫做平順海島（Pulo Cecir de Mer）的小島，也就是現在越南的富貴島（Phú Quý Island）[171]。但富貴島不可能是插旗的地方。首先，多種資料都證實了嘉隆皇帝插旗的地方是無人的荒島。富貴島雖小，卻一直有人居住，現在還有超過2萬名居民，並不是不毛之地。在島上還保留有一座相當有名的1747年建成的塔（Linh Son Tu (Sacred Mount) Pagoda），因此它絕不

[170] 史地論證，317頁。

[171] http://en.wikipedia.org/wiki/Ph%C3%BA_Qu%C3%BD，注意不要把富貴島和富國島相混（Phú Quốc），後者是在越柬邊境附近的一個島。

可能在1816年還是無人居住的荒島。況且，和西格爾．地島一樣，這個島嶼的地貌也和迷宮毫無相似之處。其次，富貴島在地圖上位於帕拉塞爾南端是十六世紀的事。即便在十六世紀，富貴島在地圖中都有自己的名字單獨列出。早在十七世紀中，富貴島就不再是帕拉塞爾危險區的一部分，而僅僅以細線的形式與帕拉塞爾危險區相連。就筆者看過的整個十八世紀的所有地圖中，從細靴形變爲扁梯形的帕拉塞爾都遠遠沒有延伸到富貴島（可以參見1742年的亞洲地圖和1799年的亞洲地圖）。豪斯堡在1805年也指出富貴島在帕拉塞爾危險區南界的南方，不屬於帕拉塞爾。[172]

因此，很難想像1820年之後的學者和外交家們還會把富貴島當成帕拉塞爾的一部分。故嘉隆皇帝插旗的地方只可能在西沙群島，即從前的帕拉塞爾危險區北端的島嶼上。

最後，最確鑿的證據莫過於塔伯爾主教在1838年的《安南大國畫圖》。在圖中，帕拉塞爾標注在約北緯16.5度，東經111度的地方，和現在的西沙群島位置完全吻合。在旁邊的文字中有「Paracel seu Catvang」的字樣，意思是「帕拉塞爾就是黃沙」。這幅圖充分說明了塔伯爾主教對於帕拉塞爾和黃沙的認識，與現在的西沙群島完全一致。這也證實了從沙伊諾到克勞福德，再到塔伯爾主教，他們筆下嘉隆皇帝插旗的地方即帕拉塞爾，即黃沙，也就是今天的西沙群島。

2. 帕拉塞爾、黃沙和萬里長沙都不包括南沙群島

越南官方認爲黃沙和長沙本來是指同一個地方，即都是西沙群島和南沙群島的統稱[173]。這種說法不具說服力：因爲西沙和南沙相隔很遠，沒有文獻的證據，很難認爲它們被同一個名字指代。西方史料中認爲帕拉塞爾就是越南的黃沙，而帕拉塞爾（Paracel）就是西沙群島。但是帕拉塞爾從來沒有作爲南沙群島的名稱。這也說明了越南方面把史料上的黃沙解釋

[172] James Horsburgh, *Memoirs: comprising the navigation to and from China, by the China sea, and through the various straits and channels in the Indian archipelago; also the navigation of Bombay harbor*, London, 1805, p2.

[173] 越南彙編，120頁。

爲包括了南沙群島是沒有依據的。

當然，從文字上並不能排除萬里長沙是西沙和南沙的統稱的可能。唯一一份有力的證據就是《大南一統全圖》裡面畫的「萬里長沙」。這裡的「萬里長沙」只能解釋爲南沙群島。但僅憑這一份地圖是非常沒有說服力的。現在越南人的長沙指的是南沙群島，而越南方所說，漁民古時所說的長沙也是南沙群島。有認爲從十五世紀開始，越南已經稱呼南沙群島爲長沙，在中部沿海的漁民中用的字喃名爲「岣勞葛䟢」[174]。但所提供的證據仍然僅是《撫邊雜錄》以及《洪德版圖》中所記載長沙，但兩者均指西沙而已（4.2.2，4.2.4）。中國學者也指出，在其引用的書中找不到「岣勞葛䟢」的史料[175]。越南學者蔡文檢也認爲，《洪德版圖》等處所指的長沙，僅是從廣平到承天海岸上的白沙灘。[176]

總之，筆者找不到任何書面的記錄可以證明在十八至十九世紀（更不用說十五世紀）越南人是如此稱呼南沙群島的。況且，漁民口中的地名和筆下記錄的地名可能是完全不同的地方。何況，就書面記錄來看，越南漁民出現在南沙恐怕要到二十世紀中期之後。十八至十九世紀的時候，越南漁民可能根本沒有去南沙捕魚。越南什麼時候開始以長沙專稱南沙群島？目前尚未有令人信服的說法。

但是，這並不等於越南人和南沙群島一定沒有聯繫。除了占城人可能最早發現南沙群島（3.3.3）之外，有越南書籍也認爲「北海」即南沙，但並沒有進行任何論證。[177]而筆者認爲，在越南文獻上的「北海」確實有可能是指包括南沙群島在內的海域。《撫邊雜錄》中記敘「其外大長沙島，舊多海物舶貨。立黃沙隊以採之。行三日夜始到，乃近於北海之處」[178]。又曰「阮氏又置北海隊，無定數，或平順府四政村人或景陽社人有情願者付示差行，免其搜錢與各巡渡錢，使駕私小釣船往北海、昆

[174] 特考，161頁。

[175] 特考，161頁，註釋2。

[176] 特考，217頁。

[177] EOVS, p90.

[178] 黎貴惇《撫邊雜錄》*Phu biên tập lục*，[Saigon] : Phu Quôc vu khanh đac trách Van hóa, 1972-73, p78b-79a。

崙、岣嶗、河仙群峙等處。」[179]在《大南寔錄前編》和《大南一統志》中都有類似的記錄（見4.2.5，4.3.5）。這裡的北海是阮主勢力可以到達的地方，故不可能是指鄭主控制的東京灣一帶，也不可能是靠近越南沿岸的水域。

在1851年《海山仙館叢書本》中有謝清高的《海錄》（1820），《小呂宋》條的「掘井西沙，亦可得水。沙之正南是爲石塘。避風於此者慎不可妄動也」。之下，有注「以上屬南海，以下屬北海」。馮承鈞注《海錄》時批駁道「不知何人妄注十字」。[180]但韓振華認爲，那個注其實沒有錯，「以下」即西沙群島以南，當時確實有漁民把南沙群島海域稱爲北海的。[181]

查中國蒐集的《更路簿》，確實存在這種現象。在現存十一個版本的《更路簿》中，大部分對南海的稱呼並非「南海」，也沒有西沙南沙的叫法，而是把西沙群島海域稱爲「東海」，南沙群島海域稱爲「北海」。僅僅有兩部稱呼西沙和南沙，一是唯一的民國時代陳永芹本，另一本是原先沒有名字，在漁民口述後加上標題的蒙全洲口述本。[182]因此，把南沙群島附近海面稱爲北海，確實有據可查。

西沙群島在潭門鎮之東南，把它說成東海還算可以理解，但同時，東海也是越南人對南海的稱呼。而南沙群島明明在更南面，中國漁民反而稱爲北海就難以解釋了。曾昭璇說，這是取「北風送達之海」的意思[183]，未免牽強。

韓振華認爲，中國人之所以稱之爲北海，是因爲宋朝人把宋人稱爲「北人」，故此，「北海」從宋朝開始就是中國人的海云云。[184]他的根據是，一本宋人作品《萍洲可談》中有「北人過海外，是歲不還者，謂之

---

[179] 同上，p82b-85a。

[180] 馮承鈞注釋《海錄注》，中華書局，1955，62頁。

[181] 史地論證，202頁。

[182] 曾昭璇，曾憲珊〈清順風得利（王國昌抄本）更路簿研究〉，中國邊疆史地研究，1996年第一期，86頁。

[183] 同上，88頁。

[184] 史地論證，202頁。

『住蕃』；諸國人至廣州，是歲不歸者，謂之『住唐』。」[185]。但僅僅這個單一的例子是不足爲憑的。在同書同卷中，還出現了兩處「北人」：「海外多盜賊，且掠非詣其國者，如詣占城，或失路誤入眞臘，則盡沒其舶貨，縛北人賣之」，以及「（萊州東海神廟）稍北與北蕃界相望，漁人云，天晴時夜見北人舉火，度之亦不甚遠。」[186]前一句的北人儘管指的仍然是中國人，但顯然是從海外（即眞臘海盜）的角度來說的。而後一句的「北人」，從中國人的角度看，指的是遼國人（北蕃）。可見，「北人」還是一個相對位置的稱呼。

韓振華又認爲越南稱中國是北國，稱中國人是北人，故此，北海也就是等於中國海了。[187]這種說法也是沒有根據的。首先，他默認了中國漁民站在了越南的視線看，用越南的名稱來稱呼這個海域。這本身就和他說的這片海域屬於中國是矛盾的。既然屬於中國，又何必跟越南的說法呢？其次，這也無法解釋，爲什麼比這片海域更加北的地方，與中國關係更爲密切的地方，反而不叫北海呢（連越南也不叫它做北海）。

這個問題一時沒有答案。根據筆者自己的看法，北海這個名稱可能是從更南面的地區傳來的。比如，汶萊人可能把這個海域叫做北海。之所以不把更北的地方叫北海，大概純粹是因爲關係不密切，故此沒有專門的稱呼而已。蘇祿人和爪哇人也可能擁有同樣的視角，甚至占城人亦然。占城、汶萊、蘇祿等甚至可能互相之間沿用了這個名稱。如果占城人把這片海域叫做北海，在占城被越南吞併之後，越南人沿用占城人的稱呼也很自然。中國漁民之所以稱呼這個地方爲北海，可能也是沿用，而不大可能是自行稱呼一個如此遙遠的南方海域爲北海。當然這是筆者推測，並無文獻證據。但無論如何，韓振華的說法反而支持了越南方面的說法，即越南相關記載中的北海，就是中國漁民所說的北海，也就是包括南沙群島的海域。

從《撫邊雜錄》記載看，北海當首先指西沙群島以南又遠離大陸海岸

[185] 朱彧《萍洲可談》，卷二。

[186] http://zh.wikisource.org/wiki/%E8%90%8D%E6%B4%B2%E5%8F%AF%E8%AB%87/%E5%8D%B7%E4%BA%8C。

[187] 史地論證，202頁。

線的水域。而事實上，在西沙群島以南又遠離大陸的海域，可供北海隊打撈失物和收穫海產的地方，也大概只有南沙群島的島嶼了。 因此，北海隊確有可能曾經在南沙群島執行過任務。當然，關於這點還有待更加詳細的論證。

3. 越南對南海諸島的歷史性主權

在1018年占城人出使中國時，就說占城人航海到中國時會害怕誤入西沙群島的險境。這是歷史上最早的可以確認西沙群島的記錄。儘管不能以此聲稱占城人發現了西沙群島，但是至少從「歷史記錄」看，占城人是「記錄在案」的最早到達西沙群島的人。占城在十七世紀爲越南兼併，因此占城人的歷史權利自然爲越南所繼承。所以越南對西沙群島的權利可以追溯到1018年。

越南建國之初的文字檔案大部分已經毀滅和散失，這可能是越南缺乏早期在西沙群島的活動記錄的原因之一。但更有可能的是越南當時局限於現在越南北方的大越，確實和西沙群島沒有太大的關係。因爲大越到中國的水路可以通過北部灣（東京灣）的沿岸，以及穿過瓊州海峽進行，並沒有必要繞道到海南島南部，也就不太可能遇上西沙群島的險境。所以越南在兼併占城之前對西沙群島沒有記錄亦不出奇。而占城由於史學並不發達，目前留下資料極少，在十一世紀之後沒有留下對西沙群島的記錄。與其說占城和西沙沒有關係，更不如說他們的活動沒有被記錄下來。

越南史料中再次記錄西沙群島要到十七世紀，即大越兼併占城之後。最早的記錄當是十七世紀的《纂集天南四至路圖書》，但是這本書所記錄黃沙灘的方位有疑問，因此難以作爲可靠的證據。惟中國人1699年的《海外紀事》中有記載，證實在十七世紀後期越南南方阮主就已經派人往西沙群島打撈失物。在越南人的《撫邊雜錄》中，詳細記敘了阮主在十八世紀早期派黃沙隊前往西沙群島打撈失物之事。因此，從十八世紀開始，越南對西沙群島就開始顯示了主權意圖和初步的有效控制。

阮主一開始派人到西沙群島是希望在西沙群島找到海產以及沉船失物和軍火。這項任務落在了由安永社民組成的黃沙隊上。現在無法得知這個決定是如何做出的。但在阮主時代，這逐漸成爲了一項制度。根據《撫邊雜錄》記載，挑選黃沙隊員有既定規則。他們在每年一月出發，在西沙群島逗留約六個月。返回之後，他們必須在八月把捕獲或拾獲的物品交由相關部門記錄（投納），其中的一部分，特別是銀器等財物需要上交，剩下的一部分海產則可以歸船員自行出售。他們所得，有時會多一些，有時會很少，這顯然和當年是否有船隻在當地遇難有關。

在阮主政權滅亡後，西山阮氏政權仍然保留了黃沙隊這個制度，但由於戰爭的原因，可能並不如阮主時代有規律。阮朝建立後不久就恢復了這種常設的制度（1804年）。在最開始，黃沙隊的活動和前朝沒有太大不同，主要是以利益爲主。但是在1816年前後，嘉隆帝爲黃沙隊布置了新的任務——「探度水程」。這時，皇帝派往西沙群島的已經不限於半官半民式的黃沙隊了，而是要「水軍」和黃沙隊一同前往，這進一步加強了越南對西沙群島的主權意識。儘管在越南文獻中沒有詳細的記載，但是在西方的文獻中都記錄下了這個事件，並描述爲「莊嚴地在那裡插上了他的旗幟」[188]。大概嘉隆也命令黃沙隊在西沙群島插上國旗。總之，在西方人看來，在1816年左右，越南已經正式對西沙群島宣布主權。在十九世紀中後期越南淪爲法國殖民地之前，越南對西沙群島的主權被西方各國廣泛承認。1820年中國人所著的《海錄》也認爲西沙群島是越南的「外屏」。

到了明命帝時期，皇帝又爲水軍和黃沙隊布置了新任務。首先是植樹，其目的是爲了讓商船更好地辨認出危險的暗灘。這個措施說明，黃沙隊的工作重點已經不再是在當地拾獲沉船失物了，否則不會主動地樹立標誌避免觸礁。其次，1835年，明命帝命令在島上建起「廣義黃沙神祠」，並設立石碑。第三，1836年，越南對西沙群島進行了一次大規模的測量，由水軍和民船共同進行，並規定這種測量是常年派往，以熟海程，並探明該處有二十五個島嶼。最後，水軍還在各島嶼上豎立十個宣示越南主權的木牌。

這些措施相當清晰地表明，越南對西沙群島的態度已經從當初單純爲物質利益轉變爲行政和軍事的管理；對西沙群島的管理單位已經從黃沙隊

【188】*The Journal of the Asiatic Society of Bengal*, Vol.6, 1837, p737-745.

轉移到官方的水軍。越南在西沙插上木牌這個行動，是國際法中標準的宣示主權的方式。明命帝瞭解到西沙群島位置險要，於是需要水軍在此詳細測量水文並熟習當地情況。明命帝對水軍測量的行動很重視，從《阮朝硃本》的奏章中可知，如果畫圖不明晰還會受到處罰。若僅僅是測量並不需要每年都前往，很可能是越南派出水軍在當地演練，以鞏固海疆。在中國清朝的文獻中，能看到十九世紀三〇年代中越聯手緝私的記錄，當中明確說明中越之間巡邏的分界線是在瓊州以南不遠的地方（見5.3節）。在紹治年間，越南仍然維持在西沙群島的活動，大概維持到1860年代。

由此可見，越南政府從十七世紀中葉開始對西沙群島開始有實質性的治理行爲。越南對西沙群島的主權行爲是逐步建立的。在十九世紀之前，主要形式是阮主命令黃沙隊到西沙群島撈取失物。因爲這個黃沙隊是國王下令組建的，所以帶有主權意圖。在十九世紀阮朝建立之後，越南對西沙群島進一步明確了主權。到了1816年，這個主權已經得到國際的承認。之後，越南繼續對黃沙加強管理，包括在黃沙植樹以幫助船隻辨認方向、在黃沙建立古廟、探測水文、豎立界碑等。與中國聲稱對西沙的主權的模糊和分散相比，越南對西沙群島的主權的證據是清晰、明確且連續的。

越南對西沙的歷史性主權不是偶然的，而是越南更爲重視海上力量的必然結果。越南在十九世紀初期非常注意建立海軍。越南的水師很有名，法國海軍在最早進攻越南的時候屢屢受挫於越南的海軍。在中英鴉片戰爭之時，道光皇帝還曾一度考慮邀請越南海軍幫助中國對抗英國。[189]在中國缺乏海洋意識的時代，越南先行一步，建立了對西沙的主權。

在南沙群島的主權方面，越南的證據模糊。越南聲稱《撫邊雜錄》中的大長沙是西沙和南沙的通稱，這點沒有證據的支持。《大南一統全圖》把黃沙和萬里長沙（即後來越南人所指的南沙）畫在一起，並都位於越南海岸線對開，但是缺乏其他文字證據說明萬里長沙就是今天的南沙（儘管存在這個可能）。但是，如果越南文獻中的「北海」果眞（如筆者在上文論證的那樣）就是南沙群島的話，那麼越南人在南沙群島也很有可能是有歷史性主權的。因爲越南皇帝曾經派出北海隊在北海一帶打撈失物，且北

【189】《清實錄》之《宣宗實錄》，卷356，7頁。

海隊歸黃沙隊管轄。這一行動根據國際法也是主權實踐的一個體現。

但即便如此，歷史記錄中對北海隊的記載比黃沙隊少得多，這意味著即便北海隊曾在南沙執行過任務，其頻密程度也和黃沙隊相差甚遠。而且，在十九世紀後，越南對西沙群島的管治已經從黃沙隊撿取海物上升到水軍執行的一系列任務；但在北海，不但沒有派水軍執行任務，甚至連北海隊的活動也沒有新的記載。越南對南沙群島的歷史性主權有多大的意義仍令人懷疑。

綜上所述，越南在十八世紀開始已經逐步建立對西沙的主權。最初越南官方設立黃沙隊每年到西沙作業。那時越南大概還沒有完全建立起主權的主觀意識，但在國際法上，已經是主權的一種實踐形式。到了十九世紀初期阮朝建立後，嘉隆帝在1816年正式宣布對西沙的主權，明命帝更進一步加強了對西沙行使主權。在十九世紀中期，越南對西沙的主權已經得到西方國家的承認。如果把航海中經過某地不視爲開發的話，和中國相比，越南儘管對西沙的開發較晚，但是其主權意識、主權形式以及國際承認均更明確和充分。

4.7 菲律賓和汶萊與南沙群島的關係

菲律賓人屬南島語系，與臺灣原住民同源，北部（呂宋島一帶）和南部有著顯著差別的歷史。菲律賓有信史的年代自公元九世紀才開始，在西班牙人到來之前並沒有形成統一的國家。

公元十世紀，呂宋島出現了唐多國（Kingdom of Tondo），可能只是部落聯盟。在汶萊蘇丹強大的十六世紀，汶萊蘇丹擊敗唐多，在馬尼拉一帶建立了自己的衛星國，呂宋於是成爲了汶萊蘇丹的勢力範圍。根據現有的資料，當時呂宋島並沒有國家這個級別的行政機構，仍然是以小村落爲主。

西班牙人麥哲倫在1519-1523年的環球航行中繞過南美洲，於1521年「發現」了菲律賓（麥哲倫爲當地菲律賓人所殺）。西班牙人隨後開發了從墨西哥到達東南亞的航線。由於西班牙人在和葡萄牙人對香料群島的競爭中不敵，於是轉而經營菲律賓。在1565年到1571年的殖民戰爭中西班牙人戰勝當地部族，在馬尼拉建立了統治菲律賓北部和中部的殖民地政府。西班牙在統治地區推行天主教，菲律賓成爲區內唯一一個天主教佔優勢的國家。西班牙人還在十七世紀初短暫建立了在臺灣的政權，後被荷蘭人驅逐。

菲律賓南部從十五世紀開始就進入了伊斯蘭化時代，在蘇祿群島和民答那峨島分別建有蘇祿蘇丹（Sulu）和棉蘭老蘇丹（Maguindanao）。與菲律賓中北部的村落相比，蘇祿蘇丹和民答那峨島眞正具有國家的性質。蘇祿蘇丹在1457年建國，定都於蘇祿群島的主島霍洛島（Jolo Island）。棉蘭老蘇丹在1520年建立，位於民答那峨島西部。

1578年，西班牙對蘇祿發動攻擊卻遭受了失敗。同時，西班牙也對汶萊發動進攻，重挫了汶萊蘇丹。蘇祿從此在區域中坐大，成爲南海交通的重要參與者[190]。蘇祿蘇丹取代汶萊蘇丹把持了中國到摩鹿加群島（Maluku）的貿易，後者又稱香料群島，是重要的香料產地。1596年，西班牙發動對棉蘭老蘇丹的戰爭，同樣以失敗告終。在第一輪征戰之後，西班牙又對南部地區進行過兩輪戰爭。第二輪發生在十八世紀初，一直持續30多年，西班牙屢戰不下，最後由於英國趁西班牙在南部打仗的時候攻陷了大本營馬尼拉而結束這輪征戰。西班牙對蘇祿等穆斯林的戰爭到近代之前還沒有成功。

南海南部鄰接的地區是婆羅洲（加里曼丹島）。婆羅洲上現在有三個國家——汶萊、馬來西亞和印尼。鑒於其千絲萬縷的關係，這裡就一併敘述了。

在東南亞群島地區，由於群島的碎片化，在西方人到達之前，並沒能形成與現代各個國家等同的統一政權，所以在追溯主權繼承關係的問題上極爲困難。在這個區域，最重要的政治勢力通常出現在蘇門答臘島、馬來半島和爪哇島。前兩者因爲其優越的地理位置，壟斷了東西方的貿易。而爪哇島具有得天獨厚的自然環境優勢，承載了東南亞最多的人口。婆羅洲在這兩點上都處於落後的地位。由於本土歷史資料的缺乏，其早期歷史多從中國和印尼的史料以及本土的考古成果中重建出來。

【190】參見 James Francis Warren, *The Sulu Zone*, 1768-1898, National University of Singapore, 2007.

婆羅洲的原住民在公元四至五世紀從雲貴高原遷入。在七世紀，婆羅洲出現了一個稱爲Vijayapura的本土政權，向強大的三佛齊（即Srivijaya，在蘇門答臘島）稱臣。幾乎同時，渤泥國的名字也出現在中國史書中。這兩者是否是同一個政權還有爭論。渤泥國曾經向當時的中國進貢。十三世紀，爪哇的滿者伯夷（Madjapahit）擊退蒙古軍隊，開始強大。其勢力到達婆羅洲沿岸，甚至還到達了菲律賓南部和東帝汶。滿者伯夷直到十五世紀末才被淡目蘇丹國（Demak Sultanate）滅國。渤泥無論是與中國還是與滿者伯夷的關係，大體都是象徵性的體系。婆羅洲這段時間內，大概只是出現小邦國，沒有一個統一的政權。婆羅洲主要處於印度化階段，也受中國文化影響。十五世紀，婆羅洲開始伊斯蘭化，在北部成立了汶萊蘇丹國（Sultanate of Brunei）。相傳來自中國的移民黃森屏（Ong Sum Ping）在早期汶萊蘇丹國中有重要影響力。汶萊蘇丹國在十六世紀初達到鼎盛時期，領土包括現在的汶萊、沙巴、沙撈越，遠至菲律賓呂宋島馬尼拉一帶也是其勢力範圍，成爲區內大國，是南海東部和南部交通的重要參與者。1578年，西班牙攻打汶萊，一度佔領了汶萊首都，但最終因爲流行病爆發而無功而返。汶萊雖然擊退了西班牙人，但是實力開始消退，東邊的蘇祿蘇丹國（今菲律賓南部）逐漸取代了它的地位。1702年，蘇祿蘇丹幫助汶萊平伏國內叛亂，汶萊割讓北婆羅洲（沙巴東部）予蘇祿蘇丹。

綜上所述，在十五到十九世紀之前，汶萊和蘇祿都是南海的區域強國，他們也在南海交通中發揮了重要的作用。

汶萊和蘇祿是否存在對南沙群島的歷史性權利是一個很令人感興趣的問題。中國和越南方面關於南海諸島的歷史材料甚多，兩國都聲稱對南海諸島有歷史性的權利。作爲爭議的另一個主要的對手——菲律賓，提出的卻只是限於地理性的主張。這未免令人詫異，因爲南沙群島距離中國和越南比距離菲律賓、汶萊和馬來西亞（東馬）遠得多。

儘管菲律賓政府沒有聲稱對南海諸島的歷史性權利，但蘇祿蘇丹國的後裔，現蘇祿蘇丹的發言人聲稱，南沙群島以前是蘇祿蘇丹的一部分，並認爲菲律賓政府應該以此作爲聲索南沙群島的歷史依據：

「南沙群島是菲律賓穆斯林的古代疆域，這還是在1521年西班牙人殖民菲律賓之前，遠在在滿者伯夷和三佛齊時代。蘇祿蘇丹的疆域包括沙巴、蘇祿群島、巴拉望島、民答那峨島一部分以及現在稱爲南沙群島的島嶼，一直延伸到米沙鄢群島和馬尼拉。但是菲律賓政府沒有把我們的歷史權利用於對南沙群島的爭議上，因爲國際海洋法並不承認歷史性權利」，「中國沒有南沙群島的權利，因爲這是我們古代疆域的一部分。」[191]

蘇祿蘇丹在二十世紀後已經失去了實際的權力，現在只是一個歷史性的繼承銜頭，相當於滿清皇族後裔之類。由於蘇祿蘇丹現在是菲律賓的一部分，蘇祿蘇丹的歷史性權利也自然理應爲菲律賓所繼承。發言人所提出的蘇祿蘇丹國在還沒有興盛的時候（滿者伯夷和三佛齊時代）其範圍已經達到南沙群島的這個論點相當不可靠。蘇祿蘇丹國在1457年左右才建立，在更早的時候可能只是一個部落聯盟性質的小國，疆界並沒有達到它所聲稱的最大疆域。因此，發言人所聲稱的最大疆域（暫且擱下南沙不議）並不是在某個時期的疆界，而是在不同時期中疆界伸展的總和。比如，1702年汶萊蘇丹才把沙巴東部割讓給蘇祿蘇丹，但是當時西班牙已經統治呂宋島和巴拉望一百多年了。

在這份聲明中，蘇祿蘇丹發言人並沒有說明具體有什麼證據能夠證明蘇祿蘇丹曾經統治過南沙群島。而且，根據法理，由於沙巴曾經是汶萊的一部分，現在是馬來西亞的一部分，蘇祿蘇丹如果要說明自己還有對南沙群島的歷史性權利的話，必須說明這個權利與沙巴無關。否則將無可避免地陷入汶萊和馬來西亞的歷史繼承權的口水仗之中。

發言人聲稱菲律賓政府之所以在以前不提這個歷史性權利，是因爲國

[191] http://betterphils.blogspot.com/2011/07/spratly-islands-is-part-of-mahjapahit.html。原文爲：“Spratly Islands long part of Filipino-Muslim’s ancestral domain, prior to arrival of Spanish colonials in 1521, Sultan of Sulu dates back from the Mahjapahit and Shrivijaya empires, which extended from Sabah (North Borneo), the Sulu archipelago, Palawan, parts of Mindanao, the islands now known as the Spratlys, Palawan, and up to the Visayas and Manila, but the Philippines did not use such claim as it is not recognized by the UNCLOS.
China has no right over the Spratly Islands in what it calls the South China Sea because that is part of our ancestral domain,” Majaraj Julmuner Jannaral, Sultanate information officer said.

際海洋法不支持歷史性權利。菲律賓政府確實認爲聯合國海洋法公約不支持歷史性水域，但是海洋法中還是爲此留了一個尾巴。而且，南沙群島是領土爭端，而不僅僅是領海爭端，況且中國和越南在舌戰南沙的時候都擺出了歷史性權利。菲律賓不擺出這個理由大概有三種可能：1.他們對這段歷史了解不深；2.考慮後覺得證據不足；3.與其提出證據不足的歷史性權利，還不如完全否定歷史性權利更爲有利。

其實，從中國文獻中可以得出一些可能的線索。比如，在明代黃衷《海語》（1536）的《下卷・畏途》中提到：「萬里長沙：萬里長沙在萬里石塘東南，即西南夷之流沙河也。」[192]這裡的萬里長沙指的是南沙群島，西南夷指南海東部的國家。這裡說「萬里長沙」乃「西南夷之流沙河」，這說明萬里長沙屬「西南夷」。而這個西南夷是誰，結合汶萊和蘇祿國當時在這一帶的強勢地位，西南夷只能指他們二者或其中之一。另外同時代的顧岕的《海槎餘錄》（約1540）也給出了相當有用的信息：「萬里長堤出其南，波流甚急，舟入回溜中，未有能脫者。番舶久慣，自能避，雖風汎亦無虞。」[193]這裡的萬里長堤指南沙群島。「番舶久慣，自能避」說明這個地方也是番舶所出沒的地方。這裡的番舶指的是什麼呢？無論從航海路線還是當時的貿易情況來看，這裡的番舶都是汶萊和蘇祿人的船隊。

綜上所述，蘇祿蘇丹後人以蘇祿曾經統治了南沙群島爲由認爲菲律賓對南沙群島有歷史性權利，但未能提出任何實質性的證據。惟從中國的材料看來，汶萊和蘇祿人當時確實活躍在這一帶。根據歷史進程，在十六世紀中之前，汶萊可能是南沙群島中最活躍的，但是在遭受西班牙攻擊之後，汶萊衰落，割讓沙巴給蘇祿，從此蘇祿就實際成爲南沙群島中最活躍的一員了。當時的汶萊的土地爲現在的馬來西亞（沙撈越和沙巴）和現在的汶萊所瓜分，而蘇祿則爲菲律賓的一部分。因此，當時南沙群島到底是誰的勢力範圍，現在又應該被誰繼承，確實存在很大的潛在爭議。

---

[192] 《中國南海諸群島文獻彙編之三：海語，海國見聞錄，海錄，瀛寰考略》，臺灣學生書局，33-35頁。

[193] 《中國南海諸群島文獻彙編之一：酉陽雜俎，諸蕃志，島夷志略，海槎餘錄》，臺灣學生書局，407-408頁。

第五章
近代南海

十九世紀中期開始，中越兩國都發生巨變：中國在鴉片戰爭中戰敗，逐步淪爲半殖民地。而越南在1850年代末開始逐漸變爲法國的殖民地，到了1887年之後，完全被法國統治。越南在南海的地位下降，伴隨著中國人在南海活動的增多。但是這些活動是否意味著主權，卻需要詳細討論。

5.1　西方統治的形成

1. 法國的入侵與越南的衰落

法國正式和越南締結關係始於1787年11月28日的《凡爾賽條約》。西山阮氏叛亂後，阮主阮福淳被殺，其子阮福映逃往西貢（柴棍），被法國主教百多祿（Pierre Pigneau de Behaine, Bá Đa Lộc）收留。在百多祿的勸告下，阮福映和法國簽訂此條約，規定路易十六援助阮主恢復地位，而阮主則答應割讓崑崙島等島嶼，法人在越有優越地位，且法越有同盟義務。可是，當時法國正値大革命前夜，政局不穩，實際上並沒有依照條約給阮主提供兵力。但阮主還是在百多祿的幫助下從法國招攬了義勇軍。在阮主反攻越南的戰爭中，義勇軍起了很大的作用。統一越南後，阮主登基成爲嘉隆皇帝（1802-1820在位）。

越南在阮朝建立之初深受法國勢力的影響，嘉隆皇帝對於西方勢力採取較爲開放的態度。1820年，嘉隆皇帝駕崩，明命皇帝即位（1820-1841在位）。由於深受儒家思想的影響，加上對於北方清朝遭受西方勢力侵擾的情形已有所了解，明命帝對法國的態度由開放轉爲抗拒。爲了預防越南阮朝未來可能遭受西方勢力的挑戰，除了上面提到的強軍之外，他在對外貿易政策上進行改善與管制，稅制較爲合理化，並限制西方商人只能在越南阮朝的對外貿易規定下進行貿易，以逐步擺脫對西方的依賴。在時機成熟後，明命帝最終在1830年代下令禁止一切傳教活動。

阮朝成立之初，越南一度是一個很強大的國家，其海軍實力也相當不俗。因爲阮朝是在法國人的支持下建立的，與法國的關係非比尋常。阮朝從法國人那裡得到不少西方的武器，屬東亞最早擁有先進西式武器的獨立國家。特別是明命皇帝繼位之後，爲了阻止西方勢力對越南的影響，他認爲首先要建立強大的軍隊，尤其是海軍。因爲當時西方勢力所倚仗的就是強大的海軍力量，若是越南阮朝本身可以擁有可與之匹敵的實力，就不會害怕受到西方勢力的軍事威脅。故明命皇帝上任之後，積極擴建中央與地方的官方船艦，並且透過西方新式器具與訓練方式強化海軍官兵的能力。另一方面，爲了讓海軍力量得以發揮，也進一步強化海岸防衛能力，除了在戰略據點增築沿海砲臺之外，還建立新的通信系統以加強訊息的傳遞，形成了完善的防衛體系。除此之外，還建立了一套巡洋制度，防範沿海盜匪的侵擾，也讓海軍獲得訓練與實戰經驗[1]。

那時的越南可算得上是一個令人尊敬的海軍強國。翻查十九世紀道光帝時期（和明命帝同期）的中越剿海盜記錄就會發現，越南的水師的實力至少不在中國水師之下。在鴉片戰爭中，在英國船隻「船堅炮利」令道光皇帝頭痛不已之際，他甚至還一度產生請求越南水師幫忙抗英的想法。[2]越南在十九世紀初，也就是嘉隆和明命帝當政之時，確立了對黃沙（西沙）的主權（見第四章）。

明命帝禁止天主教的傳播和模仿中國閉關鎖國的政策激怒了法國。在十九世紀四〇年代，法國開始準備對越南的進攻。但在明命帝之際，越南國力強大，法國難以下手。紹治帝（1841-1847在位）繼位後，其能力無法和父親相比，沒有餘力延續改革政策，越南國力開始衰弱。嗣德帝（1847-1883在位）治下，越南最終在十九世紀後期無法避免地淪爲法國的殖民地。

1857年11月，法國乘英法聯軍和清朝的第二次鴉片戰爭結束之便，藉口嗣德帝殺死兩名西班牙傳教士，派海軍中將黎峨（Pierre-Louis-Charles Rigault de Genouilly）連同西班牙軍隊進攻交趾支那。經過激烈的戰爭，法西聯軍在1858年10月攻取土倫（峴港）。1859年，聯軍繼續進攻西貢。越南繼續抵抗，而法國因爲相繼陷入與意大利（奧地利-撒丁戰爭）及與中國（第二次鴉片戰爭第二階段）的戰爭，在1860年陷入守

[1] 李貴民《越南阮朝明命時期（1820-1840）海軍與對外貿易》，成功大學博士論文，http://etds.lib.ncku.edu.tw/etdservice/view_metadata?etdun=U0026-2907201301314300。

[2] 《清實錄》之《宣宗實錄》，三十八冊，三五六卷，四二二頁。

勢，3月不得不退出土倫，黎峨也被吧喻（François Page）替代。1861年，鴉片戰爭結束後，法國調配中國戰場的沙內（Léonard Charner）中將增援，建立了超過70艘船隻的龐大艦隊，再次向越南發動進攻。在2月到4月的一系列戰役中，越南海軍被法軍全殲，喪失海上防衛能力，法國奪得定祥省和嘉定省。越南儘管失卻正面戰爭的能力，但轉以民兵爲主的遊擊戰在一定程度上有效地打擊了法國。1862年3月，法國攻取永隆，才迫使嗣德帝不得不接受和談。史稱南圻戰役。

在1862年6月5日，越南和法國簽訂《西貢條約》，割讓南方三省（邊和、嘉定及定祥）以及南方島嶼（包括崑崙島），隨後法國把這三省命名爲交趾支那（Cochinchina）。1867年，法國又攻下「下交趾」三省（沙的、昭篤及河仙），從而吞併了整個南圻六省。

1874年，法國侵入北圻，進攻河內。越南請中國黑旗軍相助。雙方激戰後議和，簽訂《第二次西貢條約》，在確立了法國擁有下交趾三省的同時，進一步規定法國使節駐越南、越南開發部分口岸，以及限制越南外交自主權。法國承認：「大南國大皇帝係操自主之權，非有遵服何國，致大富浪沙國大皇帝自許幫助。」但又規定：「大南國大皇帝應酬此許助之情，約定如有與各外國通交，則需與大富浪沙國合意。」[3]

《第二次西貢條約》破壞了印度支那的均勢，遭到了中英德等國的反對，故在簽訂之初，法國對越南外交並不加以干涉。1880年代，法國和英德等緩和了關係。1883年，在完成對柬埔寨的征服後法國又把視線放回越南。適逢中國人劉永福所帶領的黑旗軍跨境在越南北部一帶掠奪，在與法國人的衝突中殺死一名法國人。法國以此爲藉口要求越南讓法軍剿匪，受到拒絕後就發動了對越南的戰爭，並迫使越南在1883年8月25日簽署《第一次順化條約》，規定越南爲法國保護國等殖民條款。

越南向中國求救，中法之戰爆發。1884年2月，東京失陷。中國和法國議和，越南也不得不在6月6日簽署《第二次順化條約》。但中國和法國的戰爭仍然繼續。在1885年，儘管中國在陸戰中取得鎮南關大捷，但在

---

〔3〕 https://zh.wikisource.org/wiki/%E7%AC%AC%E4%BA%8C%E6%AC%A1%E8%A5%BF%E8%B4%A1%E6%9D%A1%E7%BA%A6。

台澎鎮海海戰中卻完全失敗，無力再戰。中國和法國遂正式簽訂《中法天津條約》。中國承認《順化條約》，放棄了對越南的「宗主權」[4]。

於是整個越南淪爲法國殖民地。法國把越南分爲三個部分，南方的交趾支那爲法國直接統治，中部的安南（Annam）和北部的東京（Tonkin）以受保護國的形式存在。阮朝仍然存在，並在名義上統治安南。這種劃分很大程度只是形式上的，因爲越南人通常並不在意這種區分而繼續認爲越南是一個整體。法國對越南的統治，在二戰中越南被日本侵佔後短暫中斷，在二戰後才恢復。

越南被法國殖民對南海諸島的影響有兩個方面，既有實踐上的，也有法理上的。從實踐來說，越南水師在法越戰爭中被徹底摧毀，之後也沒有能夠恢復元氣。因而在1860年代之後，越南就喪失了對以前管轄的水域的控制能力。比如，在北部灣的海盜仍繁，但1830-1840年代後中越聯合剿匪一次也沒有出現，反而要中國海軍往越南境內替越南剿匪。而在乾隆道光時期明確記載屬越南的九頭山和老鼠山，在十九世紀後期的《廣東輿地圖說》中被稱爲：「西迄防城外海之大洲、小洲、老鼠山、九頭山皆粵境也。」[5]顯見越南對海上的控制力已經大不如前了。

對北部灣如此，對西沙更如是。越南記錄中對黃沙隊的最後一次描述在1867年，之後再無記載。儘管在歷史和地理書中，黃沙（西沙）還繼續被認爲是越南的領土。但事實上，越南對西沙的管治能力已經完全喪失，越南已經沒法延續對西沙進行類似前半個世紀那樣的統治了。而法國在當時也沒有興趣去接管這些原在越南管治下的偏遠島嶼。西沙也就是從那時起成爲權力真空。

種種其他資料顯示，越南在十九世紀中之前對其鄰近水域的控制是政府驅動的，而不是民間驅動的。當政府喪失了這種能力後，民間對離島的開拓動力並沒有能夠填補因政府削弱而帶來的真空，以致這些原先在政府控制下的離島成爲其他國家（主要是中國）民間的地盤。相反，中國人對

---

〔4〕　可參考張雁深《中法外交關係史考》，史哲研究社，1950年，第八章。

〔5〕　廖廷臣等《廣東輿地圖說》，宣統元年重印本（1908），中國方志叢書107，臺北，成文出版社影印，1967，8頁。

海外的開拓是民間驅動的，中國政府一直阻礙這種開拓，而不是鼓勵這種開拓。故此，儘管當時中國政府的力量也被削弱，但反而能夠促進民間的海外開拓。因此，在越南和中國政府都被削弱的條件下，兩國對離島的開拓卻此消彼長。西沙和白龍尾島的情況[6]均如此。

從國際法方面看，法國對越南的殖民造成南海主權繼承曲折化。首先，在理論上，原先越南對南海的權利（包括原先的大越和占城）被法國所繼承。但事實上，在越南淪爲殖民地的日子，越南自顧不暇，因此他們所聲稱的南海諸島的主權實際上中斷。而法國在二十世紀三〇年代之前對西沙和南沙基本沒有興趣。當時的西沙實際上是權力眞空地帶。但從國際法上說，如果越南沒有聲稱放棄西沙，那麼西沙在理論上還是越南的領土。因此，那期間西沙的國際法狀態開始模糊。

其次，從1930年代開始，法國開始把勢力擴張到西沙和南沙，其中提出的理據之一是法國繼承了越南對西沙的主權，這種繼承是否能夠成立也是一個有爭議的問題。

第三，二戰後，越南脫離法國獨立，法國在越南的權益被越南新政府所繼承，但這種繼承又因中國的爭議以及南北越的分立而錯綜複雜。

最後，中法於1887年簽訂了邊界條約後勘界。6月26日，中法在北京簽訂《中法續議界務專條》，裡面第三款規定：

> 廣東界務，現經兩國勘界大臣勘定邊界之外，芒街以東及東北一帶，所有商論未定之處均歸中國管轄。至於海中各島，照兩國勘界大臣所劃紅線，向南接劃，此線正過茶古社東邊山頭，即以該線爲界（茶古社漢名萬注，在芒街以南竹山西南），該線以東，海中各島歸中國，該線以西，海中九頭山（越名格多）及各小島歸越南。[7]

據法文版翻譯爲：

【6】 見黎蝸藤《白龍尾島歷史再認識》http://dddnibelungen.blogspot.com/2014/11/1.html。

【7】 王鐵崖編《中外舊約章彙編》第一冊，三聯書店，1982，第513頁。

> 廣東界：已商定芒街以東和東北面，勘界委員會勘定的邊界線以外的所有爭議地點，歸中國所有，巴黎子午線東經105°43′以東，即經過茶古社島或稱萬注島東端並構成邊界的南北線以東的所有島嶼亦歸中國所有，這條子午線以西的九頭島及其它島嶼歸安南所有。[8]

在公約所附中越兩國邊界最東段地圖上畫有一條南北方向的紅線（圖126），並注明「從兩國勘界大臣所勘北界起往南至紅線經過茶古社山頭東邊以該線爲界」。[9]

這條紅線位於東經105度43分巴黎經線，按照格林威治經線即爲東經108°03′13″。這條線畫得很短，但延伸下去，會經過印度支那半島，南海和南海諸島都在這條延伸線的東面。

關於這個界線（以下簡稱分界線）的適用性，由於字句上的含糊，導致日後有以下四種說法：第一種，分界線是僅僅爲沿岸附近的小島的分界線；第二種，分界線是整個北部灣內所有小島的分界線；第三種，分界線是整個北部灣水域的分界線，而不僅僅是灣中的小島，於是到了後來形成歷史性分界線；第四種，分界線是所有中越之間爭議的島嶼的分界線，甚至包括北部灣之外的南海。

對該分界線的理解與西沙與南沙（及東京灣中的白龍尾島）的歸屬有重要的關係。在1930年代中法西沙之爭中，這成爲雙方的一個爭論點。如果當時民國政府所支持的第四種解釋是對的，那麼西沙群島也已經在條約中被劃歸中國。但查歷史記錄，劃界時中法代表所討論的僅限於沿岸附

---

〔8〕 法文爲: Au Kouang - tong ,il est entendu que les points contestés qui sont situés àl'est et au nord - est de Monka ,audelàde la frontière telle qu'elle a étéfixée par la commission de délimitation ,sont attribués àla Chine. Les les qui sont àl'est du méridien de Paris 105°43′de longitude est ,c'est - à- dire de la ligne nord - sud passant par la pointe orientale de l'le de Tch'a - kou ou Ouan - chan(tra - co) et formant la frontière sont également attribuées àla Chine. Les les Go - tho et les autres les qui sont àl'ouest de ce méridien appartienent àl'Annam.

〔9〕 此描述見沈固朝〈關於北部灣的歷史性水域〉，《中國邊疆史地研究》，2000，第10卷，第4期，44-59頁。

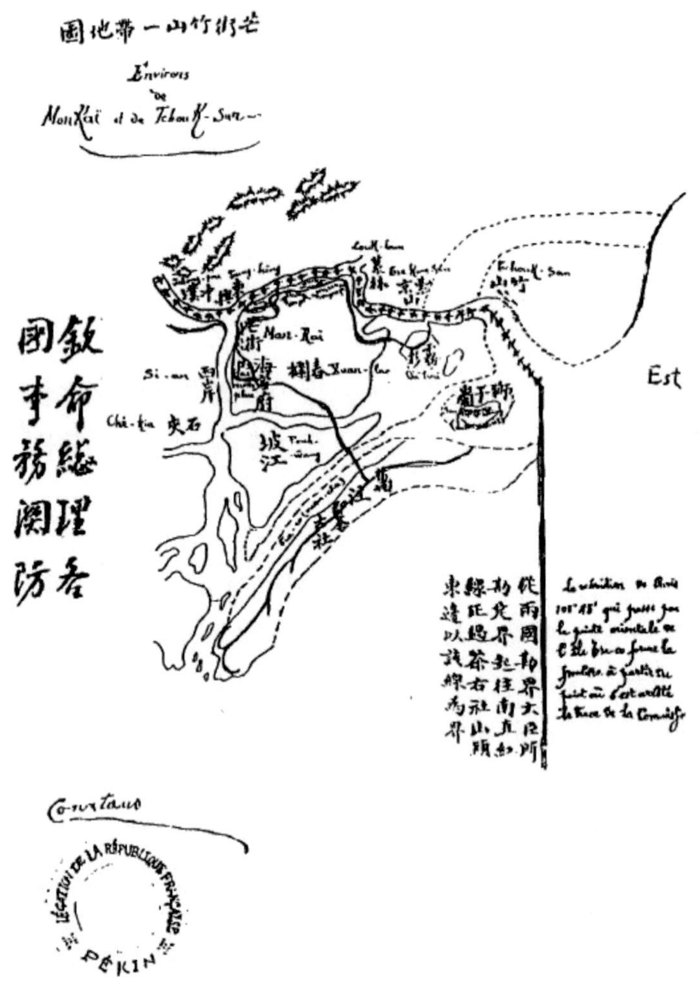

圖126　1887年中越分界地圖

近的小島[10]，這也是1930年代法國的觀點[11]以及後來北京的態度[12]。而根據1887年4月11日法方代表狄隆給中方代表鄧承修的復函：

【10】 李金明〈中法勘界鬥爭與北部灣海域劃界〉，《南洋問題研究》，2000年第2期。

【11】 SOPSI, p85-86.

【12】 李金明〈中法勘界鬥爭與北部灣海域劃界〉，《南洋問題研究》，2000年第2期。

以下是兩國界務委員會關於這群島嶼的口頭勘界協議的紀要內容：兩國界務委員會一致認定：凡巴黎所在子午線以西（漢語中稱爲北南線）105°43'，經茶古島東角的東京灣內各島嶼均屬安南。中國界務委員要求，在該子午線（北南線）以東各島嶼統歸中國。法方界務委員會聲明，由於江坪及其他地點的勘界工程尚未完成，故此問題應由法蘭西共和國公使與總理衙門在北京會商解決，此點亦系經與中方界務委員會商定後達成的一致意見，特此記錄。[13]

故這條線亦最多可延伸至整個東京灣，和南海諸島的歸屬無關。

由此可見，這些複雜的國家繼承關係直接關係到現代國際法框架下西沙和南沙的主權問題，這也是南海諸島的主權在法律上糾纏不清的原因。

2. 汶萊與蘇祿的衰落

與越南的衰落一樣，在南海的另一端，傳統亞洲國家如蘇祿與汶萊也紛紛淪爲殖民地。

(1)蘇祿的衰落與西德美的爭奪

十九世紀四〇年代西班牙對菲律賓南部穆斯林發動第三輪戰爭。當時穆斯林的實力已經大不如前，但是其強悍還是出乎西班牙人意料之外。1850年代，西班牙征服了棉蘭老蘇丹，但更爲強大的蘇祿還是一塊硬骨頭。此時德國也加入了對這一地區的競爭。而荷蘭、英國和美國對婆羅洲的征服也與蘇祿交織在一起，令局勢更加複雜，進一步拖長了蘇祿戰爭的進程。

德國人在十九世紀中後期進入東南亞，在與英國人和西班牙人爭奪婆羅洲和蘇祿的競爭中，德國人做出了妥協，換取了英國和西班牙對德國在北太平洋殖民地的承認（德國後來又從西班牙手中購買了馬里亞納群島、卡羅尼群島和帕勞等島嶼）。所以，德國人在東南亞並沒有建立起任何一個殖民地。到了1880年代，西班牙才把蘇祿變成自己的保護國，終於在

---

〔13〕黃錚、蕭德浩《中越邊界歷史資料選編》下冊，社會科學文獻出版社，1993，1146頁。

名義上整合了現代菲律賓的領土。但是直到西班牙結束其在菲律賓的殖民統治的時候，仍然未能完全控制蘇祿等南部穆斯林地區。

1890年代末，菲律賓本土發生了革命。幾乎同時，1898年美西戰爭爆發，西班牙戰敗，把菲律賓「賣」給了美國，結束了在菲律賓幾百年的統治。美國接管菲律賓後再經過近兩年的戰爭，才鎮壓了菲律賓革命。從此西屬菲律賓變成了美屬菲律賓。在美國的統治下，才眞正將南方整合。

蘇祿的衰落對菲律賓主張南沙群島的歷史權利有很大的影響。蘇祿曾經是南海東南部的霸主，其商業和政府主導的海盜與奴隸掠奪貿易甚至在十八世紀末到十九世紀後期還遍布南部菲律賓和婆羅洲[14]。從4.7節可知，南沙群島也是其橫行的區域。隨著蘇祿的衰落，這種對南海東南部的控制消失了。

西班牙和美國在1898年簽訂《巴黎和約》，規定了西班牙割讓給美國的島嶼的條約界線。在1900年，爲了補充條約界線的不足，美西又簽訂了《華盛頓協議》，規定在條約界線之外的原西班牙統治的島嶼都歸美國所有。它們對菲律賓在南海的領土和海域劃界有深遠的影響（見5.5）。

(2)汶萊的衰落

汶萊的衰落比蘇祿更早。進入十九世紀之前，汶萊已經喪失在南海東南部的主導地位。1824年，英國和荷蘭簽訂協議，劃分婆羅洲的（虛擬）勢力分界線。從此英國人開始積極地在婆羅洲拓展。1836年，沙撈越發生反汶萊叛亂，英國人船主布魯克（James Brooke）協助汶萊平息了叛亂。作爲報酬，汶萊承認布魯克爲沙撈越總督（Rajah）。1842年，汶萊被布魯克擊敗，正式承認沙撈越的獨立地位。這樣英國人第一次在婆羅洲建立起殖民地。在以後的歲月中，布魯克及其後繼者一再擴大沙撈越的範圍，直至現在的疆界。在第二次世界大戰日本進攻南洋之前，沙撈越一直是英國人總督所管理下的獨立自治政治實體，但與英國並無直接的關係。

【14】 參考James Francis Warren, The Sulu Zone 1768-1898, 2nd edition, 2007, NUS press。

沙巴有著不同的歷史來源。十九世紀初，沙巴的東部爲蘇祿蘇丹統治，西部爲汶萊統治。蘇祿蘇丹在1865年把沙巴租借給美國。但是美國人剛剛經歷了南北戰爭，無意在東南亞拓殖，於是把租借權轉讓給英國人。最後，蘇祿在1878年正式把沙巴租借給英國北婆羅洲特許公司（British North Borneo Chartered Company），沙巴從此落入英國人之手。與此同時，經過一連串的協議，英國人陸續從汶萊蘇丹取得了現在沙巴西部的土地。

1888年，英國爲了整合其在北婆羅洲的勢力，與汶萊、沙撈越和沙巴簽訂協議，由英國負責外交與軍事，建立了英國北婆羅洲殖民地。在這三部分中：汶萊是被保護國身份；沙撈越也是被保護國，儘管總督是英國人；沙巴是皇家特許的殖民地。這樣在十九世紀八〇年代，英國基本建立了包括現今馬來西亞和新加坡在內的殖民體系。汶萊對南海的權利也由此轉移到英國手中。

(3)南婆羅洲的殖民化

荷蘭的殖民地中與南海直接接壤的是婆羅洲南部。婆羅洲的南部有著和北部不一樣的歷史，它曾經是荷屬東印度殖民地的一部分，現在爲印尼的一部分。

荷蘭人第一次接觸婆羅洲是在1606年，當時南婆羅洲由班加蘇丹國（Sultanate of Banjarmasin）統治。1635年，荷蘭人與班加簽訂胡椒協議，在馬辰（Masin）建立了據點。在荷蘭人的貿易幫助下，十七世紀中，班加勢力達到頂峰，覆蓋東南、西南和中部婆羅洲。1787年，荷蘭人把班加變爲自己的保護國。1859-1863年的班加戰爭中，荷蘭人擊敗班加，廢除蘇丹，從而佔據了南部婆羅洲。人煙稀少的中部婆羅洲在二十世紀初才納入荷蘭的領土。

在西婆羅洲是由馬來人建立的一系列小蘇丹國，包括三發（Sambas）、蘭達克（Landak）和蘇卡達納（Sukadana）等。十七世紀末開始，荷蘭人就在西婆羅洲建立勢力。1772年，在荷蘭人的幫助下，坤甸蘇丹國（Pontianak Sultanate）建立，並成爲了荷蘭人的貿易中心。1818年，荷蘭人和眾小國的蘇丹簽訂協議，正式把他們置於保護國地位。十八世紀末，中國人開始前往西婆羅洲淘金，地點主要在三發。中國人很快就不受三發蘇丹的控制，處於半獨立的自治狀態，直到荷蘭人在1854年擊敗中國人爲止。到十九世紀中，荷蘭人建立了西婆羅洲殖民地。

東婆羅洲的主要國家是位於東婆羅洲南部的庫太蘇丹（Kutai）、中部的貝勞蘇丹（Berau）和北部的布隆噶蘇丹（Bulunga）。庫太在1300年左右建國，在十七世紀開始信奉伊斯蘭教，是婆羅洲最強大的國家，在區域內有自己的封建體系。貝勞在1400年建立，十七世紀開始信奉伊斯蘭教。布隆噶在1650年左右建國，在十八世紀中開始信奉伊斯蘭教。它們分別在1844年、1850年和1900年被荷蘭征服。

東、南、西、中婆羅洲是荷屬東印度殖民地的一部分。整個殖民地在1920年才達到現在印尼的疆域。在二戰中，印尼爲日本所佔領。日本戰敗後，荷蘭人企圖重新建立在印尼的統治，或者考慮荷蘭－印尼聯邦的形式，均未遂。1949年，印尼獨立，繼承了荷蘭東印度殖民地的主權。1963年，荷蘭在東南亞的最後一塊殖民地——西新幾內亞被移交印尼，荷蘭人在東南亞的統治結束。

在十九世紀中期之後，西方國家的勢力加緊進入南海，蘇祿和汶萊相繼被征服，和越南一樣淪爲殖民地，自然難以對其在南海的主權有獨立的主張，一切都要仰首宗主國。如果他們原先有什麼傳統歷史權利的話，那麼這種權利是否延續下去，完全取決於宗主國的態度。到了十九世紀末，南海沿岸國家中，唯一沒有淪爲殖民地的只剩下在南海北岸的中國。但當時虛弱和缺乏海上實力的中國，顯然也不能對南海的事務有實質的發言權。

3. 西方對南海的積極作用

隨著十九世紀西方國家在南海勢力的固化，其作用也出現了積極的一面。這表現在以下兩點：

(1) 對南海的測繪

如4.1節中討論的，英法等國家對南海的測繪從十八世紀末就開始了。1795年英國水文局的設立大大推進了世界海洋測量事業，自然也促進了對南海的測量。在十九世紀，各國又進行了多次的測繪。比較重要的有以下幾次：

1807-1810年羅斯船長（Danial Ross）和莫漢船長（Philip Maughan）分別駕駛發現號（*Discovery*）和調查號（*Invesitigator*）對中國南方海岸（1807）、西沙群島（1808）、交趾支那海岸（1809）和巴拉望島海岸線（1810）進行測量。其中對西沙群島的測量徹底確定了西沙群島的位置（見4.1.2）。在這些測量的基礎上，豪斯堡編輯出版了第一版《印度指南》（*The India Directory*）。該書立即成爲東方航海的權威之作。它一共出了八版，直到1860年代其地位才被另一本英國水文局的航海書《中國海指南》（*The China Sea Directory*）所取代。

1843年開始，巴爾切船長（Edward Belcher）駕駛沙馬朗號（*Samarang*）對婆羅洲和菲律賓沿岸進行連續幾年的測量。確定了南沙群島危險區域南部和北部的界限。根據他的測量結果而製作的海圖，直到1975年還在被英國海軍應用。值得一提的是，巴爾切船長還測量了包括釣魚臺在內的琉球群島的海岸。

1860年代，英國相繼派出保皇者號（*Royalist*）、薩拉森人號（*Saracen*）和里夫爾曼號（*Rifleman*）在南海測量。薩拉森人號測量了東沙群島，並嘗試在那裡尋找一個可以建立燈塔的地方。里夫爾曼號開始對南沙危險地帶進行詳細的測量。在發現很多新礁石的同時，也證實，一些以往公認的危險地區實際上並不危險。里夫爾曼號和薩拉森人號還聯合西班牙的測量隊伍對巴拉望水道進行詳細的測量。他們的測量成果被收錄在《中國海指南》中，成爲新一代的權威之作。根據薩拉森人號對東沙測量的結果，英國人在1868年建議中國在東沙建立燈塔，可是中國沒有理會（見5.6.1）。

德國在1881-1883年之間，派遣福利亞號（*Freya*）和伊爾提斯號（*Iltis*）對西沙進行詳細的測量。這是繼英國在1808年之後對西沙群島的第一次詳細測量，獲得了比70多年前詳細得多的資料。各國立即根據德國的測量成果製作了新的西沙海圖。中國方面聲稱，中國政府當時曾經對德國的測量提出抗議，令德國不得不停止測量，但這很可能是虛構的（見5.4.2）。

此外，各國還有多次規模較小的測量，這裡不能盡述。各國對南海的測量，尤其是對危險地帶的測量，進入二十世紀後還一直進行。[15]

值得指出的是，各國的測量結果都是公開的，最新的成果很快就反映在各國最新的海圖之中。東亞各國也分享了這些成果。中國和日本等國家都以《中國海指南》和英國海圖爲藍本，抽取相關的部分翻譯成水道志。陳壽彭翻譯的《新譯中國江海險要圖說》（1900）在中日東沙之爭中發揮了重要的作用（見5.6）。正是得益於西方對南海的測量，曾經的南海畏途終於變爲一般船家也可以安全行駛的暢通海道。

測量是否等於行使主權？當中不乏模糊之處。儘管一般而言，在國家命令下的測量行動，可以視爲一種對領土的管理，但是就十九世紀西方各國對南海諸島測量行動的反應來看，兩者似乎難以畫上等號。因爲各國對這些群島的測量都是自由的和不受限制的，其後也沒有聲稱主權的行動。而且，在這些行動中，各國通常都沒有在島嶼上插上國旗作爲宣示主權的象徵。筆者認爲，如果不是首次測量的話，僅有測量本身但沒有相應的主權聲明，就難以被認爲是行使主權的行動。同時也須指出，在十八至十九世紀的西方各國的多次測量行動中，均沒有知會中國或越南，而中國和越南也沒有對西方國家的測量提出抗議。

(2) 打擊海盜

南海交通在過去幾個世紀一直遭受海盜的困擾。在十七至十九世紀，南海的海盜主要以三種形式存在：業餘海盜，通常是沿岸的漁民，但以海盜爲副業，專門掠奪小型的商船和漁船；專業海盜，是大型的海盜組織，能夠對商船和漁民進行大規模的攻擊，當中尤以廖內－林加蘇丹國（Riau-Lingga Sultanate）最爲突出，他們的行爲甚至得到蘇丹的鼓勵；更大型的海盜，是能夠直接攻擊沿岸居民的海盜，有如以前爲禍中國的倭寇，但其目標不單是財產，還包括充作奴隸的人口，當中以蘇祿蘇丹國的

---

[15] 這些測量的描述和海圖，均參見David Hancox & Victor Prescott, *A Geographical Description of the Spratly Islands and an Account of Hydrographic Surveys Amongst Those Islands*, Maritime Briefing Vol.1 No.6, International Boundaries Research Unit, 1995, p31-37。

海盜最爲臭名昭著[16]。

這些海盜通常都不會襲擊配備精良的西方船隻和防守嚴密的殖民地據點，而是集中攻擊其他缺乏武裝的船隻，比如中國商船和中國漁船，以及攻擊尚不在西方殖民勢力範圍內的地區。海盜的行爲，嚴重危害了南海交通和漁業，甚至沿岸居民的安全。到十九世紀，這種威脅引起了西方國家的重視。

西方國家最初的應對方式是加強海軍巡邏。荷蘭、英國、法國和西班牙的海軍都在不同程度上參與對南海航道的護航。但是海盜以海上遊擊隊的方式相抗衡，他們人多分散，對航道極爲熟悉，也知道如何隱藏。而各國海軍兵力進行戰爭有餘，分散護航則頗有不足，因此很難維持整個南海航道的安全，且當地的商隊也並不那麼樂意加入西方組織的護航系統。而海盜的來源國，即尚未被西方征服的穆斯林國家，大都包庇甚至鼓勵海盜行爲。

西方各國認識到，如果不直接打擊產生海盜的地區，就難以根除海盜現象。於是在十九世紀中期開始，西方國家改變策略，直接進攻海盜的巢穴。各國也取得劃分勢力範圍的共識：蘇祿歸西班牙管，北婆羅洲歸英國管，南婆羅洲歸荷蘭管。各國終於可以在別無牽制的情況下放手進攻海盜。這也是爲何在十九世紀後半葉，各國不再局限於殖民據點而紛紛在南海擴大殖民地的原因之一。這種戰爭相當殘酷，也是殖民戰爭，但確實也有效打擊了海盜。到十九世紀後期，南海的海盜大幅度減少。[17]

海盜之患基本解除，南海成爲安全之海，大大降低了南海交通的成本，促進了南海交通的發展。中國漁民，特別是到南沙打漁的漁民，不必再像以前那樣擔心遭受海盜的襲擊。這可能也是爲何中國漁民十九世紀中後期才出現在南沙的原因之一。

〔16〕 Ger Teitler, *Piracy in Southeast Asia, A Historical Comparison*, http://www.marecentre.nl/mast/documents/GerTeitler.pdf .

〔17〕 同上。

5.2 近代中國和越南漁民在南海的活動

中國漁民在南海捕魚活動由來已久。中國海南漁民中流傳著各種手抄的《更路簿》，這些經驗性的《更路簿》為中國漁民提供前往西沙和南沙捕魚的指引，也成為中國漁民在這些地方活動的證據。惟中國古代官方和知識分子對漁民的活動一向不關注，因此在中國古代書籍中記錄漁民活動的很少。現在最早系統記錄中國漁民在南海活動路線的反而是1918年日本人小倉卯之助在南沙群島上與島上漁民筆談的記錄[18]。中國現存的《更路簿》都是在1970年代以後才收集的[19]。到1980年代初為止，中國收集了十一個不同版本的《更路簿》，它們都來自譚門鎮的漁民，此外還有譚門鎮漁民符宏光在1935年畫成的南海各島地圖。漁民們的《更路簿》是世代轉抄，但在轉抄的過程中不斷增加內容，所以很難確認具體內容是具體在什麼時候加上去的。而且，成書年代也難以考證，只能憑推測和根據一些漁民的回憶來估計，所以也無法準確知道他們從什麼時候開始往西沙和南沙捕魚。據估計，這些手抄本中十本是清本，一本是民國本。[20]

這些《更路簿》的內容很明顯地分為兩部分，一部分是來自古代已經寫成的航海針經，它們的行文方式比較類似於《順風相送》，用詞文雅、句子較長。另一部分則源於海南漁民自己寫成的針路，地名豐富詳細，用詞比較粗鄙，口語化，句子很短，對地名的稱呼是海南話的土名。而有關西沙，特別是南沙的記載，都在後一部分。從這些記錄來看，中國漁民的足跡遍及了西沙、南沙的主要島嶼和礁石，但是並沒有到達黃岩島[21]。

在中國各種版本的《更路簿》中，還有一個很奇怪的現象。它們中的大部分對南海的稱呼並不是南海，也沒有西沙、南沙的叫法，而是把其相應海域稱為東海和北海。記載有西沙和南沙的僅僅有兩本，一是唯一一本民國時代的陳永芹本，另一本是原先沒有名字，在漁民口述後加上標題的

---

[18] 地名資料匯編，68頁。

[19] 曾昭璇、曾憲珊〈清順風得利（王國昌抄本）更路簿研究〉，《中國邊疆史地研究》，1996年第一期，86頁。

[20] 同上。

[21] 地名資料匯編，69-81頁。

蒙全洲口述本。[22]西沙在潭門鎮之東南，把它說成東海還可以理解，但是南沙明明在更南面，反而稱為北海就難以解釋了。根據筆者的推測，這個名稱大約是從汶萊人或越南人那裡沿用下來的（見4.6）。

根據漁民的回憶，從晚清開始到1949年，去西沙和南沙都是乘坐二桅或三桅的風帆船，通常25人左右一船，分工明確。經營的方式有合股也有魚欄主出資。每次出海長達半年左右，通常11-12月出發，次年4-5月回航，出發之前準備充分。他們較少捕魚，而是以海龜、海參、牡蠣和馬蹄螺為主要產品。在5-11月間，有的漁民就居於島上，比如符宏光在南威島上一住就是8年。後來居住的人更多，就開始在島上種植簡單的糧食（如蕃薯）[23]。這些漁民的回憶都沒有具體的時間，但是可以肯定，從晚清之後，中國漁民在西沙和南沙活動逐漸增多和規模化。

那麼中國漁民具體什麼時候才開始到達西沙和南沙作業的呢？還是需要根據文獻而不是回憶而確定。從十八世紀後期開始，陸續有外國（包括越南）的記載提及中國漁民在南海諸島捕魚。最早的是1776年黎貴惇的《撫邊雜錄》（見4.2.4），提及中國漁民在西沙捕魚。1813年，英國羅斯船長（I.N. Ross）在1813年駕駛發現號（*Discovery*）和調查號（*Investigator*）測量東沙島時，提及島上已經有估計是中國漁民建造的庇護所[24]。在1857年英國人在對東沙島的測量中，再次提及島上有中國漁民建造的庇護所。[25]1849年古茲拉夫《交趾支那帝國地理》（見4.5.5），也提及中國漁民季節性地前往西沙群島捕魚，在經過西沙群島之後，他們大概還繼續前往遠至婆羅洲一帶。儘管這裡主要談及西沙群島，但是如果海南漁民能到達婆羅洲，那麼他們也很有可能能夠經過南沙群島，甚至南沙群島一帶也可能是他們的漁場。

但真正第一次提到中國漁民在南沙捕魚的記錄出現在1867年。當時英國測量船里夫爾曼（*Rifleman*）在南沙測量，測量日誌中記錄了在南沙

[22] 曾昭璇，曾憲珊〈清順風得利（王國昌抄本）更路簿研究〉，《中國邊疆史地研究》，1996年第一期，86頁。

[23] 地名資料匯編，，62-65頁。

[24] *The India Directory*, Vol. 2, 1817, p257.

[25] *The China Sea Directory*, Vol.2, 1879, p272-274.

群島中有海南漁民的活動。這個記錄記載在1867年和1879年的第一版和第二版《中國海指南》上面：

> 在大部分這些島嶼上都發現以採集龜殼爲生的海南漁民，其中的一些在這兒停留了好幾年。海南人的帆船每年都來到這些島礁，帶來米飯和其他必需品，以交換龜殼，賺取利潤。這些帆船每年12月或1月離開海南，在第一次西南季風的時候返回。在太平島的漁民的基地最爲舒適，在這裡井裡的水比其他島嶼上的更好。[26]

這大概是第一次可靠的關於中國漁民在南沙一帶活動的記錄。值得注意的是，在里夫爾曼號考察過程中，正式命名了一批南海島嶼，其中一些島嶼的名稱大概是根據島上的海南人的稱呼音譯的。此後到1933年，陸續有一些記錄顯示有中國漁民在南沙活動。比如，1918年，日本在南沙調查礦產，在其中的一個小島（南子島）上發現中國人。1930年，法國在南沙宣示主權時發覺南威島上有中國人。1933年，法國在南沙宣示主權時發覺太平島上有中國人[27]。在這段期間，在南沙群島上還發現了一些實物證據，比如，在南沙北子島上發現兩座墳，分別寫有同治十一年（1872）和同治十三年（1874）的字樣[28]。

中國人在南沙群島活動最早的上限在哪裡呢？目前沒有確切的證據。有一點值得注意的是，從1800年開始，英國和美國多次對南沙進行考察和測量，也都有詳細的報告。但是直到1867年，英國報告才指出島

【26】 *The China Sea Directory*, Vol. II, Second Edition, 1879, p.66.The original text is: "Hainan fishermen, who subsist by collecting trepan and tortoise-shell, were found upon most of these islands, some of whom remain for years amongst the reefs. Junks from Hainan annually visit the islands and reefs of the China sea with supplies of rice and other necessaries, for which the fishermen give trepan and other articles in exchange, and remit their profits home; the junks leave Hainan in December or January, and return with the first of the south west monsson. The fishmen upon Itu-Aba island were more comfortably established than the others, and the water found in the well on that island was better than elsewhere."

【27】 疆域研究，96頁。

【28】 疆域研究，97頁。

上有中國人活動。一種可能的解釋是，當時已經有中國人活動了，但是他們沒有碰上。另一種解釋是，當時根本沒有中國人活動。根據海南在1970年代對潭門鎮漁民的調查，認爲「漁民開發南沙群島也有百年以上的歷史」，並指出最早的記錄是1871年。[29]由此看來，十九世紀中期，即1860年前後，可能是其上限。

以上這些記錄和證據都顯示，從文字記錄看，中國漁民在東沙和西沙活動不晚於十八世紀中期，結合考古材料，中國漁民甚至可能在明朝就已經在東沙和西沙活動了。但是在南沙的活動，可能要在十九世紀中期之後。

有意思的是，儘管越南認爲越南人在西沙和南沙有悠久的捕魚歷史，但是似乎沒有什麼證據去證明這一點。在西方十八至十九世紀對西沙南沙的歷次考察中，都看不到在西沙和南沙有越南人的記載。從古茲拉夫的記載看，越南人對西沙一帶的興趣在於打撈失物和徵稅，對捕魚方面的活動卻沒有提及。越南人重新在西沙出現大概是十九世紀末到二十世紀初。根據法國人在1909年的報告，當時越南人和中國人都在西沙打漁，他們之間還時不時出現流血衝突，而在漁船上的越南婦孺，甚至會被中國人搶去再販賣到中國。[30]而關於越南人何時開始在南沙捕魚的時間則難以找到準確的記載。至少直到二戰結束之前，還沒有越南人在南沙的捕魚活動記錄。

出現這種狀況的原因，已經在5.1節中分析過了。越南對西沙（甚至可能包括南沙）的興趣是官方推動的，缺乏民間比如漁民的驅動力。因此，越南軍方海上實力的削弱，可能正是越南在南海諸島活動突然消失的主因。如果這個推斷成立的話，那麼這也充分說明在十九世紀中葉之後，黃沙和長沙出現權力的眞空。而這個時間恰好與中國人越來越多地出現在南沙的時間相吻合。是否存在因果關係還有待進一步研究。

在這裡也要指出，1860年代後，越南方沒有黃沙和長沙活動的記錄這一點，也從另一方面支持第五章中黃沙和長沙並非越南近海的島嶼的觀

---

[29] 史料匯編，441頁。

[30] Annex 15, SOPSI, p202.

點。因爲如果黃沙和長沙僅僅是越南近海的小島的話，官方海上武裝力量的削弱不應該導致活動的減少。

中國漁民的活動是否能夠代表中國對南沙群島的主權？根據國際法，儘管類似打漁等私人的活動對於主權認定有支持作用，但它只能帶來「初始權利」（Inchoate Title），而不是眞正的主權。[31]故其對論證中國在近代對南沙群島的主權問題上的意義不能高估。

5.3 晚清時期中國南海上的疆界與海界

1. 中國近代海疆觀念概述

在論證中國對南海諸島以及對南海的主權的問題上，晚清時期的史料是尤爲重要的，必須與古代（約1840年之前）的史料有明顯的區分。這樣做有四個原因：第一，晚清是直接和現代相接的，其國家行爲也直接影響了以後的歷史進程與國際法的效力。第二，古代由於資料（相對）稀少，即便民間的隻言片語，也可以視爲一種「歷史依據」，爲探求其眞實的地位提供線索。但是在近代，各國對南海諸島記錄如此之多，單憑民間的言論已經不足以構成有效的證據。第三，在十九世紀，國際上已經形成了對領土主權的國際法習慣。在十九世紀中期，中國也引入了國際法（《萬國公法》），亦需要在現代的國際法體系的框架下去主張自己的要求。單純的民間的言論記錄，充其量說明當時存在這些觀點，而不足以說明這些觀點的正確性。只有官方的文件才能形成對領土的有效主張。第四，根據時際法的要求，中國對南海諸島如果有主權的話，應該在這個時期中以「有效統治」的形式反映出來。

在對近代中國海疆的研究上，特別在有關南海諸島主權歸屬的研究上，必須釐清領土與海域的相關概念。

領土，以近代國際法而論，是需要有主權意圖和有效控制兩個決定性因素的。以一般的標準要求，中國須有明確的主權宣示及確切的管治記錄

【31】 參見帕爾馬斯案判詞，The Island Of Palmas Case (or Miangas) : United States Of America V. The Netherlands, Permanent Court Of Arbitration, 4 April 1928.

方能證明這些島嶼是中國的領土。而主權的宣示方式，若是沒有直接在島嶼上以豎立標誌等的形式，也至少需要有中央級別的出版物、公告或者地圖等等的方式，方能視爲有效的證據。民間的資料，即便明確說諸如「萬里長沙屬中國」也難以被視爲有效的證據。這個標準與對古代史料的標準有很大的區別。

關於海域這個概念，中國在十九世紀時海疆觀念出現了巨大的轉變。在十九世紀六〇年代以前，中國所沿用的是「傳統海疆」的觀念。這種觀念以習慣線去分割鄰接的洋面。比如中國會以粵洋（海）、閩洋（海）等形容廣東對開或者福建對開的海面，會用越南夷洋，交趾洋，占城海等形容越南的海面。在很多情況下，這個界線並不明確，其延伸的範圍也很難確定。可以把它理解爲在傳統觀念中的界線，但缺乏嚴格的定義。但在另外一些時候，這個界線也是很清楚的，比如中越之間在聯合緝私行動中，需要有這麼一條界線去確定雙方的職權範圍，而這條界線就已經擁有現代國際法意義上的「歷史性主權」海界的意味了。因此在這些文獻中，如果有所謂「海界」，「以某某爲界」之類的說法的時候，尤其要搞清楚，這裡說的到底是什麼概念。

1860年後，現代的海疆概念引入中國，之後中國逐步接受了國際海疆概念，即以距離海岸線若干距離爲中國的領海。儘管對其準確的距離還沒有一致的規定，但大約都在十五公里左右的範圍內。在近代的法律要求之下，這種海界才眞正具備國際法意義。

因此，在中國近代的海界觀念中，至少存在三種不同的觀念，以國際法爲基準的觀念自然是最標準的領海；以實際巡邏爲基礎的按照國際法並不能視爲眞正的領海，但是可以因爲這種巡邏而被視爲「歷史性水域」；而僅僅在紙面上說的海界，比如某某海以石塘爲界、「七洲洋屬中國」、南海屬廣東等，只能視爲缺乏法律效力的資料，如果這些說法出現在民間的論著中（在大多數情況下），則更是如此。

中國近代的海疆意識有幾個關鍵的節點，其中包括5次和海洋有關的論戰：1863年航海利權之爭、1866和1872年兩次船政興廢之爭，以及

1874和1884年兩次塞防與海防之爭[32]。在此之前，中國的海防和海權思想淡薄，海防建設上重陸輕海，經濟建設上重農抑末，軍事建設上海防空虛，武備廢弛。[33]儘管1840-50年代已經有海權支持人士強調海軍的重要，但直到1866年之後，中國才逐步建立起北洋、南洋、福建和廣東四支海軍。但除了北洋水師是重點發展的力量，南洋水師各軍艦「新舊大小不齊，僅備巡航之用」[34]。而力量更小的福建和廣東水師更加無法應付遠洋的航行任務。比如在1907年，廣東要探查東沙島，還須向南洋水師借調兵船，爲此等了一年半。1909年，廣東要派人到西沙「宣示主權」，也須向南洋水師借調船隻（見5.7）。

因此，在晚清，儘管已經有一些言論把中國的海疆說得很大，但實際上那僅僅代表觀念上的，或者所主張的海疆，而並非中國眞實領有的海疆。

中國的專家也承認對晚清時期的史料應該與之前的史料有所區分。比如鞠海龍認爲：「從歷史學的角度看，清朝後期史料與清朝前期的史料在研究價值方面基本是一致的。但是在國際法和國際政治角度上，二者存在著本質的差別。」[35]但他又錯誤地認爲：「而這些文獻中中國清朝政府在和西方國家進行的反殖民地鬥爭中，針對西方侵略者對中國領土主權方面的無理要求提出的正式的外交公函、照會和抗議書等文獻尤其具有現實價值。這些文獻在國際法方面具有宣布主權的效用。此外，這一時期我國學者和政府官員根據實際管轄範圍公開編纂的地方誌，繪製的地圖等文獻，由於國際交往和外交往來的加深，其他國家在得悉情況之後不作出官方抗議或爭辯，則應當被視爲對所公布材料的內容及因此而產生的後果表示默認。所以，清朝後期關於南中國海問題的相關史料實際上具備了晚近國際

【32】李德元〈論中國近代海疆觀念的形成〉，《廈門大學學報》（哲學社會科學版），2014年第3期。

【33】李德元〈海疆迷失：對中國傳統海疆觀念的反思〉，《廈門大學學報》（哲學社會科學版），2006年第2期。

【34】吳瑕主編，《中國古代軍事三百題》，上海古籍出版社，868頁。

【35】鞠海龍〈論清末和民國時期我國相關史料在解決南中國海爭端方面的價值〉，《史學集刊》，2003年第1期。

法方面的確定國家疆域範圍和領土主權的法律效力。」[36]

他的錯誤有兩處，第一，如前所述，晚清的史料的價值即使在歷史學上也是和之前的史料不一樣的。第二，外交公函和照會等正式公文當然有極爲重要的價值，但地方誌和地圖和地理著作等文獻則不可一概而論。民間的著作和地圖幾乎沒有任何法律效力，而即便是地方誌等官方的著作，其效力也比中央正式出版的文件和地圖要小得多。後者才是眞正具備「晚近國際法方面的確定國家疆域範圍和領土主權的法律效力」。

2. 民間部分著作涉及的傳統海界

(1)顏斯綜之《南洋蠡測》（1842）

顏斯綜之《南洋蠡測》似乎是近代最早提出中國海界在「萬里石塘」的文章。顏斯綜生平不詳，他有兩篇主要的著作：《海防餘論》和《南洋蠡測》。一些中國專家提及《南洋蠡測》之時愛說「南洋蠡測一書」。事實上，《南洋蠡測》並不是一本書，而僅僅是一篇只有數百字的短文（圖127）。裡面寫道：

南洋之間有萬里石塘，俗名萬里長沙，向無人居。塘之南爲外大洋，塘之東爲閩洋。夷船由外大洋向東，望見台灣山，轉而北，入粵洋，曆老萬山，由澳門入虎門，皆以此塘分華夷中外之界。唐船單薄，舵工不諳天文，惟憑吊鉈驗海底泥色，定爲何地，故不能走外大洋。塘之北爲七洲洋，夷人知七洲多暗石，雖小船亦不樂走。塘之西爲白石口……此島名之曰星忌利坡。[37]

首先，這是中國文獻中少有的把萬里石塘和萬里長沙等同的著作，這裡的地理描述也非常不準確，這爲辨別它們具體所指帶來困難。這裡的萬里石塘不太像是南沙群島：因爲南沙群島的南面就是婆羅洲，沒有一個

【36】同上。

【37】顏斯綜《南洋蠡測》，自王錫祺編《小方壺齋輿地從鈔再補篇六》，臺北，廣文書局印行，1964。

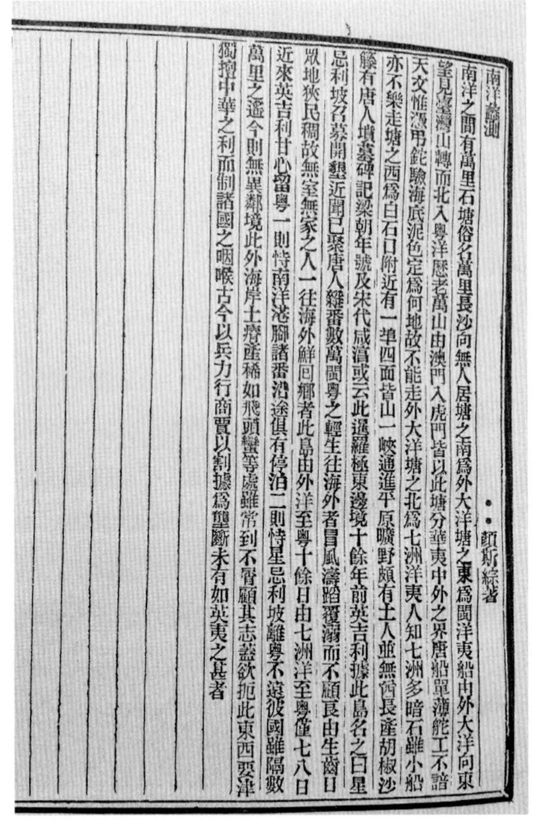

南洋蠡測　　　　　　　　　　　　顏斯綜著
南洋之間有萬里石塘俗名萬里長沙向無人居塘之南爲外大洋塘之東爲閩洋夷船由外大洋向東
望見臺灣山轉而北入粵洋歷老萬山由澳門入虎門皆以此塘分華夷中外之界唐船畏薄舵工不諳
天文惟憑弔鈍驗海底泥色定爲何地故不能走外大洋塘之北爲七洲洋夷人知七洲多暗石雖小船
亦不樂走塘之西爲白石口附近有一埠四面皆山一峽通進平原曠野頗有土人並無酋長產胡椒沙
籐有唐人墳墓碑記梁朝年號及宋代咸淳或云此暹羅極東邊境十餘年前英吉利據此島名之曰星
忌利坡召募開墾近聞已聚唐人纍番數萬閩粵之輕生往海外者冒風濤蹈覆溺而不顧良由生齒日
衆地狹民稠故無室無家之人一往海外鮮回鄉者此島由外洋至粵十餘日由七洲洋至粵僅七八日
近來英吉利甘心留粵一則恃南洋港腳諸番沿途俱有停泊二則恃星忌利坡離粵不遠彼國雖隔數
萬里之遙今則無異鄰境此外海岸土瘠產稀如飛頭蠻等處雖常到不暇顧其志蓋欲扼此東西要津
獨擅中華之利而制諸國之咽喉古今以兵力行商賈以割據爲壟斷未有如英夷之甚者

圖127　《南洋蠡測》

「外大洋」；南沙群島的東面是巴拉望島，和閩洋（福建外海）相差太遠。根據文中說法，船在外大洋中可以望見臺灣島，但如果外大洋是南沙群島南面的海域的話，那麼與臺灣島相隔2000公里左右，需要傳說中的千里眼才能在外大洋望見台灣島。把萬里石塘解釋爲西沙群島也有問題。儘管西沙群島南面是一個開闊的大洋，可以用南大洋來形容，但西沙群島的東面不是福建外海，在西沙群島以南的海面距離臺灣也有一千多公里，不可能望見臺灣。文中還說新加坡在石塘的西面，但無論認爲萬里石塘是西沙群島還是南沙群島都不符合這個要求（南沙群島相對比較靠譜一些）。如果以望見臺灣爲標準，那麼萬里石塘指東沙群島可能更爲合理，但是七洲洋也不在東沙群島的北面，因爲狹義的七洲洋是在西沙群島北面。

李金明認爲作者的萬里石塘是西沙和南沙的統稱[38]。但筆者認爲，作者在文中把這幾個截然不同的群島（東沙、西沙和南沙）混爲一談，所以才產生了一系列互相矛盾的描述。這是一個錯誤，而不是作者有意爲之的稱呼，這事實上反映了作者對南海地理的陌生。

其次，這裡寫道「皆以此塘分華夷中外之界」，這也是地理書中第一次有此說法。李金明認爲這裡說明了南海諸島是屬中國的證據[39]。但這麼一大片區域，並不只是一條歸屬無關痛癢的「界」線。即便說這個地方是中外之界，也無法判斷該區域是屬中國的。

(2)魏源之《海國圖志》（1843-1852）

林則徐在鴉片戰爭爆發之前在廣東做欽差大臣時，命人編譯英國人慕瑞所著《世界地理大全》，集成《四洲志》，但未及出版。鴉片戰爭後，林則徐被遣戍伊犁，將書稿交給魏源。魏源以這些書稿爲基礎，蒐集更多世界地理資料，編撰成《海國圖志》。初版五十卷於1843年刻印；1847年至1848年，魏源又將《海國圖志》增補爲60卷本；到1852年再擴充爲百卷本。此書在中國未受到廣泛關注，後流傳至日本，啓發明治維新並成爲天皇和大臣必讀書籍，對日本有深遠的影響。

《海國圖志》中並沒有直接討論西沙和南沙的主權。《東南洋各國沿革圖》[40]（圖128）中有千里石塘和萬里長沙。這裡的長沙和石塘用點陣的矩形表示，但是畫的地方不準確。最重要的是它們都被外國所包圍，沒有任何標識說明它們屬中國，看起來更像是外國之地或者是無主地。

但是在《東南洋沿岸各國圖》[41]（圖129）中，各國的海岸線準確得多，可見，這幅圖已經參考了外國的資料。這裡值得注意的是，在地圖上近似西沙群島的位置，畫有三個島狀，其中一個寫上「萬州礁它島」。這種圖式在其他的一些著作中也有沿用，如1894年馬冠群之《中外輿地

【38】疆域研究，48頁。

【39】疆域研究，48頁。

【40】魏源《海國圖志》，續修四庫全書，743卷，253頁。

【41】同上，265頁。

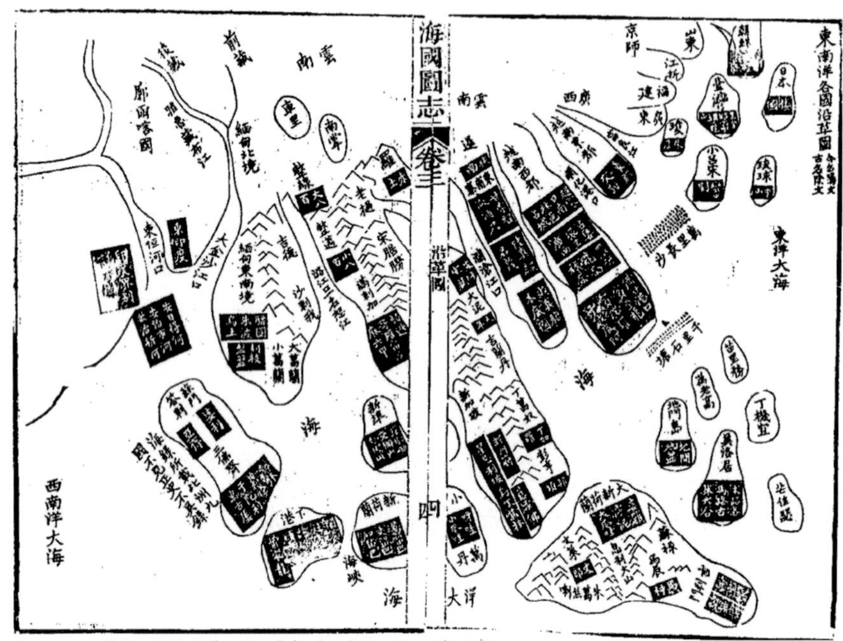

圖128 《海國圖志》之《東南洋各國沿革圖》

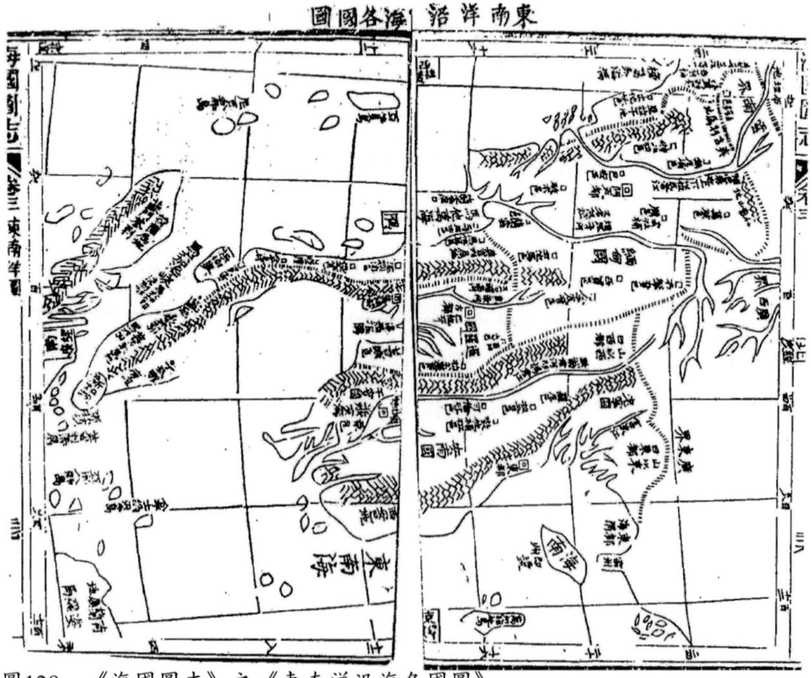

圖129 《海國圖志》之《東南洋沿海各國圖》

叢鈔》中的《東南洋沿海島岸國圖》[42]。從名稱顯見這是一部收集以往地圖的圖冊，可能就是直接收錄《海國圖志》之圖。從位置上看，這個島似是西沙群島無疑，在此寫上萬州字樣，這被認爲說明西沙群島屬萬州。[43]如果這屬實，這大概是「自古以來」第一條確鑿的證據表明作者認爲西沙群島屬萬州。但爲什麼會出現「萬州礁它島」這種名稱呢？目前尚不清楚。

《海國圖志》的這幅圖有沒有法律效力呢？因爲儘管林則徐和魏源都有官職在身，但此書並非官修書籍，而屬私人編纂，所以不具官方意義。

(3)徐繼畬之《瀛寰志略》（1849）

徐繼畬之《瀛寰志略》是一本世界地理地圖冊，成書於道光二十九年（1849年）。全書共10卷，約14.5萬字，內含插圖42張。除了關於大清國疆土的《皇清一統輿地全圖》以及朝鮮、日本地圖以外，其他地圖都是臨摹歐洲人的地圖所製。

書中有《亞細亞南洋圖》（圖130）。這幅地圖在南洋諸國的地理位置和形狀方面空前準確，比起《海國聞見錄》是質的飛躍，這當是作者參照外國地圖之故。但其對西沙和南沙的畫法卻與外國地圖都不一樣。其名稱可以和《海國聞見錄》中地理一一對應，可被視爲繪製方法不準確的《海國聞見錄》的升級版。唯與《海國聞見錄》相比，西沙和南沙群島的畫法有所不同。《海國聞見錄》把石塘和長沙兩個名稱畫作平行的兩段，這樣可以粗略地理解爲分別指西沙和南沙。但在本圖中，南澳氣、長沙門、萬里長沙和千里石塘卻被畫成從東北到西南延續的一直線，其樣式與《一斑錄》中相似（見3.4.13）。按照該處的畫法，南澳氣應該指東沙，長沙門指中沙到東沙的海域，萬里長沙是中沙群島，而千里石塘是西沙群島。而應該出現南沙群島的地方則一片空白。七洲洋被標注在西沙群島（千里石塘）尾部的地區。同樣，也不能在這幅圖上找到它們屬中國的標誌。

【42】此圖筆者找不到，轉引自《晚清南海》，29頁。

【43】晚清南海，27頁。

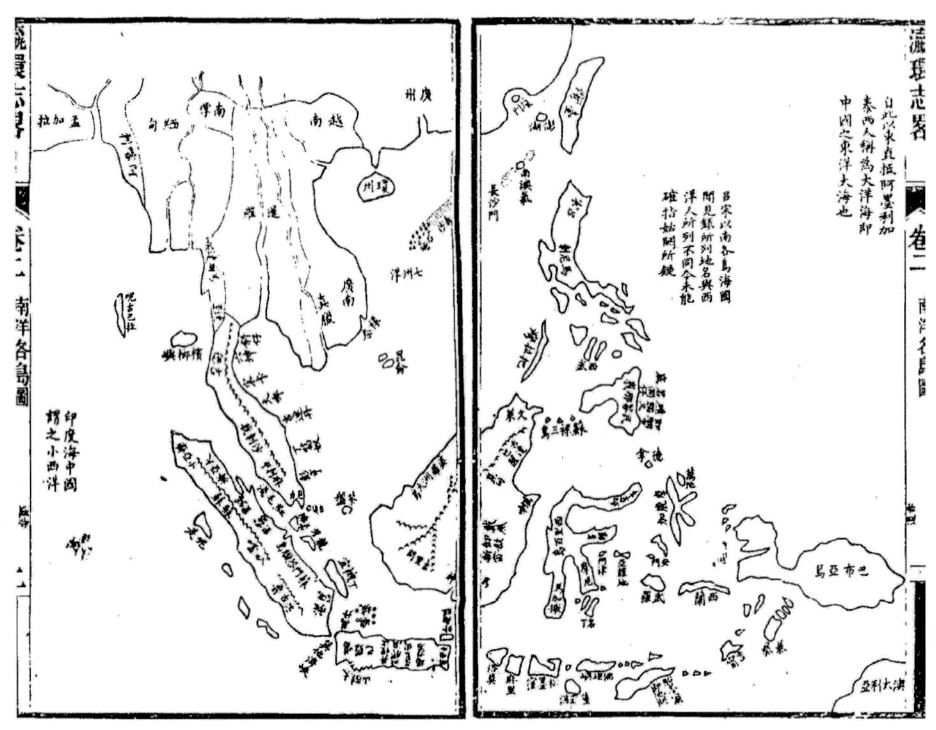

圖130　《瀛寰志略》之《亞細亞南洋圖》

此四個名稱連成一線的圖式在後繼的著作中也被一再引用，包括1891年王之春的《國朝柔遠記》、1894年同康盧主人的《中外地輿圖說集成》[44]等。在《國朝柔遠記》中，七洲洋不是像本圖一樣放在西沙群島尾部以西的地方，而是在這條直線和中國大陸以北的地區，即相當於《海國聞見錄》的「粵海」一帶。可見，廣義的七洲洋之具體位置在晚清也還是不確定的。

(4)徐家幹之《洋防說略》（1888）

晚清徐家幹的《洋防說略》是一本在中國海權意識興起之後的著作，當中有牽涉千里石塘的文字。

> 崖州在南，爲後户，港漢紛岐，島嶼錯出，暗沙、礁石所在有之。又

【44】此圖筆者找不到，轉引自《晚清南海》，31頁。

有萬里長沙，自萬州逸東直至南澳；又有千里石塘，自萬州迤南直至七洲洋。粵海天塹最稱險阻，是皆談海防者所宜留意也。」[45]

在這裡的萬里長沙從萬州向東到南澳，當指西沙、中沙到東沙一線，而萬里石塘，當為南沙群島。有人認為，「粵海」是包括了所有這些提到的地方。這點是否確實仍有含糊之處，但即便作者這麼認為，也只是說明傳統海疆，而不是近代意義上的海疆。何況這部著作是一部私人的著作。

(5)姚文枏之《江防海防策》（1894）

另外一篇提及長沙石塘的文獻是姚文枏之《江防海防策》（圖131）。與《南洋蠡測》一樣，儘管聽上去這似乎是一本書，但其實只是一篇幾百字的短文（比《南洋蠡測》長一些）。姚文枏是晚清舉人，上海鄉紳，字子讓，民國時曾為眾議院議員。他也是一位關心中國海防之人士。在這篇寫於清末的短文中有：

巽他海峽……麻剌甲海峽，兩海峽乃其來中國第一重門户；過瓊州七洲洋，有千里石塘、萬里長沙，爲南北洋界限。期間惟天堂門五島門沙馬崎頭門三處可通出入。此爲第二重門户。[46]

這裡的千里石塘和萬里長沙並沒有明確指出在哪裡，姑且認為是西沙群島和南沙群島。這裡指出千里石塘和萬里長沙是南北洋的界限，同樣也沒有說明它們到底屬誰的。從上下文看，它把巽他海峽和馬六甲海峽視為中國的第一重門戶，而把天堂門（日本）、五島門（日本五島群島）和沙馬崎頭門（臺灣最南端）視為第二重門戶。前兩者均非中國的領土，後三者的位置被錯誤地置於千里石塘和萬里長沙「期間」，而且天堂門和五島門也都不是中國的領土。可見，該文的重點是要強調中國海洋戰略的要點，而非領土歸屬。

【45】徐家幹《洋防說略》卷上，廣東海道，轉引《史料彙編》，125頁。

【46】姚文枏《江防海防策》，自王錫祺編《小方壺齋輿地從鈔第九輯》，臺北，臺灣學生書局印行，1975，47頁。

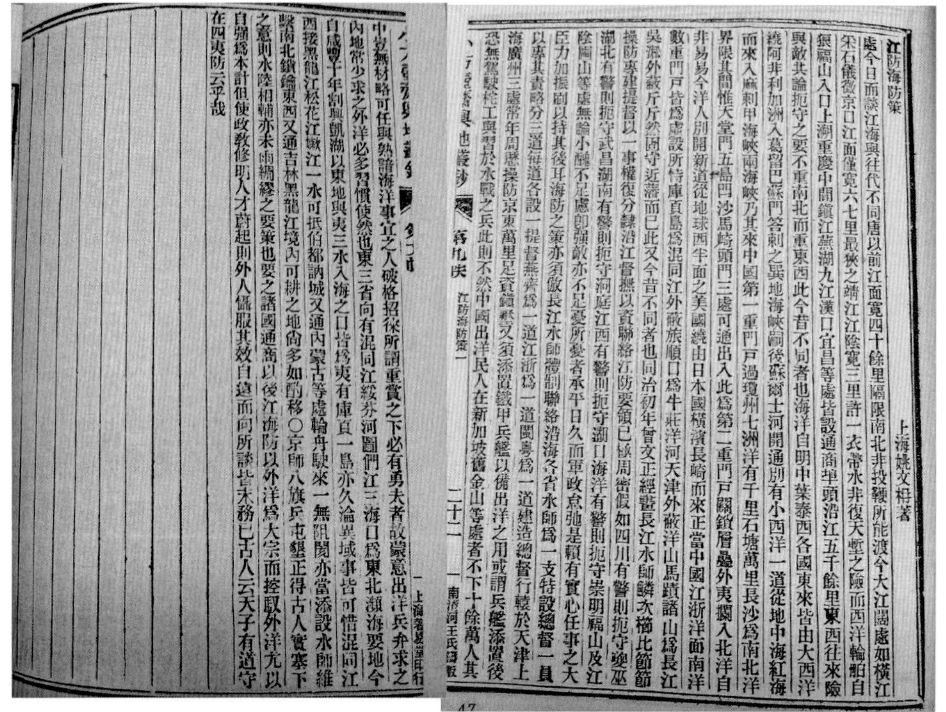
江防海防策　上海姚文柟著

處今日而談江海與往代不同唐以前江面寬四十餘里隔限南北非投鞭所能渡今大江闊處如橫江采石儀徵京口江面僅寬六七里最狹之靖江江陰寬三里許一衣帶水非復天塹之險而西洋輪船自狼福山入口上溯重慶中間鎮江蕪湖九江漢口宜昌等處皆設通商埠頭沿江五千餘里東西往來險與敵共論扼守之要不重南北而重東西此今昔不同者也海洋自明中葉泰西各國東來皆由大西洋繞阿非利加洲入葛留巴蘇門答剌之巽地海峽嗣後蘇爾士河開通別有小西洋一道從地中海紅海而來入麻剌甲海峽兩海峽乃其來中國第一重門戶過瓊州七洲洋有千里石塘萬里長沙爲南北洋界限其間惟天堂門五島門沙馬崎頭門三處可通出入此爲第二重門戶關鎖層疊外夷擱入北洋自非易易今洋人別開新道從地球西半面之美國繞由日本國橫濱長崎而來正當中國江浙洋面南洋數重門戶皆爲虛設所恃庫頁島爲混同江外蔽旅順口爲牛莊洋河天津外蔽洋山馬蹟諸山爲長江吳淞外蔽斤斤然固守近籌而已此又今昔不同者也同治初年曾文正經畫長江水師鱗次櫛比節節操防專建提督以一事權復分隸沿江督撫以資聯絡江防要領已極周密假如四川有警則扼守夔巫湖北有警則扼守武昌湖南有警則扼守洞庭江西有警則扼守湖口海洋有警則扼守崇明福山及江陰圌山等處無論小醜不足慮即強敵亦不足憂所憂者承平日久而軍政怠弛是賴有實心任事之大臣力加振刷以持其後耳海防之策亦須做長江水師體制聯絡沿海各省水師爲一支特設總督一員以專其責略分三道每道各設一提督燕齊爲一道江浙爲一道閩粵爲一道建造總督行轅於天津上海廣州三處常年周歷操防京東萬里足資鎮懾又須添置鐵甲兵艦以備出洋之用或謂兵艦添置後恐無駕駛柁工與習於水戰之兵此則不然中國出洋民人在新加坡舊金山等處者不下十餘萬人其

叢鈔　江防海防策一　二十二　南清河王氏鑄版

中豈無材略可任與熟諳海洋事宜之人破格招徠所謂重賞之下必有勇夫者故[illegible]意出洋兵弁求之內地常少求之外洋必多習慣使然也東三省向有混同江綏芬河圖們江三海口爲東北瀕海要地今自咸豐十年割興凱湖以東地與夷三水入海之口皆爲夷有庫頁一島亦久淪異域事皆可惜混同江西接黑龍江松花江嫩江一水可抵伯都訥城又通內蒙古等處輪舟駛來一無阻閡亦當添設水師維繫南北鎖鑰東西又通吉林黑龍江境內可耕之地尚多如酌移○京師八旗兵屯墾正得古人實塞下之意則水陸相輔亦未雨綢繆之要策也要之諸國通商以後江海防以外洋爲大宗而控馭外洋尤以自強爲本計但使政教修明人才蔚起則外人懾服其效自遠而向所談皆末務已古人云天子有道守在四夷防云乎哉

上海著易堂印行

圖131　《江防海防策》

當然更加重要的是，《江防海防策》和《南洋蠡測》這兩篇文章都是寫於十九世紀後期，而且作者都是平民身份。因此，這兩篇文章只能代表關心海洋權益的學者的意見，而不是「歷史」性的證據，對判斷歷史歸屬無甚價值。

以上幾部作品都提及了「中外之界」。由於對地理描述的混亂，很難按照文字精準地分析作者心目中的這條界到底在何處。但是如果結合《一斑錄》中的地圖（3.4.13），筆者認爲，這條界就是地圖上顯示的，從東沙島到中沙環礁再到西沙群島的連線。連線以北，屬於漁民所稱的「南海」，連線以南，屬於漁民所稱的「北海」（4.6.2）。因爲只有按照這種連成一條細線的圖式，才最符合「界」的定義。如果這樣的話，南沙群島乃在中國的「界外」，自然不屬中國，而西沙群島和東沙島，在「界上」，也難以肯定屬中國。當然，即便如此，那也只是民間的看法，不能代表官方的意見。

(6)《大清天下中華各省府州縣廳地理全圖》（1904）

此外還有一些地圖被說成是中國在近代擁有對西沙和南沙主權的證據。其中最經常提及的是1904年吳長髮重訂之《大清天下中華各省府州縣廳地理全圖》，以及在1905年由王興順重訂的版本（同名）[47]。吳鳳斌形容爲：「它不再把萬里長沙和萬里石塘畫在一起，而分別畫成兩個地方。同時明確地把『萬里石塘』畫成我國一個『府』的標誌，圖例與潮州府、瓊州府和廣州府相同，以雙線方格形的『府』這一行政級的標記表示，明確地把萬里石塘列入我國疆域之內。」[48]但奇怪的是，如此重要的證據卻從來沒有在各種論述南海問題的專著和論文中被展示。

其實只要看看原圖就明白中國專家爲何不願展示的原因了。此圖最早出現在乾隆五年（圖132），變形非常嚴重，即便是在沿岸處也是如此，更毋庸海外。在這個圖中，萬里石塘放在了福建對開的洋面，距離廣東甚遠，萬里石塘和千里長沙之間還隔著一大串外國的地名。在1904和1905年，此圖被翻刻。儘管此圖的名稱乍看像「官方」地圖，但其實是私人民間刻本。北京圖書館「輿圖要錄」系統對此的評價是：「本圖係地方民間刻本，製印粗劣，錯誤較多。」[49]可見，拿它來當作證據實在擺不上檯面。

至於吳鳳斌認爲從標識方式可以看出當時中國已經把萬里石塘當作「府」一級的行政單位，這實在令人匪夷所思。如果眞是作爲一個「府」，那麼哪一份文件能證明當時設立了這麼一個「萬里石塘府」呢？從這張拙劣的圖中難以看出萬里石塘和萬里長沙到底分別指哪裡，但當時石塘一般指南沙，長沙一般指西沙。如果這裡的萬里石塘指的是南沙群島，那麼爲什麼遙遠的南沙變成了一個府，而相對較近的西沙反而沒有呢？其實，在地圖上畫方格這個標誌是中國古地圖中常見的做法，表示大塊的陸地的含義。在《東南海夷圖》和《西南海夷圖》中都有海外地區被如此標識。因此，這個標識根本不是「州府」的意思。

【47】地理歷史主權，65頁。

【48】同上。

【49】大清天下中華各省府州縣廳地理全圖-詳細資料，http://ccts.ascc.net/catalog/detail.php?num=0444。

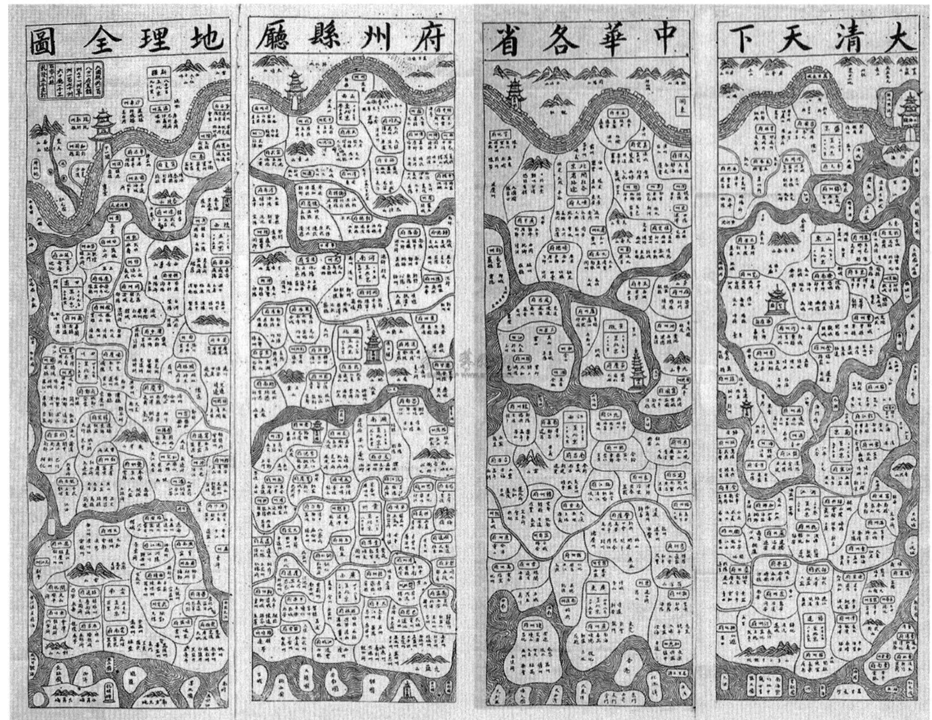

圖132 《大清天下中華各省府州縣廳地理全圖》（乾隆版）

以上列舉了很多的在一定程度上（疑似）描述西沙和南沙屬中國的民間著作，似乎給人以當時大部分的著作都可能認爲西沙和南沙屬中國的印象。但事實上，其他大部分的民間作品都不支持這個論點。

比如，1844年，鄒伯奇繪製之《皇輿全圖》[50]（圖133）。該圖是中國人自己較早採用直以投影方法繪製的全國政區圖，對清代地圖業從衰落走向中興有重要意義。在此圖中，中國的最南端是海南崖山。鄒伯奇本身廣東人，也是地圖測繪家，此圖是他親身測繪而成，對國境的理解是有一定權威性的。

[50] 古地圖集（清），plate189-192。

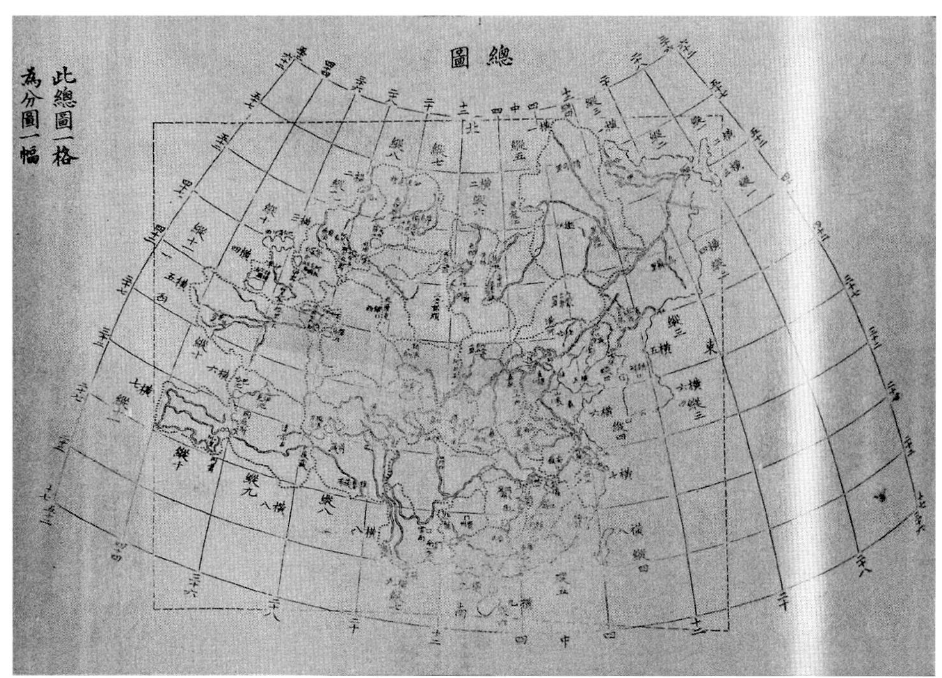

圖133　《皇輿全圖》

又再比如1866年之《廣東圖》[51]（圖134），這份詳細的地圖當爲當時的廣東地圖之最，分爲二十三排二十列。唯其作者不明，可能是毛鴻賓所主持編修的1：18萬的廣東地圖的分冊本（見後《廣東圖說》）。如果是這樣，那麼它就屬官修地圖，而非民間作品了。它的疆界並沒有包括西沙和南沙群島，與1909年的《廣東輿地全圖》（圖153）形成鮮明的對比。1909年，中日東沙島事件之後，中國政府首次正式派官員前往西沙島「巡視」，宣示主權（詳見5.7.2）。《廣東輿地全圖》是在那之後才繪製的。

【51】《廣東圖》，廣州鎔經鑄史齋印行，1866年線裝本。

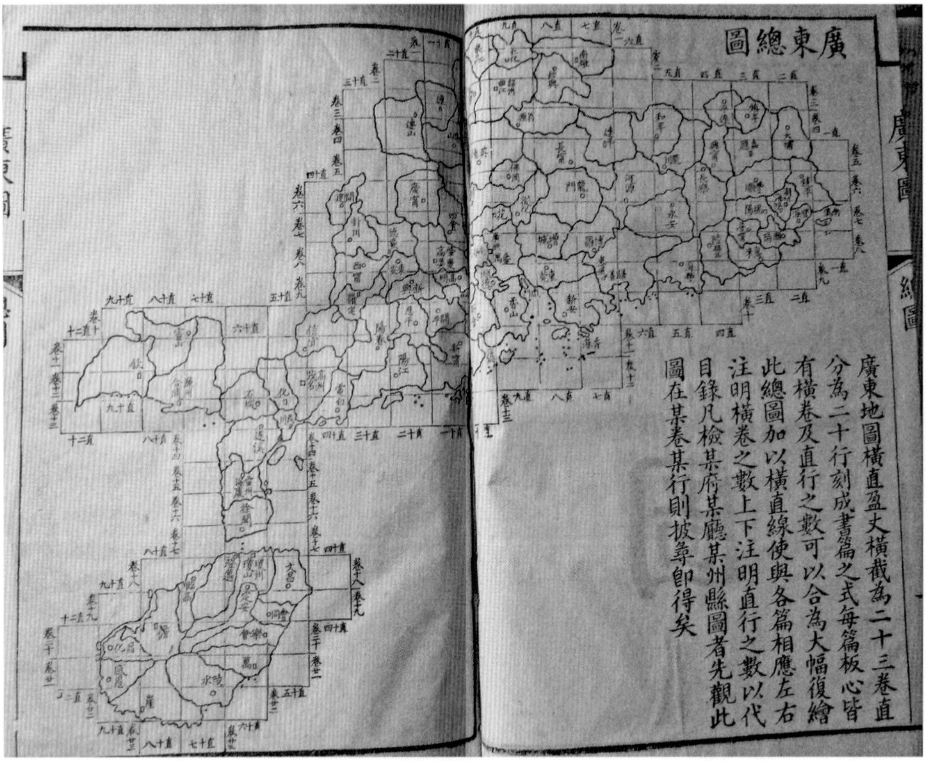

圖134 《廣東圖》

3. 權威的國家地圖資料

與以上民間的資料相比，國家級別的出版物的意義更爲重要，因爲它們正式說明了清朝的態度。

(1)《清會典之皇輿全圖》（1899）

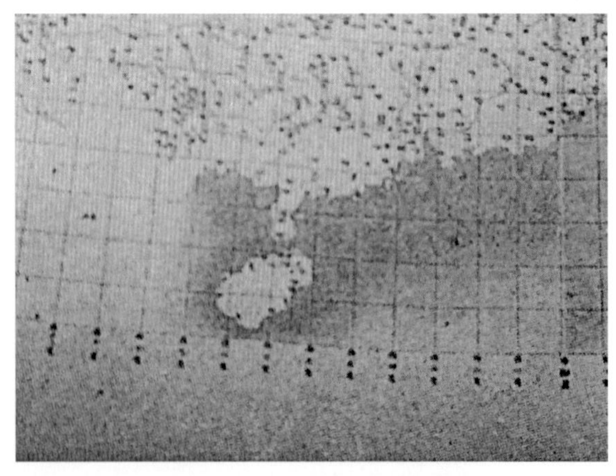

圖135 《清會典之皇輿全圖》（局部）

1899年的《清會典之皇輿全圖》（圖135）當爲最具權威性的史料。該圖又名《欽定大清會典圖》[52]，是繼雍正十排圖和乾隆十三排圖以後最爲正式和權威的國家中央編制出版之地圖。除了因爲蒙古、西藏等邊疆省份因人力物力不足而無法繪新圖外，其餘各處都用了最新的地圖。《欽定大清會典圖》同樣也是用投影方法，更編有以西方方法標注的經緯線。無論從哪一方面看，它都是中國當時出版的最先進之現代地圖。在此地圖上，中國的疆界止於海南省。

而《清會典》作爲清朝五部會典中的最後一部，也是晚清最爲權威的官方著作。《清會典》中記載了中國的四至（圖136），最南端在「極南廣東瓊州府崖山北極高十八度十三分」[53]。另外在廣東省[54]和瓊州府[55]的地圖和文字記錄中，也都沒有南海諸島。

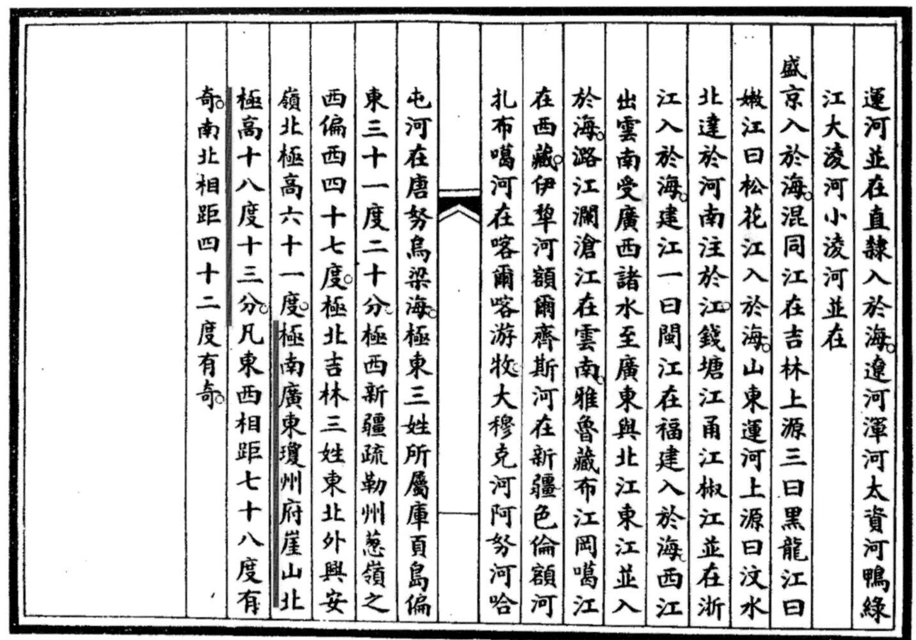

運河並在直隸入於海。遼河渾河太資河鴨綠江大淩河小淩河並在盛京入於海。混同江在吉林上源三曰黑龍江曰嫩江曰松花江入於海。山東運河上源曰汶水北達於河南注於江。錢塘江甬江椒江並在浙江入於海。建江一曰閩江在福建入於海。西江出雲南受廣西諸水至廣東與北江東江並入於海。潞江瀾滄江在雲南雅魯藏布江岡噶江在西藏。伊犁河額爾齊斯河在新疆色倫額河扎布噶河在喀爾喀游牧。大穆克河阿努河哈

屯河在唐努烏梁海。極東三姓所屬庫頁島偏東三十一度二十分。極西新疆疏勒州葱嶺之西偏西四十七度。極北吉林三姓東北外興安嶺北極高六十一度。極南廣東瓊州府崖山北極高十八度十三分。凡東西相距七十八度有奇。南北相距四十二度有奇。

圖136　《清會典圖》卷一三九

[52] 古地圖集（清），plate129-130。另見《清會典圖》，中華書局影印，1990年，下冊，卷一三九，142頁。

[53] 《清會典圖》，中華書局影印，1990，下冊，卷一三九，144頁。

[54] 同上，下冊，986-689頁。

[55] 同上，下冊，1015頁。

(2)胡林翼主持之《皇朝中外一統輿圖》（1863）

湖北巡撫胡林翼在1863年主持編撰了《皇朝中外一統輿圖》（圖137），又名《大清一統輿圖》。這也是一本世界地圖冊，以十九世紀的標準來衡量，它畫得非常粗陋，尤其是北方的地區變形極大。論權威性，它不及以下的《廣東圖說》權威，因爲同是省級單位主修的書籍，廣東與南海乃是直接相關，而湖北則不是。它自然更加無法和國家級別的《欽定大清會典圖》相提並論。筆者之所以專門提出這份地圖，是因爲它在中國與日本的釣魚臺之爭中，是少數有效的地圖證據，能夠證明釣魚臺屬中國[56]。由於這個原因，它一直被中國視爲權威的地圖，儘管在實際上它並不這麼權威。

在這幅中國視爲非常權威的地圖上，中國南方的界線也僅僅到達海南島。這和其他官方證據是高度一致的。

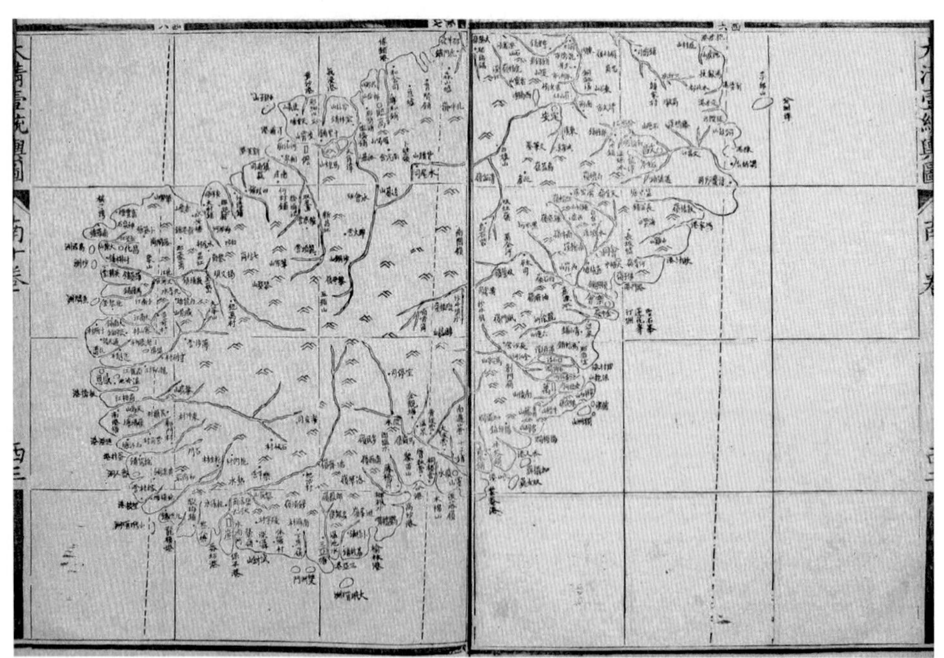

圖137　《皇朝中外一統輿圖》之海南部分

【56】釣魚臺是誰的，293頁。

(3)毛鴻賓編修之《廣東圖說》（1866）

除了中央編定的地圖，晚清時期中國方志上對南海的記載也是非常重要的。因爲從中可以知道：1.當時廣東省有沒有把南海諸島視爲自己的領土；2.當時廣東省對南海的「管轄」到底是什麼範圍以及到什麼程度。中國的方志多由官方編撰而成，因此和民間的地理書籍相比，更具官方色彩。

廣東巡撫毛鴻賓編修之《廣東圖說》（1866）又名《廣東圖志》，由同治年間兩廣總督瑞麟等組織編定，如序言所述，此書因以往地理書「前後不同」，「今以欽定大清一統志、廣東輿圖、廣東通志諸書補其漏略」[57]。此時，中國已經接受了最新的地理知識，所有的圖和文字都有經緯度標識，地理位置非常準確和清晰。在《廣東全圖》（圖138）中，廣東省的南界僅僅到達海南，其緯度大約在北緯十八度左右[58]。在萬州圖中，地界沒有包括西沙群島和南沙群島，也沒有以往《廣東通志》的「長沙海、石塘海」等「莫稽其實」的記載。[59]

在《廣東圖說》中個別的文字令中國專家認爲它表示了中國對西沙的主權。這段文字爲：

> 瓊郡孤懸海外……港汊紛歧，島嶼錯出，暗沙礁石所在有之，尤險阻者則爲萬里長沙，自萬州迤東直至南澳，此蓋粵海天塹也[60]。

這裡主要描述瓊州外圍的水況，萬里長沙指西沙群島到中沙群島再到東沙群島一線。從這段話來說，萬里長沙爲「粵海」之天塹，自然可能有表達萬里長沙屬中國之意，但是如果結合之前明確指出廣東的四至並不包括西沙的文字，以及地圖中並沒有畫出西沙的事實來看，這裡表達的更可能是傳統海疆的意思，而並不表示西沙是中國的領土。

---

[57] 桂文燦纂《廣東圖說》，同治間刊本，中國方志叢書106，臺北，成文出版社影印，1967，7頁。

[58] 同上，15頁。

[59] 同上，601-605頁。

[60] 同上，545頁。

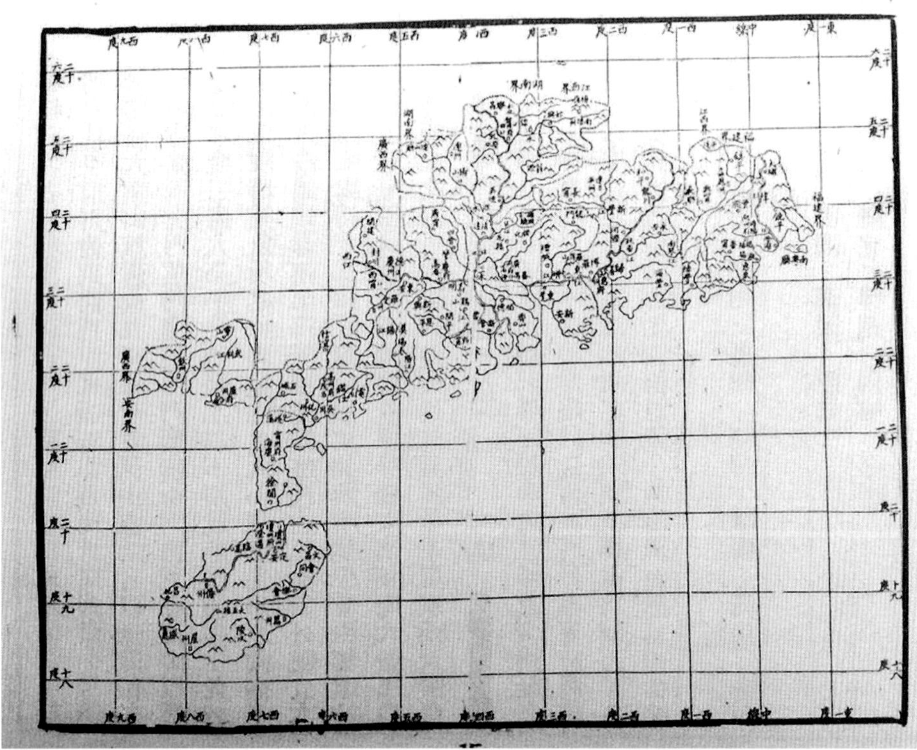

圖138 《廣東圖説》

(4)廖廷臣等編撰的《廣東輿地圖説》（1892）

廖廷臣等編撰的《廣東輿地圖說》成書於光緒十八年（1892），由兩廣總督李瀚章和廣東巡撫劉瑞芬組織編撰，當是反映晚清時期廣東版圖的最權威的官方作品，所有的圖和文字都有經緯度解說，地理位置非常準確和清晰。書中有明確的廣東省「四至」：「京師中線偏西九度二分極南崖州榆林港外山嘴北緯十八度九分。」[61]可見，廣東的最南點僅僅到海南島最南端外部的小島，並不包括西沙和南沙群島。此外，在《錄例》（圖139）中有「粵省……，今之海界，以瓊南爲斷，其外爲七洲洋，粵之巡

[61] 廖廷臣等《廣東輿地圖説》，宣統元年重印本（1908），中國方志叢書107，臺北，成文出版社影印，1967，39頁。

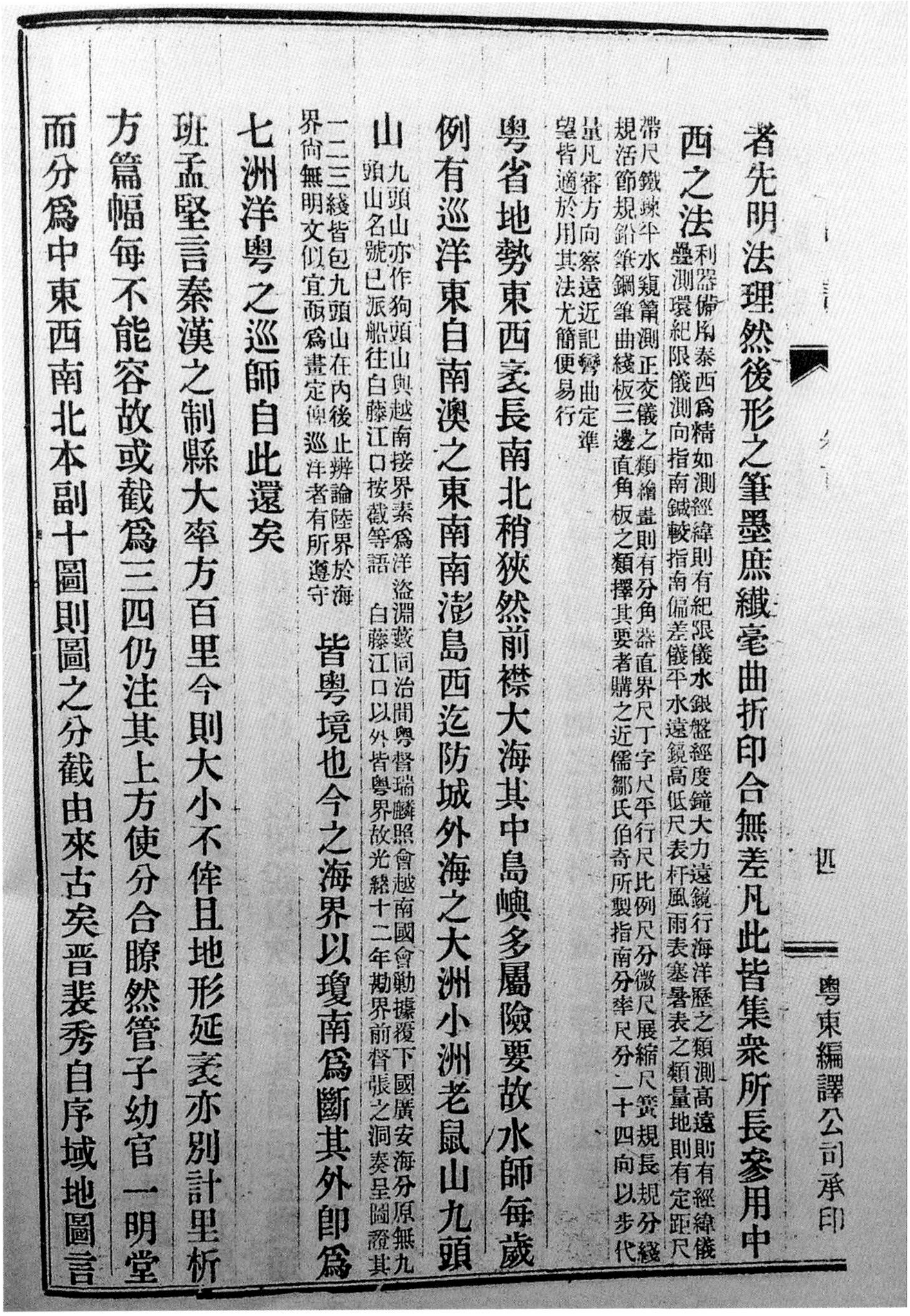

者先明法理然後形之筆墨庶纖毫曲折印合無差凡此皆集衆所長參用中西之法利器備脩泰西爲精如測經緯則有紀限儀水銀盤經度鐘大力遠鏡行海洋歷之類測高遠則有經緯儀疊測環紀限儀測向指南鍼較指南偏差儀平水遠鏡高低尺表杆風雨表寒暑表之類量地則有定距尺帶尺鐵鍊平水規簡測正交儀之類繪畫則有分角器直界尺丁字尺平行尺比例尺分微尺展縮尺䩞規長規分綫規活節規鉛筆鋼筆曲綫板三邊直角板之類擇其要者購之近儒鄒氏伯奇所製指南分率尺分二十四向以步代量凡審方向察遠近記彎曲定準望皆適於用其法尤簡便易行

粵省地勢東西袤長南北稍狹然前襟大海其中島嶼多屬險要故水師每歲例有巡洋東自南澳之東南南澎島西迄防城外海之大洲小洲老鼠山九頭山九頭山亦作狗頭山與越南接界素爲洋盜淵藪同治間粵督瑞麟照會越南國會勦據覆下國廣安海分原無九頭山名號已派船往白藤江口按截等語白藤江口以外皆粵界故光緒十二年勘界前督張之洞奏呈圖發其一二三綫皆包九頭山在內後止辨論陸界於海界尙無明文似宜亟爲畫定俾巡洋者有所遵守皆粵境也今之海界以瓊南爲斷其外卽爲七洲洋粵之巡師自此還矣

班孟堅言秦漢之制縣大率方百里今則大小不侔且地形延袤亦別計里析方篇幅每不能容故或截爲三四仍注其上方使分合瞭然管子幼官一明堂而分爲中東西南北本副十圖則圖之分截由來古矣晉裴秀自序域地圖言

四

粵東編譯公司承印

圖139　《廣東輿地圖說》之錄例

師自此而還」。[62]可見，當時廣東水師巡邏的地界就是瓊州最南部。其外的七洲洋並不是廣東水師的巡邏範圍。此外，在「萬州」條中，也同樣沒有以往《廣東通志》的「長沙海、石塘海」等「莫稽其實」的記載[63]。

根據韓振華的說法，廖廷相（即廖廷臣）和楊士驤的《廣東全省總圖說》中記載廣東省轄有「萬里長沙」[64]。筆者找不到原始文獻，無法證實《廣東全省總圖說》的性質到底是私家修書還是官方修書。姑且轉引其文：

廣東全面瀕海，東南值呂宋群島，南對婆羅大洲，西南際越南東境，海面遼闊，總名南洋，屬省境。

謹案高雷以東附北岸，潮侯長落遲落，測驗有定。迤西之欽廉，迤南之瓊崖，每多差異，夷商海客，僉謂西南潮信，多曰不同，蓋其海，南限萬里長沙，西漲安南，海角中峙，瓊島潮汐，回旋迂曲，行率不得定，地勢阻之然也。

第二段其實只是描述廣東沿海潮汐的情況。「蓋其海，南限萬里長沙，西漲安南」是指海南省四周的海境，這說明了西沙群島是所謂「粵洋」的南限。第一段中儘管說到「海面遼闊，總名南洋，屬省境」，但很難認同原書眞的是要表達整個南海都是廣東的這個意思，大概是表達廣東對開的海面是廣東管轄的意思，而不是整個南海屬廣東。因爲這既不符合事實，也沒有任何法理依據，就連英國這等海軍強國也不敢說整個南海都是自己的。這亦和書中所說的海界以「瓊南爲斷」相悖。因此，如果這段話是眞的，這裡大概是原書表達方式有歧義所致。

如果這是私人修書，可以歸類到民間著作一類視爲個別人的主張（儘管是極爲不合理的）而不必再考慮其效力。如果是官方的，也頂多表達一種傳統海疆的觀念，而不是國際法意義上的海界觀念。否則就與更多

[62] 同上，8頁。

[63] 同上，367-370頁。

[64] 史料彙編，125頁。

更爲正式的、以及表述更爲明確的文件和資料相違背，也與當時的國際法相違背，因而也是無效的。在這裡要強調，在國際法的層面，某國單方面地說「自己的領土的界限在哪裡」的法律效力比不上某國說「那塊土地不是自己」的或者「是屬第二國的」。因爲前者最多只能代表自己的單方面主張，需要第二國認同才能最後作實，但是後者卻可以代表認同對方的領土主張。

4. 眞實之巡邏海界

以上所說的都是紙面上的海界。那些海界，如果有範圍很大的（比如說整個南海都是中國的），那多半只能歸於傳統觀念的海疆之中。從國際法的意義說，即便要符合「歷史性權利」，其界限也必須是國家所眞正能夠控制的海域。在當時說來，水師巡邏的範圍就是一個很好的標準。

協水師都司移駐崖州專管陸營其原設水
師營守備一員仍專管本標水師營務與副
將輪替出洋巡緝所屬水師千總一員把總
二員外委三員額外四員共官十二員守兵步
兵二百五十八名大小師船四號除防守各
臺汛外實在巡洋兵丁一百四十六名
崖州協水師營分管洋面東自萬州東澳港起
西至昌化縣四更沙止共巡洋面一千里南
面直接暹邏占城夷洋西接儋州營洋界東
接海口營洋界同上
崖州協上班以副將出洋下班以守備

圖140　《瓊州府志》

道光時期，明誼主持張岳崧主編的《瓊州府志》（1841，圖140）中有關於中國在南海的洋面管轄範圍的記錄：

崖州協水師營分管洋面：東自萬洲東澳港起，西至昌化縣四更沙止，共巡洋面一千里。南面直接暹羅占城夷洋，西接儋州營洋界，東接海口營洋界。[65]

光緒二十六年（1900）由州牧鐘元棣主持開始編纂《崖州志》，該

【65】明誼《道光瓊州府志》，卷十八海黎志一，1890年刻印版線裝本，無頁碼。

書在1901年編成。其中的《海防志》中也引用了這段話。[66]

書中沒有明確說明這個巡邏範圍始於何時，黃盛璋認爲是始於1832年[67]。如《瓊州府志》所言，此協水師是自道光十二年（1832）才開設。因此說其分管的這個洋面範圍是始於1832年大體正確。而在乾隆版的《瓊州府志》和《崖州志》[68]中都沒有這個巡海範圍的記錄，可見確是1832年後新增的。

李金明和黃盛璋都認爲這段話的意思是巡洋路線有兩條，一條是海南島的環島巡海，第二條是向南巡海，直到占城洋面，「也就是到達我國南海疆界的西部洋面」。

這個理解是錯的。此處的描述既不是環島巡海，也不是向南巡海，而只說明，崖州協水師營負責巡邏的洋面範圍（一千里），也就是在海南島南部從萬州到昌化南面一帶的洋面。這也可以理解爲巡海路線，但並不是指兩條巡海路線。其南面（而不是李金明所說的西面）與占城外海，即交趾洋相接；西面與儋州營洋界相接；東面與海口營洋界相接。

從地理位置上看，占城北端和海南島南端基本處於同一緯度。西沙位於海南島東南，在占城東部。崖州水師所負責洋面最東面的萬州東澳港（今萬寧市東澳鎮）的經度還沒有達到西沙群島的經度。而南面的極限絕無可能到達占城和暹羅的陸地。因而這裡說明的更可能是與崖州開外洋面連接的國家的洋面而已（占城當時已經被越南所滅）。而在晚清的時候，中國水師的巡邏範圍（或者稱中國的洋面）是很窄的，特別是海南島以南的範圍。就在1833年，即崖州協水師成立後一年，就有道光皇帝下達有關此洋面巡邏的命令（圖141）：

又據李增階諮稱，副將李賢等巡至岩州三亞外洋玳瑁洲，與越南夷洋接壤……，惟華夷洋面雖連，而疆域攸分，必須確悉情形，方可計出萬全。[69]

---

[66] 郭沫若點校，《崖州志》，廣州，廣東人民出版社，1962，225頁。

[67] 黃盛璋〈南海諸島歷來是中國領土的歷史證據〉，《東南文化》，1996年第四期，81-91頁。

[68] 乾隆版《崖州志》，故宮珍本叢刊之《海南府州縣誌》第六冊，海南出版社，2000，卷五下，海黎，77-83頁。

[69] 清實錄，中華書局影印，北京，1986；《宣宗實錄·四》第三十六冊，卷二二六，382頁。

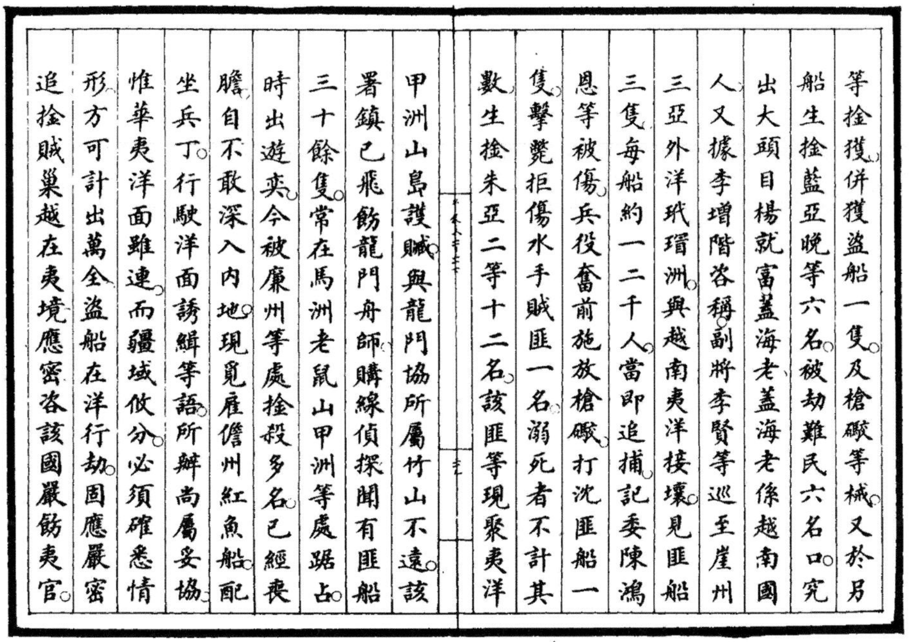

等拏獲併獲盜船一隻及槍礮等械又於另
船生拏藍亞晚等六名被劫難民六名口究
出大頭目楊就富蓋海老蓋海老係越南國
人又據李增階咨稱副將李賢等巡至崖州
三亞外洋玳瑁洲與越南夷洋接壤見匪船
三隻每船約一二千人當即追捕記委陳鴻
恩等被傷兵役奮前施放槍礮打沈匪船一
隻擊斃拒傷水手賊匪一名溺死者不計其
數生拏朱亞二等十二名該匪等現聚夷洋
甲洲山島護賊與龍門協所屬竹山不遠該
署鎮已飛飭龍門舟師購線偵探聞有匪船
三十餘隻常在馬洲老鼠山甲洲等處踞占
時出遊奕今被廉州等處拏殺多名已經喪
膽自不敢深入內地現覓雇儋州紅魚船配
坐兵丁行駛洋面誘緝等語所辦尚屬妥協
惟華夷洋面雖連而疆域攸分必須確悉情
形方可計出萬全盜船在洋行劫固應嚴密
追拏賊巢越在夷境應密咨該國嚴飭夷官

圖141 《宣宗實錄》卷二二六

這份文件是當時海南水師奏報三亞開外的緝私情況。當中提到巡邏的範圍僅僅到玳瑁洲。玳瑁洲就在距離三亞不遠之處，之外就是「洋面雖連，而疆域攸分」的「越南夷洋」。道光也確認了此點。可見，中國的海面的南端僅僅距離玳瑁洲不遠，與傳統的越南海面相接。

有關內洋和外洋的問題，亦可進一步解釋[70]。清朝時，沿海各省的海域分爲內洋和外洋，它們都是中國的海域，但負責機構有所不同。《欽定大清會典則例》（1736）規定：「內洋失事，文武並參；外洋失事，專責官兵，文職免其參處。」[71]而在內洋和外洋之外就是非中國所轄的洋面。根據鄧廷楨在道光十八年（1838）正月的奏摺，在廣東省內洋和外洋的劃分是這樣的：「中外諸洋，以老萬山爲界。老萬山以外，汪洋無

【70】可參見王宏斌〈清代內外洋劃分及其管轄問題研究〉，《近代史研究》，2015年第3期，67-89頁。

【71】《欽定大清會典則例》，第115卷。轉引自王宏斌〈清代內外洋劃分及其管轄問題研究〉，《近代史研究》，2015年第3期，67-89頁。

際，是爲黑水洋，非中土所轄。老萬山以內，如零丁、九洲等處洋面，是爲外洋，係屬廣東轄境。其逼近內地州縣者，方爲內洋，如金星門，其一也。」[72]這個描述中，作爲廣州門戶的老萬山，其外洋也在老萬山之內，老萬山以外就不是中國的海域了。阮元修訂的《道光廣東通志》中有廣東海防圖，很詳細地標註了內洋和外洋[73]（這些地圖中並沒有南海諸島）。圖中的外洋，其標註的地點大都緊靠著海岸險要處以及近岸的小島的外側，也有標志在近岸小島的內側[74]（比如航標之一的烏豬山的外洋即在其內側，圖142）。基本上每個這樣的小島或海岸險要處都有自己的外洋。有學者對1838年由兩廣總督盧坤和鄧廷楨主持修訂的《廣東海防

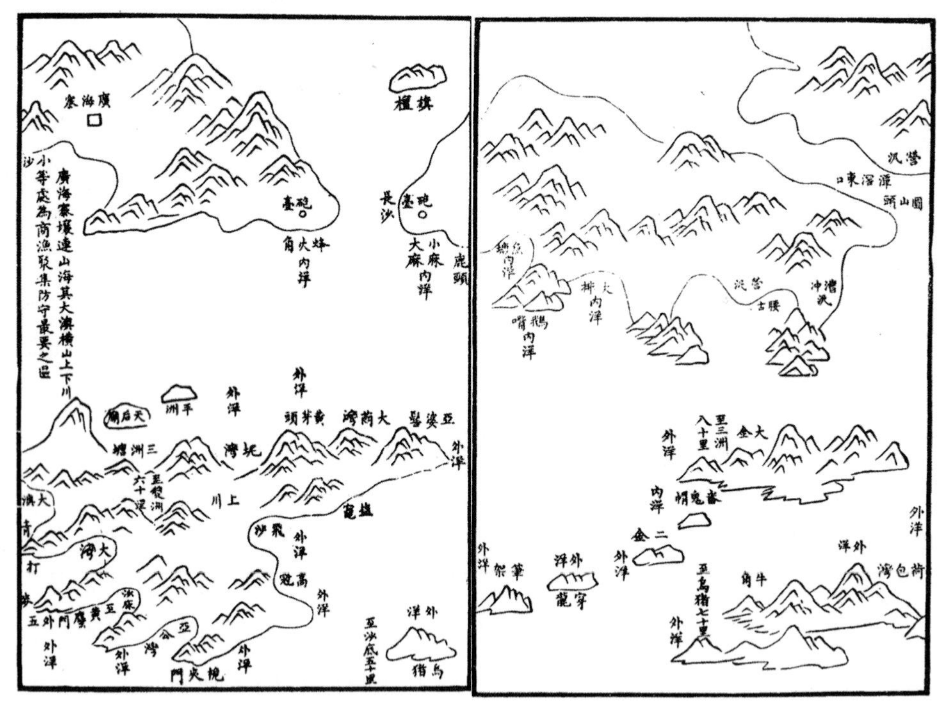

圖142　《道光廣東通志》中海防圖之烏豬山附近

【72】方濬師《蕉軒隨錄》第八卷，中華書局，1995，第318頁。

【73】阮元《廣東通志》，卷一百二十四海防略二，中華叢書廣東通志，臺北，臺灣書店，1959印行，2394-2433頁。

【74】比如烏豬山的外洋就在烏豬山的內側，即面向大陸的一方。同上，2416頁。

彙覽》中的香港地圖的一帶外洋進行測量和估算，認爲外洋寬度不過3海里。[75]所以儘管無法確定一般而言所謂外洋到底外延多少里，但結合地圖和鄧廷楨的奏摺來看，外洋不可能距離小島很遠，它不是可以任意擴展的海域，而僅是爲了區分不同管理單位（屬於政府還是軍隊管理）而劃分的小塊海面。在《道光廣東通志》上並沒有畫出崖州三亞外洋，但從道光帝的批示看，玳瑁洲應類似老萬山，玳瑁洲之內爲三亞外洋，之外即非中土所轄，玳瑁洲是三亞外洋與越南夷洋的分界點。

當然，以上的所謂海面，都是傳統的海面，相當於傳統疆界，而非近代國際法意義上的海洋疆界，唯實際巡邏的洋面可以視爲有國際法意義的有效控制。如前所述，清朝這種有效控制僅僅到達距離海南南端不遠的海面。

把這個論斷與上面提到的《廣東輿地圖說》中所說的「粵省……，今之海界，以瓊南爲斷，其外爲七洲洋，粵之巡師自此而還」[76]（圖139）相結合，可以一致看到，廣東水師巡邏的地界南限就是海南島的最南部。

這個結論和當時中國的海防觀念和水師實力是高度吻合的。清朝「沿海各省水師，僅爲防守海口、緝捕海盜之用。」[77]西沙群島（更不用說南沙群島）遠在海外，並無常居人口，談何巡防？在1839年的《廣東海防彙覽》中，營制篇（描述廣東水師在各地的駐軍和防衛）並沒有提及南海諸島，僅在全書最末描述「西洋針路」時才提及「萬里石塘」：「在文昌東一百海里中，連起七峰，內有泉舟，過此極險，稍貪東便是萬里石塘，東之石塘海也」[78]，顯然是引用針經（見3.4和3.5節所引針經的描述）。在1822年的《道光廣東通志》的兩卷海防略中，也同樣只是在結尾的附錄「水醒水忌」中才提到「萬里石塘」，和針經上內容相

[75] Chris P.C. Chung, *Since time Immemorial: China's historical Claim in the South China Sea.* Thesis submitted to the Department of History, University of Calgary, 2013, p26.

[76] 廖廷臣等《廣東輿地圖說》，宣統元年重印本（1908），中國方志叢書107，臺北，成文出版社影印，1967，8頁。

[77] 清史稿，卷一三五，志一百十，兵六，水師，3981頁。

[78] 引自Chris P.C. Chung, *Since time Immemorial: China's historical Claim in the South China Sea.* Thesis submitted to the Department of History, University of Calgary, 2013, p27。

仿[79]。事實上，在清末，即便是大量增購兵船之後，中國南海上的海軍實力仍然嚴重不足。官方對西沙和東沙甚爲無知，在二十世紀初的中日東沙島之爭中，廣東爲了打探東沙的情況，竟需要專門向南洋水師借調船隻，爲此等待了一年半（見5.7）。這也從另一個側面反映出中國的眞實南面海界確實僅限於海南外海。

可見，不論在實踐上還是傳統觀念中，1830年代時，越南的海界北界都是在海南島玳瑁洲以南不遠的地方（亦即中國的南界）。在王之春的《各國通商始末記》中也寫道：「道光二十年間，該國（指安南）頭目阮廷豪等兵船在崖州洋遭風破壞，遞至欽州轉送回國。」[80]可見，越南當時軍方的巡海區域直達崖州附近。這與清朝官方記錄裡中國官方的巡海界限一致。越南明命皇帝當時在西沙群島建立了統治（見第四章），當時越南的水師確實在南海有很大的控制力。

5. 近代海洋法意義的海界

在晚清時代，國際上已經有了關於海洋的國際法。當時通行的海疆，一般通稱爲territory，即領土之意，是海岸線以外3海里或4海里的寬度。近代國際海洋法規傳入中國是在晚清1860年代。在1840-50年代，中國和外國簽訂的和約中有關的領海都是以「中國所轄內洋」、「中國的海面」、「在中國下轄海洋」或「中華海面」來形容。這種表述似乎還在沿用傳統疆界的概念。[81]

1864年，美國傳教士丁韙良（W.A.P. Martin）翻譯了惠頓（Herry Wheaton）的《國際法原理》（*Elements of International Law*）在中國刊行，名爲《萬國公法》，中國開始知道國際法上對海洋的規定。當時國際通行的領海寬度爲三海里。恭親王在上奏清廷的奏摺中稱：

【79】 阮元《廣東通志》，卷一百二十四海防略二，中華叢書廣東通志，臺北，臺灣書店，1959印行，2437頁。

【80】 王之春《各國通商始末記》卷九，寶善書局，1895年，6-7頁；轉引自史料彙編，77頁。

【81】 黃剛《中華民國的領海及其相關制度》，臺北，臺灣商務印書館，1973，46-47頁。

外國持論，往往以海洋距岸十數里外，凡係槍炮所不及，即爲各國公共之地，其開往佔住，即可聽各國自便。[82]

這裡所說的十數里，折合4海里左右（算15里計），這說明在1860年代，中國已經知道了這條國際法。到了1875年，李鴻章就朝鮮在朝鮮半島近岸炮轟日本戰艦一事與日本交涉時稱：

查萬國公法近岸十里即屬本國境地，日本既未通商，不應前往測量，高麗發炮有因。[83]

這表明中國已經運用國際法中海洋寬度的規定參與國際事務，這意味著中國接受這條準則。但最明確地反映清朝的領海制度的文件當爲1894年中國和墨西哥的商約《華盛頓條約》（圖143），其中第十一款中有：

The two contracting parties agree upon considering a distance of a three martine leagues measured from the line of lowtide as the limit of their territorial water, for everything relating to the vigilance and enforcement of the Custom House regulations and the necessary measures for the prevention of smuggling.

彼此均以海岸去地三力克【每力克合中國十里】爲水界，以退潮時爲准。界內由本國將稅關章程切實施行並設法巡緝，以杜走私漏稅。[84]

---

[82] 《籌辦夷務始末》，同治朝，卷26，29-30頁。

[83] 轉引自黃剛《中華民國的領海及其相關制度》，臺北，臺灣商務印書館，1973，48頁。

[84] Treaties, Conventions, ect., between China and Foreign States, The Statistical Department of the Inspectoriate General of Customs, 1917, Vol.2, p833-843.

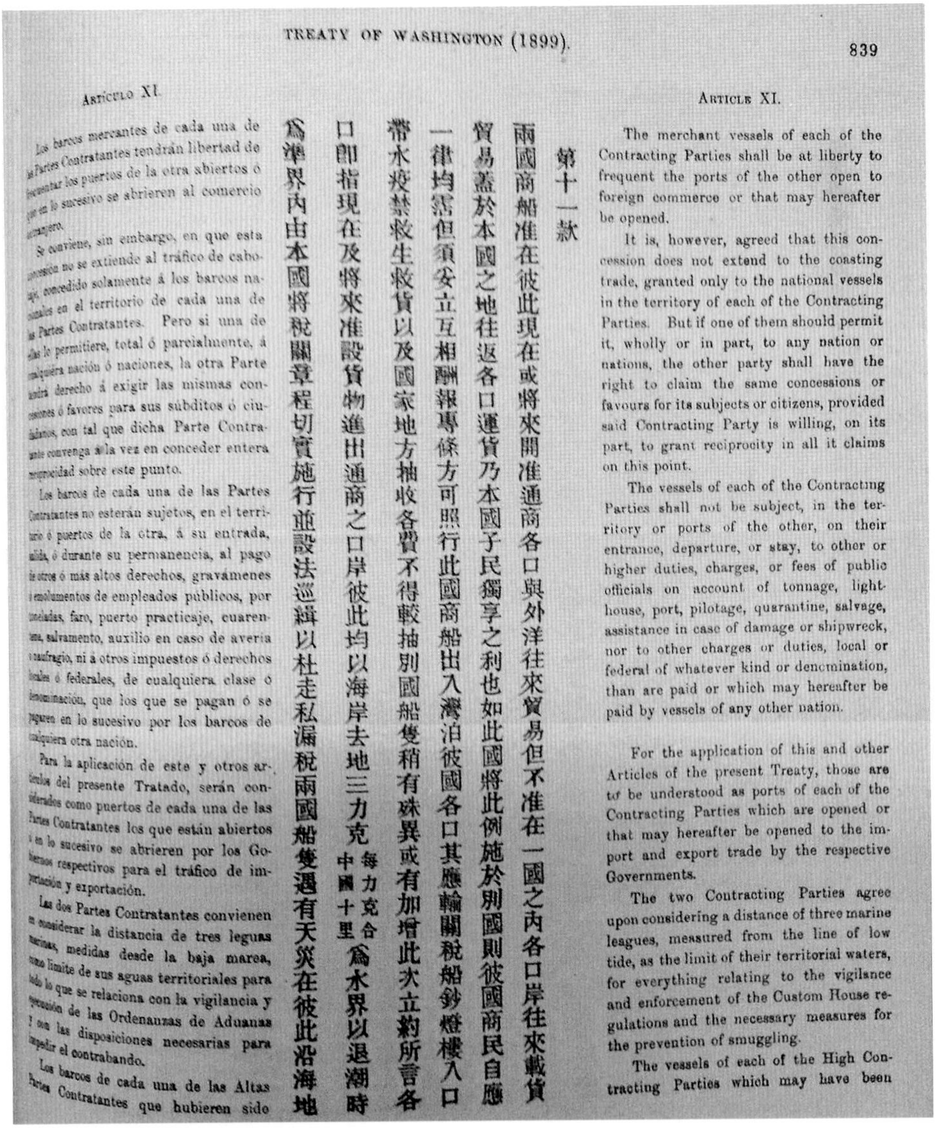

TREATY OF WASHINGTON (1899).

839

ARTÍCULO XI.

Los barcos mercantes de cada una de las Partes Contratantes tendrán libertad de frecuentar los puertos de la otra abiertos ó que en lo sucesivo se abrieren al comercio extranjero.

Se conviene, sin embargo, en que esta concesión no se extiende al tráfico de cabotaje, concedido solamente á los barcos nacionales en el territorio de cada una de las Partes Contratantes. Pero si una de ellas lo permitiere, total ó parcialmente, á cualquiera nación ó naciones, la otra Parte tendrá derecho á exigir las mismas concesiones ó favores para sus súbditos ó ciudadanos, con tal que dicha Parte Contratante convenga á la vez en conceder entera reciprocidad sobre este punto.

Los barcos de cada una de las Partes Contratantes no esterán sujetos, en el territorio ó puertos de la otra, á su entrada, salida, ó durante su permanencia, al pago de otros ó más altos derechos, gravámenes ó emolumentos de empleados públicos, por toneladas, faro, puerto practicaje, cuarentena, salvamento, auxilio en caso de avería ó naufragio, ni á otros impuestos ó derechos locales ó federales, de cualquiera clase ó denominación, que los que se pagan ó se paguen en lo sucesivo por los barcos de cualquiera otra nación.

Para la aplicación de este y otros artículos del presente Tratado, serán considerados como puertos de cada una de las Partes Contratantes los que están abiertos ó en lo sucesivo se abrieren por los Gobiernos respectivos para el tráfico de importación y exportación.

Las dos Partes Contratantes convienen en considerar la distancia de tres leguas marinas, medidas desde la baja marea, como límite de sus aguas territoriales para todo lo que se relaciona con la vigilancia y ejecución de las Ordenanzas de Aduanas y con las disposiciones necesarias para impedir el contrabando.

Los barcos de cada una de las Altas Partes Contratantes que hubieren sido

第十一款

兩國商船准在彼此現在或將來開准通商各口與外洋往來貿易但不准在一國之內各口岸往來載貨貿易蓋於本國之地往返各口運貨乃本國子民獨享之利也如此國將此例施於別國則彼國商民自應一律均霑但須妥立互相酬報專條方可照行此國商船出入灣泊彼國各口其應輸關稅船鈔燈樓入口帶水疫禁救生救貨以及國家地方抽收各費不得較抽別國船隻稍有殊異或有加增此次立約所言各口即指現在及將來准設貨物進出通商之口岸彼此均以海岸去地三力克（每力克合中國十里）爲水界以退潮時爲準界內由本國將稅關章程切實施行並設法巡緝以杜走私漏稅兩國船隻遇有天災在彼此沿海地

ARTICLE XI.

The merchant vessels of each of the Contracting Parties shall be at liberty to frequent the ports of the other open to foreign commerce or that may hereafter be opened.

It is, however, agreed that this concession does not extend to the coasting trade, granted only to the national vessels in the territory of each of the Contracting Parties. But if one of them should permit it, wholly or in part, to any nation or nations, the other party shall have the right to claim the same concessions or favours for its subjects or citizens, provided said Contracting Party is willing, on its part, to grant reciprocity in all it claims on this point.

The vessels of each of the Contracting Parties shall not be subject, in the territory or ports of the other, on their entrance, departure, or stay, to other or higher duties, charges, or fees of public officials on account of tonnage, light-house, port, pilotage, quarantine, salvage, assistance in case of damage or shipwreck, nor to other charges or duties, local or federal of whatever kind or denomination, than are paid or which may hereafter be paid by vessels of any other nation.

For the application of this and other Articles of the present Treaty, those are to be understood as ports of each of the Contracting Parties which are opened or that may hereafter be opened to the import and export trade by the respective Governments.

The two Contracting Parties agree upon considering a distance of three marine leagues, measured from the line of low tide, as the limit of their territorial waters, for everything relating to the vigilance and enforcement of the Custom House regulations and the necessary measures for the prevention of smuggling.

The vessels of each of the High Contracting Parties which may have been

圖143 《中墨華盛頓條約》

根據這個規定，中國的海界寬度爲30里，約合8海里。至此，中國已經完全接受了國際法中關於領海的定義。中國的海界也完全拋開了「傳統海界」的觀念，而全面採用符合國際法的海界觀。這在下面兩章所談到的東沙和西沙交涉中可以看得非常清楚。

可見，中國在晚清逐步建立起現代的海洋領海概念。儘管在各個表述中，具體的里程數有所不一，但其大小都沒有超越10海里的範圍。如果以此爲標準，前面所討論的傳統海界觀念中的海界都已經爲中國政府所否定。

綜上所述，在晚清期間，儘管有一些民間著作把西沙群島視爲中國的領土，也有（主要是民間的）意見把傳統海疆概念意義上的海界擴大到頗大的範圍，但在官方的權威出版物中從未把西沙視爲中國的領土。中國領土的南界只到達海南島南端。中國水師實際巡邏的區域的南限僅在海南島南端的玳瑁洲。這也是中國當時實際控制的海域，以及中國官方正式承認的中國傳統海界的南限，而此海域之南就是越南的海界（越南在1860年代之後也喪失了對其海界的控制力）。中國從十九世紀中開始認識西方海洋法，在1870年代開始已經把它應用於國際爭端之中。到了十九世紀末，中國正式確認了中國的領海以國際法爲標準，傳統海疆的觀念在官方層面正式作廢。

有的中國專家肆意解釋個別文字，稱晚中國晚清時的領海包括了整個南海，那既不符合歷史事實，也不符合中國的實踐，更不符合國際法，是完全錯誤的。

5.4　有關南海諸島主權的幾件事例之辨析

從以上的討論可知，中國官方在十九世紀末爲止，都把領土的南界定爲海南島，西沙和南沙都不在中國國界之內。本節將用幾個具體的實例，探討中國和其他沿岸國對西沙和南沙的主權主張和主權意識。

1. 中國郭嵩燾之言論

中國提出西沙群島是中國領土的第一項證據是1876年中國外交特使郭嵩燾在《使西紀程》記錄的一段話。郭嵩燾是湘軍的創始人，在1876年作爲欽差大臣出使英國和法國，爲1874年的馬嘉里事件[85]向英國道

[85] 1874年中國雲南地方官員與英國探險隊發生衝突，以致英國駐華公使書記官翻譯馬嘉裡以

歉，是中國近代歷史上第一位出使外國的使臣。《使西紀程》中記錄了他在行程中的見聞（圖144）。當他乘船路過西沙群島的時候，他說：

> 廿四日午正，行八百三十一里，在赤道北十七度三十分，計當在瓊南二三百里。船人名之齊納細，尤言中國海也。……左近帕拉蘇島，出海參，亦產珊瑚而不甚佳，中國屬島也。[86]

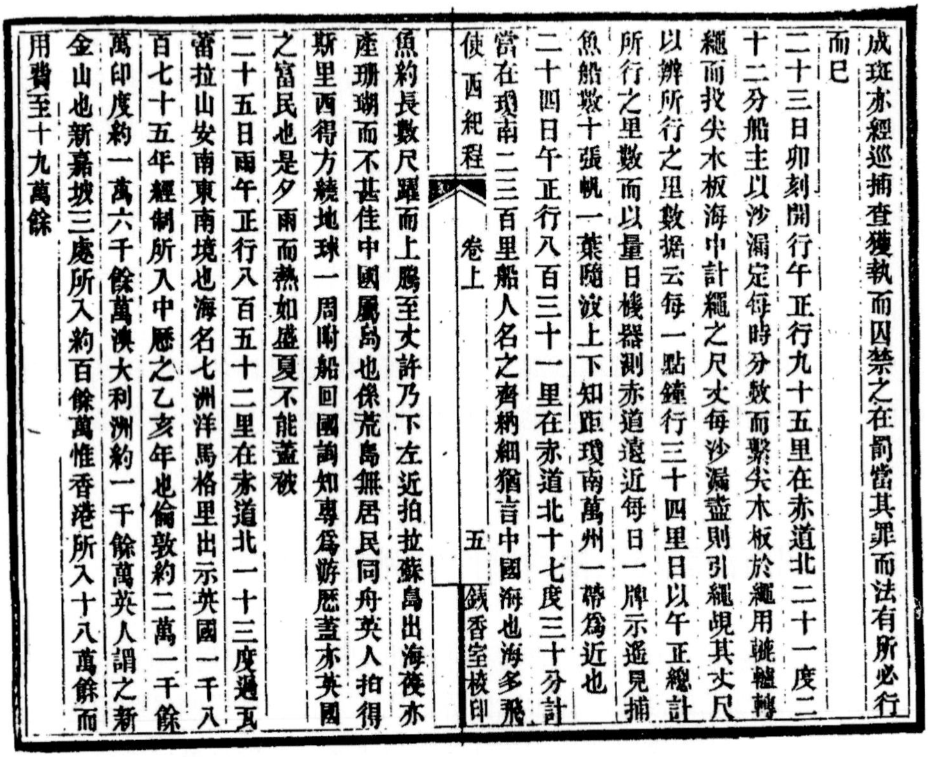

成斑赤經巡捕查獲執而囚禁之在罰當其罪而法有所必行
而已
二十三日卯刻開行午正行九十五里在赤道北二十一度二
十二分船主以沙漏定每時分數而繫尖木板於繩用轆轤轉
繩而投尖木板海中計繩之尺丈每沙漏盡則引繩覘其丈尺
以辨所行之里數据云每一點鐘行三十四里日以午正總計
所行之里數而以量日機器測赤道遠近每日一牌示遥見捕
魚船數十張帆一葉隨波上下知距瓊南萬州一帶爲近也
二十四日午正行八百三十一里在赤道北十七度三十分計
當在瓊南二三百里船人名之齊納細猶言中國海也海多飛
使西紀程　卷上　五　錢香室校印
魚約長數尺躍而上飛至丈許乃下左近拍拉蘇島出海參亦
產珊瑚而不甚佳中國屬島也係荒島無居民同舟英人拍得
斯里西得方繞地球一周附船回國詢知專爲游歷蓋亦英國
之富民也是夕雨而熱如盛夏不能蓋被
二十五日雨午正行八百五十二里在赤道北一十三度過瓦
蕃拉山安南東南境也海名七洲洋馬格里出示英國一千八
百七十五年經制所入中歷之乙亥年也倫敦約二萬一千餘
萬印度約一萬六千餘萬澳大利洲約一千餘萬英人謂之新
金山也新嘉坡三處所入約百餘萬惟香港所入十八萬餘而
用費至十九萬餘

圖144　《使西紀程》

這裡的帕拉蘇島乃「Paracel Islands」之音譯，指的是現在的西沙群島。這段話清晰無誤地表明瞭郭嵩燾認爲西沙群島屬中國。另外，其隨使

及其他四名手下被殺。事後清朝承認責任，並派郭嵩燾往英國道歉，並順道出使法國。

【86】陸玉林選注《使西記程——郭嵩燾集》，遼寧人民出版社，1994，5頁。

兵部員外郎張德彝在《隨使日記》中也寫道：

> 二十四日，辛亥，晴。水平風順。午正，行八百三十一里，在赤道北十七度三十分，左近巴拉賽小島，中國屬島也，荒僻無人，產人參，珊瑚，均不佳。[87]

這裡的巴拉賽小島也是指西沙群島，同樣表明了他認爲西沙群島屬中國。

如果郭嵩燾一普通人，那麼他寫的書算是一般的遊記，只能歸於民間人士寫的作品，和上一節列舉的沒有分別。但他是正式出使西洋的特使，也是中國近代在二十世紀之前唯一一位有記錄的官方身份的人士聲稱中國對西沙群島領有主權。他的話是否能當作官方的態度呢？又是否能作爲官方對西沙群島的主權聲明呢？

筆者認爲答案是否定的。首先，郭嵩燾雖然是外交特使，但其職權並不包括確認領土問題，並不是主管相關外交事務的官員，他不過是在訪英的途中經過這個地方而發表個人意見議論而已。根據《奧本海國際法》，只有外交部部長或者主管官員的表態才能有正式的效力。其次，郭嵩燾並非發表一段聲明，而僅僅是對隨員發表了一番議論，而此議論並沒有對外宣布，也沒有在官方文件中出現，而只是記錄在一本出訪的日記中。因此，該言論並不能視爲主權聲明。第三，這本日記在出版後，激起軒然大波，「朝野輿論譁然，義憤塡膺，甚至到了無不切齒、口誅筆伐的地步」，最後被慈禧對總理衙門下令毀版[88]，顯見此書並不代表官方的立場，故並沒有任何的法律效力，也不足以作爲中國宣示主權的證據。

2. 中國對德國勘探西沙南沙群島之抗議

1881-1883年間，德國對西沙群島和南沙群島等進行測量。中國方面的材料稱1883年清朝向德國提出抗議，以致德國中止了測量。如果這是

---

[87] 轉引自《史料彙編》，126頁。

[88] 楊錫貴〈郭嵩燾《使西紀程》毀版述評〉，《船山學刊》，2013，No.90(04)，65-69頁。

眞的，那麼便能有力地證明中國對西沙和南沙群島的主權意圖。無怪很多論著，包括西方學者的論著，都把它作爲支持中國主張的證據[89]。但這個史料非常可疑。

這個說法最早的出處不可究。現在中國論文和專著一般引用韓振華的史料彙編。韓振華稱這一說法最早出自1928年陳天賜的《西沙島東沙島成案彙編》[90]，但查該書卻並無此記載。此書的第二章「西沙島之發現時期」中是這樣描述的：

> 西沙島發現於何時期，中國歷史無可稽考，輿圖亦未收入，得見西人航海圖，於西沙各島既詳列甚晰，且定以名稱，更有專圖。凡經緯線度、地勢高低、水泥深淺及附近四周明暗礁石砂底石底潮汐趨向，皆有測驗之標誌。其圖一爲西曆1883年德國政府測量，1925年複經Iroquois測量艦艦長A.L.Johnson修正。一爲西人E.D.Existance，P.W.Position編纂於1884年。可知在四十餘年前，西沙島已爲西人所注意。[91]

陳天賜大概對西沙島和萬里長沙等關係不甚了了，但是他對於晚清以來西沙的事蹟卻甚爲清楚。在他的描述中提到了德國人對西沙的測量，但並無所謂抗議德國測量之事。同樣，在《東沙島成案彙編》中也沒有提及此節。1947年鄭資約的《南海諸島地理誌略》中提及了清朝對西沙的種種記錄，以證明中國對西沙主權的「確實之依據」，但也沒有提及此事[92]。

陳天賜和鄭資約都是民國時期研究南海諸島歷史地理的翹楚，亦極力主張西沙爲中國所有。他們都沒有提到這件事，至少表明他們並不知道這件事。事實上，在1930年代法國提出西沙和南沙的爭議以來，民國對西沙和南沙的研究開始增加。如果這個史料是在當時挖掘出來的，即便陳

---

[89] 比如CFSCS, p52。又如，趙海理《海洋法問題研究》，北京大學出版社，1996，11頁。

[90] 史料彙編，71頁。

[91] 陳天賜《西沙島東沙島成案彙編》之《西沙島成案彙編》，1928，2頁。

[92] 鄭資約《南海諸島地理誌略》，商務印書局，1947，73-76頁。

天賜作品因成書較早未能知曉，鄭資約等的戰後作品也應該有所反映。但是就筆者所知，不但鄭資約添加了大量的歷史證據的作品沒有提及此事，且當時的評論和文獻亦無一提出這個說法。而據1909年《東方雜誌》記載，在當年張人駿派員調查西沙群島資料的時候，「查明該島向無外國兵輪登岸測勘」[93]。這當然不是事實，但既然當時廣東政府調查檔案後有這樣的認知，顯然廣東政府不知道1883年德國勘測西沙之事，更不可能為此事向德國抗議。

那麼，這個說法是何時出現的呢？在韓振華史料彙編之前，中國學者都引用了西方的專著[94]，比如Marwyn S. Samuel的*Contest for the South China Sea*（1982）[95]和Dieter Heinzig的*Disputed Islands in the South China Sea*（1976）[96]。但這兩本書的相關說法其實引自1972年《明報月刊》中的南海特輯的一篇文章，但該文章中並沒有提及此說法的出處[97]。實際上，《明報月刊》的這篇文章也不是最早提出這個說法的，類似的說法在1951年《人民日報》發表的文章《南威島和西沙群島介紹》[98]中就出現過：

> 關於南威島和整個南沙群島，遠在數百年以前，海南島的漁民就經常不斷地到這裡捕魚，有時並有少數的人拘留島上。1883年（光緒九年），德國政府曾擅自派員測量南沙群島，經中國抗議而撤走。1907年（光緒三十三年），中國政府曾派軍事大員勘察南沙群島，並准私人團體開發該群島。這些都是整個南沙群島屬中國版圖的歷史事實。

惟它同樣沒有給出相關出處。值得注意的是，在以上引用的同一段稱

[93] 〈記粵省勘辦西沙島事〉，《東方雜誌》，第六年第六期，170頁。

[94] 比如俞寬賜《南海諸島領土爭端之經緯與法理》，臺北，國立編譯館，1990，16頁。

[95] CFSCS, p52.

[96] DSISCS, p25-26.

[97] 〈南中國海諸島與主權問題〉，《明報月刊》，1974年5月，101期，2-8頁。

[98] 《人民日報》，1951年8月23日，第一版；轉引自斯雄《南沙探秘》，人民日報出版社，2012年，14-16頁。

1907年中國派員到南沙群島勘察並准私人團體開發，但此事並無沒有任何憑據：當時，中國派員到東沙和西沙進行調查，但並沒有到南沙，而且年份也不對（見5.7）。大概因爲如此，它在以後中國專家的論證中也似從來沒有被引用[99]。

相同說法還出現在臺灣所編制的《海軍巡弋南沙海疆經過》（大概成書於1957）。該書主要記敘1956年國軍在南沙和克洛馬等爭奪南海諸島的經過。它在第四編中提到：

德國之企圖侵略佔有我南沙群島，遠在清光緒九年（1883），即首次派員來中國南海測量南沙群島，經當滿清政府據理提出抗議，德國無理強佔我領土主權之陰謀，始未克達成，而自動撤離，此爲南沙群島主權發生爭議之始。[100]

但這裡同樣沒有關於此事的原始材料和來源。值得注意的是，寫於同期的《南沙行》，並沒有如此的記載[101]。

筆者所能找到最早的出處在1933年9月20日的一篇由中國國民黨江西省南昌市執行委員會寫給中央政府的請願信中。當時發生法國宣布兼併南沙群島的「九小島事件」，中國國內民情激奮，不斷寫信給中央政府和外交部，要求和法國交涉，捍衛中國的「領土」。這封信就是如雪花一般的信件中的一封。當中寫道：

報載法佔我國南屬九島消息傳來不勝駭異，查該九小島位於瓊州之南[，]我國人民住局該地採漁[，]歲達萬數千人[。]證明清季之曾派軍事大員前往開發[，]及千八百三十三年德國派員前往測量[，]卒遭我國拒絕，是該九小島之爲我國領土已屬毫無疑議[，]又且該地爲來往歐亞之要道，

【99】比如，史料彙編中就沒有收入這個事例。

【100】《海軍巡弋南沙海疆經過》，中國南海諸群島文獻彙編之九，臺北，學生書局，1975，77頁。

【101】張振國《南沙行》，中國南海諸群島文獻彙編之八，臺北，學生書局，1975，207-316頁。

實我南部海防之重區[。]臥榻之旁豈容他人酣睡……[102]

這裡提及的1833年德國派員測量，可能是原文或者轉抄時的筆誤，似應爲1883年。法國所佔「九小島」，即南沙群島，並不是德國所測量的地點，清朝也無軍事大員前往該處。可能該信件是把「九小島」當成了西沙群島的島嶼[103]。《人民日報》的錯誤論述，倒是和這一說法一致。但這裡仍然沒有給出原始的材料。而且，以國民黨江西省南昌市執行委員會的專長，似乎也難以獨力通過研究找到這個「證據」，他們可能都是引用媒體的說辭而已。這個素材照理是一個極爲有力的論據，但是在數量龐大的全國各地的請願信中僅僅出現過這一次，證明當時其他地方的媒體都不知道此事。故筆者推想，他們可能從當地報刊中得知這個「證據」。中國政府與法國進行西沙問題交涉時並沒有用上此論據[104]，在戰後準備「接收」南沙時也沒有提到此事，足可見中國政府對此不以爲然。

綜上而論，中國對德國勘探南沙提出抗議這個說法出現得極爲突兀，既缺乏史料，也缺乏更加靠近事發時間的記錄。從1883年到1933年，相隔50年，事隔久遠，期間中國歷盡戰爭滄桑，國民黨江西省南昌市執行委員會是如何得知這件事的呢？細節又是怎樣的呢？比如是誰發出抗議？向誰發出抗議？具體的措辭如何？僅憑單面之辭，又無確切細節，很難令人相信此事的眞實性。

在此前和此後，多國測量船都探測過西沙和南沙，清廷何以單獨對德國的測量提出抗議呢？日本人二十世紀初在東沙開發，也是歷時甚

【102】外交部檔案，II(1):080，《奉交關於法佔九小島案事抄同原件函達查照併案辦理（民國二十二年九月二十日），行政院秘書處函》，外交部研究設計委員會編印《外交部南海諸島檔案彙編》，1995，上冊，119頁。書上原文如此，標點有誤，[]內標點爲筆者所加。

【103】在中法九小島案之初，中國政府和媒體多有把南沙群島的九小島誤以爲西沙群島。見《英文北平時事日報王公達致羅部長函》（二十二年七月三十一日），外交部檔案彙編，47-49頁。江西省的這份請願信雖然在9月份才寫成，當時已經搞清楚九小島不是南沙，可能初期的混亂所造成的錯誤並沒有得到消除。

【104】中法交涉西沙群島案有多次互相往來的爭論，從1932年到1947年的歷次文件中，都沒有提及此事。可參見外交部1948年整理的雙方論點，外交部檔案彙編，1995，上冊，639-644頁。

久才爲中國所知，而多番努力之下才搞清楚日本到底開發的是哪裡（見5.7.2）。對距離中國大陸很近，與中國關係更爲密切的東沙島尚且如此，對距離中國大陸遠得多且關係薄弱得多的西沙和南沙，中國政府又怎麼會知曉德國人對其進行測量並提出抗議呢？

德國當年的這一系列測量碩果累累。正如陳天賜所說的，它奠定了往後幾十年的繪圖基礎。整個測量過程中，看不到有被人爲中止的跡象。在記錄這次測量的書籍中也看不到有關的描述。因此，綜合以上各種疑點，筆者認爲清朝政府在1883年曾經對德國在南沙測量提出抗議並非事實。

如果中國政府當年眞的曾經提出過抗議的話，那麼大概的經過有可能是這樣的：德國長達幾年的一系列測量範圍極廣，他們測量了西沙乃至珠江口和福建沿岸的水路。也許，廣東的官員對他們測量珠江口的行動提出抗議，而後來中國就牽強附會地把這個抗議套用到西沙和南沙之上了（這種做法在中國專家的論證中並不罕見）。如果能夠找到抗議的原文，就可以進一步探討該抗議是否表明了中國對西沙和南沙提出主權。但是，在缺乏史料證據的情況下，只能將其視爲不可靠的論據而忽略。

3. 德國和日本船公司失事記錄

一艘德國運銅船（*Bellona*）和一艘日本運銅船（*Imegi Maru*）分別於1895年和1896年在西沙的北礁（North Reef）和海后群島（Amphitrite）擱淺，中國漁民把貨物和船掠奪一空並拿到海口售賣。由於這兩艘船都是英國公司承保，英國公使巴克斯艾倫塞得（Herry Bax-Ironside）和駐海口領事布爾特（O'Brien Bulter）向中方提出抗議，並代表英國公司向中國政府索償。在1899年8月8日總理衙門給英國公使的照會中，記載了兩廣總督對此事的反駁：「西沙群島是廢棄的島嶼，既不屬中國，也不屬安南，它不屬海南任何一個政區，沒有人需要爲其安全負責」（Paracels were abandoned islands which belonged no more to China than to Annam. They are nor administratively attached to any district of Hainan and no special authority is responsible for policing them）。最終，英國公司沒有得到賠償。此事爲英國駐北京大使館和駐海口領事記錄[105]。

儘管現在找不到中方文件的記錄而無法得知兩廣總督的原話，但此事的眞確性極高。就筆者所能找到的資料，最早提及此事的是1909年的法國駐廣州領事Beauvais給法國外交部的信，距離事發時間不遠[106]。而且此事記錄詳細，有具體的船名和描述，還有對具體日期的照會的引用。

此事件清楚地表達了中國政府的立場。海南地方當局和兩廣總督經過調查，向總理衙門提交了報告。作爲地方政府，他們比誰都清楚自己的管轄範圍和職責所在。而總理衙門把調查結果作爲照會發予英國公使，代表了中國政府的態度。因此，中國政府在此事件中清楚地表明中國不擁有西沙之主權這一立場。

當然，還有一個可能，就是兩廣總督怕麻煩和承擔責任，於是就推搪說西沙不屬中國。如果眞的是如此，那麼對中國來說是很可惜的。但無論什麼原因，既然政府（特別是總理衙門）作了這個外交表態，在國際法上已經極爲有效地反映中國官方的態度了。

儘管在同一份聲明中，兩廣總督還認爲西沙並不屬越南管理，但這不能視爲越南的官方的態度（儘管越南當時也沒有管理西沙）。因爲中國政府不可代替越南政府作出聲明，尤其在1885年中國正式承認越南屬法國之後。

4. 英屬婆羅洲對南沙兩島嶼頒發許可狀

1877年9月，一個美國人Graham與兩個英國人Simpson和James，到英國殖民地沙巴的納閩區（Labuan）當局提出申請，要求在南沙南威島和安波納州豎立英國國旗並開採磷礦。代理納閩首長兼代理婆羅洲總督W.H. Treacher簽署文件確認了這個申請，並指出這個申請已經被英國外交部大臣批准，但如果10年內沒有開發或者連續5年沒有開發的話，這個

[105] P. A. Lapique, A Propos des Iles Paracels, 605—616 (1929); SOPSI pp 36-37

[106] Annex 13, Note dated 4 May 1909 from Mr. Beauvais, Consulate of France in Canton. SOPSI, pp197-198, Annex 15, letter dated 4 May 1909 from Mr. Beauvais to the Minister for Foreign Affairs, SOPSI, pp 200-203.

許可權將會被取消。同時，Treacher還建議，由於這兩個島嶼並不在納閩的地界，申請者需要再到婆羅洲總督辦公室去登記。三人照做。於是在1877年，英國在香港及海峽殖民地憲報（Government Gazettes of the Colonies of Hong Kong and the Straits Settlements）中刊登出對這兩個島嶼的管轄和經營權事項。自始，這兩個島就作爲英國的領地記錄在英國的檔案之中。[107]

1888年，另一間磷礦開採公司——中央婆羅洲公司（Central Borneo Company），也提出了對這兩個島嶼的開發權。於是1889年婆羅洲殖民政府派出一艘英國船到這兩個島考察，發現1877年申請在此開採磷礦的那幾名商人並沒有在那兒開採磷礦，於是原來頒發給他們的許可狀失效。在英國殖民地部和外交部的同意下，婆羅洲政府把這兩個島的開採許可證頒發給「中央婆羅洲公司」。[108]關於之後事情如何發展，並沒有詳細的記錄，但似乎該公司也沒有實際開發。

從國際法上說，英國，或者說英屬婆羅洲，是最早對南沙提出主權主張的國家。英國對經營者頒發了許可證，顯示其對該島的管治意圖和實際的行使主權。英國把此事刊登在憲報上，已經完成了對外宣稱主權的程序。英國派船隻實際調查這兩個島嶼的開發進度，也是行使主權的一種形式。唯一不足的是，似乎開發者並沒有實際開發那兩個島嶼。

5. 法屬印度支那計劃在西沙建燈塔

1884年中法戰爭之後，越南正式淪爲法國殖民地。但是在1920年代之前，法國對南海諸島基本沒有太大的興趣。

1898年，法國殖民部（Département des Colonies）向印度支那總督要求批准記者夏布裡埃（N. Chabrier）提出的在西沙群島建立一個供應站的申請。但是在徵求法國駐中國公使的意見之後，1899年，法國總督保羅・杜馬（Paul Doumer）回復殖民部：這樣的供應點是無法成功的，但

【107】Geoffrey Marston, *Abandonment of territorial claims: the cases of Bouvet and Spratly Islands*, British Year Book of International Law, Vol.57,337-356.

【108】同上。

是，他支持在西沙群島上建立一座燈塔。他甚至爲此展開了先期準備工作，但是後來因爲財政問題而取消[109]。

法國人如果能夠按照計劃在西沙建立供應站或者燈塔，那麼自然可以視爲對西沙提出了主權。但既然燈塔沒有起成，而僅僅是規劃而已，那麼其法律效力就應當視爲和中國曾提議在東沙起燈塔一樣（見5.7.1），屬於無效的證據。

5.5　菲律賓對黃岩島的歷史性權利

1. 黃岩島的地理背景和中國缺乏歷史性權利

從地質上看，黃岩島並不是一個島，而是一個環礁。所謂環礁，是亞熱帶珊瑚形成的一種獨特的地形——整個礁石呈環形，中間低，四周高，呈盆地狀。如果珊瑚足夠高，露出水面，就形成瀉湖：四周爲陸地，中間爲一個大湖。黃岩島是一個四周剛剛露出水面的環礁，潮漲的時候，僅有少數岩石能高出水面，其中最高的不過高出水面一兩公尺；潮退的時候，更多周邊的珊瑚露出水面，這才能初步看出瀉湖的形狀。在國際上，一般用shoal這個名詞描述黃岩島這種地形，而不是用island即「島嶼」這個名詞，黃岩島在國際上被稱爲Scarborough Shoal。在中華民國和臺灣的稱呼中，這個shoal通常翻譯爲「礁」或「灘」，黃岩島一般稱爲「斯卡伯勒礁」或「民主礁」。北京在1980年代才把它改稱爲黃岩島。這個「島」的稱謂顯然是北京故意拔高黃岩島的地位，以期日後在經濟專屬區的劃界上獲得好處之故。爲了行文方便起見，本書還是沿用「黃岩島」這一名稱。但請讀者務必注意，黃岩島不是一個島，只是幾塊露出水面的石頭，遠遠比中日爭議的釣魚臺以及西沙南沙群島等小。

在中國，黃岩島被歸爲中沙群島的一部分。這種劃分在國際上並不是通行的做法，甚至可以說只有中國這麼劃分。黃岩島與另外一個鄰近的暗礁憲法暗沙（特魯路灘，Truro Shoal）距離中沙群島的主體——中沙環礁的（Macclesfield Bank）相當遙遠：黃岩島與中國海南島相距近900公

[109] SOPSI, pp 37.

里，與中沙本部（姑且如此稱呼它）相距約350公里，而與菲律賓呂宋島的直線距離大約爲240公里（圖145）。中沙環礁其實與黃岩島一樣，是一個大環礁，只是這個環礁比黃岩島大得多，是世界上最大的環礁之一。但是中沙環礁的珊瑚還不如黃岩島的高，所以整個環礁都在水面之下，最淺的地方離水面大約十幾公尺。如果說黃岩島稱爲島已經非常牽強，那麼一個完全在水底之下的大環礁稱爲群島，眞是完全顚覆了漢語中對「島」的定義。特魯暗礁也是一個環礁，顧名思義，它也全部在水面之下。此外，中國所稱呼的中沙群島還包括幾個非常分散的暗沙。

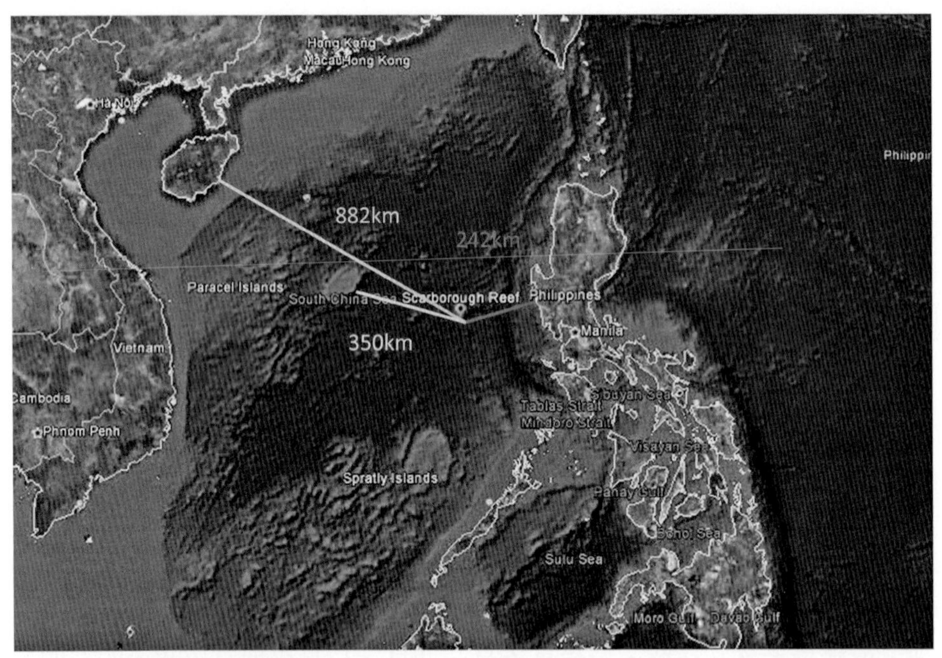

圖145　黃岩島的地理位置

中沙環礁、黃岩島、憲法暗沙與其他的幾個暗沙互相之間的距離都非常遙遠，而且互相之間基本上都是深海，並沒有任何島嶼和地理形態顯示它們在地理上從屬同一個系統。整個「中沙群島」中露出水面的有且僅有黃岩島的幾塊石頭。硬把這些環礁和暗沙拉放在一起，其實是1935年中華民國在地圖開疆之後的處理，只是出於政治上的考慮而並無科學和傳統習慣上的根據。因而除了中國，沒有任何其他國家承認這種劃分。

與釣魚臺、西沙、南沙等不同，儘管中國以歷史文獻豐富著稱，但是在二十世紀之前，中國浩瀚的文獻記載中並沒有任何關於黃岩島的記載。因此，在黃岩島問題上，中國最缺乏的是歷史性的證據。中國目前唯一能聲稱的「歷史性證據」只有一個，那就是在公元1279年元代天文學家郭守敬曾經在一個叫「南海」的地方作過天文測量，而中國現在認為這個「南海」是黃岩島[110]。但「南海」的具體地點在哪裡呢？沒人能準確知道。但如本書在第四章中已經分析過的，四海測量的地點並不可能是在黃岩島。除了這個被否定的例子之外，中國浩瀚的古代史籍中再也找不到哪怕是疑似黃岩島的資料了，就連清朝漁民的《更路簿》中也找不到黃岩島的蹤跡[111]。可以說，在現代之前，中國和黃岩島毫無聯繫。就筆者所知，中國文獻中最早提及黃岩島的是翻譯自英國《中國海指南》的《新譯中國江海險要圖誌》中的「中國濱海及長江一帶下至中國海南洋群島」的圖上[112]，但該圖是包括所有南海沿岸各國的圖，不是單一的中國地圖，而且在之後選譯的地理名稱中並沒有該島。[113]

2. 菲律賓和西班牙對黃岩島的發現和主權

黃岩島離菲律賓很近，因此菲律賓人很可能是最早發現黃岩島的人。但是在西班牙殖民菲律賓之前，菲律賓的歷史缺乏足夠的記錄。因此無法確認菲律賓到底何時發現黃岩島，而只能根據一些線索作出推斷。

1521年，麥哲倫在環球航行中到達菲律賓。1565年，西班牙進攻菲律賓，並在馬尼拉建立了殖民地，從而開始了長達三個多世紀的殖民歷史。西班牙是最早到達南海的西方國家之一，對南海東部，也就是菲律賓西岸一帶最為了解。

【110】〈我國主張黃岩島是中國固有領土的依據是什麼？〉，《求是—紅旗文稿》，http://news.xinhuanet.com/theory/2012-06/13/c_123276899.htm。

【111】地名資料彙編，257頁。

【112】陳壽彭譯《新譯中國江海險要圖誌》，第一冊，卷一，河海叢書，廣文書局，1900，10頁。

【113】同上，見第七冊，補編卷一。

從目前的資料看來，黃岩島第一次出現在地圖上是在1734年，它出現在當年的一份西班牙人畫的名爲*Carta hydrographica y chorographica de las Yslas Filipinas*的菲律賓地圖上（圖146）[114]。在該地圖上，可以看到呂宋島西岸外側有三個礁石標誌的區域，從上到下分別爲：Galit、Panacot和Lumbay。這三個名字都是菲律賓本土語言他加祿語（Tagalog）的音譯，分別是痛苦（sorrow）、威脅（threat）和憤怒（anger）的意思。很明顯，這些名字都是把這些區域視爲畏途的船員所起的。而且，如果當地的原住民不知道這些島礁的話，那麼西班牙人不太可能用他加祿語的音譯

Carta hydrographica y chorographica de las Islas Filipinas (1734)

圖146　*Carta hydrographica y chorographica de las Yslas Filipinas*（1734）（見彩頁P531）

[114] Edgardo Angara, *Mapping the Philippines the Spanish Period*, Quezon City, Philippines, Rural Empowerment Assistance and Development Foundation, 2009. p36.

來命名這些島礁。因此，最早發現黃岩島的人最可能是菲律賓的原住民。只要仔細參詳一下該地圖，就不難發現上面的Panacot就是黃岩島。

1734年的地圖在坐標上不完全準確，Panacot的緯度大致與實際相同，但是距離呂宋島比實際的要近。考慮到當時的技術條件（無法準確測量經度）和尚未進行仔細的探測，這些誤差是可以接受的。如果對比Panacot和南方的巴拉望島的相對經度位置，就會發現它與黃岩島和與巴拉望島的相對位置相符。換而言之，這幅地圖的誤差問題緣於西部的比例被壓縮了。當然，僅憑這幅地圖是不能斷言Panacot就是現在的黃岩島。但是只要多對比幾張歷史地圖，就能十分清楚地確定Panacot就是黃岩島這個事實。

在一張1752年的西班牙繪製的菲律賓地圖上（圖147），Panacot有了一個新名字：Bajo de Masingloc ou Panocot[115]。Bajo是西班牙文「下方」的意思。Masinloc是呂宋島西岸一個城市的名字，也是呂宋島上最靠近黃岩島的地方。因此這個名字就是 「Masinloc下方的島礁」（或者「下馬新洛克」）的意思。而在現在菲律賓的編制中，黃岩島就是屬Masinloc市管轄的。這幅1752年的地圖還提示了這個島嶼的舊名是Panocot。在同時代的其他地圖中，同一個島嶼的名稱有的拼寫爲Masingloc，有的拼寫爲Masinloc（比如下面這張1763年的地圖，圖148[116]）。但是毫無疑問，指的是同一個島。黃岩島的這個Masingloc的稱呼現在還在使用中。

1748年9月12日，英國東印度公司的一艘運載茶葉的商船斯卡伯勒號（Scarborough）在黃岩島觸礁，船上所有人都遇難身亡。爲了紀念那次的不幸事故，黃岩島多了一個名稱，也就是現在的通稱Scarborough Shoal。在之後很長一段時間中，Masingloc，Masinloc和Scarborough這幾個名字被並稱同一個島礁。

---

[115] Ibid, p44.

[116] Ibid, p76.

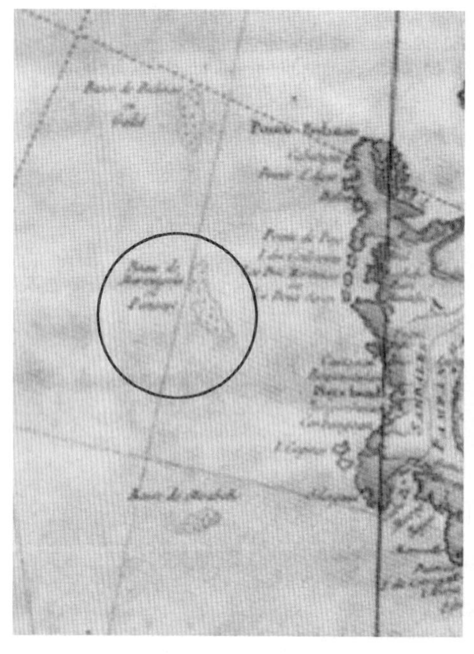

圖147　1752年西班牙出版之菲律賓地圖

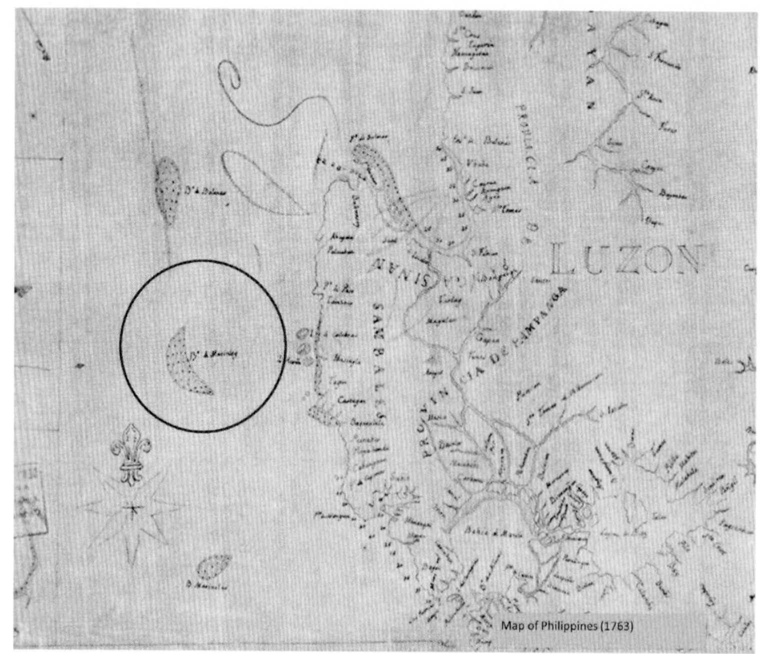

圖148　1763年西班牙出版之菲律賓地圖

十八世紀末年，西班牙人開始對呂宋島西岸進行詳細的測量。由於當時已經發明了能夠在船上安裝的測量經度的儀器，因此測量島嶼的地理位置的準確度大大提高了。1789-1794年，西班牙政府組織了一次環球科學考察（Malaspina Expedition）。1792年，當科學家們到達南海時也考察了黃岩島，澄清了黃岩島的正確地貌。[117] 1800年，西班牙軍方巡防艦聖露西亞號（*Santa Lucia*）受命於馬尼拉當局對黃岩島進行了詳細的測量。這次測量行動的過程反映在下面這張1820年的菲律賓地圖上（圖149）[118]。這張地圖上準確地畫出了黃岩島的位置和形狀，還畫出了聖露

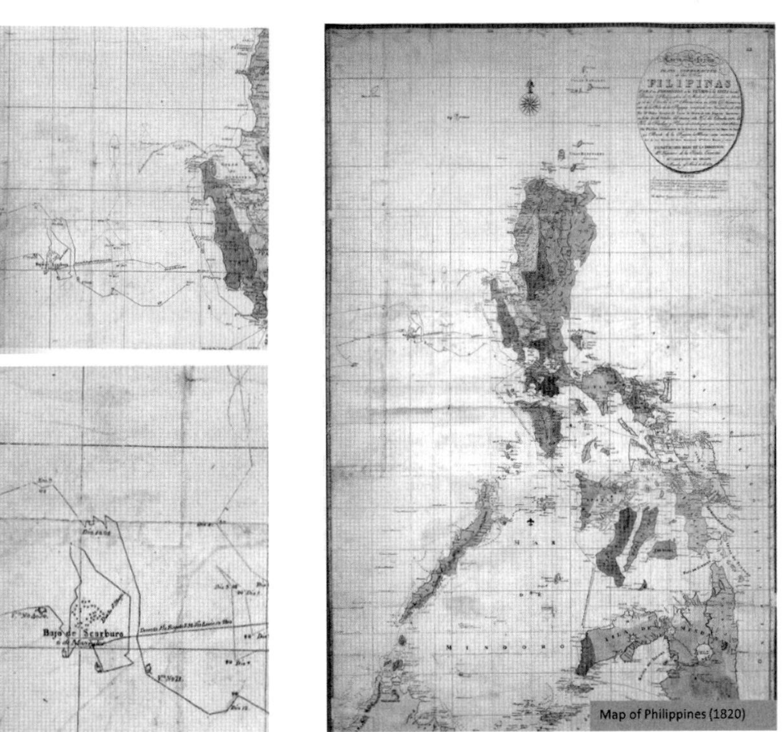

圖149　1820年西班牙出版之菲律賓地圖（見彩頁P532）

[117] Jay L. Batongbacal, Bajo de Masinloc (Scarborough Shoal): less known Facts vs. Published Fiction. http://www.imoa.ph/bajo-de-masinloc-scarborough-shoal-less-known-facts-vs-published-fiction/ .

[118] Edgardo Angara, *Mapping the Philippines the Spanish Period*, Quezon City, Philippines, Rural Empowerment Assistance and Development Foundation, 2009. p84.

西亞號的航線。從地圖上看出，那次測量行動爲時不到一個月，從菲律賓西岸出發，回到菲律賓西岸，範圍局限在呂宋島西岸和黃岩島一帶，以黃岩島一帶爲主要目的地。顯然，該測量的性質是水文探測，屬內政範圍，而不是一次以開拓爲目的的海外探險行動。因此可以解釋爲西屬菲律賓政府對黃岩島行使了主權。當時黃岩島的名稱是Bajo de Scarboro o de Masingloc，意思是這個島既叫Scarboro，也叫Masingloc。這幅地圖從標識上很清楚地顯示了黃岩島是西屬菲律賓的領土。

從地理位置看，Masingloc、Scarboro和今天的Scarborough顯然都是指同一個地方。爲了進一步確認，可以再參考一張1875年的法國地圖（圖150）[119]。圖上對黃岩島的稱呼是Bc Masingloc ou Scarborough，意思很明顯：Masingloc就是Scarborough。

圖150　1875年法國出版之菲律賓地圖

當時很多的地圖都沒有著色，即便有著色的地圖對於像西沙、南沙、黃岩島和釣魚臺等小島嶼也沒有著色，所以嚴格看來，很多東南亞地圖並未能清楚地顯示黃岩島是菲律賓的領土。但是儘管如此，還是能夠找到一些地圖能清楚說明這一點，以下就挑選有代表性的幾張進行略微說

[119] A.H. Brue, De la Malaisie, 1875, from David Rumsey Map Collection, (www.davidrumsey.com).

明。

第一張是1825年英國出版的地圖（圖151）[120]。上面Philippine Islands（菲律賓群島）的文字正好在黃岩島（Masingloc Bank）的上方，清楚地表示了黃岩島是菲律賓群島的一部分。

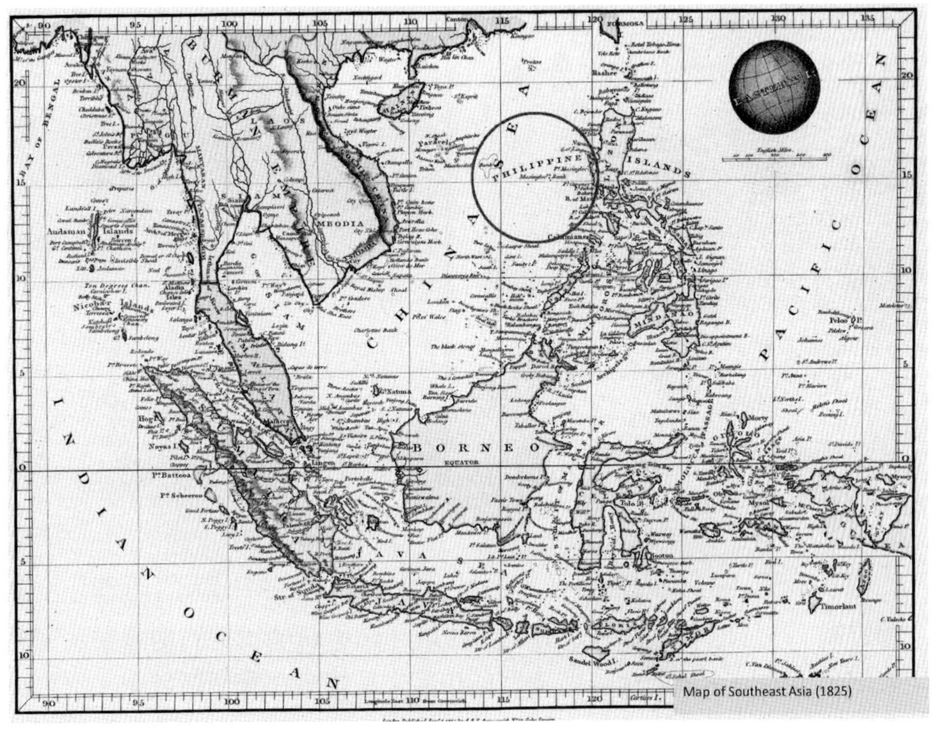

圖151　1825年英國出版之菲律賓地圖

第二張是1832年德國出版的菲律賓地圖（圖152）[121]。在呂宋島左側的海面基本爲一些局部放大的圖所覆蓋。但是黃岩島部分專門留了一個缺口，以顯示黃岩島。這清楚表明，黃岩島是菲律賓的一部分。

---

[120] Aaron Jr. Arrowsmith, Eastern Islands, from David Rumsey Map Collection, (www.davidrumsey.com).

[121] Edgardo Angara, *Mapping the Philippines the Spanish Period*, Quezon City, Philippines, Rural Empowerment Assistance and Development Foundation, 2009. P264.

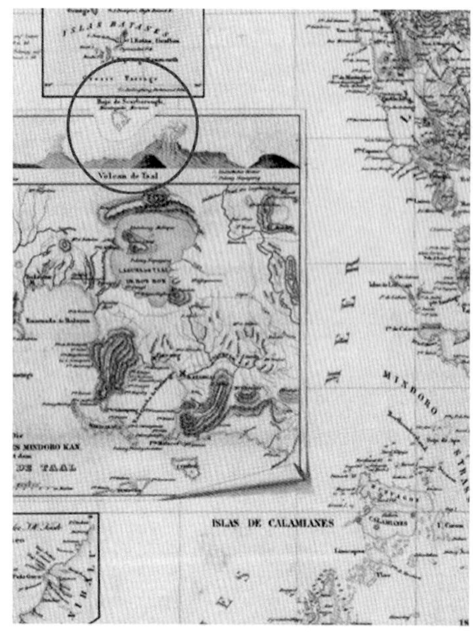

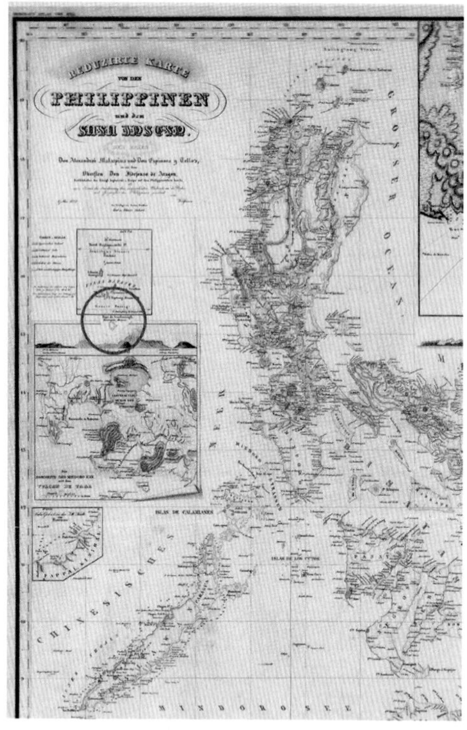

Map of Philippines (1832)

圖152　1832年德國出版之菲律賓地圖

第三張是1852年的西班牙著名地圖家Coello主持出版的西班牙全圖（圖153）[122]。他奉命繪製一冊包括西班牙和所有殖民地的地圖集。在菲律賓部分，他用連續的虛線把黃岩島和呂宋島等劃在一個區域中。這更清楚地表明黃岩島是西屬菲律賓的一部分。

這些地圖的存在證明：儘管歷史上很多地圖不能明確無誤地表明黃岩島屬菲律賓，但那只是因為當時地圖繪製習慣，比如地圖著色等技術性的原因。實際上，認為黃岩島在當時屬西屬菲律賓不僅僅是西班牙，這一歸屬也得到了國際的承認。

【122】同上，p268.

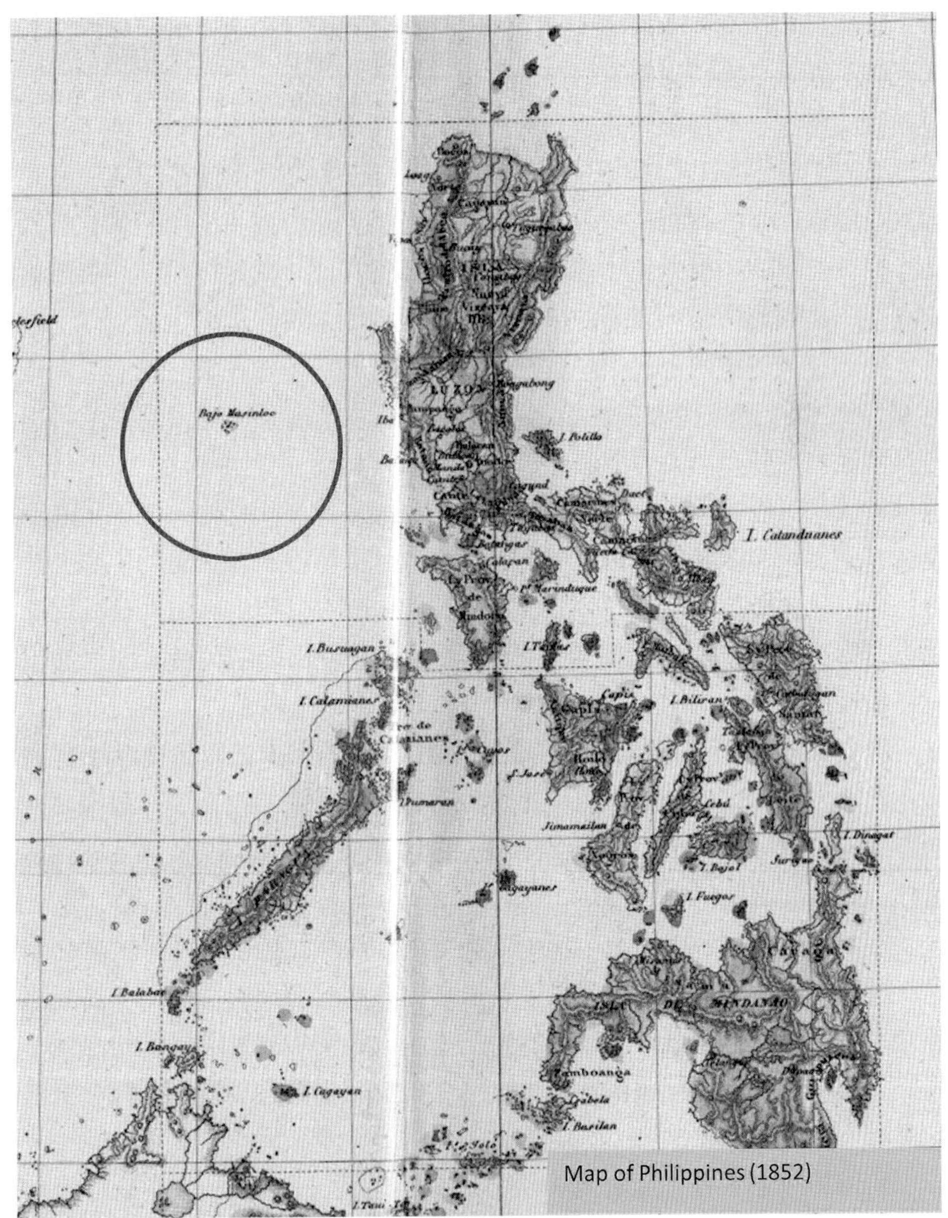

圖153　1852年Coello出版之西班牙全圖中菲律賓部分

除了把測量了的黃岩島畫在地圖上，西班牙還對黃岩島進行了其他實質性的管理。1866年的西班牙海事處報告提到：當年有船隻在黃岩島觸礁，西屬菲律賓當局派出船隻去救助失事的海員[123]。爲失事船隻提供救助服務，顯示了西班牙對黃岩島的主權。

綜上所述，菲律賓（或西班牙）最先發現了黃岩島；最早命名了黃岩島，黃岩島的名稱和其隸屬的城市相同（Masingloc）；最早詳細考察和測量了黃岩島；把黃岩島畫入菲律賓的地圖；對黃岩島失事的船隻進行救助；對黃岩島的主權得到了國際的承認。即便按照十九世紀後期的最嚴格的國際法的標準衡量，西屬菲律賓毋庸置疑地擁有黃岩島的主權。

中國認爲，中國漁民很早就在黃岩島附近捕魚，並在黃岩島的瀉湖內避風[124]。中國漁民後來去過黃岩島捕魚這點大概沒有什麼人能否認，但是具體從何時開始無人可以確定。中國對此喜歡用「世世代代」來形容。但世世代代可能並不是一個很長的時間，比如臺灣漁民把釣魚臺作爲漁場是從二十世紀初開始的，也被稱爲「世世代代」。沒有證據證明中國漁民會比西班牙人發現黃岩島的時間要早。比如，現在發現的南海漁民採用的《更路簿》中無一記錄過黃岩島[125]。可見，在現代之前，海南漁民並沒有在那裡捕魚。

黃岩島附近地方同樣也是菲律賓人的漁場，菲律賓漁民也在那裡避風。當然，菲律賓也無法確認菲律賓人到底從何時開始就在那捕魚避風。西方人一般用immemorial（無法記清）這個詞來形容類似的情況，即無法確知多長時間之前。

無論如何，按照國際法，捕魚並不是一種產生主權的方式，因爲那只是一種私人行爲。而且，近代之後黃岩島還在國際海道附近，很多船隻都經過那一帶。所以單單是漁民的活動並不足以說明中國對黃岩島的主權。因此，兩相比較，西屬菲律賓在十八至十九世紀對黃岩島顯然有無可爭議的主權。

順道提一下，在上面提到的那張1734年地圖（圖146）上看到的另外

---

[123] Annuario de la Dirrecion de Hidrografia, ano 4, numero 56, Madrid, 1866, p. 18-19. Refering from François-Xavier Bonnet, *Geopolitics of Scarborough Shoal*, Irasec's Discussion Papers #14, 2012.

[124] 姜紅明、唐文彰〈黃岩島主權辨析〉，《社科縱橫》，2012年9月，總第27卷第9期，52頁。

[125] 地名資料彙編，257頁。

兩個島礁——Stewart Shoal和Lumbay，在以後的地圖中逐漸不見了。筆者認爲，Galit有可能指的是Stewart Shoal，即民國時稱的管事灘，原先在民國畫在11段線之內，但是後來北京在調整時將其排除在外了。Lumbay可能指的是Simo Bank，在呂宋島近海岸線不遠的地方。當然，也可能是後來發現這兩個位置都不存在危險的礁石，所以在以後的地圖中就不再包括。這在二十世紀之前的地圖中非常常見。

3. 黃岩島主權的「丟失」

黃岩島主權問題模糊的根源出在世紀之交。1898年，西班牙在美西戰爭中落敗，美國和西班牙在1898年12月10日簽訂了《巴黎和約》（*Treaty of Paris*），把菲律賓（和波多黎各等地區）割讓給美國[126]，在第三條裡面以經緯度連線的形式把菲律賓的島嶼和海域仔細畫出（簡稱條約界線）。

第三條　西班牙割讓名爲菲律賓群島的列島以及包含在以下疆界線內的島嶼給美國。[127]

Article III. Spain cedes to the United States the archipelago known as the Philippine Islands, and comprehending the islands lying within the following line:

A line running from west to east along or near the twentieth parallel of north latitude, and through the middle of the navigable channel of Bachi, from the one hundred and eighteenth (118th) to the one hundred and twenty-seventh (127th) degree meridian of longitude east of Greenwich, thence along the one hundred and twenty seventh (127th) degree meridian of longitude east of Greenwich to the parallel of four degrees and forty five minutes

[126] United States. Dept. of State; Charles Irving Bevans (1968). *Treaties and other international agreements of the United States of America, 1776-1949*. pp 616.

[127] 陳鴻瑜《東南亞各國海域法律及條約彙編》，國立暨南國際大學東南亞研究中心，1997，29-30頁。

(4°45']) north latitude, thence along the parallel of four degrees and forty five minutes (4°45') north latitude to its intersection with the meridian of longitude one hundred and nineteen degrees and thirty five minutes (119°35') east of Greenwich, thence along the meridian of longitude one hundred and nineteen degrees and thirty five minutes (119°35') east of Greenwich to the parallel of latitude seven degrees and forty minutes (7°40') north, thence along the parallel of latitude of seven degrees and forty minutes (7°40') north to its intersection with the one hundred and sixteenth (116th) degree meridian of longitude east of Greenwich, thence by a direct line to the intersection of the tenth (10th) degree parallel of north latitude with the one hundred and eighteenth (118th) degree meridian of longitude east of Greenwich, and thence along the one hundred and eighteenth (118th) degree meridian of longitude east of Greenwich to the point of beginning.The United States will pay to Spain the sum of twenty million dollars ($20,000,000) within three months after the exchange of the ratifications of the present treaty. [128]

根據條約規定，這條界限並不包括南沙群島，也不包括黃岩島，因爲菲律賓在北緯10度以北的極西界線是東經118度，而黃岩島剛好在東經117度50分左右。於是這條界線「剛好」把黃岩島排除在菲律賓的國境線之外。美國並非不知道黃岩島，很多十九世紀美國出版的菲律賓地圖中都有黃岩島。1899年，美國海岸測量局還專門對菲律賓的地理做了詳細的審查，爲美西之間的談判做準備。他們複製了一份西班牙的詳細的菲律賓地圖（圖154），裡面清楚地表明黃岩島是菲律賓的領土[129]。

但是不知爲何，在《巴黎條約》中，黃岩島卻被剔出了割讓範圍。爲何當時這樣處理？直到目前還沒有找到能夠解釋這一點的檔案。但這個條約的缺陷是明顯的，因爲此界線甚至也不包括一些美國原先認爲應該包括的島嶼。於是雙方又簽訂了1900年的《華盛頓條約》（*Treaty of Washing-*

---

[128] http://avalon.law.yale.edu/19th_century/sp1898.asp .

[129] Mapa General islas Filipinas Observatorio de Manila, 1899, from DRM.

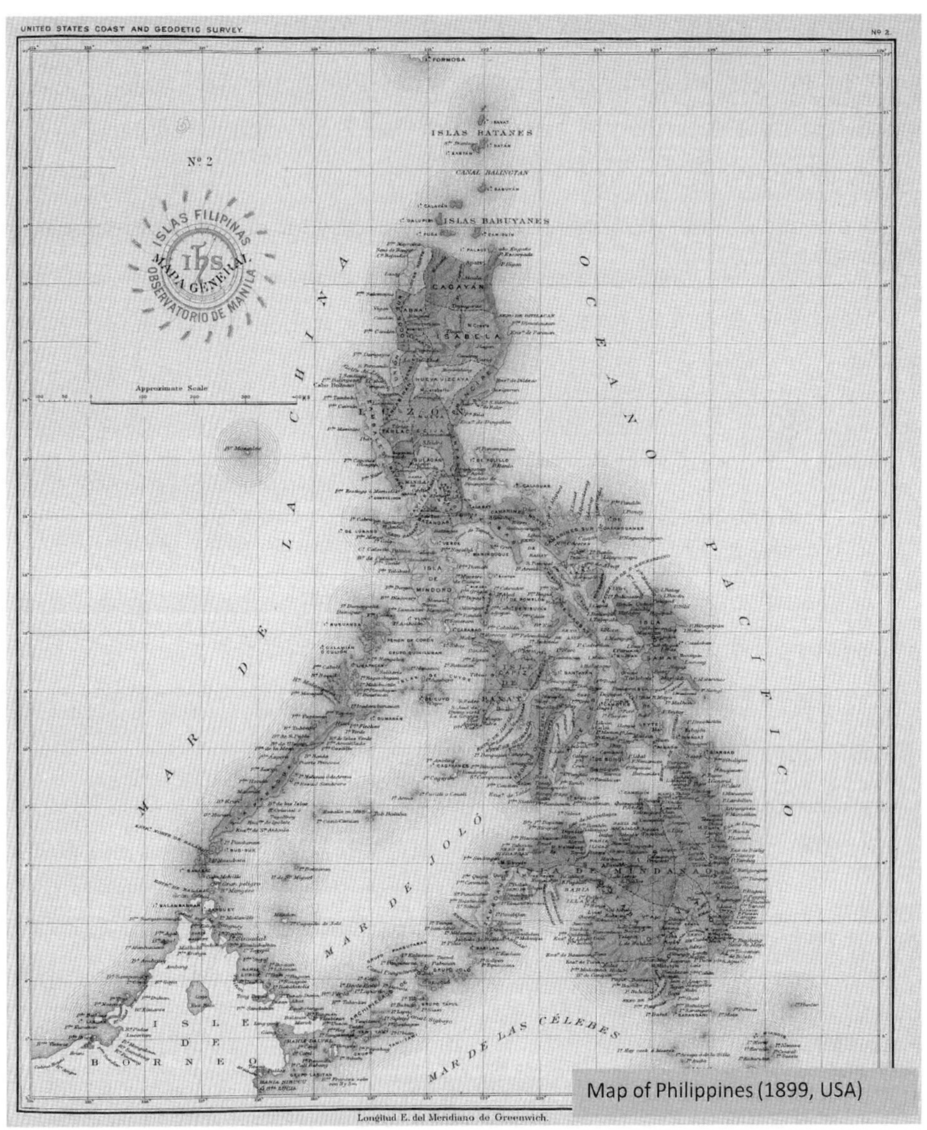

圖154　1899年美國出版的菲律賓地圖

ton，1900），即《菲律賓偏遠群島之割讓》（*Cession of Outlying islands of Philippines*）作爲彌補。在協議中規定：

Spain relinquishes to the United States all title and claim of title, which she may have had at the time of the conclusion of the Treaty of Peace of Paris, to any and all islands belonging to the Philippine Archipelago, lying outside the lines described in Article III of that Treaty and particularly to the islands of Cagayan, Sulu and Sibutu and their dependencies, and agrees that all such islands shall be comprehended in the cession of the Archipelago as fully as if they had been expressly included within those lines.

西班牙讓渡給美國其在《巴黎和平條約》簽訂時屬菲律賓群島之所有列島，以及位在該條約第三條規定的界線外之列島，特別是卡加揚、蘇祿島群、西布杜島及其附屬島嶼等所擁有之權利及權利主張，同意所有該等島嶼應包含在割讓的群島中，完全地將之視同明白地包括在那些疆界線內。[130]

這裡規定在條約界線外的西屬菲律賓的屬地也一併割讓給美國。法理上，如果西班牙在1898年之前擁有黃岩島的主權，那麼這個主權也在這一條約中割讓給美國。但是從條約來看，當時美國的關注點還主要在卡加揚、蘇祿和西布杜等地所屬的島嶼，黃岩島並不在其關注之內。

菲律賓又再次用條約和憲法規定了自己的海上界線。當中包括1930年的《美英協定》（*The Convention between the United States and Great Britain*），這份條約界定了美屬菲律賓和英屬婆羅洲之間的海上邊界[131]，但此條約對《巴黎條約》劃定的那條東經118度界線沒有影響。

二十世紀上半葉，無論是美國或是菲律賓出版的地圖，還是美國殖民政府的認知中，黃岩島都不屬菲律賓。總之，在這次菲律賓易手的過程中，黃岩島實際上被丟失了。儘管期間菲律賓在一些事例上顯示了對黃岩島的管轄，但卻始終沒有宣稱對黃岩島的主權。這成為以後中菲黃岩島之

[130] http://www.gov.ph/1900/11/07/the-philippine-claim-to-a-portion-of-north-borneo-treaty-between-the-kingdom-spain-and-the-united-states-of-america-for-cession-of-outlying-islands-of-the-philippines-1900/，譯文參見陳鴻瑜編譯《東南亞各國海域法律及條約彙編》，國立暨南國際大學東南亞研究中心，1997，32頁。

[131] United States. Dept. of State; Charles Irving Bevans (1968). Treaties and other international agreements of the United States of America, 1776-1949, p 473-481.

爭的根本原因。

5.6　尾聲：東沙島爭議

二十世紀的到來標誌著南海進入一個新的時代，從沒有爭議的平靜之海，變爲至今仍紛爭不息的咆哮之海。而這一切，源於一個新勢力——日本的出現。在日本積極向外開拓海洋資源的時候，就不可避免帶來了南海主權的明晰化。東沙島之爭就是諸多衝突的開始。詳細討論東沙島之爭，已經超出了本文的範圍。這裡著重要討論的，是在東沙島之爭過程中，中國對南海主權意識的從無到有，以此說明晚清在近代對南海管治之缺乏。

1. 東沙島的簡要歷史

東沙島位於汕頭南方約250公里之外，由一個環礁島（東沙島）和兩個暗礁組成。最早疑似東沙島的記錄出現在晉朝的《廣州記》，裡面提及：「珊瑚洲，在縣南五百里，昔有人於海中捕魚，得珊瑚。」唯此處珊瑚洲是否東沙島還有疑問，因爲東沙島並不在東莞南方，而在潮州南方（見2.3）。之後在很長一段時期，中國都沒有關於東沙島的記載，但是在明朝的《東南夷海圖》中，廈門對開海面上有「石塘」，而有人指這個石塘就是東沙島，但也缺乏證據（見3.5）。在《鄭和航海圖》中，亦有人認爲「石塘」是東沙群島，但同樣缺乏證據（見3.9）。在中國史籍上，首先明確記載東沙島的是十八世紀初的《指南正法》，裡面用南澳氣稱呼東沙島（見3.4.10），稍後的《海國聞見錄》在圖中畫出了東沙的位置，也用南澳氣稱呼之（見3.4.11）。在之後一系列的著作中，南澳氣就成爲東沙島的固定稱呼了。在十九世紀初的《海錄》中，首次出現了東沙這個名稱，並解釋因爲其在萬山的東面，所以稱爲東沙（見3.4.12）。

在西方史籍上，十八世紀之前的地圖由於不太精確，很難把東沙島和中國沿岸的小島區分開來。但到了十七世紀末，地圖日漸精確，已經能夠確定東沙島。比如在1700年的Guillaume de Lisle所繪製的地圖上[132]，

---

[132] Guillaume de Lisle, L'Asie, 1700, from DRM.

已經以「isle de Prata」來標注東沙島。韓振華認爲，英國人在1866年勘探東沙島時，才以勘探者的名稱把東沙島命名爲「蒲拉他士島」（即Pratas）。[133]這個論斷可能源於1922年李長傅所寫的〈東沙島及西沙群島〉一文[134]，而它又可能來源於1909年的《東方雜誌》之〈廣東東沙島問題記實〉[135]一文。那顯然是錯誤的，因爲Pratas這個名稱最晚當在十七世紀後期就出現了。

東沙島大概很早就是中國漁民活動的範圍。但到底有多早，由於缺乏記錄的原因，難以確認。在1730年的《海國聞見錄》中，僅僅記載其「船不可到」、「入溜，則吸擱不能返」[136]。當時東沙島似還是一個險境，而不是一個捕魚場。1935年，中國在東沙島下的珊瑚礁上找到一批從唐朝到明朝的古幣，疑是一艘明代沉船的遺物[137]，證明此處在古代的確是險境。在1820年的《海錄》中，東沙島是一個中國商用船隻避風的地方，並沒有提及漁民的活動。在後來中日東沙島爭議的時候，中國向漁民調查，有商人梁應元稟稱：「歷來漁船，來往廣東惠州屬島之東沙地方，捕魚爲業，以閱數百年。」[138]但這數百年之說無稽可查。反而在西方的記錄中才能看到中國漁民活動的痕跡。英國羅斯船長（I.N. Ross）在1813年駕駛發現號（*Discovery*）和調查號（*Investigator*）對東沙島做出系統的測量，提及島上已經有估計是中國漁民建造的庇護所[139]。他於1857年和1869年又再三對此地進行測量。在1857年測量之時，提到島上有中國漁民建造的庇護所。[140]因此，可信在十九世紀初已經有中國漁民在此打漁。到了十九世紀末，這裡附近已經成爲一個漁場，「每年匀計，

【133】史料彙編，692頁。

【134】李長傅〈東沙島及西沙群島〉，《地學雜誌》，1922年8月；轉引自晚清南海，114頁。

【135】〈廣東東沙島問題紀實〉，《東方雜誌》，1909年第六年第四期，66頁。

【136】《中國南海諸群島彙編之三：海語，海國見聞錄，海錄，瀛環考略》，臺灣學生書局，p155-156。

【137】史料彙編，100-101頁。

【138】東沙島成案彙編，22頁。

【139】*The India Directory*, Vol. 2, 1817, p257.

【140】*The China Sea Directory*, Vol.2, 1879, p272-274.

不下數百艘」。[141]

在日後東沙島爭議之際，外務部回復張人駿詢問時，經查詢海關後稱：1868年6月22日，海關總稅務司赫德（英國人）曾通知各關，提議「擇定中國沿海險要二十處須妥設燈塔，逐年興建。其洋文內有千八七四年內應築成東沙島燈塔，至今仍未安設。該稅務司亦未明何故。」[142]在此，赫德的身份需要釐清。他雖然是英國人，但是他是中國的海關總稅務司長，官階是按察使，正三品。他一直以外國雇員的身份爲中國效力，直到1911年去世爲止。期間，他多番參與中國的外交事務，代表中國的立場。在1885年，英國要委任他做駐華公使，被他因角色衝突而拒絕。因此，他提出在東沙建立燈塔，並不能視爲國際對中國擁有此處主權的認同，而只能夠視爲中國內部官員的一種態度。

在1883年，荷蘭一艘船隻在東沙擱淺，貨物遭到中國漁民哄搶。荷蘭人曾經向華提出外交照會進行抗議。裡面稱「駛至廣東所屬海面東沙地方，因風碰損停擱」，並引用條約「船在中國轄下海洋被劫，地方官聞報迅即設法查拿……船在中國沿海地方擱淺碰壞或遭風收口，地方官聞報即當設法照料」[143]要求中國處理。此事如何結局不得而知。但從這份照會來看，荷蘭承認中國對東沙島的主權，此爲中國的主權得到國際承認之有力證據。唯在東沙島交涉之時，中國方面並沒有提及這個有力的證據。

2. 中日東沙島交涉

日本人與東沙的接觸始於1901年，西澤吉次被風暴吹到東沙島。在以後幾年間，多隊不同的日本人前往東沙島考察，其中玉置半右衛門的考察長達三個月。對於這些考察，中國方面沒有反應，不但當時中國政府不知道，就連漁民後來也沒有提及。可見，中國政府當時缺乏對東沙島的管理，這加深了日本人認爲東沙島是「無人島」的理據。1907年夏天，西

【141】〈大東沙島〉，《地學雜誌》，宣統二年第3號；轉引自呂一燃〈日商西澤吉次掠奪東沙群島資源與中日交涉〉，《中國邊疆史地研究》，1994年第3期。

【142】《清宣統朝外交史料》卷四，5-6頁，《清季外交史料》，第七冊，文海出版社，1963。

【143】資料彙編，71頁。

澤帶領120人第三次登上東沙島。這次西澤有備而來，在島上開路建屋，豎立日本國旗，把島嶼命名爲西澤島。其後又從日本和臺灣招募更多人手，包括醫生和化學師，正式在東沙島開採磷礦。[144]據報導，西澤在正式開發之前，還向多個機構詢問過此島是否有所屬，包括「駐日清使、駐橫濱各國領事、上海關道、英領香港政廳」，最後的答覆都是「全無所屬」，最後得到了日本外務省的許可才從事。[145]若此事屬實，則進一步說明了當時中國對此島缺乏認識。

後來對漁民的調查中才知道：當時日本人先是對漁民進行驅趕，再把舢板打壞，甚至把島上的大王廟和兄弟所拆毀，把島上墳墓掘開，屍骨燒化棄入海中。[146]但當時中國政府對這一切既不知情，漁民也沒有向政府匯報。

西澤「開拓」東沙之事，最早由日本的媒體報出。日本報章認爲這是一件「發現無人島」的光榮事蹟，「大有哥倫布尋得美洲新大陸之勢」[147]。其後香港媒體進行轉載，這才引起關注。但最早關注此事的是並不在其職責範圍內的兩江總督端方，他從報章中得悉此事，並在9月致電清朝外務部要求查明[148]。外務部這才電報兩廣總督，要求查明「是否確有其事？」[149]。粵督張人駿一開始回答，該處「似非粵省所轄」，後報「聞該處風浪最大，粵省無大兵船輪，難往查探，可否請鈞部轉電南洋，酌派大輪往查？」[150]直到後來端方向日本領事詢問，才得知「此島實在臺灣之西南，香港之東南，據香港一百七十余英海里，即新譯中國江海險要圖說之蒲拉他士島。」[151]張人駿的回電答覆，「遍尋粵省志書輿圖，均無記載此島確據。」[152]

---

[144] 東沙島成案彙編，53頁。
[145] 〈廣東東沙島問題紀實〉，《東方雜誌》，1909年第六年第四期，61頁。
[146] 東沙島成案彙編，66頁。
[147] 據〈廣東東沙島問題紀實〉轉引，《東方雜誌》，1909年第六年第四期，63頁。
[148] 端方的原始電文沒有保留在《東沙島成案彙編》中。
[149] 東沙島成案彙編，第4頁。
[150] 東沙島成案彙編，4-5頁。
[151] 《清季外交史料》，宣統元年8月27日，第四冊第10頁，轉引自《史料彙編》，145頁。
[152] 東沙島成案彙編，6頁。

從以上通信可見，第一，中國官方對東沙島認識甚少，就連島嶼的名字和位置也不知道，廣東方面也不知道日本人佔據東沙島之事，省志地圖也沒有東沙島的記載；第二，漁民在被驅趕後，沒有向政府匯報，反映了漁民到東沙捕魚是私人性質，並無官方的支持；第三，廣東缺乏到東沙島巡邏的船隻，需要從南洋水師借調兵船，這也顯示廣東水師根本沒有能力在東沙島常規巡邏。這種種事實證明中國近代對東沙島缺乏官方的管理，也再一次印證了在前文所論證的：在晚清時期，中國水師的巡海範圍限於近岸的結論。巡邏東沙島尚不可能，更惶論西沙群島和南沙群島了。

中國從1907年準備兵船開始，直到1909年才調配到兵船「飛鷹艦」於2月2日和19日，兩次抵達東沙島。在和島上的日本人的交談以及探訪漁民之後，才清楚事情的來龍去脈。於是在3月17日，張人駿向日本領事發出照會，提出交涉。日本政府認爲，只要中國出具證明，此島並非無人島，且願意賠償日商損失，可承認東沙島歸中國。這樣事情就變得簡單多了。

日本政府當時態度可能與國際形勢相關。當時日俄戰爭結束，日本在獲得敬畏的同時，也惹來了英法美等國家的目光。這些國家爲了保護自己在南海的傳統利益（三國都在南海有殖民地），自然不願日本把勢力插入到南海。英國旁敲側擊地提示中國在東沙建立燈塔就是一例。而日本在戰爭之後也需要休養生息和韜光養晦。在1908年發生二辰丸事件後，中國的民族主義情緒高漲，東沙島爭議進一步推動民族主義情緒。此外，在東沙島的開發自始至終僅僅是私人性質的開發，西澤甚至還沒有成立公司。儘管臺灣總督支持對東沙島的兼併，臺灣地方官員也曾登島考察，但臺灣僅僅是一個殖民地，不能完全代表日本的態度。而且臺灣也沒有正式爲西澤的行爲背書，既沒有把東沙島納入臺灣的政區，也沒有進行官方的管轄。因此，日本政府與此事件的關聯甚小，並非刻意要奪得東沙島。因此在一開始，日本政府就指示日本駐廣州領事瀨川，不必堅持東沙島屬日本，只要求中國出示證據，如果中國無法出示證據，才考慮進一步的對策。

中國最後出示了《江海險要圖說》與王之春所著的《國朝柔遠記》，證明此島在中國地圖上。其實，翻譯自英國海圖的《江海險要圖說》是海圖而不涉及主權問題。而《國朝柔遠記》中的地圖，也缺乏明確的國界標誌。按照嚴格的標準，兩者均難以確證東沙屬中國。但日本當時並無意與中國爭奪東沙，於是議題很快就轉到賠償問題上。至此，東沙島爭議已經掃清了主權的障礙。在以後幾個月的談判中，中日雙方圍繞著賠償和如何歸還的問題展開談判[153]。1909年11月15日，中日雙方代表共赴東沙島，對物業進行清點和移交。東沙島爭議正式結束。

東沙島事件刺激了開始重視海疆權益的中國政府。中國政府決心對南海進行經營。1909年5月19日，水師提督李准、廣東補用道李哲浚以及副將吳敬榮等三人駕駛「伏波」、「琛航」、「廣金」前往西沙島「巡視」。第一次宣示了對西沙的主權。李准高興地說：「此地從此即爲中國之領土矣。」[154]之後的地圖上也多畫有西沙群島，如1909年的《廣東輿地全圖》（圖155）[155]。

3. 東沙島之爭對南海近代歷史的啓示

中日東沙之爭進一步證明，在十九世紀後期中國對南海諸島尚未有主張主權的事實。在東沙島爭議之前，中國政府缺乏對東沙島的管轄，這體現在以下幾個方面：首先，中國漁民在受到驅趕之後，並無任何反映渠道，當地政府並未得悉。中國政府通過媒體才關注到此事。其次，中國政府嚴重缺乏關於東沙島的位置等相關信息，需要由日本領事提供資料並用長達兩年的時間反覆確證才知道此島的正確位置、正確名稱和中國的土名。再次，中國政府對東沙缺乏常規的管理能力，在急需查證東沙的實際情況之際，廣東水師沒有船隻可以到達東沙，而需要等待長達一年半的時間才能借調南洋水師的船隻前往探察。最後，中國政府在事發之後才四處搜尋材料以「證明」此島屬中國，而最終的主要證據還是英國的海圖。

必須注意的是，與西沙和南沙群島相比，中國在東沙島的主權問題上確實有無可比擬的優越地位。東沙島位於中國之近海，最早爲中國漁民發現和利用是可信的。因此，根據國際法，中國享有此島嶼之初始權利。

---

[153] 此後，中方代表換成了新粵督袁樹勳。

[154] 《李准巡海記》，中國南海諸群島文獻彙編之八，臺灣學生書局，1975，第2頁。

[155] 《廣東輿地全圖》，成文出版社，根據宣統元年版本影印，中國方志叢書，一零八號，1967。

而在日本人開發此島之前，並沒有任何國家對此聲稱主權。比如西方的航海家很早就知道且在地圖上畫出和測繪了這個島嶼，但並沒有對其聲稱主權。1883年荷蘭因為觸礁船隻而對中國發出的抗議可視為對中國在東沙主權的國際承認（儘管中國似乎對此並不甚了解）。因此，在東沙島事件之前，並沒有國家擁有可以和中國相提並論的歷史性權利。這個情況與西沙和南沙的情況截然不同。西沙和南沙都不是中國人發現的；西沙群島有越南的統治證據；南沙群島一直有各國的航行和測繪證據。根據可靠的記錄，中國人在1860年代之後才到達南沙從事漁業，並無優於其他國家的歷史性權利。

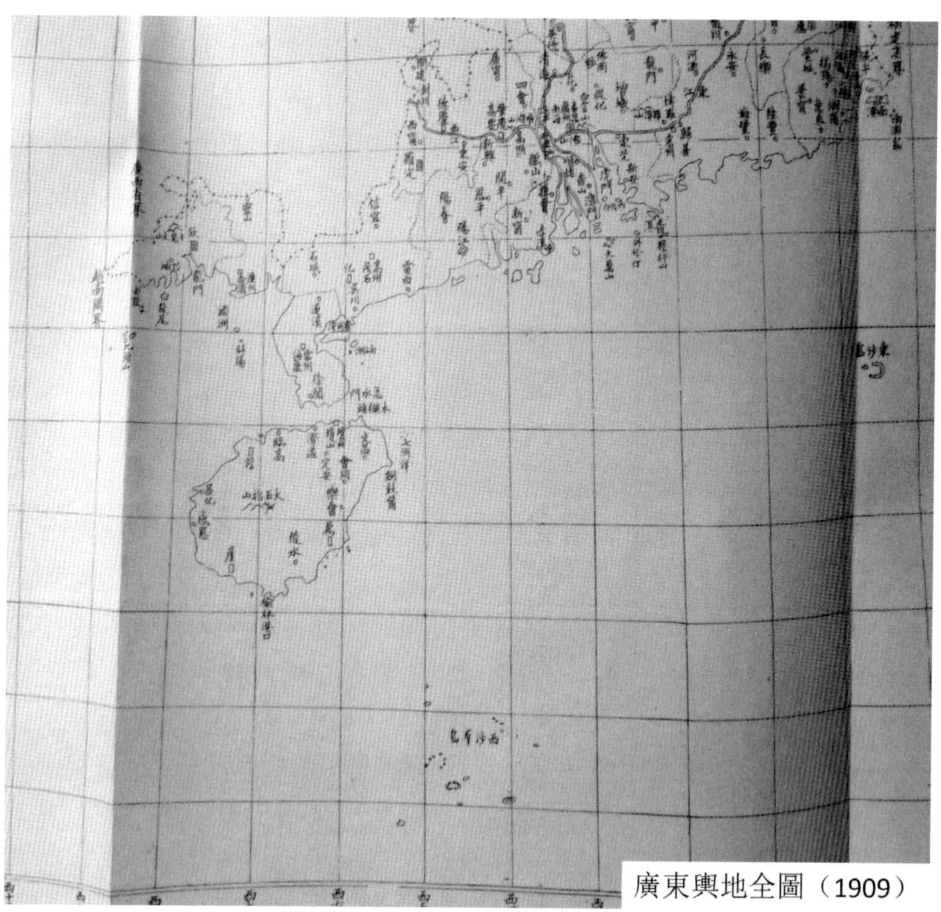
廣東輿地全圖（1909）

圖155　《廣東輿地全圖》

中國政府在東沙島事件中表現出來的無知和缺乏統治證據的事實也從另一側面顯示，中國對更遙遠的西沙群島、黃岩島以及南沙群島的「歷史證據」更爲薄弱，更不用說對海域的實際控制。在運用國際法分析那些島嶼的主權的時候，明白這一點對於如何正確理解中國的「歷史性主權」有很大幫助。

5.7 西方主導的南海

十六世紀西方開始進入南海，從那之後其在南海的影響力越來越大，直到十九世紀末達到頂峰。南海沿岸各國，除了中國，都變成西方列強的殖民地——越南是法國的，婆羅洲是英國和荷蘭的，菲律賓先是西班牙的後又變成美國的。中國儘管仍是獨立國家，但是由於弱小的海軍以及以近岸海防爲主的軍事思路，對南海既無意進取亦鞭長莫及。於是，西方列強以其船堅炮利，主導了南海的局面，給這一地區帶來以下幾方面的影響：

首先，西方各國以其先進的科技，對南海進行多次的勘探和測量，製作準確的海圖，從根本上改變了對南海以及南海諸島的認識。西方國家亦通過打擊海盜等措施保障了南海的航海自由與安全。

其次，西方國家的殖民侵略打破了南海沿岸各國原先的格局，其中最受影響的是越南。自十八世紀以來，越南人在西沙的活動主要以官方的形式進行。在逐步淪爲法國殖民地之後，儘管在書籍中仍把它視爲越南領土，但實際上已經失去了對西沙的控制力。由於越南在西沙的活動基本是官方主導，在官方活動停止之後，民間的活動並無後繼。所以最遲在1867年之後，越南人已經在西沙絕跡。而西班牙對蘇祿的侵略，以及英國和西班牙對汶萊的侵略，都使這兩國喪失了對南沙群島的影響力。

第三，西方國家對南海諸島均未有積極的主權態度。比如法國，作爲越南的保護國，並不關注西沙或南沙。儘管在1899年曾計劃在西沙上建立燈塔，但這個計劃最後並沒有得到實施，否則可視爲宣示主權的行爲。英國對南沙群島也不積極：它在十九世紀後期對南沙的兩個島嶼，兩次批出了開發許可，亦記錄在案，但是自始至終都沒有實際的開發行動。此等消極態度的原因主要是因爲南海諸島面積細小，資源貧乏，無利可圖；在軍事上既無戰略地位，亦難以維持駐軍。於是，唾手可得的南海諸島均被視爲雞肋而不予以兼併，導致在1860年到1899年這一段時間，西沙和南沙群島在官方治理中處於主權眞空地帶。唯一的例外是黃岩島，西班牙人爲菲律賓取得了主權，但後來卻被態度與英法相似的美國人在交割中令人匪夷所思地「丟失」了。

第四，南海諸島主權眞空的狀態最大的得益者是中國。十九世紀是中國漁民成規模地在南海諸島活動的時期。1860年之後，漁民的活動開始擴展到南沙。在這段時間，中國漁民成爲了在西沙和南沙的唯一開發者。這些民間的活動爲以後中國在南海諸島主權爭議中帶來優勢。此外，中國在十九世紀末海疆憂患意識開始興起，民間知識分子對於南海諸島的地位開始重視，有民間的書籍模糊地把西沙（或者包括南沙）視爲中國的領土。

但是在中國官方看來，西沙和南沙均不是中國的領土。中國水師的巡邏範圍僅到達海南島南端；官方權威地理書籍裡，中國的南端只到海南島。在1907年之前，沒有任何證據可以證明官方對這些島嶼有管治的意圖：郭嵩燾的言論並不具有法律效力；赫德在東沙建立燈塔的提議沒有得到實施；所謂抗議德國測量船的事無稽可考。相反，在1895和1896年的船隻失事事件中，中國政府明確表示西沙不屬中國領土。

一個有趣的問題是，既然當時西沙和南沙處於權力眞空，中國漁民又早已在當地活動，爲什麼中國當時不把它們宣布爲領土呢？最可能的解釋有：第一，漁民的活動是自發的，不需要任何批准和官方的管理；當地官員大概知道這種活動，但是他們都不具備領土意識；而有可能具備領土意識的較爲高級的官員，則根本不知道這些漁民在南海諸島的活動，甚至不知道這些島嶼。這種上下脫節的管理模式在中國古時並不罕見。第二，即使高級官員知道漁民的這些活動，他們也因爲怕麻煩等原因置之不理。第三，當時中國水師實力太弱，無法控制那些地方。最後，直到二十世紀初，民族憂患意識、國家主權意識和海洋權益意識在民間的推動下，才被部分高層接受，在他們的推動下，中國才在南海諸島問題上轉變態度，這才有1907年中日東沙之爭。

第五，西方國家進入南海的同時也把西方的國際法體系帶到這裡。殖民宗主國依據國際法觀點處理南海問題，而中國也通過條約和外交實踐確認了國際法對中國的適用性。十九世紀中後期，西方的領海觀念已經取代了東亞國家之間傳統海疆的觀念。在清朝時期的傳統觀念中，中國與越南之間有明確的海界，兩國海疆相接，中間沒有「公海」。比如在南海海面上，雙方以海南島南端的玳瑁洲對開的水面爲分界，越過此界則進入越南「夷洋」。但是在中國和越南（法國）都支持以海岸爲領海界限的基礎之後，中國和越南之間就出現「公海」。東方國家對「公海」的承認，是航海自由原則的勝利，也爲今天的海洋法奠定基礎。在此之後，脫離陸地和領土主權而談論海界，已經缺乏合理性。

第六，西方帶來的國際法體系爲判斷此時南海諸島的歸屬奠定了原則。根據國際法的「時際法」，此時南海諸島的主權應該採用當時國際法的觀點，即需要「主權意識」和「有效佔領」。在分析它們的主權歸屬時，時際問題必須予以重視。

結　論

領土主權爭議並不罕見，一些爭議通過戰爭解決，另外一些爭議通過談判解決，還有一些爭議通過仲裁解決。即便是通過戰爭解決的例子，佔領的一方也是需要一些理由的，「因爲是我的，所以是我的」這種蠻橫的國家現在已經不太多見了，特別在非戰公約和聯合國成立之後。比如，俄羅斯要搶佔烏克蘭的克里米亞也要擺出幾個理由，儘管那些理由是否有道理見仁見智。可見領土爭議要解決，總脫不開一個理字。

那麼，何爲道理呢？歸根到底，不外是歷史與法理。法理是首要的，比如，如果已經對某塊領土簽定了條約，那麼相關國家即便有再多的歷史證據也難以推翻。但是法理本身也來自歷史，尤其在各方缺乏明確的法理時，歷史就非常重要了。這也是爲什麼中國總是要強調「自古以來」就是中國的領土，越南也說「自古以來」就是越南的一部分。就算是叢林法則的推崇者，也不能否認歷史的重要性。要聲稱某塊領土的主權，某個國家不可能一點道理也沒有，總能或多或少地提出一些根據。但這些根據是眞是假、可靠與否、有沒有說服力就需要細緻的分析了。

二十世紀前的南海歷史一直缺乏客觀的系統性研究。就中國和越南來說，兩國的現代歷史學者在對南海歷史進行研究的時候都帶有很明確的主權爭奪目的。兩國都是民族主義情緒激昂的國家，均奉行國家爲先的意識形態，也習慣用共產主義的「論戰」方式進行爭辯。因此在領土之爭此等「大是大非」的問題上，維護國家主權是毋庸置疑的先決立場。無論中國還是越南都不乏爲論證南海「自古以來」屬於自己而誇大其詞、片面選取證據，甚至僞造材料的行爲。而西方研究南海的學者，很少具備直接閱讀古文材料的能力。他們大多在國際法方面精通，但是一方面由於語言的障礙，一方面也可能由於在研究習慣上趨向於信任同行的考據，他們關於歷史性主權的論述，大都一面倒地傾向於中國或越南其中一方的說法。因而得出的結論也並不完全客觀。

筆者在能力所及範圍內，最大可能地梳理和分析南海的歷史問題，希望能夠從種種被民族主義所修飾甚至曲解的史料中，找出南海二千年歷史的眞面目。經過本書的分析，筆者得出以下結論：

1. 關於南海

第一，從古代起，南海就是沿岸各個民族休養生息之地。和現在沿岸幾個國家相比，中國只是一個後來者。直到秦始皇吞併南越之後，中國才眞正和南海相接。在漢朝重新吞併南越國之後，越南在長達千年成爲中國的一部分。中國和越南應當分享這段時期的歷史性權利。

第二，宋朝（約960年）之前，中國對南海的開發和利用都很有限。在南海交通中，占城、扶南、印度、波斯和阿拉伯人才是南海交通的主角。當時中國人在南海的有限活動，很大的程度上歸功於被蔑稱爲高涼生口的越人，他們是從事短途的海上交通和海中作業的主力，在長時間內都是南海航運的重要角色。

第三，在唐末和五代動亂中，開始有中國移民移居海外。宋朝通往西方的陸路被契丹和西夏隔絕後，中國才開始大力鼓勵南海貿易，在南海的勢力才開始增長。在蒙元時期，交通進一步發達。直到明朝初期，由於朱元璋建立的「宗藩體制」，中國的航海勢力在鄭和下西洋時達到頂點。但以中國湖來形容，仍屬誇大。鄭和之後，中國長期處於海禁之中，在南海交通中的地位衰落，直至近代。

第四，越南在十世紀獨立後，在南海交通上被邊緣化，這與中國成爲鮮明的對比。但後來成爲越南一部分的占城，從公元一世紀立國之初起就在南海貿易上有重要的分量，到了十世紀更和南海諸島的發現有極大的關系。在十七世紀，阮主吞併占城之後，越南在南海的活動才重新活躍。

第五，從十五世紀起，汶萊和蘇祿相繼崛起，在南海交通中起重要作用。

第六，西方在十六世紀進入南海之後，南海各國除中國外相繼淪爲殖民地。西方逐漸主導了南海的霸權。

2. 關於南海諸島的主權

第一，南海諸島的發現，得益於航道的開發。在隋朝之前，南海的航線是經過東京灣的沿岸航線，自然和南海諸島發現無關。到了隋唐之際，開發出從占城到廣州的直航（內溝航線），這才使發現西沙群島成爲可能。在宋代，開闢了到婆羅洲和菲律賓的航線，發現南沙群島成爲可能。

第二，最早發現西沙群島的人大概是阿拉伯人，但由於記錄的混亂和不準確，難以認定到底是不是南海諸島。占城是在記錄上最早發現西沙群島的國家，它大概也是最早發現南沙群島的國家。

第三，宋朝時代，中國最初從外國使節口里知道西沙和南沙。從宋到清，中國在很多地理書和航海書中都記敘了它們。但是長期以來中國對這些群島的認識都相當模糊和混亂，也沒有哪一部地理學著作明確提到它們屬中國，反而多部作品都指出「夷人」在這些區域活動。在中國政府描述其版圖的權威著作和地圖中都沒有把它們列入自己的版圖。在宋代到明初的擴張年代中，中國很可能有軍隊經過西沙群島一帶，但是這些對外擴張和宣威性的行動並不等同於統治和治理了西沙和南沙。中國漁民最晚可能在明朝開始就在西沙群島一帶捕魚，但是漁民捕魚屬私人性質的行爲，並不能說明中國政府對西沙群島的主權意圖。直到二十世紀之前，也沒有明確的資料能夠確認中國對西沙群島進行過治理，反而在十九世紀末，中國曾宣布西沙不是自己的領土。中國對南沙群島的主權更爲薄弱，大約在十九世紀中期中國漁民才到南沙活動，更談不上有任何政府治理的證據。

第四，越南在兼併占城之後，以阮主爲首的南方政權就通過官派的黃沙隊在西沙活動。到了十九世紀初期，阮朝政權更是明確地把西沙置於統治之下，並得到西方諸國的承認。中國也承認海南島以南不遠的地方是中越的海上交界。可是，越南在十九世紀中期遭受法國侵略之後，海上力量一蹶不振，喪失了對西沙的控制。大概到二十世紀初期，越南漁民才重新出現在西沙，但那時中國的漁民已經佔有絕對優勢。越南方面對南沙群島的主權證據則相對沒有這麼可靠。儘管越南對「北海」也有類似對黃沙的管轄，但是對越南文獻中的「北海」是否就是南沙群島，還有待更多的論證。

第五，菲律賓沒有提出對南沙群島的歷史依據。根據蘇祿蘇丹的後人的說法，蘇祿王國在鼎盛時期曾經統治過南沙，然而並沒有證據支持這一點。但有中國文獻顯示，在中國仍然視之爲鬼神之地的時候，汶萊或蘇祿的「蕃舶」已經出沒在其間。故它們對南沙也有一定歷史性權利。

第六，黃岩島最早爲菲律賓人所知和命名。西班牙殖民菲律賓之後，於十八世紀初對黃岩島進行詳細的調查，並對黃岩島實施了管轄。其名稱和多份地圖資料都能證明西班牙對它的主權。可是在美西戰爭後，黃岩島令人匪夷所思地被剔除在美國所繼承的領土之外。但直到二十世紀之前，沒有哪個國家在對黃岩島的主權問題上的份量能和菲律賓相提並論。

第七，現在南海諸島中只有東沙島無疑是中國的領土，但歷史上仍然存在中日東沙島爭議。在那之後，中國才確立對東沙島的主權。

綜上所述，在南海爭議沒有開始之前，南海諸島的地位問題是非常複雜的。在國際法上，它們多介於無主地或「放棄土地」之間。但這種「放棄土地」的狀態，並非出於相關國家的自願，而是殖民戰爭或者政權交接等不可抗拒的因素造成的，因此，屬於「情有可原」的範圍。如何去界定和平衡這些因素，是一個非常困難的問題。

這裡無意對南海和南海諸島的歸屬作一總結。主要原因是限於篇幅，本書沒有討論到二十世紀南海紛爭的歷史，而那段歷史對理解整個南海諸島的歸屬以及南海海域的劃分無疑也是非常重要的。與二十世紀前的歷史不同，二十世紀之後南海歷史的重點不再是「歷史性主權」，而是「法理」。在國際法的討論中，「歷史」與「法理」都是不可或缺的。有關南海現代史的內容會在筆者的另一本書中詳細討論。

徵引書目

1. 文獻資料

(1) 中國史料

一般性

《景印文淵閣四庫全書》，台灣商務印書館股份有限公司。

《續修四庫全書》，續修四庫全書，上海古籍出版社。

《二十四史》，北京，中華書局，1959。

《宋會要輯要》，徐松輯，北京，中華書局影印本，1957。

《清實錄》，北京，中華書局，1986。

《嘉慶大清一統志》，四部叢刊續編，上海商務印書局，1922。

《皇朝通典》，嵇璜等纂輯，四庫全書643卷。

《清會典圖》，北京，中華書局，1990。

《籌辦夷務始末》，文慶等纂輯，續修四庫全書，卷414-421。

《清季外交史料》，臺北，文海出版社，1963。

南海資料彙編

《中國南海諸群島彙編》，臺灣學生書局，1975。

《我國南海諸島史料彙編》，韓振華主編，北京，東方出版社，1988。

《西沙島東沙島成案彙編》，陳天賜，商務印書館，1928。

《中西交通史料彙編》，張星烺，臺北，世界書局，1962。

《外交部南海諸島檔案彙編》，外交部研究設計委員會編印，臺北，1995。

地理資料

張華《博物志》，叢書集成初編，長沙，商務印書館，1939。

吳永章輯《異物志輯佚校注》，廣東人民出版社，2010。

劉緯毅輯《漢唐方志輯佚》，北京圖書館出版社，1997。

汪文臺輯《七家後漢書》，臺北，文海出版社，1972。

許雲樵輯《康泰吳時外國傳輯注》，香港，東南亞研究所，1971。
周去非著，楊武泉校注，《嶺外代答校注》，北京，中華書局，1999。
趙汝適著，楊博文校釋，《諸蕃志較釋》，北京，中華書局，1996。
吳自牧《夢粱錄》，四庫全書，590卷。
王象之《輿地紀勝》，文選樓影宋鈔本。
汪大淵《島夷志略》，中國南海諸群島彙編。
周達觀《眞臘風土記》，四庫全書，594卷。
向達《兩種海道針經》，北京，中華書局，1961。
向達《西洋番國志，鄭和航海圖，兩種海道針經》，北京，中華書局，2000。
馮承鈞校註，《星槎勝覽校注》，台北，商務印書館，1962。
黃衷《海語》，中國南海諸群島彙編。
愼懋賞《四夷廣記》，《玄覽堂叢書續集》，臺北，國立中央圖書館，1985。
嚴從簡《殊域周咨錄》， 續修四庫全書，735卷。
梁廷枏《粵海關志》，續修四庫全書，835卷。
顧岕《海槎餘錄》，中國南海諸群島彙編。
章潢《圖書編》，臺北，成文出版社，1971。
張燮著，謝方點校，《東西洋考》，北京，中華書局，1981。
顧祖禹《讀史方輿紀要》，臺北，中華書局，1955。
顧炎武《天下郡國利病書》。
陳倫烱《海國聞見錄》，中國南海諸群島彙編。
馮承鈞注釋《海錄注》，北京，中華書局，1955年再印。
鄭光祖《一斑錄》，中國書店，海王擥古籍叢刊，1990翻印。
《安南志略．海外記事》，北京，中華書局，2000。
大汕廠翁《海外紀事》，續修四庫全書，744卷。
徐繼畬《瀛寰志略》，續修四庫全書，743卷。
魏源《海國圖志》，續修四庫全書，743卷。
陸玉林選注《使西記程——郭嵩燾集》，遼寧人民出版社，1994。
顏斯綜《南洋蠡測》，自王錫祺編《小方壺齋輿地從鈔再補篇六》，臺北，廣文書局，1964。
姚文枅《江防海防策》，自王錫祺編《小方壺齋輿地從鈔第九輯》，臺北，臺灣學生書局，1975。

方志

唐胄《正德瓊台志》，天一閣明代方志叢書，上海古籍圖書館影印，1965。
黃佐《廣東通志》，嘉靖本，香港，大東圖書公司影印版，1977。
郭裴《廣東通志》，萬曆版，早稻田大學掃描本。
郝玉麟《雍正廣東通志》，四庫全書，562卷。
阮元《廣東通志》，中華叢書廣東通志，臺北，臺灣書店，1959。
陳于宸《萬曆瓊州府志》，日本藏中國罕見地方誌叢刊，書目文獻出版社，1990。
蕭應植《乾隆瓊州府志》，續修四庫全書，676卷。
明誼《道光瓊州府志》，1890年刻印版線裝本。
胡端書、楊士錦《道光萬州志》，中山圖書館複製版，1958。
屈大均《廣東新語》，萬有書店印行本，北京，中華書局，1985。
乾隆版《崖州志》，故宮珍本叢刊，海南府州縣誌，第六冊，海南出版社，2000。
郭沫若點校，《崖州志》，廣州，廣東人民出版社，1962。
周凱《廈門志》，臺灣文獻叢刊第九十五種，臺灣銀行經濟研究室，1961。

其他

曾公亮《武經總要》，明萬曆金陵書林唐富春刊本，中國兵書集成（3-5冊），瀋陽，遼沈書社影印，1988。
嚴如熤《洋防輯要》，中國南海諸群島文獻彙編。
焦竑《國朝獻徵錄》，臺北，臺灣學生書局，1965。
方濬師《蕉軒隨錄》第八卷，中華書局，1995。
王鐵崖編《中外舊約章彙編》，北京，三聯書店，1982。
黃錚、蕭德浩《中越邊界歷史資料選編》，北京，社會科學文獻出版社，1993。

(2) 越南史料

《大南一統志》，東洋文庫版，印度支那研究會，東京，1941。

《大南寔錄》，慶應義塾大學語學研究所，東京，1961。

《洪德版圖》，Publication of the Institute of Historical Research, Saigon, 1962。

《關於越南對黃沙群島和長沙群島行駛主權的硃本選集》，*Tuyển tập các châu bản triều Nguyễn về thưc this chu quyền của Việt Nam trẻn hai Quần Đảo Hoàng Sa và Trường Sa , Collection of official documents of the Nguyen dynasty on the exercise of sovereignity of Vietnam in over Hoang Sa (Paracels) and Truong Sa (Spratlys) Archipelagoes = Collection des documents officiels de la dynastie des Nguyen prouvant la souveraintеté du Vietnam sur les archipels de Hoang Sa (Paracels) et de Truong Sa (Spratleys)*, Edited by Bộ Ngoại giao, Ủy ban Biên giới quốc gia, published by Hà Nội Nhà xuất bản Tri Thức, 2013。

黎貴惇《撫邊雜錄》Phu Biên Tập Lục, [Saigon] : Phủ Quôc vụ khanh đạc trách Văn hóa, 1972-73。

盛慶紱著，呂調陽注，《越南地輿圖說》，求忠堂藏板，1883。

(3) 西方史料

James Horsburgh, *India Directory, Or, Directions for Sailing to and from the East Indies, China, New Holland, Cape of Good Hope, Brazil, and the Interjacent Ports: Comp. Chiefly from Original Journals at the East India House, and from Observations and Remarks, Made During Twenty-one Years Experience Navigating in Those Seas*, published by London: W.H. Allen and Co. 2nd Edition (1815), 3rd Edition (1827).

The China Sea Directory, published by Hydrographic Office, Admiralty. 2nd Edition, 1879-84.

The China Sea Pilot, the coast of China from Pedro Blanco to the Amunyoku Kan (Yalu River), and the west coast of Korea, published by Hydrographic Office , Admiralty, 1st Edition, 1912.

The Voyage of Captain John Saris to Japan, 1613. Hakluyt Society, London, 1900.

Francois Froger, *A Journal of the First French Embassy to China*, 1698-1700, translated by Saxe Bannister, Thomas Cautley Newby, 1859.

Alexander Dalrymple, *A Collection of Charts and Memoirs, Memoir of a Chart of the China SEA*, 1771.

Nathaniel Bowditch, *The Improved Practical Navigator: Containing all Necessary Instruction for Determining the Latitude by Various Methods, and for Ascertaining the Longitude by Lunar Observations, in a Complete Epitome of Navigation,* London, James and John Hardy, 1809.

Gabriel Wright & William Herbert, *A New Nautical Directory for the East-India and China Navigation*, London, Gilbert, 1804.

James Horsburgh, *Memoirs*: *Comprising the Navigation to and from China, by the China Sea, and through the Various Straits and Channels in the Indian Archipelago; also the Navigation of Bombay Harbor*, London, 1805.

Li Tana, Anthony Reid: *Southern Vietnam under the Nguyen, Documents on the Economic History of Cochinchina (Dang Trong), 1602-1777.* Asean Economic Research Unit, Singapore, 1993.

Conrad Malte-brun, *Universal Geography or a Description of all the Parts of the World*, Philadelphia: Anhony Finley, 1827.

M. Dubois de Jancigny. "Annam, ou Empire Cochinchinois" *Japon, Indo-Chine, Ceylan*. Paris:Firmin Didot Frères, 1850.

Adriano Balbi, *Compendio di Geografia*, Torino,Giuseppe Pomba e Comp., Stamperia Baglione e Comp. 1840.

Lapicque, P. A., *A propos des iles Paracels*, Les Editions D'extreme-Asie, Saigon, 1929.

Jean-Baptiste Chaigneau, *le Memoire sur la Cochinchine*, Extrait du Bulletin des Amis du Vieux Hue, 1923 reprint.

John Crawfurd, *Journal of an Embassy from the Governor-General of India to the Courts of Siam and Cochin China*, London, Henry Colburn and

Richard Bentley, 1930 reprint.

Jean-Louis Taberd, Notes on the Geography of Cochin China, *The Journal of the Asiatic Society of Bengal*, Vol.6, 1837, p.737-745.

Jean-Louis Taberd, Additional Notice on the Geography of Cochinchina, *The Journal of The Asiatic Society of Bengal*, 1838, pp.317-324.

Gutzlaff, Geography of Cochin-China Empire, *The Journal of the Royal Geographical Society of London*, Vol.19, 1849, p.93.

(4) 阿拉伯史料

阿拉伯波斯突厥人東方文獻輯注，【法】費瑯 輯注，耿昇、穆根來翻譯，北京，中華書局，1989。

(5) 古地圖資料

廣東圖說，桂文燦纂，同治間刊本，中國方志叢書106，臺北，成文出版社，1967。

廣東輿地圖說，中國方志叢書107號，成文出版社，1967。

廣東輿地全圖，中國方志叢書108號，成文出版社，1967。

廣輿圖，中國輿地叢書之九，臺北，學海出版社，1969年影印版。

歷代輿地沿革險要圖，楊守敬、饒郭秩，光緒五年東湖饒氏開雕版，1879。

廣東圖，廣州鎔經鑄史齋印行，1866年線裝本。

中國古代地圖集（三卷本）曹婉如主編，北京，文物出版社，1990。

中國古地圖珍品選集，中國測繪科學研究院編纂，哈爾濱地圖出版社，1998。

地圖中國，周敏民主編，香港大學圖書館，2003。

Armando Cortesão et. al., *Portugaliae Monumenta Cartographica*, Lisboa: Imprensa Nacional Casa da Moeda, 1960.

Thomas Suarez, Early Mapping of Southeast Asia, Periplus, 1999.

Horsburgh, James, China Sea Sheet 1st. 1815. MAP RM 2843.

Edgardo Angara, Mapping the Philippines the Spanish period, Quezon City, Philippines, Rural Empowerment Assistance and Development Foundation, 2009.

2. 近人述著

(1) 中國專著

《南海諸島地理誌略》，鄭資約，上海，商務印書局，1947。

《南海諸島地名資料彙編》，廣東省地名委員會編，廣東省地圖出版社，1987。

《南海諸島》，曾昭璇，廣東人民出版社，1986。

《中國南海疆域研究》，李金明，福建人民出版社，1999。

《南海爭端與國際海洋法》，李金明，北京，海洋出版社，2003。

《南海波濤——東南亞國家與南海問題》，李金明，江西高校出版社，2005。

《南海諸島史地論證》，韓振華，香港大學亞洲研究中心，2003。

《南海諸島史地考證論集》，韓振華主編，北京，中國書局，1981。

《南海諸島地理歷史主權》，呂一燃主編，黑龍江教育出版社，1988。

《中國海疆歷史與現狀研究》，呂一燃主編，黑龍江教育出版社，1995。

《南中國海研究：歷史與現狀》，李國強，黑龍江教育出版社，2003。

《晚清時期中國南海疆域研究》，郭淵，黑龍江教育出版社，2010。

《中國海疆通史》，張煒、方乂，鄭州，中州古籍出版社，2003。

《南海法律地位之研究》，傅崐成，臺北，123資訊，1995。

《南海諸島領土爭端之經緯與法理》，俞寬賜，臺北，國立編譯館，1990。

《釣魚臺是誰的——釣魚臺的歷史與法理》，黎蝸藤，臺北，五南出版社，2014。

《釣魚島列嶼之歷史與法理研究（增訂本）》，鄭海麟，北京，中華書局，2007。

《日本國竊土源流釣魚列嶼主權辯》，鞠德源，北京，首都師範大學出版社，2001。

(2) 西方專著

Dieter Heinzig, *Disputed Islands in the South China Sea*, Hamburg: Otto Harrassowitz, Wiesbaden, 1976.

Marwyn S. Samuel, *Contest for the South China Sea*, New York and London: Methen & Co. 1982.

Robert Catley & Makmur Keliat, *Spratlys: The Dispute in the South China Sea*, Dartmouth: Ashgate Publishing, 1997.

Monique Chemilier-Gendreau, *Sovereignty over the Paracel and Spratly Islands*, Hague: Kluwer Law International, 2000.

Bill Hayton, *The South China Sea: The Struggle for Power in Asia*, New Haven and London: Yale University Press, 2014.

David Hancox & Victor Prescott, *A Geographical Description of the Spratly Islands and an Account of Hydrographic Surveys Amongst Those Islands*, Maritime Briefing Vol.1 No.6, International Boundaries Research Unit, 1995.

(3) 越南專著

《黃沙和長沙特考》，阮雅等著，戴可來譯，北京，商務印書館，1978。

《越南關於西南沙群島問題文件資料彙編》，戴可來、童力編譯，編譯，1991。

The Hoang Sa and Truong Sa Archipelagoes (Paracels and Spratly), Dossier, Published by Vietnam Courier, I (1981), II (1985).

BIỂN ĐẢO VIỆT NAM – HOÀNG SA TRƯỜNG SA: HỎI VÀ ĐÁP, by Trần Nam Tiến, Nhà Xuất Bản Trẻ, 2011.

B*IỂN ĐẢO VIỆT NAM – BẰNG CHỨNG LỊCH SỬ VÀ CƠ SỞ PHÁP LÝ: HOÀNG SA TRƯỜNG SA LÀ CỦA VIỆT NAM*, Nhà Xuất Bản Trẻ, 2011

lưu văn lợi, *The Sino-Vietnamese Difference on the Hoang Sa and Truong Sa Archipelagoes*, Hanoi : The Gioi publishers, 1996.

Nguyen Q. Thang, *The Hoang Sa and Truong Sa Archipelagoes Part of Viet-*

nam's Territory, From the Standpoint of International Law, translated by Ngoc Bach, Ho Chi Minh City General Publishing House, 2013.

Tran Cong Trug (Edited) (translated by Pham Xuan Huy), *Evidence of Vietnam's Sovereignty on the Bien Dong Sea*, Ha Noi: Information and Communications Publishing House, 2014.

(4) 日本專著

《南海諸島國際紛爭史，研究・資料・年表》，浦野起央，東京，刀水書房，1997。

(5) 交通史專著

Wang Gungwu （王賡武）, *The Nanhai Trade: Early Chinese Trade in the South China Sea*, Singapore: Time Academic Press,1998.

Kenneth R. Hall, *A History of Early Southeast Asia: Maritime Trade and Social Development, 100-1500*, Washington DC: Rowman & Littlefield Publishers, 2011.

George F. Hourani, *Arab Seafaring: In the Indian Ocean in Ancient and Early Medieval Times*，Princeton Press, 1995.

《中國南洋交通史》，馮承鈞，商務印書館1937年版，上海書店，1984年再印。

《昆侖及南海古代航行考》，費朗著，馮承均譯，北京，中華書局，2002年再印。

《交廣印度兩道考》，【法】伯希和（Paul Pelliot）著，馮承鈞譯，北京，商務印書館，1962再印。

《我國的古代海上交通》，章巽，北京，商務印書館，1986。

《中國海外交通史》，陳高華、陳尚勝，臺北，文津出版，1997。

《海上絲綢之路與中外文化交流》，陳炎，北京，北京大學出版社，1996。

《蒲壽庚考》，桑原騭藏，陳裕青譯，中華書局，1954。

《泰國古代史地叢考》，【泰】黎道剛，北京，中華書局，2000。

《南海鉤沉錄》，蘇繼卿，臺北，商務印書館，1982。

《古代南洋史地叢考》，姚枏，許鈺編譯，香港商務印書館，1958 。
《中國科學發展史·天文學卷》，陳美東北京，科學出版社，2003。
《郭守敬評傳》，陳美東南京大學出版社，2003。

(6) 一般歷史

《百越民族發展演變史》，王文光、李曉斌，北京，民族出版社，2007。
《越國史稿》，孟文庸，北京，中國社會科學出版社，2010。
《古南越國史》，余天熾等，廣西人民出版社，1988。
《越南古代史》，陶維英，北京，商務印書局，1976。
《北屬時期的越南》，呂士朋，香港，東南亞研究室，1964。
《中國近代邊界史》，呂一燃主編，四川人民出版社，2007。
《東南亞華僑史》，朱傑勤，北京，高等教育出版社，1990。
《中國南方民族史》，王文光，北京，民族出版社，1999。
《統一與分裂—中國歷史的啓示（增訂版）》，葛劍雄，北京，中華書局，2008。
《何爲中國》，葛兆光，香港，牛津大學出版社，2014。
《中法外交關係史考》，張雁深，史哲研究社，1950。
James Francis Warren, *The Sulu Zone, 1768-1898*, National University of Singapore, 2007.
Nicholas Tarling, *Chambridge History of Southeast Asia*, Vol.1, Cambridge University Press, 1992.

(7) 國際法

《中華民國的領海及其相關制度》，黃剛，臺北，臺灣商務印書館，1973。
《海洋法問題研究》，趙海理，北京大學出版社，1996。
《東南亞各國海域法律及條約彙編》，陳鴻瑜，國立暨南國際大學東南亞研究中心，1997。

(8) 網站資料

《南溟網》，陳佳榮，謝方《古代南海地名匯釋》，北京，中華書局，1984。數字版見南溟網http://www.world10k.com/blog/?p=1916.

《外交部專題》，中華人民共和國外交部南海專題，http://www.mfa.gov.cn/mfa_chn/ziliao_611306/zt_611380/ywzt_611452/wzzt_611670/2305_611918/

Atlas of Mutual Heritage（http://www.atlasofmutualheritage.nl）

David Rumsey Heritage（www.davidrumsey.com）

3. 論文

(1) 中文

包春磊〈「華光礁Ⅰ號」南宋沉船的發現與保護〉，《大眾考古》2014年01期。

陳鴻瑜〈早期南海航路與島礁之發現〉，《國立政治大學厤史學報》，第39期，2013年5月。

陳佳榮〈朱應、康泰出使扶南和《吳時外國傳》考略〉，《中央民族學院學報》，1978年04期。

陳仲玉〈論中國人向南海海域發展的四個階段〉，《國立中央圖書館臺灣分館館刊》，第四卷，第四期。

覃主元〈先秦時期嶺南越人的航海活動與對外關係〉，張一平等編《百越研究（第三輯）》，廣州，暨南大學出版社，2012，237-245頁。

黃金森〈南海黃岩島的一些地質特徵〉，《海洋學報》，1980年第二卷第二期。

黃現璠、韋秋明〈試論百越和百濮的異同〉，《思想戰線》，1982年第一期。

黃盛璋〈南海諸島歷來是中國領土的歷史證據〉，《東南文化》1996年第4期總第114期。

姜紅明、唐文彰〈黃岩島主權辨析〉，《社科縱橫》，2012年9月，總第27卷第9期，52頁。

鞠海龍〈論清末和民國時期我國相關史料在解決南中國海爭端方面的價值〉，《史學集刊》，2003年，第1期。

李德元〈論中國近代海疆觀念的形成〉，《廈門大學學報（哲學社會科學版）》，2014年，第3期。

李德元〈海疆迷失：對中國傳統海疆觀念的反思〉，《廈門大學學報（哲學社會科學版）》，2006年，第2期。

李幹芬〈論百越民族與壯侗語族諸民族的關係——兼論京族的族源問題〉，《西南民族研究集刊》，第6期，41頁。

李恭忠、李霞〈倭寇記憶與中國海權觀念的演進——從籌海圖編到洋防輯要的考察〉，《江海學刊》，2007年，第3期。

李輝、金力〈重建東亞人類的族譜〉，《科學人中文版》2008年8月，78期，35頁。

李金明〈南海諸島實地研究札記〉，《中國邊疆史地研究》，1995年第1期，21頁。

李金明〈元代《四海測驗》中的南海〉，《中國邊疆史地研究》，1996年第4期，35頁。

李金明〈中法勘界鬥爭與北部灣海域劃界〉，《南洋問題研究》，2000年第2期。

李金明〈從歷史與國際海洋法看黃岩島的主權歸屬〉，《中國邊疆史地研究》，2001年第4期，71頁。

李金明〈《鄭和航海圖》中的南海諸島〉，自《「鄭和與海洋」學術研討會論文集》。

厲國青〈我國地理經度概念的提出〉，《科學史文集》，1980年第6輯。

厲國清、鈕仲勳〈郭守敬南海測量考〉，《地理研究》，1982年第1卷第1期，79-85頁。

廖大珂〈關於中琉關係中釣魚島的若干問題〉，《南洋問題研究》，2013年第1期。

林若雩〈東協與中國達成《南海行動宣言》的意涵與台灣的因應之道〉，《新世紀智庫論壇》，55期，2011。

羅香林〈古代百越民族分布考〉，中南民族學院民族研究所編《南方民族史論文選集》，1982，32頁。
呂一燃〈日商西澤吉次掠奪東沙群島資源與中日交涉〉，《中國邊疆史地研究》，1994年第3期。
馬勇〈東南亞與海上絲綢之路〉，《雲南社會科學》2001年第6期，77-81頁。
鈕仲勳〈元代四海測驗中南海觀測站地理位置考辨〉，《中國邊疆史地研究》，1998年第2期，第8頁。
沈固朝〈關於北部灣的歷史性水域〉，《中國邊疆史地研究》，2000，第10卷，第4期，44-59頁。
孫小淳〈從「里差」看地球、地理經度概念之傳入中國〉，《自然科學史研究》，17卷第4期，304頁。
童傑〈嘉靖大倭寇成因新探〉，《中國社會歷史評論》，2011年第12卷。
徐泓〈鄭和下西洋目的與性質研究的回顧〉，《東吳歷史學報》，2006年，第16期。
王濤〈從「牛角Paracel」轉爲「西沙群島Paracel」〉，南京大學學報《哲學人文科學社會科學》，2014年第5期。
王宏斌〈清代內外洋劃分及其管轄問題研究〉，《近代史研究》，2015年第3期，67-89頁。
許盤清、曹樹基〈西沙群島主權：圍繞帕拉塞爾（Paracel）的爭論〉，《南京大學學報（哲學人文科學社會科學）》，2014年第5期。
許永傑、範伊然〈中國南海諸島考古述要〉，《江漢考古》，2012年1月。
曾昭璇〈中國古代南海諸島文獻初步分析〉，《中國歷史地理論叢》，1991年第1期，133-160頁。
曾昭璇〈元代南海測驗在林邑考——郭守敬未到中、西沙測量緯度〉，《歷史研究》，1990年第5期，137頁。
曾昭璇、曾憲珊〈清順風得利（王國昌抄本）更路簿研究〉，《中國邊疆史地研究》，1996年第一期，86頁。
張朔文〈海南疍民問題再研究〉，自張一平等主編《百越研究》，廣州，暨南大學出版社，2011年，378-389頁。

(2) 英文

François-Xavier Bonnet, *Geopolitics of Scarborough Shoal*, Irasec's Discussion Papers #14, 2012.

Susanna Fisher, The Organisation of Hydrographic Information for English Navigators – Five Hundred Years of Sailing Directions and Charts. *The Journal of Navigation* (2011), Vol.54, No.2, 157-166.

Hui, et.al, Mitochondrial DNA Diversity and Population Differentiation in Southern East Asia, 2007, American Joumal of Phycical *Anthropology*, 134:481–488.

Pierre-Yves Manguin, The Southeast Asian Ship: An Historical Approach, *Journal of Southeast Asian Studies*, Vol. 11, No. 2 (Sep., 1980), pp. 266-276.

Geoffrey Marston, Abandonment of Territorial Claims: the Cases of Bouvet and Spratly Islands, *British Year Book of International Law*, Vol.57,337-356.

Chris P.C. Chung, *Since Time Immemorial: China's Historical Claim in the South China Sea.* Thesis submitted to the Department of History, University of Calgary, 2013.

附錄一　中國的南海政策宜調整

這幾年，中國在南海步伐之大令人吃驚，先是控制黃岩島，再是封鎖仁愛礁，又在極具爭議的西沙群島海域搞探鑽平台，還規定了南海休漁線。當然，最大的衝擊還是最近一年大規模的造島。這些舉動，加上中國在南海問題上不願意接受國際法仲裁以及海軍軍力的急速增長等，引起鄰國和相關國家的重重憂慮。諸多國際媒體都分析，中國完成造島工程之後，下一個目標就是宣告南海防空識別區，再下一個目標就是實際控制整個南海。這無疑是各國所無法接受的。在美國「亞洲再平衡」戰略下，於是又有各種例如讓日本加入南海巡航、美軍重返菲律賓、邀請美軍進駐中業島，甚至美越聯手等等眞眞假假的傳聞。一時間，甚至已經有南海是否會爆發中美軍事衝突的分析。局勢的發展令人擔憂。

南海問題分爲三個層次：領土爭議、海洋劃界和航海自由。

從國際的視線看來，南海諸島（西沙群島、南沙群島和黃岩島）都是有爭議的領土，衡量各種因素，各國都不乏一定的理由。中國在1929年已經簽署了非戰公約，接受不以戰爭作爲解決國際紛爭的手段的原則，聯合國憲章更把它作爲最基本的原則之一。南海爭議各方目前所佔有的島嶼，特別是通過戰爭得到的島嶼，在國際法上都是無效的，最終歸屬必須通過國際法或和平而平等的談判去決定。

根據陸地確定海洋的原則，在解決領土歸屬之後，只要遵守國際海洋法公約以及持互相體諒的原則，南海劃界並沒有本質上的困難。即便在領土歸屬尚未解決的情況下，達成不涉及爭議領土的海域的劃分也並非不可行。

南海自古以來就是國際公海。早在中國聲稱對南海諸島的主權前，各國已經不受限制地在南海自由航行兩千年了。南海的航海自由既是國際社會享有的歷史性權利，也早被國際海洋法公約所明確支持。這種權利，不應該被單方面剝奪。

本來，這些都是很明確的原則，但是最爲棘手的問題就是中國的九段線，它覆蓋的範圍大大超過了國際法的規定。九段線是1947年蔣介石政府地圖開疆的結果，從種種史料看，當時劃上這麼一條線的唯一目的就是確定「接收」領土的範圍，所以它只是一條島嶼歸屬線。在之前和之後的一系列法律條文和實踐中無不符合這種理解。在1990年代之前，也沒有出現爭議。如果一直是這麼理解，那麼現在也不應該成爲一個問題。可是九〇年代時，台灣政府率先提出了九段線內是歷史性水域的觀點，頓時引來各國的爭議，甚至台灣參與討論的學者也多不支持這個說法。後來在各方壓力之下，台灣改爲了歷史性權益這個較爲低一些的要求。與此同時，由於國際海洋法公約的生效，部分大陸的專家也開始試圖用歷史性水域、歷史性權益，甚至領海線之類的理論去論證九段線。中國政府則模糊其辭。其目的，無非就是希望通過九段線取得海洋法公約一般性規定以外的權益。但從各種證據來看，那些論證都是站不住腳的。同時，在道義上也是落在下風的。

就海洋劃界而言，專屬經濟區和大陸棚都是二戰後國際社會賦予沿岸國的權益。從原先理論上說，除了領海之外的海域都屬於國際公有的財產；從現實的角度看，各個海洋科技強國實際佔有了這些資源。舉個例子，當時有幾個國家能夠有能力在海底產油呢？如果沒有這些規定，海底油田不就給美英等強國瓜分了嗎？所以，國際海洋法，如同一切法律一樣，是對弱者，即第三世界弱國的保護。中國當時是深度參與而且熱切支持的。現在的做法有違當初的正義立場，損害鄰國的正當權利。

就航海自由而言，中國企圖限制國際社會在歷史上一直擁有的在南海的航海自由權利，既違法律和道理，也和中國要成爲海洋大國的志向相悖。試想，如果中國限制了各國南海的航海自由，那麼日本也有道理限制中國通過琉球群島島鏈進出太平洋的自由，印尼和新加坡也有道理限制中國通過馬六甲海峽的自由。那麼要成爲海洋大國不是一個笑話嗎？當然，中國慣於使用「中國邏輯」，但這種邏輯在中國國內行得通，在國際恐難服眾。

依國際法而行　塑造正面形象

目前，中國大力推行一帶一路戰略，向國際社會表達了共同繁榮的願望，這無疑是值得讚揚的。但中國在南海的政策，可能受到民族主義的影響，卻和這個總體戰略相違背。中國不能一方面說要和東南亞打造命運共同體，一方面罔顧鄰國的合法利益；不能一方面要和世界互聯互通，一方面又在海上畫地為牢。中國在南海問題上，放棄過分的主張，依照國際法而行，看似有所損失，實際上卻塑造了正面的形象，改善和各國的關係，甚至根除了核心的矛盾，爲中國領導世界創造有利的條件，實際上是丟了芝麻撿了西瓜。中國常指責美國挑撥，但如果中國和各鄰國本無矛盾，美國又如何能「挑撥」呢？

2015年5月中，美國務卿克里訪華時將直接向中國提出這個問題，讓中國「徹底明白」美國對南海的航海自由的態度。但如果中國不明白得失的道理，很難對克里之行抱有希望。其實，無論中國、美國還是東南亞各國的人民，無不希望南海能夠安定繁榮。中國既要維護合法的利益，也不能罔顧他國的利益。在南海政策上表明態度，調整策略，方爲上策。

（《明報》觀點，2015年5月15日）

附錄二　南海現代歷史概述

近現代，南海周邊國家政治變動頻繁，其政權演變與國家傳承關係請參閱附錄三，表二（526頁）。進入二十世紀之後，日本成爲了一個舉足輕重的南海爭端國。二十世紀初，中日進行了東沙島主權問題的談判，這是南海領土出現爭議的開始。日本一個商人在東沙島上開發燐礦和海產，驅逐了在當地的中國漁民。在事發幾乎兩年之後，中國政府對東沙島實地考察，知曉狀況，於是和日本政府談判。最後，日本承認了中國對東沙島的主權。日本一開始對南海諸島的態度，主要在燐礦和海產的利益，對主權問題和軍事戰略問題並不特別關心，這也是日本爲何輕易放棄對東沙島主權的原因之一。

東沙島的爭議引起了中國政府對南海諸島的重視。1909年，中國政府派人在西沙群島宣示主權，那也是中國第一次宣布對西沙群島的主權。法國當時並不了解越南歷史上和西沙群島的關係，而安南（越南）的外交權又在法國。法國雖也是利益相關國，但是出於對中國民族主義的忌憚，採取沉默的態度。1921年，中國南方政府把西沙群島劃歸崖縣管轄，同時又開始招商。在1920年代多次批出對西沙群島的開發權。1925年，安南大臣向法國殖民地政府提出了越南對西沙的歷史性權利后，法國開始重新考慮對西沙的態度，最後在1931年向中國正式提出西沙屬於越南，開啓了中越（法）之間長期的西沙問題爭議。1938年，法國軍事佔領了西沙群島。

儘管從晚清開始有中國漁民赴南沙群島捕魚，但在二十世紀三〇年代之前，中國疆域並不包括南沙。日本商人在二十世紀初期開始在南沙群島的幾個島嶼上大規模開發燐礦資源。日本政府認爲該處是無主地，批出經營權。但是就在日本政府準備進一步宣布主權的時候，經濟危機爆發，開發的商人退出南沙，於是日本政府的行動被擱置。當時英法都擔心日本在南海勢力的擴張，在英國的暗中鼓勵下，法國趁日本人撤離之機，在1930年宣示了對南沙的主權，並在1933年再次在南沙宣示主權並刊登憲報。這引起了日本和中國的不滿。日本向法國提出抗議，並開始了外交交涉。而中國政府，在國民激烈反應下，儘管沒有如日本一樣以外交渠道提出抗議和交涉，但在1935年卻通過「地圖開疆」，把南海諸島都納入了中國的範圍。

黃岩島（其實只是幾塊礁石）在二十世紀初並沒有在條約中被明確地隨菲律賓一起被西班牙割讓給美國。在1935年，中國地圖開疆的過程中把黃岩島划爲自己的領土。但美國和菲律賓對此一無所知，在1940年初由於準備對抗日本而在內部討論要把黃岩島正式劃入菲律賓領土之中。

這些歷程都被二次大戰所打斷。日本相繼佔領了南海諸島：南沙群島被劃爲臺灣管轄，黃岩島劃歸菲律賓，西沙群島在1945年驅趕法軍后，大概由於時間短暫沒有明確的劃分。二戰後，法國率先重新宣示對南沙和西沙的主權。但中國在1946年派軍駐扎在西沙和南沙，而法國隨後在西沙西部也派駐軍隊，後法軍爲越南警察所代替。中越雙方開始在西沙對峙。但在1950年，國民黨在大陸失敗後，撤回了西沙和南沙的駐軍。新獨立的菲律賓在1946年也主張對南沙群島的主權。惟《開羅宣言》未提及南海諸島，而戰後的《舊金山和約》僅僅規定日本放棄西沙群島和南沙群島，而沒有確定其歸屬。故在二戰後，南海諸島的法律地位未明確。當時西沙群島僅有越南軍隊駐扎（但中越都聲稱主權），南沙群島事實上成爲無人島（但中越菲都聲稱主權），而黃岩島成爲美軍的靶場（但中國聲稱主權）。中國在1947年的第二次地圖開疆中在南海劃上一條U形斷續線，1950年代初大陸把這條線大致固定爲九段線的畫法，其意義在日後帶來爭議。

1950年代，在人道王國的啓發下，菲律賓鼓勵克洛馬以「自由地」的名義對南沙進行佔領。臺灣對此進行反擊，並在1956年重返南沙群島，而越南共和國也派軍在南威島宣示主權。當時，英法兩國都實際退出了南海爭議，但沒有聲明放棄對南沙的主權要求。1958年，中國（北京）宣布了領海主張，繼續聲稱擁有西沙和南沙的主權。北越贊成中國的領海主張，但這是否表示贊成中國對西沙和南沙的主權，以及這種贊成有沒有國際法效力，都具爭議，因爲只有越南共和國才是在法律上和實際上的西沙和南沙利益相關方。

1960年代，南海發現石油資源，引起了新一輪的南海爭奪戰。菲律賓頒布了領海法，把黃岩島和南沙群島都劃在其大陸棚上，在1970年代初更出兵佔領了南沙的中業島等若干島嶼。中國在1974年通過戰爭奪取了越南共和國控制的西沙群島西部，從而佔領了整個西沙群島，而失敗的越南共和國則派兵佔領了南威島等南沙島嶼。這期間北越的態度開始變得曖昧。在1976年，越南統一，新越南繼承了越南共和國對西沙和南沙的主張和對南沙的控制，中越開始論戰。1988年，中國在海戰中擊敗越南，佔領了南沙的幾個礁石。從此，中國（北京）也進入了南沙群島。1960年代馬來西亞獨立後，也把南沙群島的部分島礁劃在自己的大陸棚上，開始進行石油開發。1984年汶萊獨立後，也主張南海部分大陸棚，聲稱對其中一個礁石擁有主權。於是南沙群島變爲五國（中越菲馬汶）六方（加上臺灣）執政，如果算上海域，則印尼也有部分海域和中國九段線重疊。

1990年代，《國際海洋法公約》生效。各方加緊對南海諸島的控制，引起一系列低烈度的衝突，尤其以萬安灘之爭（中越）、兩次美濟礁之爭、黃岩島之爭和仁愛礁之爭（中菲）爲激烈。但大體上這些衝突都得到控制，中國提出了「擱置爭議共同開發」的政策，東盟則加速以一個整體和中國相抗衡。最後在2002年，各方達成無約束力的《南海各方行爲宣言》，規定了在南海維持現狀的大原則。

但是這個原則僅僅維持了十年左右。九〇年代開始，中國有把九段線擴大解釋爲「歷史性水域」之勢，九段線的爭議開始成爲南海問題的核心。中國既不願通過國際法庭解決南海問題，又在南海通過脅迫企圖造成新的現狀（status quo）。在2012年，中菲發生黃岩島對峙，中國奪得黃岩島的控制權，突破了《宣言》的協議。之後一系列的衝突，特別是中菲封鎖仁愛礁事件、中越西沙之爭和中國大規模造島事件都進一步激化了南海問題。此外，中美在南海發生軍事摩擦，如無瑕號事件和考本斯號事件，伴隨著美國的亞太再平衡戰略以及日本可能的軍事重返南海，南海的緊張氣氛加劇。目前南海處於多方角力之中，現在還看不到解決之道。

（有關南海現代歷史，請參閱黎蝸藤著，《從地圖開疆到人工造島——南海百年紛爭史》，五南出版社，2017。）

附錄三　南海國家的傳承關係

表一　古代國家的傳承關係

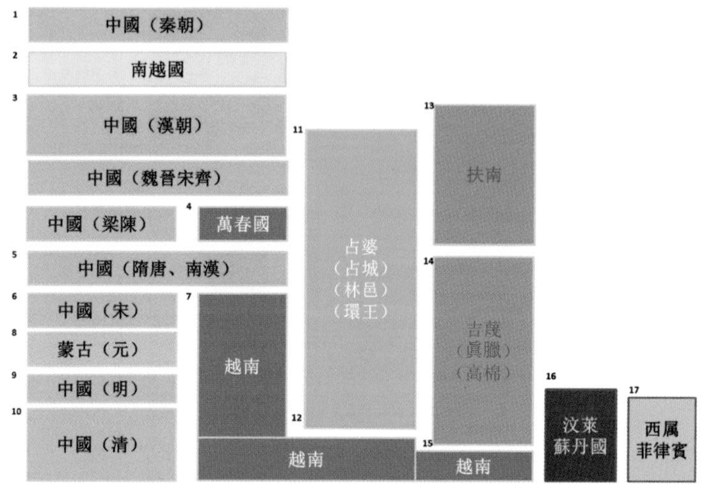

南海權利繼承關係（古代）

1. 公元前214年，秦攻滅嶺南百越。
2. 公元前207年，南越國獨立。
3. 公元前111年，漢朝滅南越國。
4. 544年，萬春國獨立。
5. 601年，隋朝滅萬春國。
6. 968年，大越從南漢獨立。
7. 971年，南漢為宋朝所滅。
8. 1279年，蒙古（元）滅宋。
9. 1368年，明朝驅逐蒙古出中國。
10. 1644年，清朝取代明朝。
11. 192年，占婆建國。
12. 1692年，越南滅占婆。
13. 公元1世紀，扶南建國。
14. 550年，扶南成為吉蔑（眞臘）屬國。628年為吉蔑最後滅國。
15. 18世紀，越南奪取吉蔑（高棉）所屬的湄公河三角洲一帶（後來的交趾支那）。
16. 15世紀，汶萊蘇丹國建國。
17. 1457年，蘇祿蘇丹國建國。
18. 1571年，西班牙征服菲律賓北部和中部，成立西屬菲律賓。

表二　近代國家的傳承關係

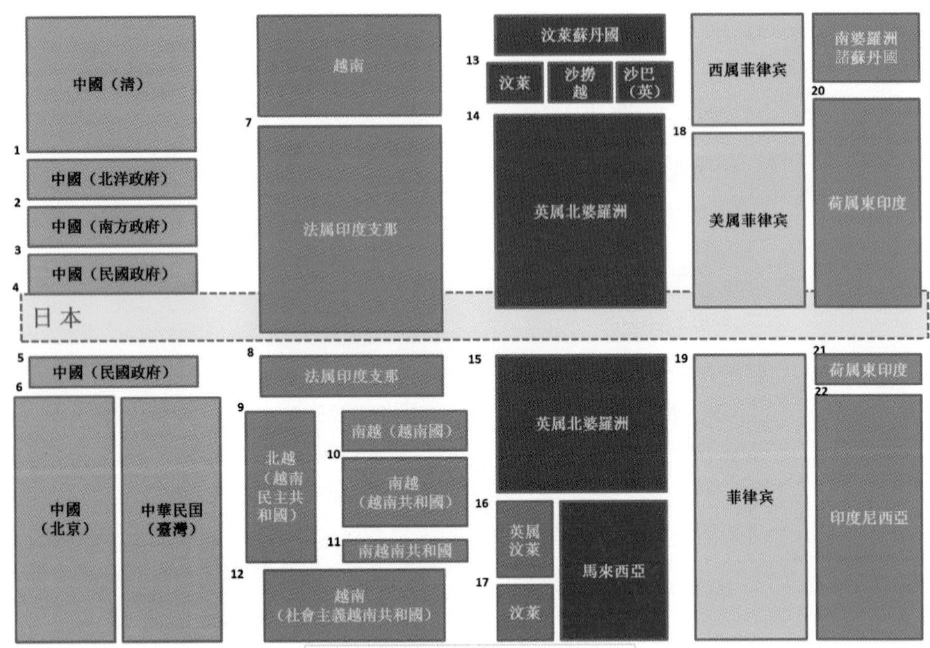

南海權利繼承關係（近現代）

1. 1911年，中華民國取代清朝。
2. 1917年，南方政府成立。
3. 1927年，南方政府北伐成功，統一中國。
4. 1937年，日本全面侵華。1942年，發動太平洋戰爭，陸續佔領南海沿岸諸國。1945年，日本戰敗。日本對南海的權利基於侵略，故不正當，戰後放棄。用虛線外框表示。
5. 1945年，中華民國恢復對全中國的控制。
6. 1949年，中國共產黨擊敗國民黨，國民黨敗退臺灣。中國同時存在北京與臺北兩個政權。
7. 1885年，法國把越南變為受保護國。
8. 1946年，法國恢復印度支那殖民地。
9. 1954年，根據《日內瓦協議》，法國退出越南。越南以北緯17度分為北越與南越。在海洋權利方面，其聲稱的西沙與南沙歸南越，其聲稱的北部灣歸北越。
10. 1955年，越南共和國取代越南國，獲得南越政權。
11. 1975年，越南共和國被越南南方民族解放陣線和北越攻滅，越南南方成立南越南共和國。
12. 1976年，南越與北越合併，成立社會主義越南共和國。
13. 文萊蘇丹國在19世紀中葉開始逐漸割讓土地，分別成立沙撈越和英屬沙巴。
14. 1888年，英國和汶萊、沙撈越和沙巴簽訂協議，把它們變為自己的被保護國。英屬北婆羅洲成立。
15. 1945年，英國恢復英屬北婆羅洲。
16. 1967年，沙撈越和沙巴獨立，不久與馬來亞及新加坡組成馬來西亞聯邦。文萊繼續是英屬海外領土。
17. 1984年，汶萊獨立。
18. 1998年，美西戰爭中西班牙戰敗，割讓菲律賓予美國，西屬菲律賓成為美屬菲律賓。
19. 1946年，菲律賓獨立。
20. 19世紀中到19世紀末，荷蘭逐步吞併南婆羅洲諸蘇丹國，整合到荷屬東印度。
21. 1945年，荷蘭企圖恢復在荷屬東印度統治，與獨立勢力開戰。
22. 1949年，荷蘭承認印度尼西亞獨立。

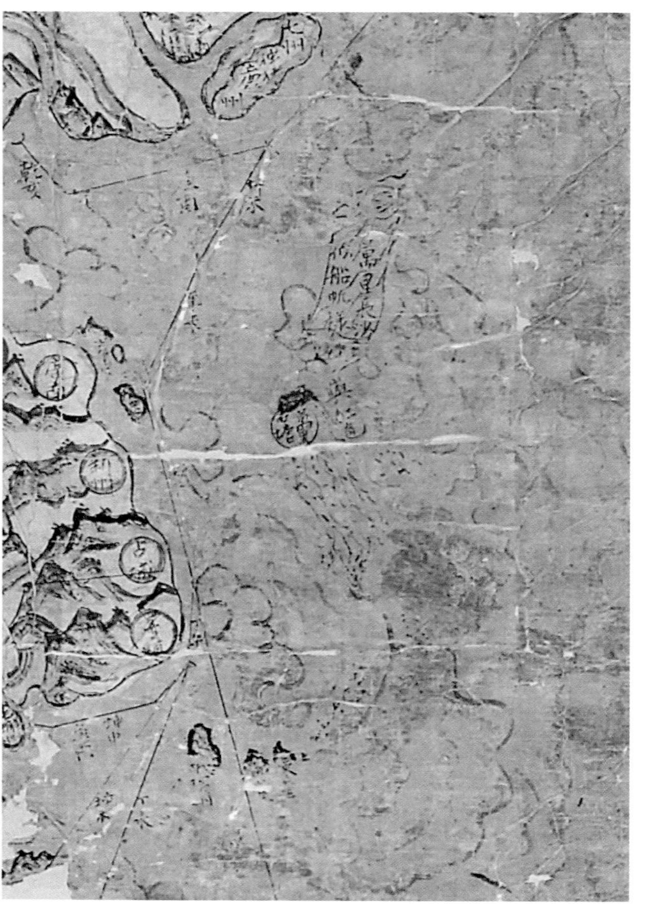

The Selden Map of China左，全圖；右，左圖方框處放大，顯示萬里長沙和萬里石塘

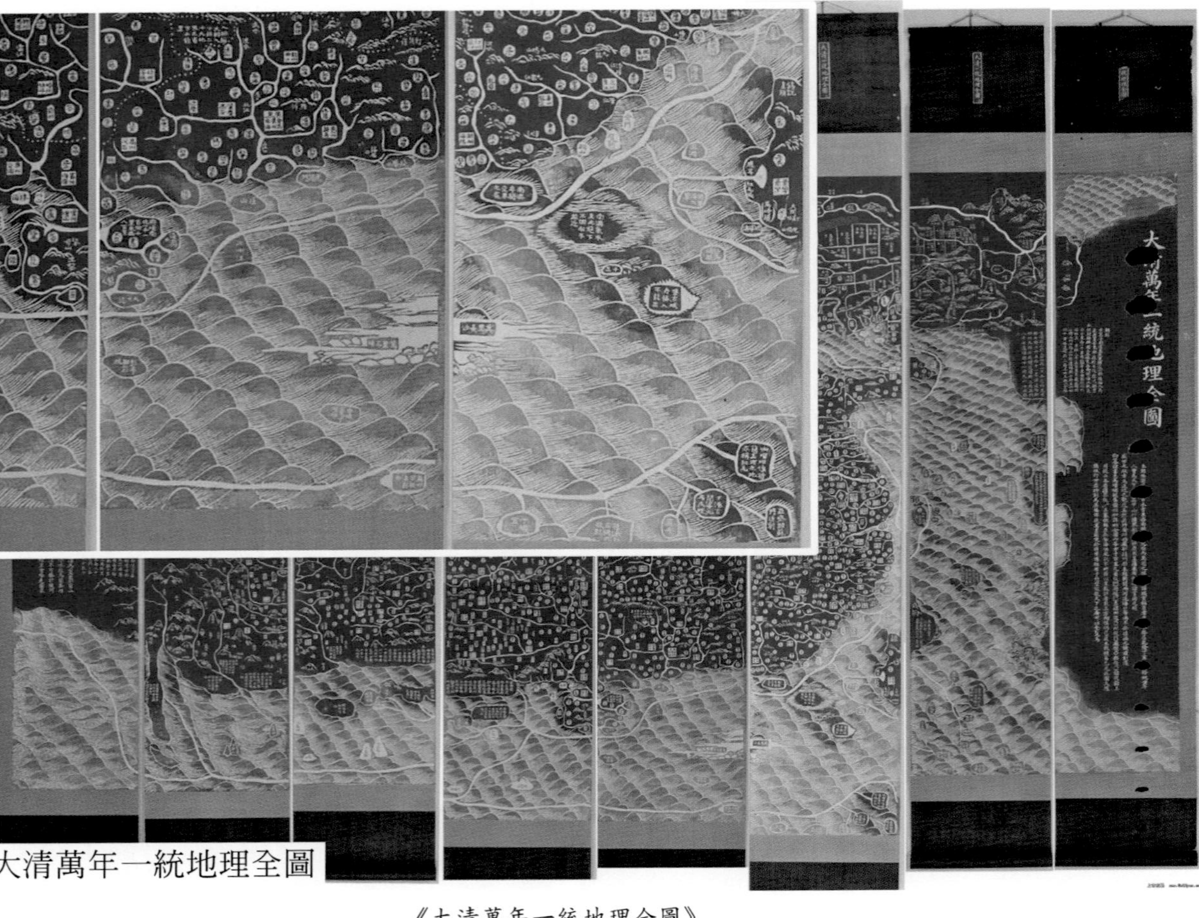

《大清萬年一統地理全圖》

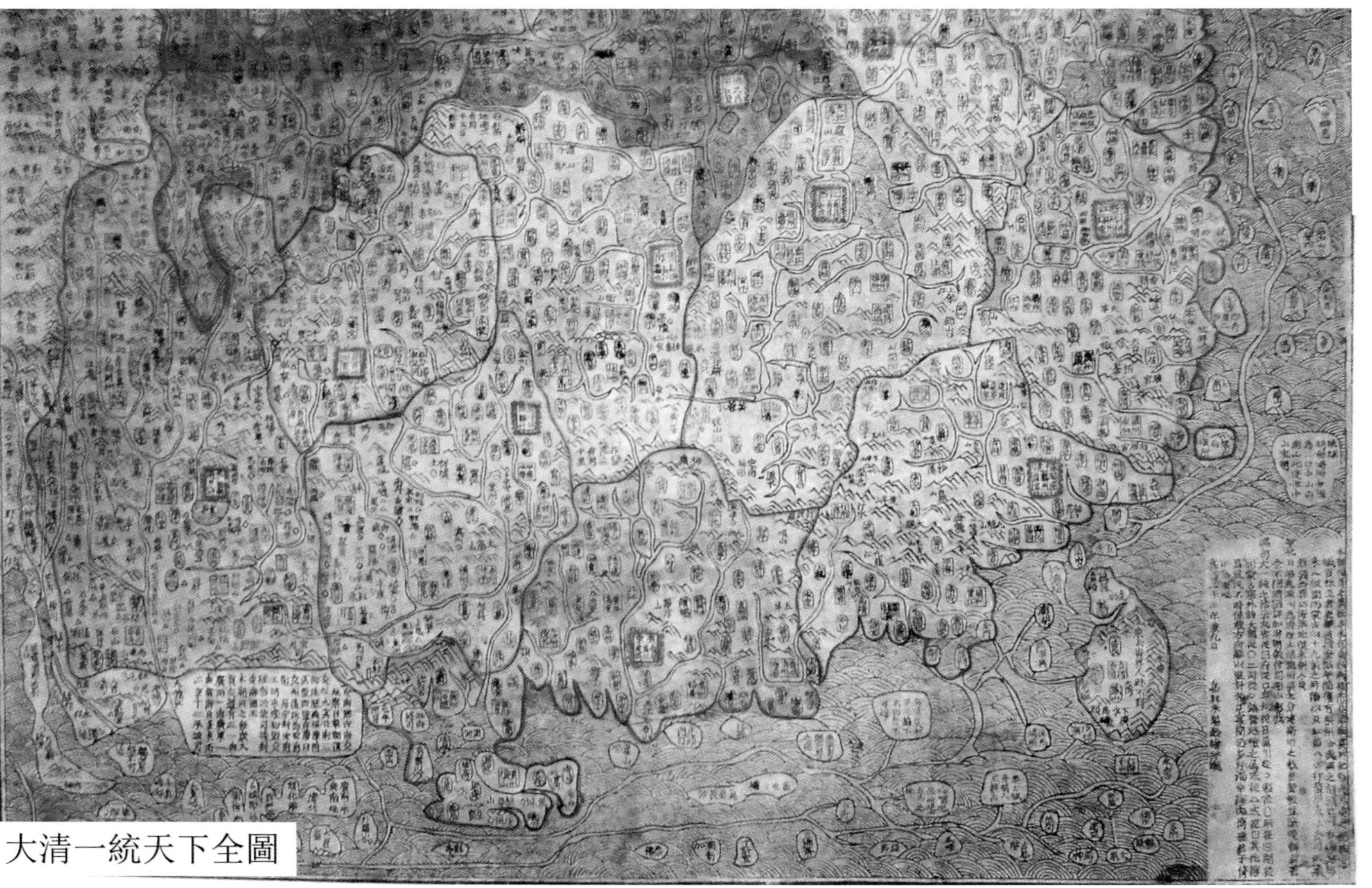

《大清一統天下全圖》，自《地圖中國》

《安南大國畫圖》

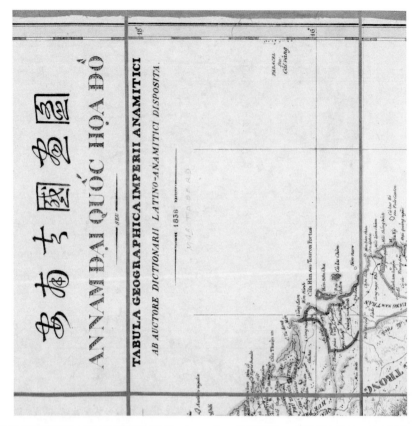

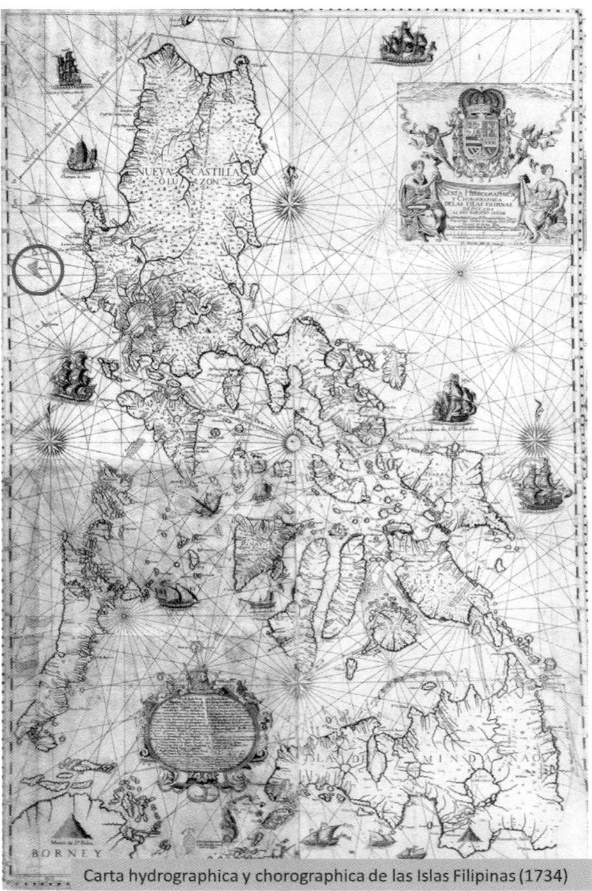

Carta hydrographica y chorographica de las Yslas Filipinas（1734）

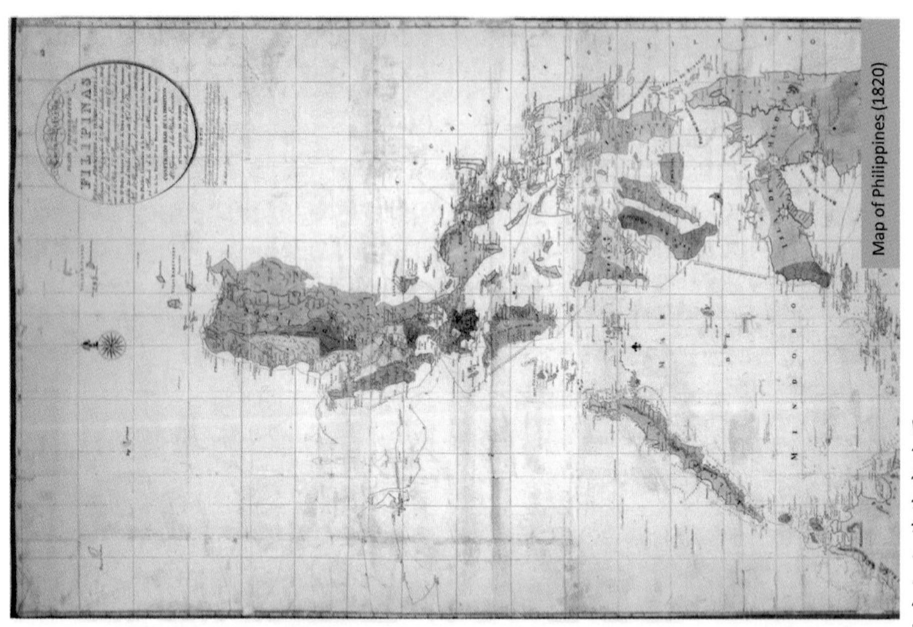

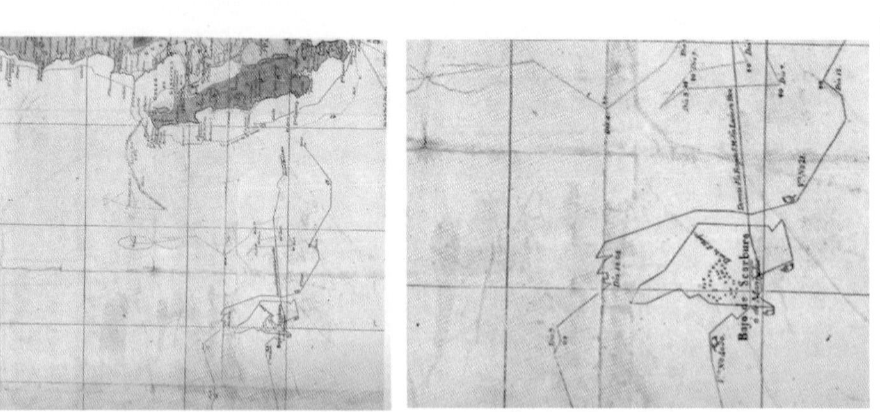

1820年西班牙出版之菲律賓地圖

國家圖書館出版品預行編目資料

被扭曲的南海史——二十世紀前的南中國海／黎蝸藤著. ——初版. ——臺北市：五南，2016.02

面； 公分

ISBN 978-957-11-8457-9（平裝）

1.南海群島 2.南海問題 3.歷史

739.2 104028312

學術叢刊 022

1XCD 被扭曲的南海史——二十世紀前的南中國海

作　　者— 黎蝸藤

發 行 人— 楊榮川

總 經 理— 楊士清

副 總 編— 蘇美嬌

責任編輯— 邱紫綾

封面設計— 陳翰陞

出 版 者— 五南圖書出版股份有限公司

地　　址：106台北市大安區和平東路二段339號4樓

電　　話：(02)2705-5066　　傳　　真：(02)2706-6100

網　　址：http://www.wunan.com.tw

電子郵件：wunan@wunan.com.tw

劃撥帳號：01068953

戶　　名：五南圖書出版股份有限公司

法律顧問　林勝安律師事務所　林勝安律師

出版日期　2016年2月初版一刷

2018年5月初版二刷

定　　價　新臺幣550元